KB197633

개정판

구동언의 함께하는
'마중물'

국어교육론

구동언 편저

교원
임용시험
대비

법문사

모든 순간이 꽃봉오리인 것을

정 현 종

나는 가끔 후회한다
그때 그 일이
노다지였을지도 모르는데……
그때 그 사람이
그때 그 물건이
노다지였을지도 모르는데……
더 열심히 파고들고
더 열심히 말을 걸고
더 열심히 귀 기울이고
더 열심히 사랑할 걸……

반벙어리처럼
귀머거리처럼
보내지는 않았는가
우두커니처럼……
더 열심히 그 순간을
사랑할 것을……

모든 순간이 다아
꽃봉오리인 것을,
내 열심에 따라 피어날
꽃봉오리인 것을!

들어가는 글

어깨를 걷고 함께 걸어가고 싶은 곳이 있습니다. 우리는 나날살이 속에 숨겨진 각자의 꿈을 소중히 생각합니다. 어쩌면 한 가지 목표를 가진 장삼이사의 꿈일 수도 있겠습니다. 또 어쩌면 어금지금한 이들이 너도 나도 꾸는 꿈이라고 다 꿈이 현실이 되는 등식이 성립하지는 않기에 꽝장히 살천스러울 수도 있겠습니다. 하지만 자신에 대한 폭넓은 이해와 상대에 대한 배려가 결국에는 어깨동무한 결과를 가져다 줄 것으로 봅니다. 혼자보다는 함께 가는 이유가 분명히 있기 때문입니다.

몇 년 전에 중등교사임용시험 전공국어를 공부하는 (예비)교사를 위한 책을 냈었습니다. 기존의 책에 대한 개정판입니다. 그럼에도 불구하고 노량진 학원가에 넘칠 정도로 많은 자료 정도가 아닐까 싶습니다. 이 책의 대부분은 기존의 전공서에서나 교육과정에서 볼 수 있는 내용으로 꾸며져 있기 때문입니다. 어쩌면 최근에 나온 국어교육 관련 도서를 구해서 읽는 것이 훨씬 더 의미 있을 수도 있겠습니다.

하지만 이 책은 나름의 의미를 지닙니다. 적어도 중등교사임용시험 전공국어를 공부하고자 하는 (예비)교사에게 꼭 필요한 정보(지식)를 담고자 했기 때문입니다. 각종 국어교육 관련 개론서와 각론서를 다 사지 않아도, 또 이전의 국어과 교육과정과 지금의 교육과정 관련 도서를 따로 구매하지 않아도 될 만큼 국어과 (예비)교사가 임용시험을 공부하면서 봐야 할, 필요한 정보(지식)는 최대한 있는 그대로 많이 싣고자 했습니다.

이 책은 강의용으로 준비한 것입니다. 이미 강의한 자료를 모아서 정리한 것을 중심으로 했고, 이에 더 도움이 되지 않을까 싶어 따로 정리한 부분도 있습니다. 심지어는 키워드 중심으로 문제를 만들고 이에 대해 해설한 부분도 있습니다. 아무래도 최근 국어교육 전공서의 정보(지식)를 조금이라도 더 담고자 하는 욕구가 만들어낸, 이 책 전체 체계상의 부조화일 수 있겠습니다. 하지만 막상 이 책으로 공부하는 예비교사에게는 큰 도움이 되지 않을까 합니다. 우리는 누구나 지(知)에 대한 욕구를 갖고 있기 때문이고 때로는 모든 정보를 있는 그대로 풀어놓지 않아 생기는 빈 공간을 맥락적으로 또는 자신의 배경지식을 총 동원해서 추론하고자 하는 과정을 즐기는 인간의 심리 때문이리라 봅니다.

마지막으로 이 책에는 많은 부분, 출처가 명시되지 않고 있습니다. 아무리 학원 강의용으로 만들어진 책이라 해도 분명히 잘못된 것만은 사실입니다. 꼼꼼하게 챙겼어야 했는데 그러지 못해 이 책에서 인용한, 많은 출판사의 저자들께 죄송하단 말씀을 올립니다.

이 책은 많은 부분에서 아쉬운 점이 있기 때문에 부족한 부분은 매월 강의를 하면서 보충해 갈 생각입니다. 모쪼록 이 책이 중등학교 임용시험을 준비하는 국어과 (예비)교사들께 조금이라도 도움이 되기를 바랍니다.

'모든 순간'을 '꽃봉오리'로 생각해서 좋은 결과 있기를 빕니다.

2019년 1월 개정판을 내면서
구동언

차 례 Contents

구동언의 함께하는 국어교육론 '마중물'

제 1 장

총론

총 론

1 국어과 교육의 개념

한국인은 누구나 국어를 사용하여 의사를 소통하고 감정을 표현한다. 국어를 전공하는 사람이거나 아니거나, 학식이 있는 사람이거나 없는 사람이거나 간에 국어를 사용하여 일상생활을 한다. 이를 우리는 국어 생활을 영위한다고 하는 것이다. 여기서 국어는 특수 언어이자 개별언어인 한국어를 지칭하는데 비해, 국어과는 학교 교육에서 듣기, 말하기, 읽기, 쓰기, 국어 지식, 문학 등의 내용을 가르치는 교과를 의미한다. 그리고 국어교육은 어떤 계기를 통하여 또는 매체를 통하여 쉽게 이루어질 수 있다.

국어과 교육은 형식적 교육에 의하여, 교사에게, 교육 과정에 따라 계획적이고 지속적으로 학생에게 실시되는 경우를 말한다. 이때는 국어과 교육 과정의 성격, 목표, 내용, 방법, 평가에 관한 사항을 담고 있는 국어 교과서를 가지고 정규 교육 과정 시간에 지도 받는 국어과 학습을 국어과 교육이라고 일컫는다. 이에 국어과 교육을 규정하면 다음과 같다.[1]
- 국가가 정한 법령에 따른 학교의 교과목 중 국어 교과를 통하여
- 국가의 법령인 국어과 교육 과정에 의거하여
- 주어진 국어과 교과서와 배정된 국어 학습 시간을 이용하여
- 교사와 학생 사이에서 의도적, 체계적, 합목적적으로 이루어지는 국어 전반에 관한 교수 · 학습을 '국어과 교육'이라고 한다.

또, 국어과 교육의 전제 요소를 제시한 글을 보면,[2]

첫째, 교육부가 고시하는 교육 과정 중에서 국어과 교육 과정을 따르는 것이어야 하고,

둘째, 자격이 인정된 전문가에 의하여 교육되어야 하며,

셋째, 학교 교육 계획에 따라 일정 기간 지속적으로 교육되어야 하고,

넷째, 교육받은 사실이 객관적으로 인정받을 사람에게 행해지는 것이어야 한다.

이상에서 국어과 교육이 성립하려면 '국어과 교육 과정, 국어과 교과서, 계획성 · 목적성 · 체계성 · 지속성 · 학력을 인정받을 학습자가 있어야 하고, 이런 요건이 갖추어진 상태에서 교육이 이루어져야 한다.

이상을 바탕으로 국어과 교육, 국어 교육, 국어 활동의 내포 관계를 그림으로 나타내 보이면 다음과 같다.

1 김규선, 『국어과 교육의 원리』, 학문사, 1994.
2 정진권, 『국어과 교육론 서설』, 이병호박사회갑기념논문집', 1989.

[그림 1-1] 국어 교육의 개념 비교도

[그림 1-1]은 국어과 교육(Korean language education)이 국어 교육(Korean education)의 일부임과 국어 교육이 국어 활동의 일부임을 나타내고 있다. 국어과 교육이 가장 계획적이요 가장 중심이 되는 전문적인 학습의 장일뿐만 아니라 그 대상이 가장 길다는 특징을 나타낸다. 이에 비해 국어 교육은 관심 있는 특정 다수에게 실시되는 만큼 국어과 교육보다는 전문성이 떨어진다. 국어 생활은 국어를 사용하여 생활을 하거나 교육을 하는 모든 국민이 그 대상이고 국어과 학습의 전문성은 가장 낮다고 하겠다.

2 국어과 교육의 특성

국어 교과는 학습자의 언어활동을 통하여 지식, 기능, 능력, 태도를 길러주는 교과이다. 이런 문제는 국어과가 다양한 성격을 가지고 있음을 보여준다.

(1) 교과의 의미와 국어 교과

학교 교육은 교과 교육이 중심을 이룬다. 교과는 학교 교육의 기본 단위이자 교수·학습을 위한 활동 영역의 단위이다. 개인적 차원에서는 성장 영역을 범주화한 것이며, 사회적 차원에서는 사회구성원들이 입문해야 할 문화적 범주이며, 사회적으로 축적된 우리의 문화유산을 교육적 관점에서 취사, 선택, 조직한다는 점에서 교육 내용을 통합하거나 구분하는 개념으로 사용한다. 그러므로 교과는 학교 교육에서 독자적인 영역을 가지면서 학습 목표, 교수·학습 방법, 평가 기준과 방법에 관한 자료를 가지고 해당 분야의 전문가가 지도를 하게 된다.

학교 교육이 학습자에게 유용한 교육적 경험을 제공할 목적을 지니고 있다면 국어 교과는 학습자에게 교육적 국어 경험을 제공할 목적을 지니고 있다. 이 점이 다른 교과와 변별되는 국어 교과만이 가지는 독자성이라 할 수 있다.

그러므로 국어 교과는 국민이 사회생활을 하는데 있어 의사소통을 가능하게 하고, 개인이나 집단적 사고를 하게 하며, 그 사회의 문화적 특성을 형성하는 도구이다. 그렇기 때문에 학교 교육에서 국어 교과는 학습자에게 창의적인 국어 사용 능력을 향상시켜야 할 책무를 지닌다.

(2) 국어과 교육의 관점

일반적으로 국어과 교육은 세 가지 관점에서 성격을 규정짓고 있다.[1] 첫째로 국어 사용 기능의 신장이 국어과 교육의 목표이고, 둘째로 국어과 교육의 관련 분야 학문이 제공하는 지식과 개념에 대한 교육을 국어과 교육의 본질로 인식하는 것이고, 셋째로 국어 사용 기능 교육으로서 국어 교육과 예술 교육으로서 문학 교육이 대등하게 통합된 이원 구조라는 것이 그것이다. 이러한 세 가지 시각은 국어과 교육의 성격을 바르게 이해하는 데 귀중한 시사점을 준다.

첫째, 국어과 교육의 궁극적인 목표가 학생들의 언어 사용 기능 신장에 있다는

---

1 천경록 외, 『초등 국어과 교육론』, 교육과학사, 2004.

총론

시각은 국어과 교육의 본질과 비본질을 판별하는 데는 물론이고, 학교 현장의 국어과 교육을 개선하는 데 귀중한 시사점을 준다. 국어과 교육의 목표를 설정하거나 내용을 선정함에 있어서 국어과 교육의 특성을 무시한 범교과적인 요소가 중시된다거나, 국어과 수업의 현장에서 읽기 자료에 나타나는 특수 사실이나 정보의 학습에 대부분의 수업 시간을 소모하는 폐단을 개선하기 위해서는 국어과 교육의 중핵적인 목표가 표현 기능과 이해 기능에 있다는 확고한 인식은 필요하다. 또한 표현과 이해 기능 중심의 국어 교육관은 읽기 자료 중심의 편파적 국어 교육 현상을 치유하는 데도 도움을 줄 수 있다. 학교 현장의 국어과 수업이 듣기, 말하기, 읽기, 쓰기 기능의 균형적이고 통합적인 신장을 도모하는 방향으로 이루어질 수 있게 한다.

둘째, 국어과 교육의 관련 분야 학문이 제공하는 지식과 개념에 대한 교육이 국어과 교육의 본질이어야 한다는 시각은 국어과 교육 내용을 체계적으로 선정하게 하는 데는 물론이고 국어 교육학을 정립시키는 데 기여할 수 있다. 국어과 교육의 목표 설정이나 내용 선정에 있어서 관련 분야 전문가의 상식적 수준에서의 판단이나 경험에만 의존할 경우 국어과 내용 선정의 체계화는 기대할 수 없을 것이며 학교 현장의 국어과 수업을 위한 구체적 지침을 제대로 제공할 수 없을 것이다. 때문에 국어과 교육이 상식과 경험의 수준을 넘어서 학문적 배경을 가진 이론에 바탕을 두어야 한다는 시각은 여러 관련 분야의 이론을 탐구하는 활동을 활성화시킬 것이며, 나아가서는 국어 교육학이라는 학문 분야의 기틀을 공고히 마련할 수 있을 것이다.

셋째, 국어과 교육의 특성이 언어 사용 기능으로서의 국어 교육과 예술 교육으로서의 문학 교육의 이원적 구조에 있다는 시각은, 국어과 교육의 역할을 바르게 인식하는 데 귀중한 시사점을 준다. 오늘날 학교 교육이 인간 교육 상실이란 큰 문제에 봉착해 있다고 할 때, 학교 교육을 통한 인간 교육의 실현이라는 목표를 달성하기 위해서는 인간 교육을 위한 국어과 교육의 역할을 증대해야 한다. 이를 위해서는 문학 작품의 감상과 창작 교육이 강화될 필요가 있는 것이다.

이상의 세 가지 시각은 그 기본 입장은 각기 다르다 할지라도 국어과 교육의 중요한 측면을 크게 부각시켜 주고 있다는 점에서 의의를 지닌다. 그러나 국어과 교육의 성격을 평면적인 위상에서 이해하려고 할 경우에는 국어과 교육을 구성하는

1 박영목(1992). 제6차 교육과정에서 국어과 교육에 대한 세 견해를 종합한 그림이다.

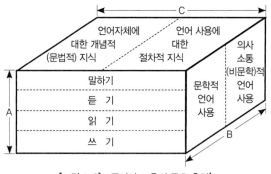

[그림 1-2] 국어과 교육의 주요 측면1

주요 측면들 사이의 관계를 상하 관계 내지 종속 관계 또는 배타적 관계로 인식하는 오류에 빠질 수 있다. 이러한 오류를 피하기 위해서는 국어과 교육을 구성하는 주요 측면들을 다음과 같이 입체적으로 이해하는 것도 하나의 방법일 수 있다.

[그림 1-2]는 국어과 교육을 구성하는 세 가지 주요 측면 즉 (A)언어 사용 활동의 형태, (B)언어 사용 활동의 목적, (C)언어 사용 활동의 기저 지식 사이의 상호 관련성을 나타낸 것이다. 이 그림에 제시된 세 가지 주요 측면은 국어과 교육의 성격에 대한 세 가지 시각과 직결된다. 언어 사용 기능을 중시하는 시각은 측면 A와 직결되고, 배경 학문이 제공하는 개념을 중시하는 시각은 측면 C와 직결되며, 국어 교육과 문학 교육의 이원적 구조를 중시하는 시각은 측면 B와 직결된다.[1]

다른 교과 교육 이론이 그렇듯이 학문의 발달 정도에 따라 교과 교육 이론을 규정하게 된다. 현행 국어과 교육에 나타난 이론은 다음의 세 가지가 있다.[2] 구조주의와 텍스트 중심 관점, 구성주의와 학습자 중심 관점, 생태학적 관점이 그것이다. 구조주의와 텍스트 중심 관점이란 가장 이른 시기의 이론이다. 구조주의는 모든 대상을 유기적 구조로 이루어진 체계로 인식하려는 이론으로, 대상을 객관적으로 인식하되 그것을 구성하고 있는 요소와 요소 간에 유기적 관계 맥락에서 이해하려는 태도를 가지고 있다. 이는 소쉬르의 언어학, 레비스트로스의 설화학(문화인류학)에 바탕을 둔 인식 방법이다.

텍스트 이론 역시 구조주의적 방법으로 문학 작품을 이해하려는 태도에서 나왔다. 여러 문장 고리로 이루어진 문학 텍스트에서 그 구조와 기능을 분석하려는 이론적 기반을 지니고 있다. 따라서 독자는 문학 작품을 이루고 있는 여러 텍스트를 텍스트 구성 요소들 사이에 존재하는 유기적인 관계 분석을 통하여 전체를 인식하려고 한다. 구조주의와 텍스트 중심 교수 · 학습은 교사의 도움을 필요로 하고, 텍스트의 요소와 구조를 토대로 텍스트를 표현하도록 반복 훈련하여야 한다. 텍스트 분석은 전문성이 요구되므로 학습자의 수준에서 분석을 시도하기보다는 교사가 분석하여 제시한 요소를 수용하는 방향으로 수업이 진행된다.

우리나라에서 구성주의 관점은 주로 1960년대에 도입되었으나 본격적인 논의는 90년대에 이루어졌다. 구성주의는 지식의 구성 주체는 내재하고 있으며, 스키마(schema)라는 배경지식에 의해서 대상에 대한 사고 작용이 이루어진다고 한다. 이미 과거에 누군가가 형성해 놓은 인식 구조(지식)를 그대로 받아들이는 것이 아니라, 인식의 구조를 스스로 구성하고 이 인식 구조를 활용하여 대상을 인식하는 것이다. 그러므로 교사는 학습자 개개인에게 인식 구조를 갖추어 주고, 그 인식 구조가 작용하도록 전략을 학습시키는 일이다. 이 작업은 어디까지나 개인적으로 학습자 중심으로 이루어질 수밖에 없다. 따라서 구성주의는 국어의 6개 영역을 따로 가르치지 않고 주제별로 통합적으로 가르치는 총체적 언어 교육에 유리하다. 모든 활동이 학습자의 흥미와 관심을 따라 마련되기 때문에 학습자의 개별 특성과 욕구를 존중하는 방식이 효과를 높일 수 있다.

생태학적 관점은 언어 교육의 실제성을 말한다. 국어과 수업 시간에 이루어지는 거의 모든 활동은 교육 과정에 따라 교사가 인위적으로 마련한 상황이다. 학습자가 생활하는 자연과 문화 환경에 따라 실제적인 상황에서 국어 학습을 하도록 하는 것

1 [그림 1-2]의 내용을 제7차 국어과 교육 과정의 '듣기, 말하기, 읽기, 쓰기, 국어 지식, 문학'의 여섯 개 영역과 관련하여 해석하면 다음과 같다. 언어 사용 기능 영역은 A와 B의 의사소통적 언어 사용의 측면, C의 언어 사용에 대한 절차적 지식의 측면들이 서로 교직하며 교육이 이루어진다. 국어 지식 영역은, C의 언어 자체에 대한 개념적 지식 교육의 측면과 연결되며, 이는 다시 A의 언어 사용 활동에 통합되어 교육이 이루어진다. 문학 영역은, B의 문학적 언어 사용에 대한 측면에 연결되며, 이는 A의 활동을 통해서 비로소 교육이 가능해진다. 이처럼, 국어과 교육의 각 영역은 독립적이라기보다는 상호 긴밀한 교직과 입체적 통합을 통해서 교육이 가능해진다.

2 신헌재 외, 『초등 국어과 교수 · 학습 방법』, 박이정, 2005.

총 론

은 학습 효과를 높이는 데 중요한 관점이 된다. 국어과 교육 과정에서 보면 생태학적 관점은 '실제' 범주와 맥락이 닿아 있다.

(3) 국어과 교육의 특성

국어과 교육은 몇 가지 측면에서 특성을 가지고 있다. 도구 교과의 특성, 내용 교과의 특성, 사고 교과의 특성, 문화 전승 교과의 특성, 인간 형성 교과의 특성 등이 그것이다. 여기에서는 도구 교과, 내용 교과, 사고 교과의 특성 중심으로 살피고자 한다.

1) 도구 교과로서의 특성

국어과는 도구 교과란 말을 자주 한다. 하지만 단순히 문자를 읽고 쓸 수 있는 기능만을 길러주는 교과란 전제에서 한 '도구 교과'란 말은 잘못 이해한 말이 된다. 도구 교과란 용어의 의미는 두 가지 관점에서 이해할 수 있다.

하나는 국어과에서 다루는 내용이 다른 교과 학습을 하는 데 도움이 된다는 관점이다. 이런 관점에서 본다면 국어과 교육의 내용은 단지 문자 교육에 국한 될 수밖에 없고, 문자가 습득이 되고 나면 국어 교과가 존립할 근거를 잃게 된다. 왜냐하면, 국어과 교육을 문자 교육에만 국한시킬 경우, 문자 언어인 읽기, 쓰기보다 원초적으로 먼저 형성된 음성 언어인 듣기, 말하기를 제외시키는 결과를 가져오고, 또한 문자를 습득한 학년이 되면 더 이상 국어과 교육은 할 필요가 없게 되기 때문이다. 그럴 경우 중·고등학교와 대학에서 배우는 교양 국어까지도 할 필요가 없어지는 결과를 초래한다. 국어과는 언어의 번역 기능만을 담당하는 교과가 아니다.

또 하나는 국어 교육의 최종 목표인 국어 사용 능력을 언어를 의미로, 의미를 언어로 구성하는 능력으로 보는 관점이다. 국어 사용 능력은 문자를 읽고 쓸 줄 아는 기초 능력 신장에만 머무는 것이 아니라 사고를 언어로 표현하고, 언어로 사고를 이해하는 고등 정신 능력을 신장시켜 주는 데까지 이른다는 점이다.

따라서 국어 교과가 지니는 도구 교과적 특성은 문자 언어의 읽기·쓰기와 음성 언어의 듣기·말하기는 물론이고, 초·중·고·대학까지 필요한 교과라는 것이다. 그리고 언어 사용 기능을 신장시켜 언어를 의미로, 의미를 언어로 재구성하는 복합적 사고 기능을 신장시키려는 교과라는 특성을 지닌다. 이는 타 교과의 학습을 돕는 도구 교과적 특성을 잘 드러낸 것으로서 국어 교과는 교과 중의 교과라고 할 수 있다.[1]

2) 내용 교과로서의 특성

학습자가 표현하는 언어와 화자나 필자가 의도하는 의미 사이의 관계를 다음 그림과 같이 나타낼 수 있다.

이 [그림 1-3]에서 언어(담화)로 표현되는 사고(의미)는 원래 화자나 필자의 머릿속에 입체적으로 저장된 지식이다. 그러나 그것이 언어로 표현될 때는 선조적(linear) 형태로 나타난다. 이것은 내용을 머릿속에서 처리하는 과정과 언어로 표현하는 처리 과정이 서로 다른 사고 기능을 사용하기 때문이다. 그래서 흔히 '책을 읽

1 "국어 교과가 도구적인 성격을 갖고 있다 함은 곧 국어 교과에서 기르고자 하는 언어 기능이 지식 자체가 아닌 지식의 활용 기능을 뜻하며, 지식을 활용하는 기능은 범교과적으로 모든 학습 활동에서 요구되는 도구적인 지적 기능이기 때문이다." - 노명완 외, 「국어과 교육론」, 갑을출판사, 1994.

12　제1장 총 론

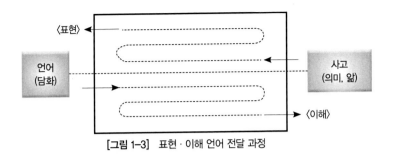

[그림 1-3] 표현 · 이해 언어 전달 과정

어도 무슨 말인지 모르겠다.'고 하거나, '생각이 있어도 말로 표현하지 못 하겠다.'
는 말 속에는 의미 처리 과정과 언어 표현(이해) 과정이 서로 다른 지적 기능에 의
존한다는 것을 말해 준다.

[그림 1-3]에서 표현과 이해 과정의 중간 부분이 점선으로 표시된 것은 실선으로
표시된 언어와 의미가 자동적으로 연결되는 것이 아니라 서로 다른 의미 처리 과정
과 언어 표현 과정이 있음을 나타낸다. 내용의 선정과 조직은 그 내용에 관한 배경
지식에 의존하지만, 언어 표현 과정은 언어적 요인 – 어휘, 문장, 글의 구조, 독자
의 언어적 수준, 독자의 흥미와 관심 등 – 의 영향을 많이 받는다. 그러므로 학습자
개개인의 언어 기능의 작용 방식이나 언어 기능이 사용되는 맥락, 목적, 대상 등에
대한 앎이 언어 기능의 신장이나 질적 향상을 가져오는 데 중요한 바탕이 된다. 이
앎과 관련되는 내용이 곧 국어과 교육의 핵심 내용이다. 앎은 인간의 고등 사고 능
력으로서의 국어 사용 능력을 위한 교육 내용이 될 뿐만 아니라, 국어 사용 능력이
타 교과 학습을 돕고, 학습자의 가치 있는 삶을 영위하는 데 반드시 요구되는 능력
이라는 점에서, 이 능력을 신장시키기 위해서 개별 학습자가 구성해야 할 앎을 교
육 내용으로 한다는 점에서 국어과의 내용 교과적 특성이 있음을 나타낸다.

국어과 교육 내용 영역 중 '국어 지식' 영역은 언어 사용 현상을 학문적 관점에
서 탐구하는 고등 정신 기능을 발달시킬 수 있다는 점에서 중요한 국어 교육 내용
이 된다. 국어를 소중히 여기고 국어를 발달시키는 데 이바지하려는 태도를 길러주
는 내용도 국어 교육의 중요한 내용이다. 그리고 '문학' 영역도 문학 작품을 통하여
학습자에게 상상의 세계를 간접 경험시킴으로써 흥미, 호기심, 상상력을 길러 주는
데 이바지할 뿐만 아니라, 인간의 삶을 총체적으로 이해시키는 데 중요한 교육 내
용이다. 나아가 문학 작품을 읽고 해석, 감상, 평가하는 학습 내용 역시 국어과에서
제외하지 못할 중요한 교육 내용이 된다.

3) 사고 교과로서의 특성

인간이 언어로 표현을 하거나 행동을 할 때 사고를 통하여 그러한 일을 한다. 사
고란 무엇인가를 생각한다(think)는 말인데, 자신의 경험을 단순히 보유 · 유지하
고 있는 것을 재생하는 능력을 하등 정신 기능이라고 하고, 단순 기억이 아니라 경
험한 대상에서 의미 있는 인식을 하는 정신 작용을 고등 정신 기능이라고 한다. 고
등 정신 기능 속에는 사고력, 기억력, 상상력, 의지력 등이 있고, 사고력 속에는 추

1 국어과 교육 과정에서 여
섯 개 영역마다 범주로 설정
한 명제적 지식인 '본질'과 방
법 및 절차에 관한 지식인 '원
리'에 해당하는 내용이다.

리력 · 분석력 · 적응력 · 문제해결력 · 비판력 · 창의력 · 구상력 · 관계 파악력이 포함된다.

국어과 교육 과정에서는 창의적 사고력의 신장을 중요한 목적으로 삼고 있다. 그런데 교육은 성격이 상호 배타적인 '적응'과 '창조'라는 두 가지 목적을 동시에 추구하고 있다. '적응'은 기존의 지식 · 문화 · 규범을 긍정적으로 수용하려는 교육이고, '창조'는 기존의 지식 · 규범 · 문화를 부정적으로 보면서 비판하고 개혁 또는 개선하려는 교육이기 때문이다. 이 두 가지 가치는 시대적 환경과 상황에 따라 평가가 엇갈렸다. 유학적(儒學的) 가치관을 중심으로 한 봉건 사회, 정착을 통하여 생산 활동에 종사하던 농경 사회에서는 적응을 강조하는 교육적 가치관이 우세를 보였고, 다양한 가치관을 중시하는 민주 사회, 지식을 기반으로 한 정보 사회에서는 창조를 강조하는 가치관에 중점을 두었다. 전자에서는 대량 생산과 기억력이 중시되는 반면 후자에서는 다양한 상품과 사고력이 중시된다. 컴퓨터를 통하여 대량 기억이 가능해졌고, 그 대신 시대나 사회의 변화에 알맞은 새로운 지식과 정보의 창출이 더 중요하기 때문이다. 이러한 창출 능력은 사고력(思考力)에서 나온다.

언어는 인간의 사고력 형성에 있어 두 가지 측면에서 영향을 미친다. 하나는 언어가 인간의 사고 형성에 직접적인 도구 기능을 담당한다. 즉 개인이 사고를 형성하는 데 도구가 되는 것이다. 다른 하나는 개인의 의사소통 도구로 쓰인다. 사고 도구로서의 언어는 행동주의 심리학에서 말하는 S → R이론에서 인간과 동물의 행동 차이를 가져온다고 하였다. 인간의 언어가 자극과 반응 사이에 끼어들어 학습의 질을 변화시킨다는 것이다.

의사소통 도구로서의 언어는 인간이 사고를 통하여 언어를 의미로, 의미를 언어로 바꾸어 상대방과 소통하게 하는 수단이다. 표현과 이해라는 지적 과정을 거쳐 기호가 의미로 바뀌기도 하고 화자의 앎이 기호로 변형되기도 한다.

이러한 변형은 단순한 변형이 아니라 그것에 관련된 발신자(화자, 작가)와 수신자(청자, 독자)의 스키마와 연결된 복잡다단한 지식, 정보, 내용, 개념, 의미, 느낌, 감정 등을 전달하는 행위가 된다. 그러므로 국어과에서 언어 사용 기능을 신장시킨다는 것은 학습자의 입체적 사고력을 신장시키는 행위임에 다름 아니다. 여기에 국어 교과를 사고 교과라 할 근거가 존재한다.

사고 기능의 특정적 유형은 지식의 습득과 지식의 적용 및 산출 기능으로 나누고, 지식의 습득 기능에는 이해, 개념 형성, 원리 형성 기능이, 지식 적용 및 산출 기능에는 표현, 문제 해결, 의사 결정 기능이 상호 보완적으로 존재한다. 곧 일련의

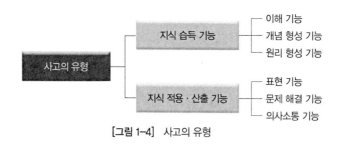

[그림 1-4] 사고의 유형

하위 사고 기능이 상호 통합적인 작용으로 구성되는 것이다. 이것을 그림으로 나타내면 다음과 같다.

지식 습득은 언어를 의미로 수용하는 과정이 된다. 의미를 선정, 조직하여 이해하고, 개념과 원리를 형성하는 기능을 가진다. 지식의 적용 · 산출은 사고를 통하여 선정, 조직된 의미를 표현하는 과정이자 문제를 해결하고, 자신의 의사를 결정하는 과정이다. 그러나 이해와 표현의 기능은 개인마다 차이를 가지고 있다. 생각한 바를 잘 말하는 학습자와 생각한 것이 있어도 잘 말하지 못하는 학습자의 차이는 표현과 이해에 있어서 서로 상이하게 작용하는 사고력의 차이를 의미한다.

국어과는 언어 사용 기능 신장을 통하여 사고력을 신장시키고, 사고력 신장을 통하여 언어 사용 기능을 신장시키는 교과이다.

3 구성주의와 국어교육

국어교육의 저변에 깔린 인식의 틀인 구성주의를 개괄적으로 살피고, 이를 바탕으로 국어교육의 특성을 피상적으로 이해하고자 한다.

(1) 구성주의의 개괄적 이해

구성주의는 '무엇이 지식인가?', '우리는 무엇을 알 수 있는가?', '우리가 진리를 얻었다는 것을 어떻게 확신할 수 있는가?' 등의 질문에 관심을 가지면서 시작되었다. 이미 고대 그리스에서는 소피스트(sophist)들이 절대적 지식을 의심하며 진리란 상대적일 뿐이라며, 상대적 지식만을 인정함으로써 절대적 지식관의 신봉에 대해 거부적 입장을 보이는 현대적 구성주의 지식론의 단초를 제공한 이래, 근대 데카르트(Descartes)는 이성의 힘으로 진리를 탐구해야만 한다며 확실성의 탐구를 위해 모든 것을 의심하는 '회의(sceptics)'를 탐구의 출발점으로 삼았다.

반면에 경험론자들은 참과 거짓의 표준이 감각적 경험에 의해 결정된다고 하였다. 감각적으로 경험되기 이전에는 지식의 원천은 아무것도 없고 선험적 지식은 존재하지 않는다고 하였다. 경험론을 대표하는 로크(Locke)도 우리의 마음은 애당초 백지와 같이 아무 것도 없고 점차 감각적인 '인상(impression)'을 받아, 후천적인 경험에 의해 형성된다고 하였다. 관념의 원천은 외적 경험으로서의 감각(sensation)뿐만 아니라 내적 경험으로서의 반성(reflexion)을 통해 형성된다고 보았다. 로크의 경험론은 버클리(Berkely)가 더욱 발전시켰다. 인간의 감각 자료는 우리와 독립해서 존재하는 것이 아니며, 지식 역시 우리 마음과 독립하여 존재하는 실재(reality)같은 것은 없다고 하였다. 즉 감각 속에 없는 것은 지성에도 없다는 감각주의를 주장하였다. 이는 우리가 물체라고 부르는 것은 모두가 우리 마음속에 나타나는 관념들의 묶음에 지나지 않는다며 유심론(唯心論)을 전개하였다. 버클리의 이론은 흄(Hume)의 불가지론(不可知論), 즉 인간은 어떤 종류의 것에 대해서도 전혀 알 수가 없다는 견해를 불러 일으켰다.

이에 대하여 칸트(Kant)는 흄의 이론을 부정하고 모든 인식이 경험에서 유래하는 것은 아니나 경험과 더불어 시작된다는 것을 믿고, 밖에서 주어지는 감각을 일차적으로 정리하는 것이 시간과 공간이라는 직관 형식의 틀을 통해 자연스럽게 감각으로서 받아들이는데, 이때 감각의 원인이 되는 세계, 그리고 감각을 촉발하는 세계를 '물 자체(物自體)'라고 하였다.

이들 구성주의 인식론은 로크나 흄이 주장한 세계 지향적인 외생적 지식1과 데카르트, 칸트 등이 주장한 인간 정신 지향적인 내생적 지식론으로 대립되어 왔다. 이들의 공통점은 둘 다 지식을 정신 상태라고 보는 점이고, 다른 점은 외생적 입장이 지식을 승화된 표상의 상태로 본 반면, 내생적 입장은 지식을 승화된 추론의 상태라고 본다는 점이다.

피아제(Piaget)는 외생적 경험론과 내생적 합리론을 넘어서는 대안적 인식론, 즉 내재적 발생론을 주장했다. 피아제는 칸트처럼 경험적 지식과 논리적(수학적) 지식을 구별하였으나, 지식이 개인에 의해 능동적으로 구성된다고 본 면에서는 일치하지만, 시간과 공간 그 밖의 여러 가지 범주들이 선천적으로 주어진 것이 아니고 개인과 환경간의 상호 작용에 의해 끊임없이 재구성된다는 면에서 신칸트주의자로 분류된다.

촘스키(Chomsky)는 정신의 언어적 구조를 내재적인 것으로 본 반면, 피아제는 행동의 조정을 통해 발달된 어떤 논리적 구조가 언어 발달에 앞서고, 그것이 언어적 구조의 구성을 가능하게 하는 인지 발달 과정이라고 보았다. 피아제는 모든 동물이 소유한 잠재 능력, 감각 지각이라 불리는 인간의 타고난 변별 능력 또는 판단 능력이 점점 발달하여 거기서 지식이 생기는 과정을 설명한다. 이를 '개인적 구성주의'라 할 수 있는데, 주관적이고 자율적인 인지 과정을 설명한다.

비고츠키(Vygotsky)는 개인이 경험을 통하여 지식과 이해를 발달시키는 데 필요한 조건을 설명하기 위해서 다양한 인간들의 연결 관계의 틀 속에서 파악해야 한다고 하였다. 그러지 않으면 우리가 살아가는 사회의 지식이나 이해와 같은 사회적 인식론의 개념을 이해할 수 없다고 하였다. 이것이 '사회적 구성주의'이다.

구성주의 역시 앎에 대한 이론이다. 앎에 관한 내용, 대상, 방법은 그 시대의 사회 구조와 산업의 형태에 따라 달랐다. 인류의 가장 오랫동안 지속되어 온 산업인 농경 시대에는 가정을 중심으로 부모 자식간의 도제식 교육이 기본을 이루었고, 공사립 학교 형태를 갖춘 것은 역사 이후의 일이었다. 산업혁명 이후 기계화 산업이 추구되면서 대량 생산을 목적으로 오늘날과 같은 학교를 세워 집단 학습 체제가 본격적으로 시작되었다. 이 시기에는 같은 형태의 많은 기계를 다루기 위하여 중앙집권식 교육 목표와 교육 과정을 가지고 이미 축적된 지식을 교사는 전달하고 학습자는 흡수하는 역할을 담당하여 행동주의나 인지주의 심리학에 의거, 통제와 예측이 가능한 공식적 교육을 받아왔다.

여기에 비해 정보화 세계화 시대에 와서는 산업 시대와는 다른 새로운 철학적 접근이 필요하게 되었다. 그 대안이 구성주의이다. 구성주의란 '의미 만들기', '알아가기' 이론인데, 지식을 가르칠 수는 없지만 학습자들이 그 지식을 구성할 수 있다는 특수한 명제이다. 구성주의는 산업 시대의 객관주의2와 여러 모로 대조적이다. 객

---

1 지식은 외부 자극, 경험에 따라 생긴다는 이론. 경험이 다른 개개인 학습자 간의 공통 지식은 생길 수 없게 된다. 그리고 외생적 입장에서 보면 학생은 백지 상태이기 때문에 교육적 과정에서 세상에 대한 지식을 주입해 주어야 한다는 관점을 가지고 있다.
2 객관주의란 논리적 실증주의라고도 한다. 객관주의에는 행동주의 심리학이나 인지론적 심리학을 포함하는 용어로 17세기 데카르트 이후 서구 산업시대의 인식과 사고를 지배해왔다.

관주의와 구성주의 인식론의 차이를 제시하면 다음과 같다.[1]

〈표 1-1〉 객관주의와 구성주의 인식론

구분	객관주의	구성주의
지식	고정적이고 확인할 수 있는 대상	개인의 사회적 경험을 바탕으로 개인의 인지적 작용에 의해 지속적으로 구성, 재구성되는 것
지식의 특징	초역사적, 초공간적, 범우주적인 성격	특정 사회, 문화, 역사, 상황적 성격의 반영과 구현
현실	규칙으로 규명 가능하며 통제와 예측이 가능	불확실하며, 복잡하고, 독특함을 지니고, 예측이 불가능
최종 목표	모든 상황적, 역사적, 문화적인 것을 초월해 적용할 수 있는 절대적 진리와 지식의 추구	개인에게 의미 있고, 타당하고, 적합한 것이면 모두 진리이며 지식임
주요 용어	발견, 일치	창조, 구성

〈표 1-2〉 객관주의와 구성주의 학습 원칙

항목	객관주의	구성주의
제공 지식	추상적인 지식과 상황에 관계없이 적용될 지식 제공	구체적 상황을 배경으로 한 지식만을 제공
지식 단위	가능한 한 현실을 단순화시키고 이해할 수 있는 작은 단위로 세분화 제시	현실의 복잡함을 그대로 여과 없이 제시하여 인지적 도전을 유도
제시 방식	수업 전에 지식을 세밀한 계획에 따라 구조화, 순서화, 체계화하여 제시	모든 지식은 실제 상황을 전제하고, 사회에서 만날 성격을 중심으로 제시
교사 · 학생 관계	교사는 지식의 전달자, 학생은 지식의 습득자	교사는 학생의 학습을 돕는 조언자, 촉매자. 학생은 적극적 학습의 주체
학습 환경	개인 과제, 개인 활동, 개인 성취의 중요성 강조	협동적 학습 활동 중시, 다양한 견해에 대한 인식과 견해 습득 강조
습득 방식	지식의 암기와 축적	문제해결력, 사고력, 인지적 전략의 습득, 지식의 전이성 강조

이 표에서 두 인식론의 차이는 교수 · 학습 원칙의 차이로 나타난다. 이것은 현실에 대한 인식과 지식에 대한 이해의 패러다임이 서로 상이함을 보여주고 있다.

(2) 국어 교육과 구성주의

구성주의의 관점을 국어 교육에 적용하려는 논의의 하나는 국어 사용 과정을 의미 구성 과정으로 조명하게 되었다는 점이다. 구성주의와 국어 교육은 의미 구성 과정을 중시한다는 점에서 공통점을 가진다.

1 강인애, 『구성주의란 무엇인가』, 문음사, 2000.

   인지적 구성주의 이론에 기대어 언어 교육에 구성주의 관점을 도입하기 시작한 것은 1970년대 초로 거슬러 올라간다. 의미를 전달하는 것은 텍스트가 아니라 인간이며, 텍스트 내에 제시된 언어적 자료들은 독자가 배경 지식을 활성화시켜서 의미를 구성하도록 안내하고 돕는 역할을 한다. 그 전까지의 전통적인 관점에서는 읽기를 단순히 필자가 텍스트 속에 제시한 의미를 찾아내는 행위로 파악하며, 독자를 의미의 단순 수용자로 파악하였다. 그러나 구성주의 관점에서는 독자가 의미를 생성하는 읽기의 과정, 독자의 의미 구성에 영향을 미치는 텍스트의 유형, 독자가 사용하는 배경지식 등을 강조하였다. 구성주의의 관점에서는 작문 과정을 하나의 문제 해결 과정으로 파악하고 내용 생성, 내용 조직, 표현하기, 고쳐쓰기의 과정에 따라 가르치도록 하였다.

   국어 교육에서 사회 구성주의의 영향은 주로 작문 분야에서 두드러지게 나타났다. 사회 구성주의의 작문 이론에서는 사회 구성주의의 가장 핵심적인 개념인 담화 공동체를 작문 교육에 도입하였다. 그리하여 작문 교육에서 작가와 작문 행위를 새로운 관점으로 바라보고 담화 공동체 구성원들 간의 사회적 상호 작용을 중시하기에 이르렀다. 국어 교육에서 토의 학습과 협동 학습을 강조하는 까닭이 여기에 있다.

새로운 길을
만들어가는 건 오로지
자신밖에 없다는 걸 잊어선 안 된다.
나답게 산다는 건 얼마나 멋진 일인가.
"중요한 것은 자신이 지금 바라던 사람이
되어가고 있다는 믿음이다."
데이비드 비스콧의 말처럼
우리는 스스로 바라는 사람이 되도록
노력해야 한다.

– 원영, 〈지금이라도 알아서 다행인 것들〉 중

구동언의 함께하는 국어교육론 '마중물'

제 **2** 장

영역별 교육과정 이해

2009 개정교육과정

01 | 화법

1 성격

(1) '화법'이란

"화법은 말하는 이와 듣는 이가 소통하여 _____1 으로 의미를 구성하는 상호 교섭행위이다."

이는 "화법은 말하는 이와 듣는 이가 협력적으로 의미를 창조하는 상호 작용 행위이다."라는 관점을 바탕으로 하고, 말하는 이와 듣는 이의 상호 교섭성, 화법 행위에 관계되는 _____2 과 매체적 특성을 강조한 것이다.

(2) 화법 교육의 목적

듣기와 말하기의 특성을 이해하고, 듣기와 말하기 기능을 체계적으로 습득하며, 다양한 의사소통 상황에 능동적이고 효과적으로 대처할 수 있는 능력을 기르는 것이다.

화법 능력에는 크게 구두 언어적 능력과 _____3 그리고 자기 점검 및 조정 능력이 있다.

화법 능력을 갖춘 사람들은 다양한 삶의 상황에서 부딪히는 여러 가지 문제들을 구두 언어 의사소통을 통하여 해결할 수 있다. 또한 이러한 해결의 과정을 통해 참여자들 간의 인과관계를 형성·유지·발전시킬 수 있다. 사회적 문제가 점점 전문화되고 복잡해지는 현대 사회에서 발생하는 문제를 합리적으로 해결하고 원만한 대인 관계를 유지하는 데 화법은 필수 요건이다.

2 목표

나. 목적과 상황에 맞게 의사소통할 수 있도록 화법의 절차와 전략을 익힌다.

효과적 의사소통이란 의미의 수용과 생산이라는 _____4 목표와 바람직한 인간관계 개선이라는 _____5 목표를 모두 효과적으로 달성하는 의사소통을 의미한다.

또한 자기 목적 달성만을 위한 화법에서 나아가 참여자 모두의 목적을 달성할 수 있는 문제 해결적 화법을 통해 참여자들이 함께 _____6할 수 있는 의사소통을 의미한다.

따라서 화법의 절차와 전략이란 단순히 언어적 의미의 수용과 표현의 차원을 넘어 공동의 문제 해결과 상생적 인간관계 형성이라는 의사소통 목적에 기여하는 절차와 전략을 의미한다.

1 협력적
2 사회·문화적 맥락
3 관계적 능력
4 언어적
5 사회적
6 상생

3 내 용

지 식	기 능
• 화법의 성격 • 화법의 요소 • 화법의 유형 • 화법과 매체 언어	• 수용과 생산 　– 내용 구성 　– 언어적 · 반언어적 · 비언어적 　– 의사소통 전략 • 사회적 상호 작용 　– 참여자 인식 　– 대인 관계의 형성과 발전 　– 주도와 협력 　– 말하기 불안 해소 • 의사소통의 점검과 조정 　– 수용과 생산의 점검과 조정 　– 사회적 상호 작용의 점검과 조정 • 매체를 통한 의사소통

(1) 지식

1) 화법의 성격

① 화법의 구두 언어적 성격을 이해한다.

문자 언어 의사소통	구두 언어 의사소통
– 일방적 전달 방식 – 필자의 전달 내용에 크게 의존하여 메시지가 소통 – 정보가 처리되는 인지적 부담이 비교적 높음(　)/낮음(　)1 – 정보 처리가 자동적(　)/비자동적(　)2	– 쌍방향적 소통 – 언어적+비언어적 의사소통을 역동적으로 사용하여 메시지 소통 – 정보가 처리되는 인지적 부담이 비교적 높음(　)/낮음(　)3 – 정보 처리가 자동적(　)/비자동적(　)4

– 의미를 소통하는 _____5 속성을 공유

– 사고 활동과 깊은 관련

화법의 구두 언어적 성격의 '작용 양상'은, 문자 언어보다 비언어적 의사소통이 많은 비중을 차지한다. 또, '____, ____6 '의 시공간적 상황을 공유하면서 즉각적인 상호 작용을 통해 의미를 소통한다.

구두언어는 정보의 내용면에서 _____7 이며, 구조면에서 _____8 이며, 정보의 양도 비교적 적은 편이어서 특별한 인지적 노력 없이 자동적으로 처리된다.

1 높음
2 비자동적
3 낮음
4 자동적
5 언어적
6 지금, 여기
7 구체적
8 개방적

01 | 화법

② 화법의 상호 교섭적 성격을 이해한다.

화법의 과정은 말하기와 듣기가 동시적으로 발생하고 상호 교섭적으로 조화를 이루는 일련의 과정이다. 또 참여자들 간의 끊임없는 의미 _____1 으로 의미를 구성하는 과정이다.

상호 교섭은 '의미가 참여자들 간의 _____1 으로 창조되며', '나선 형식으로 진행되는' 성격을 지닌다.

화법 상황에서 소통되는 의미는 언어를 사용하는 사람들이 나름의 삶의 경험과 그 말이 사용된 상황에 따라 결정한 의미이다.

③ 화법의 대인 관계적 성격을 이해한다.

화법은 사회 구성원들이 서로 '관계'를 맺으며 상대와 더불어 소통하는 행위이다. 이를 _____2 성격이라 한다.

말을 주고받는 과정에서 나타나는 일차적인 관계는 '_____3 의 관계'이다. 역할과 관련된 관계, 심리적 관계, 그리고 화법에 관여하는 사물이나 환경의 관계도 존재한다.

관계를 맺고 유지하는 데 있어 중요한 가치는 '인정'과 '배려'이다. 상대의 잘잘못을 판단하여 지적하기 전에 우선 상대와 나의 '_____4'를 인정하고 상대를 배려하는 마음가짐을 갖도록 지도해야 한다. 또한, 의례적인 _____5 (호칭과 지칭, 사회적 인사말)을 통해 사회적 공동체의 일원이 될 수 있도록 지도해야 한다.

④ 화법의 사회 · 문화적 성격을 이해한다.

시대마다 그 시대만의 말(화법) 문화가 있다. 화법의 문화는 연령에 따라, 사회적 계층에 따라, 성의 차이에 따라 형성되며, 이러한 문화가 화법의 배경으로 작용한다.

각 문화 집단은 나름의 문화적 전통을 갖는다. 곧, 말하기를 인격 수양과 인간관계를 비롯한 삶의 효용성이란 관점에서 접근한 우리의 전통적인 말 문화는, 말을 통한 자기 수양과 _____6 및 사회 질서 유지를 강조하였다. 이는 말을 삼갈 줄 아는 것, 내 주장 보다 타인과의 인간관계에 미치는 영향을 중시한 생각이다.

화법의 전통은 일정한 규범성을 가지고 화법의 태도를 판단하는 기준이 되기도 한다. 곧, '말버릇이 좋지 않다'는 표현은 나이, 지위에 따라 어휘나 문법적 선택을 달리하는 존대법이 발달했던 문화적 전통을 기반으로 한 지적이다.

2) 화법의 요소

① 화법에서 말하는 이와 듣는 이의 역할을 이해한다.

화자는 자신의 의도에 따라 청자를 배려하여 언어 내용과 표현을 선택해야 한다. 곧, _____7 지향적인 화법을 할 수 있어야 한다. 화자는 화법 수행 전에 청자를 분석하여 메시지 내용을 선정, 배열하고, 화법을 수행하는 과정에서 청자의 반응에 따라 역동적으로 메시지의 내용과 표현 방법을 바꾸어 대응할 수 있어야 한다.

② 화법에서 전언의 기능을 이해한다.

화법의 메시지는 언어적 의사소통과 비언어적 의사소통을 통해 전달된다.

1 협력
2 대인 관계적
3 화자와 청자
4 차이
5 언어 예절
6 대인 관계
7 청자

또, 화법의 메시지에는 언어적 메시지와 관계적 메시지가 있다. 언어적 메시지는 언어 수행을 통해 전달되는 메시지이고, 관계적 메시지는 참여자들 상호 간의 인식에 관한 메시지, _____1 에 관한 메시지, 사회·문화에 관한 메시지 등을 포함한다.

③ 화법에서 시공간 및 사회·문화적 맥락의 기능을 이해한다.

화법에서의 시공간 및 사회·문화적 맥락은 화법이 이루어지는 _____2 을 가리킨다.

화법의 맥락은 듣기와 말하기 전반과 관련하여 말할 내용의 생산과 수용에 영향을 미친다. 예를 들어, 어떤 주장과 그 주장에 대한 판단의 간격이 길어지면 가장 먼저 한 말이 마지막에 한 말보다 더 많은 효과를 나타내고, 그 시간이 짧으면 마지막에 한 말의 효과가 더 크게 나타난다.

현대 사회의 다양성은 화법의 사회·문화적 맥락 기능 이해의 중요성을 요구한다. 때문에 다양한 사회·문화적 상황 속에서 사회적, 문화적 차이를 인정하고, 상대를 배려하고 존중하는 태도가 절실히 요구된다.

3) 화법의 유형

① 참여자 구성에 따른 화법 유형을 이해한다.

화법 유형은 참여자 관계의 _____3 정도에 따라 사적인 화법과 공적인 화법으로 나눌 수 있다.

참여자 관계가 일 대 일인가, 일 대 다인가, 집단적인가에 따라 대화, 대중 화법, 집단 화법으로 나눌 수도 있다.

'대화'는 비공식적으로 만나 서로 이야기를 주고받는 일상 대화와 방송 대담, 회견, 면담, 면접 등의 공식 대화로 나눌 수 있다.

'_____4'은 여러 사람 앞에서 주로 혼자 이야기하는 대중적 말하기이다. 여기에는 설명과 강의와 같은 '정보 전달적 화법', 연설과 설교와 같은 '설득적 화법', 청중에게 즐거움을 주기 위한 '오락적 화법', 특별한 행사나 모임에서 하는 축사, 송사, 기념사, 주례사, 조사 등의 '_____5' 등으로 나눌 수 있다.

'집단 화법'에는 크게 토의와 토론으로 나눌 수 있다.

② 의사소통 목적에 따른 화법 유형을 이해한다.

의사소통 목적의 대화에는 다음과 같은 유형이 있다. 칭찬, 질책, 부탁, 거절, 위로, 설득, 격려 등의 일상 대화는 _____6 의 유지 및 친교 활동을 목적으로 한다. 방송 대담, 회견, 면담, 면접 등의 공식 대화는 특별한 목적을 수반한 것이다. 그러나 담화 상황에 따라 다소 상이한 목적을 추구하기도 한다. 예를 들면, 면담은 '정보 수집을 위한, 상담을 위한, 설득을 위한, _____7 를 위한' 면담으로 다시 세분할 수 있다.

대중 화법도 의사소통 목적에 따라 다음과 같은 유형으로 나눈다. _____8 화법은 정보, 지식, 기술, 경험, 문화 등을 청중에게 알려 주는 것을 목적으로 한다. _____9 화법은 말하는이가 말(設)을 사용하여 듣는이의 반응을 유발하는

1 자아 정체성
2 배경 장면
3 공식성
4 대중 화법
5 식사 화법
6 관계
7 평가
8 정보 전달적
9 설득적

01 | 화법

의도적인 말하기로, 듣는이의 신념, 태도, 행동 등의 변화를 의도한다. _____1
화법은 따분하고 반복적인 일상생활에서 오는 정신적 긴장감을 이완하고 감정을 정화하는 데 목적이 있다.

③ 의사소통 상황에 따른 화법의 유형을 이해한다.

실제 상황에서 사용되는 장면과 사용 영역에 따라, 현재 두드러지게 존재하는 화법 상황이나 명칭을 중심으로 분류한 것이다. 길 묻기 화법, 설문 조사 화법, 시청자 의견 조사 화법, 퀴즈 화법, 이야기 들려주기 화법, 교화 화법, 수업 화법, 판매 화법, 전화 화법 등이 상황에 따른 화법의 유형이다.

담화를 대화, 토의, 토론, 연설 등으로 구분하는 것도 일종의 상황을 고려한 것이다. 2007개정 교육과정에서는 대화, 면접, 토의, 토론, 협상, 발표, 연설로, 2009개정 교육과정에서는 대화, 토의, 토론, 발표, 면접, 협상, 연설로 분류하여 담화 유형으로 삼았다.

4) 화법과 매체 언어

① 면대면 소통과 매체 언어를 통한 화법의 차이를 이해한다.

면대면 소통은 소통에 참여하는 사람들이 같은 시·공간에 존재하면서 음성, 몸짓, 표정 등을 통해 의미를 주고받는 방식이다. 그러나 면대면 소통은 _____2 의 제약이 따른다.

매체 언어를 통한 소통은 매체의 발달에 따라 _____3 의 제약을 벗어나게 되었고, 다양한 소통 방식이 가능해졌다.

② 매체를 통한 화법이 인간관계에 어떤 영향을 미치는지 이해한다.

지도의 예 : 인터넷 게시판에 실린 타인의 글에 댓글 달거나 메신저나 휴대전화 문자 메시지로 대화하는 등 매체언어로 소통하는 것이 _____4 관계에 미치는 영향에 주의를 기울이도록 하고, 눈에 보이지 않는 대화 상대나 독자에 대해서도 존중하고 배려하는 태도를 취할 수 있도록 지도한다.

(2) 기능

1) 수용과 생산

① 내용 구성

㉠ 개인적, 사회적 관심 분야에서 다양한 화제를 수집하고 탐구한다.

화제가 풍부한 사람은 다른 사람의 주의나 관심을 끌고 호감을 느끼게 하며, 어떤 문제를 효과적으로 해결하는 데에도 긍정적인 기여를 할 수 있다.

평소 자신이 직접 경험한 일, 다른 사람의 말, 다양한 매체 등을 통하여 화제를 수집하고 탐구하는 자세가 필요하다. 화제를 수집할 때는 개인적인 관심사는 물론, 사회적 관심 분야를 고려하여야 한다. 화제를 탐구할 때는 탐구 전략을 세우고, 도서관 이용, 전자 정보 검색, 다른 사람과의 대화 등을 활용하고, 수집한 자료를 인용하거나 기록하고 정리해 두어야 한다.

1 오락적
2 시·공간
3 시·공간
4 사회

ⓒ 의사소통의 목적과 참여자의 특성을 고려하여 내용을 생성한다.

의사소통의 내용을 생성할 때 고려해야 할 첫 번째는, 의사소통의 _____1 을 고려하는 일이다. 의사소통의 목적에는, 정보 전달, 설득, 문제 해결, 의사 결정, 사회적 상호 작용, 정서 표현 등이 있다.

내용 생성할 때 고려해야 할 두 번째는, _____2 의 특성이다. 의사소통 참여자란 의사소통에 참여하는 주체들로서, 화자와 청자를 통틀어서 일컫는 말이다. 이들은 의사소통 과정에서 의미를 구성하는 주체가 된다.

ⓒ 담화 유형, 화제 특성, 상황에 알맞게 내용을 조직한다.

화법 과목의 담화 유형에는 대화, 토의, 토론, 발표, 면접, 협상, 연설 등의 일곱 가지가 제시되어 있다.

담화 유형에 따라 내용이 조직되는 원리는 다르다. 곧, _____3 는 참여자 간의 자유로운 발화 순서 교환에 따라 내용이 조직되고, 토론은 일정한 규칙에 따라 발화 순서의 교환이 이루어지며, 발표나 연설은 일방적으로 말할 내용을 전달하는 방식으로 조직된다.

담화 유형별 화제의 성격에 따라서도 말할 내용이 조직되는 방식은 달라질 수 있다. 곧, 발표는 화제가 대상, 사건, 과정, 개념인지에 따라 말할 내용을 조직하는 순서가 달라질 것이다. 이 때, 대상은 대상의 구조나 화제 순서로 조직되며, 사건은 시간의 순서나 인과 관계에 따라, 과정은 결과물이 만들어지는 절차에 따라, 개념은 정의나 속성, 다른 개념과의 비교, 분석, 분류, 유추 예시 등에 따라 조직된다. 또, 연설, 토의, 토론은 사실에 관한 것인지, _____4 에 관한 것인지, 정책 결정에 관한 것인지에 따라 달라질 것이다.

내용 조직 방식은 상황에 따라서도 달라질 것이다. 곧, 공식적일 때는 격식을 갖추고자 하겠지만, 비공식적인 때는 일일이 격식을 갖추지 않아도 될 것이다.

ⓔ 배경 지식, 경험, 추론을 바탕으로 담화의 내용을 재구성한다.

배경 지식이나 경험이 많은 청자일수록, 지식이나 경험을 효율적으로 활용하는 청자일수록 담화 내용을 더 잘 이해할 수 있다. 그리고 생략된 정보를 _____5 하는 사고 과정을 적극적으로 수행하는 청자일수록 담화 내용을 비판적이고 창의적으로 해설할 수 있다.

ⓜ 화법이 의미의 교섭 과정임을 알고 협력적으로 의미를 구성한다.

화법은, 의사소통 참여자간의 _____6 과정이다.

화법에 대한 관점은 세 가지로 구별된다. '_____7'은 화자가 청자에게 일방적으로 의미를 전달한다고 보는 관점인데, 지나치게 _____8중심적이다. '화자와 청자가 의미를 교환한다는 관점'은 의사소통의 가장 기본적인 형태라는 점에서 화법의 본질을 잘 설명해 주지만, 의사소통이 단순한 의미의 교환 과정이 아니란 점에서 의사소통의 실제에 부합하지는 않는다. '화자와 청자가 의미의 교섭과 협상을 한다고 보는 관점'은, 화자는 청자의 반응을 고려하여 의미를 구성하며 청자는 화자의 의미 생성에 영향을 미치면서 자신이 또 다른 화자가 되기도 한다는 점에서 화

1 목적
2 참여자
3 대화
4 가치
5 추론
6 의미 교섭
7 전달 관점
8 화자

01 화법

자와 청자가 _____1 이다.

② 언어적·반언어적·비언어적 표현

㉠ 언어적·반언어적·비언어적 표현에 함축된 의미를 파악하며 듣는다.

화자는 언어적·반언어적·비언어적 표현을 복합적으로 사용하면서 의미를 구성한다. 청자는 이런 표현 수단들이 어떤 기능을 하는지 살피면서 화자가 표현하고자 하는 의도를 파악하며 들어야 한다.

화자는 여러 가지 표현 수단을 통하여 그의 의도를 직접적으로 표현하기도 하지만 우회적으로 또는 반어적으로 표현할 수도 있다. 때문에 청자는 화자의 말과 행동을 주의 깊게 살피면서 함축된 의미를 파악하며 들어야 원만하고 효율적인 의사소통 능력을 기를 수 있다.

㉡ 언어적·반언어적·비언어적 표현의 적절성을 평가하며 듣는다.

표현의 수단이나 방법은 의사소통의 목적, 화제, 상황, 대상 등에 따라 달라지기 때문에, 언어적·반언어적·비언어적 표현의 적절성을 평가하기 위해서는 먼저 의사소통의 목적, 화제, 상황, 대상 등을 고려해야 한다.

㉢ 내용과 상황에 어울리는 낱말을 선택하여 말한다.

㉣ 상황에 따라 표준어와 비표준어를 구별하여 말한다.

상황을 고려하되, 공식적인 상황에서는 표준어를 사용함으로써 의사소통의 효율을 도모하고, 공동체적 연대 의식을 형성할 필요가 있다. 비공식적 상황에서는 방언이 갖고 있는 언어적 다양성과 개인의 언어적 주권을 존중하고 이를 통하여 우리말과 우리의 언어생활을 더욱 풍요롭게 가꿀 필요가 있다.

㉤ 공식적인 상황에서 표준 발음으로 정확하게 말한다.

㉥ 의미가 분명히 드러나도록 어법에 맞게 말한다.

구어 상황에서는 어법에 맞지 않은 문장을 사용하더라도 _____2 단서들을 활용하여 의미를 구성할 수 있기 때문에 의사소통에는 큰 어려움은 없을 수 있다. 그러나 어법에 맞지 않은 문장을 많이 사용하는 것은 의미의 명료성 확보에 어려울뿐더러, 말하는 사람의 품격에도 손상을 줄 수 있다.

㉦ 목적, 대상, 상황에 따라 적절한 억양, 성량, 속도, 어조로 말한다.

_____3 표현을 적절하게 사용할 수 있는 능력을 말한다.

㉧ 목적, 대상, 상황에 따라 시선, 표정, 몸짓 등을 적절히 조절한다.

_____4 표현은 개인이나 문화에 따라 그 사용 양상에 차이가 있다. 또, 의사소통 과정에서 언어적 표현보다 더 신뢰하는 경향이 있다.

③ 의사소통 전략

㉠ 의사소통의 목적, 상대의 처지 등을 고려하여 공감하며 듣는다.

듣기의 유형에는 듣기 과정에서 작용하는 사고의 성격에 따라 공감적 듣기, 추론적 듣기, _____5 듣기로 나뉜다.

1 협력적
2 상황 맥락적
3 반언어적
4 비언어적
5 평가적

공감적 듣기는 상대에게 감정 이입을 하여 상대의 말을 들어주는 것이다. 여기에는 소극적 들어주기와 적극적 들어주기가 있다. 소극적 들어주기는 상대방에게 관심을 표명하면서 화자가 계속 이야기를 이어갈 수 있도록 맥락을 조절하여 주는 _____1 기술이 중심을 이룬다. 적극적 들어주기는 청자가 객관적인 관점에서 문제에 접근할 수 있도록 화자의 말을 요약, 정리하고 _____2 하여 주는 구실을 통해서 화자가 스스로 문제를 해결할 수 있도록 들어주는 것이다.

ⓒ 의사소통 참여자의 소통 방식과 의도, 상황 등을 추리하며 듣는다.

다양한 유형의 담화에 참여하는 사람들이 서로를 어떤 방식으로 대하면서 의미를 구성해 나가는지를 추리해 보는 것은 의사소통에 참여하는 방법을 이해하는 데 도움이 된다. 의사소통 참여자의 소통의 방식은 직접적인지 간접적인지, 협력적인지 대립적인지, 정보 중심적인지 관계 중심적인지, 권위적인지 민주적인지, 화자 중심적인지 청자 중심적인지 등 여러 기준에 따라 분류해 볼 수 있다.

상대의 의도를 효과적으로 파악하는 사람은 적절하고 효과적으로 의사소통에 참여할 수 있지만, 그렇지 못할 경우는 불필요한 오해나 갈등을 유발하거나 감정을 상하게 될 수 있다.

의사소통 상황을 파악하며 듣는 것도 중요한데, 발화의 의미나 발화자의 의도를 좀 더 잘 이해할 수 있게 되기 때문이다.

ⓒ 의사소통 내용의 신뢰성, 타당성, 공정성을 평가하며 듣는다.

의사소통 내용이란 의사소통의 과정에서 참여자들 간에 서로 주고받는 의미이다.

의사소통 내용의 신뢰성이란, 주로 정보나 자료의 출처가 믿을 만한지에 대한 것이다. 출처가 불확실한 자료를 사용하거나, 정확하지 않은 정보를 예로 들었거나, 인정할 수 없는 권위를 인용하면 신뢰하기 어렵다.

의사소통 내용의 타당성이란, 말의 내용이 이치에 맞는가 하는 것이다. 이는, 말의 전후 맥락에서 자료나 근거로부터 결론을 이끌어 내는 방식이 합리적인지, 그것이 현실이나 삶의 이치에 부합한 것인지 등을 따짐으로써 평가된다.

의사소통 내용의 공정성이란, 말의 내용이나 주장이 공평하고 정의로운가 하는 것이다.

의사소통의 내용을 평가하며 들을 때에는, 평가의 _____3 을 고려하고 반드시 그 _____4 를 들어가며 자신의 의견을 밝힐 수 있어야 한다.

ⓓ 명시적이거나 암시적인 규칙에 따라 의사소통에 참여한다.

의사소통 규칙에는, 인류 보편적 원리로서 존재하거나, 사회·문화적 관습으로 형성되었거나, 의사소통 참여자 사이의 합의에 의해 만들어진 여러 가지 수준의 규칙이 있다.

특히 토론과 회의는 의사소통 규칙이 _____5 으로 적용되는 경우다.

ⓔ 가치관이나 문화 차이 등 의사소통의 장애 요인을 파악하여 이에 효과적으로 대처한다.

의사소통상의 장애에는, 청각 이상과 같은 신체적 장애, 말하기 불안 증세와 같은 심리적 장애, 어휘나 문장 표현력의 제약으로 인한 언어적 장애, 정보의 수집,

1 격려하기
2 반영
3 기준
4 근거
5 명시적

기억, 처리의 어려움으로 인한 인지적 장애, 대인 관계의 형성과 유지 또는 문화 차이에서 오는 _____1 장애 등 다양한 형태로 나타난다.

의사소통 과정에서는 장애나 갈등이 존재한다는 사실 자체보다는 이를 어떻게 '_____2 '할 것인가가 더 중요한 문제이다. 이에 대해 서로에 대한 열린 마음과 배려 그리고 공동체 의식을 가짐으로써 극복할 수 있다.

ⓑ 상대의 공감을 이끌어 낼 수 있는 전략을 효과적으로 활용한다.

상대의 공감을 이끌어 내기 위해서는, 상대의 동기를 유발하고 상대가 공감할 수 있는 내용으로 설득해야 한다.

동기를 유발할 때에는, 상대의 정서, 욕구, 가치 등을 고려하여 말할 필요가 있다. 곧, 부정적 정서보다는 긍정적 정서가 동기 유발에 더 도움 되고, 화자는 청중의 욕구 중에서 무엇이 가장 먼저 충족되어야 하는지를 분석하여야 하며, 말의 내용을 주변 가치뿐만 아니라 핵심 가치와 관련지어야 한다.

공감을 이끌어 내기 위한 설득의 전략은, 이성(logos), 감성(pathos), 인성(ethos)에 호소하는 전통적인 방법 외에도 개인의 인지적 측면에 초점을 두는 방법, 개인의 소속감이나 사회적 자아의 측면에 초점을 두는 방법, 의사소통 참여자가 달성하고자 하는 목적에 초점을 두는 방법 등 다양하다.

ⓐ 우리말의 문화적 전통을 이해하고 이를 활용하여 의사소통을 한다.

우리말의 문화적 전통은 말을 삼가고 필요한 말만 상황에 맞게 할 것을 강조하면서 말과 행동의 일치를 중시하는 것이다.

속담이나 옛 문헌에는, 간접적이고 우회적인 표현 방식 사용한다든지, 상대와의 경쟁보다는 협력과 상생을 강조하는 표현 방식 등을 사용하여 자신과 삶을 성찰하고, 진리를 탐구하며, 의사소통 공동체를 이상적으로 만들어나가기 위한 노력을 해 왔음을 알 수 있다.

ⓞ 의사소통의 시공간 및 사회·문화적 맥락을 고려하여 이에 효과적으로 대처한다.

같은 내용의 말이라도 어떤 시간에 어떤 장소에서 하느냐에 따라 전달되는 의미가 달라질 수 있다. 또, 의사소통이 이루어지는 시간과 장소에 따라서 말할 내용이나 표현하는 방식이 달라질 수 있다. 때문에 의사소통을 할 때는 _____3 특성을 고려하는 것이 매우 중요하다.

사회·문화적 맥락에 따라서도 의사소통의 양상이 다를 수 있다. 예들 들어, 맥락을 대상보다 중시하는 집단에서는 사건을 맥락 의존적으로 해석하지만, 맥락보다 대상을 중시하는 집단에서는 사건을 사건 그 자체로 해석하는 경향이 있다.

2) 사회적 상호 작용

① 참여자 인식

㉠ 상대의 수준, 요구, 태도 등을 분석한다.

청중(또는 청자) 분석 능력을 기르는 일이 필요하다. 의사소통 상대에 대한 분석이 필요한 담화 유형으로는 발표, _____4 , 토론, _____5 등이 있다.

1 사회·문화적
2 처리
3 시공간적
4 연설
5 협상

이를 위해서는 가능한 한 많은 경로를 통하여 상대에 대한 정보를 수집하여 상대를 정확하게 이해할 필요가 있다. 정보 수집 방법으로는, 직접 관찰, 표본 집단에 대한 면담, 관련된 사람과의 대화, 지적인 추론과 공감 등을 활용할 수 있다. 분석할 내용으로는 인구 통계학적 특성, 지적인 수준, 관심사나 요구, 화자에 대한 태도 등을 들 수 있다.

ⓒ 상황이나 상대에 따른 자신의 역할과 기여를 분석한다.

화자 자신을 분석할 수 있는 능력이 필요하다. 곧 의사소통의 전과 후에 자신의 역할과 기여를 분석함으로써 의사소통에 생산적으로 참여할 수 있다.

의사소통 참여자의 역할이나 기여는 의사소통 상황이나 _____1 에 따라 다를 수 있다. 토의나 회의에서는 집단 의사소통의 참여자로서의 역할, 연설이나 발표에서는 의사소통의 주도자로서의 역할 그리고 청중이나 청자의 역할을, 토의나 협상에서는 사회자나 _____2 의 역할을 맡을 수 있는데 각각의 역할에 맞는 기여를 할 수 있어야 한다.

ⓒ 가족과 친구 등 참여자 간의 관계, 참여자의 사회 계층 · 연령 · 성별 · 출생지 등을 고려하여 능동적으로 상호 작용한다.

② 대인 관계의 형성과 발전

㉠ 대인 관계가 지니는 중요성을 이해한다.

대인 관계는 사람들 사이의 관계를 의미한다.

대인 관계는 형성, 유지, 발전 또는 쇠퇴의 과정을 거치면서 변화하는데 대인 관계를 매개하는 가장 중요한 요소는 _____3 이다.

대인 관계를 경정하는 가장 중요한 요인 중 하나는 자아 개념이다.

자아 개념은 자신에 대한 생각만 아니라 다른 사람이 나를 어떻게 생각하느냐에 대한 나의 생각이다. 자아 개념은 대인 관계가 어떻게 전개되느냐에 따라 긍정적으로 혹은 부정적으로 형성될 수도 있다.

그리고 긍정적 자아 개념을 가진 사람은 적극적으로 자신을 드러내고 다른 사람의 반응을 능동적으로 수용하는 반면, 부정적 자아 개념을 가진 사람은 자신을 드러내는 데 소극적이고 다른 사람의 반응을 쉽게 수용하지 못하는 경향이 있다.

ⓒ 대인 관계의 형성을 위한 사회적 상호 작용에 능동적으로 참여한다.

대인 관계의 형성을 위한 사회적 상호 작용의 예로는 처음 만나는 사람들 사이에서 하는 자기소개, 주위 사람들과의 사이에서 하는 친교 대화, 다소 공식적인 자리에서 하는 사회적 인사말 등을 들 수 있다.

대인 관계의 형성을 위해서 참여자는 어느 정도 자아 노출이 필요하다. 대인 관계 형성의 초기에는 주로 _____4 자아를 노출하고, 대인 관계가 발전할수록 점진적으로 _____5 자아를 노출한다.

ⓒ 대인 관계에서 발생하는 갈등 해소나 문제 해결을 목적으로 의사소통을 한다.

대인 관계에서는 갈등이나 문제가 발생하는 상황 그 자체가 중요하기보다는 그

1 상대
2 중재자
3 의사소통
4 사회적
5 개인적

러한 갈등이나 문제를 풀어가는 방식이 더 중요할 것이다. 이를 위해서는 갈등이나 문제가 발생한 원인을 정확하게 진단하고, 잘잘못 가려야 하는지 어느 한쪽의 사과가 필요한지 등을 명확히 판단해 보아야 한다. 그러나 대인 관계의 문제는 대개 당사자 간에 서로의 처지를 이해하고 배려하는 마음이 전제되어야만 갈등이나 문제가 해결되는 경우가 많다.

ⓔ 대인 관계의 발전에 기여하는 의사소통의 요소를 이해하고 활용한다.

대인 관계는 사람과 사람 사이의 관계이다. 대인 관계의 발전을 위해서는 서로를 존중하고 배려하는 마음이 필요하고, 관계의 발전 정도에 따른 적정 수준의 _____1 이 필요하며, 서로의 사회적 관계 속에서 자신의 역할과 지위를 직시하고 그 역할을 적절히 수행하면서 의사소통을 하는 것도 매우 중요하다.

이와 관련하여 서로에 대한 예의를 지키면서 의사소통을 하는 것이 필수적인데, 리치(Leech)의 '공손성'의 원리가 그것이다. 그는 '공손성'을 "상대방과 관계를 좋게 하고 유지하기 위한 행위로서 사회적, 의사소통적 상황에서 개인이 조화롭게 상호 교류를 유지할 수 있는 능력"으로 정의하였고, '요령의 격률, 관용의 격률, 찬동의 격률, 겸양의 격률, 동의의 격률'을 제시하였다. 이런 원리들은 대인 관계 발전에 기여하는 요소가 될 것이다.

③ 주도와 협력

㉠ 다수가 참여하는 의사소통에서는 주도자와 협력자의 역할이 필요함을 이해한다.

공식적 상황에서 이루어지는 집단 의사소통에서의 주도자와 협력자는, 형식적으로 보면 _____2 가 집단 의사소통의 주도자이고 나머지 참여자는 _____3 가 된다. 그러나 실질적으로 사회자는 의사소통을 중재·조정하는 역할만 수행하고 참여자들이 의사소통을 주도하는 경우도 많다. 이때 참여자 중에도 주도적 역할과 협력적 역할을 수행하는 사람이 존재한다.

특히 리더십은 구성원들의 역할 및 임무와 조화를 이루어야 한다.

㉡ 의사소통 상황에 따라 주도자와 협력자의 역할을 효과적으로 수행한다.

상황에 따른 역할 차이는 있다.

토의, 토론, 면접, 연설 등은 어느 정도 참여자의 역할이 사전에 정해지므로 참여자는 그에 따라 의사소통에 참여할 준비를 할 수 있다. 이때 자신의 역할이 주도자인지 협력자인지에 따라 그 준비 정도가 달라지며 실제 의사소통 상황에서도 말할 수 있는 순서, 시간, 내용 등이 달라진다.

대화, 협상 등은 주도자와 협력자가 담화 상황에서 달라질 수 있다. 화제, 정보, 권위 등을 갖고 주도자가 되면 적극적으로 의견을 개진하되 협력자에게 수용적 태도를 취하고, 다시 자신이 협력자가 된 경우에는 주도자의 의견을 경청하고 담화 흐름을 도우면서도 다시 적극적으로 주도적 위치를 차지할 수 있어야 한다.

---

1 자기 노출
2 사회자
3 협력자

④ 말하기 불안 해소

㉠ 말하기 불안의 원인을 이해하고 효과적으로 대처한다.

말하기 불안은 무대 공포, 수줍음, 부끄러움과 같이 여러 사람 앞에서 말을 하기에 앞서 또는 말을 하는 과정에서 개인이 경험하는 불안 증상이다.

말하기 불안의 원인에는 말할 내용에 대한 확신이나 준비 정도, 청중의 반응에 대한 염려, 자아 개념이나 성격, 대중적 말하기의 경험 정도, 청중이나 말하기 환경의 친숙도 등을 들 수 있다.

말하기 불안을 해소하려면 우선, 말하기 불안을 자연스러운 것으로 받아들이고 말하기 불안 증상을 구체적으로 _____1 해 보여야 한다. 그리고 철저한 준비와 연습을 통해서 자신감 갖기, 몸의 긴장을 _____2 시키기, 불안을 이길 수 있도록 긍정적인 _____3 하기 등의 방법으로 해소할 수 있다.

㉡ 상대가 말하기 불안을 극복할 수 있도록 긍정적으로 반응한다.

청자의 긍정적인 반응은 화자에게 자신감을 부여하고, 마음의 여유를 찾게 함으로써 준비한 내용을 좀 더 잘 전달할 수 있게 해 줄 것이다. 또, 청자 자신도 담화 상황과 말 내용에 더 주의 집중해야 하므로, 화자와 더 의미 있는 상호 작용을 할 수 있게 된다.

3) 의사소통의 점검과 조정

① 수용과 생산의 점검과 조정

㉠ 내용의 확인, 추론, 비판, 평가와 감상 과정이 적절한지 점검하고 조정한다.

듣기의 과정은 내용의 확인 단계, 추론 단계, 비판 단계, 평가 및 감상 단계로 나누어 볼 수 있다. 이러한 단계는 순차적이 아니라 평행적이고 _____4 적으로 이루어진다. 이런 과정에서 듣기 과정에 대한 _____5 적 점검과 조정이 어떻게 이루어지느냐에 따라 얼마나 잘 듣느냐가 결정될 수 있다.

㉡ 내용의 생성, 조직, 표현 및 전달 과정이 적절한지 점검하고 조정한다.

말하기 절차에 따른 표현의 과정을 _____5 적으로 점검·조정함으로써 화법 능력을 향상시킬 수 있다.

② 사회적 상호 작용의 점검과 조정

㉠ 담화 참여자의 역할과 기여가 적절한지 점검하고 조정한다.

예를 들어, 토론의 경우 토론자는 자료 조사를 적극적으로 하였는지, 구성원들과 협력하여 토론 계획을 잘 세웠는지, 개념과 용어를 잘 정의하면서 토론을 이끌었는지, 적절한 논거를 들어 주장을 제시했는지, 상대의 주장의 핵심을 파악하여 상대방의 허점을 정확하게 지적하였는지, 논리적인 반박을 하였는지, 토론의 의의와 성과를 제시하였는지, 다른 토론자의 견해를 경청하고 상대방을 설득하기 위해 최선을 다했는지와 같은 평가 요소에 따라 자신의 수행 결과를 점검하고 반성해 볼 수 있다.

1 분석
2 이완
3 자기 암시
4 순환
5 상위 인지

담화 참여자의 역할은 상황의 공식성 정도, 담화 유형, 담화의 목적, 담화 참여자의 구성 등에 따라 다를 수 있다.

ⓒ 담화 참여자 간의 상호 작용이 적절한지 점검하고 조정한다.

담화 참여자 상호 작용은 친밀도, 사회적 지위, 상황의 공식성 정도, 담화 유형, 담화의 목적, 담화 참여자의 수와 청중 등에 따라 다를 수 있다.

4) 매체를 통한 의사소통

① 여러 가지 의사소통 상황에서 매체 활용의 적절성을 평가한다.

매체를 활용하는 경우는 두 가지이다. _____1 로 매체를 활용하는 경우와 화법의 _____2 로 매체를 활용하는 경우가 그것이다.

화법에서는 시각 자료를 보조 자료로 활용하는 경우가 많다. 시각 자료를 활용하면 내용을 좀 더 분명하게 제시할 수 있고, 청자의 흥미와 관심을 끄는데 도움을 얻을 수 있으며, 청자의 집중을 환기하는 효과도 있다. 또, 시각 자료를 활용해서 전달 내용을 구조화하면 청자가 이해하는데 도움이 되고, 오래 기억할 수 있다.

따라서 매체 활용의 적절성을 평가하기 위해서는 의사소통 상황과 화법 목적에 적절한 매체를 활용하고 있는지, 매체 활용 방식이 내용을 분명하게 전달하는데 도움이 되는지, 청자의 흥미와 집중도를 높이고 기억을 돕는데 기여하는지를 평가한다.

② 다양한 매체를 활용하여 자신의 의견을 표현한다.

화법의 목적에 따라 직접 만나 이야기하는 것보다 전화, 휴대 전화 문자 메시지, 메신저, 이메일 등으로 자신의 의견을 표현하는 것이 더 적절한 경우가 있다.

매체를 활용하여 소통하기 위해서는 다양한 매체가 지니는 일정한 소통의 양식과 규범을 익혀야 한다.

이렇듯 매체의 성격을 잘 이해하는 것은 매체 화법의 효과를 높이는 길이 된다.

③ 사적 · 공적인 언어 생활에서 적절한 매체 언어로 소통한다.

인터넷의 이메일, 메신저와 휴대전화 문자 메시지를 통한 대화, 블로그와 사회적 인맥 관리 서비스 등을 통해 이루어지는 소통은 공적인 언어생활을 중재할 수도 있으나, 사적인 언어생활에서 일어나는 사회적 상호작용을 중재하는 역할도 한다는 점을 고려하여 소통하도록 한다. 또한 신문, 라디오, 텔레비전, 인터넷 게시판 등 공적 영역의 소통을 중재하는 매체를 통해 소통할 때에는 공적인 언어생활의 맥락에 적절한 언어를 사용하여 소통하도록 한다.

---

1 전달 경로
2 보조 자료

4 담화 유형

```
        담화 유형

        • 대화
        • 토의
        • 토론
        • 발표
        • 면접
        • 협상
        • 연설
```

(1) 대 화

① 대화의 목적, 대상, 상황 등에 따른 대화의 원리를 이해한다.

대화란, 두 사람 이상이 모여 말로써 서로의 생각과 느낌을 표현하고 이해하는 _____1 적 활동이다. 이때의 상호 교섭적 활동이란 새로운 의미를 형성해 나간다는 의미이다.

대화의 목적은 정보 전달, 설득, 사회적 상호 작용, 정서 표현 등이다. 대상은 누구(혹은 무엇)에 해당하는데, 핵심 화제와 관련된다. 상황은 좁게는 대화가 이루어지는 시간적, 공간적 배경이며, 넓게는 대화 참여자(화자와 청자)나 주제, 목적 등을 포함한다. 유형에는 사적인 대화와 공적인 대화로 나뉜다.

원활한 대화를 위해서는 대화 상황(언제, 어디에서, 누가, 누구에게), 대상(무엇, 누구에 관하여), 목적(왜)을 정확하게 이해하고, 그에 따라 적절하게 조정하며 말하는 능력을 갖추어야 한다.

대화의 원리에는 '협력의 원리'와 '공손성의 원리'가 있다.

협력의 원리란, 대화 참여자가 대화의 목적에 성공적으로 도달하기 위해 지켜야 할 네 가지 격률(규칙, 명제)을 가리키는데, 양의 격률, 질의 격률, _____2 의 격률, 태도의 격률 등으로 세분된다. 곧, 대화 참여자는 언제나 대화에서 필요한 만큼의 내용을 자기가 진실하다고 믿는 대로, 전후 대화 맥락에 맞도록 간단명료하게 말해야 한다는 것이다. 대화는 '시작-펼침-맺음'으로 구조화된다. 또한 한 편의 글이 구조화되어 표현되듯이 대화도 구조화되어 나타나는데, 때로는 협력의 원리를 의도적으로 어긋나게 벗어남으로써 발화 의도를 함축적으로 전달하기도 하는데, 이를 _____3 이라 한다.

공손성의 원리란, 상대방에게 공손하지 않은 표현은 최소화하고 공손한 표현은 최대화하라는 것이다. 요령의 격률, 관용의 격률, 찬동의 격률, 겸양의 격률, 동의의 격률 등이 있다.

1 상호 교섭
2 관련성
3 대화 함축

② 상대의 감정이나 의견에 공감하며 대화한다.

공감적 듣기란, 상대방의 말을 분석하거나 비판하기보다는 일단 상대방의 관점에서 문제를 바라보고 이해하려고 노력하는 듣기를 말한다. 공감적 듣기의 핵심은, 자신의 견해를 개입시키지 않고 상대방의 말을 들어 주는 _____1 에 있다. 소극적인 들어주기는 상대방에게 관심을 표명하면서 상대방이 대화를 계속 진행할 수 있도록 대화의 맥락을 조절하여 주는 _____2 활동을 중심으로 하는 것이다. 적극적인 들어주기는 상대방이 객관적인 관점에서 문제에 접근할 수 있도록 상대방의 말을 요약 정리하면서 상대방이 스스로 문제를 해결할 수 있도록 도와주는 것이다.

③ 다양한 소통 맥락을 고려하여 대화한다.

소통 맥락에는 상황 맥락(미시적 맥락)과 사회·문화적 맥락(거시적 맥락)이 있다. 대화의 현재적인 시간과 공간 등은 전자의 예이며, 한국 사회의 문화적, 역사적 맥락은 후자의 예이다.

④ 유머와 재담 등을 활용하여 대화한다.

유머와 재담은 웃음을 유발하는 말하기와 관련되는데, 이를 통해 _____3 를 적극적이고 능동적으로 유지·발전시킨다. 곧, 긴장감을 해소하고 의사소통의 활력을 불러일으키는 역할을 한다.

유머는 남을 웃기는 말이나 행동과 관련되는 '우스개', '익살', '해학'이다.

재담은 익살과 재치를 부리며 재미있게 이야기하는 것 또는 그러한 말이다. 전통 연희에서 광대나 소리꾼이 연행의 흥취를 돋우기 위하여 들려주는 우스갯소리다.

유머와 재담은 그 내용의 전달 방식 외에, 화제와의 관련성, 새롭게 적용하거나 만들어내는 능력도 고려해야 한다.

(2) 토의

① 토의의 개념, 목적, 형식, 절차, 방법 등을 이해한다.

토의란 여러 사람이 모여서 공동의 문제를 해결하기 위하여 협의하는 화법의 한 형태이다.

토의의 종류에는 심포지엄, 패널 토의, 포럼, 회의, 원탁 토의, 세미나, 콜로퀴엄, 브레인스토밍 등이 있다.

심포지엄은 어떤 논제에 대하여 여러 측면에서 나누어 각 측면의 전문가가 각자의 의견을 발표하는 토의의 형태인데, 발표자간 상호 토의는 없다. 패널 토의는 전문가가 일반 청중 앞에서 토의 문제에 대하여 서로 의견을 주고받는 토의의 한 형태이다. 포럼은 공공의 장소에서 전문가가 어떤 문제에 대한 해결 방안을 발표한 다음에 청중과 질의·응답하는 토의의 한 형태이다. 회의는 어떤 조직이나 공동체의 문제를 해결하고 의사결정을 하기 위한 토의의 한 형태인데, 의사결정을 위한 엄밀한 절차가 정해져 있다. 원탁 토의는 10명 내외의 사람들이 원탁을 에워싸고 상하의 구별 없이 자유롭게 의견을 나누는 것이다. 콜로퀴엄은 _____4 를 초빙

---

1 들어주기
2 격려하기
3 대인 관계
4 권위 있는 전문가

하여 다른 사람들의 그릇된 의견을 바로잡아 주게 하는 점이 세미나와 다르다. 브레인스토밍은 참석자들이 새롭고 기발한 의견들을 자유롭게 제시한 뒤에 그것들 중에서 평가나 토의를 통해 선택하는 것이다.

　토의 절차는, 문제를 설정하고, 사전 조사 연구하고, 해결 방안을 탐구하는 과정을 거친다. 이때, 토의 문제는 _____1 으로 서술한다(예 교실 붕괴를 어떻게 막아야 하는가?).

② 사회자와 참여자의 역할과 책임을 알고 토의한다.

　사회자의 역할로는 토의의 계획과 준비, 토의의 실제적 진행, 토의 내용의 정리와 보고 등이다. 이 중, 토의의 실제적 진행은 다시 _____2 의 임무, 분위기를 만들고 유지시키는 임무로 나눌 수 있다.

　사회자는 참여자들에게 발언 기회를 균등하고 공정하게 배분하고, 그들 사이의 갈등과 의견 충돌 등을 조정하고 해결해 주어야 한다.

　토의 사회자와 참여자의 역할은……(생략)

③ 여러 사람의 의견을 종합하여 장단점을 파악하면서 듣는다.

　토의 참여자와 청중은 문제해결의 관점에서 종합하며 들어야 한다.

　토의 참여자는, 다른 사람의 발언을 적극적으로 경청하는 태도와 토의에 도움이 되는 발언을 하는 능력을 지니고 있어야 한다. 남의 발언을 _____3 인 입장에서 주의 깊게 들어 정확히 이해하고 평가할 수 있어야 한다. 다른 의견을 장단점을 평가하면서 자신의 의견보다 더 나은 점은 받아들이고 단점을 극복할 방안을 질문하여야 한다. 상대의 의견과 비교하여 자신의 의견이 장점을 더 많이 가지고 있다고 판단되면 상대방에게 자신의 의견을 적극적으로 설득하여야 한다. 자신의 의견에서 예상되는 단점에 대해 질문을 받았을 때에는 이를 해결할 수 있는 _____4 을 제시하여야 한다.

④ 문제 해결 방안을 생각하며 듣고 능동적으로 의견을 말한다.

　토의에서 문제를 해결하기 위해서는 '문제의 확인, 문제의 분석, 대안의 탐색, 대안의 도출, 대안의 평가' 등의 절차를 따른다.

　문제 확인 단계는 해결해야 할 문제가 무엇인지, 문제가 되는 이유가 무엇인지에 대한 인식을 공유하는 것이다. 문제 분석 단계는 문제가 발생한 원인이나 세부적인 문제점을 분석하는 단계다. 문제 해결 방안 탐색 단계는 해결책을 마련하기 위한 다양한 의견이 교환될 수 있다. 대안의 도출 단계는 최선의 해결책을 마련하기 위하여 가능한 한 참가자 전원이 의견을 제시하고 여러 방안에 대한 검토와 협의가 이뤄진다. 그리고 대안의 평가 단계에서는 최선의 대안 마련 후 그 대안이 문제를 해결하는 데 어떤 의의가 있는지 따져보는 것이 좋다.

　단, 소수의 의견도 존중해야 한다. 토의에서는 해결안 결정도 중요하지만 합리적인 _____5 도 중요하기 때문이다.

■■■■■■■■■■■■■■

1 의문문
2 과제 해결
3 객관적
4 대안
5 해결안에 이르는 과정

(3) 토론

① 토론의 개념, 목적, 형식, 절차, 방법 등을 이해한다.

토론(debate)이란, 어떤 논제에 대하여 찬성자와 반대자가 각기 논거를 들어 자신의 주장이 옳음을 내세우고, 상대방의 주장이나 논거가 부당하다는 것을 명백하게 하는 화법의 한 형태이다.

토론의 목적은 참여자 간의 경쟁적 상호 작용을 통하여 논제에 대한 이해를 심화하는 데 있다.

토론의 유형은 크게 일반 토론과 교육 토론으로 나눌 수 있다. 이 중 화법 영역에서 중점적으로 다루어야 할 토론의 유형인 교육 토론은 교육적 목적에 따라 선정된 논제를 다루며, 그 논제에 대한 의사 결정 권한과 무관한 청중을 대상으로 이루어진다. 교육 토론의 유형은 표준 토론(고전적 토론, 전통적 토론), 교차 심문 토론, 링컨 · 더글러스 토론, 의회식 토론, 칼 포퍼 토론, 모의 법정 토론 등이 있다. 이런 토론은 유형에 따라 규칙, 절차, 참여자의 역할이 정해져 있기 때문에 이를 이해할 필요가 있다.

토론자는 자신의 주장을 뒷받침하는 데 필요한 논거를 충분히 준비하고, 상대방이 제시할 가능성이 있는 논거들을 예측하여 그것들을 반박할 수 있는 논거를 마련하고, 토론 개요를 작성하여 토론에 임해야 한다.

② 사회자와 참여자의 역할과 책임을 알고 토론한다.

토론 사회자는 객관적인 입장에서 토론이 원만히 이뤄지도록 공정하게 진행하는 것이다. 사회자는 토론자에게 토론의 _____1 을 미리 알려주어 토론이 본궤도를 벗어나지 않도록 한다. 그리고 토론이 혼란해지면 쟁점을 정리해서 토론자들에게 숙지시킨다. 질문과 요약을 그때그때 삽입해서 토론의 진행을 돕는다.

토론자는 자기의 주장을 조리 있고 분명하게 말하며, 상대방의 주장을 논리적으로 논박하고, 상대방의 논박을 효과적으로 반박하면서 자신의 주장을 변호하는 것이다.

토론자는 규칙을 지키며, 공동의 문제를 바람직한 방향으로 해결하기 위해 힘쓰고, 논리적 오류를 범하지 않고, 윤리에 어긋나는 언동을 삼가고, 자신의 발언에 대하여 책임을 져야 한다. 그리고 토론자는 논리적 오류를 인정하지 않는 한 _____2 를 지녀야 한다. 왜냐하면, 상대의 의견이 더 설득력이 있다고 하여 상대의 의견을 수용하게 되면 토론은 더 이상 진행될 수 없기 때문이다. 자신의 입장을 끝까지 견지함으로써 논제에 대한 깊이 있는 토론이 이뤄질 수 있다.

청중은 객관적인 입장에서 찬성자와 반대자의 발언을 듣고, 논거의 정확성, 타당성, 신뢰성 등과 논지의 일관성, 토론 규칙의 준수 여부 등을 살펴 평가한다.

③ 상대의 주장과 근거가 타당한지 평가하면서 듣는다.

토론 시에는 상대방이 수집한 논거의 정확성과 신뢰성을 검증해 보아야 한다.

논거(증거 자료)에는 사실적 증거(통계, 사례, 실례 등), _____3, 의견적 증거(전문가의 의견, 관찰자의 증언 등)가 있다.

1 규칙
2 자신의 입장을 끝까지 견지하려는 태도
3 정황적 증거

증거 자료의 검증에서는 증거로서 적합한지 검토한 다음, 그 출처가 믿을 만한지 검토한다. 그리고 질과 양을 검증하는데, 질(質)의 검증은 주어진 자료가 사실임을 증명할 수 있는지, 일관성이 있는지, 정확한지, 최근의 자료인지를 검토하는 것이다. 양(量)의 검증은 자료가 충분하고 완벽한지를 검토하는 것이다.

상대의 주장과 근거를 평가할 때는 논증의 구조와 논증의 유형을 고려하여 타당성과 적절성 평가해야 한다. 이 때, 논증의 구조는 논증의 요소인 주장과 근거들이 이루는 형태적인 관계이며, 논증의 유형은 근거의 성격에 따라 논증을 분류한 것이다.

논증 구조나 유형을 고려하여 논증의 합리성을 평가할 수 있다.

④ 자신의 주장에 대해 근거를 들어 조리 있게 말한다.

토론의 논제는 사실 논제, 가치 논제, 정책 논제로 나눌 수 있다.

사실 논제는 어떤 명제가 사실임을 주장하여야 하고, 가치 논제는 어떤 가치가 바람직함을 주장하여야 하며, 정책 논제는 어떤 정책의 실행이 바람직함을 주장하여야 한다.

토론에서 자신의 주장을 강화하기 위해서는, 논리적인 논증 구조를 바탕으로 치밀한 자료 조사를 해야 한다.

(4) 발표

① 발표의 목적과 형식에 따른 준비 절차와 발표 방법을 이해한다.

발표란 여러 사람 앞에서 자신의 생각이나 의견 또는 어떤 사실에 대해서 진술하는 말하기이다.

발표의 목적은 조사 연구 결과 등 사실적인 정보의 전달, 어떤 사안에 대한 자신의 생각이나 의견과 설득 등이다.

발표의 준비 절차는 다음과 같다.

'발표 준비 시'에는 발표 주제와 목적, _____1 을 분석하고, 발표 자료 수집 후 제한된 시간에 맞게 효과적으로 조직하되, '도입-전개-정리' 구조를 분명히 한다. 이 때, 도입부에서는 발표 내용의 화제나 주제, 목적, 배경 등을 간략히 설명한다. 전개부에서는 구체적인 예시 들을 곁들여 진술하고, 정리부에서는 핵심적인 내용을 강조하거나 특별히 당부하고 싶은 내용 또는 덧붙이고 싶은 말들을 짤막하게 언급하고 마무리한다. 또 발표를 준비할 때는 사전에 충분한 시간을 할애하고, 발표 내용 준비가 완료된 후에는 전체적인 발표 내용과 순서에 유의하며 사전에 연습하는 것도 중요하다.

효과적인 발표를 위해서는 시청각 자료를 비롯한 다양한 매체를 활용하고, 준비된 자료를 바탕으로 _____2 을 통해 시간과 분량을 조절하며, 청중의 집중과 적극적인 반응을 유도하기 위해 구체적 사례, 재담이나 유머, 자신의 경험담 등을 적절히 활용한다.

발표 방법을 지도할 때는 첫째, 사전에 주요 내용을 기억하고 핵심적인 내용을 중심으로 간단명료하면서도 효과적으로 말하는 방법에 초점을 두고 지도한다. 발표 시에 메모한 자료나 화면을 참고하는 것은 좋으나 준비된 원고를 전체적으로 읽

1 예상 청중
2 사전 연습

어 나가는 것은 바람직하지 않기 때문이다. 둘째, 반언어적 표현과 비언어적 표현을 효과적으로 활용할 수 있어야 한다. 마지막으로 발표 과정에서 청중과 질의 응답함으로써 청중의 적극적인 반응을 이끌어 내는 것도 효과적인 방법이다.

② 핵심 내용을 중심으로 정해진 시간에 맞게 발표한다.

발표 시간을 준수하기 위해서 발표할 내용의 분량을 적절하게 조절하고 구조화할 필요가 있다. 곧, 일반적으로 1분에 전달할 수 있는 분량은 _____1 자 내외가 적절하고, 발표 시간이 부족하거나 남을 경우에 대비하여 예시 자료의 추가나 삭제, 청중에 대한 질문과 답변 등을 사전에 계획하는 것도 효과적인 방법이다. 발표 내용을 '도입-전개-정리'의 순서에 따라 '화제 제시-구체적인 내용 제시-화제의 요약과 강조'로 구조화하여 제시하는 것이 일반적이다.

③ 다양한 자료와 매체를 효과적으로 활용하여 발표한다.

발표 시에 다양한 자료와 매체를 효과적으로 사용하는 것은 우선, 발표의 내용을 풍부하게 해 주고, 전달 효과를 높이며, 청중에 대한 설득력을 높인다.

다양한 자료를 참고할 때에는 자신이 이해한 내용들을 중심으로 효과적으로 재구성하고 반드시 _____2 한다.

④ 청중의 반응을 고려하며 성실한 태도로 발표한다.

발표할 때는 사전에 예상 청중의 지적 수준, 관심, 태도 등의 특성을 충분히 고려하여 발표 내용을 준비해야 한다. 그리고 발표 중에는 청중의 이해 여부와 반응을 확인하고 반영하며 끝까지 최선을 다해 성실한 태도로 임해야 한다.

⑤ 발표 내용의 핵심과 문제점을 파악하면서 듣는다.

청자는 발표의 목적이나 의도, 핵심 내용, 흐름 등에 집중하며 듣고, 내용의 정확성, 신뢰성, 타당성 등의 측면에서 문제점은 없는지 점검하며 들어야 한다.

발표를 들을 때는 핵심 내용이나 문제점을 메모한 후, 질의응답이나 토의토론의 기회를 갖도록 한다.

(5) 면접

① 면접의 목적과 형식에 따른 준비 절차와 면접 방법을 이해한다.

면접(面接)은, 일정한 목적을 위해서 질문과 응답을 통해 정보를 수집하거나 평가하기 위한 공적 대화의 한 유형이다.

종류에는, 면접 참가자의 수에 따라 단독(개인) 면접과 집단 면접이 있고, 공개여부에 따라 공개 면접과 비공개 면접이 있다.

형식은, '질문'과 '답변'으로 이루어지는데, 질문자 입장일 경우에는 '면접하기', 답변자의 입장일 경우에는 '면접 받기'에 해당한다. 단, 어느 경우이든 면접의 목적을 분명히 인식하고 언어 예절을 지키며, 정확하게 표현하고 전달하며, 자유로운 분위기 속에서 면접을 수행할 수 있어야 한다.

면접의 절차는 다음과 같다.

---

1 350
2 출처를 밝히도록

절차	면접하기	면접 받기
준비 단계	면접의 '목적'에 비추어 질문할 핵심적인 내용 준비	예상되는 질문 정리, 정확하고 효과적인 답변 방안 준비
본 면접 단계	구체적으로 질문하고 답변을 청취 혹은 기록 필요시 보충 질문.	면접자의 질문 의도를 정확하게 파악한 후 핵심적인 내용을 바탕으로 간결하고 효과적으로 답변
면접 후 평가 단계	수집한 정보를 바탕으로 면접의 성과나 피면접자 평가	자신이 면접 결과에 대해서 스스로 점검하고 평가

면접을 지도할 때는, 구체적인 목적, 상황, 대상을 설정한 뒤에 화법의 원리를 적용하여 '짝 학습법', '＿＿＿＿＿1', '자기 점검' 및 '자기 평가' 전략 등을 활용한다.

② 원하는 정보를 얻기 위해 효과적으로 질문한다.

질문의 유형에는 폐쇄형 질문, 개방형 질문, 보충 질문 등이 있다.

폐쇄형 질문은, 면접자가 확인하고자 하는 특정의 사항에 대해 구체적으로 제시하는 질문이다(예 훈민정음의 창제 배경은 무엇인가?).

개방형 질문은, 피면접자로 하여금 광범위하게 생각하고 진술하도록 하는 질문이다(예 이 경우 만약 당신이 교장이라면 학교를 어떻게 운영하겠는가?).

보충 질문은, 피면접자가 답변을 회피하거나 모호하게 할 경우, 또는 좀 더 구체적인 정보를 원할 경우 추가하는 질문이다.

③ 맥락을 고려하여 질문자의 의도를 파악하며 듣고 요령 있게 답변한다.

피면접자는 질문자의 의도를 파악하기 위해 주의 깊게 듣고, 질문 내용을 정확히 파악한 후, 면담의 상황, 목적, 질문자에 대한 사전 지식과 이해, 메시지에 대한 평가를 고려하도록 한다.

또한, 제한된 시간 내에 명료하게 답변하고, 불필요한 진술이나 자신 없는 태도를 피해야 한다.

(6) 협상

① 협상의 개념, 목적, 형식, 절차, 방법 등을 이해한다.

협상이란 이익과 관련된 갈등을 인식한 ＿＿＿＿＿2 의 주체들이 이를 해결할 의사를 가지고 모여서 합의에 이르기 위해 대안들을 조정하고 구성하는 공동 의사 결정 과정이다.

협상의 목적은 ＿＿＿＿＿3 에 있다.

협상의 형식으로는 협상의 조건, 유형 등을 들 수 있다. 협상의 조건은 참여자, 상황, 행위 조건으로 구분된다. '참여자 조건'은 참여자가 경쟁적인 협력자 관계여야 한다는 의미이고, '상황 조건'은 협상을 필요로 하는 ＿＿＿＿＿4 상황이 존재해야 함을 가리키며, '행위 조건'은 참여자들이 공동의 목표를 추구하며 합의 결과에 대해 이행 의무를 지님을 의미한다.

▪▪▪▪▪▪▪▪▪▪▪▪▪▪▪▪▪▪▪▪▪▪

1 역할 놀이법
2 둘 이상
3 갈등의 조정과 합의
4 구체적 갈등

협상의 유형에는 참여자 집단의 유형에 따라 양자 협상과 다자 협상이 있다. 양자 협상은 협상 참여자의 주체가 서로 다른 두 집단인 경우를 말하고, 다자 협상은 셋 이상의 서로 다른 참여자 집단이 협상에 임하는 것을 말한다. 또 협상의 주제가 단일한 경우와 여럿인 경우로 나누어 단일 협상과 복합 협상으로 구분하기도 한다.

협상의 절차는 대체로 시작 단계, 조정 단계, 해결 단계로 나뉜다. 시작 단계는 문제에 대한 참여자들의 기본 입장을 서로 확인 하는 단계이다. 조정 단계는 참여자들의 입장 표명과 함께 구체적인 제안이나 대안을 상호 검토하면서 양보를 통해 입장 차이를 좁히는 단계이다. 해결 단계는 제시된 대안들을 재구성하면서 합의에 이르는 단계이다.

협상의 방법에는 서로의 입장 차이에 대한 상호 반박, 상대방 이익과 공동의 이익에 대한 탐색, 질문을 통한 제안과 평가, 동의를 유도하는 설득이나 양보를 통한 합의 유도 전략 등이 있다.

② 협상의 목표를 설정하고 구체적인 타협안을 마련한다.

협상의 궁극적 목표는 양보와 설득을 통해 실현 가능한 구체적인 타협안 찾아 _____1 을 얻는 데 있다. 따라서 협상에 임할 때는 타협 가능한 협상의 목표를 설정하고, 복수의 대안들을 바탕으로 임해야 한다.

③ 협상의 쟁점을 분석하고 단계적으로 문제를 해결한다.

협상을 효율적으로 진행하기 위해서는 구체적인 갈등이 어떠한 것인지를 정확히 인식하고, 협상 참여자들이 어떤 쟁점을 논의해야 하는지, 무엇을 먼저 논의해야 하는지를 판단해야 한다.

단, '쟁점'은 협상 전에 결정되기도 하지만, 협상 진행 과정에서 변경되거나 새롭게 구성되기도 한다.

④ 참여자 모두가 만족하는 결론을 도출하기 위하여 협력한다.

성공적인 협상을 위해서 동일 집단 구성원 간에 협력할 뿐 아니라, 이익이 서로 다른 참여자와도 협력해야 한다. 또, 상대방이 제시한 대안을 구체적 근거와 함께 평가하고 비판하되, 상대방의 입장에서 이해하고 존중하는 태도, 협상 결과에 대해 책임지는 태도를 고려해야 한다.

(7) 연설

① 연설의 목적과 형식에 따른 준비 절차와 연설 방법을 이해한다.

연설이란 한 사람의 연사가 다수의 청중을 대상으로 특정의 목적을 가지고 말하는 공식적인 말하기의 한 유형이다.

연설의 목적에는 새로운 지식이나 정보를 청중에게 알려 주기 위한 것(정보 전달 연설), 청중을 설득시키기 위한 것(설득 연설), 청중을 즐겁게 하기 위한 것(환담 연설) 등이 있다.

연설의 준비 절차는 첫째, 상황과 청중 분석, 둘째, 연설의 유형 · 목적 · 주제 결정, 셋째, 자료의 수집과 선정, 넷째, 자료의 조직과 개요 작성, 다섯째, 연설문 작

---

1 공동의 이익

성, 여섯째, _____1 이다.

연설문을 사전에 준비할 경우에는 연설의 목적이나 유형에 따라 다음 사항들을 고려해야 한다. 정보전달 연설은 청중이 이해하기 쉬운 단어와 문장을 선택하고, 적절한 예시를 포함한다. 설득 연설은 청중을 설득할 수 있는 적절한 _____2 가 필수적이다. 환담 연설은 연설의 상황과 목적, 청중에 적절한 내용을 준비하고, 필요하다면 분위기를 전환시킬 수 있는 알맞은 재담을 활용하는 것이 효과적이다.

연설을 할 때에는 언어적 · 반언어적 · 비언어적 표현을 효과적으로 활용하여 전달 효과를 고려해야만 한다. 또한 연사는 청중의 호응과 긍정적 반응을 유도하기 위한 질문과 확인 등의 전략을 구사하도록 한다.

② 목적, 청중, 상황 등에 맞게 내용을 구성하여 말한다.

내용을 구성할 때 정보전달 연설은 청중의 기대와 요구에 맞게 새롭거나 의미 있는 정보 중심으로 구성한다. 설득 연설은 설득하고자 하는 핵심적인 주제나 쟁점을 청중들의 특성에 맞게 신중하게 접근해야 한다. 환담 연설은 상황과 목적, 청중의 분위기와 정서에 맞는 내용 중심으로 구성한다.

③ 목적, 청중, 상황 등에 맞게 언어적 · 반언어적 · 비언어적 표현을 조절한다.

언어적 · 반언어적 · 비언어적 표현은 지나치게 과장하는 것보다는 자연스러운 것이 바람직하나, 청중의 수나 강조하고자 하는 의도에 따라 그 정도를 조절할 줄 알아야 한다. 그래야 연설의 단조로움을 피할 수 있고, 청중의 관심과 집중을 유도할 수 있다.

따라서 학생들로 하여금 자신 혹은 동료의 연설을 녹음하거나 녹화하여 분석하고 장점과 개선점을 찾아보도록 하는 것도 효과적이다.

④ 내용의 신뢰성, 타당성, 공정성 등을 따져 보면서 듣는다.

신뢰성 판단 기준으로는 연사의 인격, 직업, 전문성, 인용 자료의 출처 등을 참조할 수 있다. 타당성 판단 기준으로는 연사의 주장에 대한 근거의 적절성 여부를 들 수 있다. 공정성 판단 기준으로는 서로 다른 관점이나 대상에 대한 형평성 유지 여부를 들 수 있다.

---

1 연설 연습
2 논거 제시

01 | 화법

5 성취기준

지 식	(가) 화법의 성격		① 구두 언어적 성격 ② 상호 교섭적 성격 ③ 대인 관계적 성격 ④ 사회·문화적 성격
	(나) 화법의 요소		① 말하는 이와 듣는 이(의 역할) ② 전언(의 기능) ③ 시공간 및 사회·문화적 맥락(의 기능)
	(다) 화법의 유형		① 참여자 구성에 따른 유형 ② 의사소통 목적에 따른 유형 ③ 의사소통 상황에 따른 유형
	(라) 화법과 매체 언어		① 면대면 소통과 매체 언어를 통한 화법의 차이 이해 ② 매체를 통한 화법이 인간관계에 미치는 영향 이해
기 능	(가) 수용과 생산	① 내용 구성	㉮ 다양한 화제(-개인적, 사회적 관심 분야에서)를 수집하고 탐구 ㉯ 내용 생성(의사소통의 목적과 참여자의 특성을 고려하여) ㉰ 내용 조직(담화 유형, 화제 특성, 상황에 알맞게) ㉱ 담화의 내용을 재구성(배경 지식, 경험, 추론을 바탕으로) ㉲ 협력적으로 의미를 구성(화법이 의미의 교섭 과정임을 알고)
		② 언어적·반언어적·비언어적 표현	㉮ 함축된 의미를 파악하며 듣기 ㉯ 표현의 적절성을 평가하며 듣기 ㉰ 낱말을 선택하여 말하기(내용과 상황에 어울리는) ㉱ 표준어와 비표준어를 구별하여 말하기(상황에 따라) ㉲ 표준 발음으로 정확하게 말하기(공식적인 상황에서) ㉳ 어법에 맞게 말하기(의미가 분명히 드러나도록) ㉴ 적절한 억양, 성량, 속도, 어조로 말하기(목적, 대상, 상황에 따라) ㉵ 시선, 표정, 몸짓 등을 적절히 조절하기(목적, 대상, 상황에 따라)
	(나) 사회적 상호작용	③ 의사 소통 전략	㉮ 공감하며 듣기(의사소통의 목적, 상대의 처지 등을 고려하여) ㉯ 추리하며 듣기(의사소통 참여자의 소통 방식과 의도, 상황 등) ㉰ 평가하며 듣기(의사소통 내용의 신뢰성, 타당성, 공정성) ㉱ 규칙(-명시적이거나 암시적인)에 따라 의사소통에 참여하기 ㉲ 의사소통의 장애 요인(가치관이나 문화 차이 등)을 파악하여 효과적으로 대처하기 ㉳ 전략(상대의 공감을 이끌어 낼 수 있는)을 효과적으로 활용하기 ㉴ 우리말의 문화적 전통을 이해하고 이를 활용하여 의사소통하기 ㉵ 의사소통의 시공간 및 사회·문화적 맥락을 고려하여 이에 효과적으로 대처하기
		① 참여자 인식	㉮ 상대의 수준, 요구, 태도 등을 분석 ㉯ 자신의 역할과 기여를 분석(상황이나 상대에 따른) ㉰ 참여자 간의 관계, 참여자의 사회 계층·연령·성별·출생지 등을 고려하여 능동적으로 상호 작용하기

기 능		② 대인 관계의 형성과 발전	㉮ 대인 관계가 지니는 중요성 이해하기 ㉯ (대인 관계의 형성을 위한) 사회적 상호 작용에 능동적으로 참여 ㉰ (대인 관계에서 발생하는) 갈등 해소나 문제 해결을 목적으로 의사소통하기 ㉱ (대인 관계의 발전에 기여하는) 의사소통의 요소를 이해하고 활용하기
		③ 주도와 협력	㉮ (다수가 참여하는 의사소통에서는) 주도자와 협력자의 역할이 필요함을 이해하기 ㉯ 주도자와 협력자의 역할을 효과적으로 수행하기(의사소통 상 황에 따라)
		④ 말하기 불안 해소	㉮ 말하기 불안의 원인을 이해하고 효과적으로 대처하기 ㉯ 상대가 말하기 불안을 극복할 수 있도록 긍정적으로 반응하기
	(다) 의사 소통의 점검과 조정	① 수용과 생산의 점검과 조정	㉮ 내용의 확인, 추론, 비판, 평가와 감상 과정이 적절한지 점검하 고 조정하기 ㉯ 내용의 생성, 조직, 표현 및 전달 과정이 적절한지 점검하고 조정하기
		② 사회적 상호작용의 점검과 조정	㉮ 담화 참여자의 역할과 기여가 적절한지 점검하고 조정하기 ㉯ 담화 참여자 간의 상호 작용이 적절한지 점검하고 조정하기
	(라) 매체를 통한 의사소통	① 매체 활용의 적절성 평가 ② 다양한 매체를 활용하여 자신의 의견 표현하기 ③ 사적 · 공적인 언어생활에서 적절한 매체 언어로 소통하기	

02 | 독서

1 성 격

(1) '독서'란?

"독서는 글을 읽고 의미를 구성하는 능동적 _____1 이며, 사회·문화적 맥락에서 의미를 소통하고 창조하는 행위이다."

이는 "독서는 글을 매개로 독자와 필자 사이에 일어나는 심리·사회적 상호 작용이다."라고 한 기존의 관점을 수용하면서도 '독자의 _____2 과 사회·문화적 맥락을 더 강조'한 것이다.

(2) 독자가 수행하는 사고 작용이나 활동

7차 교육과정에서는 "독자는 _____3 을 동원하면서 필자의 의도와 정보가 담긴 글을 읽고 의미를 재구성한다."는 말로 독자의 역할을 간략히 제시했다. 07개정 교육과정에서는 "독자는 독서 목적이나 글의 특성에 따라 적절한 배경 지식을 활성화하여 글의 정보를 _____4 하고 _____5 하며 _____6 함으로써 의미를 구성한다."는 점과 그렇게 구성된 의미를 "_____7 에 통합하고, 이를 여러 가지 문제 해결 상황에서 활용한다."는 점, 그리고 "사회·문화적 배경이 서로 다른 사람과 의미를 소통하며, 그 과정에서 새로운 의미를 _____8 한다."는 점을 강조한다.

이런 관점의 변화는 독서의 개념을 확장하고, 독자의 능동성을 강조하며, 문제 해결로서의 독서나 사회적·문화적 소통으로서의 독서의 특성에 더 비중을 둔 입장이다.

(3) 독서의 효용

독서를 하면 독자에게 긍정적인 변화가 일어난다. 곧, '독서는 지식을 넓혀 주고 _____9 를 풍부하게 해 준다'는 전통적인 효용 외에, '인간의 삶과 문화의 _____10 을 이해하게 되고, 사회와 소통하여 새로운 문화를 창조할 수 있다'는 점이 그것이다.

(4) '독서' 과목의 성격(2007개정 교육과정)

국민 공통 기본 교육과정 '국어' 과목의 읽기 영역의 내용을 심화·발전시킨 과목이다.

초등학교에서는 정확성과 효율성을 중시하고, 중등학교에서는 정확성, 비판적 태도, 창의성을 강조한다. 그리고 글을 잘 읽는 능력에 더해 책의 생산과 유통, 독서 문화, 독자의 위상 변화를 포함시켰다. 또한 독서의 성찰과 조절, 독서의 활용 등이 강화되었다.

1 사고 행위
2 능동성
3 배경 지식
4 탐색
5 선택
6 조직
7 배경 지식
8 창조
9 정서
10 다양성

2 내용

지 식	기 능

• 독서의 특성
• 글의 특성
• 독서의 과정과 방법
• 독서의 맥락
• 독서의 역사와 가치
• 독서와 매체 언어
	• 독서의 준비
	• 독서의 수행
	  − 사실적 독해
	  − 추론적 독해
	  − 비판적 독해
	  − 감상적 독해
	  − 창조적 독해
	• 독서의 성찰과 조절
	• 독서의 활용
	• 매체 자료의 비판적 수용

'지식'은 독서 활동에 관련된 본질적인 지식을 의미한다.

'기능'은 독서 활동에 관여하는 사고의 절차나 과정을 의미한다.

독서 활동이 이루어지는 과정과 단계를 고려하여 하위 항목으로 설정하였으나 실제 독서 활동은 독자의 능력이나 글의 성격, 그리고 독서의 상황 등 다양한 요인에 따라 단선적인 과정이 아니라 회귀적이거나 복합적인 양상을 띠게 된다.

(1) 지식

1) 독서의 특성

① 의미 구성 행위로서의 독서의 특성을 이해한다.

능동적인 독자는 글에서 의미를 구성하는 것이 독서의 본질임을 인식한다.

독서는 단순화하면 문자 기호를 _____1 하는 과정과 의미를 _____2 하는 독해 과정으로 구분할 수 있다. 이때, 독서를 '의미 구성 행위'로 본다는 것은 '의미'를 추구하는 '_____3'에 무게를 둔다는 것이며, 독자가 자신의 배경 지식이나 경험 등을 활용하여 자기 나름으로 의미를 '_____4'한다는 것을 뜻한다.

결국 독서는 의미를 추구하는 행위이며, 글의 의미는 어느 하나로 고정되어 있지 않으며, 글을 읽을 때에는 자기의 경험, 지식, 신념 등을 적극적으로 동원하여 능동적으로 읽어야 한다. 단, 읽을 때 다양하고 능동적인 이해와 해석의 근거는 언제나 '_____5'이어야 한다.

② 문제 해결 행위로서의 독서의 특성을 이해한다.

능동적인 독자는 독서가 문제를 해결해 가는 과정임을 인식하는 독자이다.

1 해독
2 이해
3 독해
4 구성
5 글

독서가 문제 해결 행위라는 것은 첫째, 독서는 특정의 _____1_ 를 해결하기 위한 방편으로 활용된다(독서 목적과 관련된다.)는 점이며, 둘째, 의미를 구성하기 위해 _____2_ 를 하는 행위 그 자체가 문제 해결 행위라는 점이다.

때문에 문제 해결 행위로서의 독서를 위해서는 우선, _____3_ 인 인식을 하면서 글을 읽어야 하고, 글을 읽는 과정에서 끊임없이 _____4_ 을 만들고 그에 대한 답을 찾으면서 읽도록 한다.

③ 의사소통 행위로서의 독서의 특성을 이해한다.

'독자'는 책과 대면해서 그 책을 쓴 필자와 '_____5_'를 한다. '글'은 필자가 다른 사람들에게 알려 주고 싶거나 말하고 싶은 것을 효과적으로 전달하기 위해 마련한 '_____6_' 혹은 '통로'이다. 따라서 독자가 어떤 글을 읽는다는 것은 그것을 쓴 필자와 대화를 하는 소통 행위이다.

소통은, 사람과 사람이 만나는 일이다(_____7_ 적 소통). 또 집단과 집단, 계층과 계층, 지역과 지역, 시대와 시대가 만나는 사회·문화적 사건이다(_____8_ 적 소통). 이런 소통 행위를 통해 지식과 문화가 전수 혹은 전파되고, 개인과 사회가 성장한다.

독서의 소통적 특성을 이해하기 위해서는 우선, 독서를 통해 얻게 된 것 추슬러 보는 활동이 방편이 될 수 있다. 또, 독서 시 가졌던 생각들을 정리해 보거나, 고전이 당대나 후대에 미친 영향 탐색해 보는 것도 좋은 방법이 될 수 있다.

2) 글의 특성

① 자연스러운 글이 갖추어야 할 조건을 이해한다.

자연스러운 글이 갖추어야 할 일반적이니 조건에는 다음의 네 가지가 있다. 첫째, 한 편의 글에서 다루고 있는 내용들은 주제나 중심 생각과 밀접하게 관련된 것이어야 한다는 _____9_, 주제(중심 생각)와 관련해서 다루어야 할 내용들을 빠뜨리지 않고 다루어야 한다는 _____10_, 한 편의 글에서 언급된 내용들은 여러 가지 언어적 장치에 의해 서로 긴밀하게 연결이 되어야 한다는 _____11_, 중요한 내용은 다른 것에 비해 두드러지게 표현되어야 한다는 _____12_ 등이 그것이다.

② 종류에 따른 글의 일반적 구성 방식을 이해한다.

글의 종류별 구성 방식이 글의 독해에 큰 영향을 미친다. 곧, _____13_ 은 '머리말-본문-맺음말'로, _____14_ 은 '서론-본론-결론'으로, 이야기나 소설은 '발단-전개-위기-절정-결말'로, 기사문은 '_____15_ - _____16_ -본문' 등으로 구성된다.

③ 필자의 의도를 실현하기 위한 여러 가지 장치를 이해한다.

글은 필자가 자신의 뜻을 전달하기 위해 쓴 결과물이다. 따라서 글에는 필자가 자신의 의도를 실현하기 위해 마련해 놓은 여러 가지 장치가 있게 마련인데, 독자는 그 장치를 인지하고 활용해야 한다.

1 외적 문제
2 독서
3 상위 인지적
4 질문
5 대화
6 매체
7 개인
8 사회
9 통일성
10 완결성
11 응집성
12 강조성
13 설명문
14 논설문
15 표제
16 전문

필자가 자신의 의도를 실현하기 위해 마련한 장치의 예로는 _____1(예고, 강조, 정리, 인과, 예시, 열거, 비교 · 대조 등), 장이나 절의 제목, 도드라지게 나타낸 낱말이나 문장, 그림 · 도표 · 사진 등과 같은 시각 자료, 목차나 머리말 등이다. 또한, 다양한 표현법(중요한 내용 반복 제시, 유추나 비유, 인용, 간접적 표현, 결론 감춘 채 결론에 도달하게 하는 근거만 제시 등)도 있다.

3) 독서의 과정과 방법

① 글의 의미를 구성하는 독자의 사고 과정을 이해한다.

글의 의미를 구성하는 과정에는, 글을 이루는 작은 단위에 대한 이해들을 통합하여 큰 단위에 대한 이해로 올라가는 _____2, 글의 내용이나 형식에 대한 배경 지식을 통해 글의 내용을 추론하고 예측하는 _____3 이 있다. 그러나 실제로는 두 과정이 '_____4'에 따라 적절하게 상호보완적으로 작용하여 이해의 효율성을 도모한다. 능숙한 독자란 상황에 따라 상향식 · 하향식 이해 과정을 적절하게 잘 활용하는 독자이다.

② 독서의 일반적인 절차를 이해한다.

독서의 일반적인 절차는 '읽기 전 활동 – 읽는 중 활동 – 읽은 후 활동'의 과정을 거친다.

'읽기 전 활동'은 읽는 _____5 확인하기, _____6(연상하기, 경험 떠올리기)하기, 훑어보기를 통한 _____7 나 질문 만들기 등의 활동을 할 수 있다. '읽기 중 활동'은 내 말로 바꾸어 이해하기, 장면 · 절차 · 이미지 등을 머릿속에 그리며 읽기, 예측한 내용이 맞는지 확인하거나 궁금해 했던 내용 답 찾으며 읽기, 숨겨진 내용이나 집필 의도 추론하며 읽기, 글의 내용이나 필자 주장에 공감하거나 거부하면서 읽기, 내용의 사실성 · 논리성 · 타당성 · 실현가능성 판단하며 읽기, 새로운 아이디어나 대안 떠올리며 읽기 등의 활동을 할 수 있다. '읽기 후 활동'은 전체 내용 _____8 하기, 중요한 내용 정리하기(도해 조직자 활용), 중심 내용이나 주제 파악하기, 새로 알게 된 내용의 활용 방안 생각하기, 새로 얻게 된 깨달음의 실천 방안 생각하기, 자신의 독서 행위 점검하고 반성하기 등의 활동을 할 수 있다.

단, 이들 각 단계에서의 활동이 반드시 그 단계에서만 이루어질 수 있는 것은 아니다.

③ 독서 상황에 어울리는 여러 가지 독서 방법을 이해한다.

여러 가지 독서 방법에는, '_____9'에 따라 음독과 묵독으로, '읽는 횟수'에 따라 한 번 읽기와 여러 번 읽기로, '읽는 속도'에 따라 빠르게 읽기(속독)와 느리게 읽기로, '읽는 _____10'에 따라 통독과 발췌독으로, '의미를 찾고자 하는 위치'에 따라 표면 읽기와 행간 읽기와 이면 읽기로, '꼼꼼하게 읽는 정도'에 따라 훑어 읽기와 자세히 읽기(정독)로, '글에 대한 _____11'에 따라 수용적 읽기와 비판적 읽기로 나눌 수 있다.

단, 독서 상황(글을 읽는 목적, 글의 특성, 여건 등)을 분석해 보고, 그에 알맞은

1 담화 표지
2 상향식 과정
3 하향식 과정
4 상황
5 목적
6 배경 지식 활성화
7 예측하기
8 요약
9 발성 여부
10 범위
11 태도

독서 방법을 스스로 판단해 보게 한다.

4) 독서의 맥락

① 독서의 목적이나 과제, 독자의 성향, 글의 특성, 매체 등 여러 가지 상황 요인이 독서에 미치는 영향을 이해한다.

독서에 영향을 미치는 상황 요인에는 여러 가지가 있기 때문에 다음과 같은 상황 요인에 대한 충분한 인식과 점검이 필요하다. 곧, 어떤 성격의 글인가?, 글에서 다루고 있는 내용이 무엇인가?, 독서 목적이나 과제는 무엇인가?, 같은 내용의 글이라도 그것이 실린 매체는 무엇인가?, 독자의 성향은 어떠한가? 등이 그것이다.

② 글의 생산 및 유통 과정을 독자들의 요구나 사회적 필요 등과 관련지어 이해한다.

우리 주변에 존재하는 글들이 어떤 필요에 의해 생산된 것인지, 독자의 선택이 어떤 유통과정에 의해 이루어진 것인지 등을 파악하여, 독서 환경과 그 영향을 이해하는 것이 필요하다.

단, 사회적인 필요나 독자의 요구와 관련지어 글의 생산 및 유통 과정을 분석해 볼 필요가 있다.

③ 대중성과 상업성이 글의 생산 및 유통에 미치는 영향을 이해한다.

현대 사회에서 글의 생산과 유통을 견인하는 주된 힘은 대중성과 상업성이다. 때문에 글의 생산과 유통에 대한 대중성과 상업성의 긍정적·부정적 작용에 대한 이해가 필요하다.

5) 독서의 역사와 가치

① 구술 문화에서 문자 문화로의 변천이 인류 문화 발전에 미친 영향과 독서의 중요성을 이해한다.

고도의 문명을 이룰 수 있게 된 과정에는 크게 두 번의 혁명이 있었다. 첫째, '_____1'이다. 말을 사용하여 서로 의사소통을 할 수 있게 됨으로써 동물의 상태에서 벗어나 인간의 세계를 형성할 수 있게 되었다. 둘째, '_____2'이다. 이로 인해 수많은 지식을 저장하여 활용할 수 있게 되었고, 미개인의 상태에서 벗어나 현재와 같은 고도의 문명과 문화를 이룰 수 있게 되었다.

대면적, 즉시적, 일회적, 상황 공유적 소통의 구술 문화에서 간접적, 사유적, 누가적, 상황 독립적 소통의 문자 문화로의 전환은 두 가지 점에서 의의를 지닌다. 첫째, 기록을 통한 _____3 의 저장과 전파이며, 둘째, 지적 _____4 의 증폭(시·공간적 제약으로부터 벗어나 심오하고 추상적인 사고를 전개할 수 있게 됨)이다.

독서의 중요성은, 인류가 축적해 온 지식을 받아들이는 과정이 '독서'이며, '독서'를 통해서 학습 독자들은 고도의 지적 능력을 배양할 수 있게 되었다는 점에서 이해할 수 있다.

----

1 말의 발명
2 문자의 발명
3 지식
4 사고력

② 개인의 성장과 삶에 영향을 미치는 독서의 가치를 이해한다.

　인간은 독서를 통해서 다양한 ＿＿＿＿1 의 효용을 얻을 수 있다.

　'독서'는, 지식을 넓히는 통로이고, 세상과 그 속에서 살아가는 사람들의 삶에 대한 이해를 넓히는 통로이며, 풍부한 정서와 자기 나름의 가치관을 형성하는 통로이다. 때문에 사람들은 '독서'를 통해서 지적·정서적으로 풍성한 사람으로 성장할 수 있다.

6) 독서와 매체 언어

① 문자 언어로 표현된 글을 읽을 때와 매체 언어로 표현된 글을 읽을 때의 차이를 이해한다.

　매체 언어로 표현된 글을 읽을 때에는 문자, 이미지, 사진, 소리 등이 결합하면서 형성하는 의미를 파악할 수 있어야 한다.

② 영상 문화가 인쇄 매체와 독서에 어떤 영향을 미치는지 이해한다.

　과거에는 인쇄 매체의 의미가 주로 '＿＿＿＿2'로 표현되었고, 독서 또한 '문자 중심'의 글 읽기가 중심이었다. 하지만 영상 문화의 영향으로 '＿＿＿＿2' 뿐만 아니라 '이미지'(그림이나 사진 등)도 의미 표현에 중요한 역할을 하게 되었다. 이에 독서 과정에서는 문자와 더불어 이미지(그림이나 사진 등)가 뜻하는 바에도 주의를 기울여야 하게 되었다.

③ 기술 발달에 따른 매체의 변화가 정보와 지식의 구성과 유통에 어떠한 영향을 미치는지 이해한다.

(2) 기능

1) 독서의 준비

① 독서 상황, 독자의 흥미와 태도, 가치관 등을 고려하여 글을 스스로 선택한다.

　학생들은 자기의 공부, 학문, 교양, 여가, 생활 등을 위해 스스로 다양한 책을 찾아 읽을 수 있는 독립적인 독자가 될 때, 더 적극적이며 좋은 독서 경험을 가질 수 있다.

　글을 선택할 때에는 독서 상황, 독자의 흥미와 태도, 가치관 등을 고려해야 하는데, '＿＿＿＿3'은 언제, 어디서, 어떤 목적으로 책을 읽을 것인가를 뜻하고, '독자의 흥미, 태도, 가치관 요인'은 독자의 ＿＿＿＿4 요인을 의미한다.

② 글을 읽는 목적을 설정하고, 글에서 파악하여야 할 바를 정리한다.

　읽기 전 활동의 하나이다. 독서는 ＿＿＿＿5 적인 행동이기 때문에 독서를 성공적으로 수행하기 위해서는 자신의 독서 목적을 분명히 인식해야 한다. 또한 독자는 자신의 독서 목적을 고려하여 글에서 우선적으로 파악해야 할 내용을 정리할 수 있어야 한다.

1 간접 경험
2 문자
3 독서 상황
4 정의적
5 목적 지향

독서 목적은 글의 내용을 _____1 하게 해 주고, 정보를 _____2 해서 처리하게 해 준다. 독서 목적은 학업, 교양, 직무, 여가, 타인과의 관계 유지 등으로 나눌 수 있다.

③ 글의 화제나 내용에 관련된 배경 지식이나 경험을 떠올려 독서에 활용한다.

읽기 전 활동이다.

독서는 독자와 글의 상호 작용이다. 독자는 읽기 전에 독자 스스로 적절한 스키마를 활성화하여 글의 내용과 관련지으면서 읽는 것이 중요하다. 곧, 능숙한 독자는 자신의 스키마를 활성화하여 글의 내용을 _____3 하며, 글에 나타난 새로운 정보를 _____4 하고, 자신의 예측과 일치하는 정보를 확인하며, 예측과 맞지 않을 경우 다른 배경 지식을 _____5 한다. 이 과정에서 새로 알게 된 내용을 다시 기억에 갱신하여 저장한다. 이것은 글 중심의 독자와 대비된다. 독서가 글의 _____6 를 구성하는 것이라면, 의미는 글과 독자의 _____7 속에서 구성된다.

이를 위해 독자는, 읽을 글의 화제나 내용과 관련된 _____8 이 많아야 하고, 그런 지식을 활성화할 수 있는 _____9 을 갖추어야 한다.

④ 글의 제목, 소제목, 삽화, 도표 등을 살펴보고 글의 내용을 예측한다.

능숙한 읽기를 위해서는 독서 전에 글의 내용을 어느 정도 예측할 수 있어야 한다. 예측을 하기 위해서는 독자의 _____10 이 필요하고, 글에 대한 정보도 필요(글의 제목, 소제목, 삽화, 도표, 책표지, 책장정(裝幀) 등)하다.

⑤ 글의 제목, 소제목, 독자의 관심사 등을 고려하여 질문을 만든다.

읽기 전 활동의 하나이다.

독서는 글의 내용과 세계를 탐구하는 활동이다. 독자 자신이 직접 경험하지 못한 것을 책을 통해 간접적으로 경험한다. 그러므로 직접 경험하지 못한 세계를 담고 있는 글의 내용에 대하여 의문을 품고 그 의문을 해결하기 위해 글을 살펴보면 보다 효과적으로 독서를 할 수 있다.

질문을 만들 때에는, 글에 있는 정보를 사실적으로 확인하는 _____11 중심의 질문('누가, 무엇을, 언제, 어디서' 등과 같은 질문)뿐만 아니라, 글에 암시되거나 전제되어 있는 내용을 추론하고 해석하는 _____12 중심의 질문('왜, 어떻게' 등과 같은 질문)을 균형 있게 하도록 할 필요가 있다. 질문의 답이 글에 충분히 설명되어 있지 않으면 '_____13'을 동원하거나 관련된 새로운 글을 찾아 답을 얻도록 한다.

2) 독서의 수행

① 사실적 독해

㉠ 단어, 문장, 문단 등 글을 구성하는 각 단위의 내용과 그들 사이의 관계를 파악한다.

미시적인 차원(소단위)의 독해 활동이다.

1 예측
2 선별
3 예측
4 선택
5 탐색
6 의미
7 상호 작용
8 지식
9 전략
10 배경 지식
11 결과
12 과정
13 배경 지식

52 제2장 영역별 교육과정 이해

다음과 같은 전략을 포함한다. 곧, 단어의 사전적 뜻 파악하기, 단어의 문맥적 뜻 파악하기, 비유적 표현의 뜻 파악하기, 하나의 문장이나 문단에서 핵심어 파악하기, 길고 복잡한 문장에서 의미의 단위를 중심으로 어구를 끊어 읽기, 길고 복잡한 문장에서 주요 정보를 선정하기, '대등, 병렬, 역접, 인과' 등과 같은 인접 문장 간의 의미 관계 파악하기, 대명사 대동사 명사구 반복 등을 통해 문장과 문장을 연결하는 장치 파악하기, 문단의 중심 내용 파악하기, 문단의 중심 문장과 뒷받침 문장의 관계 파악하기, 문단에서 중심 문장의 위치 파악하기, 문단과 문단의 의미 관계 파악하기, 문단에서 각 문장의 중요도 판단하기 등이 그것이다.

ⓒ 지식과 경험, 글에 나타난 정보, 맥락 등을 이용하여 글의 중심 내용을 파악한다.

글의 중심 내용은 글 전체에 나타난 생각의 핵심이 되는 _____1 를 말한다. 이 내용과 관련되는 내용에는 '글의 내용 요약하기, 글의 주제 파악하기, 글의 요지 파악하기, 글의 핵심어 파악하기' 등이다.

글의 중심 내용을 드러내는 방법은 글의 종류에 따라 달라진다. 설명문이나 논설문 등의 논리적인 글은 글의 주제가 _____2 으로 드러나지만, 문학적인 글은 주제가 대체로 _____3 되어 있다.

글의 중심 내용을 구성하는데 관여하는 기본 요소에는 '독자의 지식과 경험, 글에 나타난 정보, _____4 (글이 작성된 시대와 배경 맥락, 글을 읽는 독자의 상황적 맥락 등)' 등이다.

ⓒ 글의 전개 방식과 구조적 특성을 파악한다.

글의 전개 방식과 구조는 글의 형식적 특징과 관련되고, 글 구조 이론의 영향 하에 있다.

글 구조 이론이란, 글의 _____5 에 대한 지식이 있는 독자는 그렇지 못한 독자에 비해 글의 내용에 대한 회상과 이해 등에 뛰어남을 보인다는 이론이다.

모든 글은 종류와 목적에 따라 _____6 인 전개 방식을 갖추고 있다. 예를 들어, 논설문은 서론, 본론, 결론의 전개 방식을 취한다. 또, 모든 글은 종류와 목적에 따른 _____7 적 특성을 가지고 있다. 예를 들어, 설명적인 글은 비교, 예시, 대조, 열거, 인과 등의 구조를 주로 사용한다. 서사적인 글은 이야기 구조를 취한다.

이 내용을 지도할 때는, 글의 구조를 선이나 도형을 이용하여 시각적으로 표현하는 방법을 활용할 수 있다.

ⓔ 독서 목적에 따라 글의 특정 부분을 선별하여 정보를 파악한다.

독자는 자신의 독서 목적을 고려하여 글의 일부분을 발췌(拔萃)하여 읽을 수 있어야 한다.

능숙한 독자는 정보를 찾기 위해 글 전체를 읽기보다는, 자신의 _____8 을 명확하게 정하고, 글의 _____9 를 전체적으로 파악한 다음, 자신에게 직접적으로 필요한 부분만을 빠른 속도로 읽어 낼 수 있어야 한다.

ⓜ 글의 내용을 자기 말로 목적에 맞게 필요한 분량으로 요약한다.

이 내용은 자신의 말로 요약하기, 독서 목적에 맞게 요약하기, 필요한 분량으로

1 요지
2 명시적
3 암시
4 맥락
5 구조
6 관습적
7 구조
8 독서 목적
9 내용 구조

02 독 서

요약하기 등을 포함한다.

요약하기는 '글 내용의 _____1, 중심 내용과 세부 내용의 구분, 각 내용들 사이의 _____2, 선정한 내용의 _____3' 등의 여러 독해 기능들이 동원된다.

요약하는 것은 상향식 모형에 의거하여 글에 나타난 정보로만 요약할 수는 없다. 글의 내용을 상위 수준에서 _____4 하고 순서를 조정해야 하고 중복되거나 중요하지 않은 정보는 _____5 해야 한다.

② 추론적 독해

㉠ 지식과 경험, 표지, 문맥 등을 이용하여 생략된 내용을 추론한다.

필자는 독자가 알고 있으리라고 생각하는 정보는 _____6 한다. 독자는 필자가 생략한 정보를 _____7 할 수 있어야 순조롭게 의미를 구성할 수 있다.

생략된 내용을 추론하기 위해서는 '독자의 지식과 경험, _____8, _____9' 등의 단서를 적극적으로 활용해야 한다. 이때의 추론은 글의 일부분을 대상으로 한 미시적이고 _____10 인 추론이다.

㉡ 필자의 의도, 목적, 숨겨진 주제 등을 추론한다.

이 항목은 글 전체를 대상으로 독자가 지식과 경험을 활성화하고 글 전체와 맥락을 고려해서 전략적으로 수행하는 거시적인 과정이다.

독서는 글에 명시적으로 드러난 내용만을 파악하는 것으로는 부족하다. 문학 작품이나 광고문, 서간문, 서평, 논평, 정치 담화문 등과 같은 글에서 필자는 여러 가지 복합적인 상황을 고려하여 필자의 의도, 목적, 주제 등을 숨겨 놓을 수 있기 때문이다.

㉢ 글에 묘사된 내용을 근거로 인물의 특성을 파악하고, 장면과 분위기를 상상한다.

서사적인 글을 읽을 때는 인물, 장면, 분위기 등을 _____11 하며 읽어야 한다.
서사적인 글(소설, 전기문, 기행문, 일기문, 수필 등)은 _____12 구조로 되어 있다.

이런 글을 읽을 때에는 글에 묘사된 여러 가지 사건, 인물의 행동, 인물의 대사 등을 근거로 하여 인물의 성격, 특성 등을 짐작해야 한다. 글에 묘사된 내용을 근거로 인물의 특성을 파악하는 것은 필자가 왜 그런 인물을 등장시켜 무엇을 드러내고자 하는가 하는 필자의 _____13 과 관련된다.

㉣ 글의 내용을 여러 가지 관점에서 분석하고 종합한다.

독서의 인지적 기능을 '지식, 이해, 적용, 분석, 종합, 평가' 등으로 나눌 때 '_____14 과 _____15'은 독자가 자신의 독서 관점을 토대로 글을 세부적으로 나누거나, 새로운 요소와 구조로 재구성하여 자신의 목적에 맞게 _____16 하는 것이다.

'_____17'이란 글에 나타난 여러 가지 생각을 세부적으로 나누어 살피는 것이다.

'_____18'이란 자신의 독서 목적에 맞게 글의 내용을 여러 가지로 재구성하는 것이다. 종합하는 능력은 전에 없었던 어떤 전체를 구성하도록 요소와 부분을 함께

모으는 능력이다. 또, 글을 읽고 새로운 계획을 세우거나 가설, 이론, 법칙 등을 만들어 내는 것도 여기에 해당한다.

ⓜ 독서의 목적, 독서 과제, 독자의 상황 등과 연결하여 의미를 구성한다.

_____1 독서 능력과 관련된 항목이다.

의미 구성은 '읽기 관점'에 따라 그 설명이 다르다. 곧, 상향식 읽기 과정 이론에서는 의미를 _____2 에 있는 것으로 보았고, 글 속에 있는 의미를 발견하는 것이 독서라고 보았다. 하향식 읽기 과정 이론에서는 의미가 _____3 에게 있으며, 독자의 목적이나 지식에 따라 글의 의미를 _____4 할 수 있다고 보았다. 상호 작용 과정 이론, 사회구성주의 독서 이론에서는 독서의 목적, 독자의 배경 지식, 글 요인, 독서 과제, 독자의 상황 등이 상호 작용하여 글의 의미가 구성된다고 보았다. 곧 독자는 '글, 과제, 상황' 등의 요소들을 모아서 '_____5'에 맞게 글의 의미를 구성한다고 본다. 이는 글의 의미가 고유하며 절대적인 것이 아니라 독서의 목적, 독서 과제, 독자의 상황 등에 따라 다르게 구성될 수 있음을 뜻한다.

③ 비판적 독해

㉠ 내용의 타당성과 공정성, 자료의 정확성과 적절성 등을 판단한다.

내용의 타당성이란 필자가 글에서 제시하고 있는 내용이 옳은가의 문제이다. 독자는 필자의 주장, 의견, 정보, 사실 등에서 잘못된 정보가 있지는 않은지, 객관적 사실에 입각한 것인지 등을 판단하며 읽어야 한다.

내용의 공정성이란 필자가 글의 내용, 화제, 소재, 주제 등을 다루는 방법에 있어서 어느 한 쪽에 치우치지 않고 _____6 으로 접근하고 있는가의 문제이다.

자료의 정확성이란 필자가 글을 쓰는데 사용된 자료가 객관적인 사실과 일치하며, _____7 가 명확하며, 인용 과정에 왜곡이 없어야 한다는 점이다.

자료의 적절성이란 필자가 사용한 자료가 글의 주장이나 설명한 내용에 적합하며, 필요한 형태로, 필요한 위치에, 필요한 정보 수준으로 제시되고 있는가의 문제이다.

㉡ 글에서 공감하거나 반박할 부분을 찾고, 필자의 생각을 비판한다.

이 내용은 필자의 주장과 근거, 사실과 의견 등을 파악한 후에 '공감하는 부분 찾기, 반박할 부분 찾기, 공감이나 반박의 이유 말하기, 자신의 생각과 다른 사람의 생각 비교하기 등'의 활동을 의도하고 있다.

㉢ 필자의 가치관이나 글의 배경이 되는 사회·문화적 이념을 비판한다.

글은 필자의 생각의 반영이고, 필자의 생각에는 여러 가지 _____8 이 반영되어 있다. 때문에 글에 직접적으로 혹은 간접적으로 나타나 있는 필자의 가치관을 파악하고, 그러한 가치관이 우리 사회가 보편적으로 추구해 본 가치관과 합당한지를 비판하게 한다.

또, 글에 나타나거나 전제된 사회·문화적 이념이 인류 보편적 정서나 가치에 비추어 옳은지 그른지 판단하게 한다.

1 구성주의적
2 글
3 독자
4 재구성
5 지금 여기에
6 균형적
7 출처
8 가치관

ⓔ 글의 구성 및 표현의 적절성과 효과를 비판한다.

구성의 장치로는 _____1, 구조적 특성 등을 들 수 있는데, 이런 장치들이 글의 내용을 전달하는 데 효과적으로 작용하는지 비판적으로 검토할 필요가 있다.

또한 글의 표현 측면에서 적절성과 효과도 따져 보아야 한다. 단어 사용의 적절성 여부, 글의 문체, 글의 길이, 정서법, 비문 여부, 문장의 호응 관계, 글의 내용을 표현하는 수사적 장치 등이 검토의 대상이다.

ⓜ 글감이나 주제가 유사한 글을 찾아 읽고, 관점이나 구성 등을 비교한다.

텍스트는 _____2 과 _____3 에서 다른 텍스트와 관계 속에 존재한다는 것으로 상호텍스트성이라 한다. 곧, 텍스트간의 상호관련성을 이른다.

상호텍스트성의 관점에서 보면, 독자의 글 이해는 이미 읽은 글의 내용들과 지금 읽고 있는 글의 내용이 연결되는 과정이다. 독자가 글을 읽는 과정은 끊임없이 _____4 을 참조하면서 의미를 구성하는 과정이다.

상호텍스트성을 구분하면, 같은 주제를 담고 있는 텍스트만을 골라 읽는 주제 중심의 독서, 화제나 주제 등에서 서로 영향 관계에 있는 텍스트를 읽는 다중 텍스트 독서, 인터넷 검색어를 통하여 검색된 텍스트 중에서 독자가 선택적으로 관련성을 만들어 읽는 하이퍼텍스트 독서 등으로 구분하기도 한다.

④ 감상적 독해

㉠ 인물이나 사건에서 공감하거나 동일시되는 부분을 찾는다.

㉡ 글에서 감동적인 부분을 찾아 그 내용을 내면화한다.

독서에서 감동은 여러 가지 요인에서 온다. 필자의 진지함이나 성실함에서 감동을 받는다. 설명문에서는 글 내용의 정확성이나 풍부성에서, 논설문에서는 주장의 논리적 전개와 상대방 견해에 대한 명쾌한 반박에서, 문학작품은 진솔한 내용이나 언어 표현에서 감동을 받을 수 있다.

내면화란 글에 나타난 가치, 규범, 태도, 사고, 지식 등을 자신의 것으로 _____5 하는 것을 말한다.

㉢ 필자의 개인적 배경, 시대적 배경, 집필 상황 등과 관련지어 글을 감상한다.

필자의 개인적 배경이란 필자의 출생, 교육, 직업, 특별한 경험, 인종, 종교, 가족 관계, 성장 배경, 경력 등을 말한다. 시대적 배경이란 필자가 살았던 당시의 사회적, 역사적, 문화적 배경을 말한다. 집필 상황이란 글을 쓰게 되는 필자의 상황을 말한다.

㉣ 독서를 통해 일어나는 독자 자신의 정서적 변화를 인식하며 글을 감상한다.

독서는 현대인이 겪게 되는 스트레스와 심리적 위축을 극복하고 심리적 안정을 도모할 수 있는 역할을 하는데, 이런 독서의 역할을 '_____6'이라 한다.

독자가 글에 정서적으로 반응하는 것은 독자의 개인적인 문제 해결에 도움이 된다. 독자는 글의 줄거리나 주제에 대한 정서적 반응, 등장인물과의 동일시, 작가가 사용한 함축과 비유적 언어를 이해하고 기억함으로써 정서를 순화할 수 있다.

1 글의 전개 방식
2 내용
3 형식
4 다른 글
5 수용
6 독서 요법

⑤ 창조적 독해

㉠ 글의 화제나 주제, 관점 등에 대하여 자기의 생각을 논리적으로 구성한다.

독자는 _____1 (필자가 독자에게 말하고 싶은 생각 이해)와 _____2 (독자가 알고 있으리라고 필자가 가정한 생각 이해)만으로 독서를 충분히 했다고 할 수 없다. _____3 의 생각을 넘어서서 _____4 자신만의 생각을 구성하는 것이 중요하다.

특히 창조적 이해는 항상 기존의 생각을 디딤돌로 하여 그것을 비판하고 넘어서는 과정에서 생겨나므로, 글 속에 나타난 화제나 주제, 관점 등에 대하여 새로운 측면에서 접근해 봄으로써 자기만의 독창적인 생각을 구성할 수 있다.

㉡ 글에서 자신과 사회의 문제를 해결하는 방법을 찾는다.

㉢ 필자의 생각을 보완하거나 대체할 수 있는 방안을 찾는다.

㉣ 주제, 필자, 글감, 배경 등 여러 측면에서 관련되는 글을 비교하고 분석하여 읽고 재구성한다.

㉤ 독서 자료에 나타난 사고나 가치와 다른 창의적 사유의 세계를 가진다.

3) 독서의 성찰과 조절

① 자신의 독서 과정을 점검하고, 목적에 맞게 독서 행동을 조절한다.

독서는 독자와 글의 _____5 이며, 구체적인 상황 속에서, 구체적인 과제를 수행하기 위해 진행한다. '독자'는 독자 마다 서로 다른 어떤 심리적 상태(독자의 마음, 태도, 생리적 상태, 동기 등)에 놓여 있다. 독서의 대상이 되는 '글'도 여러 요소(글의 난이도, 주제, 매체 형태 등)가 관여한다. 독서 상황(독서 과제, 독서의 물리적 환경, 소음, 주변의 상태 등)도 늘 변화가 심하다.

독자는 자신의 독서 과정에서 관여하는 여러 가지 요인을 점검하고, 독서 목적에 맞게 스스로 독서 행동을 조절하는 _____6 능력을 갖춰야 한다.

② 글을 읽으면서 이해되지 않은 부분을 확인하고, 그 이유를 찾아서 해결한다.

독서 활동의 상위 인지 전략 중에서 _____7 능력을 길러 주기 위한 내용이다. 곧, 독자가 글을 읽을 때 겪게 되는 여러 가지 문제를 스스로 확인하고, 적절한 _____7 전략을 개발한 후 적용하고 그 효과를 판단하는 능력을 길러야 한다.

예 어떤 낱말이 이해되지 않으면 _____8 을 찾는다. 글의 일부분이 잘 이해되지 않으면 전후 _____9 을 고려하여 의미를 구성한다. 글의 내용이 전반적으로 어렵다면 글 읽기를 중단하고 조금 더 쉬운 글로 바꿔 읽거나 다른 참고 서적을 찾아 관련 부분에 대한 이해를 확충한다. 등

4) 독서의 활용

① 새로 알게 된 지식이나 정보를 독자 자신의 삶에 활용한다.

■■■■■■■■■■■■■■

1 사실적 이해
2 추론적 이해
3 필자
4 독자
5 상호 작용
6 상위 인지
7 자기교수
8 사전
9 맥락

② 다양한 독서 전략을 학습 전략으로 활용하여 능동적으로 학습한다.

독서는 학습의 방법이다. 이를 _____1 (reading to learn)라 하며, _____2 (learning to read)과 구별한다.

학습 전략으로 활용할 수 있는 독서 전략은 '독서 과정'에 따라 읽기 전에, 읽는 중에, 읽은 후에 사용할 수 있는 전략 등으로 나눌 수 있다. '활동의 목적'에 따라 어휘력을 신장시키는 전략, 글과 상호 작용을 촉진하는 전략, 토론이나 작문과 통합하는 전략, 글의 내용을 시각적으로 구조화하는 전략 등으로 구분할 수 있다.

③ 도서관, 인터넷 등 다양한 경로를 통해 독서에 관한 정보를 얻고 활용한다.

④ 독서에 흥미와 관심을 가지고, 자신의 독서 기록장을 만들어 활용한다.

⑤ 독서를 통해 삶을 향상시키려는 의지를 지닌다.

5) 매체 자료의 비판적 수용

3 글의 유형

글의 유형
• 목적에 따른 글 읽기 • 제재에 따른 글 읽기 • 시대에 따른 글 읽기 • 지역에 따른 글 읽기

(1) 목적에 따른 글 읽기3

① 글을 쓴 목적에 따라 글의 특성이 달라짐을 이해한다.

[정보 전달의 글]

'필자'가 어떤 대상에 대한 정보를 알리고 설명하려는 목적의 글이다. 때문에 전달하려는 내용이 쉽고, 정확하며, 신속하게 전달되게 하는 것을 중시한다. 그 결과 언어를 명확하게 사용하고, 지시적 의미가 분명하며, 글의 요지나 전달하려는 뜻이 대부분 명확하다.

'독자'는 글이 전하려는 객관적 사실이나 정보 파악에 주력해야 한다. 또 글 내용 이해와 관련된 기능들(개요, 목차, 제목, 요약문 등)으로부터 정보를 파악해야 한

---

1 학습 독서
2 독서 학습
3 '목적에 따른 글 읽기'만 정리하고 나머지는 생략

다. 그리고 대체로 두괄식 문단 구성을 취하는 경우가 많으므로 문단의 첫 문장에 주의하는 독서 방법이 바람직하다.

설명문, 보고문, 전기문, 기사문, 기행문 등이 여기에 해당한다.

[설득하는 글]

'필자'가 자신의 주장을 독자에게 설득시키고, 그 주장대로 믿고 따르게 할 목적의 글이다. 대체로 '서론–본론–결론'의 삼단 구성으로 구성적인 면에서 논리성을 갖추고 설득력을 높이려 한다.

'독자'는 글의 각 부분이 필자의 주장을 효과적이고 설득력 있게 전달하기 위해 어떤 기능을 담당하는지 파악하며 읽어야 한다. 그리고 종합적으로 글의 주제나 논점을 정확하게 파악해야 하며, 주장과 논지 전개의 타당성 여부를 비판적으로 검토하면서 읽어야 한다. 또한 감정적으로 호소하는 설득 전략에 쉽게 설득되지 않도록 주의해야 한다.

논설문, 광고문, 신문 사설, 담화문, 건의문 등이 여기에 해당한다.

[사회적 상호 작용의 글]

'필자'가 '독자'와의 관계를 새롭게 형성하거나, 기존의 관계를 조금 더 바람직한 방향으로 변화시키기 위한 목적의 글이다.

'독자'는 글의 기본적인 내용을 파악하는 것과 함께 필자가 독자와 현재 어떤 관계에 있고, 앞으로 어떤 관계를 형성하고자 하는지를 파악하는 데 중점을 두는 것이 필요하다.

편지를 비롯하여 안부를 전하는 여러 형태의 글, 디지털 매체를 이용한 방식의 글 등이 있다.

[정서 표현의 글]

'필자'가 자신의 정서를 표현하기 위해 쓴 글이다. 정서 표현의 글은 개인의 내밀한 감정 상태나 심리를 글을 통해 표현한 것이다.

'독자'는 개인의 내밀한 감정 상태나 심리를 파악하는 데 초점을 두어야 한다. 또 독자가 필자의 상황이나 심리 상태에 공감하거나, 자신이 그러한 처지가 되었다고 상상하며 읽어야 한다.

시, 소설 그리고 일기나 감상문 등이 이에 속한다.

4 독서의 교수 · 학습 방법1

(1) 교수 · 학습 계획

1) 독서 전략을 교과 학습에 활용하거나, 교과의 학습 주제와 관련이 있는 글을 독서 자료에 포함함으로써 다른 교과와의 관련성을 높인다.

1 가독성을 고려하여 요약적으로 제시합니다.(p.59~62)

① _____1 (reading to learn)

• 글에 제시된 정보와 개념을 잘 이해하고 기억하는 것을 목적으로 하는 읽기.
• 독서 전략: 제목 · 소제목 · 머리말 · 요약 · 도표 등을 활용하기, 질문을 만들고 그에 대한 답을 찾으며 읽기, 중요한 내용을 메모하거나 전체 내용을 간추리며 읽기, 참고 자료를 통해 관련 내용 찾아가며 읽기 등.
• 수업 모형: 통독(通讀), 정독(精讀), 미독(味讀)의 삼독법(三讀法)
  '훑어보기–질문하기–자세히 읽기–새기기–다시 보기'의 _____2
  '아는 것–알고 싶은 것–알게 된 것'의 _____3
  ⇒ 모두 수업 절차 모형이면서 동시에 학습 독서 전략
• 독서 수업과 다른 교과의 관련성을 높이기 위해서는,
  – 독서 수업에서 배운 독서 전략을 다른 교과에서 _____4 으로 활용.
  – 독서 수업의 읽기 자료로 내용 교과의 학습 주제와 관련이 깊은 글을 선택.

(2) 교수 · 학습 운용

1) …설명식 지도법, 직접 교수법, _____5 , 워크숍, 토의 · 토론 학습, _____6 등을 선택적으로 적용한다.

① 설명식 지도법

• 독서와 문법의 주요 _____7 을 교사가 설명하여 학생들의 이해를 돕는 방법.
• 학습 내용이 지식과 관련될 때, 학습 내용이 어렵거나 복잡할 때, 학생들의 능력이 떨어지거나 _____8 이 부족할 때 효과적.

② 직접 교수법

• 독서와 문법의 _____9 이나 _____10 을 지도할 때 주요하게 활용할 수 있는 방법.
• 설명, _____11 , 교사 안내에 따른 연습, 독립적인 활동의 단계로 진행.
• 단계가 진행됨에 따라 _____12 의 역할과 비중이 커짐.

③ _____13

• 학생 3~5명을 하나의 조로 편성하고, 학생들이 서로 협력하게 하는 방법.
• 독서와 문법의 교수 · 학습 목표 및 내용을 고려하여 전문가 집단 모형 등 다양한 협동 학습 모형을 적용할 수 있음.
• 학습 결과에 대한 동료 비평 활동, 내용 구성이나 표현 방식을 협동적으로 진행하는 협동 활동, 독서와 문법의 과정에서 겪는 어려움을 대화를 통해서 해결을 시도하는 협의 활동 등이 활용.

④ 워크숍

• 학생들이 당면한 문제를 교사의 도움을 받아 협력적 활동을 중심으로 해결하

는 방법.
- 토의·토론, 영상 자료 시청 등 다른 활동과 통합하는 형태로 진행하며, 실제적인 _____1 을 반영할 수 있다는 특징.
- 교육과정의 운영이 탄력적이지 못하면 실효를 거두기 어려울 수도. 때문에 워크숍을 위해 독서나 문법 활동 주제를 _____2 적으로 확장하고, 활동을 지속적으로 진행할 때 필요한 시간을 충분히 확보하는 것이 바람직.
- 워크숍은 다양한 활동을 통합하는 가운데 한 편의 담화나 글을 완성하는 경험을 강조함으로서 학생들에게 긍정적인 독서 및 문법 활동의 경험을 쌓도록 하는 데 유리함.

⑤ 토의·토론 학습.
- 독서와 문법 활동에서 주제에 대한 다양한 의견을 나누거나 문제를 해결하기 위하여 토의나 토론의 과정을 활용하는 학습법.

⑥ _____3
- 언어활동을 통합적으로 전개하는 학습 활동.
- 학습 내용과 관련된 자료를 읽고 이해하고 탐구하는 활동뿐만 아니라 말하고 쓰는 활동들과 연계하고 병행함으로써 통합적 언어활동을 지향할 수 있음.

2) '독서' 기능을 지도하는 방법

① 개별 기능에 대한 반복적인 훈련을 지양하고 학습자 스스로의 의미 구성을 강조하되, 필요한 경우 전략의 설명, 교사의 시범, 학생의 연습, 연습에 대한 강화의 단계를 밟아 구체적으로 지도한다.
- 독해 지도에서는 개별 기능에 대한 반복적인 연습보다는 글을 읽고 그 의미를 구성해 가는 과정에서 만나는 문제 사태들을 전략적으로 해결해 보는 경험을 제공해 주는 것이 필요함.
- 특히 학습자들에게 낯선 문제 사태인 경우, 교사는 그 문제 사태를 해결할 수 있는 전략에 대한 _____4 , 그 전략을 구체적인 사태에 적용하는 _____5 , 설명과 시범을 통해 학습한 전략을 적용해 보는 학생들의 _____6 , 그리고 학생들의 전략 적용 활동의 과정과 결과에 대한 점검 및 그 결과에 대한 강화와 보충의 단계를 거치면서 해당 전략에 대한 숙달을 도모함.
- 이런 절차에 따른 수업의 특징은
  첫째, 독해의 과정을 여러 단계를 거쳐야 하는 _____7 으로 본다.
  둘째, 각 단계 혹은 문제 사태를 해결하는 데 필요한 방법이나 원리, 전략을 _____8 으로 지도한다.
  셋째, 이 수업의 목표는 답 혹은 독해 결과의 교정에 있는 것이 아니라 사고 혹은 문제 해결 전략의 제공이나 교정에 있다.
  넷째, 수업이 진행되면서 _____9 중심의 활동은 점차 줄이고 _____10

1 맥락
2 범교과
3 언어 통합적 학습
4 설명
5 시범
6 연습
7 문제 해결 과정
8 명시적
9 교사
10 학생

중심의 활동을 늘려 나간다.

다섯째, 학습한 전략을 다양한 사례를 통해 융통성 있게 적용해 보는 경험을 풍부하게 제공하고, 그 과정에서 사고의 폭과 깊이를 확장하게 한다.

5 평가

(1) 평가 방법

1) 평가 상황을 고려하여 형식 평가와 비형식 평가, 지필 평가와 수행 평가, 질적 평가와 양적 평가, 간접 평가와 직접 평가의 방법을 균형 있게 사용한다.

- 형식 평가와 비평식 평가는 평가에 대한 _____1 을 중심으로 분류한 것.
- 지필 평가와 수행 평가는 _____2 의 제한 여부에 초점을 두고 분류한 것.
- 질적 평가와 양적 평가는 학습자의 수행을 관찰할 때 수행의 질을 중심으로 볼 것인가 양을 중심으로 볼 것인가에 따라 나눈 것.
- 간접 평가와 직접 평가는 평가하고자 하는 내용을 직접적으로 평가하느냐 간접적으로 평가하느냐에 초점을 둔 구분.

2) 독서 과정 평가, 독서 결과 평가, 독서 상위 인지 평가 등 독서의 전 과정을 다양한 방법으로 평가한다.

① 과정 평가는 독서가 진행되는 학습의 과정에서 독서 상태를 파악하려는 방법.

- '_____3'은 교사가 글의 내용이나 독자가 사용 중인 전략에 대하여 직접적으로 질문하고 학생의 답을 분석해 봄으로써 학생의 독서 과정을 판단하게 됨.
- '낭독'은 대상인 글을 소리 내어 읽게 함으로써 단어의 해독 능력을 갖추고 있는지, 글의 목적이나 분위기에 맞게 유창하게 읽는지, 의미의 단위를 제대로 구분하면서 읽는지 등을 판단.
- '_____4'는 글을 이루는 단어를 형식어와 기능어로 구분하여 규칙적으로 몇 번째 단어를 생략하여 빈칸을 만든 다음 그 안에 적당한 단어를 쓰게 함. 통사적으로 허용되는 단어, 의미적으로 허용되는 단어 등을 분석하여 학습자의 독서 능력을 판단하게 됨.

② 결과 평가는 학습자가 독서 능력을 얼마나 갖추었으며 학습 능력으로서 내면화 하였는지를 평가하는 데 초점이 있음.

- '_____5'는 읽은 글의 제목이나 첫 문장 등을 제시하고 글의 내용을 회상하게 한 후에 글에 나타난 명제를 분석하여 독서 능력을 점검하는 방법.
- '_____6'는 글의 내용에 대하여 단답형의 질문을 제시하고 답을 하게 하는 방법.
- '_____7'는 글의 내용과 관련된 문장을 제시하고 참인지 거짓인지 판단하게

1 계획성
2 학습자 반응
3 질의응답
4 빈칸 메우기
5 회상 검사
6 탐문 검사
7 진위 검사

하는 방법.

- '_____1'는 글의 내용에 대하여 질문을 제시하고 3~5개 내외의 선지(選支)를 제시하고 정답을 고르게 하는 방법.

③ 상위 인지 평가는 독서 과정에 대한 초인지적 점검 능력을 평가하기 위한 방법.

- '_____2'은 글을 이루는 문장에 대하여 중요도를 5단계 정도로 판단하게 한 다음 학생의 판단을 교사 등의 전문가의 판단과 얼마나 일치하는지 여부를 기준으로 평가함.

3) 비형식 평가를 시행할 때에는 교사의 전문적인 식견과 더불어 사전에 설정한 평가 기준을 적절하게 활용한다.

- 비평식 평가는 '교실 중심의 평가', '교사 중심의 평가'임.
- _____3 가 평가 주체가 되어 평가 도구를 만들고, 교실에서 평가를 시행하고 정보를 생성하여 교실 밖으로 내보냄.
- '독서'에서는 대화, 질문, 관찰, 요약하기, 회상 검사, 자료철(포트폴리오) 등이 있음.
- 평가 주체인 _____3 는 독서 평가에 대한 전문적인 식견을 갖추고 있어야 함.
- 같은 학생임에도 교사에 따라 다른 판단을 내릴 수 있으므로 _____4 을 활용하고, 외모나 가정환경 등의 영향을 미치는 '_____5'나 평가 순서 상 앞뒤 학생의 평가 결과가 불필요하게 영향을 미치는 '_____6'와 같은 편견을 범하지 않도록 하여야 함.

4) 선택형 평가, 빈칸 메우기 등 형식적 평가를 시행할 때에는 제반 변인을 적절히 통제하도록 한다.

- 형식적 평가는 주로 교실 외부에서 교실 내부로 부과되는 검사이며, 한날한시에 대규모로 검사가 시행됨.
- 별도의 출제 기관에서 검사가 제작된 후에 학교에 제공되면 교사는 일시에 대규모로 검사를 시행하고 검사 결과를 해석하여 학습자나 학부모에게 그 의미를 해석해 주어야 함.
- 학생들에게 미리 검사 목적, 시기, 시간, 장소, 답안지 작성 방법, 채점 방법, 검사 활용 등에 대하여 안내하고 공정한 시험이 될 수 있도록 제반 변인을 적절히 통제해야 함.

■■■■■■■■■■■■■
1 선택형 검사
2 중요도 평정법
3 교사
4 평가 기준
5 후광 효과
6 대조의 효과

6 성취기준

지식	(가) 독서의 특성	① 의미 구성 행위로서의 특성 ② 문제 해결 행위로서의 특성 ③ 의사소통 행위로서의 특성	
	(나) 글의 특성	① 자연스러운 글(의 조건) ② (종류에 따른) 글의 일반적 구성 방식 ③ 필자의 의도를 실현하기 위한 여러 가지 장치	
	(다) 독서의 과정과 방법	① (글의 의미를 구성하는) 독자의 사고 과정 ② 독서의 일반적인 절차 ③ (독서 상황에 어울리는) 여러 가지 독서 방법	
	(라) 독서의 맥락	① 여러 가지 상황 요인(–독서목적, 과제, 독자 성향, 글의 특성, 매체 등) ② 글의 생산 및 유통 과정(을 독자들의 요구나 사회적 필요 등과 관련지어 이해) ③ 대중성과 상업성(이 글의 생산 및 유통에 미치는 영향)	
	(마) 독서의 역사와 가치	① 구술 문화에서 문자 문화로의 변천(이 인류 문화 발전에 미친 영향과 독서의 중요성) ② 개인의 성장과 삶에 영향을 미치는 독서의 가치	
	(바) 독서와 매체 언어	① 문자 언어로 표현된 글을 읽을 때와 매체 언어로 표현된 글 읽을 때의 차이 ② 영상 문화가 인쇄 매체와 독서에 미친 영향 이해 ③ 기술 발달에 따른 매체의 변화가 정보와 지식의 구성과 유통에 미친 영향 이해	
기능	(가) 독서의 준비	① 글을 스스로 선택(–단, 독서 상황, 독자의 흥미와 태도, 가치관 등을 고려하여) ② 글을 읽는 목적 설정, 글에서 파악할 바 정리 ③ (글의 화제나 내용에 관련된) 배경 지식이나 경험을 떠올리기 ④ 글의 제목, 소제목, 삽화, 도표 등을 살펴보고 글의 내용 예측 ⑤ 글의 제목, 소제목, 독자의 관심사 등을 고려하여 질문 만들기	
	(나) 독서의 수행	① 사실적 독해	㉮ 글을 구성하는 각 단위(–단어, 문장, 문단 등)의 내용과 그들 사이의 관계 파악하기 ㉯ 글의 중심 내용 파악하기(지식과 경험, 글에 나타난 정보, 맥락 등을 이용하여) ㉰ 글의 전개 방식과 구조적 특성 파악하기 ㉱ (독서 목적에 따라 글의 특정 부분을 선별하여) 정보 파악하기 ㉲ 요약하기(글의 내용을 자기 말로 목적에 맞게 필요한 분량으로)
		② 추론적 독해	㉮ 생략된 정보 추론하기(–지식과 경험, 표지, 문맥 등을 이용하여) ㉯ 필자의 의도, 목적, 숨겨진 주제 등을 추론하기 ㉰ (글에 묘사된 내용을 근거로) 인물의 특성을 파악하고, 장면과 분위상하기 ㉱ 글의 내용을 여러 가지 관점에서 분석하고 종합하기 ㉲ 의미 구성하기(–독서의 목적, 독서 과제, 독자의 상황 등과 연결하여)

기능			
	(나) 독서의 수행	③ 비판적 독해	㉮ 내용의 타당성과 공정성, 자료의 정확성과 적절성 등을 판단하기 ㉯ 글에서 공감하거나 반박할 부분을 찾고, 필자의 생각 비판하기 ㉰ 필자의 가치관이나 글의 배경이 되는 사회·문화적 이념 비판하기 ㉱ 글의 구성 및 표현의 적절성과 효과 비판하기 ㉲ 글감이나 주제가 유사한 글을 찾아 읽고, 관점이나 구성 등을 비교하기
		④ 감상적 독해	㉮ 인물이나 사건에서 공감하거나 동일시되는 부분 찾기 ㉯ 글에서 감동적인 부분을 찾아 그 내용 내면화하기 ㉰ 필자의 개인적 배경, 시대적 배경, 집필 상황 등과 관련하여 감상하기 ㉱ 독서를 통해 일어나는 독자 자신의 정서적 변화를 인식하며 감상하기
		⑤ 창조적 독해	㉮ (글의 화제나 주제, 관점 등에 대하여) 자기의 생각을 논리적으로 구성하기 ㉯ 글에서 자신과 사회의 문제를 해결하는 방법 찾기 ㉰ 필자의 생각을 보완하거나 대체할 수 있는 방안 찾기
	(다) 독서의 성찰과 조절		① 자신의 독서 과정을 점검하고, 목적에 맞게 독서 행동을 조절하기 ② 글을 읽으면서 이해되지 않은 부분을 확인하고, 그 이유 찾아 해결하기
	(라) 독서의 활용		① 독자 자신의 삶에 활용(–새로 알게 된 지식이나 정보를) ② 능동적 학습(–다양한 독서 전략을 학습 전략으로 활용하여) ③ 독서에 관한 정보를 얻고 활용(–도서관, 인터넷 등 다양한 경로를 통해) ④ 독서에 흥미와 관심을 가지고, 자신의 독서 기록장 활용 ⑤ 독서를 통해 삶을 향상시키려는 의지 지니기
	(마) 매체 자료의 비판적 수용		① 다양한 관점과 가치를 고려하여 매체 자료 수용 ② 다양한 매체 자료의 의미를 비판적으로 분석하고 평가 ③ 매체 언어가 형성하는 대중문화의 특성 이해 ④ 대중문화가 형성하는 세계와 현실을 주체적으로 이해

03 | 작문

2009 개정교육과정

1 성격

(1) '작문'이란

"필자가 자신의 생각이나 느낌을 구성하여 표현한다는 점에서 _____1 적 행위이며, 다른 사람과 소통하면서 구성된 의미를 발전시킨다는 점에서는 _____2 적 행위이다."

이는 기존의, "작문은 자신의 의사를 표현하여 다른 사람과 소통하며, 문제를 발견하여 해결하고 새로운 의미를 창조하는 언어 사용 행위이다."라는 관점을 수용한다. 그러면서 작문이 _____3 적 행위이면서 _____4 적 행위임을 강조함으로써 사회 구성주의적 관점을 반영했다. 이는 작문이 개인의 내적 성찰 행위이며 사회적 소통 행위임을 의미하는 것이다.

(2) 개인적 행위

작문 과정에서 필자는 글을 쓰기 위해서 글쓰기의 목적을 명확히 하고, 예상 독자를 상정하고, 주제를 선택하고, 내용을 생성하고 조직하는 일련의 과정 속에서 끊임없이 문제를 해결해 나간다. 때문에 작문 행위는 높은 수준의 사고 기능이 요구되는 지적 행위로 볼 수 있다. 그리고 필자는 글을 쓰는 과정에서 끊임없이 자신과 _____5 를 나눈다. 이런 과정에서 필자는 자신과 _____6 를 하게 되고, 자기 성찰을 통해 긍정적이고 바람직한 정서 갖게 된다.

(3) 사회적 행위

작문을 통해 필자가 생산한 지적 창조물이 필자 개인의 창조물로 머무르지 않고 사회와 _____7 하기 때문에 사회적 행위다. 곧, 필자가 생산한 글은 필자가 속한 다양한 공동체와 소통하게 되고, 필자를 둘러싼 학문 공동체와 사회적 공동체의 발전에 기여하게 되며, 인류가 축적하여 온 문화유산을 계승하고 발전시킨다는 점에서 _____8 라 할 수 있다.

작문이 '실제'와 독립될 수 없는, 상황 맥락과 사회·문화적 맥락 속에서 일어나는 역동적인 의미 구성 행위라는 점은, 작문이 개인적, 사회적 의사소통 행위이자 문제 해결 과정인 이유가 된다. 그리고 작문은 지식, 기능, 맥락으로 내용 요소를 범주화하여 상황성과 실제성을 강조(특히, '맥락')한다.

1 개인
2 사회
3 개인
4 사회
5 대화
6 내면적 대화
7 소통
8 사회·문화적 실천 행위

2 목표

　－생략

3 내용

지 식	기 능
• 작문의 성격 • 작문의 과정 • 작문의 맥락 • 작문의 기능과 가치 • 작문과 매체 언어	• 작문 맥락의 파악 • 작문에 대한 계획 • 작문 내용의 생성 • 작문 내용의 조직과 전개 • 작문 내용의 표현 • 작문 과정의 재고와 조정 • 매체 자료의 변용과 생산

　'지식'은 작문 및 작문 활동에 대한 형식적, 본질적, 명제적 지식이다.
　'기능'은 작문 활동에 관여하는 사고의 절차나 과정을 의미한다.

(1) 지식

1) 작문의 성격

① 문제 해결 과정으로서의 작문의 특성을 이해한다.

　작문이 문제 해결 과정이라는 것은 다음의 이유 때문이다.

　첫째, 작문은 _____1 적인 사고 과정이기 때문이다. 필자는 자신이 원하는 것이 무엇인지 알고, 그 문제의 해결 방법을 찾으려는 실제적인 태도를 지닌다.

　둘째, 작문은 문제를 이해하고 _____2 하는 방법과 관련 있기 때문이다. 글을 쓴다는 것은 주어진 문제 상황을 읽어 내고, 문제가 요구하는 것이 무엇인지 이해하고, 의사를 결정하는 일련의 문제 해결 과정과 동일하다.

② 의사소통 행위로서의 작문의 중요성을 이해한다.

　작문은 필자가 글을 통해 독자와 교감하는 적극적인 의사소통 행위이며, 이러한 필자와 독자의 만남은 개인과 개인, 집단과 집단, 계층과 계층, 세대와 세대, 시대와 시대가 _____3 하는 것이다.

　필자는 독자가 요구하는 지식과 가치, 문화를 담은 글을 생산하여 독자와 소통할 수 있다. 또한 필자 스스로 의미 있고 가치 있다고 생각하는 바를 표현하여 독자와

1 목표 지향
2 해결
3 소통

03 | 작문

소통을 시도할 수 있다. 그뿐 아니라 글은 다음 시대로 전해져 조상과 후손의 소통을 가능하게도 한다.

③ 사회ㆍ문화적 실천 행위로서의 작문의 중요성을 이해한다.

작문은 필자가 의미를 구성하는 과정이다. 의미 구성은 필자 혼자만의 의미 구성이 아니라 사회 공동체, 문화 공동체와의 대화나 의미 협상 과정을 반영한 의미 구성이다.

이러한 의미 협상, 사회와의 대화 과정에서 필자는 자신이 속해 있는 사회ㆍ문화적 상황을 고려하게 되고, 사회ㆍ문화의 요구를 반영하여 작문을 하게 된다. 따라서 작문은 합의된 사회ㆍ문화를 반영하여 독자와 함께 이를 소통하고, 또 독자의 요구와 시대적 요구를 반영하여 사회ㆍ문화를 발전시키는 소통의 장을 마련하는 적극적인 역할을 수행하게 된다. 이는 결국 인류가 축적해 온 문화 유산을 계승하고 발전시키는 중요한 역할이란 점에서 의사소통 행위를 넘어 _____1 인 것이다.

2) 작문의 과정

① 작문의 심리적 과정을 이해한다.

글을 쓰는 과정은 필자가 여러 생각을 펼쳐 나가는 심리적 과정 곧, 일련의 사고 작용이다. 작문 과정에서 일어나는 사고 작용은 상호 보완적이며, 목표 지향적으로 이루어진다.

작문에서의 사고 작용(계획하기, 생성하기, 조직하기, 표현하기, 고쳐쓰기 등)은 반드시 고정된 순서대로 일어나는 것이 아니라, 작문의 전 과정에서 회귀적으로 이루어지기 때문에 작문의 과정 전체에서 사고 과정이 유연하게 일어나게 하는 것이 중요하다.

또 글을 쓰는 데 중요한 것은, 글 전체의 목표와 하위 목표를 결정하여 글을 쓰는 이유를 명확히 해야 한다. 그래야 작문 과정에서 일어나는 여러 가지 사고 작용의 지침으로 삼을 수 있으며, 사고 작용을 조정하고 점검하는 기능을 하게 할 수 있다.

② 작문의 일반적 절차를 이해한다.

작문의 일반적 절차는 내용 생성 단계, 내용 조직 단계, 내용 표현 단계로 이루어진다.

내용 생성 단계에서 필자는 창조적인 사고 활동을 한다. 그렇게 함으로써 주어진 문제에 대해서 자신의 기억 속에 저장하고 있는 정보를 떠올리고, 평소에는 좀처럼 떠오르지 않는 생각을 포착할 수 있으며, 추론 할 수 있고, 자신이 기억하고 있는 정보들 사이의 연관성을 새롭게 발견할 수 있다.

내용 조직 단계에서는 일정한 원리를 거쳐 내용을 구성하게 된다. 내용을 바르게 구성하기 위해서는 통일성과 일관성의 원리를 지켜야 한다. 곧, 글 전체 주제에 부합하는 내용만을 _____2 하되 글의 주요 내용이 일관성 있게 _____3 되어야 한다.

내용 표현의 단계에서는 필자가 생성하고 조직한 정보를 완결된 언어의 모습으

1 사회ㆍ문화적 실천 행위
2 선택
3 배열

로 표현한다. 필자가 내용을 잘 드러내기 위해서는 표현하고자 하는 내용에 알맞은 어휘를 선택하고, 어법에 알맞은 문장으로 표현해야 한다. 또 필자는 자신의 개성 있는 문체를 사용하고, 그림과 도표를 활용할 수 있다.

③ 문제 해결 과정으로서의 작문의 절차를 이해한다.

문제를 해결하기 위해서는 주어진 문제를 체계적으로 분석하고, 이를 바탕으로 일련의 문제 해결 과정을 체계적으로 밟아 나가야 한다.

문제 해결 과정으로서의 작문의 절차는 '계획하기, 내용 생성하기, 조직하기, 표현하기, 고쳐쓰기' 다섯 단계로 세분할 수 있다.

계획하기 과정에서 필자는 수사적인 문제를 인식하고 결정해서 해결해야 할 문제를 명확히 규정짓는다. 그런 다음 글 전체의 _____1 를 작성한다. 글의 구도를 작성하기 위해서는, 글을 쓰는 목적에 대한 구체적인 하위 목적을 설정하는 것이 효과적이다. 이 단계에서 작성하는 글 전체 구도는 스케치에 불과하기에 글 쓰는 과정 중에 충분히 조정될 수 있음을 인식해야 한다.

내용 생성하기 과정은 문제에 대해 _____2 으로 사고하는 활동이다. 이를 통해 자신이 가지고 있는 지식, 참신한 생각, 아이디어 사이의 연관성을 발견할 수 있다. 그리고 주어진 문제에 초점을 맞추어 생각을 전개하되, 문제의 핵심에서 벗어나지 않은지 계속 점검해야 한다.

조직하기 과정은 글의 조직 원리에 맞추어 생성한 내용을 선정하여 배치하는 것이다. 이때, 주요 내용과 뒷받침 내용들이 _____3 을 이루어야 한다. 또한 글의 목적을 효과적으로 달성할 수 있도록 글의 내용을 적절하게 배열해야 한다.

표현하기 과정은 문자 언어로 나타내는 과정이다. 표현하기의 결과는 구체화된 언어의 모습을 갖추어야 할 뿐만 아니라 고정적이다. 이 과정에서 필자는 예상독자와 글쓰기의 목적 등 수사적인 문제를 고려하여 표현해야 한다.

고쳐쓰기에서 필자는 지금까지 쓴 글이 글의 _____4 에 맞는지 확인하고 내용의 삭제, 추가, 수정을 하게 된다. 고쳐쓰기 과정은 계획하기와 내용 생성하기 및 조직하기 단계를 밟는 과정에서도 얼마든지 일어날 수 있다.

쓰기를 통해 형성하는 의미 구성은 선조적(線條的)이지 않으므로 작문의 절차도 고정적이지 않다. 작문의 절차는 _____5 이며 _____6 으로 이루어진다.

3) 작문의 맥락

① 작문의 상황 맥락이 작문에 미치는 영향을 이해한다.

상황 맥락이란 텍스트의 생산·수용 과정에 직접적으로 개입하는 맥락으로 언어 행위 주체(_____7 와 _____8), 주제, 목적 등이 포함된다. 즉 작문의 상황 맥락 요인으로는 _____9 , 글의 주제, 글의 목적 등을 들 수 있다.

이 내용을 지도할 때에는 _____9 분석하기, 글의 주제 분석하기, 글쓰기의 목적 정하고 하위 목적으로 분석하기 등의 활동을 통해 상황 맥락의 중요성을 알게 한다. 그리고 상황 맥락에 대한 고려가 글을 쓰기 전과 글을 쓰는 과정 모두에서 고

1 개략적인 구도
2 창의적
3 일관성
4 목적
5 동시적
6 상호작용적
7 필자
8 독자
9 예상 독자

려되어야 함을 인식하게 한다. 또한 각각의 상황 맥락 요인이 서로 밀접한 관련이 있음을 알도록 지도해야 한다.

② 작문의 사회 · 문화적 맥락이 글의 내용 선정, 조직과 전개, 표현에 미치는 영향을 이해한다.

  _____1 는 언어 공동체로서 형성된 규범과 관습을 가지고 있다. 그리고 담화 공동체의 규범과 관습에는 역사적 · 사회적 상황, 이데올로기, 공동체의 가치 · 신념 등이 포함된 _____2 이 작용한다.

  사회 · 문화적 맥락은 상황 맥락에 비해 간접적으로 작용하지만, 현재 필자가 속한 담화공동체의 사회 · 문화적 맥락은 작문의 전 과정에 영향을 미친다.

③ 사회 · 문화적 상황이 공동체의 담화 관습과 장르의 형성에 미치는 영향을 이해한다.

  서로 다른 공동체를 구별하는 가장 큰 특징 중의 하나가 담화 관습이다. 이러한 담화 관습은 사회 · 문화적 상황에 따라 변화한다.

4) 작문의 기능과 가치

① 자기 성찰 과정으로서의 작문의 특성을 이해한다.

  필자는 주어진 문제, 여러 상황 맥락을 고려하여 문제를 해결하는 과정에서 끊임없이 자신과 _____3 를 시도한다. 그리고 작문이라는 언어 행위를 여러 가지 다양한 맥락에서 조망하는 과정 속에서 _____4 의 기회를 마주하게 된다.

  이러한 내면적 대화 과정을 통해 필자는 긍정적이고 바람직한 정서를 갖게 될 것이다.

② 창조적 의미 구성으로서의 작문의 기능을 이해한다.

  작문은 새롭게 주어진 과제를 해결하는 _____5 활동이다. 문제를 해결하는 과정에서 필자는 여러 요인(주제, 예상독자, 글 쓰는 목적, 필자를 둘러싼 사회 · 문화적 맥락 등)을 고려하여 필자 개인의 경험, 지식, 가치관, 신념 등에 따라 분석하고 구체화한다.

  그 과정에서 작문은 필자만의 창조적인 의미 구성 과정으로 진행하게 된다. 따라서 작문은 필자 개인이 창조적으로 의미를 구성하는 행위라고 할 수 있다.

③ 문화 공동체 참여 행위로서의 작문의 가치를 이해한다.

  작문은 사회적 의미 구성 행위이다. 필자는 글을 쓰면서 자신의 글에 대한 여러 사람들의 반응을 상상하고 예측하며 그들의 조언을 반영하는 등의 _____6 행위를 하면서 문화공동체의 참여자로서의 역할을 수행한다.

  필자는 자신이 속해 있는 공동체가 합의하고 있는 지식, 가치관, 세계관을 글 속에 반영하고, 이것을 다른 사람들과 _____7 하면서 공동체의 구성원임을 확인하며, 공동체의 문화와 가치를 유지하고 발전시키게 된다.

1 담화 공동체
2 사회 · 문화적 맥락
3 대화
4 자기 성찰
5 문제 해결
6 사회적 대화
7 공유

5) 작문과 매체 언어

① 작문 과정에서 매체 언어가 어떻게 의미를 생성하는지 이해한다.

② 글의 전달과 사회적 파급력에 미치는 매체의 효과를 이해한다.

(2) 기능

1) 작문 맥락의 파악

① 작문의 목적, 주제, 독자 등 작문 상황을 분석한다.

작문의 목적은 크게 정보 전달, 설득, _____1 , 정서 표현으로 나눌 수 있다. 글을 쓰기 전에는 글쓰기 목적이 무엇인가를 분명히 하고 그 목적에 맞는 글쓰기 전략을 구사하는 것이 필요하다.

작문 주제는 무엇을 쓰느냐의 문제와 관련이 되므로 _____2 와 밀접한 연관이 있다. 필자 입장에서 볼 때는 필자 스스로 선택한 주제(일기, 수필, 감상문, 독자 투고문, 민원편지, 보고서 등)와 타인에 의해 주어지는 주제(주어진 문제나 주제에 대한 설명문, 논설문)가 있다. '작문 주제를 분석할 때'는, 주제에 대해 정의 내리고, 비교하고, 주제를 보다 넓은 맥락 속에서 검토할 필요가 있다.

독자는 가시적 독자와 불가시적 독자로 구분할 수 있다. 특히 가시적 독자를 대상으로 할 때는 예상 독자의 요구를 분석하는 것이 필요하다. 첫째, 예상 독자가 처해 있는 환경(연령, 사회적 · 경제적 · 종교적 배경, 문화적 · 종교적 배경, 가치관과 신념, 취미와 관심 등), 둘째, _____3 와 예상 독자의 관계(주제에 대한 예상 독자의 지시의 양과 질, 주제에 대한 태도 등), 셋째, 예상 독자와 _____4 의 관계(필자에 대한 예상 독자의 인식, 필자와 예상 독자가 공유할 수 있는 경험이나 취미 또는 신념, 예상 독자에게 드러내고자 하는 필자 자신의 입장, 필자의 글에 대한 예상 독자의 기대 수준 등), 넷째, 필자가 작성한 글과 예상 독자의 관계(글의 종류, 내용의 조직 방법, 내용의 표현 방식 등이 예상 독자의 요구 및 수준에 적합한지 여부 검토)를 설정해 보아야 한다.

불가시적 독자에 대한 요구 분석도 필요하다. 위의 네 가지 외에 예상 독자의 지식, 태도, 필요 등을 분석해야 한다. 지식 요인과 관련하여서는 필자가 전달하고자 하는 내용을 이해할 정도의 _____5 을 가지고 있는가를 고려해야 한다. 태도 요인과 관련하여서는 필자가 전달하고자 하는 지식에 대하여 어떤 태도나 관점을 지니고 있는가를, 필요 요인과 관련하여서는 예상 독자가 필요로 하는 것이 무엇인가를 추정하여 자신을 예상 독자의 요구에 적응시켜야 한다.

② 작문 과정에서 활용할 수 있는 주요 정보를 파악한다.

글쓰기에 많은 정보들이 동원되면 글의 내용은 그만큼 풍부해지고, 설득력도 높아진다.

작문 과정에서 활용할 수 있는 주요 정보에는 첫째, 자신의 장기 기억 속에 저

1 사회적 상호 작용
2 작문 과제
3 글의 주제
4 필자
5 배경지식

장된 정보가 있다. 이 정보를 활성화하기 위해서는 _____1 , 연상하기, 열거하기, _____2 등과 같은 활동이 도움이 된다. 둘째, 주위에서 찾을 수 있는 정보도 있다. 여기에는 친구, 부모, 교사, 전문가들을 이용하는 방법이 있다. 이들과의 대화, 토의, 면담 등을 통해 많은 정보를 확보할 수도 있지만, 더 좋은 방법은 _____3 이고, 인터넷, TV, 휴대전화 등을 활용하는 것도 좋은 방법이다.

③ 작문 과정에서 지켜야 할 작문의 관습을 파악한다.

작문은 일종의 의사소통 행위이며, 독자와의 상호 작용이므로 의사소통에서 지켜야 할 예의와 관습이 있게 마련이다.

의사소통은 발신자와 수신자의 협력 관계에 의해서 이루어지기 때문에 필자는 글을 쓰면서 독자와 협력하는 마음으로 글을 써야 한다. 정직성과 충실성이 중요한 이유다. 작문의 _____4 은 글 속의 아이디어가 독창적인 것인가, 아니면 남의 아이디어를 따오거나 인용한 것인가를 명백히 밝히는 일과 관련된다. _____5 를 밝혀야 한다.

다양한 장르의 글쓰기가 있는데, 각각의 장르는 고유한 _____6 을 가지고 있다. 그리고 이들 장르는 장르별로 각각 관습의 엄격성에 차이가 있다. 또한 작문의 관습은 목적, 주제, 독자 등과 같은 맥락이 변함에 따라 달라지므로 관습을 지키는 것도 중요하지만, 맥락에 맞게 관습을 해체, 변형, 창조하는 것이 중요하다.

④ 공동체의 규범과 가치에 비추어 자기가 쓸 글이 미칠 영향을 인식한다.

글쓰기도 행위의 일종이기 때문에 자신의 글쓰기 결과에 대해서 책임지는 자세를 가져야 한다. 먼저 독자가 속한 공동체의 규범과 가치를 분석해야 한다. 다음으로는 공동체의 규범·가치와 자신의 글쓰기의 관계를 살펴야 한다. 마지막으로 글쓰기가 개인 및 공동체에 미치는 영향을 분석하고, 그것이 갖는 윤리적·사회적·정치적 의미를 분석해야 한다.

한편, 공동체의 규범과 가치를 파악하는 일은 수사적 효과성 측면에서도 중요하다. 독자가 속한 공동체의 규범과 가치를 잘 파악해야 설득력 있는 글을 쓸 수 있기 때문에 보다 치밀하고 섬세한 글쓰기가 요구된다.

그리고 공동체와 가치는 _____7 이기 때문에 작자는 독자가 어떤 공동체에 속하는지, 그 공동체는 어떤 가치를 지향하는지를 섬세하게 살펴야 한다.

2) 작문에 대한 계획

① 작문 과정에서 해결해야 할 문제를 찾고 분석한다.

작문은 문제를 해결하는 _____8 과정이다. 작문을 성공적으로 수행하기 위해서 필자들은 작문 과정에서 부딪히는 여러 가지 인지적 문제들을 해결해야 한다. 때문에 작문이 문제 해결 과정이라는 것은 작문 과정에서 만나는 문제들을 _____9 으로 풀어가는 과정이라는 뜻이다.

작문 과정에서 문제를 효과적으로 해결하기 위해서는 해결해야 할 문제가 무엇인지를 인식하는 것이 중요하다. 해결해야 할 문제가 구체화될수록 해결 방안을 마

1 경험 떠올리기
2 대화하기
3 글읽기
4 정직성
5 출처
6 작문 관습
7 다층적
8 인지적
9 전략적

련하기가 쉬우므로 필자는 해결할 문제를 구체적으로 분석한다. 그런 다음 작문의 기능이나 전략을 동원하여 효과적인 문제를 해결한다(해결해야 할 문제 인식 ⇨ 문제를 구체적으로 분석 ⇨ 작문의 기능이나 전략 동원 ⇨ 문제 해결).

작문 과정의 문제를 효과적으로 해결하기 위해서는 기능이나 전략을 충분하게 소유하고 있어야 한다.

② 작문 과정에 대해 전체적인 계획을 세우고 결과를 예측한다.

능숙한 필자들은 작문을 계획하는 데 많은 시간을 보낸다. 분석된 문제에 비춰볼 때 작문 과정을 어떻게 진행할 것인지, 예상되는 결과는 무엇인지, 그 결과는 과제의 요구에 부합하는지 등을 생각해야 하기 때문이다.

전체적인 계획을 세울 때에는 작문 과정을 고려하는 것이 바람직하다. 작문의 과정은 단계적이거나 독립적으로 존재하는 것이 아니라, _____1 이며 _____2 이다. 어떤 경우에는 작문 과정이 명확하게 드러나지 않기도 하지만 이러한 과정은 반드시 존재한다. 이것이 바로 계획을 세울 때 작문 과정을 고려해야 하는 이유다.

③ 작문에 필요한 배경 지식을 준비하고 내용 생성을 계획한다.

능숙한 필자들은 써야 할 내용을 풍부하게 마련하는 일을 매우 중시한다. 글을 쓸 때 어려움을 겪는 많은 이유가 글의 내용이 부족한 데에서 비롯되기 때문이다.

내용을 생성할 때는 _____3 의 활용을 일차적으로 고려해야 한다. _____3 은 작문 내용의 주요 원천이기 때문이다. 그런 다음, 내용 생성 계획을 세워야 한다.

유능한 필자들은 배경 지식으로부터 내용을 생성하기 위한 여러 가지 전략을 적용한다.

④ 글의 제목이나 대략적인 내용을 떠올리고 내용 구조 및 전개를 계획한다.

능숙한 필자는 작문을 계획할 때 글의 목표를 세우는 일에도 관심을 기울이지만, 쓰게 될 글의 제목이나 대략적인 내용 결정에도 관심을 기울인다.

글의 제목이나 대략적인 내용을 떠올릴 때는 _____4 를 활용한다. 개략적인 메모는, 특정한 형식 없이 글의 제목, 글 전체의 대략적인 내용과 전개, 각 문단의 주요 내용 등을 정리하는 방법이다. 개략적인 메모는 내용의 구조와 전개를 계획할 때도 활용이 가능하다. 그러나 내용의 구조와 전개를 계획할 때는 _____5 이나 _____6 을 활용하는 것이 더 효과적이다.

3) 작문 내용의 생성

① 글의 제목과 중심 내용을 바탕으로 삼아 체계적이며 창의적인 사고 활동을 전개한다.

성공적인 작문을 위해서는 글에 담을 내용을 풍부하게 마련해야 한다. 글의 내용을 충분히 마련하기 위해서는 창의적이며 체계적인 활동이 필요하다. 창의적인 활동은 다양하고 참신한 내용 마련에 유용한데, 이 활동에는 _____7 , 자유 연상, 자유롭게 쓰기 등이 있다. 체계적인 활동은 논리적이고 구조화된 내용 마련에 유용

1 회귀적
2 상호의존적
3 배경 지식
4 개략적인 메모
5 구조화된 그림
6 도식
7 브레인스토밍

한데, 이 활동에는 개요 작성, _____1 활용 등의 방법이 있다.

　체계적이고 창의적인 사고 활동은 글감을 _____2 하게 마련하는데 일차적인 목적이 있다. 이러한 사고 활동을 전개할 때는 글의 제목이나 중심 내용을 바탕으로 삼아 적절성 여부를 판단해야 한다(통일성 여부 주의!).

　※ 내용 생성 방법

- _____3 : 비판 없이 가능한 한 많은 내용을 떠올리는 방법
- _____4 : 연쇄적으로 생각의 흐름을 따라가면서 내용을 떠올리는 방법
- _____5 : 떠오르는 생각을 가감 없이 빠르게 종이에 옮기는 방법
- 개요 작성 방법: 글에 포함될 주요 내용을 위계, 구조, 전개 등을 고려하여 어구나 문장 형태로 떠올리는 방법
- 내용 구조도 활용 방법: 글의 주요 내용을 위계, 구조나 순서, 전개 등을 고려하여 그림이나 도표의 형태로 표현하는 방법

② 작문 상황 및 작문 계획에 맞게 글의 중심 내용을 조정하고 구체화한다.

　글의 대략적인 내용이 결정되면 글의 _____6 을 조정하고 구체화해야 한다. 중심 내용 조정은 대략적으로 정했던 중심 내용에 보충하거나 추가할 것, 삭제하거나 수정할 것을 결정하는 일을 하고, 중심 내용 구체화에서는 대략적으로 정했던 중심 내용을 분석하고 분류하여 세부의 하위 내용으로 나누는 일을 한다.

　중심 내용을 조정하고 구체화할 때에는 _____7 (글을 쓰는 목적, 글의 유형 및 주제, 예상 독자 등의 요인)에 부합해야 한다. 조정하고 구체화하는 중심 내용이 글의 유형에 따른 언어적 관습이나 이와 관련된 예상독자의 요구나 기대에 부합해야 하기 때문이다. 또, 작문 계획에도 부합해야 한다. 쓰려는 글의 전체적인 내용, 주제, 구조, 전개에 부합해야 내용을 통일성 있게 작성할 수 있기 때문이다.

③ 작문 계획과 생성한 내용을 비교 · 검토하여 생성한 내용을 수정 · 보완한다.

　작문 과정은 글을 쓰는 동안 생각의 변화가 끊임없이 일어난다. 능숙한 필자들은 계획한 내용과 생성한 내용을 서로 비교 · 대조하고 검토하는 작업을 거친다. 이렇게 하면 미처 마련하지 못한 내용을 추가할 수 있어 글을 더욱 충실하게 작성할 수 있다. 또한 글의 유형에 적합하지 않은 내용, 글의 주제에서 벗어난 내용을 수정할 수 있어 글의 통일성을 유지하고 글의 주제를 효과적으로 드러낼 수 있다.

④ 작문 상황에 적합한 전략을 활용하여 중심 내용을 뒷받침할 세부 내용을 생성한다.

　작문 계획과 생성에서 우선적으로 고려하는 것은 글의 '_____8'이다. 그리고 여기에 '_____9'이 풍부하고 다채롭고 구체적으로 마련되면, 글이 윤택해지며 글의 중심 내용이나 주제가 더욱 선명하게 드러난다.

　세부 내용을 마련할 때에는 작문 상황에 적합한 전략을 활용하는 것이 효과적이다. 세부 내용을 떠올릴 때 실제적인 예상 독자와 협의하고 대화하는 방법을 적용할 수 있다.

1 내용 구조도
2 풍부
3 브레인스토밍
4 자유 연상
5 자유롭게 쓰기
6 중심 내용
7 작문 상황
8 주요 내용
9 세부 내용

⑤ 생성된 내용을 검토하여 작문 계획을 조정하고 구체화한다.

인지심리학적 관점에서 작문은 '_____1'이다. 작문의 과정은 몇 개의 하위 과정으로 구성되는데, 이 과정은 상황과 필요에 따라 거꾸로 회귀하면서 진행된다. 이런 회귀적 진행은 곧 시간의 흐름과 작문 과정의 진행이 일치하지 않음을 뜻한다. 작문 과정이 역행하여 수행될 수도 있다는 뜻이다.

때문에 내용 생성은 작문 계획 이후에 이루어지는 일이지만, 상황과 필요에 따라 역행(회귀)하여 _____2 단계의 수정 작업을 진행할 수 있다.

4) 작문 내용의 조직과 전개

① 작문 맥락을 고려하여 글의 내용을 조직하고 전개한다.

작문 계획에 따라 내용을 생성한 후에는 그 내용의 위계, 구조, 비중, 순서 등을 고려하여 조직하고 전개한다.

조직하고 전개하기 위해서는 우선, 생성한 내용의 특징을 고려해서 결정하는데 일반적인 내용 조직 및 전개 방법은 '처음', '중간', '끝'으로 구분하는 것이다.

_____3 을 고려하여 조직하고 전개할 수도 있다. 이는 _____4 중심의 글쓰기에 유리하다. 작문 맥락에서 주요하게 고려해야 할 사항은 예상 독자의 요구와 기대이므로 이를 고려한다면 예상 독자에 부합하는 내용 조직과 전개 방법을 취할 수 있다.

② 글의 통일성과 응집성을 고려하여 내용을 조직하고 전개한다.

통일성은 글의 여러 내용이 하나의 _____5 로 긴밀하게 연결되어야 한다는 것을 표현한 개념이다. 그리고 응집성은 글의 여러 문장은 _____6 으로 긴밀하게 연결되어야 한다는 것을 표현한 개념이다.

③ 내용 전개의 일반적인 원리를 고려하여 글의 내용을 전개한다.

내용 전개의 일반적 원리는 시간적 순서의 원리, 공간적 순서의 원리, _____7 적 순서의 원리 등으로 구분된다. 시간적 순서의 원리는 시간의 흐름이나 시간의 전후에 따라 전개하는 것이고, 공간적 순서의 원리는 공간의 근원(近遠)이나 좌우에 따라 내용을 전개하는 것이다. 논리적 순서는 연역법과 귀납법과 같이 일반적 전제와 구체적 사실 사이의 배열을 고려하여 내용을 전개하는 것이다.

_____8 의 내용 전개 방법(정의, 분석, 분류, 비교·대조, 인과, 과정 등), 공간에서 근원 및 좌우로 접근하는 내용 전개 방법, 시간의 흐름과 시점(視點)을 반영하는 _____9 의 내용 전개 방법, 대상을 그림처럼 그려 내는 _____10 의 내용 전개 방법, 논증(연역, 귀납, 유추 등)의 내용 전개 방법 등은 시간 순서의 원리, 공간 순서의 원리, 논리 순서의 원리로 구분할 수 있다.

④ 내용의 조직과 전개 과정에서 다른 글을 참조하여 활용한다.

내용 조직과 전개의 어려움을 해소하기 위한 방법의 하나는, 다른 글의 내용 조직과 전개를 참조하여 모방하거나 활용하는 것이다. 그러면, 독자들이 내용의 흐름

■■■■■■■■■■■■■■■■
1 회귀적 과정
2 계획
3 작문 맥락
4 독자
5 주제
6 문법적
7 논리
8 설명
9 서사
10 묘사

을 _____1 하는 데 도움을 준다. 그리고 독자들에 익숙한 조직 및 전개 방법을 활용하면 전달의 효과를 높일 수도 있다.

대표적인 내용 조직 및 전개 방법으로는 '_____2 및 _____3 , 문제 제기 및 문제 해결, 원인과 결과, 비교 및 대조' 등이 있다.

⑤ 내용의 조직과 전개를 검토하여 필요에 따라 내용을 조정한다.

작문 과정은 _____4 이기 때문에 조직과 전개 과정에서도 생성된 내용을 수정할 수 있다.

내용 생성 단계에서 다양한 전략을 동원하여 내용을 충분히 마련했다고는 하지만 내용이 부족하기도, 불필요하게 넘치기도 한다. 생성한 내용을 일정한 체계로 조직하고 전개해 보면 넘치는 것과 모자라는 것이 선명하게 드러난다.

곧 _____5 단계에서 바로 검토하는 것보다 _____6 단계에서 살펴보는 것이 균형에 맞는지 어긋나는지가 더 명확하게 드러나는 법이다. 이것이 조직과 전개를 검토하고 조정해야 하는 이유이다.

때문에 넘치는 내용은 삭제해야 하고, 부족한 내용은 다시 생성 전략을 동원해 필요한 내용을 더 마련해야 한다.

5) 작문 내용의 표현

① 작문 맥락과 작문 내용에 적합한 어휘와 문장을 선택하여 어법에 맞게 표현한다.

인지심리학적 관점에서는 _____7 를 통해 드러나는 주제나 의미를 중시한다. 하지만 글의 바탕을 이루는 어휘나 문장도 글의 의미나 주제에 영향을 미칠 수도 있기 때문에 이것의 중요성을 무시하는 것은 아니다. 어휘나 문장은 작문 맥락(상황이나 목적, 필요성, 예상독자 수준)을 고려하여 선택해야 한다. 글의 주제나 중심 내용에 적절히 부합하는 것으로 선택해야 하며, 세부 내용의 기능과 성격도 고려하여 선택해야 한다.

_____8 도 글의 의미를 명확히 한다. 때문에 표기가 정확하고 표현이 적절해야 하며, 문장 성분의 호응이 문법적으로나 의미적으로 적절해야 한다.

② 작문 맥락과 작문 내용을 고려하여 여러 가지 표현 기법을 활용한다.

표현 기법을 다양하게 활용하면 예상 독자의 관심을 불러일으키고, _____10 를 심어 주어 글의 _____9 를 높일 수 있다. 글의 전달 효과가 높아지면 글의 목적 실현에 유리하다.

표현 기법은 비유법, 변화법, 강조법으로 구분한다.

표현 기법을 활용할 때는 작문 맥락(상황이나 조건, 목적이나 필요성, 예상 독자의 유형이나 수준 등)과 작문 내용에 따라 표현 기법이 달리 선택되어야 한다.

③ 생성한 내용을 조직 및 전개 계획에 따라 초고로 작성한다.

작성하기의 주요 활동은 '_____11'를 쓰는 데 있다. 능숙한 필자는 초고를 완성된 형태가 아니라 조정과 수정이 가능한 형태의 글로 받아들인다. 따라서 능숙한

----

1 예측
2 주제 제시
3 예시
4 회귀적
5 생성
6 조직
7 글 전체
8 어법
9 흥미
10 전달 효과
11 초고

필자들은 조정과 수정을 염두에 두되, 글의 중심 내용, 주제, 의미에 초점을 두고 초고를 작성한다. 작문 과정이 '_____1 성격'이므로 초고도 수정되어야 할 글이다.

초고가 수정과 조정을 허용하는 글이지만, 내용 생성과 조직의 과정을 반영한다. 초고가 느슨한 형태로 작성되는 글이라고 해도 어떠한 준비나 계획 없이 이루어지지는 않는다. 실제로 글을 쓰기 이전 과정에서 충실하게 활동을 수행한 경우, 초고에 드러나는 주제, 중심 내용, 의미는 통일성과 일관성을 갖추게 된다. 좋은 글을 쓰려면 _____2 를 수정과 조정이 가능한 글로 이해하되, 내용 생성과 조직의 계획 및 활동을 반영하여 이루어진다는 점도 인식해야 한다.

④ 작문 맥락을 고려하여 작문 내용을 효과적이고 개성적인 문체로 표현한다.

문체란 글의 표현에 드러나는 _____3 인 특색이다. 필자가 글을 쓰는 목적을 효과적으로 달성하기 위해 선택하는 일종의 표현적 특징이다.

현대 작문 이론의 관점에서는 '_____4'을 위해 선택하는 특징으로 본다. 때문에 목적이 변화하거나 필자의 상황이 변화하면 문체도 변화하는 것으로 이해한다.

문체는, 글에 쓰인 어휘, 문장 등에 의해 드러난다. 그리고 문체는 맥락을 반영해야 효과를 낼 수 있다(예 '추도문'은 한자 어휘를, 광고나 홍보 문구는 감각적인 어휘와 짧고 간결한 문장을 사용한다).

⑤ 표현 과정에서 필요에 따라 그림이나 도표 등을 효과적으로 활용한다.

그림이나 도표는 글의 내용을 입체적으로 전달하는 특징이 있다.

그림이나 도표는 독자의 이해를 돕긴 하지만, 작문의 내용과 맥락에 따라 필요성을 따져 활용 여부를 결정해야 한다.

그림이나 도표를 넣을 때에는 정확성과 적절성에도 주의해야 한다. 잘못된 그림이나 도표는 독자의 이해를 돕는 것이 아니라 오히려 이해를 방해하므로 정확성을 판단해야 한다. 글의 목표, 기능, 분량, 내용과 부합하지 않으면 그림이나 도표는 적절성이 떨어진다.

⑥ 표현 과정을 점검하여 필요에 따라 작문의 내용, 조직과 전개 방법을 조정한다.

작문의 하위 과정을 평가하고 그 진행과 회귀를 통제하는 _____5 가 작용한다.

초고를 작성할 때 글의 내용과 의미에 집중함으로써 더 깊이 있는 중심 내용을 발견하기도 하고, 다채로운 세부 내용을 포착하기도 한다. 초고 작성 과정에서 떠오른 내용이 적절하고 적합하다면 적극적으로 반영할 필요가 있다. 이를 위해서는 작문의 내용을 조정해야 한다.

초고를 작성하는 과정에서 조직 단계에서는 고려하지 못했던 더 효과적인 조직 방법, 더 나은 전개 방법을 발견하기도 한다. 새롭게 발견된 조직 및 전개 방법은 더 좋은 글을 쓰는 데 유용하게 활용될 수 있으므로 잘 반영하는 것이 중요하다. 이를 위해서는 이미 이루어진 글의 조직과 전개 방법을 조정해야 한다.

1 회귀적
2 초고
3 개성적
4 목적 달성
5 상위 인지

6) 작문 과정의 재고와 조정

① 작문의 맥락에 따라 초고의 적절성을 평가하고 적절하지 않은 부분을 고쳐 쓴다.

작문의 과정에서 볼 때, 초고는 완성된 글이 아니다. 초고는 고쳐쓰기(수정 과정)를 거쳐 질적 수준이 높은 글로 완성될 수 있다.

능숙한 필자는 글을 지속적으로 수정해 간다. 완성된 글은 없으며, 오직 끊임없이 _____1 를 기다리는 글이 있을 뿐이라고 생각한다. 글을 고쳐 쓸 때 초고에서 적절하지 못한 부분을 찾아내고 글의 목적, 주제나 중심 내용, 내용의 흐름 등을 고려하여 수정한다.

초고의 적절성을 평가할 때는, _____2 (작문이 이루어지는 상황이나 조건, 작문의 목적이나 필요성, 예상독자의 유형이나 수준 등)을 고려해야 한다. 그리고 필자 스스로 적절성을 평가할 수도 있고, 다른 동료의 도움을 얻어 평가할 수도 있다.

② 작문의 과정, 글의 통일성과 응집성 등을 고려하여 적절하지 못한 부분을 고쳐 쓴다.

작문의 과정을 고려하는 것은 작성된 초고가 이전에 이루어진 작문 과정을 잘 반영하고 있는지를 평가한다는 뜻이다. 계획, 생성, 조직과 전개 방법이 초고에 잘 반영되었는지 검토하고 평가하는 것이다.

통일성은 글의 내용이 하나의 _____3 로 긴밀하게 관련되는 특성을 말한다. 평가할 때는, 글의 내용이 하나의 주제를 드러낼 수 있도록 선정되었는지, 중심 내용에 부합하는 하위 내용들로 선정되었는지를 검토한다.

응집성은 문장과 문장이 _____4 으로 긴밀하게 연결되어 있는 특성을 말한다. 응집성은 문장과 문장 사이에도 드러나지만, 문단과 문단 사이에도 드러난다.

③ 작문의 각 과정에서 활용한 전략의 적절성 및 효율성을 평가하고 조정한다.

작문의 과정이 '회귀적 과정'이라 한다면, 전략의 적절성과 효율성에 대한 '_____5'가 바탕이 되어야 한다.

작문 과정은 몇 개의 하위 과정으로 구성된다. 목표 설정하기, 내용 생성하기, 조직하기, 작성하기, 수정하기의 과정이 그것이다. 작문의 각 하위 과정은 각 과정의 문제를 해결하는 데 필요한 _____6 들이 포함되어 있다. 필자는 작문의 하위 과정을 수행하면서 선택한 전략의 적절성과 효율성을 평가하고 결과에 따라 전략을 조정한다. 필자는 문제 해결의 전략을 평가, 조정함으로써 작문 과정을 회귀적으로 수행해 간다.

④ 고쳐쓰기 과정을 검토하여 필요에 따라 글의 내용, 전개, 표현을 수정·보완한다.

작문은 _____7 이다. 고쳐쓰기는 작문 과정의 한 하위 과정이다. 고쳐쓰기 과정에서 글의 내용, 전개, 표현에 대한 수정이 이루어진다.

1 고쳐쓰기
2 작문 맥락
3 주제
4 문법적
5 평가
6 전략
7 회귀적

글의 내용, 전개, 표현을 수정하는 데는 고쳐쓰기 과정에 대한 평가가 중요하다.

고쳐쓰기 과정을 검토할 때는, 작문의 과정에 충실하게 수행되었는지, 작문 계획에 부합하는지, 작문의 맥락과 작문의 상황을 고려하는지, 작문 과정에 따른 검토와 글의 통일성 및 응집성에 따른 검토가 이뤄졌는지 등을 중심으로 진행한다.

7) 매체 자료의 변용과 생산

① 매체 언어의 특성을 고려하여 동일 내용 혹은 기존 매체 자료를 변용하여 표현한다.

② 목적, 수용자, 매체의 특성 등을 고려하여 다양한 매체 자료를 생산한다.

③ 매체를 통한 개인적 · 사회적 소통에 적극적으로 참여한다.

4 글의 유형

```
                    글의 유형

        • 정보 전달을 위한 글 쓰기
        • 설득을 위한 글 쓰기
        • 사회적 상호 작용을 위한 글 쓰기
        • 자기 성찰을 위한 글 쓰기
        • 학습을 위한 글 쓰기
```

(1) 정보 전달을 위한 글 쓰기

정보 전달을 위한 글은 필자가 어떤 대상, 사실, 현상 등에 대하여 새로운 정보를 제공하거나 설명하려는 목적을 가지고 쓰는 글이다.

정보 전달이 목적이므로 정보를 쉽고, 정확하게 전달 될 수 있도록 하는데 주안점을 두어야 하는데, 이를 위해 언어를 명확하게 사용하고, 사전적 의미(지시적 의미)를 환기하는 언어를 사용해야 한다.

또한 객관적인 입장을 견지하는 것이 필요하고, 정보를 효과적으로 전달하기 위해 글의 구조를 명확히 해야 한다.

정보 전달을 위한 글에는 설명문, 보고문, 기사문, 전기문, 안내문 등이 있다.

(2) 설득을 위한 글 쓰기

설득을 위한 글은 독자에게 자기의 주장을 펴서 이해시키고 더 나아가 그 주장대로 믿고 따르게 할 목적으로 쓰는 글이다.

설득을 위한 글을 쓸 때에는 글의 주제나 논점과 함께 그에 대한 주장을 명확하게 제시해야 한다.

주장을 설득하기 위해서는 주장이 타당함을 보여야 한다. 이를 위해 자신의 주장에 대한 근거 밝혀야 한다. 이때, 자신의 주장을 뒷받침할 수 있는 사실과 자료를 인용하거나, 자신의 주장이 논리적으로 옳다는 것을 보이거나, 다른 사람의 말을 인용하는 전략 활용한다.

설득하는 글은 서론, 본론, 결론의 삼단 구성을 취한다.

설득을 위한 글에는 논설문, 비평문, 선언문, 연설문 등이 있다.

(3) 사회적 상호 작용을 위한 글 쓰기

사회적 상호 작용을 위한 글은 관계를 맺고, 유지하고, 발전·확장하기 위한 목적의 글이다. 상호 작용의 주체는 개인과 개인, 개인과 집단, 집단과 집단을 포함한다.

사회적 상호 작용을 위한 글은 긍정적 관계 형성 목적 외에도 다른 사람의 견해, 태도를 비판하면서 새로운 관계를 형성하기 위한 목적으로 쓰기도 한다.

사회적 상호 작용의 글은 무엇보다 '진정성'이 중요하다. 따라서 솔직함, 타인에 대한 배려, 개인의 목소리 등이 글의 내용과 표현 방식에 잘 드러나도록 글을 쓰는 것이 중요하다.

사회적 상호 작용을 위한 글에는 축하문, 항의문, 편지, 식사문 등이 있다.

(4) 자기 성찰을 위한 글 쓰기

자기 성찰을 위한 글은 글쓰기를 통해 자기 이해에 이르고, 자신의 정체성을 재구성함으로써 정서적·심리적 성숙을 도모하기 위해 쓰는 글이다.

자기 성찰을 위한 글은 수사적 기능·전략보다는 체험의 진솔한 표현을 중시한다. 이러한 진솔한 표현 속에 다양한 성찰의 계기가 포함되어 있다.

자기 성찰을 위한 글에는 일기, 감상문, 수필, 단상, 회고문 등이 있다.

(5) 학습을 위한 글 쓰기

학습을 위한 글은 학습한 내용을 정리하거나, 지식을 정교화, 내면화, 확장하기 위한 목적으로 쓰는 글이다.

범교과 작문에 대한 강조는 쓰기가 갖는 학습 도구로서의 성격에서 비롯되었다고 볼 수 있다. 글쓰기 과정은 다양한 학습의 계기를 포함하고 있는데, 이런 글 쓰는 과정에서 일어나는 다양한 지적 활동을 통해 교과에서 배운 지식은 확장되고 정교화된다.

한편, 학습한 내용을 실제 글로 써 봐야 자신이 얼마나 잘 이해하고 있는지 그렇지 못한지를 확인할 수 있다.

교과 수업을 할 때, 학습한 내용이나 지식을 내면화, 정교화, 확장하는 다양한 쓰기 활동을 하도록 하되, 특히 각 교과에서 많이 사용하는 표현 방식에도 익숙해지 도록 한다.

학습을 위한 글에는 보고서, 요약문, 개요, 논술문 등이 있다.

5 평 가

(1) 평가 계획

> (4) 평가 목적, 시기, 성취 기준, 도구, 상황, 평가 기준, 평가틀, 결과 기록 방법, 피드백 방법 등을 미리 계획한다.
> (가) 평가방법에 대해서는 평가 시기, 목적, 상황을 고려하여 양적 평가와 질적 평가, 형식적 평가와 비형 식적 평가, 간접 평가와 직접 평가, 지필 평가와 수행 평가 중에서 선택하여 계획한다.

- 양적 평가는 작문 능력이나 태도를 _____1 하여 평가하는 방법이고, 질적 평 가는 그 특징을 서술하여 평가하는 방법이다.
- 형식적 평가는 학교의 성적이나 학업 성취도를 결정할 때처럼 엄격한 _____2 에 따라 이루어지는 평가를 뜻하고, 비형식적 평가는 형성 평가처럼 형식에 얽매 이지 않고 자유롭게 적용하는 평가를 뜻한다. _____3 평가는 선발이나 배치 를 목적으로 하기보다는 교수·학습의 개선을 위하여 주로 적용된다.
- 간접 평가는 학생의 능력이나 태도를 간접적으로 평가하는 방법이고 직접 평가 는 학생의 능력과 태도를 직접적으로 평가하는 방법이다. 학생의 경험을 중시해 야 한다면 _____4 평가보다는 _____5 평가를 우선적으로 고려하여 계획 을 세워야 한다.
- 지필 평가는 글로 써서 평가하는 방법이고, 수행 평가는 학생의 수행을 통해서 평가하는 방법이다. 수행 평가는 지필 평가와 공유되는 측면이 있으나, 꼭 지필 로만 이루어지는 것이 아니라 구술의 형태, 포트폴리오의 형태로도 이루어질 수 있다는 점에서 차이가 있다. 지필 평가는 _____6 평가에 흔히 활용되고 수행 평가는 _____7 평가에 흔히 적용된다.
- 결과 평가는 학생이 작성한 글이나 수행한 담화를 대상으로 하는 평가를 일컫고, 과정 평가는 작문을 완성해 가는 과정과 담화 활동을 준비하는 과정을 평가하는 것을 일컫는다.

(2) 평가 방법

> (1)
> (가) 간접 평가는 선택형, 단답형, 서술형과 같은 지필 평가 방법을 적용할 수 있으나 필수적인 지식에 한정한다.
> (나) 직접 평가는 관찰, 점검표(체크리스트), 자료철(포트폴리오) 등 수행평가의 방법을 적극적으로 활용 한다.

1 수량화
2 절차
3 비형식적
4 간접
5 직접
6 결과
7 과정

- 직접 평가는 학습자들이 실제 말하기, 듣기, 쓰기 과정과 수행 능력을 중심으로 _____1 적 평가를 지향하기 때문에 교사의 관찰, 점검표, 자료철과 같은 지속적이고 _____2 적인 평가가 권장된다.
- _____3 평가는 교사가 개별 혹은 소집단 학생들을 중심으로 점검표나 메모, 일지 등의 형태로 학습자들의 언어활동을 지속적으로 기록하거나 정리하는 평가 방법이다.

---

(2)

(나) '작문'의 경우, 완성된 글에 대한 결과 평가뿐 아니라, 그 글을 완성하기까지의 과정에 대한 평가도 병행한다. 결과 평가는 상황이나 조건에 따라 총체적인 방법이나 분석적인 방법을 활용한다. 과정 평가는 상황이나 조건에 따라 관찰, 자료철(포트폴리오), 사고 구술, 반성적 쓰기 등의 방법을 선택하여 활용한다.

- 관찰은 학생의 작문 활동이나 행동 등을 교사가 전문적인 관점에서 눈으로 보고 판단하는 방법이다. 현장 적용성 및 유용성이 매우 높으며, 주관성이 강한 것으로 알려져 있으나 평가 기준을 _____4 하고 반복된 관찰을 하며 학생과의 면담이나 결과물로 보충할 경우 신뢰성을 충분히 갖출 수 있다.
- 자료철(포트폴리오)는 학생들이 글을 쓰는 과정에서 생산한 결과물이나 참조한 자료를 모두 누적 관리함으로써 작문의 과정을 드러내도록 하는 방법이다.
- 사고 구술은 글을 쓰는 과정에서 떠오르는 생각을 모두 말하게 하여, 글을 완성하는 과정을 분석하여 평가하는 방법이다. 작문의 인지적 과정을 가장 정확하게 반영함으로써 과정 평가의 타당도가 높다는 장점은 있으나, 많은 훈련을 거치지 않으면 사고 구술을 하기 어렵다는 단점이 있다.
- _____5 는 글을 완성한 뒤, 글을 완성하기까지의 과정을 주제로 하여 다시 글을 쓰게 하는 방법이다. 작문 과정에서 경험했던 문제는 무엇인지, 그 문제를 해결하기 위해서 어떤 전략을 어떻게 활용하였는지, 글을 쓰는 과정에서 참조한 자료, 새롭게 떠오른 생각은 무엇인지 등을 드러낼 수 있게 된다. 이런 정보들은 글을 완성하는 과정을 구체적으로 보여준다는 점에서 유용성이 매우 높아 _____6 을 평가하는 데 실효성이 높은 방법이다.

---

(6)

(가) 총체적 평가 방법을 적용할 때에는 평가자 협의를 통하여 평가 기준, 평가 등급의 수, 평가 예시 답안을 정하거나 구체화하여 평가자 간 신뢰도를 유지한다.

---

1 발달
2 누적
3 관찰
4 내면화
5 반성적 쓰기
6 작문 과정
7 적게
8 체계적인 절차
9 평가 기준

〈총체적 평가 방법〉
- 학생의 글을 전체적이고 통합적인 관점에서 평가하는 방법이다.
- 학생 글을 읽고 판정하는 데 시간이 _____7 든다.
- 대단위 평가나 등급 판정 상황에서 흔히 사용하나 거시적인 관점에서 평가하므로 평가자 간 신뢰도가 떨어진다.
- 평가자간 신뢰도를 확보하기 위해, _____8 를 강조하고 _____9 을 상세화한다.

• 총체적 평가에서 준수해야 할 절차는 '_____1'를 통해서 이루어진다.

> (나) 분석적 평가 방법을 적용할 때에는 글의 내용, 구성(조직), 표현을 평가 기준의 요목으로 삼아 평가
> 하되, 평가 목적에 따라 평가 기준의 요목을 더 구체화하거나 비중을 조정한다.

〈분석적 평가 방법〉
• 요목화한 세밀한 평가 기준을 적용함으로써 평가자 간 신뢰도가 다소 높게 유지된다.
• 분석적 기준에 따라 작문 학습과 관련된 학생 정보를 구체적으로 제공해준다.
• 작문의 질과 관련된, 매우 구체적인 _____2 을 적용함으로써 작문에 관한 학생 정보를 수집하고 신뢰도를 유지하는 데 유리하나, 평가 기준을 개별적으로 적용하여 평가함으로써 시간과 노력이 많이 든다.
• 역시 얻는 정보가 많은 만큼 투입해야 하는 _____3 이 크다.

6 성취 기준

지식	(가) 작문의 성격	① 문제 해결 과정으로서의 특성 ② 의사소통 행위로서의 작문의 중요성 ③ 사회 · 문화적 실천 행위로서의 작문의 중요성
	(나) 작문의 과정	① 심리적 과정 이해 ② (작문의) 일반적 절차 이해 ③ 문제 해결 과정(으로서의 작문의 절차) 이해
	(다) 작문의 맥락	① (작문의) 상황 맥락(이 작문에 미치는 영향) ② (작문의) 사회 · 문화적 맥락(이 글의 내용 선정, 조직과 전개, 표현에 미치는 영향) ③ 사회 · 문화적 상황이 공동체의 담화 관습과 장르의 형성에 미치는 영향
	(라) 작문의 기능과 가치	① 자기 성찰 과정(으로서의 작문의 특성) ② 창조적 의미 구성(으로서의 작문의 기능) ③ 문화 공동체에의 참여 행위로서의 작문의 가치
	(마) 작문과 매체 언어	① 작문 과정(에서 매체 언어가 어떻게 의미를) 생성하는지 이해 ② 글의 전달과 사회적 파급력에 미치는 매체의 효과 이해
기능	(가) 작문 맥락의 파악	① (작문의 목적, 주제, 독자 등) 작문 상황 분석 ② (작문 과정에서 활용할 수 있는) 주요 정보 파악 ③ (작문 과정에서 지켜야 할) 작문 관습 파악 ④ 공동체의 규범과 가치에 비추어 자기가 쓸 글이 미칠 영향 인식
	(나) 작문에 대한 계획	① (작문 과정에서 해결해야 할) 문제 찾고 분석하기 ② (작문 과정에 대해) 전체적인 계획 세우고 결과 예측하기 ③ (작문에 필요한) 배경 지식 준비하고 내용 생성 계획하기 ④ 글의 제목이나 대략적인 내용 떠올리고 내용 구조 및 전개 계획하기

1 평가자 협의
2 평가 기준
3 비용

03 | 작문

기 능	(다) 작문 내용의 생성	① (글의 제목과 중심 내용을 바탕으로) 체계적이며 창의적인 사고 활동 전개하기 ② (작문 상황 및 작문 계획에 맞게) 글의 중심 내용 조정하고 구체화하기 ③ (작문 상황에 적합한 전략을 활용하여) 세부 내용 생성하기 ④ 작문 계획과 생성한 내용을 비교·검토하여 생성한 내용 수정·보완하기 ⑤ 생성한 내용을 검토하여 작문 계획을 조정하고 구체화하기
	(라) 작문 내용의 조직과 전개	① 작문 맥락을 고려하기 ② 글의 통일성과 응집성을 고려하기 ③ 내용 전개의 일반적인 원리를 고려하기 ④ 다른 글을 참조하여 활용하기 ⑤ 내용의 조직과 전개를 검토하여 필요에 따라 내용을 조정하기
	(마) 작문 내용의 표현	① 어법에 맞게 표현하기(–작문 맥락과 작문 내용에 적합한 어휘와 문장을 선택하여) ② 여러 가지 표현 기법을 활용하기(–작문 맥락과 작문 내용을 고려하여) ③ 생성한 내용을 조직 및 전개 계획에 따라 초고로 작성하기 ④ 작문 내용을 효과적이고 개성적인 문체로 표현하기(–작문 맥락을 고려하여) ⑤ 필요에 따라 그림이나 도표 등을 효과적으로 활용하기 ⑥ 표현 과정을 점검하여 필요에 따라 작문의 내용, 조직과 전개 방법 조정하기
	(바) 작문 과정의 재고와 조정	① 작문 맥락에 따라 초고의 적절성을 평가하고 고쳐 쓰기 ② 작문의 과정, 글의 통일성과 응집성 등을 고려하여 고쳐 쓰기 ③ 작문의 각 과정에서 활용한 전략의 적절성 및 효율성을 평가하고 조정하기 ④ (고쳐 쓰기 과정을 검토하여 필요에 따라) 글의 내용, 전개, 표현을 수정·보완하기
	(사) 매체 자료의 변용과 생산	① (매체 언어의 특성을 고려하여 동일 내용 혹은 기존 매체 자료) 변용하여 표현하기 ② (목적, 수용자, 매체의 특성 등을 고려하여) 다양한 매체 자료 생산하기 ③ 매체를 통한 개인적·사회적 소통에 적극 참여하기

당신이 할 수 있는 일
또는 할 수 있다고 믿는 일이라면
무조건 일단 시작하라. 행동은 그 자체에
마법과 은총, 그리고 힘을 지니고 있다.

– 줄리아 카메론의 《아티스트 웨이》 중에서

구동언의 함께하는 국어교육론 '마중물'

제 **3** 장

영역별 핵심 이론

01 | 화법

1 화법은 '삶을 나누는 과정'

'화법은 삶을 나누는 과정'이란, 언어적 메시지에 담긴 _____1 의 공유에 더하여 _____2 의 공유를 의미한다. 의미란 그것을 사용하는 사람의 총체적인 삶의 경험을 바탕으로 이루어지기 때문이다.

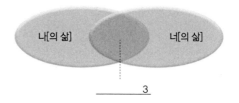

나의 삶의 경험과 너의 삶 경험을 바탕으로 이루어진 나의 삶(언어적 비언어적 상징의 의미)과 너의 삶(언어적 비언어적 상징의 의미)이 화자와 청자에 의해 _____4 으로 창조될 때, 삶이 공유되고 공유의 영역이 넓혀지는 것이다.

이때, 화법을 삶의 공유 차원에서 접근하기 위해서는 무엇보다 누구의 삶이든 나름의 가치를 가지고 있으며, 따라서 어떤 삶이든 옳거나 그른 것이 아니라 차이가 있을 뿐이라는 것을 바탕으로 하여야 한다.5

2 화법의 성격

(1) 구두언어성

화법은 음성을 통한 언어적 의사소통과 반언어 및 비언어적 의사소통을 통해 이루어지는 의사소통이다.

이때, 구두언어성은 화법이 구두언어적 사고와 깊은 관련을 맺으면서 소통에서 문자 언어와 다른 양상을 보이는 것을 말한다.

구두언어 활동은 참여자들이 '_____6', '_____7'라는 시간적 공간적 상황을 공유하면서 서로 적극적인 상호작용을 통해 의미를 공유해 간다. 구두언어의 정보는 내용면에서 구체적이고, 구조면에서 엄격하지 않고 개방적이며, 그 양도 비교적 적은 편이어서 특별한 인지적 노력 없이 자동적으로 처리된다.

---

1 의미
2 삶
3 삶의 공유
4 상호 교섭적
5 이창덕 외, 『삶과 화법』, 2000, pp. 25-29 발췌. 이를 비롯하여 아래의 내용은 특별한 각주를 제외하고는 이 책과, 『화법교육론』에서 발췌한 것임을 밝힙니다.
6 지금
7 여기

〈표 3-1〉 [음성언어와 문자언어의 비교] - 노명완 외, 『국어과교육론』, 1994, p. 153-155.

비교의 관점 및 변인	음성 언어	문자 언어
가. 전달 매체 및 상황 1. 전달 매체	구두 언어: 구두 언어 및 부(副)언어(paralinguistic) 요소의 활용 가능(쉼, 강세, 어조, 억양 등).	문자 언어: 문자 언어 및 텍스트에 쓰이는 여러 요소 활용 가능(문장 부호, 문단 부호, 밑줄 등).
2. 시간적 상황	시간 공유('지금', '현재'): 화자와 청자의 공동 관점이 이해에 함께 영향.	시간 공유 없음: 필자의 관점이 독자의 관점과 다를 수 있음. 기록으로 시간 제약 초월.
3. 공간적 상황	공간 공유('여기'): 물리적 환경, 표정, 몸짓, 눈과 눈의 접촉 등 언어 이외의 여러 방법 활용 가능.	공간 공유 없음: 필자의 관점과 독자의 관점이 각기 다를 수 있음. 기록으로 공간 제약 초월.
4. 기능의 양태	언어적 및 비언어적 상호 작용: 상호 호혜적, 화자와 청자의 역할을 계속적으로 바꿈으로써 정보 생산 및 교환에서 피드백과 단서 이용이 큼.	필자의 전달 내용에 크게 의존하여 정보 이해가 일방적일 가능성 큼. 독자층에 대한 필자의 고려 정도에 따라 그리고 필자의 글 구성 전략에 따라 이해 과정에서 글에 나타난 단서 이용 정도가 다양.
나. 정보 5. 내용	대체로 구체적인 내용: 화자와 청자가 공유하는 정보. 내용 이해를 위한 기억 탐색, 인지적 노력이 크게 요구되지 않음.	대체로 추상적 내용: 필자와 독자 사이의 정보 공유 정도에 따라 큰 차이가 날 수 있음. 내용 이해를 위한 기억 탐색, 인지적 노력이 크게 요구됨.
6. 구조	대체로 개방적: 대화 상황에 민감. 생략, 반복, 중복이 허용됨. 선택 어휘의 적합성 요구가 낮음.	대체로 폐쇄적: 관습화된 글 구조. 글 안에서만 민감. 선택하는 어휘의 적합성 요구 높음.
7. 기능	화자와 청자 사이의 사회적, 정의적 관계가 크게 영향: 관계에 따라 내용이 '나' 중심, '너' 중심 또는 '우리' 중심 구분 가능. 개인 감정 표현, 감정 이입 강함.	객관적 정보의 교환, 글과 독자와의 상호 작용: 특정 독자와의 직접 접촉이 아니므로 '해석'이 허용됨. 심미적 이해.
8. 내용의 양	대체로 적은 양의 내용을 상호 주고 받음.	대체로 많은 양의 정보를 일방적으로 제시, 수용.
9. 내용 제시에서 지켜야 할 규범	의사 소통의 목적에 부응: 내용의 참신성, 진실성, 적합성, 간명성, 상호 작용의 사회적 규범. 전달 매체인 '말'에는 크게 관심이 가지 않음. 표현 방법보다는 표현 내용에 더 관심.	의사 소통의 목적에 부응: 내용의 참신성, 진실성, 적합성, 간명성, 글이라는 산물의 '생산'에 대한 규범. 전달 매체인 '글'에 관심이 큼. 내용과 함께 표현 방법에도 관심이 큼.
다. 정보의 처리 10. 처리의 인지적 부담	정보의 처리가 비교적 쉬움(심하게는 다른 일을 하면서도 말하기 · 듣기 병행 가능): 고등 정신 기능의 요구.	정보 처리가 쉽지 않음(다른 일을 하면서 읽기 · 쓰기 병행 불가능): 고등 정신 기능이 크게 요구됨.
11. 처리 양식	대체로 자동적으로 처리됨: 화자는 말할 내용의 전체성 고려보다는 지엽적 내용의 연속에 이끌릴 가능성 많음. 따라서 말하기나 듣기는 전체성보다 지엽성, 연속성('그래서', '그 다음에는' 등)이 강함. 이미 말한 내용, 들은 내용 재점검 필요 적음.	대체로 비자동적으로 처리됨: 문장 부호를 비롯하여 낮은 수준의 문장 구조에도 의식적 주의 필요. 지엽적 세부 내용보다 전체 구성 파악이 더 중요. 이미 읽은 내용, 쓴 내용 재점검 필요.
라. 발달 측면 12. 학습 양식	공식적(자연 상황): 대체로 무의식 중에 획득. 학습의 책임은 자기 자신.	공식적(인위적 교육 상황): 대체로 의식적 노력. 학교 교육 과정 중심. 교사 지도가 학습을 주도함.
13. 발달	화자 또는 청자로서의 언어 경험, 사회적 상호 작용 중요.	자연 언어 상황에서의 말하기, 듣기가 선행 조건임. 문자의 해독이 이해의 선행 조건임.

(2) 상호교섭성

화법은 일련의 의미들이 _____1 되면서 새로운 의미를 _____2 해 가는 과정이다.

화법의 의미교섭은, 문자에 의해 텍스트가 고정된 상태로 독자에 의해 해석되는 문자언어에 의한 의사소통과 사뭇 다르다. 화법의 과정에서는 참여자가 고정되어 있지 않고 역동적으로 교섭에 참여하기 때문이다.

상호교섭성은 말하기와 듣기를 이해와 표현의 과정으로 보아 분리하여 교육하는 것에 문제를 제기한다. 상호교섭성은 화자와 청자는 물론 장면이 서로 영향을 미치면서 의미를 구성해 가는 _____3 인 과정인데, 말하기와 듣기가 분리되면 상호교섭성이란 역동성을 학습할 기회를 잃기 때문이다.

상호교섭성은 추상적인 개념이므로 이에 대한 수업을 할 때는 구체적인 담화 상황을 수업 자료로 삼아야 한다. 수업 과정에서 반응을 알아차리고, 그 반응의 의미를 깨닫고, 그런 다음 역동적으로 대응하여야 하기 때문이다.

(3) 관계성

화법의 관계성은 사회 구성원들이 화법을 통해 관계를 형성하고 유지하며 발전시킨다는 것을 가리킨다.

의사소통 과정에서 참여자들의 관계는 _____4 을 고려하고, 각자의 역할을 규정하고, 일련의 _____5 에 따라 행동하는 상호교섭 과정을 통해 형성되어 유지되고 발전한다. 상호교섭은 상호 간 인식이 존재해야만 비로소 서로 영향력을 행사할 수 있기 때문에 서로 인식을 취한 상태에서 이루어져야 한다.

화법의 관계는 공적으로 드러나는 외적 관계와 내적 관계로 나누어 볼 수 있다. 외적 관계(예. 아버지와 딸, 스승과 제자, 선배와 후배 등)는 사회적으로 일정한 규범이나 예절을 통해 규정된다. 내적 관계(예. 뜻이 맞는 사이, 싫어하는 사이, 잘 아는 사이 등)의 참여자들은 친밀성 등에 따라 규범과 예절이 암묵적으로 존재한다.

화자와 청자가 화법을 운영하는데 _____6 과 외재적인 규칙이 있다. 내재적 규칙은 참여자들이 내적으로 가지고 있는 규칙으로, 서로 의사소통을 어떻게 해야 하는지를 안내해 주는 행동의 표준이다. _____7 은 다른 사람들이나 상황에 의해 관계에 부여된 규칙이다. 이는 사회적 인사말이나 호칭어, 지칭어와 같은 사회적 규칙이다.

화법의 관계적 목표는 자기중심적이고 이기적으로 변하고 있는 현대 우리 사회에서 특별한 의미를 지닌다. 화법의 궁극적 목표가 '_____8'라 할 때, 우리 삶을 보다 풍요롭게 하기 위해서는 상대를 _____9 하고 _____10 하는 화법 교육의 책임이 절실하기 때문이다.

(4) 사회문화성

화법의 사회문화성은 민족의 말 문화 전통에 따라, 연령에 따라, 사회적 계층에 따라, 성의 차이 등에 따라 문화가 달리 형성됨을 뜻한다.

1 상호교섭
2 창조
3 역동적
4 다른 사람
5 규칙
6 내재적인 규칙
7 외재적 규칙
8 삶의 공유
9 인정
10 배려

이때, 문화란 "_____1 들이 겹쳐지고 공유된 상태"이다.

화법의 말 문화는 화법의 내용과 방법을 규정한다. 그리고 화법의 전통은 일정한 규범성을 가지고 화법의 태도를 판단하는 기준이 되기도 한다. '말버릇이 좋지 않다.'는 표현은 문화적 전통을 기반으로 한 지적이다. 또한 역사적 배경에 의해서도 말 문화가 생성되고 유지 발전된다. 화법은 과거에서 시작해서 미래로 계속되며, 현재의 화법은 미래의 화법의 기반이 된다.

말은 그 말을 사용하는 집단의 역사적인 삶을 배경으로 한 것이기 때문에 말 문화는 곧 삶의 문화로 연결된다. 이런 의미에서 화법 교육은 한국인의 삶이 배어 있는 화법을 대상으로 교육하는 것이다.

3 화법의 요소

(1) 화자

밀러(G. Miller)는 좋은 화자의 요건으로 '자신감, 신임, 역동성'으로 정리하였다. 곧, 좋은 화자가 되려면 청자가 화자를 자신감 있고, 믿을 만한 사람으로 인식해야 하며, 담화 수행의 과정을 역동적으로 대처해 가는 화자여야 한다는 것이다. 이 때, 화자의 자신감이나 신임은 화자가 그 말을 할 만한가에 의존한다. 곧, 화자가 어떤 위치에 있는 사람이며, 그 주제에 대하여 얼마나 잘 알고 있는 전문가인가(Lucas)가 그것이다.

우리 사회에서 좋은 화자란 화자의 _____2 와 관련된다(공자, '君君臣臣父父子子'). 곧, '다움'을 갖추는 것이 좋은 화자의 요건 중 하나이다.

(2) 청자

담화는 _____3 인 행위이다. 따라서 청자를 고려하여 담화 수행 이전에 청자를 분석하여 담화 운영 전략을 세워야 하며, 담화 수행 중에는 청자의 반응을 계속 관찰하고 해석하여 청자의 반응에 따라 그 전략을 역동적으로 수정해 가야 한다.

청자의 관심을 끌기 위한 방법으로는, 새롭고, 쉽고, 흥미로운 것을 화제로 선택하기, 추상적인 내용보다 사례나 일화 등 구체적인 내용으로 말하기, 청자의 이익이나 필요성을 강조하기, 시청각 자료와 몸짓 등 비언어적 의사소통을 이용하기 등이 있다.

(3) 메시지

화법의 의사소통은 크게 언어적 의사소통과 비언어적 의사소통으로 나뉘는데, 언어적 의사소통은 음성 언어를 의미의 매체로 활용하는 반면 비언어적 의사소통은 다양한 의미의 매체를 활용한다.

1 정체성
2 됨됨이
3 청자 지향적

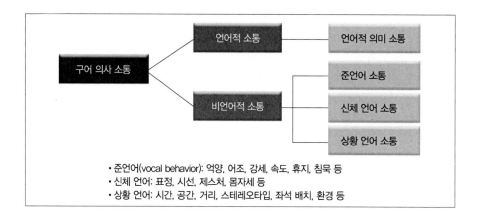

- 준언어(vocal behavior): 억양, 어조, 강세, 속도, 휴지, 침묵 등
- 신체 언어: 표정, 시선, 제스처, 몸자세 등
- 상황 언어: 시간, 공간, 거리, 스테레오타입, 좌석 배치, 환경 등

화법에서 소통되는 메시지는 다음의 네 가지로 정리할 수 있다.

1) 언어적 메시지는 언어에 담긴 의미에 의한 메시지다. 언어 메시지는 담화 의도나 유형에 따라 사회적으로 일반적인 구성 양식이 존재한다. 예를 들어, 면접의 메시지 구성 양식은 소개하기의 메시지 구성 양식과 다르며, 설명하는 말과 설득하는 말의 구성 양식은 각각 다르다.

2) _____1 메시지는 발화라는 행위를 통해 표현되는 메시다. 화행론에서 말하는 _____2 의미에 해당한다. '칭찬, 약속, 권유, 질책' 등 언어를 통해 전달하고자 하는 화자의 의도가 메시지의 의미이다.

3) _____3 메시지는 담화를 통해 참여자들의 정체성이 드러나는 메시지이다. 전화 목소리만으로도 그 사람의 성별, 나이, 성격 등을 짐작할 수 있다.

4) 관계 메시지는 참여자 간이나 참여자와 담화의 내용에 등장하는 인물이나 대상과의 관계를 드러내는 메시지이다. 관계 메시지는 대상에 대한 가치적 의미를 포함한다. "우리 아버지는 술을 많이 마셔요."라는 말과 "저희 아버님은 약주를 즐기십니다."라는 표현이 그 예다.

설득을 할 때, 메시지의 내용만큼 메시지를 어떤 형태로 제시하느냐에 따라 설득의 효과가 달라진다(윤진·최상진 역). 이에 메시지를 제시하는 방법은 다음 다섯 가지 주요 변인을 고려하여야 한다.

① 논리적으로 호소할 것인가 감정적으로 호소할 것인가?
② 통계적 자료를 근거로 할 것인가 개인적 경험을 근거로 할 것인가?
③ 상반되는 의견을 양면적으로 제시할 것인가 일면적으로 제시할 것인가?
④ 상대보다 먼저 의견을 제시할 것인가 나중에 할 것인가?
⑤ 청자의 본래 의견과 차이가 크게 할 것인가 작게 할 것인가?

1 발화
2 언표적
3 정체성
4 논리적
5 감정

같은 주제일지라도 _____4 으로 호소하는 것보다 _____5 에 호소하는 쪽이 설득 효과를 더 높일 수 있다.

모든 다른 조건이 동일하다면 사람들은 일반적으로 여러 가지의 통계적 자료보다는 개인적 _____1 에 더 의존하는 경향이 있다.

청자가 주제에 대해 사전에 많은 내용을 알고 있으면 양면적인 의견 제시가 낫고, 사전 지식이 적은 사람에게는 일면적 의견 제시가 더 설득적일 수 있다.

의견 제시의 순서는 학습과 파지라는 두 가지 측면과 관련된다. 학습의 입장에서 보면 가장 먼저 제시되는 것이 효과적이어서 _____2 (primacy effect)를 보이지만, 파지의 측면에서 보자면 마지막에 제시되는 것이 효과적이어서 _____3 (recency effect)를 보인다.

화자의 신뢰도가 아주 높으면 화자의 견해와 청자의 견해 차이가 클수록 설득 효과가 있지만, 그렇지 않은 경우에는 적당한 정도의 견해 차이가 효과적이다.

(4) 장면

장면은 담화가 이루어지고 있는 배경(scene)을 주로 가리킨다. 장면은 시공간 및 사회·문화적 맥락으로 구체화된다(수업이 빨리 끝나기를 바라는 장면에서 "5분 남았네."라고 말하는 것의 의미가 수업이 흥미로워 계속되기를 원하는 장면에서 "5분 남았네."라고 하는 말의 의미가 같을 수 없다).

시공간 맥락이란 배경 상황을 의미하는 미시적 개념의 장면인 반면 사회 문화적 맥락이란 거시적 개념의 장면이다. 시공간 맥락은 쉽게 변하며 _____4 이지만 사회문화적 맥락은 오랜 동안의 시간을 거쳐 형성된 것으로 쉽게 변하지 않으며 _____5 이다.

우리 사회에서 문제가 되어 해결해야 하는 사회 문화적 맥락을 크게 세 가지 부류로 정리할 수 있다. 첫째는 다문화 가정이나 새터민처럼 우리와 함께 살지 않았던 사람들이 우리와 함께 살면서 겪게 되는 사회 문화적 차이를 해결하는 문제이다. 둘째는 우리와 함께 살아왔지만 사회가 다양한 구조가 되면서 각기 다양한 집단들이 독특하게 지니는 사회문화적 배경에 대한 차이를 해결하는 문제이다. 마지막으로 세대간 문화 차이이다. 어떤 사회 문화적 차이이든 해결책은 하나이다. 상대 문화를 인정하고 존중하여 그 _____6 를 발전의 원동력으로 만드는 것이다. 그런데 상대 문화를 인정하기 위해서는 먼저 상대 문화를 이해해야 한다.

4 화법의 유형

전통적으로 화법 유형을 대화, 토의, 연설과 같이 분류했다. 하지만 최근에는 담화 유형이 세분화되고 전문화되며, 담화의 특성들이 서로 얽혀서 새로운 담화 유형들을 등장시키고 있다.

화법이 다양한 측면들을 가지고 있기 때문에 어떤 기준으로 유형화하느냐에 따라 그 유형이 달라진다. 하지만 화법 유형의 분류는 절대적인 것이 아니라 기준에 따라 달라질 수 있고 화법교육도 그에 따라 달라질 수 있다.

1 경험
2 초두 효과
3 근시성 효과
4 개별적
5 집단적
6 차이

01 | 화법

- 참여자의 규모에 따라: 대인화법/대중화법/집단화법
- 담화의 의도나 목적에 따라: 정보 전달적인 담화/설득적인 담화/사회적 상호작용의 담화/정서 표현의 담화
- 근래의 교육과정: 대화, 토의(회의), 토론, 발표, 면접, 협상, 연설

5 화법과 매체 언어

화법의 매체는 다음의 두 가지로 정리할 수 있다.

매체가 사람의 입을 대신하는 경우이다. 인터넷 채팅이나 인터넷 토론, 휴대전화의 문자 메시지 등이 이에 해당한다. 구두 의사소통을 하되 매체를 도구로 활용하는 경우이다. 파워포인트를 통해 발표를 하거나, 모형이나 그래프 등을 도구로 활용하여 설명하는 것 등이 이에 해당한다.

화법에서는 전통적으로 사용하던 시각 보조 자료의 활용에 초점을 맞추어 교육하는 것이 효과적이다. 시각 보조 자료의 이점은 다음과 같다.

- 말하고자 하는 내용을 분명하게 전달할 수 있다.
- 청자의 관심을 끌 수 있다.
- 청자의 기억을 도울 수 있다.

루카스(Lucas)에 따르면 설득하면서 시각 보조 자료를 효과적으로 활용하면 설득력이 40% 이상 높아진다고 한다.

6 생산 과정으로서의 말하기[1]

(1) 화제 수집

유능한 화자가 갖추어야 할 조건 중 하나는 화제가 다양하고 풍부해야 한다는 것이다.

화제를 선택할 때는 가급적 자신의 경험이나 전문 영역, 관심사 등을 바탕으로 이야깃거리를 찾는 것이 바람직하다.

(2) 내용 생성

내용을 생성하면서 중요하게 고려해야 할 것에는 다음의 것이 있다.

- 의사소통의 _____[2] 이 무엇인가를 고려하는 것이 무엇보다 중요하다.
- 의사소통 _____[3] (화자와 청자)의 특성을 고려해야 한다.
- 구체적인 _____[4] 안에서 의사소통이 이루어진다는 점을 고려해야 한다.
- 자신이 의도하는 바를 제대로 표현하기 위해 우선 자신이 가진 _____[5] 을 활성화시키는 것이 중요하다.

---

1 교육과정에서는 '기능/수용과 생산/내용 구성'에 해당한다.
2 목적
3 참여자
4 상황 맥락
5 배경 지식

- 말할 내용을 생성하기 위해서는 관련 자료를 참고하거나 브레인스토밍, 전문가와의 협의 등의 방법을 통해서 필요한 자료와 정보를 탐색하고 이를 수집, 정리하는 것이 중요하다.

(3) 내용 조직

말할 내용을 조직하는 방법은 담화 유형, 화제 특성, 상황에 따라 다르다.

화제의 성격에 따라 말할 내용을 조직하는 방식이 달라질 수 있다.

내용을 조직하는 방법으로는–주제에 따라 다르긴 하지만–시간적 순서에 의한 방법, 공간적 순서에 의한 방법, 점층식 방법, 문제 해결식 조직 방법 등이 있다. 또한 논리적 조직 방법으로는 비교와 대조에 의한 조직, 예시, 논증, 원인과 결과 관계에 따른 조직하기 등을 들 수 있다.

말할 내용을 조직할 때, '도입부'에서는 화제에 대한 청중의 주의를 끌면서 흥미와 관심을 유발하고, 청중과 우호적인 관계를 수립하여 청중으로 하여금 화자의 이야기를 듣고자 하는 자세를 갖도록 해 주는 것이 중요하다. 이를 위해서는 흥미로운 사례나 일화, 최근에 일어난 사건이나 재미있는 유모어 등으로 가볍게 이야기를 시작하거나 청중들에게 주제와 관련해서 질문을 던지는 방법도 효과적이다. '전개부'는 핵심 주제를 다루는 단계이며, 화제의 성격에 따라 말할 내용을 조직하는 방식이 달라질 수 있다. 예를 들어, 화제가 어떤 개념에 대한 것이면 정의나 속성, 다른 개념과의 비교, 예시 등의 방법으로 조직해야 할 것이다. 마지막으로 말하기에서 가장 중요한 부분은 내용을 마무리하는 '결론부'이다. 결론부에서 정리된 내용이 듣는 사람의 기억 속에 남도록 해야 하기 때문이다. 내용을 조직화할 때는 요점을 간단히 요약하여 강조함으로써 청중들이 그것을 명료하게 이해하고 기억할 수 있도록 해 주는 것이 중요하다.

(4) 표현

표현을 할 때에는 목적, 대상, 상황을 고려하여 적절하게 표현되어야 한다. 다음은 표현할 때 필요한 전략이다.

- 발음을 정확히 하라.
- 내용과 상황에 어울리는 낱말을 선택하여 말하라.
- 상황에 따라 표준어와 비표준어를 구별하여 말하라.
- 의미가 분명히 드러나도록 어법에 맞게 말하라.
- 목적, 대상, 상황에 따라 적절한 억양, 성향, 속도, 어조로 말하라.
- 목적, 대상, 상황에 따라 시선, 표정, 몸짓 등을 적절히 조절하라.

7 비언어적 의사소통

비언어적 행위의 중요성을 나타내는 연구의 결과이다.

01 | 화법

- 메시지 전달에서 말이 차지하는 비중이 7%, 목소리(음조, 억양, 크기) 등이 38%, 비언어적인 태도가 55%에 달한다(Albert Meharabian).
- 의사소통시 동작언어가 전달하는 정보의 양이 65-70%에 해당되고 음성언어는 불과 30-35%의 정보만을 전달한다(Birdwhistell).
- 사람들은 언어적 메시지와 비언어적 메시지가 서로 상충될 때 비언어적 메시지를 더욱 신뢰하는 경향이 있다.

언어적이든 비언어적이든 일단 의사소통이 성립하기 위해서는 화자가 무언가 메시지를 보내야만 하고 청자는 그것을 해석해야만 한다. 화자는 의도적으로 어떤 메시지를 보낼 수도 있지만 의도하지 않고서도 메시지를 보낼 수 있다. 청자도 대개는 메시지를 지각하지만 때로는 메시지 자체를 지각하지 못하는 때도 있다. 리치몬드 외(Richmond, McCroskey & Payne)에서는 이를 다음과 같은 표로 설명하고 있다.

	청자	
	메시지로 인식	메시지로 인식 못함
의도적 메시지	1 비언어적 의사소통	2 비언어적 행위
비의도적 메시지	3 비언어적 의사소통	4 비언어적 행위

(화자의 행위)

상자1은 화자가 의도적으로 어떤 메시지를 보내고 청자가 그것을 메시지라고 해석하는 경우로서 이 경우에는 비언어적 의사소통이 일어난다.

상자2는 화자가 의도적인 메시지를 보냈지만 청자가 그것을 메시지로서 받아들이지 못한 경우다.

상자3은 '우연한(accidental)' 의사소통을 나타낸다.

상자4는 메시지에 의도가 없는 행위로 의사소통이 발생하지 않는 경우다.

비언어적 의사소통의 메시지의 의미는 언어적 의사소통의 메시지의 의미와 관련하여 다음과 같은 기능을 한다(Richmond, McCroskey & Payne).

① 보강 : 비언어적 메시지는 언어적 메시지에 수반되어 나타나서 의미를 보강하거나 명료하게 해 준다. '제발 저를 좀 도와주십시오.'라고 말을 하면서 간절한 몸짓을 하거나, 자신이 권위 있는 말을 하면서 가지는 몸자세 등은 언어적 메시지를 비언어적 메시지로 보강하는 것이다.

② 모순 : 비언어적 메시지가 언어적인 메시지의 의미와 모순이 되는 의미를 전달

할 수 있다. "그래, 차분하게 이야기해 봐."라고 말하면서 가방을 챙긴다든지, 진지하게 이야기하자고 하면서 시계를 들여다보거나 출입구를 자주 돌아보게 될 때, 상대방은 자신과 이야기하는 것보다 더 중요한 어떤 일이 있구나 하는 느낌을 갖게 된다.

③ _____1 : 몸짓을 통해 언어적 메시지가 반복될 수 있다. 화가 나서 '이 방에서 나가'라고 말하며 손가락으로 문을 가리키는 것이 그 예이다.

④ _____2 : 비언어적 메시지가 언어적 메시지를 대신하는 경우이다. '이쪽으로 오라'고 손짓을 보내는 경우나 눈을 흘겨보는 것 등이 이 경우에 속한다.

⑤ 강조 : 비언어적 메시지는 언어적 메시지의 의미를 강조하기도 한다. 말을 하다가 중간에 약간 뜸을 들이는 것은 다음에 이어지는 말이 더 중요함을 나타낸다. 어떤 부분을 좀 더 큰 소리로 이야기하는 경우도 마찬가지다. 사랑을 고백하면서 그윽한 눈길을 보내는 것도 마찬가지다.

⑥ 화맥 조절 : 비언어적 메시지는 이러한 다섯 가지에 추가하여 화맥을 조절하는 기능도 지니고 있다. 상대가 말을 하는 동안 고개를 끄덕거린다든지, 관심을 표명하는 행위는 의사소통의 흐름을 조절하는 기능이라 할 수 있다.[3]

8 수용 과정으로서의 말하기[4]

의미 수용 과정으로서의 듣기는 단순히 외부에서 들려오는 물리적인 소리를 수동적으로 지각하는 활동이라기보다는 주의를 기울여 소리를 지각하고, 자신이 알고 있는 배경 지식과 관련하여 들은 정보를 조직화하고, 표현에 함축되어 있는 의미를 해석하고, 그 적절성을 평가하는 매우 능동적이고 적극적인 인지 과정이다.

(1) 추론적 듣기

추론적 듣기란 언어적 표현은 물론이고, 언어적 요소에 덧붙여서 의미를 전달하는 반언어적 표현과 몸짓언어 등의 비언어적 표현들을 단서로 활용하여 그 표현에 함축된 의미를 파악하면서 듣는 방법을 말한다.

언어적·반언어적·비언어적 표현에 함축된 의미나 화자의 의도를 제대로 파악하기 위해서는 온 마음과 정신을 집중해서 듣는 자세가 필요하다.

들은 내용을 올바로 이해하기 위해서는 부분적인 정보들을 특정 구조나 틀로 조직화하고 이를 바탕으로 그 의미를 해석하기도 하고, 미처 언급되지 않은 가정이나 관련 내용을 추론할 수 있어야 한다.

또한 추론적 듣기를 위해서는 여러 가지 다양한 유형의 대화에 참여하는 사람들이 서로 어떤 방식으로 의미를 구성해 가는지를 파악할 필요가 있다.

1 반복

2 대체

3 박재현(2013)은 위의 분류를 비판하면서, '화맥 조절'은 언어적 메시지와 관계를 논하는 데 있어서 층위가 달라 논외로 해야 하고, '보강'과 '강조'의 변별이 어려우며, '반복'과 의미의 중복 범위를 엄밀히 구분하기 어렵다고 판단하여, 언어적 메시지와 함께 쓰이되 그 의미가 일치할 경우를 '보완'이라고 통칭하였다. 그러면서 다음과 같은 표를 만들어 언어와 비언어의 관계를 정리하고 있다.

	언어적 메시지와 함께 사용	언어적 메시지 없이 따로 사용
의미 일치	보완	대체
의미 불일치	모순	

4 교육과정에서는 '기능/수용과 생산/의사소통 전략'의 일부에 해당한다.

(2) 비판적 듣기

비판적 듣기란 청자 자신의 입장이나 관점을 견지하면서, 단순히 들은 정보를 이해하고 수용하는 데 그치지 않고 상대방의 입장이나 견해에 대하여 _____1 하고 _____2 하면서 듣는 데 그 목적이 있다. 이때 '비판적'이란 말의 의미는 무조건 상대의 말을 부정한다는 것이 아니라 들은 내용을 확인하고, 그 내용을 살펴서 보다 깊이 있게 이해하고, 몇 가지 판단 기준에 비추어 보아서 내용의 신뢰성, 타당성, 공정성을 평가하면서 듣는다는 말이다.

(3) 공감적 듣기

공감적 듣기란 상대방의 말을 분석하거나 비판하는 데 목적이 있는 것이 아니라 감정이입의 차원에서 상대방의 생각이나 감정을 깊이있게 이해하려는 데 그 목적이 있다. _____3 을 통한 공감적 듣기는 일단 일체의 판단을 유보하고 상대방 관점에서 문제를 바라볼 수 있을 때 가능해진다.

공감적 듣기를 위해서는 무엇보다 비판적이지 않으며 윤리적으로 판단되지 않는 _____4 를 조성해 주고, 상대방의 말을 집중해서 들어주면서 상대방으로 하여금 기꺼이 자신의 이야기를 더 많이 끌어낼 수 있도록 격려해 주는 것이 필요하다.

9 사회적 상호작용

(1) 청자에 대한 인식

1) 청중 분석의 중요성

청자를 분석하는 것은, 의사소통 상대를 면밀히 분석하여 말할 내용을 효과적으로 생성·조직하고, 자신의 표현과 전달 방식을 조정하는 데 필요한 필수적인 화법 능력 그 자체이다.

이 때, 청중 분석으로 끝날 것이 아니라 청중 분석을 통해 얻은 정보를 내용 구성에 적용하는 과정과, 표현과 전달 전략을 조정하는 과정에 적용하는 것이 중요하다.

2) 청자 분석의 내용

청중의 요구, 지적 수준, 주제에 대한 사전 지식, 주제 관련 입장, 개인적 관련성 등이다.

[지적 수준]

지적 수준이 낮을 경우에는 제공하고자 하는 정보를 단순하고 명료하게 제시하고, 구체적인 사례를 들어 청중의 이해를 돕기 위한 내용 구성이 필요하다. 청중의 지적 수준이 높을 경우에는 주제와 관련된 구체적인 자료, 긍정적 측면과 부정적

---

1 평가
2 판단
3 감정이입
4 수용적 분위기

측면의 양면을 심도 있게 분석한 내용 등을 함께 제시하는 것이 효과적이다.

[기존 입장]

주제에 대해 청중의 입장이 호의적일 경우에는 주장하고자 하는 내용을 선명하게 드러내어 시종을 일관되게 구성하면 된다.

화자의 주장에 대해 청중의 대다수가 반감을 갖는 경우라면 내용 구성과 전달에 세심한 주의가 요구된다. 도입부에서는 의견을 달리하는 쟁점보다는 의견이 일치하는 부분을 먼저 논의하여 청중과 공감대를 형성하여 심리적 저항감을 약화하여야 한다. 즉, 공감대가 형성된 부분과 그렇지 않은 부분을 구분하여, 이를 점진적으로 논의하는 것이 효과적이다.

(2) 화자에 대한 인식

화자에 대한 인식은 화자와 청자의 관계에 대한 인식으로 이해할 수 있다. 이를 보면 다음과 같다.

화자와 청자의 관계 유형마다 존중해야 할 규칙과 적합한 의사소통 방식이 존재한다.

Kelly & Watson는 관계 유형을 _____1 과 _____2 의 두 차원으로 구분하고 각 유형별 의사소통 방식에 대해 논의하였다.

① 친밀하고 평등한 경우: 절친한 친구 사이에 해당한다. 일반적인 화법 규칙보다 서로에게 익숙해진 _____3 이 적용된다. 일반화된 규칙보다는 상대에게 적합한 의사소통 방식에 관심을 가져야 한다.

② 친밀하나 평등하지 않은 경우: 의사-환자 관계에 해당한다. 개인화된 규칙과 일반적인 규칙을 동시에 신경 써야 한다. 상하관계가 평등하지 않음을 인정하고, 상급자의 주도를 존중해야 한다.

③ 친밀하지 않으나 평등한 경우: 대부분의 동료 관계에 해당한다. 다양한 상황별 특성에 따라 의사소통 규칙에 따라야 한다. 상대에 대한 정보가 거의 없으므로 일반적인 상황에 합당한 의사소통 방식을 선택해야 한다.

④ 친밀하지도 않고, 평등하지도 않은 경우: 고용자-피고용자 관계에 해당한다. 의사소통의 _____4 을 고려해야 하며, 상급자의 주도를 인정하고, 격식 있는 언어를 사용해야 한다. 이야기하는 화제도 제한된다.

(3) 자아 개념

자아 개념이란 개인의 내부에 있는 것이지만, 개인의 내부에서 자생한 것이 아니라, 타인에게서 자신에 대해 들은 메시지에 의해 형성된 것이다.

이 자아 개념은 타인과 의사소통하는 방식에 영향을 미친다. 즉, 긍정적인 메시지를 많이 들어서 건강한 자아 개념을 가진 사람은 자신을 적극적으로 드러내며 타인의 반응을 능동적으로 _____5 하지만, 부정적인 메시지를 주로 들어서 건강

1 친밀함
2 평등함
3 개인화된 규칙
4 일반적인 규칙
5 수용

하지 못한 자아 개념을 가진 사람은 타인과 의사소통하는 데 _____1 이다.

긍정적 자아 개념을 가진 사람	부정적 자아 개념을 가진 사람
독창적인 표현을 사용하고, 풍부한 어휘력을 바탕으로 상황에 적절한 어휘를 사용한다.	자기가 독창적이라고 생각하지 않으므로, 상투적인 표현을 사용한다. ("아시다시피", "−것 같아요")
다른 사람의 인정에 연연하지 않고, 업적에 대해 자기보다는 남을 내세운다.	자신에 대해 비난조로 이야기하거나 자신은 나약한 사람이라고 이야기 한다("나는 손재주가 없어").
칭찬을 있는 그대로 적절하게 수용한다.	칭찬을 제대로 받아들이지 못하고 "왜 그래?"라고 묻는 식으로 피상적인 부인을 표현한다.
비난을 모면하는 길을 찾는 데 시간을 소모하지 않는다.	추진한 일의 성과보다 그 결과로 누가 신임을 얻는지 누가 비난을 받는지에 관심을 쏟고, 비난에 지극히 방어적인 태도를 취한다.
오만하지 않지만 자신 있는 태도를 취한다. 모르는 것에 대해서는 "모르겠다."라고, 잘못한 것에 대해서는 "틀렸다."라고 솔직하게 말한다.	자신이나 타인의 성공에 대해 끊임없이 투덜거리거나 비웃는 태도를 취한다.
타인의 감정을 폭넓게 수용하며, 독단적이지 않고, 편견이나 선입견에 사로잡히지 않는다.	타인의 성과나 결정을 객관적으로 수용하지 않고, 혹평함으로써 상대를 비꼰다.

　　자아 개념과 의사소통 방식에 대한 차이가 화법 교육에 주는 시사점은 자아 개념의 형성이 반복적으로 순환한다는 것이다.
　　화법 교육은 이 부정적인 자아 개념이 형성되는 악순환의 고리에서, 긍정적인 자아 개념이 형성되는 선순환의 고리로 옮겨주는 역할을 해야 한다.

(4) 자아 노출

　　자아 노출과 관련된 이론에 의하면 인간관계의 발전은 서로에게 자아를 노출하는 정도에 _____2 한다.
　　자아 노출이 적정 수준에서 진행될수록 인간관계가 발전하는 원리는 다음과 같다. 서로가 공유하는 정보가 _____3 의사소통의 일반 규칙보다 상대와 나에게 적합한 개인화된 의사소통 규칙에 따르게 된다. 이러한 과정이 지속되면 서로를 더욱 편하게 느끼게 되고, 자아 노출을 더 많이 하게 됨으로써 관계가 더욱 깊어지게 되는 것이다.
　　자아 노출의 정도는 관계마다 다른데, 인간의 관계는 만남의 빈도보다 자신의 내면을 어디까지 보일 수 있는지와 관련된 자아 노출의 수위에 따라 결정된다.
　　자아 노출의 성격에도 차이가 있다. 보통 초기에는 학교, 직장, 직업 등 _____4 차원의 자아를 드러내고, 친해질수록 의견이나 느낌 등 _____5 차원의 자아를 드러내게 된다.
　　자아 노출 이론에 의하면 노출의 정도가 관계의 깊이를 결정하지만 여기에는 노출에 따른 위험이 수반된다. 관계에 따라 노출의 수위도 적절해야 하며, 노출이 진

1 소극적
2 비례
3 많을수록
4 사회적
5 개인적

행되는 속도도 서로가 받아들이기에 적절해야 건강한 관계로 발전할 수 있다.

〈표 3-2〉 노출의 단계(Myers & Myers, 1985)

노출 내용	위험 수준	노출 조건	예
너와 상대에게 유용한 정보: 일반적이고 공공연한 수준	극히 적음, 네가 아는 것을 상대도 알게 할 따름	절친한 친구뿐만 아니라 낯선 사람에게도 가능함	기본적으로 중립적인 내용 혹은 참여자와 아무 상관없는 내용 : "나 그 영화 봤어.", "오늘 밤 텔레비전에 대통령이 나온대." 내용이 무엇을 폭로하거나 그것 자체로나 그것에 의해 아무런 의의를 갖지 못하는 반면 뒤에 보다 민감한 노출을 위한 터를 닦음
너의 기호: 좋아함과 싫어함	약간의 위험	네 식대로 이끌어가고자 하거나 네가 싫어하는 것을 하지 않고자 할 때 사용	"나는 벌이 좋아.", "수영 말고 테니스를 하자.", "문 좀 조용하게 닫아 주실래요.", "나는 텔레비전의 축구 중계를 보겠어."
정치, 책, 영화와 같은 공공연한 주제에 대한 너의 생각이나 견해	상당한 위험	개인적인 견해차가 발생하기 쉽고, 그래서 사람들이 네 생각에 부정적인 반응을 보일 수도 있음	"난 그 영화 정말 싫어.", "내가 수강하는 역사 강의에는 매우 포괄적이고 개방적인 견해들이 표방된다.", "대통령은 가난한 사람에겐 도움이 안 돼."
감정, 정서, 너의 가치관, 내적 반응, 믿음, 판단	가장 위험스러움	너는 그런 것들에 대해 논쟁할 수는 있으나, 너의 감정은 매우 개인적이어서 상대방과 공유하기가 아주 어려움	"신앙이 뭡니까?", "내가 보기엔 요즘 학생들은 옛날보다 버릇이 없어.", "나는 술 마시는 것이라면 무조건 반대야.", "죽음에 대한 생각이 나를 무섭게 해."

(5) 말하기 불안 해소

1) 말하기 불안의 원인

개정 교육과정 해설서에서는 말하기 불안의 원인으로 다음의 네 가지를 주목하고 있다.

① 자신이 말할 내용이 충분히 준비되어 있지 않거나 화제와 관련한 입장이나 내용에 확신이 서지 않을 때 말하기 불안이 생긴다.

② 청중이 자신의 말을 어떻게 평가하고 반응할 것인가에 대한 염려, 특히 자신의 말을 부정적으로 평가하거나 자신을 무능력한 사람이라고 평가할지 모른다는 막연한 불안 심리가 말하기 불안을 유발한다.

③ 자아 개념이 부정적이거나 지나치게 성격이 소극적이고 부끄러움을 잘 타는 사

람은 말하기 불안을 더 심하게 경험할 수 있다.

④ 대중 앞에서 말을 해 본 경험이 적거나, 청중을 포함한 말하기 환경에 친숙하지 않을 경우 말하기 불안이 높아질 수 있다.

말하기 불안에 대해 지도할 때에는, 상황적 불안증에 대해서는 학습자들로 하여금 누구나 겪는 _____1 임을 인식하게 하여 그 정도를 차츰 줄이도록 하는 접근을 해야 한다. 반면에 성격적 불안증에 대해서는 표면적인 숙달 훈련만으로는 그 근본 원인을 제거하기 힘들므로, 부정적인 자아 개념을 변화시키는 등 _____2 에 중점을 두어 접근하는 것이 바람직하다.

2) 말하기 불안의 대처 방법

① 인식 문제의 대처 방법

말하기 불안에 대한 인식 극복은 말하기 불안과 관련된 부정적인 인식을 긍정적인 인식으로 전환하는 것이다.

[말하기 상황에 대한 인식 전환]

말하기 상황을 꺼려하는 인식을 바꾸어야 한다. 우선 '이 발표가 나를 이처럼 불안하게 만들 만큼 대단한 것인가?'라는 불안의 이유에 대한 근본적인 질문을 해 볼 필요가 있다. 그 다음은 상황 자체가 괴롭고 어렵다고 부정적으로만 생각하는 것이 아니라, '자신을 부각할 수 있는 좋은 기회'라고 긍정적으로 생각해 본다.

[자신에 대한 인식 전환]

'나는 내일 발표를 망칠거야. 나는 여러 사람 앞에서 말을 잘 하지 못해. 내가 말하면 다른 사람들이 지루해 하고 싫어 할 거야.' 등과 같은 자신에 대한 부정적인 자아 개념과, '내일 발표는 완벽해야 해. 청중에게 감동을 주지 못한 연설은 실패한 거야. 절대 실수를 용납할 수 없어.'와 같은 강박관념을 바꾸어야 한다.

스스로를 과소평가하지 말고, 강박감을 버리고, 유창성보다 자신의 능력, 진실함, 정열을 보여 주기 위해 노력하는 것이 도움이 된다.

[불안에 대한 인식 전환]

불안 자체를 두렵고 당혹스러운 것으로 받아들이는 것이 아니라, 두려움을 극복하라는 신호로 정상적이고 긍정적인 것으로 여길 필요가 있다. 즉, 불안 자체를 긍정적인 신호로 인식하고, '불안해 미치겠네. 정말 초조하다.'와 같은 극단적인 표현이 아니라 '어, 제법 흥분되는데.'와 같이 긍정적으로 표현하는 것이 도움이 된다.

② 감정적·생리적 문제의 대처 방법

말하기 불안은 두려움에 대한 감정으로 인해 생리적 반응의 문제를 야기한다. 식은땀이 나고, 다리가 떨리며, 호흡이 가빠지는 것 등이다. 이러한 생리적 반응은 위기 상황이나 긴장해야 할 상황에서 자연스럽게 일어나는 생물체의 생물학적 기능과 작용이다. 지극히 자연스러운 현상이지만, 생리적 반응이 과도하여 의사소통을 원활하게 못한다면 문제가 될 수 있다.

1 자연스러운 현상
2 내면적인 차원

[체계적 둔감화]

체계적 둔감화는 불안한 감정과 상반되는 반응이 불안 반응에 대신하여 일어나도록 조건을 만드는 _____1 의 원칙이 이론적 기반이다.

첫 단계는 '심부 근육 이완 훈련'에 대한 이론적 설명을 듣는 것이다. 그 다음은 이론적 설명에 따라 긴장 완화 훈련을 하는데, 기초적인 숨쉬기부터, 손, 어깨, 이마, 목 등 한 부분의 근육의 긴장과 이완, 얼굴–목, 팔–몸통 등 여러 부분의 동시적 긴장과 이완 훈련으로 이어진다. 그 다음은 특정 말하기 상황을 떠올리며 긴장을 이완하는 연습을 하게 된다.

[불안증 극복 체조(Bertram–Cox)]

- 심호흡을 천천히 여러 차례 반복한다.
- 혀와 턱을 풀어준다.
- 바른 자세를 유지한다.
- 손과 손목의 힘을 빼고 풀어준다.
- 어깨와 등을 똑바로 하고 앉은 다음 배를 당긴다.
- 머리와 목에 힘을 빼고, 천천히 좌우로 그리고 아래위로 돌린다.

[실제 상황 노출법]

두려워하는 말하기 상황을 직접적으로 상상하게 하는 방법이다. 이는 상상했지만 예상했던 끔찍한 결과는 일어나지 않는다는 사실에 초점을 둔다.

이 방법의 전제는 '실제 두려워하는 대상을 접하였는데도 아무런 해로운 결과가 나타나지 않게 되면 불안 반응은 소멸되며, 연설을 하는 데 있어서, 실제 위협적인 것은 아무것도 없다.'는 것이다.

③ 말하기 행위에 대한 준비

불안을 낮추기 위해서는 준비 단계부터 실행 단계까지 말하기 불안에 직접적인 영향을 미치는 말하기 기술에 대한 훈련이 필요하다.

준비 단계에서는 자신에게 친숙하며 열정을 가지고 전달할 수 있는 주제를 선택하여, 자료를 치밀하게 수집하고, 전달하기 편하도록 내용을 효과적으로 조직한 후, 사전 연습을 철저히 해야 한다. 실행 단계에서는 시선 접촉, 손동작, 자세 등이 자연스럽도록 연습한다.

10 대표 담화 유형– 대화

(1) 대화의 구조

1) 순서 교대(turn taking)에 의한 순환

대화는 화자와 청자가 고정되지 않은 상태에서 _____2 에 의해 순환된다. 따

1 상호억제
2 순서 교대

라서 대화에서 가장 중요한 것은 누가 언제 말할 것인지를 결정하는 기술이다.

대개 순서 교대는 교체 적정 지점에서 이루어지는데, 이 교체 적정 지점은 현재의 화자가 다음 화자를 선택하여 호칭하거나 고갯짓이나 시선, 억양과 같은 신호를 보냄으로써 말할 권한을 넘겨주는 방식으로 이루어진다. 대화는 기본적으로 순서 교대에 의해 이루어지기 때문에 자신의 말을 너무 길게 하거나 대화를 독점하는 것은 바람직하지 않다.

2) 대화의 구조

[시작부]

대화의 통로를 여는 부분이다.

대화가 시작되기 위해서는 한 사람이 다른 사람의 주의를 끌면서 대화하기를 원한다는 신호를 보내야 한다. 대개 시작부는 '_____1 - _____2 - _____3' 의 순서로 이어진다.

시작부는 보통 상대방 이름을 부르거나 인사말 건네기에 이어서 화제를 꺼내는 방식으로 이루어진다.

[중심부]

이야기하고자 하는 내용들을 주고받는 부분이다.

중심부는 일정한 목적에 도달하기 위한 용무를 수행하는 부분으로서 길이도 길고 정형화되어 있지 않다는 특징을 보인다.

일단 화제가 선정되면 그 화제 중심으로 이야기가 진행되고, 그 화제와 관련되는 이야기가 이어져야 한다는 제약이 준수될 필요가 있다. 지금 이야기되고 있는 화제와 무관한 이야기를 끌어들이면 대화의 결속력이 깨지게 되기 때문이다.

대화 중에는 듣는 사람이 대화를 이어가기 위한 _____4 ("그래서요", "그러게 말이야", "저런", "정말이니?" 등)가 필요하고, 화제가 전환될 때도 적절한 _____5 ("그런데", "그러나 저러나" 등)가 제시되어야 한다.

[종결부]

대화를 마무리 짓는 부분이다.

종결부는 너무 서둘러 마무리하거나 오래 이야기를 끌지 않도록 적절한 시간 안에 매듭을 지을 수 있도록 하되, 대화 참여자 상호간에 대화 종결 의사가 있음을 확인하는 것이 중요하다.

대개 대화를 시작한 사람이 내용을 정리하거나 마무리하는 인사를 교환하는 방식으로 맺는 것이 보편적이다.

(2) 대화의 원리

1 호출
2 응답
3 연결
4 맞장구
5 대화 표지

1) 협력의 원리(Cooperative principle)

대화가 진행되는 각 단계에서 대화의 방향이나 목적에 의해 요구되는 만큼 기여를 하라.

① 양의 격률

- 지금 주고받는 대화의 _____1 에 필요한 만큼만 정보를 제공하라.
- 필요 이상의 정보를 제공하지 말라.

② 질의 격률

- 상위 격률 : _____2 한 정보만을 제공하도록 노력하라.
- 격률 : 거짓이라고 생각되는 말은 하지 말라.
  증거가 불충분한 것은 말하지 말라.

③ 관련성의 격률

- _____3 이 있는 말을 하라.

④ 태도의 격률

- 상위 격률 : _____4 .
- 격률 : 모호한 표현은 피하라.
  중의성은 피하라.
  간결하게 말하라.
  조리 있게 말하라.

만일 이 협력 원리를 어기게 되면 원활한 의사소통이 어려워지게 된다.

> ① A: 진수야, 집이 어디니?
>   B: 대한민국 서울시 서초구 반포4동 197-8 ○○아파트 309호에 살아.
> ② A: 정윤아, 기말 시험 범위 좀 가르쳐 줄래?
>   B: (알고 있으면서) 나도 몰라.
> ③ A: 준영 씨, 이번 휴가는 어디로 계획하고 계세요?
>   B: 프로젝트 준비 때문에 밤샘 작업을 해야 해요.
> ④ A: 오늘 저녁 같이 할까?
>   B: 글쎄… 난 집에서 좀 쉬려고 생각하고 있었는데… 일도 바쁘고 머리도 아프고 피곤해서 말이
>   야. 그런데 저녁 식사도 하긴 해야 하고….

①은 양의 격률을, ②는 질의 격률을, ③은 _____5 의 격률을, ④는 _____6 의 격률을 어긴 경우이다.

또한 이 원리는 모든 대화에 적용하는 데에는 적지 않은 문제들이 있다. 과연 어디까지가 필요한 말이고 적절한 말인지, 또 그 내용의 적절성을 판단할 수 있는 기준은 무엇인가에 대한 문제이다.

그리고 실제 의사소통에서는 의도적으로 이 대화의 격률을 위반함으로써 자신의 발화 의도를 함축적으로 전달하기도 한다.

> A: 아들아, 오늘 모의고사 잘 봤니?
> B: 엄마, 나 좀 쉬고 싶어요.

1 목적
2 진실
3 적합성
4 명료하라
5 관련성
6 태도

곧, 표면적으로는 관련성의 격률을 어기고 있지만 '좀 쉬고 싶다'는 시험을 못 보았다는 의미를 함축하고 있어 실제적으로는 대화의 결속성에 기여하고 있다. 이를 _____1 이라 한다.

2) 적절한 거리 유지의 원리

로빈 레이코프(Robin Rakoff)는 이 원리를 다음과 같이 정리하고 있다.

① 상대방과의 거리를 유지하라.

② 상대방에게 선택권을 주어라. 상대방으로 하여금 의견을 말하도록 유도하라.

③ 항상 우호적인 태도를 견지하라.

①은 상대방의 _____2 의 욕구를 존중해 줌으로써 상대방을 편안하게 해 주라는 것이고, ③은 상대방과의 _____3 을 확보하라는 것이다. 이 가운데 거리 유지 원리의 핵심은 바로 상대방에게 _____4 을 주라는 ②이다. 이 지침은 독립성과 연관성이라는 상반된 욕구 사이에서 균형을 잡고 적절한 거리를 유지할 수 있게 해 준다.

대화를 통해 상대방에게 선택권을 주는 방법은 대개 우회적인 _____5 을 통해서 실현된다. 곧, "창문을 여세요."라는 명령형 문장보다 "좀 덥지 않으세요?"라는 질문 형태의 간접 대화 방식이 상대방에게 선택권을 주게 되어 표면적으로는 상대방에게 요구하는 것이 없기 때문에 결과적으로 상대방의 부담을 줄여주는 표현이 되는 것이다.

3) 공손성의 원리

공손성 원리(politeness principle)란 공손하고 예절바르게 주고받는 말의 태도를 기반으로 대화 참여자들 사이의 사회적인 관계를 형성하고 유지시키는 기능이다.

리치(Leech)는 상대방에게 정중하지 않은 표현은 최소화하고 정중한 표현은 최대화하라는 정중어법을 통해서 정리하고 있다.

① **요령의 격률 : 상대방에게 부담이 되는 표현은 최소화하고 상대방의 이익을 극대화시키는 표현을 최대화하라는 것.**

② **_____6 의 격률 : 요령의 격률을 화자의 관점에서 말한 것으로 화자 자신에게 혜택을 주는 표현은 최소화하고 자신에게 부담을 주는 표현을 최대화하라는 것.**

③ **찬동의 격률 : 다른 사람에 대한 비방을 최소화하고 칭찬을 극대화하라는 것.**

④ **_____7 의 격률 : 자신에 대한 칭찬은 최소화하고 자신에 대한 비방을 극대화하라는 것으로 찬동의 격률을 화자의 관점에서 말하는 것.**

⑤ **동의의 격률 : 자신의 의견과 다른 사람의 의견 사이의 다른 점을 최소화하고 자신의 의견과 다른 사람의 의견 사이의 _____8 을 극대화하라는 것.**

공손성의 원리를 예를 들어보면 다음과 같다.

1 대화 함축
2 독립성
3 연관성
4 선택권
5 간접 표현
6 관용
7 겸양
8 일치점

> ㈎ ① 거기서 가만있지 말고 이 짐 좀 옮겨라.
>
> ② 미안하지만 손 좀 잠깐 빌려 줄 수 있겠니? 이것만 옮기면 되는데 힘에 좀 부치는구나.
>
> ㈏ ① 좀 크게 말하세요. 하나도 안 들려요.
>
> ② 제가 귀가 안 좋아서 그러는데 죄송하지만 조금만 더 크게 말씀해 주시겠어요?
>
> ㈐ A: 집이 참 좋네요. 구석구석 어쩌면 이렇게 정돈이 잘 되어 있는지…. 사모님 살림 솜씨가 대단
> 하신데요. 김 선생님은 좋으시겠어요. 이렇게 훌륭한 부인과 함께 사시니….
>
> B: 뭘요. 그렇게 말씀해 주시니 고맙습니다.
>
> ㈑ A: 박 교수는 언제나 열심이군. 토요일도 없이 말이야. 대단해요.
>
> B: 아닙니다. 워낙 게을러서 일을 제때 못해서 할 수 없이 나온 것뿐이랍니다.
>
> ㈒ A: 정윤아, 우리 날씨도 좋은데 놀이공원이나 갈래?
>
> B: 놀이공원? 좋지. 재미있겠다. 근데 나 뮤지컬 초대권 2장이 있는데 오늘이 마지막 날이라
> 서……. 뮤지컬 가는 것도 괜찮은데…….
>
> A: 그래? 그러면 뮤지컬 가지 뭐. 놀이공원은 다음에 가도 되니까.

㈎의 ①은 청자에게 직접적으로 요구하는 것이라서 상대에게 부담을 준다. 그러나 ②는 화자가 청자의 입장을 충분히 배려하면서 도움을 청하는 내용의 말을 간접적이고 우회적인 방법으로 표현하고 있다. 또한 질문의 형식을 취해 상대방에게 거절의 여지를 허용해 줘서 상대방의 부담을 줄여주는 '_____1 의 격률'이다.

㈏의 ①은 상대방이 말을 작게 해서 잘 듣지 못했음을 전제로 하고 있어서 상대방에게 못 들은 책임을 떠넘겨 기분을 상하게 할 수 있는 무례한 표현이다. 이에 비해 ②는 못 들은 책임을 자신의 나쁜 청력 탓으로 돌려서 자신의 부담을 최대화하는 대신 상대방의 부담을 최소화하고 있는 정중한 표현으로 '_____2 의 격률'이다.

㈐는 집들이 초대 받아서 간 모임에서의 대화이다. 초대에 감사하는 인사로 안주인의 깔끔한 살림 솜씨를 최대화하여 '_____3 의 격률'을 지키고 있는 정중한 어법이다.

㈑는 자신을 추켜세우는 상대의 칭찬을 부정하고 자신을 낮춤으로써 '_____4 의 격률'을 지키고 있다.

㈒의 대화에서는 의견이 다르지만 전혀 갈등이나 대립이 없다. 상대방의 의견을 존중해 줌으로써 상대방과의 일치를 강조하고 나서 자신의 견해를 제시하는 '_____5 의 격률'을 지키고 있기 때문이다.

(3) 공감적 대화하기

1) 관심 갖기

상대방에게 관심을 가져주는 일은 어떤 자세와 태도로 그 사람의 말을 _____6 에 달려 있다. 이러한 듣기는 상대방과 그가 하는 말에 대해 적극적인 반응을 보임으로써 가능해진다.

시선 접촉(부드러운 눈맞춤), 얼굴 표정(온화한 미소), 고개 끄덕임, 편안하고 자연스러운 자세, 즉각적인 언어적 반응(간단한 응대 말) 등과 같은 반응을 통해서 표

1 요령
2 관용
3 찬동
4 겸양
5 동의
6 들어주는가

01 화법

현되는 관심은 상대로 하여금 자신이 가치로운 존재로 존중받고 있다는 느낌을 갖게 함으로써 대화 참여자들이 서로 좋은 관계로 발전할 수 있게 해 준다.

2) 경청하기

공감적 듣기란 상대방의 말을 분석적으로 비판하기보다는 일단 상대방의 관점에서 문제를 바라보고 이해하려고 노력하는 듣기를 말한다.

공감적 듣기의 핵심은 자신의 견해를 개입하지 않고 상대방의 말을 들어주는 '들어주기'에 있다. 소극적 들어주기는 상대방에게 관심을 표명하면서 화자가 계속 이야기를 이어갈 수 있도록 화맥을 조절해 주는 _____1 이 중심축을 이룬다면, 적극적 들어주기는 청자가 객관적인 관점에서 문제에 접근할 수 있도록 화자의 말을 요약, 정리해주고 반영해 주는 역할을 통해서 화자가 스스로 문제를 해결할 수 있도록 도와주는 것이다.

다음은 공감적 듣기를 보다 효율적으로 하기 위한 방법이다.

① _____2 하기 기술 : 상대방을 위해서 기꺼이 내 시간과 에너지를 투자하겠다는 내적인 결단과 함께 상대방이 하는 말을 집중해서 들어주는 태도가 필요하다. 편안한 자세, 적절한 눈 맞춤, 미소 짓는 표정, 고개 끄덕임, 적절한 맞장구 쳐주기 등을 통한 반응을 보여주면서 상대방의 말에 집중하는 기술을 가진 사람은 그렇지 않은 사람에 비해 훨씬 더 매력적이며 다가가고 싶은 사람이라는 인상을 준다.

② 격려하기 기술 : 공감적 듣기를 위해서는 상대방으로부터 더 많은 이야기를 끌어낼 수 있도록 격려하는 기술이 필요하다.

"좀 더 이야기해 봐.", "계속 말해 봐.", "좀 더 자세히 말해 주겠니?", "이를테면?"과 같은 말로 계속 대화를 이끌어간다거나 상대방이 한 말 가운데 주요한 어휘나 표현들을 반복해 주거나 미진한 부분에 대해서 질문을 하는 방법 등이 격려하는 방법이다.

그리고 질문을 할 때는 가능하면 "예/아니요"로 답해야 하는 _____3 질문보다는 "-에 대한 네 생각은 어떠니?"와 같은 _____4 질문이 좋다.

③ _____5 하기 기술

의사소통 과정에서 상대방의 관점을 직접적으로 반영해 주는 것이 반영하기 기술인데, 공감적 듣기의 가장 핵심적인 부분을 이룬다.

들은 내용을 자신이 이해한 자신의 말로 풀어서 _____6 (paraphrase)해 주는 방법이 대표적이다. 이 방법은 상대방이 전달한 메시지를 자신이 어느 정도로 이해했는지를 나타내 주는 반응으로서의 의미가 있다. 또한 반영하기 기술은 상대방 견해를 뒷받침해 줄 만한 자신의 경험 사례를 제시하고 이에 대한 상대방의 의견을 물음으로써 공감적 듣기 과정을 촉진시켜 줄 수 있다는 점에서 의미가 있다.

1 격려하기 기술
2 집중
3 닫힌
4 열린
5 반영
6 재진술

3) 공감하기

공감이란 다른 사람의 경험을 존중하고 이해해 주는 것을 말한다. 상대의 공감을 이끌어 낼 수 있는 대화의 기본은 '_____1'이다.

공감적 대화를 하기 위해서는 상대방이 무엇을 생각하고 느끼고 필요로 하는지에 대해 귀 기울여 들을 수 있어야 한다.

또, 화자가 상대방에 대한 인격적 신뢰와 정서적 유대감을 형성하는 것도 매우 중요하다. 물론 대화 상대와 상황에 맞는 알맞은 표현을 사용하고 어조를 조절하는 것도 대화의 분위기 유지에 중요한 역할을 한다.

11 대표 담화 유형 – 토의

(1) 토의의 특성–토론과 비교를 통해

① 토의는 서로 협력하여 대담이나 회의를 통해서 해답을 얻으려는 화법이고, 토론은 자신이 이미 가지고 있는 해답을 상대측에게 납득시키려는 화법이다. [선(先) 해답 확보 여부]

② 토의는 일종의 _____2 의 일종이고, 토론은 이미 의견 대립을 전제로 하고 그 안에서 다음의 발전을 찾아내려는 변증법적 사고이다. [의견 대립 전제 여부]

③ 토의는 자유롭게 논의하는 것이지만, 토론은 일정한 규칙에 따라 하는 _____3 이다. [확고부동한 규칙 존재 여부]

④ 특별한 이해관계(利害關係)가 있는 경우의 토의는 흉금을 터놓지 않는 한 진정한 합의를 얻기 힘들다. 그러나 토론은 흉금을 트든 안 트든 관계가 없다. 오직 통하는 것은 사실과 논리뿐이며, 흥정이나 정실이 통하지 않는 과학적 화법이다. [흉금 터놓기의 중요성 여부]

(2) 토의의 유형 비교

토의 유형 / 변별 항목	_____4 토의 (_____5 토의)	_____6	_____7	(일반) 회의
① 토의 주제의 성격	다양한 결론이 예상되는 시사 문제	주로 학술적인 담론의 성격을 띤 주제	처음부터 청중이 참여가능한 정책안이나 개발안	회원의 복지, 규칙, 친목 등의 문제
② 핵심 발언권자 (인원수)	집단의 대표자(배심원 4~8명 정도)	사전에 토의 주제를 배당받은 발표자(3~5명 정도)	청중(지역 주민, 지역 주민 대표), 정책입안자, 개발업자	회원 모두

1 역지사지(易地思之)
2 집단 사고
3 논쟁
4 패널
5 배심
6 심포지엄
7 포럼

③ 토의 진행 과정 (의사소통 방식)	배심원끼리 상호간 직접 토의	개별적인 발표나 강연	청중과 담당자 간의 직접 토의	회원끼리 상호간 직접 토의
④ 토의의 목적 (문제해결안의 채택 관련)	문제-해결(서로 다른 의견을 조정하는 안 채택)	문제에 대한 이해(특별한 결론 도출이 없음)	문제-해결(공동의 이익과 복지에 도달하는 안 채택)	의사결정(해결안과 실행 계획까지 결정)
⑤ 사회자의 역할	이견(異見)을 조정하는 안 도출해내기	발표 내용 요약하고 정리하기	청중과 발표자의 이해관계(利害關係) 조정하기	회의 규칙에 따라 회의 진행하기
⑥ 청중의 역할	_____1_____ 보다 소극적임(발표 뒤 의견 개진하기)	_____2_____ 보다 소극적임(궁금한 점 질문하기)	매우 적극적임(공격적으로 질문함)	적극적인 편임(의견 개진하고 듣기)
⑦ 기타 (시간, 규칙 등)	진행 순서 등이 일반적으로 고정되어 있음	발표 시간이 정해져 있음. 자료집이 비치되어 있음	7청중으로 인해 진행 방식과 구조가 결정되기도 함	회칙이 별도로 존재함

(3) 토의 문제의 선정과 서술

토의 문제는 시의적절(時宜適切)하며 토의할 가치가 있고 모든 참여자들에게 관심이 있는 것으로 선정한다.

토의 문제가 선정되면, 이를 정확히 분석·파악해서 모든 참여자들이 정확히 알 수 있도록 서술한다. 이 때 토의 문제는 '환경 문제'니 '공해 문제'니 하는 식으로 단어 형태로 서술해서도 안 되며, '모든 국민은 환경 문제에 더 많은 관심을 가져야 한다'는 식으로 _____3_____ 형태로 서술해서도 안 된다. 그 대신 '환경 문제는 어떻게 해결해야 하는가' 하는 식으로 반드시 _____4_____ 형태로 서술해야 한다. 그러나 '예' 또는 '아니오'라는 대답이 나오지 않도록 해야 한다. '예' 또는 '아니오'라는 두 가지 대답만이 나오는 것은 토의의 문제가 아니라 _____5_____ 의 문제이기 때문이다.

토의 문제는 크게 세 가지 종류, 즉 사실적 문제, 가치적 문제 그리고 정책적 문제로 나눌 수 있다.

① 사실적 문제: 어떤 상황이 존재하는지, 그 상황이 어떤 환경 아래에서 존재하는지, 그것이 어떻게 정의될 수 있는지를 논의한다. '에너지 위기가 있느냐?' 등이 여기에 해당한다.

② 가치적 문제: 사안이나 정책이 좋은지 나쁜지, 바람직한지 바람직하지 않은지, 기대되는지 희망이 없는지 등 어떤 문제에 대한 가치 평가를 요구한다. '한국에서 양당 제도가 최선의 정치 제도인가' 등이 여기에 해당한다.

③ 정책적 문제: 어떤 사안이나 정책을 실천하거나 실행하는 과정을 유도하는 것으로, 일반적으로 토의 집단이 실천하거나 실행할 수 있는 영향력이나 권한을

1 포럼
2 패널
3 평서문
4 의문문
5 토론

지닌 경우에 해당한다. '샛강을 살리려면 어떻게 해야 하는가' 등이 여기에 해당한다.

(4) 토의 활동 평가 기준

평가 범주	평가 항목	그렇다	아니다	판단 근거
토의 준비와 과정	• 토의 문제의 선정과 서술이 적절한가? • 토의자 선정과 역할을 사전에 알려주었는가? • 토의 문제에 대해 사전에 조사·연구하였는가? • 토의 과정의 다섯 단계를 지켰는가?			
토의 사회자	• 토의 진행 방향을 목적에 맞도록 유도하였는가? • 토의 참가가 전원에게 발언 기회가 고루 주어지도록 배려하였는가? • 지나치게 소극적인 사람은 격려하여 토의에 능동적으로 참여하도록 이끌었는가? • 중간 중간에 토의 진행 사항을 간단히 요약하였는가? • 논의된 것 중에서 중요한 안건들을 정리하였는가? • 의견의 일치를 유도하여 최종적인 결론이나 최선의 해결안을 찾아내었는가? • 참가자들이 정해진 시간과 규칙을 지키도록 유도하였는가?			
토의 참가자	• 토의에 적극적으로 참가했는가? • 발언 내용이 진지했는가? • 토의 내용이 논리적으로 조직되었는가? • 다른 사람의 의견을 존중했는가? • 토의 내용이 주제에서 벗어나지 않는가? • 가능한 모든 해결안을 충분히 고려했는가?			
청중	• 토의를 통해 문제가 해결되었는가? • 토의를 통해 문제에 대한 내 생각이 많이 달라졌는가?			

12 대표 담화 유형- 토론

(1) 토론의 종류

1) 고전적 토론

고전적 토론은 '_____1'이라고도 하며, 어떤 논제에 대해서 긍정 측 2명, 부정 측 2명이 각각 한 조가 되어 토론을 하게 된다. 토론 참여자는 한 번씩 입론과 반론의 기회를 갖게 되며 8번의 순서로 진행된다.

1 전통적 토론

입론과 반론 후에는 배심원 또는 청중이 거수나 투표로 평결하게 된다.

	긍정 측		부정 측	
	제1찬성자	제2찬성자	제1반대자	제2반대자
입론	① 발제와 입론		② 공박과 입론	
		③ 반박과 입론		④ 논박과 입론
반론	⑥ 공박과 변호		⑤ 반론과 변호	
		⑧ 논박과 변호		⑦ 반박과 변호

2) 직파식 토론

어떤 논제에 대하여 긍정 측과 부정 측이 상대편을 논파하는 방식으로 이루어지는 토론이다.

_____1 부분은 전통적 토론과 같으나, _____2 부분이 다르다. 곧, 제 1 찬성자의 반론과 변호→제 2 반대자의 공박과 변호→제 2 찬성자의 반박과 변호→제 1 반대자의 논박과 변호의 순으로 진행된다.

	긍정 측		부정 측	
	제1찬성자	제2찬성자	제1반대자	제2반대자
입론	① 발제와 입론		② 공박과 입론	
		③ 반박과 입론		④ 논박과 입론
반론	⑤ 반론과 변호			⑥ 공박과 변호
		⑦ 반박과 변호	⑧ 논박과 변호	

심판은 결론이 나왔다고 생각되면 어느 순간에라도 토론을 끝낼 수 있다. 이때, 이때 토론자들에게는 심판의 지시와 판정에 따를 의무가 있다.

3) 반대 신문식 토론

어떤 논제에 대해 긍정 측과 부정 측이 상대방에게 질문을 하여 상대방의 논지를 반박함으로써 승부를 가리는 것이다.

고전적 토론의 _____3 단계에서 바로 앞 토론자에 대한 반대 신문을 추가한 것으로, 질문에 해당하는 '교차조사(cross examination)'가 특징적이므로 '교차조사 방식 토론(CEDA 토론)'이라고 불리기도 한다.

논제를 긍정하거나 부정하는 각 팀은 2인으로 구성되며, 토론자 각 개인은 입론, 교차조사, 반박의 세 번의 발언 기회를 갖는다.

1 입론
2 반론
3 입론

긍정 측		부정 측	
토론자1	토론자2	토론자1	토론자2
① 입론			② 교차조사
④ 교차조사		③ 입론	
	⑤ 입론	⑥ 교차조사	
	⑧ 교차조사		⑦ 입론
⑩ 반박		⑨ 반박	
	⑫ 반박		⑪ 반박

(2) 토론의 방법과 규칙

1) 토론의 공통적인 방법

토론을 구성하기 위해서는 사회자, 토론자, 심사자, 청중의 구성원이 필요하다. 사회자는 토론의 논제와 토론 배경에 대해 설명하고, 토론의 절차와 규칙에 대해 간략히 소개한다. 그 다음 심사위원장이 심사 항목과 배점 등 _____1 에 대해 설명한다.

본격적인 토론에서 토론자는 자신에게 주어진 순서와 시간을 분명히 지켜야 하므로, 사회자 또는 시간 측정을 돕는 사람이 시간을 엄격하게 통제한다. 만약, 정해진 시간이 경과 되었을 때 토론자는 발언을 중단해야 하며, 사회자는 제재해야 한다.

토론자는 입론, 교차조사, 반박 등 단계별 특성에 맞게 발언을 해야 한다. 입론에서는 자신의 주장을 제시하고, 교차조사에서는 상대의 논리적 오류를 지적하고, 반박에서는 입론에서 다룬 쟁점 중 자신에게 유리한 쟁점을 선택하여 상대보다 자신의 논리가 우위에 있음을 입증해야 한다. 발언은 _____2 부터 하며 마지막 발언도 _____3 이 한다.

토론의 유형에 따라 토론 과정에 숙의시간을 사용하는 경우도 있다. 숙의시간은 토론자가 사회자에게 요청하여 사회자의 승인을 얻어 이루어지며, 같은 편끼리 토론 전략을 상의하게 된다. 그러나 토론의 맨 마지막 단계 바로 앞에서는 숙의시간을 사용할 수 없다.

토론을 모두 마치면 심사자들이 토론 심사 기준에 의해 평가하게 된다. 평가 후 점수를 합산하여 긍정 측과 부정 측 중 승자를 결정하고 토론을 마무리하게 된다. 경우에 따라서는 토론 배심원에 의한 투표로 승패를 결정하기도 한다.

2) 토론의 규칙

토론에서는 상대에 대한 인격적 비난 금지 등 예의 차원의 규칙도 있지만 시간과 순서에 대한 엄수, 사회자의 진행과 심판의 판정에 승복하는 것 등 절차상의 규칙

■■■■■■■■■■■■■

1 심사 기준
2 긍정 측
3 긍정 측

을 더 중시한다.

토론에는 명백한 순서와 시간에 대한 합의가 존재한다. 주어진 시간에 입론을 하고 또 상대의 주장을 잘 듣고 논리의 오류를 지적하여 질문 및 반론을 하고 자신의 주장을 펼치는 이러한 일련의 절차는 토론에 질서를 부여하고 객관성과 공정성을 확보하는 데 필수적이다.

(3) 토론의 논제

1) 논제의 특성

① 논제의 성격

논제(proposition)는 논란 가운데 가장 핵심적인 사안을 명료하게 해주는 진술문이다. 곧, 긍정 측이 지지할 의무가 있는 사실이나 가치 또는 정책의 '_____1'에 관한 내용이 핵심이다.

토론의 논제는 긍정 측과 부정 측의 입장이 명확히 구분되어야 한다. 즉, '……한가?'와 같은 개방형 질문이 아니라, '……해야 한다(정책)' 또는 '……이다(사실)'의 진술문 형식으로 표현되어 긍정과 부정의 입장을 명확히 구분할 수 있어야 한다.

진술문에는 단 하나의 쟁점만 포함되어 있어야 한다.

② 논제의 진술

토론 논제는 현상을 바꾸는 쪽으로 정의되어야 하며, '입증의 부담(the burden of proof)'이 _____2 에 있는 것이어야 한다. 반대로 부정 측은 긍정 측의 주장을 부인하는 '_____3 의 부담(burden of rebutal)'을 맡게 된다. 만약 현재 여교사의 비율이 높아 여러 문제가 제기되는 상황에서, 남 교사에 대한 할당제를 도입해야 한다는 논제라면, _____4 이 '남 교사 할당제의 도입'에 대해 증명해야 할 책임을 맡게 되는 것이다.

이때, 논제를 반대하는 측은 상대방의 주장 중 일부만 논파해도 그 새로운 쟁점을 효과적으로 논박한 것으로 간주할 수 있다.

논제를 선정할 때에는 다음의 3단계를 거치는 것이 바람직하다.

〈표 3-3〉 [논제 선정의 3단계] - 김복순, 『토론의 방법』, 국학자료원, 2007, p. 138.

논제 ＼ 단계	단계의 내용	진술 형태	논제 진술 사례
1단계	핵심적 문제 파악	명제형 진술	사형제도 폐지 스크린쿼터제 축소
2단계	반문	의문형 진술	사형제도 폐지해야 하는가? 스크린쿼터제 축소해야 하는가?
3단계	변화 가치 중심 / 보존 가치 중심	논제형 진술	사형제도 폐지해야 한다. 스크린쿼터제 축소해야 한다.

1 제안
2 긍정 측
3 반박(반증)
4 긍정 측

논제를 선정한 다음에는 토론의 긍정 측과 부정 측을 정한다.[1]

토론의 긍정 측은 '문제가 되는 현 상황'이 변화되기를 바라고 수정되기를 바라는 입장이고, 부정 측은 '문제가 되는 현 상황'을 유지하려는 입장이다.

• 긍정 측 : '문제가 되는 현 상황'의 '변화(수정)'을 바라는 측
• 부정 측 : '문제가 되는 현 상황'의 '유지'를 원하는 측

  예 논제 : 사형제도 폐지되어야 한다.

    긍정 측 : 폐지 입장 → 사형제도 _____[2] 입장
    부정 측 : 존치 입장 → 사형제도 _____[3] 입장

③ **논제 선정 시 유의사항**

  ㉠ 개인의 주관적인 견해 또는 확신에 관한 것은 피해야 한다.

  예 "가장 뛰어난 한국영화는 『올드보이』이다."

  ㉡ 종교적 신념 및 과학적 세계관에 관한 주장(가설)은 피해야 한다.

  예 "신은 존재하는가?"

  ㉢ 사실에 관한 진술문은 피해야 한다.

  예 "지리산의 최고봉은 무엇인가?", 이 방에는 호랑이가 없다.

  개인의 주관적 견해, 확신은 토론의 대상이 아니다. 토론의 대상은 주장(또는 진술) 자체이다. 지리산의 최고봉은 조사해보면 바로 알 수 있는 것이기 때문에 공방을 필요로 하는 논제로서는 부적절하다. 그러므로 논제를 선정할 때에는 다음 사항에 유의해야 한다.

  ㉠ 하나의 중심적인 논쟁점만이 분명하게 제시되어야 한다.

  예 "사형과 낙태는 금지되어야 한다."

  ㉡ 현 상황을 변화시키려는 의도가 반영되어야 한다.

  예 "소극적 안락사를 법적으로 허용해야 한다."

  ㉢ 긍정/부정 어느 한 편에 유리하게 작용하는 것은 배제한다. 토론 논제는 양측에 대등한 것이어야 한다. 이미 결정이 난 주제는 한 쪽만 유리하게 하므로 균형적 대립구도가 형성되지 않아 토론이 이루어지기 어렵다.

  ㉣ 정서적인 감정표현은 배제하는 것이 좋다.

  예 "친일파는 모두 꼴통 보수이다."

  ㉤ 긍정 측에서 바라는 결정의 방향을 분명하고도 정확하게 표현해야 한다.

  예 "반공주의는 수호되어야 한다."

  ㉥ 급속하게 변화될 가능성이 있는 사안은 피하는 것이 좋다.

  예 8.28 남북 정상 회담(북한의 수해로 10월 초로 연기되었음)

  ㉦ 의문문이나, 부정문 및 명사(형) 문장은 피하고 긍정의 단문 서술문으로 작성한다.[4]

  예 "사형제도 폐지되어서는 안 된다."

1 미국의 대학생토론대회에서는 긍정 측과 부정 측을 미리 정해주지 않고 당일 30분전쯤 정해 준다고 한다.
2 반대
3 찬성
4 '부정문'은 부정하는 측의 정확한 주장이 드러나지 않기 때문에 부적절하다. '의문문'은 부정문보다도 주장이 더욱 확인되지 않는다. '인터넷 실명제를 시행해야 하는가?'의 경우 주장하는 바를 전혀 파악할 수 없다.

"인터넷 실명제를 시행해야 하는가?"

"여성 사회복무 허용과 군 가산점제"

"여성에게도 사회복무를 허용해야 한다."

◎ 시의성 · 구체성이 있어야 한다. 교육 토론에서는 학생들이 다양한 정보에 접근할 수 있도록 '지금-여기'의 구체적인 현장의 문제를 논제로 채택하는 것이 바람직하다.

④ 논제의 표현

논제는 가치 판단이 배제된, ＿＿＿＿1 적인 표현을 사용하여야 하며 논제에 사용된 용어 중에 개념이 명확하지 않아 오해를 초래할 소지가 있는 것은 토론 전에 합의를 통해 수정하거나 대체해야 한다.

예를 들어, '전근대적인 국가보안법 철폐해야 한다.'라는 논제에서 가치 판단이 담긴 '전근대적인'이라는 표현은 토론 시작 전에 심판이나 청중에게 부정적인 인상을 줄 가능성이 있어 좋지 못하다.

2) 논제 결정

학생들을 대상으로 하는 토론에서 논제는 해당 학생들이 흥미롭게 여겨 열정을 갖고 토론할 수 있는 것이어야 하며, 너무 어렵지 않아야 한다. 학생들의 관심사와 직결된 것이면 가장 바람직하다.

또한 '인터넷에 사용되는 신조어를 국어사전에 등재해야 한다.'와 같이 쟁점이 구체적이고 그 범위가 넓지 않아 학생들이 자료를 수집하고 쟁점에 대한 주장과 근거를 준비하는 데 용이한 한정적인 주제가 용이하다.

3) 핵심 쟁점 파악

토론은 논제에 따라 기본 구조가 달라진다. 이 때, 변화 방향을 명시한 토론 논제는 핵심적으로 다루어져야 할 기본적인 구조를 지니는데, 이를 토론의 '＿＿＿＿2'이라고 한다.

학교 토론에서 가장 많이 사용되는 '정책 논제'의 경우 다음과 같은 핵심 쟁점으로 구성되어 있다. 즉, '…해야 한다'와 같이 구체적인 정책 대안이 제시된 경우, 설득 담화의 전형적인 구조인 '＿＿＿＿3 – ＿＿＿＿4' 구조로 되어 있다. 이때, '문제-해결' 구조의 앞부분에서는 문제에 대한 개념을 ＿＿＿＿5 하고, 뒷부분에서는 해결 방안의 이익과 부작용을 논의하게 된다.(예 '문제 정의 → 문제 제기 → 해결 방안 → 비용'의 거시 구조)

찬성 측과 부정 측은 ＿＿＿＿6 을 통해 쟁점별로 논증을 하게 되는데, 핵심 쟁점의 전체 흐름과 각각의 구성에 대한 지도(map)를 가지고 있어야 전체 토론에서 효과적으로 전략적인 주장을 할 수 있다.

(4) 토론 지도하기[7]

설득하는 말하기는 정보전달의 말하기와 비교할 때 다음과 같은 특징이 있다.(Osborn)

1 중립
2 쟁점
3 문제
4 해결
5 정의
6 입론
7 임성규 외, 『새 초등 국어과 교육론』, 교육과학사, 2011, p. 252.

정보전달의 말하기	설득하는 말하기
1. 여러 가능한 방법을 알려준다.	1. 여러 가능한 방법 중에서 최상의 것을 선택하도록 촉구한다.
2. 화자는 교사의 역할을 한다.	2. 화자는 옹호자의 역할을 한다.
3. 청자를 깨닫게 하는 데 보조 자료를 사용한다.	3. 한 말을 정당화하기 위해 보조 자료를 사용한다.
4. 많은 책임을 요구하지는 않는다.	4. 더 강력한 책임을 요구한다.
5. 화자의 리더십이 ____1____ 중요하다.	5. 화자의 리더십이 ____2____ 중요하다.
6. 느낌에 ____3____ 호소한다.	6. 느낌에 ____4____ 많이 호소한다.
7. 도덕적 의무가 요구된다.	7. 도덕적 의무가 더 많이 요구된다.

　　토론을 지도할 때는 이러한 특징을 이해하고 지도해야 한다. 아울러 설득이 이뤄지는 과정도 이해할 필요가 있다. 이러한 과정은 심리적인 측면을 반영하고 있다.
　　다음은 McGuier의 설득과정 모형이다.
　　설득은 이러한 과정을 통해서 서서히 이뤄지는 것이지 급격하게 이뤄지지 않는다는 점을 토론 지도를 할 때 고려해야 한다.

인식하기 Awareness	–	화자의 말을 듣고 '문제가 무엇인지를 안다거나, 문제에 주의를 기울인다거나, 어떻게 그 문제가 우리 삶에 영향을 미치는지를 알게 하는 것'이다.
이해하기 Understanding	–	화자의 말을 듣고 청자가 무엇이 문제인지를 확실하게 이해하게 되는 것이며, 화자의 입장에서는 문제가 무엇인지를 확실하게 이해시키는 단계이다.
동의하기 Agreement	–	청자가 제안을 받아들이고 받아들이는 합당한 이유를 기억하는 것이다.
행동화하기 Enactment	–	받아들인 것을 실제로 행동으로 옮기는 단계이다.
통합하기 Integration	–	화자가 제안한 새로운 생각(태도)을 청자의 신념이나 가치에 통합하는 것이다.

　　학교 현장에서 활용할 수 있는 토론 지도 모형은 다음과 같은 것이 있다.

■■■■■■■■■■■■■■■
1 덜
2 더
3 덜
4 더

단계	주요 활동
주제 확인하기	– 동기 유발 – 학습 문제 확인 – 토론 목적 및 주제 확인
토론 준비하기	– 주제에 대한 자신의 입장 정하기 – 주제에 대한 자료 수집 및 정리 – 토론 방법 및 절차 확인
토론하기	– 각자 의견 발표 – 반대 또는 찬성 의견 제시
정리 및 평가하기	– 토론 결과 정리 – 토론 평가

(5) 토론 담화 중심의 말하기 평가[1]

1) 토론 담화의 평가 원리

토론활동에 대한 정확한 평가(판정)가 중요한 이유는 평가 결과에 따라 토론 내용을 받아들이는 방식이 달라지고, 그에 따른 실천 행위도 매우 달라지기 때문이다.

첫째, 토론의 사회자에 대한 평가가 이뤄져야 한다.

둘째, 토론이 진행되는 과정 각각에 대한 항목별 차등 평가가 이뤄질 수 있어야 한다. 예를 들어, 토론의 규칙을 지키고 예의바른 토론을 하는 것은 전 과정에서 동일한 배점을 가지고 고려될 내용이다. 그러나 '교차 조사'의 과정에서는 '입론'에서 제기한 주장에 대해 '주의 깊게 듣고, 이에 대해 자기편의 주장과 배치되는 부분이나 논리적 오류를 찾아내 자기편이 유리하게 토론을 진행할 수 있도록 날카로운 질문을 하느냐'를 중심으로 평가가 이뤄져야 한다.

셋째, 평가자 훈련을 통한 전원 평가를 지향해야 한다.

넷째, 규칙과 예절 준수 정도를 평가해야 한다.

다섯째, 토론수업의 평가 항목이 적절해야 한다. 흔히 토론수업이 이뤄지는 중에 평가를 할 경우, 평가 항목이 너무 많으면 평가에 집중할 수가 없어 잘못 수행할 수가 있다.

2) 평가 기준

평가를 위해서는 다음과 같은 몇 가지 기준을 생각해 볼 필요가 있다. 토론이 진행되는 과정에 평가를 할 수도 있고, 토론이 끝난 뒤에 평가 기준을 교사가 만들거나 학생들이 만들어서 그 기준을 명확하게 평가자들이 이해한 다음에 평가를 할 수도 있을 것이다. 다음은 진행 중의 평가를 위한 기준이다(진한 글씨체로 되어 있는 것은 그 영역에서 더 중요한 요소라고 생각되는 것들이다).

1 임성규 외, 『새 초등 국어과 교육론』, 교육과학사, 2011, pp. 300–305.

〈표 3-4〉 토론수업 중의 평가를 위한 평가 기준(1)

	평가 기준	점수				
		5	4	3	2	1
내용	① 얼마나 지식의 폭이 넓은가?					
	② 용어에 대한 정의를 얼마나 정확하게 하는가?					
	③ 주장을 뒷받침하는 증거 및 출처 제공을 정확한가?					
	④ 주제에 대한 생각이 적합하고 참신하며 다방면에 걸쳐 충분한 검토가 있었나?					
	⑤ 해당 과정에 관련되는 논의를 하는가?					
	⑥ 논제에 대한 분석력은 어떠한가?					
논리	**① 주제에 대한 찬반이 아니라 얼마나 일관성을 띠며 논리적으로 사고하는가?**					
	② 드러난 사실의 이면에서 이들을 규정짓는 원인이나 동기를 파악해내는가?					
	③ 상대 주장의 맹점을 잘 지적(비판)하는가? ㄱ. 상대방의 주장과 근거를 확실히 이해하는가? ㄴ. 상대방 주장의 문제점을 명쾌하게 비판하는가? ㄷ. 반박의 사례는 적절한가?					
	④ 논리적 오류는 없는가?					
표현	① 청중을 얼마나 즐겁게 해 주는가?					
	② 얼마나 다른 사람의 이야기를 경청하는가?					
	③ 얼마나 정확하고 효과적으로 전달하는가? ㄱ. 말이 정확하게 전달되는가? ㄴ. 말이 설득적이고 수려한 국어를 사용하는가? ㄷ. 상대방에 대해 인신공격, 감정적 대응, 불쾌한 표현은 없는가?					
규칙	**① 토론 규칙은 잘 지키는가?**					
	② 토론 팀간의 팀웍은 어떤가?					
태도	① 토론에 참여하는 태도는 적극적인가?					

5: 아주 잘 함, 4: 잘함, 3: 보통, 2: 부족함, 1: 많이 부족함

위의 기준은 토론수업이 진행되는 중에 반 전원이 할 수 있는 평가 기준이다. 각각의 기준에 따른 모든 항목이 다 적용되는 것이 아니라, '토론 논제, 토론수업의 상황, 학생들의 수준' 등을 고려하여 항목별로 교사가 선택적으로 적용해야 할 것이다.

위의 기준은 토론수업의 중간 또는 토론이 끝난 후에 적용할 수 있는 기준이다. 각 과정에 따라서 평가자의 판단에 의해 평가 우선순위를 정한 다음 평가 기준은 앞의 '평가기준(1)'을 준용한다. 이 때, 우선순위는 교사가 미리 정할 수도 있지만, 학생들에게 무엇을 중점적으로 평가하면 좋을 것인지에 대해 충분한 토론을 시켜

〈표 3-5〉 토론수업 중 또는 후의 평가를 위한 평가 기준(2)

		평가우선순위	평가 기준	점수				
				5	4	3	2	1
입론	내용		앞의 평가 기준(1)의 해당 항목					
	논리		〃					
	표현		〃					
	규칙		〃					
	태도		〃					
반대 신문	내용		〃					
	논리		〃					
	표현		〃					
	규칙		〃					
	태도		〃					
반박	내용		〃					
	논리		〃					
	표현		〃					
	규칙		〃					
	태도		〃					

5: 아주 잘 함, 4: 잘함, 3: 보통, 2: 부족함, 1: 많이 부족함

서 결정하는 것도 학생들의 적극적 참여를 유도할 수 있는 바람직한 방법이 될 수 있다.

〈표 3-6〉 토론 사회자에 대한 평가 기준(3)

	평가 기준	점수				
		5	4	3	2	1
1	토론을 시작하면서 주제를 흥미롭게 전달했는가?					
2	시간, 기회, 토의내용과 관련해 토론을 공정하게 이끌었는가?					
3	사회자가 개입할 부분과 개입하지 않을 부분을 구별해 적절히 대처했는가?					
4	토론시간을 지키면서 전체적으로 활기차게 진행했는가?					

5: 아주 잘 함, 4: 잘함, 3: 보통, 2: 부족함, 1: 많이 부족함

3) 평가 시기

평가를 하는 시기는 중요하다. 먼저 토론수업 중에 평가를 할 수 있다. 그러나 전원 참여를 지향하는 반대 신문식 토론수업에서 학생 전원이 평가를 할 경우에 전원이 충분한 평가자 훈련이 되어 있지 않으면 시간이 촉박하고 흥분한 나머지 정해진

1~2분 내에 정확한 평가를 할 수가 없다. 따라서 이러한 문제를 극복하기 위해 토론이 끝나고 일정한 시간(보통 1일 이내)이 경과하지 않은 상태에서 평가를 하는 것이 바람직하다.

〈참고〉

숙명 토론대회 심사표 (심사위원용)

제 차 토론대회
20 년 월 일   장소: 심사결과 「   」팀 승
                                      심사위원: (서명)

	평 가 기 준	찬성팀 이름:		반대팀 이름:	
공통 항목	• 언어적 표현의 명료성과 적절성 • 토론 예절 및 규칙의 준수 여부				
입론	• 토론의 쟁점을 잘 포착하고 명확하게 표현했는가? • 주장에 대한 적절한 논거를 제시했는가? • 주장에 대한 논거가 다양하고 참신한가?	5 4 3 2 1	1(갑)	3(갑)	5 4 3 2 1
확인 질문1	• 확인질문에 효과적으로 답변하였는가?	+1 0 −1			+1 0 −1
	• 토론의 쟁점을 명확히 하는데 도움이 되었는가? • 상대방 주장의 허점을 적절히 추궁했는가?	5 4 3 2 1	4(을)	2(을)	5 4 3 2 1
반론1	• 상대방 입론의 핵심을 문제 삼고 있는가? • 상대방 논리의 문제점을 잘 비판했는가? • 상대방 지적에 대해 적절히 응수했는가?	5 4 3 2 1	5(병)	7(병)	5 4 3 2 1
확인 질문 2	• 확인질문에 효과적으로 답변하였는가?	+1 0 −1			+1 0 −1
	• 토론의 쟁점을 명확히 하는데 도움이 되었는가? • 상대방 주장의 허점을 적절히 추궁했는가?	5 4 3 2 1	8(갑)	6(갑)	5 4 3 2 1
반론 2	• 남아있는 중요한 반론거리를 모두 지적했는가? • 상대방 논리의 문제점을 잘 비판했는가? • 상대방 지적에 대해 적절히 응수했는가?	5 4 3 2 1	9(을)	10(을)	5 4 3 2 1
최종 발언	• 반론에서 미진했던 부분을 적절히 보충했는가? • 핵심쟁점을 중심으로 토론의 큰 흐름을 요약했는가? • 자신들의 최종 결론을 효과적으로 부각시켰는가?	5 4 3 2 1	11(병)	12(병)	5 4 3 2 1
	합계	( )점	숙의 횟수	숙의 횟수	( )점
총평					

5: 아주 잘 함, 4: 잘 함, 3: 보통, 2: 부족함, 1: 아주 부족함

01 | 화법

13 대표 담화 유형-발표

(1) 발표 불안의 원인과 극복 방법[1]

1) 발표 불안의 양상

연구자들에 의하면 발표 불안은 예상 반응, 대면 반응, 적응 반응의 세 가지 양상으로 파악된다.

예상 반응은 말하기 전이나 말하기를 준비할 때 경험하는 반응이고, 대면 반응은 말하기가 시작되어 경험하는 반응인데, 대략 1분 정도가 소요된다. 적응 반응은 대면 반응 이후 대략 4분 정도까지를 말한다. 대면 반응에서 발표 불안이 극대화되었다가 점차 감소한다.

2) 발표 불안의 원인

발표 불안은 각자가 가진 생물학적 기질과 사전 경험과 기능의 수준이 원인이 될 수 있다.

생물학적 기질은 '외향성/내향성 그리고 신경증적 성격'인데, 이들이 결합되어 불안이 나타난다. 내향성을 지닌 사람과 신경증적 성격을 더 많이 소유한 사람이 불안을 더 많이 느낀다. 불안은 신경증적 성격이라고 불리는 기질적 특성과 밀접하게 관련되기 때문이다.

사전 경험도 중요한 변인이다. 발표 불안은 우리가 이전의 말하기 노력으로부터 받은 강화의 결과로 인해서 생길 수 있다. 말하자면 창피를 당하거나 실패한 경험이 말하기 불안의 한 원인이 될 수 있다.

발표 불안을 설명하는 이론으로 기능 결핍 이론이 있다. 이 이론에 따르면 말하기 불안의 원인은 우리가 여러 사람 앞에서 발표를 할 때 말할 내용을 잘 계획하지 못하거나 효율적으로 준비하지 못하기 때문이다. 이 세 번째 원인이 가장 중요하고 교육적으로 의미가 있다. 따라서 교육적으로 이것을 극복함으로써 말하기를 잘할 수 있다.

3) 발표 불안의 극복

발표 불안을 극복하는 방법에는, '소통의 동기 지향, 시각화(이미지화), 체계적으로 민감성 약화시키기, 발표 기능 훈련하기' 등이 있다. 발표 기능 훈련하기에는 '준비할 시간 충분히 주기, 소리 내어 연습해보기, 말하기에 적절한 시간 선택하기, 긍정적인 혼잣말하기, 자신감 갖고 청중 대하기, 아이디어 공유에 초점을 맞추기' 등을 들 수 있다(물론 발표 기능 훈련하기에만 이들 기능들이 해당하는 것이 아니고 서로 중복될 수 있다).

소통의 동기 지향 방법과 수행 지향 방법이다. 이때, 소통의 수행 지향에서는 불안을 '미학적으로' 강한 인상을 주기 위해서 특별한 전달 기법을 요구하는 하나의 상황으로 여기거나 또는 청중을 화자의 사소한 실수에 대해서조차도 결코 용서해 주지 않는 혹평자로 인식한다. 반면에 소통의 동기 지향은 스피치를 화자나 청자에

1 임성규 외, 『새 초등 국어과 교육론』, 교육과학사, 2011, pp. 278-281.

게 중요한 주제에 대해서 함께 얘기하는 기회로 여긴다. 발표 불안을 감소시키기 위해 사용할 수 있는 한 방법은 수행 지향의 개인들에게 기본적으로 발표 불안을 이해시키고, 그들을 도와서 어떻게 수행 지향이 발표 불안을 증가시키는지를 이해하게 하고, 그들과 함께 의식적으로 소통 지향을 수용하도록 활동을 하게 한다. 수행 지향보다는 동기 지향이 될 때 스피치 불안은 줄어들 수 있다.

다음으로 시각화이다. 시각화는 화자 스스로가 정신적 이미지를 형성할 수 있도록 도움을 주어서 발표 불안을 감소시키는 방법이다. 운동선수들이 기능을 신장시키기 위해 사용하는 방법도 이와 같은 것이다. 스피치 전체를 준비하고 스피치 실행 과정을 스스로 거친 사람들은 더 스피치를 잘한다는 결과도 있다.

다음으로 체계적 민감성 약화시키기가 있다. 처음에 강한 강도의 불안을 야기하는 내용을 제시한 다음에 점차 약한 강도의 불안을 야기하는 내용을 제공함으로써 불안을 극복하게 하는 방법이다. 처음에 각 개인들은 이완을 위한 절차를 학습하고, 이어서 그들이 시각화할 수 있는 불안 야기 사건(불안을 야기하는 사건)에 적용하게 하고, 최종적으로 실제 생활에서 이러한 불안을 야기하는 사건에 접했을 때 불안이 이완된 상태가 되게 학습하게 한다. 이 방법은 주로 육체적 불안 징후를 극복하게 하는 데 사용될 수 있다. 이 방법을 사용하는 근본적인 목적은 우리가 시각화할 때 획득하는 조용한 느낌을 실제 말하기 사건에 전이하도록 도와주기 때문이다.

다음으로 발표 기능 훈련하기다. 발표 기능 훈련은 기능의 체계적 교육을 말하는데, 기능의 체계적 교육은 발표 불안을 감소시키는 수단으로써 발표 능력을 향상시킬 의도로 스피치를 준비하고 전달하는 데 포함된 과정과 관련된다. 기능 훈련이 가정하고 있는 전제는 발표 불안에 대한 염려가 우리가 어떻게 말하면 성공적일 것인지를 알지 못하기 때문이며 무엇이 효율적인 것인가에 대한 지식과 행위에 대해서 잘 알지 못하기 때문이라는 것이다. 따라서 우리가 효율적인 스피치 형성과 관련된 과정과 행위를 학습하게 되면 우리는 덜 불안하게 된다. 발표 기능은 목표 분석 과정, 청중과 상황 분석, 조직, 전달, 자기 평가를 포함한다. 발표기능 훈련에는 'ⓐ 준비할 시간 충분히 주기, ⓑ 소리 내어 연습해보기, ⓒ 말하기에 적절한 시간 선택하기, ⓓ 긍정적인 자기 존중감 갖기, ⓔ 자신감 갖고 청중 대하기, ⓕ 아이디어 공유에 초점을 맞추기' 등이 포함될 수 있다.

(2) 프리젠테이션[1]

1) 시작하기

서두에서 지켜야 할 4가지에는 다음과 같은 것이 있다.

① 청중의 주의를 집중시킨다. 청중의 주의가 지나치게 산만하면 헛기침을 하거나 주의 집중을 호소할 수도 있으나, 청중을 둘러보며 잠시 묵묵히 기다리는 방법도 효과적이다. 겸손하면서도 확신에 찬 태도로 시작한다.

② 필요한 경우에는 말하기의 주제와 청중에 관련되는 부분을 중심으로 간단하게

1 김복순, 『발표와 토의』, 국학자료원, 2008, p. 177.

01 | 화법

자기소개를 한다.

③ 말하기의 목적 및 주제를 제시하되 간결하고 직선적으로 표현한다.

④ 말하기의 주제를 간단히 설명하고 이와 같은 주제를 어떻게 다루어 나갈 것인지 와 말하기의 진행 순서 및 소요시간을 간단하게 설명한다.

좀 더 인상적인 시작을 위해서는 다음 다섯 가지 방법 중에서 하나 혹은 둘 이상 을 혼합해서 이용하는 것도 좋다.

- 발표자나 청중이 직접 관련되어 있는 문제, 혹은 발표의 계기에 대해 언급한다.
- 수사의문(대답이 분명하거나 불필요한 질문)을 이용한다.
- 재미있거나 깜짝 놀랄만한 문장으로 이야기를 시작한다.
- 최근에 혹은 현재 항간에 관심거리가 되어 있는 사건이나 문제를 이야기한다.
- 유명인사의 어록이나 널리 알려져 있는 문학작품의 일부를 인용한다. 이 경우 너무 깊이 들어가 거나 깊어지지 않도록 한다.

말하기를 시작할 때 범해서는 안 되는 4가지를 살펴보도록 하자.

① 변명으로 시작하지 않는다. 준비가 부실하다든지, 말하기에 서툴다든지 등의 변 명은 말하는 이가 강조하지 않더라도 듣는 이들은 곧 알아차린다. 변명을 늘어 놓아 말하기의 긴장을 풀어 버릴 필요는 없다.

② 쓸데없이 긴 장광설을 늘어놓지 않는다. 시작부터 지치게 한다.

③ 서두에서는 논쟁적인 자료를 사용하지 않는 것이 좋다. 지역감정을 부추기는 말 이라든지, 듣는 이에게 예민한 문제를 시작부분에서는 피하는 것이 좋다.

④ 공격적이고 경멸하는 듯한 인상을 주지 않는다. 품위 있게 말하기 위해서는 완 곡한 표현을 사용할 줄 알아야 한다.

2) 끝맺기

끝맺음에서는 다음과 같은 점에 유의한다.

① 지금까지 논의했던 바를 다음 사항을 중심으로 간단히 요약하여 제시함으로써 청중들의 기억을 환기시킨다.

주제 및 목적, 주요 용어 및 개념의 정의, 지금까지 다룬 문제에 관한 발표자의 견해, 반드시 기억해 두어야 할 사항 등을 다시 한 번 요약해 말함으로써 강력히 호 소한다. 이때 불필요한 말들은 생략해야 한다. 또 구어체를 사용하는 것이 효과적 이며, 동사를 활용하는 것도 도움이 된다. 이름, 숫자, 특정 자료, 인용 등은 글의 내용을 전달하는데 기여한다.

② 말하기의 목적을 환기시키고, 청중의 신뢰감과 동기유발을 촉구한다.

③ 청중이 발표를 듣고, 그 들은 바를 즉각적이고도 간편하게 행동화 할 수 있도록 구체적인 정보를 제공한다.

④ 주제에 관심이 있는 청중을 위해 심화 확대할 수 있는 기회를 제공한다.

14 대표 담화 유형-면접

(1) 질문 방법[1]

① **폐쇄형** 질문(close-ended question): 정밀 정보를 얻기 위하여 몰아세우는 듯한 질문.

> 예 당신이 그 기차를 탄 시간은?

② _____ [2] 질문(open-ended question): 상대방으로 하여금 생각할 수 있는 여유를 주고 광범위한 언급이나 상세한 설명을 하게 하는 질문.[3]

> 예 당신이 교육인적자원부 장관이라면 우리나라의 교육 문제를 어떻게 풀어 가시겠습니까?

③ _____ [4] 질문(inverted-funnel question): 부드럽고 쉬운 질문은 먼저하고, 날카롭고 어려운 질문은 뒤에 하면서 점차 좁혀 들어가는 질문.

> 예 이 대학에서 가르치신 지는 얼마나 되셨습니까? 이 대학의 역사는 얼마나 되었습니까? 언제부터 생명 공학에 관심을 가지고 공부하기 시작하셨습니까?

④ **동일 항목의 보충** 질문(follow-up question): 상대방이 답변을 회피하거나 모호하게 반응을 보일 때 구체적이고 명료한 답을 하도록 하는 질문.

> 예 그 사람과 처음 만난 곳이 '저기'라고 하셨는데 '저기'는 구체적으로 어디입니까?

⑤ _____ [5] 질문(investigative question): 의문점을 파헤치기 위하여 보다 구체적으로 질문하는 것.

> 예 당신은 어제 오후 9시에 또오리 커피숍에 가지 않으셨다고 하셨는데, 그 시간에 그 곳에 들렀다는 것이 사실로 밝혀졌습니다. 왜 거짓말을 하셨습니까?

⑥ 자유 질문(free question): 형식·시간·화제 등에 구애받지 않고 자유롭게 하는 질문.

[면담 질문을 준비할 때의 유의 사항]
- 면담 전에 미리 _____ [6] 을 준비해 둔다.
- 질문은 간결하고 명확하게 만든다.
- 주제와 목적에 어긋나는 질문이 없는지 살펴본다.

1 이주행 외, 『고등학교 화법』, (주)금성출판사, 2002, p. 228.
2 개방형
3 개방형 질문의 좋은 예.
　"당신은 거센 폭풍우가 몰아치는 밤길에 운전을 하고 있습니다. 버스 정류장을 지나치는데 마침 그 곳 세 사람이 버스를 기다리고 있습니다.
- 죽어 가고 있는 듯한 할머니
- 생명을 구해 준 적이 있는 의사
- 10년간 애타게 그리던 이상형의 연인
　그런데 당신은 오직 한 사람만을 태울 수 있습니다. 어떤 사람을 태우겠습니까?"
4 역갈대기형
5 탐문형
6 질문

- 자신이 수집해야 할 정보를 얻기 위해 더 추가해야 할 질문은 없는지 살핀다.
- 실제 면담을 하는 것과 같은 _____1 을 한다. -(비유와 상징)

(2) 면담 시 유의점

① 약속 시간을 지켜 방문한다.

② 감사 인사 후 면담하기 좋은 분위기 조성, 상황, 목적, 대상 등에 알맞은 질문을 한다.

③ 답할 때는 상대방을 바라보고 적절한 반응을 하며 경청한다.

④ 양해를 얻어 녹음, 녹화, 응답 내용 메모, 응답의 내용이 모호할 경우 예의를 지키면서 공손히 보충 질문을 한다.

⑤ 면담을 한 시간 이상 할 경우 도중에 휴식 시간을 가지고, 마친 뒤에는 정중히 감사의 뜻을 전한다.

---

1 사전 연습

02 | 독서

1 읽기의 과정[1]

(1) 전통적 하위기능 모형

전통적인 독서 지도 방법으로는 '분리된 _____2 을 가르치는 것'이었다. 하지만 이런 지도 방법에는 다음의 몇 가지 문제가 있다.

첫째, 일련의 하위기능 목록을 지지하거나, 우선적으로 가르칠 하위 기능이 있다는 이론을 보여주는 연구가 별로 없다는 점.

둘째, 전통적 하위기능 모형은 독서는 _____3 이고 정적인 과정이라는 관점에 근거를 두고 있다는 점(독서 활동은 일반적으로 '단 하나의 정답'이 있다는 접근. 그 정답은 글 속에서 찾을 수 있다는 가정).

셋째, 의미구성에 관련되는 다양한 기능들은 서로 _____4 하며 실제 읽기 상황에서 서로 다른 기능들을 지원한다는 사실이 연구에 의해 밝혀졌다는 점.

(2) 독해 과정

다음은 인지심리학자들의 연구에 기반을 둔 모형이다. 때문에 읽는 동안에 적어도 다섯 가지 유형의 과정들이 _____5 에 진행된다는 점을 지지하고, 각각의 과정에는 다양한 _____6 을 포함한다.

① 문장 이해하기[7]

첫째, 독자가 개별 낱말의 의미를 이해하기 위해 가장 먼저 하는 것은 낱말들을 의미 있는 구(句)로 구분하는 것이다. 이 활동은 보통 '_____8'라 한다.

> 빨간 풍선이 푸른 하늘로 천천히 사라졌다.

이 문장을 이해하기 위해 독자는 '빨간'이란 단어를 '풍선'이란 단어와 관련지어야 한다. 왜냐하면 '빨간'은 '풍선'의 속성을 나타내기 때문이다. 그리고 '천천히'는 '풍선'보다는 '사라졌다'와 관련지을 수 있어야 한다.[9]

능숙한 독자는 글을 읽으며 자동적으로 의미에 따라 문장의 어구를 나눈다. 능숙한 독자와 미숙한 독자는 의미 구조에 따른 어구 경계에 대한 반응에서 서로 달랐다.

둘째, 문장 이해하기에서 중요한 과정은 기억할 정보 단위를 _____10 하는 것이다.

위의 예에서 대부분의 독자는 '풍선이 사라졌다'라는 정보를 우선적으로 선택한다. '풍선이 빨갛다'와 같은 나머지 정보들은 글의 전개에서 특별히 중요한 정보일 때만 선택되어 기억된다.

능숙한 독자는 개개의 문장에서 중요한 정보를 _____10 하고, 그 정보만을

1 이 부분은 인지주의 독서 이론, 총체적 언어교육 이론, 사회구성주의 이론 등을 배경으로 한 Judith W. Irwin의 Teaching Reading Comprehension Processes(3rd Ed.)을 번역한 『독서교육론』의 일부이다.
2 하위 기능
3 수동적
4 상호작용
5 동시
6 하위 과정
7 2판에서는 '미시과정'라 했었던 부분이다.
8 어구 나누기
9 '아버지가방에들어가신다'
10 선택

기억한다.

능숙한 독자는 이어질 글이 내용을 이해하기 위해서 어떤 정보가 중요한지 선택할 수 있다. 반면에 미숙한 독자는 그때그때마다 자신들에게 흥미 있는 정보를 선택하려는 경향을 보인다.

② 문장 연결하기[1]

독자는 글을 읽는 과정에서 선택한 개개의 정보들이 전체적으로 _____[2] 되어야만 읽은 내용을 쉽게 기억할 수 있다.

글을 읽을 때 절과 문장 사이의 관계도 함께 이해되어야 한다는 것을 의미한다.

> ⓐ 영철은 가게에 갔다.
> ⓑ 그는 배가 고프다.

첫째로, 독자는 ⓑ의 '그'가 '철수'라는 것을 _____[3] 해야 한다. 둘째로, 그는 배가 고프기 '때문에' 가게에 갔다는 것을 추론해야 한다. 그리고 '가게에서는 식품을 팔고 그는 식품을 약간 살 것이다'라는 추가적인 추론을 필요로 한다.

③ 글의 전체적 이해[4]

글의 정보들이 전체적 조직 유형에 따라 조직되어 있다면, 독자의 기억 속에 보다 효과적으로 연결되고 보존될 것이다. 잘 조직된 글에서 _____[5] (main topic)는 독자가 글을 읽을 때 단기기억에 정보를 저장하는 안내자 역할을 한다.

능숙한 독자는 필자가 사용한 일반적인 _____[6] 를 활용하여 읽은 내용을 요약한다. 읽은 내용을 회상할 때 필자가 사용한 조직 유형을 활용할 수 있는 학생들은 그렇지 못한 학생들보다 더 많은 내용을 회상하였다고 한다.

④ 정교화

독자는 글을 읽을 때, 필자에 의해 의도되거나 축어적 해석에 필요한 추론만 하는 것은 아니다. 다음에 일어날 일을 예측하기, 장면을 생생하게 상상하기, 정보를 유사한 경험과 관련짓기 등과 같은 활동을 한다.

이같이 독자는 필자가 의도하지 않은 내용에 대하여도 추론을 하게 되는데, 이것을 _____[7] 이라 한다.

---

[1] 2판에서는 '연결과정'이라 했었던 부분이다.
[2] 응집
[3] 추론
[4] 2판에서는 '거시과정'이라 했었던 부분이다.
[5] 중심 화제
[6] 글의 구조
[7] 정교화 과정

보충자료

정교화와 추론의 차이

정교화는 추론이기는 하지만 텍스트에 의해 제한을 받는 것은 아니다.

> 철수가 가게에 갔다.

〈추론〉
응집성 있는 해석을 생성하기 위해 읽은 것과 관련된 사전 지식을 연결.

〈정교화〉

• 철수가 그 가게는 밤새 영업을 하는 편의점이라는 점을 알고 있다고 생각한다면 이런 추론은 항상 텍스트에 의해 요구되는 것이 아니다. 이런 추론은 정교화이다.
• 사전 경험 사용하게 하기(예 편의점), 예측하기(예 막대 사탕), 정서적 반응(예 철수가 걱정할 것임), 심리적 표상(예 철수가 가게에서 쇼핑하는 모습), 비판적 사고(예 철수가 왜 배가 고프게 되었을까) 등은 모두 정교화다.

정교화는 독자가 읽은 내용의 _____1 을 촉진한다. 하지만 정교화는 반드시 글과 관련되어 이루어진다는 점을 유의해야 한다. 그리고 부적절한 정교화는 필자가 의도한 메시지의 이해를 방해할 수도 있다.

⑤ 초인지 과정

초인지(meta-cognition)는 자신의 인지 과정에 대한 의식적인 자각과 조절 또는 '생각에 관한 생각'이다.

_____2 (study strategies)은 초인지 과정에서 가장 보편적인 것이다. 시연(試演)하기, 다시보기(reviewing), 밑줄긋기, 메모하기 등은 기억을 촉진하는 초인지 과정이다.

(3) 독해 과정에 대한 종합적 이해

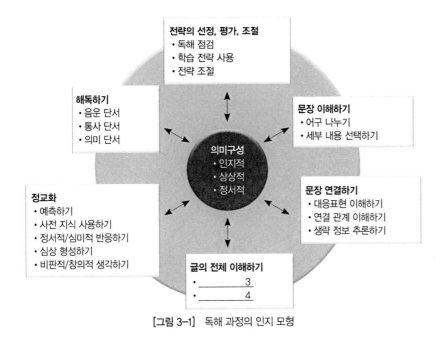

[그림 3-1] 독해 과정의 인지 모형

1 회상
2 학습 전략
3 조직하기
4 요약하기

이 그림은 독해의 다섯 가지 과정과 그것을 구성하는 하위 과정을 보여준다.

각 과정은 원 위에 정렬되어 있다. 각 과정들이 _____1 의 순서로 일어나는 것이 아니기 때문이다.

실제의 독해에서는 동시적으로 진행된다. 양방향 화살표는 각 과정이 의미 구성에 기여한다는 사실과 동시에 의미 구성은 또한 각 과정에 영향을 준다는 사실을 표현하고 있다.

'해독하기'가 포함된 것은, 해독이 독해에 영향을 주고, 반대의 경우도 마찬가지이다. 학생들이 글을 읽을 때 해독과 독해는 철저하게 분리되지 않는다. 그러므로 독해 과정을 종합적으로 이해하기 위해 해독을 하나의 과정으로 포함시켰다.

'의미 구성'에서 인지적, 상상적, _____2 적 독해를 열거했다. 독해에는 이러한 앎의 여러 가지 방식들이 포함된다는 사실을 환기할 필요가 있다.

이상의 내용을 바탕으로 내리는 '독해'의 개념은 이렇다.

독해란, 독자가 개별 문장에서 정보를 이해하여 선택적으로 _____3 하고, 절이나 문장 사이의 관계를 이해하거나 _____4 하며, 회상한 정보를 중심 내용으로 조직하거나 종합하고, 필자가 의도하지 않은 정보도 _____4 하는 것을 말한다. 이때 독자는 독서 목적에 따라 이러한 과정을 조절하고 통제한다(_____5). 이 모든 과정은 동시에 일어나며, 끊임없이 다른 과정과 _____6 한다. 그 결과로 독자는 인지적, 상상적, 정서적 _____7 을 하게 된다.

그러나 이 정의는 어떤 상황에서 읽은 내용을 잘 이해하는 학생이 다른 상황에서는 그렇지 못한 점과, 비슷한 능력의 학생이 동일한 과제를 해결할 때 서로 다르게 수행하는 점 등을 충분히 설명하지 못한다. 이러한 현상을 이해하기 위해서는 독해의 과정이 독해가 일어나는 전체적인 _____8 (context)의 영향을 받는다는 점을 알아야 한다.

(4) 사회 문화적 맥락

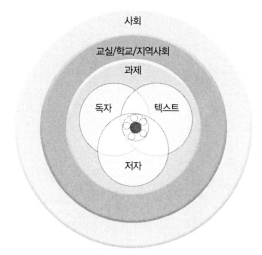

1 일련
2 정서
3 회상
4 추론
5 초인지 과정
6 상호작용
7 의미 구성
8 맥락

[그림 3-2] 독해의 사회문화적 맥락

[그림 3-2]는 독해가 복잡한 사회문화적 맥락 속에서 일어나고 있음을 잘 보여 준다.

'독자, 텍스트, 저자'는 _____1 안에서 상호작용한다.

'과제 맥락'은 교실이나 학교 혹은 지역 사회의 맥락 안에 있으며 이는 보다 더 큰 사회 속의 활동이다. 인지적 과정은 이러한 넓은 맥락에서 진행된다.

'독자 맥락'은 독자의 능력, 기대, 문화적 배경, 독서 목적 등을 말한다.

'저자 맥락'은 저자의 문체, 사전 경험, 문화적 배경, 작문 목적 등을 포함한다.

'텍스트 맥락'은 텍스트 내용에 의해 전제된 사전 지식, 텍스트 구조, 표현된 저자의 편견 등을 말한다.

'상황 맥락'은 독자가 달성해야 할 구체적인 과제, 독자나 텍스트를 둘러싸고 있는 사회적 맥락을 말한다.

개개의 독해 행위는 고유한 교섭(transaction)인 듯하다.

독해 과정의 구성적 과정은, 독자가 자신의 새로운 의미를 구성하는 것을 뜻한다. harste(1985) 등은 이를 이해의 _____2 (transactional model)이라고 명명하였다. 읽기는 구체적인 맥락에서 독자와 텍스트 사이의 _____3 활동이고, 그 결과로 독자의 마음에 새로운 텍스트가 생겨난다. 독서의 목적은 저자에 의해 의도된 메시지를 _____4 하는 데 있는 것이 아니라 사회 문화적 맥락 안에서 독자에게 유용한 메시지를 _____5 하는 것이다.

이상의 내용으로 다시 독해의 개념을 내리면 다음과 같다.

독해는 독자 자신의 사전 지식과 필자가 제시한 _____6 를 사용하여 어느 특정한 사회 문화적 맥락 안에서 독자 개인에게 유용한 하나의 의미를 _____7 하는 것이다. 이 과정은 개개의 문장에서 개별 낱말들의 의미를 이해하는 것과 선택적으로 정보를 _____8 하는 것, 절과 문장 사이의 관계를 _____9 하는 것, 요약된 정보를 통해 글의 정보를 _____10 하는 것, 그리고 필자가 의도하지 않은 내용에 대해서도 _____11 하는 것을 포함한다. 이러한 과정은 상호간에 작용하고, 독자 자신의 목적에 맞춰 글을 읽는 독자에 의해 통제되고 조절된다(초인지 과정). 그리고 독해는 전체적인 상황에서 일어난다(_____12). 독자가 특정한 목적을 달성하기 위해 어떤 과정을 주의 깊게 선택할 때, 그 과정을 _____13 (reading strategy)이라고 부른다.

■■■■■■■■■■■■■■■

1 과제 맥락
2 교섭 모형
3 교섭
4 추론
5 창조
6 단서
7 구성
8 회상
9 추론
10 조직
11 추론
12 상황 맥락
13 독서 전략

1. 독해의 기본 과정 – W. Irwin의 책 2판

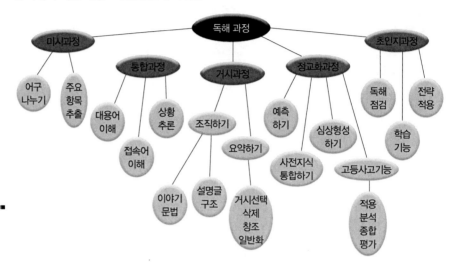

1 미시과정
2 연결과정
3 거시과정
4 정교화 과정
5 초인지 과정
6 상호작용 가설
7 읽기를 이와 같이 정의하는 것은, 독자가 글을 읽을 때 실제로 일어나는 과정에 기초하여 독해를 정의한 것이다. 그러나 이 정의는 어떤 상황에서 잘 이해하는 학생이 다른 상황에서 그렇지 못한다는 점과 비슷한 능력의 학생이 동일한 과제를 해결하는 데 있어서 서로 다르게 수행하는 점 등을 아직 충분히 설명하지 못하고 있다. 이러한 현상을 이해하기 위해서는 독해의 과정은 독해가 일어나는 전체적인 맥락(context)에 의해 영향을 받는다는 점을 고려해야 한다.
8 노명완 · 박영목 외, 『문식성 교육 연구』, 한국문화사, 2008, pp. 295-313. 이성영, '읽기의 개념과 성격, 그리고 양상'에서 요약한 것이다. 다음 페이지의 '읽기의 양상'도 마찬가지이다.

읽기란, 독자가 개별 문장에서 아이디어를 이해하여 선택적으로 회상하고(_____1), 절이나 문장 사이의 관계를 이해하거나 추론하고(_____2), 회상한 아이디어를 중심 내용으로 조직하거나 종합하고(_____3), 필자에 의해 의도되지 않은 정보를 추론하고(_____4), 독서 목적에 맞추어 이러한 과정을 조절하는(_____5) 과정이다. 이 모든 과정은 동시에 일어나며, 항상 서로 다른 과정과 상호작용한다.(_____6)7

2. 참고 자료 목록

이경화, 『읽기교육의 원리와 방법』, 박이정, 2001, pp. 23-24.
Irwin, J, W., 천경록 · 이경화 역, 『독서 지도론』, 박이정, 2003.
임성규 외, 『새 초등 국어과 교육론』, 교육과학사, 2011, pp. 309-317.
황정현 외, 『독서지도, 어떻게 할 것인가1』, 에피스테메, 2008, pp. 34-35.
최미숙 외, 『국어 교육의 이해』, 사회평론, 2008.

2 읽기관의 변천

(1) 읽기의 개념

읽기에 대한 과학적인 연구의 출발은 1900년대부터라고 할 수 있다. 그 이후에 나온 읽기에 대한 개념 정의 몇 가지를 보면 다음과 같다.8

① 청각 이미지와 시각 이미지의 대응 관계를 파악하는 것(Bloomfield, 1938)

② 문어 메시지의 지각과 이해(Carroll, 1964)

③ 필자에 의해 시각적 자극으로 부호화된 '의미'가 독자의 마음속에서 의미로 변하는 과정(Gephart, 1970)

④ 쓰여진 글로부터 의미를 구성하는 과정. 여러 정보원들 사이의 통합 조정을 필요로 하는 하나의 복합적 기능(Anderson et al., 1984)

⑤ 의미를 창조하기 위해 텍스트와 상호교섭하고 텍스트에 의미를 부여하는 행위 (Galda et al., 1993)

⑥ 사회-심리언어학적인 상호교섭 과정(Goodman, 1994)

　①은 읽기를 글자와 소리의 대응 관계를 파악하는 해독(解讀)으로 바라보는 관점이다. 따라서 텍스트를 구성하는 요소들을 제대로 해독하기만 하면 의미는 저절로 획득되는 것으로 본다.

　②는 ①의 관점에 텍스트가 지니고 있는 의미의 이해 측면이 덧붙은 것이지만, 의미는 여전히 _____1 안에 고스란히 담겨 있는 것으로 본다.

　③은 인지심리학 등의 영향으로 인해 독자의 역할이 인식되면서 독자와 텍스트 사이의 상호작용으로 읽기를 바라보는 관점이다. 읽기에서 독자와 텍스트는 모두 필요한 것으로 인식되지만, 독자에게 _____2 을 부여하고 있지는 않다.

　④는 읽기를 독자의 능동적인 의미구성 행위로 보고 있으며, 특히 읽기를 분절적인 하위 기능들의 개별적인 작용이 아니라 '하나의' 복합적 작용으로 보고 있다. 이에 따라 읽기교육 또는 개별 기능 중심에서 총체적인 _____3 중심으로 바뀌게 된다.

　⑤는 독자의 역할에 더욱 무게 중심을 두는 관점으로서, 의미는 독자에 의해 창조되거나 독자가 텍스트에 의미를 부여하는 것으로 파악된다.

　⑥은 읽기를 심리적, 언어적 행위로뿐만 아니라 사회적인 행위로 봄으로써 그 시각을 확대한 관점이다.

(2) 읽기에 대한 관점의 변화

① _____4 중심의 읽기관에서 독해 중심의 읽기관으로 바뀌었다.

② 텍스트 중심의 관점에서 점점 독자 중심의 관점으로 바뀌었다.

③ 분절된 기능들의 개별적 작용으로 보는 관점에서 하나의 복합적인 작용으로 보는 관점으로 바뀌었다.

④ 개인 독자의 심리 중심에서 _____5 인 행위 중심의 관점으로 바뀌었다.

　이 때, '바뀌었다.'는 것은 새로운 관점이 이전의 관점에 보태짐으로써 읽기에 대

1 텍스트
2 능동성
3 전략
4 해독
5 사회적

한 인식이 더욱 입체적이고 풍부해지게 되었다는 것이다. 이를 〈표〉로 나타내면 다음과 같다.

읽기관의 변화	해독	해독+독해(의미구성)	해독+독해(의미구성) +사회적 실천 행위
배경 학문	~언어학	언어학+심리학	언어학+심리학+사회학
시간의 흐름	1900년대 ──────────────────────────► 1990년대		

보충자료 읽기 관점의 시대적 변화 양상[1]

읽기관	전달관점 transmission	번역관점 translation	상호작용 interaction	교류
시기	1900년대 이전	1880년대~1970년대	1960년대~	1970년대~
의미의 위치	_____2___ 가 전달하는 메시지 (___2___는 의미의 장소)	텍스트 구조 및 특징 '글(텍스트에 내재)'	텍스트에 기반 한 독자의 지식이나 경험	독자의 지식이나 경험
읽기의 개념	필자가 전달하는 메시지를 정확하게 파악하여 기억하기	인쇄된 내용으로부터 정보 및 개념을 습득하기	필자의 의미를 훼손하지 않는 범위 내에서 독자의 지식이나 경험을 통한 의미 구성	필자와 텍스트간의 의사소통 제약을 극복한 독자의 지식이나 경험을 통한 의미 창조
읽기의 주요 요인	_____2___	_____3___	_____4___	_____4___
읽기 교육 방법	* 텍스트를 통해 필자가 전달한 정보를 있는 그대로 암송 및 암기 * 지식 획득을 위한 맞춤법, 구두법, 단어 학습 * 읽은 내용 반복적 ___5___	* 텍스트에 내재된 의미를 찾기 위한 다양한 읽기 ___6___ 적용 * 이해, 해석, 유지, 조직과 같은 읽기 기능 및 전략 학습에 중점을 둠 * 중심생각 및 하위 개념 찾기, 요약하기, 개요 짜기, 밑줄 긋기 등 학습	* 스키마와 경험을 텍스트에 적극 활용하여 읽기 * 스키마 활성화하기 * 선행 조직자, 선조적 읽기 과정 안내, 의미 도식화, 시뮬레이션 게임, 창의적 극화 활용	* 세상 지식, 개인적 사회적 경험, 언어 지식, 개인적 읽기 목적 및 욕구에 따른 읽기 * 학생들의 읽기 반응 확인에 중점을 둠 * 반응일지나 독서 일지, 문학 토론을 적극 활용
읽기 관점	수동적 읽기	_____7___	_____8___	능동적 읽기

▪▪▪▪▪▪▪▪▪▪▪▪▪
1 최숙기, 『중학생의 읽기 발달을 위한 읽기 교육 방법론』, 역락, 2011.
　위의 내용은 일부 내용을 가감한 것이다.
2 필자
3 텍스트
4 독자
5 암기
6 기능
7 수동적 읽기
8 능동적 읽기

* '항아리, 수도관, 전보'에 비유. * 음독(音讀) * '공동의 읽기'. 사회적·종교적 행위(Boyarin) * 역사-전기적 접근. 단계모형 (step-by step model)	* '퍼즐 맞추기, 보물찾기, 번역행위'에 비유. * '읽기 중에 일어나는 사고 과정으로 이해하는 것은 심리학자들의 꿈의 성취와 같다.'(Huey) * 심리측정-기능 모형, 텍스트 중심 모형	* '흥정'에 비유. * '글로부터 의미를 구성하는 과정'(McNeil) * 읽기는 0.25초라는 짧은 시간에 자동적으로 이루어지는 행위. * 언어심리학 모형, 상호작용-보상 모형	

3 읽기 능력과 구성요소[1]

(1) 읽기관의 변천과 읽기 능력

1) 읽기관의 변천

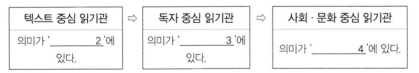

텍스트 중심 읽기관	⇨	독자 중심 읽기관	⇨	사회·문화 중심 읽기관
의미가 '＿＿＿[2]'에 있다.		의미가 '＿＿＿[3]'에 있다.		의미가 '＿＿＿[4]'에 있다.

2) 행동주의 심리학의 영향을 받은 고전적 관점

① 읽기는 기호 해독 과정이다(= ＿＿＿[5] 중심 읽기관).

② 읽기는 문자를 음성으로 바꾸고, 그 음성과 긴밀한 관련이 있는 의미를 찾는 과정이므로 단어의 발음을 재창조한 것이다.

③ 읽기 학습은 읽기 과정의 기본이 되는 과정으로서 문자를 음성으로 번역하는 과정을 중시한다.

④ 읽기는 해독과 이해로 양분되고, 각각의 처리 과정에 따라 읽기 능력을 연구하게 된다.

3) 인지심리학의 영향을 받은 최근의 읽기관

① 읽기는 독자가 이미 가지고 있는 개념을 조작하여 새로운 의미를 구성하는 것이다.

▪▪▪▪▪▪▪▪▪▪▪▪▪▪▪▪

1 노명완·박영목 외, 『문식성 교육 연구』, 한국문화사, 2008, pp. 315-331. 이도영, '읽기 능력의 개념과 구성 요소'에서 요약한 것이다.
2 텍스트
3 독자
4 사회·문화
5 해독

② 텍스트를 구성하는 요소들을 기반으로 하여 이해가 이루어지는 것이 아니라 독자의 지식 구조를 중심으로 하여 여러 가지 단서를 효율적으로 사용하여 이해가 이루어지는 것이다.

③ 글 자체가 독자적인 의미를 구성하는 것이 아니라 독자가 글을 접할 때 비로소 의미를 갖게 된다(_____1 중심 읽기관).

4) 확대된 개념의 사회 · 문화 중심의 읽기관

텍스트가 생성된 사회 문화적인 상황을 예측하고, 독자 자신이 속한 읽기 공동체의 가치와 이해를 텍스트 세계와 조정하며, 새로운 가치관과 바람직한 세계관을 정립하는 과정으로 읽기를 이해해야 한다.

독자는 텍스트를 해석하기 위해 텍스트 구조와 배경 지식을 이용하여 텍스트에 대한 심리적 표상을 만들어 내는데, 이는 독자에게 텍스트로의 일방적인 과정이다. 그러나 확대된 읽기 개념은 이렇게 구성된 텍스트의 의미 세계가 다시 독자 자신의 지식과 독자가 속한 사회 · 문화적 공동체의 가치와 이해에 대해 비판적으로 바라볼 것을 요구한다. 독자는 텍스트를 통해 구체적인 세계를 이해하기도 하고, 텍스트에 의해 자신의 지식이나 관점이 수정되기도 하는 등 텍스트의 의미 세계가 독자에게 쌍방향적인 영향을 미친다.

의미 구성에 도달하기 위한 독자의 해석 과정은 합리적이어야 하며, 독자가 만족한 해석의 최종점에 합의한 후에도 텍스트 의미가 사회 · 문화적 가치나 요구, 혹은 특정 집단의 이해에 비추어 적절한 것인지를 계속적으로 판단해야 한다. 이때 독자의 판단은 _____2 (re-mediating)과 _____3 (reflecting)의 과정을 통해 이루어진다. 이러한 일련의 읽기 과정을 통해 독자는 텍스트를 매개로, 세계와 쌍방향적인 의사소통을 달성하게 된다.

이상의 읽기 개념 변화를 통해 보면, 읽기는 '특정한 사회 · 문화적 맥락 속에서 _____4 가 텍스트의 의미를 재구성하는 과정'이라 할 수 있다.

결국 읽기 능력은 '특정한 사회 · 문화적 맥락 속에서 _____4 가 텍스트의 의미를 재구성하는 능력'이라 할 수 있다.

(2) 읽기 능력의 구성 요소

1) 읽기 과정을 통해 본 읽기 능력 구성 요소

① 상향식 모형

- 언어 기호들을 처리해야 할 일종의 자료로 보는 _____5 지향적 모형이다.
- 읽기란 인쇄된 문자 기호를 청각적인 기호로 번역하는 것이다.
- 자료 처리가 연속적이며 수준에 따른 분석을 한다.
- 인간의 기능을 하위 기능들로 세분화하고, 하위 기능들은 여러 기능으로 통합된다.

1 독자
2 조정
3 반추
4 독자
5 자료

- 읽기는 의미 구성 과정이 아니라 문자의 _____1 과정이다.
- 글의 의미는 문자 기호의 정확한 해독에 의해 자동적으로 형성된다. 때문에 독자의 역할은 수동적이다.
- _____2 적이며 귀납적인 성격을 띠고 있는데, 그 이유는 자료를 처리하는 과정이 상향식이기 때문이다.
- 정보 처리의 단계가 다음 단계의 결과를 모른 채 더 높은 수준의 개념들 간의 연결로 이어지므로 정보 처리 단계가 _____3 되어 있다.
- 유연하고 역동적인 읽기를 설명하기에는 매우 소극적이라는 비판을 받는다.

② 하향식 모형

- 읽기에서 의미 형성은 글 자체보다는 글에 대한 독자의 적극적인 가정이나 추측에서 비롯된다.
- 글에 대한 해석은 독자가 하는 가정이나 추측에서 시작되며, 독자는 이러한 가정이나 추측을 토대로 언어 자료들을 검증해 나간다.
- 의미의 원천은 글이 아닌 독자의 지적 배경이므로, 독해에서 글 내용과 관련되는 독자의 배경 지식의 영향을 중시한다.
- 글에 대한 독자의 배경 지식이 많으면 많을수록 글에 대한 이해가 더 잘된다고 본다.
- 합리주의적이고 _____4 인 성격의 모형이기에 자료 지향적이기보다는 _____5 지향적이라 할 수 있다.
- 글의 의미는 독자의 지식에서 찾기 때문에 읽기 과정에서 독자에게 능동적인 의미 생산자로서의 역할을 강조한다.
- 읽기 과정에서 독자의 능동적인 참여를 가정한다는 측면에서는 긍정적인 평가를 받지만, 실제로 읽기 과정에서 독자가 행하는 정보 처리 과정에 대한 구체적인 설명을 제대로 하지 못한다는 약점이 있다.

③ 상호작용식 모형

- 읽기 과정에서 글의 영향과 독자의 영향 둘 다를 설명하려고 시도한 모형이다.
- 읽기 행위는 감각적인 인상에서 출발하여 의미의 획득으로 이어지는 선조적 과정도 아니고, 또한 독자의 기존 지식이나 스키마로부터 시작하여 그 글의 이해에 이르게 되는 하향적 과정만으로 이루어지게 되는 것도 아닌 것으로서, 두 가지 방향에서의 정보 처리 작용이 평행을 이루면서 _____6 하는 가운데 이루어진다.
- 문맥과 독자의 기대가 읽기의 과정에 영향을 줄 수 있다는 사실과 문맥이 단어의 정보 처리 과정에 필수적으로 작용하는 것이 아니라는 사실을 분명히 밝혀 주었다는 점에서 의의를 지닌다.
- 그러나 정보 처리의 각 단계에서 의존해야만 하는 정보의 원천에 대해서 구체적인 언급을 하지 못하고 있는 데 문제점이 있다.

■■■■■■■■■■■■■■■■■■

1 해독
2 경험주의
3 단절
4 연역적
5 의미
6 상호작용

상향식 모형은 _____1 심리학에 기댄 것으로 능력을 세분화하는 관점을 취한다. 읽기 능력에 대한 기본 가정은 다음과 같다.

- 읽기 능력은 개별 _____2 들의 종합이다.
- 각 기능들은 단순한 것에서부터 복잡한 것으로 이어지는 _____3 를 띠고 있다.
- 어느 한 기능의 학습은 그 전단계 기능의 학습 없이는 이루어질 수 없다.
- 읽기 지도란 개별적인 각 _____4 을 지도하는 것이다.

이러한 관점은 다음과 같이 읽기 기능을 분류하고 있는 바렛(Barret)이 대표적이다.

- 축어적 재인 및 회상(literal recognition or recall): 세부 내용/중심 생각/줄거리/비교/원인과 결과 관계/인물의 특성에 대한 재인 도는 회상
- _____5 (reorganization): 유목화/개요/요약/종합
- 추론(inference): 뒷받침이 되는 세부 내용 추론/중심 내용 추론/줄거리 추론/비교 추론/원인과 결과의 관계 추론/ 인물의 특성 추론/결과 예측/비유적 언어 해석
- 평가(evaluation): 현실과 환상의 판단/사실과 의견의 판단/정확성과 타당성의 판단/적절성의 판단/수용 가능성의 판단
- 감상(appreciation): 주제나 구성에 대한 정서적 반응/인물의 사건에 대한 공감/자기가 사용한 언어에 대한 반응/심상

하향식 모형과 상호작용식 모형은 _____6 심리학에 기반을 두고 독서 과정을 새롭게 조명하고 있는 모형이다. 특히 읽기가 일종의 문제를 해결하는 사고 과정으로 인식한 점이 가장 큰 성과다. 곧 읽기 과정이 _____7 의 사고 과정이라 함은 일반적으로 어떤 문제에 부딪쳤을 때 사고하는 양상이 글의 읽을 때에도 마찬가지로 전개됨을 가리키는 것이다. 이러한 관점을 취하게 되면 읽기 능력을 구성하는 요소는 읽기라는 문제 해결에 동원되는 사고 과정과 문제 해결을 위해 사용되는 전략이 무엇이냐에 따라 결정된다.

전략의 특성은 다음과 같다.

첫째, 전략은 목적 지향적인 행위이다.
둘째, 전략은 의식적인 행위이다.
셋째, 전략은 의도적인 행위이다.
넷째, 전략은 계획적인 행위이다.
다섯째, 전략은 통합적이고 총체적인 능력이다.
여섯째, 전략은 많은 양의 지식을 바탕으로 이루어지는 것이다.
일곱째, 전략의 사용에는 수준과 위계가 있다.
여덟째, 전략의 사용에는 정의적인 요소가 개입한다.
아홉째, 전략은 가르칠 수 있는 것도 있고, 가르치기 어려운 것도 있다.
열째, 전략 사용의 성공 여부를 판단하는 기준은 목적 달성의 유무이다.

1 행동주의
2 기능
3 위계 구조
4 기능
5 재조직
6 인지주의
7 문제 해결

전략의 이런 특성은 읽기와 공통점이 많다. 즉, 읽기도 '목적 지향적이고, 의식적이고, 의도적이고, 계획적인' 행위가 대부분이다. 그래서 읽기를 성공적으로 수행했는지를 판단하는 기준을 _____1 의 유무에 둘 수 있다.

또한 읽기 능력은 통합적이고 총체적 능력이기 때문에, 읽기에는 수준과 위계가 있게 되고 정의적 요소가 개입되며 가르칠 수 있는 것과 가르치기 어려운 것이 존재한다. 그리고 읽기 역시 많은 양의 지식을 필요로 하므로, 지식의 많고 적음이 읽기의 성공 여부를 결정할 수도 있다.

읽기 능력을 구성하는 읽기 전략은 대체로 읽기 전, 읽기 중, 읽기 후에 사용되는 전략들로 구성된다.

- 읽기 전 독자 사고의 활성화 전략(박수자의 경우): 미리 보기, 예측하기, 연상하기, 건너뛰며 읽기, 빈칸 메우기(1)
- 읽는 동안 글 처리 전략: 글자 인식하기, 단어 지식 늘리기, 제목과 중심 생각 찾기, 글 조직 유형 찾기
- 읽은 후 독해 심화 전략: 빨리 읽기, 훑어보기, 묶어 보기, 정교화하기, 요약하기, 연결 짓기, 빈칸 메우기(2), 자기 점검하기

2) 독해 수준에 따른 읽기 능력 구성 요소

독해 수준을 '사실적 이해, 추론적 이해, 비판적 이해, 감상적 이해' 등으로 나눌 때, '수준'이란 문제를 해결하는 데 요구되는 과제를 수행하는 능력을 말한다.

[독해 수준에 대한 학자들의 견해]

① 스미스(Smith)의 독해 수준의 4단계

- 축자적 이해
- 해석적 이해
- 비판적 이해
- 창조적 이해

② 허버트(Herbert)의 독해 수준의 4단계[2]

- 글에서 기본 정보와 세부 정보를 찾는 _____3 이해
- 글에 제시된 세부 사항들 간의 관계를 독자가 찾으면서 생각을 얻는 해석적 이해
- 독자의 선행 지식을 작가의 생각에 적용하여 좀더 넓고 추상적으로 일반화하는 적용적 이해

③ 피어슨과 존슨(Pearson & Johnson)의 독해 수준

- 글에 명시된 정보를 확인하는 명시적 이해
- 글에서 추론될 수 있는 생각들을 확인하는 _____4 이해
- 글에서 끌어낸 정보와 독자의 선행 지식을 관련짓는 배경지식 적용 이해

1 목적 달성
2 허버트는 이해의 수준은 위계적이라기보다는 상호 작용적이라고 부연하면서, 이해 그 자체의 기술보다는 독자의 이해를 증진시키기 위한 지도 전략 기술에 더 많은 관심을 표명하였다.
3 축자적
4 암시적

3) 읽기의 수준별 독해 방법

국어 교육에서는 읽기를 기능 또는 전략에 따라, 사실적 이해, 추론적 이해, 비판적 이해, 감상적 이해 등의 수준으로 구분하는데, 각 수준은 하위 기능들을 가진 하나의 통합적 기능이다. 각 수준별 독해 방법은 다음과 같다.

① 사실적 이해 방법

글에 대한 _____1 확인과 _____2 파악에 대한 이해로 대별할 수 있다. 예컨대, 글의 중심 내용과 직결되는 주요 단어를 파악하거나, 문장을 구성하는 단어, 문장, 문단들 사이의 문법적 관계를 파악하는 등이다. 이때 텍스트 구조 표지에 유의하여 글 전체의 조직 및 전개 방식을 파악할 수 있다.

② 추론적 이해 방법

문장 및 문단의 연결 관계 및 자신의 _____3 을 활용하여 생략된 정보를 추론하는 것으로, 글에 제시되어 있는 내용을 바탕으로 하여 글 속에 분명히 드러나 있지 않은 중심 내용이나 주제를 파악하는 것이다. 또한 필자의 입장이 되어서 글 속에 숨겨진 가정이나 전제 또는 필자가 글을 쓰게 된 동기나 _____4 을 파악한다.

③ 비판적 이해 방법

자신의 가치관이나 신념에 비추어 글 전체에 대한 _____5 를 내리는 과정으로, 내용(아이디어) · 조직 · 표현상이 정확성, 적절성, 타당성과 효용성을 판단하는 것을 말한다.

예컨대, 단어 선택 및 문장 · 문단 · 글 전체 구조의 측면에서는 정확성을, 내용의 논리적 전개 등의 측면에서는 글 전체의 통일성, 일관성, 강조성 등의 적절성을, 수사적인 측면에서는 표현의 적절성을 판단할 수 있다. 또한 글의 주제나 목적에 비추어, 혹은 건전한 상식이나 사회 통념, 윤리적 가치, 미적 가치 등에 비추어 텍스트 내용의 타당성과 효용성을 판단하기도 한다. 때로는 독자의 독서 목적과 독자가 처한 입장에 비추어 글에 제시되어 있는 정보의 효용성을 판단하며 읽기도 한다.

④ 감상적 이해 방법

텍스트의 미적 구조와 글에 나타난 사회 · 문화적 양상을 이해하며 읽는 것으로, 내용이나 문학적 구조 속에 나타난 비유, 정서, 인물의 심리 및 삶의 태도 등을 음미하며 읽는 것을 말한다. 특히 문학 작품을 읽을 때에는 작품 속에 나타난 인간과 삶의 다양한 모습을 이해하려는 태도로 읽는 것이 좋다.

4) 기타 요소들

일반적으로 읽기를 사고 과정, 그 중에서도 인지적 정보 처리 과정으로 본다. 하지만 독자가 읽기 행위를 하는 데에는 여러 복합적인 요인이 작용한다.

진츠와 마가트(Zintz & Maggart)는 이들 읽기 행위에 작용하는 복합적인 요인을 다음과 같이 여섯 가지로 나누어 설명한다.

---

1 중심 내용
2 글 구조
3 배경 지식
4 목적
5 평가

첫째, 읽기는 사회적 과정이다. 자신에 대한 신뢰성이나 사회적 수용성이 풍부하고 집단 내에서 협동심이 있으면 읽기를 잘 하게 된다. 반대로 편견이나 갈등, 가정 문제나 이중 언어의 사용, 가정과 학교 사이의 문화적 충돌 등은 읽기에 부정적인 영향을 미친다.

둘째, 읽기는 _____1 적 과정이다. 독자가 자신이나 다른 사람에 대해 어떻게 생각하고 있느냐, 다른 사람이 자신에 대해 어떻게 생각하느냐 하는 문제는 모두 읽기 과정에 직접적으로 영향을 미친다. 감정적인 안정성이나 자기중심성과 사회성 사이의 균형이 이루어져 있으면 읽기는 보다 편안하게 이루어진다. 반동이나 합리화, 억압, 습관 등의 심리적 요인들이 모두 읽기 과정에 영향을 미친다.

셋째, 읽기는 _____2 적인 과정이다. 독자가 글의 내용을 이해하기 위해서는 한 줄 한 줄씩 집중하는 능력이 필요하다. 읽기를 하는 데에는 청각적인 예민함이나 언어적 표현력, 눈동자를 제대로 움직일 수 있는 능력이 필요하다.

넷째, 읽기는 지각적 과정이다. 읽기를 하는 데에는 지각적인 요인, 예를 들어 글자의 크기나 형태, 문자와 소리의 조합, 부분과 전체, 순서 등에 대한 지각이 필요하다.

다섯째, 읽기는 언어적인 과정이다. 읽기 행위에는 형태와 소리와의 관계, 억양이나 강세, 쉼, 어조 등을 지각할 수 있는 요소가 작용한다. 또한 은유적인 언어나 사투리, 관용적 표현 등을 이해할 수 있어야 한다.

여섯째, 읽기는 _____3 인 과정이다. 독자는 읽기를 하기 위해서는 단어에 대한 지식, 글의 내용에 대한 지식, 기억, 비판적 판단력 등을 갖추고 있어야 한다.

■■■■■■■■■■■■■■■■■

1 심리
2 생리
3 지적

03 | 작문

1 쓰기 교육론의 관점은 무엇인가?[1]

쓰기 이론 정립 과정을 살펴보면, 쓰기 행위를 어떻게 볼 것인가(인지적 관점, 사회적 대화라는 관점), 쓰기의 어떤 측면을 중점적으로 볼 것인가(형식주의, 구성주의, 사회주의, 대화주의), 또는 쓰기 교육에서 다루는 교육 내용을 어떻게 볼 것인가(능력, 기능, 전략적 차원), 쓰기 과정을 어떻게 이해할 것인가(단계 모형, 문제 해결 모형, 사회적 상호 작용 모형) 등에 따라 이루어지고 있음을 확인할 수 있다.

이러한 이론화는 크게 두 가지 입장으로 다시 정리할 수 있는데, 첫째는 쓰기 행위와 텍스트를 어떤 입장에서 이해할 것인가이며, 둘째는 쓰기 과정과 결과를 어떻게 이해할 것인가이다. 이 글에서는 그 중에서 첫 번째에 해당하는 쓰기의 이론화 경향을 살펴보기로 한다.

(1) 쓰기 행위와 텍스트에 대한 관점

쓰기 행위와 텍스트를 중심으로 한 작문 이론으로는 '구조주의', '구성주의', 그리고 '사회 구성주의' 등의 이론이 있다.

먼저 구조주의와 구성주의는 언어학이나 교육학 이론에서 중요한 흐름을 차지한다.

언어학에서의 구조주의는 모든 언어 현상이 언어 단위의 구조로 이루어져 있으며, 언어학의 목표는 현존하는 언어 현상을 기술하고 설명하는 법칙을 발견하는 데 있다는 입장이다. 이와 같은 연구에서는 현존하는 언어 자료를 _____ [2] 으로 연구하는 방법을 사용한다. 소쉬르를 중심으로 한 유럽의 구조주의 언어학이나 인류학에서 발달한 사피어, 블룸필드의 구조주의는 발달 계통은 달라도 근본적으로 귀납적인 방법을 사용한다는 점에서는 같다.

이에 비해 언어학에서의 구성주의는 '생성 이론'이라고도 불린다. 이 이론은 인간의 두뇌에는 적격한 언어를 생성할 수 있는 법칙이 내재되어 있으며, 그 법칙에 따라 언어활동을 전개한다면 모든 사용 가능한 언어가 생성된다는 입장이다. 이른바 촘스키 혁명이라 불리는 생성주의는 _____ [3] 인 언어 생성 법칙을 가정함으로써 언어학의 혁명을 가져왔다. 이와 같은 흐름은 언어를 매개로 하는 쓰기 교육론의 발달에도 영향을 끼쳤다.

작문은 자신의 생각과 사상을 언어로 표현하는 행위를 말한다. 쓰기 교육은 이러한 능력을 길러주는 것으로, 지금까지 국어과 교육은 중심 영역 가운데 하나였다. 문제는 쓰기 교육의 목표와 방법론인데, 지금까지 표현·이해 교육론의 대부분이 그러하듯이 쓰기 교육론도 기능적 차원과 전략적 차원 혹은 지식적 차원에서 접근되어 왔다. 이 과정에서 쓰기의 기제와 체계가 존재할 수 있다는 입장과 개인의 자각을 중심으로 모든 현상을 변형하게 된다는 두 가지 입장이 쓰기 교육의 기본 사

---

1 허재영, 『국어과 교육론—국어과 교육의 내용과 역사』, 역락, 2010, p. 107. 필요한 부분을 발췌한 것이다.
2 귀납적
3 연역적

상을 이루게 되었다. 이때, 전자를 _____1 라 부르고, 후자를 _____2 라 부른다. 이는 마치 언어학에서의 구조주의와 생성주의의 대립과도 유사한 셈이다.

　구조주의 언어학은 언어를 체계와 관계라는 개념으로 규정한다. 달리 말해 '체계'란 '선택 가능항의 집합'이다. 이 때 선택된 요소에 의해 결과가 달라진다. 곧 체계를 형성하는 구성 요소들은 그 관계에 의해 성격이 규정되는데, 구성 요소가 변형되면 필연적으로 그와 관련된 다른 요소가 변형되기 때문에 체계 전체가 변형을 일으키는 현상이 나타난다. 따라서 구조주의에서는 설명 모형을 만드는 일과 그 모형을 이루는 _____3 를 검토하는 일에 관심을 기울인다. 최현섭 외(1996, 〈국어교육학개론〉, 삼지원)에서는 이러한 입장을 1960년대 중반까지의 형식주의 쓰기 이론으로 규정하면서, 이 이론에서는 "_____4 의 준수와 모범적인 텍스트의 _____5 , 그리고 어법상의 _____6 을 강조하는" 쓰기 이론이라고 설명한다. 이러한 구조주의에서는 텍스트를 구성하는 요소들의 객관성을 중시하고, 텍스트 의미 구성에 관한 모든 중요한 문제는 _____7 를 분석하고 구성요소 사이의 _____8 를 분석하는 것을 중시한다. 따라서 필자는 의미의 전달자이며, 독자는 수동적인 수신자가 된다. 이 과정에서 텍스트 구성 능력, 즉 의미 구성 능력은 계속적이고 체계적인 _____9 과 연습을 통해 신장된다고 보았다.

　이에 비해 구성주의는 1970년대를 전후로 등장했는데, 개인의 자각을 중심으로 모든 현상을 설명하고자 하는 쓰기 이론이다. 이 이론은 인지 심리학의 발달에 힘입은 바가 컸는데, 구조주의에서 절대적이라고 생각한 범주를 상대적이고 _____10 지향적인 것으로 인식하여 상호주관적인 접근 방식을 택한다. 이 이론에서는 쓰기의 결과보다 텍스트를 생산하는 _____11 을 중시하고, 개별적인 _____12 를 분석 대상으로 하여 글쓰기는 사람이 의미를 재생산하는 과정이라고 설명한다.

기본적 특징		구조주의		구성주의
기본적 특징		• 반복과 강화, 조건화 • 자극-반응 • 관찰 가능한 반응 • 경험주의 • 과학적 방법 • 언어수행 • 표층구조 • '무엇'에 대한 기술	→ 대립 ←	분석과 통찰 습득, 생득성 의식상태 합리주의 심리주의, 직관 언어능력 심층구조 '왜'에 대한 설명
학문 영역	심리학	• 행동주의적		인지적
	언어학	• 구조적 • 기술적		생성적 변형적
	쓰기 교육	• 텍스트 구성요소 중시 • 결과에 대한 관심 • 모방, 반복 훈련		의미재생산과정 중시 과정에 대한 관심 필자의 사고와 형상화

1 구조주의
2 구성주의
3 구성요소
4 규범 문법
5 모방
6 정확성
7 구성요소
8 관계
9 모방
10 목적
11 과정
12 쓰기 행위

이와 같이 구조주의와 구성주의는 쓰기 교육론의 발전에 중요한 역할을 해 왔는데, 최영환(1998, 쓰기 교육 패러다임과 교육과정, 〈쓰기 수업 방법〉, 박이정)에서 제시한 두 이론의 차이를 보완하여, 쓰기 교육론에 적용해 보면 다음과 같이 정리될 수 있다.

다음으로 쓰기 현상을 개인적 인지와 사회적 대화의 차원에서 접근하고자 하는 시도가 있다.

70년대에 등장한 구성주의는 개인적 _____1 에 중점을 둔 이론이었는데, 80년대부터는 사회적 해석에 초점을 맞춘 사회적 구성주의(또는 사회적 대화 행위)가 중심을 이룬다. 이 이론에서는 언어 사용의 사회성과 기능성을 중시하는데, 쓰기의 과정에서 사고와 언어 사이의 변증법적 관계에 영향을 미치는 _____2 을 중시해야 한다는 이론이다. 곧 언어 공동체 내에서 사람들은 특수한 형태의 담화 능력을 획득함으로써 특정 사회 집단에 참여할 수 있게 된다. 따라서 개인적 구성주의가 _____3 의 입장을 강조하는데 비해, 사회적 구성주의에서는 _____4 를 염두에 두게 된다. 따라서 필자의 표현 욕구만을 만족시키는 글쓰기보다 언어 공동체의 일원으로서 담화 관습 및 규칙의 집합으로서의 텍스트 생산에 관심을 기울인다. 따라서 건전한 글쓰기는 언어 사용 집단으로서의 담화 공동체 혹은 학문 공동체에 참여함으로써 가능해 진다.

사회 구성주의를 좀더 적극적으로 해석하는 이론이 대화주의 쓰기이다.5 대화주의는 사회적 상호 작용을 중시하는 이론으로 _____6 로서의 텍스트를 분석의 대상으로 삼는다. 이 이론은 사회적 구성주의가 필자와 독자의 상호 작용에 관심을

〈표 3-7〉 쓰기에 대한 관점의 비교(이재승, 『글쓰기 교육의 원리와 방법』, 50쪽)

영역 \ 관점	형식적 관점	인지적 관점	사회적 관점
기반 철학	객관주의	주관주의	주관주의
주요 배경 이론	형식주의 문학, 구조주의 언어학	인지심리학, 정보 처리 이론	사회적 구성주의 철학, 사회 언어학
관심의 초점	텍스트	개인의 의미 구성	규범, 공동체
필자의 위치	의미의 전달자	의미의 구성자	담화 공동체의 구성원
독자의 위치	의미의 수용자	의미의 해석자	해석 공동체의 구성원
의미의 위치	텍스트	개인	공동체
언어 발달 과정	텍스트 → 개인	개인 → 사회	사회 → 개인
주요 교수 방법	모방	절차적 촉진법	협의
동료의 역할	약함	비교적 강함	강함
학습자의 역동성	약함	강함	강함
지식의 재구성	약함	강함	강함

1 인지 행위
2 사회적 맥락
3 필자
4 독자
5 최현섭 외(1996)에서는 쓰기 연구의 동향을 1940-60년대 중반까지 형식주의 쓰기 이론, 1960년대 후반~80년대 초까지 구성주의, 1980년대의 사회적 구성주의, 그 이후 대화주의 쓰기 이론으로 정리한 바 있으며, 이재승(1997)에서는 형식주의, 인지주의, 사회주의, 대화주의로 나누어 정리했다. 두 견해는 용어의 차이는 있으나 같은 관점에서 정리한 것으로 볼 수 있다.
6 담화 행위

기울인다 하더라도 결과적으로 필자의 입장(텍스트 생산자)을 중시할 수밖에 없는데 비해, 대화 이론에서는 _____1 자체를 중시하는 견해로 요약된다. 최현섭 외 (1996)에서 제시한 바에 따르면 대화주의 쓰기 이론가들은 텍스트의 의미 구성을 ① 텍스트의 의미를 구성하는 과정은 특정의 사회적 문화적 맥락에서 담화 당사자들 사이에서 역동적이고 한시적으로 이루어지는 _____2 의 과정이며, ② 텍스트의 의미는 텍스트나 사용자에게 있는 것이 아니라 사용자 사이의 상호 작용 속에 내재하며, ③ 텍스트는 언어 사용자 자신과 다른 사람, 인지 작용과 언어 맥락, 개인과 사회의 상호 작용을 기호학적 측면에서 중재하는 기능을 갖는 것으로서 상황을 반영하는 것이 아니라 _____3 그 자체로 이해한다. 이와 같은 관점에서 사회적 구성주의와 대화주의의 차이점은 텍스트를 생산하는 것으로 볼 것인가 아니면 생산된 텍스트일지라도 하나의 담화 상황(필자가 의도하지 않은 새로운 상황)으로 이해할 것인가에 달려 있다.

2 쓰기의 교육 방법

(1) 쓰기 교육의 동향

쓰기 교육의 동향을 살피기 위해서는 우선적으로 쓰기 이론, 즉 작문 이론의 구체적인 모습을 정리할 필요가 있다. 쓰기 교육의 실제적인 모습은 작문 이론의 변화와 중요한 관련성을 맺고 있기 때문이다. 쓰기 교육의 실제는 작문 이론에서 규명한 작문의 본질적 성격을 바탕으로 하여 전개되어 왔다. 즉, 쓰기 교육의 전개를 위해서 필요한 자양분을 작문 이론에서 취하였던 것인데, 이는 작문 이론이 언어적 정식화를 통해서 작문을 바라보는 본질적인 관점을 제시하여 왔기 때문에 가능한 일이다.

최근의 작문 이론에서 볼 때, 인지적 관점으로 본 작문은 문제 해결 및 의미 구성 과정이고, 사회적 관점으로 본 작문은 의사 소통 과정이며 사회·문화적 과정이다. 작문의 본질을 이와 같이 설명하는 것은 수사론의 영향과 현대 작문 연구의 결과에 힘입은 바가 크다. 의미의 구성에 관심을 두는 수사론은 언어, 지식, 담화의 관계를 어떻게 보는가에 따라 본질주의, 객관주의, 표현주의, 사회주의 수사 이론 등으로 분류하고 있다.

수사론 이외에 현대 작문 연구에서도 의미 구성 방식을 서로 다르게 보는 관점이 있다. 베를린(Berlin) 같은 작문 연구자는 작문 이론을 인지주의 이론, 표현주의 이론, 사회인지주의 이론 등으로 구분하였으며, 니스트란드(Nystrand) 같은 학자는 작문 이론을 형식주의 작문 이론, 인지주의 작문 이론, 사회 인지주의 작문 이론 등으로 정리하였다. 이러한 연구자들의 연구에 따라 현대 작문 이론은 형식주의적 작문 이론, 인지주의적 작문 이론, 사회 구성주의적 작문 이론으로 발달해 온 것으로 설명할 수 있다.

1 담화
2 협상
3 상황

03 | 작문

1) 형식주의(Formalism) 작문 이론

1960년대 이전까지의 작문 이론은 형식주의적 경향을 강하게 띠고 있었다. 이 때의 작문 이론은 규범 문법과 수사론적 규칙을 강조하였으며, 작문 교육은 모범적인 텍스트의 모방을 중시하고, 표현의 과정에서 어법상의 오류를 범하지 않도록 하는 데 지도의 초점을 두었다. 결국 형식주의 작문은 결과를 중시하는 쓰기 교육의 토대를 이루었다.

형식주의 작문 이론에서는 텍스트 자체를 분석 대상으로 삼고 있으며, 텍스트의 개념이나, 의미를 온전히 담고 있는 자율적인 실체로 규정한다. 이러한 관점에 따르면, 필자는 의미의 전달자로, 독자는 의미의 수동적인 수신자로 간주되며, 텍스트 생산 능력, 즉 의미 구성 능력은 계속적이고 체계적인 모방과 연습을 통하여 신장되는 것으로 설명된다.

의미 구성에 관한 형식주의 작문 이론가들의 주장을 요약하면 다음과 같다. 첫째, 언어는 객관적인 요소로 조직된 고정된 체계이다. 둘째, 텍스트의 의미는 완결성과 자율성을 지닌 텍스트 내에 있으며, 그 텍스트는 필자가 표현한 의미를 명시적으로 드러낸다. 셋째, 문어 텍스트는 구어 텍스트에 비해 명시적이다. 넷째, 텍스트의 의미는 그 텍스트를 생산한 필자와 생산 맥락에 관한 추론을 배제함으로써 적절하게 해석할 수 있다.

2) 인지주의(Cognitivism) 작문 이론

1960년대 후반기에 들어, 작문의 과정을 중시하면서 형식주의 작문의 이론의 중요성이 상대적으로 약화되기 시작했다. 브리튼(Britton)이나 에믹(Emig) 같은 작문 연구자들이 이러한 경향의 기반을 다져 놓았다. 1980년대에 들어서자, 지속적인 작문 연구에 힘입어 작문은 본질적으로 역동적인 의미 구성 과정이며, 계층적으로 조직된 인지적 표상을 문자 텍스트로 번역하는 과정이라는 관점이 주류를 이루게 되었다.

인지 심리학과 수사학의 결합을 통하여 새롭게 부각된 인지주의 작문 이론은 필자 개인의 인지적 과정에 초점을 두어 작문 과정에서의 내용 생성과 고쳐쓰기의 과정을 밝히는데 주력하였다. 이에 따라, 작문 능력에 차이가 있는 필자가 어떻게 변별될 수 있는지, 작문의 상황은 이러한 과정에 어떤 영향을 미치는지에 대한 연구가 이루어졌다.

인지주의 작문 이론에서는 필자 개인이 수행하는 개별적 작문 행위를 분석의 대상으로 삼고 있으며, 텍스트의 개념을 필자의 계획, 목적과 사고를 언어로 번역한 것으로 설명한다. 이 이론에서는 필자를 수사론적 문제 해결자로, 독자를 능동적이고 목표 지향적인 해석자로 본다. 또 텍스트를 통한 의미구성 능력은 개인의 목적의식과 사고 능력의 계발을 통하여 신장되는 것으로 설명하고 있다.

3) 사회 구성주의 작문 이론

1980년대의 작문 연구는 언어 사용의 사회적 해석에 대한 연구에 중점을 두는 경향을 보였다. 이러한 연구 경향은 언어에 대한 관점의 변화가 큰 영향을 미쳤다. 즉, 이 시기의 언어학은 의사 소통론 및 화용론의 발전에 힘입어 언어를 사회적 현상 및 기능적 현상으로 이해하고자 하는 관점이 부각되고 있었다. 이와 같이 변화한 언어학 이론은 사회 인지주의 작문 이론이 형성되는 데에 큰 영향을 미쳤다. 이로부터 영향을 받은 작문 이론가들은 작문의 과정에 대한 인지주의 작문 이론가들의 주장을 재평가하게 되었다. 비젤(Bizzel)은 작문의 과정에서 중요한 영향을 미치는 사회적 맥락의 중요성을 부각하였고, 페이글리(Faigley)는 언어 공동체 내에서 사람들은 특수한 형태의 담화 능력을 획득함으로써 특정 사회 집단에 참여할 수 있게 된다는 점을 주장하여 작문의 사회적 성격을 강조하였다.

작문 이론에 의하면, 필자 개인은 개별적으로 작문을 하는 것이 아니라 의미를 구성하는 과정에 제약을 가하는 언어 사용 집단(언어 공동체, 담화 공동체)의 일원으로서 작문을 하는 것이다. 따라서 작문 이론에서는 언어 사용 집단을 분석의 대상으로 삼고 있으며, 텍스트의 개념을 언어 공동체의 담화 관습 및 규칙의 집합으로 규정한다. 이 이론에서는, 필자를 담화 공동체의 사회화된 구성원으로, 독자를 해석 공동체의 사회화된 구성원으로 본다. 또, 텍스트를 통한 의미 구성 능력은 건전한 상식의 계발을 통하여 신장되는 것으로 설명함으로써, 건전한 상식의 계발은 언어 사용 집단으로서의 담화 공동체 혹은 학문 공동체의 참여로 인하여 가능한 것으로 본다.

지금까지 살펴본 세 가지의 작문 이론, 즉 형식주의, 인지주의, 사회 구성주의 작문 이론은 1960년대부터 1990년대에 이르기까지 의미의 구성 방식과 관련하여 작문 연구 분야에서 이루어진 주된 연구 경향을 반영하는 것이다. 그러나 이 시기의 작문 이론을 이와 같이 세 가지로 범주화한 것은 작문 이론의 특징적인 경향을 인접 학문과 연관을 지으면서 보다 극명하게 드러내기 위한 편의상의 구분에 불과한 것이다. 따라서 이와 같이 분류를 절대적인 지표나 기준으로 받아들이는 것은 바람직하지 않다.

4) 과정 중심의 쓰기 교육

과정 중심 쓰기 교육의 경향은 결과 중심의 쓰기 교육이 지닌 문제가 부각되고, 인지주의 작문 이론의 발전에 힘입어 쓰기가 일련의 과정으로 이루어진다는 점을 발견하면서 크게 강조되었다. 이런 관점에서 아이디어 생성하기, 조직하기, 표현하기, 교정하기의 새로운 과정이 제안되었다.

아이디어 생성하기는 두 개의 하위 과정, 즉 아이디어 발견의 과정과 아이디어 조정 과정으로 나눌 수 있다. 아이디어 생성 과정은 언제나 내용상의 제약을 받는데, 나아가 글을 쓰는 목적에 의해 제약을 받기도 한다. 아이디어를 발견하는 것은 작문의 과정에서 중요한 역할을 한다. 이 과정은 잘 훈련된 안목으로 관찰하는 과정이며, 예견할 수 없는 어느 시점에서 사용할 수 있는 자료를 수집하는 과정인데, 이 때 가장 손쉽게 사용할 수 있는 전략은 글의 주제와 관련되는 모든 아이디어를 찾아내는 것이다. 아이디어를 조정하는 과정은 발견된 아이디어를 일정하게 묶는 일로부터 시작된다. 아이디어를 일정한 범주로 구분하는 일 자체가 다른 아이디어를 생성해 내기 위한 자극제가 되기 때문이다. 아이디어를 체계적으로 묶는 데에는 비교와 대조, 유목화 등의 전략이 적절하게 사용될 수 있다.

아이디어 조직하기는 후에 글을 완성했을 때 글의 형식적 응집성과 내용적 통일성을 높이는 데 중요한 역할을 한다. 글이 응집성과 통일성을 갖추었다는 것은 아이디어가 긴밀하게 조직되었다는 것을 의미하는바, 조직하기 활동이 이를 달성하는 데 도움을 준다. 그리고 아이디어 조직의 과정은 글을 어떠한 구성으로 쓸 것인가를 파악하고 결정하는데 도움을 준다. 아이디어를 많이 생성했다고 하더라도 목적, 내용에 적합한 구성을 결정하여 쓰는 것이 중요하기 때문에, 아이디어의 조직 과정은 이 점에 도움을 제공한다.

표현하기 과정은 문법적인 규칙과 의사 소통상의 목적을 만족시키면서 선조적으로 연결되어야 한다. 그리고 이러한 과정은 여러 가지 단계에서 서로 달리 작용하게 되는데, 그것은 흔히 텍스트, 단락, 문장, 단어의 네 가지 단계로 구분된다. 이와 같이 글의 구조를 여러 단계로 구분하면 작문 지도의 관점에서는 두 가지 장점이 있다. 하나는 작문의 과정에서 접하게 되고 충족시켜야 하는 여러 가지 제약을 발달 과정에 있는 학생 필자들이 이 과정을 보다 쉽게 처리할 수 있다는 점이고 또 다른 하나는 각 단계에서 그 단계 나름대로의 독특한 제약이 수반되는데, 이러한 제약을 충족시키는 방법을 보다 체계적으로 습득할 수 있다.

교정하기 과정은 글쓰기의 여러 과정에서 모두 일어날 수 있는데, 글 수준에서 일어나는 교정하기는 잉여적 부분의 삭제, 텍스트의 제목 및 소제목 첨가, 중요한 아이디어의 위치 조정 등이 있다. 단락 수준에서 흔히 일어나는 교정하기는 긴 단락의 구분, 아이디어의 배열 순서 조정 및 첨가, 주제문의 첨가, 연결어의 첨가 등이 있다. 문장 수준에서 이루어지는 교정하기는 상투어 또는 무의미어의 삭제, 연결어 및 지시어의 조정, 긴 문장의 구분, 피동문의 적절성 확인 등이 있다.

조정하기는 작문의 과정을 조정하고 통제하는 상위 인지이다. 쓰기 영역에서 조정하기가 특히 주목을 받게 된 것은, 인지주의 작문 이론의 기초를 닦았던 플라워와 헤이즈(Flower & Hayes, 1981)가 작문의 본질을 회귀적 성격으로 규명하면서부터였다. 작문이 회귀적 과정이라는 것은 아이디어 생성하기, 아이디어 조직하기, 표현하기 등의 과정이 어떤 조건에 의해 비순차적으로 순환함을 뜻하는 것인데, 바로 조정하기라는 인지 요소가 그러한 기능을 수행하는 것으로 이해하였다. 즉, 필자는 조정하기로 인하여 쓰기의 여러 과정을 옮겨 다닐 수 있다.

이러한 과정을 중심으로 하여 이루어지는 쓰기 교육은 쓰기 교육의 방법과 관련하여 몇 가지 중요한 특징을 가지고 있다. 첫째, 과정 중심 쓰기 교육에서는 쓰기가 지식을 단순히 나열하는 행위가 아니라 의미를 구성하는 행위로 파악한다. 둘째, 과정 중심 쓰기 교육에서는 쓰기를 일종의 탐구 과정으로 이해한다. 의미를 구성하기 위해서는 일련의 문제 해결 과정이 필요하다. 셋째, 과정 중심 쓰기 교육에서는 쓰기를 일종의 자기 조정 행위로 본다. 일련의 쓰기 과정에서 계속해서 자신의 인지 과정을 점검하고 통제하는 행위를 강조한다. 넷째, 결과 자체보다는 일련의 쓰기 과정을 강조한다. 다섯째, 쓰기 과정의 회귀적 특성과 상호 작용적 특성을 강조

한다. 여섯째, 방법적인 측면에서 과정 중심 쓰기 교육에서는 교사의 역동적이면서
도 능동적인 개입을 강조한다. 일곱째, 학생들의 자유를 강조하지만, 동시에 책임
을 요구하고 역동적인 문제 해결 행위에의 참여를 강조한다.

이러한 과정 중심의 쓰기 교육을 하는 쓰기 수업은 일정한 특징적인 양상이 나타
나는 것으로 알려져 있다. 우선, 대체로 학생들 각자가 지니고 있는 개인차를 존중
하는 경향이 있다. 과정 중심의 글쓰기를 강조하는 교실에서는 개인마다 의미 구성
의 과정이 다르다는 점을 강조하면서 개인차를 고려한 수업을 강조한다.

쓰기를 문제 해결의 과정으로 보고 자기 조정의 과정으로 이해한다. 과정 중심의
쓰기 교육에서는 글을 잘 쓰는 것도 강조하지만 글을 쓰는 과정을 강조한다. 특히,
이 과정에서의 문제 해결을 강조한다. 그리고 쓰기 과정에서 이루어지는 자기 조정
을 중요하게 취급한다. 쓰기의 과정을 회귀적일 수 있도록 조정하고 통제하는 것이
자기 조정이기 때문이다. 그리고 교수·학습 장면에서 가르쳐야 할 내용을 문법이
나 수사학적 규칙을 강조하기보다 쓰기 전략을 강조한다. 아이디어를 생성하고, 조
직하고, 표현하는 것이 모두 전략적인 행위로 이루어진다고 본다.

5) 장르 중심의 쓰기 교육

전통적인 장르 이론가들은 정형화된 텍스트의 형식과 내용의 규칙을 강조하였
다. 그리고 정형화된 텍스트의 형식과 내용의 규칙은 장르를 분류하는 기준으로 삼
고자 하였다. 이것은 곧 전통적인 장르 연구가 폐쇄적 관점 위에서 진행되었음을
의미한다고 할 수 있다. 이러한 장르의 관점에 따르면, 장르는 주로 문학 분야에서
텍스트의 형식과 내용의 규칙성에 의해 전적으로 규정되며, 고정되어 불변하는 배
타적인 범주와 하위 범주를 가진다고 규정할 수 있다. 또한 이런 관점의 장르 이론
에서는 장르를 주로 큰 갈래로 구분하였고, 각각의 갈래는 서로 배타적인 관계를
가지는 것으로 설명하고 있다.

현대 수사학에서도 장르가 텍스트의 형식과 내용상의 규칙성을 가지고 있으며,
이러한 것들에 의해서 텍스트의 특징을 규정할 수 있다는 관점을 인정한다. 그러나
텍스트의 규칙성에 영향을 미치는 텍스트 주변의 외적인 상황, 즉 맥락에 관심을
가지는 것이 더 중요하다고 본다. 새로운 장르 이론가들은 장르를 반복되는 상황에
대한 수사학적 반응으로 파악하여, 텍스트의 형식과 내용상의 규칙성이 사회적 행
위의 유사성으로부터 발행한다고 믿고 있다. 이러한 관점에 의하면, 장르는 텍스
트의 형식과 내용에 대한 규칙적 유형을 지칭하는 것이 아니라, 유사하게 반복되는
상황에 대한 수사적 반응을 말하는 것이며, 이것은 수사학자들이 장르를 새로운 관
점에서 해석하고 있다는 증거가 된다. 새로운 장르 이론가들은 장르 연구의 목적을
새로운 담화 분류 체계의 수립에 두지 않는다. 이들은 기존의 장르 연구에서 소홀
히 하였던 수사학의 사회적, 문화적, 역사적 측면을 중시한다. 따라서 장르의 유동
적이고 역동적 성격이 중시된다.

쓰기 교육에서 이러한 장르에 중점을 두는 이유는 쓰기를 포함한 언어의 상호 작
용이 일정한 관습을 형성하고 있으며, 이것이 의사 소통의 효율성과 문화 형성에
중요한 영향을 미치기 때문이다. 따라서 이러한 영향 관계에 주목한다면, 언어적

의사 소통 과정에 개입하는 사회적, 문화적 요소를 언어의 유형으로 설명할 수 있는 근거를 얻을 수 있게 된다. 장르를 모르거나 무시하면 그 공동체의 문화적, 사회적 특징에 적합한 말을 할 수 없다. 외국인들이 어법은 맞지만 상황에 전혀 맞지 않는 말을 하는 것, 또한 모국어 화자들이 말 때문에 시비가 일어나는 것은 바로 이 장르 때문이라고 할 수 있다. 이러한 점에서, 상황 맥락에 적절하게 표현한다는 것에는 해당 공동체의 장르적 매개가 전제가 되어 있다고 할 수 있다. 따라서 장르적 관점을 중심으로 하여 쓰기 교육을 조직하는 것은 쓰기 교육의 내용과 방법을 일정 부분 규정하여 준다는 점에서 중요한 의의가 있다.

과정 중심의 쓰기 교육에서는 글의 주제(과제)가 무엇이든, 또는 글의 형식이 무엇이든 정해진 절차에 따라 쓰기의 과정을 밟을 것을 강조한다. 이런 점에서, 과정 중심의 쓰기 교육에서는 방법을 강조할 뿐 실제적으로 가르쳐야 할 내용과 관련된 지식은 충분치 못하다고 할 수 있다. 그러나 장르 중심의 쓰기 교육에서는 특정 장르와 관련된 역사적, 문화적 지식이 있고, 그 장르의 형식 및 내용과 관련된 지식이 있으며, 그 장르를 매개로 하여 의사소통을 하는 공동체에 대한 지식이 있다. 이러한 지식은 모두 쓰기 교육의 내용을 이루는 요소가 될 수 있으며, 이것이 곧 쓰기 교육의 내용을 구성하게 되는 것이다. 학생들은 이러한 장르적 지식을 익히고, 그것을 활용하여 글을 씀으로써 그 장르를 매개로 하는 공동체와 효율적으로 의사 소통을 할 수 있게 되는 것이다.

6) 통합 중심의 쓰기 교육

전통적으로 이루어지는 쓰기 교육은 주제를 주고(과제 부여) 그것을 한 편의 글로 쓰도록 한 다음, 그것에 대해 교정을 하여 잘잘못을 지적하여 주는 방식이었다. 그런데 쓰기가 이루어지는 실제적인 상황을 보면, 단독적으로 주어지는 주제를 한 편의 글로 써내는 경우는 흔치 않다. 오히려 이와 같은 상황보다는 글을 읽거나 대화를 하고, 그것과 관련하여 글을 쓰는 것이 보편적이다. 더구나, 쓰기 교육의 상황에서 익히 쓰기 기능이 국어 교육의 영역에서만 활용되는 것이 아니라 다른 교과의 학습에 활용되어야 한다는 점에서 보면, 다른 영역 특히 읽기와의 통합은 매우 자연스럽고 필연적인 것이다. 쓰기 교육에서 범교과적 작문이 운위되는 것은 바로 이러한 이유 때문이다.

범교과적 쓰기라고 하면, 작문이 국어 교과 범주 내에서만 운용되는 것이 아니라, 내용 교과의 학습을 위해서는 운용되는 것을 말한다. 내용 교과는 배경 학문에서 이룩한 지식이나 정보를 체계적으로 전수하는 것을 목표로 하고 있기 때문에, 범교과적 쓰기에서는 필연적으로 지식이나 정보의 학습과 관련되어 있다.

범교과적 쓰기가 지니는 중요한 의의는 다음과 같이 크게 두 가지로 정리할 수 있다. 첫째는, 해당 교과의 학습에 도움을 제공해 준다는 점이고, 둘째는 담화 공동체의 담화 관습을 익힐 수 있는 기회를 제공할 뿐만 아니라, 그것을 극복할 수 있는 기회를 제공해 준다는 점이다. 범교과적 쓰기와 관련하여 전자가 중학교나 고등학교의 작문 교육에 중점이 놓여 있다면, 후자는 대학의 작문 교육에 중점이 놓여 있다고 할 수 있다.

전자의 경우, 해당 교과의 학습에 도움을 제공해 준다는 것은 중등 교육의 단계에서는 기성(既成) 지식의 학습을 중점으로 삼고 있기 때문이다. 학생들이 개인적으로 일정한 절차와 합의에 따라 구성한 지식을 기성 지식과 대조해보는 활동이 뒷받침되는 이유도 이러한 관점에서 이해할 수 있다. 후자의 경우, 대학은 학문 분과를 기본 체제로 삼고 있기 때문에, 그리고 작문의 상황에서 배경 학문이 큰 영향을 미치기 때문에 작문에서 담화 공동체에 대한 배려는 매우 중요하다. 담화 공동체의 중요성을 논의하는 대개의 연구가 대학생 필자를 대상으로 하고 있다는 점은 이에 대한 간접적인 설명을 뒷받침해 주는 것이다.

쓰기가 교과의 학습에 도움을 제공한다는 의미는, 쓰기가 본질적으로 교과의 학습에 필요한 인지적 행위를 수반하고 단련하는 기능을 수행한다는 점과, 쓰기가 그 내용으로서 해당 교과의 지식을 다룬다는 점을 동시에 의미한다. 필자는 쓰기의 과정을 거치면서 정보나 지식을 떠올리고, 조직하고, 표현하는 적극적이고 의식적인 사고 활동으로서, 학습에서 요구하는 인지 활동과 동일한 과정을 수행한다. 이 과정에서 필자는 의식적으로 사고를 집중하게 되고, 그 결과 사고를 촉진하게 되며, 피드백을 통해 사고 과정을 조절하고 통제하게 된다. 또, 쓰기 과정은 다소 느린 속도로 진행됨으로써 쓰기가 이루어지는 동안에 필자는 자신의 사고 활동을 조절하고 통제할 수 있으며, 반성적으로 스스로 되돌아보고 수정 또는 교정할 수 있다. 이러한 쓰기의 특징이 바로 학습과 관련된 인지적 행위인 것이다. 즉, 쓰기의 과정은 곧 학습의 과정과 동질적인 것으로서 학습의 중요한 양식이 된다.

쓰기는 글로 표현된 텍스트로서 반드시 어떠한 내용을 담고 있다. 어떠한 것이든 전달되거나 표현될 내용이 없다면 쓰기로서의 텍스트는 존재할 수 없다. 그래서 쓰기의 과정은 '내용'의 생성이고, '내용'의 조직이며, '내용'의 표현인 것이다. 쓰기의 과정에서는 작문의 단계나 절차가 중요하기도 하지만, 이들이 모두 '내용'과 관련되어 있다는 점도 강조되어야 한다. 여기에서 '내용'을 쓰기의 주제나 화제가 되는 정보, 또는 지식으로 이해한다면, 쓰기가 정보나 지식과 관련된다는 점은 분명하다. 이러한 이유에서 쓰기가 내용교과의 지식과 밀접한 관련이 있다고 할 수 있다.

쓰기의 교육 방법은 쓰기의 이론들에 따라서 여러 가지가 제안되었다. 쓰기 교육 방법으로는 과정 중심, 전략 중심, 장르 중심, 통합 중심 등이 있다. 이 방법들을 쓰기 교육에서 실천하는 과정을 하나의 그림으로 표시하면 다음과 같다.

쓰기 교육 방법

장르 중심	정보 전달의 글, 설득하는 글, 사회적 상호 작용의 글, 정서 표현의 글					
맥락 중심	글을 쓰는 목적, 주제, 관점 등 반영					
과정 중심	쓰기 전 과정 →		쓰는 중 과정 →		쓰기 후 과정	
	사고 생성하기→	조직하기→	표현하기→	고쳐쓰기→	평가하기→	작품화 하기
전략 중심	**주제 구체화 전략** • 자유 쓰기 • 질문하기 • 뒤집기 • 관계짓기 • 나누기 • 지우기	**조직하기 전략** • 생각그물법 • 즉흥사고법 • 다발짓기법 • 뼈대만들기법	**초고쓰기 전략** • 구두작문 전략 • 얼른쓰기 전략 **상세화 전략** [문단 전개 전략] • 연결성 전략 • 구체화 전략 • 완결성 전략	• 돌려읽기 • 협의하기	• 상호평가 하기 • 잘된 글 뽑기	• 극화하기 • 발표회 • 신문발표 • 문집만들기 • 문종바꿔 쓰기 • 게시하기
통합 중심	배경 지식 확대 → 사고		→ 표현			

이 이론을 실제 수업에 적용할 때 다음 세 가지를 주의해야 한다.

첫째는 표현보다는 사고를 중시한다. 이는 교육의 일반적인 흐름과도 통할 뿐만 아니라 통합 중심의 측면에서 볼 때 글쓰기가 내용 학습의 도구가 된다는 점에서도 유용하다.

둘째는 고치기는 각 과정에서 필요한 때마다 적용한다. 그래서 각 과정에서 교정 효과를 높인 뒤 다음 과정으로 발전시킴으로써 마지막에는 다듬기만 한다.

셋째는 학년별로 적용하는 글쓰기의 과정이 다르다. 즉 초등학교 저학년에서는 글쓰기의 표현보다는 글쓰기에 대한 부담을 들어주는 것이 더 중요하므로 쓴 후의 활동을 강화한다. 중학년에서는 사고 생성 방법을 학습하는 게 합리적이므로 쓰기 전 활동을, 고학년에서는 표현을 강화하여 쓰는 중 활동을 강조한다.

나의 인생은
내 것만이 아니다.
대개 내 인생은 나의 것이라고 생각한다.
그런데 가만히 생각해보면 나의 인생이
나의 것만도 아니다. 나의 인생을 가족이
공유하고 직장동료들도 공유하고 친지들이
공유하고 있다. 나 자신은 나를 아는
모든 사람의 것이기도 하다.

– 한창희, 〈사랑도 연습이 필요하다〉 중

구동언의 함께하는 국어교육론 '마중물'

제 **4** 장

개념잡기-문제편

01 | 화법교육론

01 다음 〈보기〉를 통해 알 수 있는 화법의 성격을 쓰시오.

┌─ 보기 ┌──

　화법은 이미 구워진 벽돌이 오가는 행위가 아니라 말랑말랑한 진흙을 가지고 화법 참여자들이 원하는 형태를 동시에 빚어가는 역동적인 과정이다.

　　찰흙에 비유하자면, 한 사람이 찰흙으로 빚은 모양은 다른 사람이 빚게 되는 모양의 유형을 제한한다. 갑이 네 발 달린 모양을 빚었다면, 을은 그 형태를 기본으로 하여 자기 나름의 형상을 덧붙일 것이다. 을이 긴 꼬리를 덧붙였다면, 그것은 그들이 함께 만들어 갈 네 발 달린 동물의 유형을 한정한다. 물론, 어떤 한 사람이 다른 사람이 빚어 놓은 모양을 전적으로 거부할 수도 있다.(임칠성 역 1997)

02 다음 〈보기〉는 화법의 대인 관계적 성격에 대한 설명이다. (ㄱ)과 (ㄴ)에 들어갈 알맞은 단어를 각각 쓰시오.

┌─ 보기 ┌──

　관계를 맺고 유지하는 데 있어 중요한 가치는 (ㄱ)와/과 (ㄴ)(이)다. 현대 사회 구성원들이 자기 중심적으로 변하면서 다른 사람과 관계를 맺고 더불어 삶을 나누고자 하는 화법에 대한 관심이 부족하다. 특히 우리나라는 관계를 통해 사회적 질서를 형성하고 유지하는 전통을 가지고 있기 때문에 여기에 입문해야 하는 학생들에게 관계 중심의 화법을 지도하는 것은 중요한 의미를 지닌다.

03 다음 〈보기〉는 화법의 유형을 설명한 글이다. 괄호에 들어갈 알맞은 말을 순서대로 쓰시오.

┌─ 보기 ┌──

　화법의 유형은 참여자 관계의 공식성 정도에 따라 사적인 화법과 공적인 화법으로 나눌 수 있다. 또, 그 관계가 일 대 일인가, 일 대 다인가, 아니면 집단적인가에 따라 대화, (ㄱ), 집단 화법으로 나눌 수도 있다.

　대화는 상대방과 직접 마주 대하여 이야기하는 것을 포괄적으로 이른다. 여기에는 여러 사람이 비공식적으로 만나서 시사 문제나 취미에 관하여 서로 이야기를 주고받는 일상 대화와, 방송 대담, 회견, 면담, 면접 등 (ㄴ)이/가 있다.

　(ㄱ)(이)란 여러 사람 앞에서 주로 혼자 이야기하는 강연, 연설, 구두 보고 등과 같은 대중적 말하기를 의미한다. 이 화법은 정보 전달적 화법, 설득적 화법, 오락적 화법, 식사 화법이 있다.

　집단 화법은 크게 토의와 토론으로 나눌 수 있다.

　위와 같이 화법 유형을 나눈 것은 (ㄷ)에 따른 것이다.

04 다음 〈보기〉는 듣기의 과정 유형을 설명하는 글의 일부이다. (ㄱ)과 (ㄴ)에 들어갈 알맞은 내용을 쓰시오.

> ┌ 보기 ┐
>
> Taylor(1964)에서는 듣기가 이루어지는 과정과 듣기를 하는 과정에서 이루어지는 사고의 과정을 세 종류로 분류하고 있다. 이것은 사고의 수준에 따라 듣기의 종류를 수직으로 나눈 것이다.
>
> (ㄱ)은/는 자신의 귀에 들리는 소리만을 인지하는 행위이다. 듣기(listening)는 들은 것에서 의미를 구성해내는 의도와 의식의 언어 활동으로서 부분으로는 물리적 과정이지만, 본질로는 감각의 경험을 인지로 처리하는 심리적 과정이다.
>
> (ㄴ)은/는 듣기(listening) 과정의 처리 결과를 종합적으로 이해하고, 해석하며, 또 여기에 말하는이 자신의 정의적인 반응까지 곁들이는 과정이다. 또, (ㄴ)에서는 듣는이의 비판적 사고 기능과 수용적 태도가 형성된다. 결국 (ㄴ)은/는 듣기 교육의 궁극적인 목표 지향을 반영하고자 하는 의도의 표현이다.

05 다음 〈보기〉의 (ㄱ)에 들어갈 듣기 과정을 쓰시오.

> ┌ 보기 ┐
>
> 올슨(Olson) 등의 연구에 의하면, 읽기와 비교할 때 듣기는 중요하지 않은 정보를 많이 회상하지 못하며, 명시된 것과 자신이 추론한 것을 구분하는 데 혼란을 일으킨다고 한다. 들은 내용을 회상하는 실험에서도 실제로 들은 내용 이외의 많은 내용이 청자에 의해 첨가되고 있음을 보여 준다.
>
> 이러한 연구 결과는 듣기 지도의 (ㄱ) 단계에서의 인지 능력에 주의를 기울여야 한다는 사실을 시사해 준다.

06 다음 〈보기〉는 비언어적 표현의 기능을 확인하기 위한 자료이다. 밑줄 친 ㉠, ㉡에 해당하는 기능을 순서대로 쓰시오. (2008 기출)

> ┌ 보기 ┐
>
> 내일은 경희가 시험 보는 날이다. 불안해하는 경희에게 "내일 시험 잘 볼 거야. 걱정 마."라며 ㉠잡은 손에 힘을 주었다. 마침 영수가 와서 셋이서 설렁탕집으로 가 자리를 잡은 후 멀리 있는 주인에게 주문을 했다. "아저씨, 여기 세 그릇이요!" 아저씨는 시끄러워 잘 알아듣지 못했다. "몇 그릇?" 그래서 나는 그냥 ㉡손가락 셋을 펴 보였다. 아저씨가 설렁탕 세 그릇을 내왔다.

07 다음 〈보기〉의 (ㄱ)에 들어갈 알맞은 말을 쓰시오.

> 보기
>
> (ㄱ)은 개인이 가지고 있는 능력, 성격, 태도, 느낌 등을 모두 포괄하는 주관적인 자기 자신에 대한 견해이다. 예를 들면 "나는 어떤 성격을 가진 사람인가?", "나의 능력은 어떠한가?" 등의 질문에 대해 "나는 부지런한 사람이다." 또는 "나는 바이올린 연주를 잘 한다."와 같이 스스로 제시한 답을 의미한다.
>
> 화법은 단순히 오류를 지적한다고 해서 고쳐지는 '기술' 차원의 문제가 아니라 개인의 내면 깊은 곳의 (ㄱ)와/과 관련 있는 것이기 때문에, 교수학습 방법을 설계하거나 학생을 상대로 피드백을 할 때 이에 대한 세심한 배려가 필요하다.

08 다음 〈보기〉의 (ㄱ)에 들어갈 알맞은 말을 쓰시오.

> 보기
>
> (ㄱ)은 "어떤 한 개인이 자신의 생각, 느낌과 경험 등을 다른 사람에게 언어적으로 나타내는 것"이다.
>
> (ㄱ)은 개인의 성장과 더불어 대인 관계의 형성과 발전에 결정적 요인으로 작용한다. 특히 대인 관계 초기의 '친밀감'의 형성에 직결되어 있다. 서로에 대한 정보가 전혀 없는 대인 관계의 초기에서 시작하여 서로가 서로를 조금씩 알아가는 반응과 재반응의 상호작용을 통해 고독감이 해소되고 차츰 대인 관계가 발전하게 된다.

09 다음 〈보기〉는 "대인 관계의 형성을 위한 사회적 상호 작용에 능동적으로 참여한다."는 성취 기준을 설명하는 글의 일부이다. (ㄱ)과 (ㄴ)에 들어갈 알맞은 내용을 쓰시오.

> 보기
>
> 대인 관계의 형성을 위해서 의사소통 참여자는 어느 정도 자아를 노출하는 것이 필요하다. 자아는 개인적 자아와 사회적 자아로 나누어 볼 수 있는데 대인 관계 형성의 초기에는 주로 (ㄱ)을/를 노출하고 관계가 발전할수록 점진적으로 (ㄴ)을/를 노출하는 것이 일반적이다. 이는 대인 관계의 형성과 발전이 다른 의미로는 자아의 노출 정도와 비례한다는 의미이기도 하다.

10 다음 〈보기〉의 내용이 의미하는 말하기 불안 해소 방법을 쓰시오.

> ┌ 보기 ┌
>
> • '이 발표가 나를 이처럼 불안하게 만들 만큼 대단한 것인가?'라는 불안의 이유에 대한 근본적인 질문을 해볼 필요가 있다.
> • 상황 그 자체가 괴롭고 어렵다고 부정적으로만 생각하는 것이 아니라, '자신을 부각할 수 있는 좋은 기회'라고 긍정적으로 생각하는 것이 중요하다.
> • '사람들에게 책 읽기의 중요성에 대해 강조해야지.'와 같이 말하기의 의의에 생각을 집중하는 것이 중요하다.

11 다음 〈보기〉는 말하기 불안을 극복하기 위한 방법 두 가지에 대한 설명이다. 괄호에 들어갈 내용을 쓰시오.

> ┌ 보기 ┌
>
> 울프에 의해 개발된, (ㄱ)은/는 상호 억제의 원칙을 이론적 기초로 하고 있다. 곧, 불안한 감정과 상반되는 반응이 불안 반응에 대신하여 일어나도록 조건을 만드는 것이다. 울프는 불안과 긴장 완화(이완)의 감정은 양립할 수 없는 반응이기 때문에 어떤 사람이 불안감을 느끼면서 동시에 긴장감을 완화시킬 수는 없다고 주장한다.
>
> 이에 비해 (ㄴ)은/는 사람이 두려워하는 대상을 실제 접하였는데도 아무런 해로운 결과가 나타나지 않게 되면 불안 반응은 소멸되고 말 것이라는 전제를 가지고 있다. 실제로, 사람들은 두려워하는 상황에서 연설하는 것을 상상하도록 하면 연설 불안감은 없어진다.
>
> 이 둘의 차이를 다시 정리하면, (ㄱ)은/는 사람들이 말하기를 하면서 불안한 상태보다는 이완된 상태를 연상하도록 도움을 줌으로써, 대중 앞에서 말하기의 불안을 극복하게 한다는 것이고, (ㄴ)은/는 사람들이 말하기의 불안은 나쁜 결과를 가져오지 않는다는 사실을 깨닫는 데 도움을 주기 위해서 그들이 두려워하는 상황에 노출시킴으로써 말하기 불안을 극복하도록 돕는 것이다.

12 다음 〈보기〉의 내용을 잘 읽고, (ㄱ)에 들어갈 적절한 내용을 쓰시오.

> ┌ 보기 ┌
>
> (ㄱ)은/는 아리스토텔레스가 말한 '에토스(ethos)'에서 시작되었다. 그는 '에토스'를 "청자로 하여금 화자의 말을 믿게 하는 화자의 속성"으로 정의하고 이를 세 가지 차원에서 설명했다. 곧, 화자가 사물을 정확히 판단할 수 있는 '지능', 그 사람의 인격이나 됨됨이를 뜻하는 '도덕적 성격', 그리고 화자가 청자의 이익을 위하여 좋은 의도를 가지고 있느냐는 '선의'가 그것이다.
>
> (ㄱ)은/는 "화자의 신뢰와 관련된 메시지 수신자의 판단"으로 정의할 수 있다.

13 다음 〈보기〉는 청자에 따른 메시지 조직에 대한 일부분이다. 청자의 기존 입장에 따른 메시지의 선택과 관련하여 (ㄱ)와/과 (ㄴ)에 들어갈 말을 순서대로 쓰시오.

┌ 보기 ┐

청자 기존 입장	메시지 내용	전략
케이블카 설치를 찬성하는 지역 주민들에게	최근 관광객의 감소로 지역의 경제 여건이 좋지 않습니다. 케이블카를 설치하면 지역 경제도 활성화되고 공사로 인한 고용 창출 효과도 유발됩니다. 거동이 불편한 노약자나 장애인도 설악산의 아름다운 경치를 사시사철 구경할 수 있습니다. 그러므로 케이블카를 반드시 설치해야 합니다.	케이블카 설치로 인한 장점만 부각하는 (ㄱ)을/를 사용한다.
케이블카 설치를 반대하는 환경 운동가들에게	케이블카를 설치하면 관광 수입이 증대되어 지역 경제가 활성화됩니다. 또한 몸이 불편한 사람도 설악산의 아름다운 경치를 관람할 수 있습니다. ㉠케이블카 설치로 인한 환경 훼손을 우려하는 목소리도 있습니다. 하지만 케이블카 설치 공법이 발달하여 환경을 훼손하지 않고 공사가 가능합니다. 케이블카를 설치하면 탐방로 훼손도 줄어들어 오히려 환경 보존에 도움이 됩니다. 친환경적 케이블카의 설치와 운영은 지역 경제뿐 아니라 환경 보존에도 반드시 필요한 일입니다.	㉠과 같이 예상 반론을 함께 언급하는 (ㄴ)을/를 사용하여 환경 문제도 충분히 검토하였음을 알린다.

14 다음 〈보기〉는 시각 자료의 특징을 설명한 글이다. 각각의 ( )에 들어갈 알맞은 말을 쓰시오.

┌ 보기 ┐

(ㄱ)은/는 다른 값과의 상대적인 차이가 아니라 해당 자료의 구체적인 수치를 전달하는 것이 중요한 경우, 가공하지 않은 데이터를 제시하여 청중이 자유롭게 해석하게 할 경우, 조사의 철저함과 데이터의 풍부함을 보여주고자 할 경우에 주로 사용한다.

그래프는 발표 내용을 청중이 더 쉽게 이해하고 해석하도록 데이터를 제시하는 데 도움이 된다. (ㄴ)은/는 자료의 차이를 부각하여 제시할 경우에, 선 그래프는 시간에 따른 추이를 보여 주거나 두 변수의 상호 관계를 나타낼 경우에, (ㄷ)은/는 상대적 비율을 보여줄 경우에 효과적이다.

15 다음 〈보기〉의 (ㄱ)에 들어갈 내용이 무엇인지 쓰시오.

> ┌ 보기 ┌
>
> (ㄱ)은 대표적인 설득 메시지의 조직 유형으로서 1930년대 중반 앨런 먼로(Alan Monroe)에 의해 주장되었다. 청자의 자연스러운 심리적 단계를 활용한 메시지 조직 형태로 구체적인 세부 단계는 다음과 같다.
> ① 주의 끌기(Attention): 주제에 대한 청자의 주의를 환기한다.
> ② 요구(Need): 특정 문제를 청자와 관련시켜 언급하여 청자의 요구를 자극한다.
> ③ 만족(Satisfaction): 해결방안을 제시하여 청중의 이해와 만족을 획득한다.
> ④ 시각화(Visualization): 해결 방안이 청자에게 어떻게 도움이 되는지를 묘사하여 청자의 욕망을 강화한다.
> ⑤ 행동(Action): 구체적인 행동의 내용과 방법을 제시하여 특정 행동을 요구한다.

16 다음 〈보기〉의 (ㄱ)에 들어갈 적절한 말을 쓰시오.

> ┌ 보기 ┌
>
> 대화는 다른 의사소통 유형에 비해 상대적으로 형식면에서 자유롭다는 특성을 갖고 있기는 하지만 그렇다고 대화에 구조가 없는 것은 아니다. 대화 역시 기본적인 구조적 틀이 있고 어떻게 시작하고, 이어가고 끝맺는가에 대한 일정한 규칙이 있다. 모든 대화는 반드시 말하는 사람과 듣는 사람으로 이루어진다. 그러나 이 역할은 고정된 것이 아니라 끊임없이 화자가 청자가 되고, 청자가 화자가 되는 (ㄱ)에 의해 순환된다.

17 다음 〈보기〉의 내용을 잘 읽고, (ㄱ)에 들어갈 적절한 내용을 쓰시오.

> ┌ 보기 ┌
>
> 대화에서 가장 중요한 요소 가운데 하나가 누가 언제 얼마만큼 말할 것인가를 결정하는 것이다. 누가, 언제, 얼마만큼 말하는가는 화법의 성패를 좌우할 만큼 중요하다.
> 화법전개 과정에는 순서교대를 지배하는 규칙이 있다. 이 규칙은 대화 참여자들에게 말차례를 적정하게 배당해 주는 장치라고도 생각할 수 있다. 순서교대는 한 단어부터, 몇 개의 문장 연속체까지 한 차례가 이어지고, 다음 화자의 말차례가 이어진다. 이때 적절하게 말차례가 바뀌는 시점이 있는데, 이것이 말차례의 (ㄱ)(이)다. 이 지점에서 화자가 바뀌는 것이 일반적이며, 적절하다는 것이다. 물론 반드시 그 지점에서 교체가 이루어져야 한다는 것은 아니다.

18 다음 〈보기〉는 대화의 원리를 설명하는 글의 일부이다. (ㄱ)과 (ㄴ)에 들어갈 알맞은 내용을 쓰시오.

┌ 보기 ┌

　미국의 언어학자 로빈 레이코프(Robin Rakoff)는 의사소통 과정에서 나타나는 (ㄱ)의 욕구와 (ㄴ)의 욕구 사이에서 균형을 유지하려는 거리 유지의 원리를 세 가지 지침으로 정리했다.
　"상대방과의 거리를 유지하라."는 상대방의 (ㄱ)의 욕구를 존중해 줌으로써 상대방을 편안하게 해 주는 데 기여한다.
　"항상 우호적인 태도를 견지하라."는 상대방과의 (ㄴ)의 욕구를 충족시키는 데 기여한다.
　거리 유리 원리의 핵심은 "상대방에게 선택권을 주어라. 상대방으로 하여금 의견을 말하도록 유도하라."는 지침으로, 상대방으로 하여금 두 가지 상반된 욕구 사이에서 균형을 잡고 적절한 거리를 조절할 수 있도록 하는 데 많은 도움을 준다. 상대방에게 선택권을 주는 방법은 대개 간접적이고 우회적인 표현을 통해서 실현된다.

19 다음 〈보기〉의 (ㄱ)에 들어갈 적절한 말하기 원리를 쓰시오.

┌ 보기 ┌

　(ㄱ)(이)란 상대의 체면 욕구를 만족시키는 데 실패하여 상대의 체면을 손상하는 모든 행위를 의미한다. 상대의 요청을 한마디로 거절하거나 여러 사람 앞에서 상대의 잘못을 비방할 때 상대에게 (ㄱ)을/를 하게 된다. 따라서 대화 참여자들은 상대의 체면에 위협을 가하는 직접적인 표현보다는 간접적이고 우회적인 표현방식을 사용한다든지, 상대와의 경쟁보다는 협력과 상생을 강조하는 표현 방식 등을 사용함으로서 상대의 체면을 손상하지 않도록 노력해야 한다.

20 다음 〈보기〉에서 (가)와 (나)의 성취기준과 관련된 듣기를 각각 쓰시오.

┌ 보기 ┌

(가)
[6국01-06]
드러나지 않거나 생략된 내용을 추론하며 듣는다.
(나)
[9국01-10]
내용의 타당성을 판단하며 듣는다.

21 다음 〈보기〉의 (ㄱ)에 들어갈 듣기 유형을 쓰시오.

┌─ 보기 ┌──
  듣기의 유형은 듣기 과정에서 작용하는 사고의 성격에 따라 (ㄱ), 추론적 듣기, 평가
적 듣기로 나눌 수도 있다. 이 중에서 (ㄱ)는 상대에게 감정 이입을 하여 상대의 말을 들
어주는 것이다. 여기에는 '소극적인 들어주기'와 '적극적인 들어주기'가 있다.
──

22 다음 〈보기〉는 토론을 설명하는 교사의 발언 중 일부이다. (ㄱ)에 들어갈 적절한 말을 쓰시오.

┌─ 보기 ┌──
  토론에서 (ㄱ)(이)란 문제의 해결에 관한 어떤 제안이나 주장을 말한다. 때문에 찬성
측과 반대 측의 입장이 명확히 구분되어야 한다. '남교사 할당제가 바람직한가?'와 같이
함께 의논해 보자는 식의 표현이 아니라, '남교사 할당제 도입해야 한다.'와 같이 결정의
방향이 분명하고 정확하게 표현되어야 한다. 그리고 (ㄱ)은/는 정책에 대한 것, 가치에
대한 것, 사실에 대한 것으로 구분한다.
──

23 다음 〈보기〉의 (ㄱ)과 (ㄴ)에 들어갈 내용이 무엇인지 쓰시오.

┌─ 보기 ┌──
  반대 신문식 토론(CEDA 토론)을 예로 하여 토론의 일반적인 방법을 보면, 토론자는
입론, (ㄱ), 반박 등 단계별 특성에 맞게 발언을 해야 한다. 곧, 입론에서는 자신의 주장
을 제시하고, (ㄱ)에서는 상대의 논리적 오류를 지적하고, 반박에서는 입론에서 다룬 쟁
점 중 자신에게 유리한 쟁점을 선택하여 상대보다 자신의 논리가 우위에 있음을 입증해
야 한다. 그리고 발언의 순서는 긍정측에서 시작해서 (ㄴ)으로 끝낸다. 이는 처음 발언
에서 쟁점을 드러내고 주장을 하는 것이 불리한 측면이 있어 마지막 발언을 통해 기회를
공평하게 주기 위함이다.
──

24 다음 〈보기〉의 밑줄 친 부분에 들어갈 수 있는 알맞은 내용을 4어절로 써서 문장을 완성하시오.

┌─ 보기 ┌──
  토의를 통해 달성하고자 하는 궁극적 지향점에 따라 토의의 목적을 '문제 이해하기',
'문제 해결하기', '집단의 의사 결정하기'로 나눌 수 있다. …(중략) 이러한 토의의 목적 세
가지를 달성하는 과정에서 다수의 의견을 좇는 것이 바람직하지만, 소수의 의견이라 해
서 무조건 배척해서는 안 된다. 왜냐하면 토의에서는 해결안의 결정만이 중요한 것이 아
니라, _____도 중요하기 때문이다.
──

25 다음 〈보기〉의 (ㄱ)과 (ㄴ)에 들어갈 적절한 말을 쓰시오.

보기

회의를 효과적으로 진행하기 위해서는 명확한 목적 확립, 면밀한 사전 준비, 참가자들의 적극적인 협조, 회의 규칙에 따른 원만한 운영 등이 전제되어야 한다. 다음은 회의의 10대 원칙의 일부이다.

(ㄱ)의 원칙이란 회의에서는 언제나 한 번에 한 의제씩 차례로 다루어야 한다는 것으로, 의장이 한 의제를 선포한 다음에는 토론과 수정 등을 거쳐서 그 채택 여부가 표결로 결정되기 전에는 다른 의제를 동시에 상정시킬 수 없다.

(ㄴ)의 원칙이란 일단 부결이나 의결된 의안은 그 회기 중에는 다시 토의에 붙이지 않는다는 원칙이다. …

26 다음 〈보기〉의 (ㄱ)에 들어갈 알맞은 말을 쓰시오.

보기

연설을 준비하는 과정에서 (ㄱ)은/는 실제 연설문이나 대본과는 달리 말할 내용을, 연결사, 부연, 반복, 자세한 설명은 제외한 상태에서 목차를 작성하는 형식으로 적는 것이다. 여기에는 실제 연설할 때 사용할 논의 전환의 표현이나 중간 요약을 따로 표시해 두고, 주요 아이디어나 서두, 결언은 모두 완전한 문장으로 쓴다.

27 다음 〈보기〉의 (ㄱ)에 들어갈 말하기 지도 방법을 쓰시오.

보기

(ㄱ)은/는 말하기 교수 · 학습에 교육 연극의 기법을 도입하여 담화의 상황에서 학습자로 하여금 허구적 역할을 수행하게 한 뒤 현실적 자아로 되돌아오게 함으로써 담화 수행의 방법과, 담화에서 참여자들의 관점에 따라 발생할 수 있는 여러 가지 문제를 이해할 수 있게 하는 방법이다.

예 다음은 친구들과 2박 3일 바닷가로 캠핑을 가고 싶은데, 부모님이 허락하지 않아서 고민을 하고 있는 학생의 글이다. 세 명이 한 모둠이 되어서 글 속의 '나'와 '부모님'이 되어 상황에 맞게 상대방을 설득해 보자.

02 | 독서교육론

01 다음 〈보기〉는 읽기의 원리를 설명한 글의 한 부분이다. (ㄱ)과 (ㄴ)에 들어갈 내용을 각각 쓰시오.

┌ 보기 ┌

　읽기는 기호를 의미로 변환하는 일이다. 이때, (ㄱ)와/과 (ㄴ)은/는 읽기의 기본이자 필수적인 원리가 된다.

　기호의 의미를 아는 데에는 기호 자체의 규약적인 의미를 아는 것과 쓰임에 따른 맥락적인 의미를 아는 상태를 구별할 수 있는데, 이 중 전자는 (ㄱ)(이)고 후자는 (ㄴ)(이)다.

　예를 들어, 한글 원리를 막 깨친 아동이 길가의 간판에서 '냉면'이라 쓴 것을 [냉면] 하고 소리 내었으나 그것이 평소 자신이 좋아하던 국수같이 생긴 음식이라는 것을 알지 못한다면 (ㄱ)은 할 수 있으나 (ㄴ)은/는 하지 못한 상태가 된다.

02 다음은 읽기 지도 접근 방법의 대표적인 두 유형을 역사적 변천을 고려하여 대비해 놓은 표이다. 이 중에서 수정되어야 하는 항목 두 가지만 쓰시오.

(2012 기출)

유형 항목	기능 중심 읽기 지도	전략 중심 읽기 지도
관련 모형	• 상향식 모형	• 상호 작용식 모형
기능이나 전략의 예	• 질문 만들기, 예측하기, 정교화하기, 글 구조 활용하기	• 바렛의 축어적 재인 및 회상, 재조직, 추론, 평가, 감상
주요 독해 지도 방법	• 분절적 지도	• 통합적 지도
작용 및 특성	• 읽기 과제와 독해 기능, 읽기 수업 모형과 상위 인지 학습의 긴밀한 연계	• 위계화된 하위 전략의 독립적, 자동적 처리 과정
관점	• 행동주의적 관점	• 구성주의적 관점

03 다음 〈보기〉에서 설명하는 스키마의 기능이 무엇인지 쓰시오.

┌ 보기 ┐

  절차는 실제로 매우 간단하다. 먼저 사물들을 몇 종류로 분류한다. 물론 해야 할 양이 얼마나 되느냐에 따라서 때로는 한 묶음으로도 충분할 수가 있다. 시설이 모자라 다른 곳으로 옮겨야 한다면 그렇게 한다. 그렇지 않다면 이제 준비는 다 된 셈이다. 중요한 것은 한 번에 너무 많은 양을 하지 말아야 한다는 점이다. 아예 조금씩 여러 번 하는 것이 너무 많은 양을 한 번에 하는 것보다 차라리 낫다. (중략) 일단 이 일이 끝난 다음에는 사물들을 다시 분류한다. 그리고 적당한 장소에 넣어둔다.(후략)

  이 글은 '세탁기 사용'에 관한 글이다. 그런데 이 글 내용이 무엇(빨래하기)을 다루고 있는지를 모르는 독자들은 자신이 읽은 것을 거의 기억하지 못했다. 그들이 읽은 것에 관련되는 특정 지식을 활성화하지 못하였기 때문이다. 반면에 글을 읽기 전에 제목을 미리 알고 이 글을 읽은 학생들은 이 글을 이해하기가 쉬웠다고 응답하였고, 세부 내용까지 기억하였다.

04 다음 〈보기〉의 괄호에 들어갈 알맞은 말을 순서대로 쓰시오..

┌ 보기 ┐

  (ㄱ) 이론은 독자들이 읽는 동안 의미를 구성하는 데 있어서 수동적으로 의미를 받아들이는 방법이 아니라 활동적으로 참여할 것을 제안한다. 즉, 읽기를 역동적인 과정으로 보는 것이다. 그것은 의미의 발견이기보다는 의미의 창조. 의미는 개인적인 독자들에 의해 창조되는 것이기 때문이다. 어떤 텍스트이든 단 하나의 올바른 의미가 있는 것은 아니다.

  로젠블랫은 읽기의 과정을(ㄴ)로 보았다. 그녀에 따르면, "모든 읽기는 하나의 행위이거나 기호, 텍스트에 대한 특별한 독자와 특별한 형식을 포함하며, 특별한 시간에 특별한 맥락에서 발생하는 거래이다." 독자와 텍스트는 서로 영향을 미치는 두 개의 고정된 실재가 아니다. 그것은 전체의 역동적인 상황에 나타나는 두 양상이다. '의미'는 텍스트 '안에' 또는 독자 '안에' 기성품으로 존재하는 것이 아니라 독자와 텍스트 사이에 거래가 일어나는 동안 생겨나거나 형성된다.

05 다음 〈보기〉에서 설명하고 있는 읽기 과정 모형이 무엇인지 쓰시오.

┌ 보기 ┐

  이 모형은 글 자체보다는 글에 대한 독자의 적극적인 가정이나 추측을 토대로 의미를 파악하게 된다는 입장을 취한다. 이때 독자의 배경지식이 중요하기 때문에 글을 읽을 때 글 내용에 대한 독자의 배경지식이 많을수록 글에 대한 이해가 쉬울 것이다.

06 다음은 독해의 정의를 옮긴 것이다. 빈칸에 알맞은 말을 아래 〈보기〉에서 찾아 순서대로 쓰시오.

┌─ 보기 ┌─
구성, 독서 전략, 사전 지식, 상황, 조직, 추론, 회상
└─

독해는 독자 자신의 (ㄱ)와/과 필자가 제사한 단서를 사용하여 어느 특정한 사회 문화적 맥락 안에서 독자 개인에게 유용한 하나의 의미를 (ㄴ)(하)는 것이다. 이 과정은 개개의 문장에서 개별 낱말들의 의미를 이해하는 것과 선택적으로 정보를 (ㄷ)(하)는 것, 절과 문장 사이의 관계를 추론하는 것, 요약된 정보를 통해 글의 정보를 (ㄹ)(하)는 것, 그리고 필자가 의도하지 않은 내용에 대해서도 (ㅁ)(하)는 것을 포함한다. 이러한 과정은 상호간에 작용하고, 독자 자신의 목적에 맞춰 글을 읽는 독자에 의해 통제되고 조절된다(초인지 과정). 그리고 독해는 전체적인 (ㅂ)에서 일어난다(상황 맥락). 독자가 특정한 목적을 달성하기 위해 어떤 과정을 주의 깊게 선택할 때, 그 과정을 (ㅅ)(이)라고 부른다.

－ Judith W. Irwin

07 다음은 읽는 중 전략의 하나이다. 〈보기〉에서 설명하는 독서 전략을 쓰시오.

┌─ 보기 ┌─

이것은 특정 정보를 얻기 위해 글을 읽을 때 사용하는 빠른 속도의 읽기 능력이다.

이것은 책을 전부 읽지 않고도 정보를 파악하는 방법으로 전화번호부에서 필요한 번호 찾기, 사전에서 필요한 단어 찾기, 열차시간표에서 원하는 차편 찾기와 같은 것이 대표적인 예이다.

학생들이 이를 배우고 나면, 책을 전부 읽지 않고도 필요한 정보를 얻을 수 있게 된다. 또한 단어를 시각화하는 능력도 배우게 된다. 그리고 책을 읽을 때 속도를 높이기 위한 전략으로 사용할 수도 있다.
└─

08 다음은 능동적인 독서를 위한 전략의 하나이다. 〈보기〉에서 설명하는 독서 전략을 쓰시오.

┌─ 보기 ┌─

이것은 배경지식의 활성화를 통한 능동적 읽기 전략의 하나이다.

학생들에게 글을 읽기 전에 글의 내용을 예측하고, 글의 주제에 대해 이미 알고 있는 것을 생각해 보게 한다. 또한 글을 읽으면서 자신의 예측이 옳은지 그렇지 않은지 확인하고 글을 읽은 후에는 새롭게 배우고 경험한 것을 평가하고 정리하는 능력을 신장하기 위한 전략이다.
└─

09 다음은 읽기의 한 과정을 설명한 글이다. (ㄱ)에 들어갈 읽기 과정을 쓰시오.

┌─ 보기 ┌

　　사람들이 글을 읽을 때 반드시 필요하지 않은 추론을 하기도 한다. 그리하여 종종 필자의 의도된 메시지를 (ㄱ)하기도 하며, 심상을 더 풍부하게 형성하기도 하며, 읽은 내용에 대해 정서적 반응이나 주관적 반응을 생성해 내기도 한다. 이러한 추론도 독자가 구성하는 의미의 한 부분이다. 이러한 추론을 (ㄱ)(이)라 부르며 반드시 필요하지 않은 명제나 내용을 생성해 내는 추론이라는 점에서 '초대받지 않은 추론(uninvited inferences)'이라고도 한다.

10 다음 〈보기〉에서 설명하고 있는 읽기 전략이 무엇인지 쓰시오.

┌─ 보기 ┌

　　글을 읽어 나가면서 글의 내용이나 글을 읽는 방법 등에 대해 스스로 질문을 제기해 나가는 것을 말한다.

　　읽기는 주어진 글의 내용을 그대로 받아들이는 행위가 아니라 나름대로 의미를 구성하는 행위라는 점을 생각할 때, 이는 글을 깊이 있게 이해하고 나름대로 해석하게 하는데 반드시 필요한 행위이고 한편으로 독해를 잘 하는 데 도움이 되는 전략이다. 또한 학생들은 이 전략을 통하여 수동적인 관찰자에서 능동적인 독자로 바뀌게 되고, 중요한 내용에 집중하게 되며 자신의 이해과정에 주목하게 되는 점의 이점이 있다.

11 다음 〈보기〉에서 설명하고 있는 읽기 방법(또는 독해 수준)을 쓰시오.

┌─ 보기 ┌

　　독해 수준에 따른 독해 방법 중에 가장 상위의 수준에 속하는 기능이다.

　　이 읽기 방법은 자신의 가치관이나 신념에 비추어 글 전체에 대한 평가를 내리는 과정으로 단어 선택, 문장 및 문단의 구조, 글 전체의 구조, 내용의 논리적 전개 등의 측면에서, 또한 글 전체의 통일성, 일관성, 강조성 등 수사적인 측면에서 내용, 조직, 표현상의 정확성, 적절성, 타당성과 효용성을 판단하는 인지행위를 말한다.

12 다음 〈보기〉는 "글의 표현 방식을 파악하고 표현의 효과를 평가한다."라는 성취 기준에 대한 설명이다. 빈 칸에 알맞은 내용을 순서대로 쓰시오.

┌─ 보기 ┌

　　글을 비판적으로 읽는다는 것은 글의 내용, 글의 형식, 글에 사용된 작은 단위의 표현도 평가하며 읽는다는 뜻이다. 이 성취 기준은 특히 글의 표현에 초점을 맞추고 있다. 필자는 자신의 의도를 전달하기 위해 직유나 은유와 같은 (ㄱ), 과장이나 반복과 같은 (ㄴ), 대구나 도치와 같은 (ㄷ), 속담이나 격언과 같은 관용 표현을 사용할 수 있다.

13 다음 〈보기〉의 (ㄱ)과 (ㄴ)에 들어갈 내용을 각각 쓰시오.

┌ 보기 ┌

글의 구조나 기능이 관습화되어 거의 일정한 기능과 구조로 이해될 때, 이렇게 관습화된 구조나 기능을 갖는 글들을 모아 분류한 것을 (ㄱ)(이)라 한다. 그리고 이것을 '기능' 중심으로 분류할 경우 '정보 전달, 설득, 친교, 정서 표현' 등으로 분류되고, '구조'를 중심으로 분류할 경우, '기술, 설명, 논증' 등으로 분류되는데, 현재 국어 교육에서는 (ㄴ) 중심의 분류 체계를 활용하고 있다.

그리고 이러한 (ㄱ)은/는 대개 일정한 내용 전개 방식 또는 의미 구조를 갖는 경우가 많다. '편지글'과 같이 매우 정형화된 내용 틀을 갖는 경우뿐만 아니라, 기행문의 '견문과 감상', 설명문의 '화제와 서술', 논설문의 '주장과 논거'와 같이 핵심 내용의 성격이 보편화되어 있기도 하다. 또한 같은 논설문이라도 삼단구조, 사단구조 등과 같이 글의 짜임이 문화권에 따라 달리 선호되기도 한다.

14 다음 〈보기〉의 ( )에 들어갈 알맞은 말을 순서대로 쓰시오.

┌ 보기 ┌

모든 글은 종류와 목적에 따라 관습적인 전개 방식을 갖추고 있다. 예를 들어 논설문은 서론, 본론, 결론의 전개 방식을 취하고 있고, 소설은 발단, 전개, 위기, 절정, 결말의 전개 방식을 취하고 있다. 또한 모든 글은 종류와 목적에 따른 구조적 특성을 가지고 있다. 예를 들어, (ㄱ)은 비교, 예시, 대조, 열거, 인과 등의 구조를 주로 사용하고, (ㄴ)은 인물이 어떤 배경에서 사건을 경험하는 이야기 구조를 취하고 있다. 이런 내용은 "글의 구조에 대한 지식이 있는 독자는 그렇지 못한 독자에 비해 글의 내용에 대한 회상과 이해 등에 뛰어남을 보인다."는 (ㄷ) 이론과 관련된다.

15 다음 〈보기〉에서 설명하는 내용이 무엇인지 쓰시오.

┌ 보기 ┌

텍스트의 내용과 형식은 다른 텍스트와의 관계 속에 존재한다. 이 관점에서 보면 독자의 글 이해는 이미 읽은 글의 내용들과 지금 읽고 있는 글의 내용이 연결되는 과정이다. 독자가 글을 읽는 과정은 끊임없이 다른 글을 참조하면서 의미를 구성하는 과정이다.

16 다음 〈보기〉는 (ㄱ)에 대한 설명이다. (ㄱ)에 들어갈 말을 쓰시오.

┌ 보기 ┐

　글에는 그것이 한 편의 완성된 소통 단위임을 느끼게 하는 어떠한 특성이 있다. 낙서판의 낙서 모음과 같은 여러 문장의 집합체와 달리, 하나의 일관된 소통 의도를 갖는 것으로 이해되는 글은 독특한 특성을 갖는다.

　이런 글은 기본적으로 글을 이루는 모든 문장의 의미가 그물망과 같이 서로 연결되어 있다. 한 편의 글은 하나의 의미망이 되는 것이다. 특히 '글답다'고 느껴지는 대개의 글은 그 의미망에서 체계적인 질서를 느낄 수 있다. 글의 의미가 일관되고 체계적이기 때문이다. 이와 같이 글이 갖고 있는 일관되고 체계적인 의미를 (ㄱ)(이)라고 한다.

17 다음 〈보기〉는 표지(標識)의 기능에 대한 설명이다. (ㄱ)과 (ㄴ)에 들어갈 내용을 각각 쓰시오.

(2004 기출)

┌ 보기 ┐

　…

　현재 인류의 도전은 머지않아 ⊙이와 같은 결과를 초래하지 않을까 우려된다. 과학자들의 연구는 충분히 보장되어야 하지만, 유전자 조작 기술의 오용만큼은 확실히 막아야 한다. ⓒ따라서 과학자에게는 새로운 시대에 걸맞은 책임 의식과 윤리관이 절실히 필요하다.

　⊙은 앞에 언급한 내용을 (ㄱ)(하)는 기능을 한다. 곧, 앞 단락에서 제시된 내용인 '인간의 오만한 도전에 대해 신이 내린 재앙'을 나타내는 표지이다.

　ⓒ은 앞에 언급한 사실이 뒤 내용의 (ㄴ)이/가 됨을 알려 주는 표지이다. 즉, '과학자에게 올바른 책임 의식과 윤리관이 필요하다'는 주장의 근거가 앞에서 언급한 '유전자 조작 기술의 위험성'임을 알 수 있게 해 준다.

18 다음 글은 표지어의 유형을 정리한 것이다. ( )에 알맞은 표지어의 유형을 쓰시오.

　(ㄱ)은/는 하나의 대상이 두 가지 이상의 명제나 문장으로 표현되어야 할 때, 겉으로는 두 개의 문장이지만 속뜻으로는 동일한 대상에 묶인 연관된 내용임을 표현하는 표지어이다. 주로 지시어나 단어의 반복, 다른 단어로의 대치 등의 형태로 나타난다.

　(ㄴ)은/는 내용들이 어떠한 성격으로 연관되는지를 표시하는 표지어이다. 두 개 이상의 명제나 문장이 어떠한 관계로 연결되는지, 그 연결 고리의 특성을 드러내어 줌으로써 입체적인 내용의 배치와 성격을 알려준다. 접속부사나 연결 어미 등이 이 유형의 표지어이다.

　(ㄷ)은/는 요약이나 제시어와 같이 글 의미의 구조를 전체적으로 한눈에 볼 수 있도록 돕는 표지어이다. 곧, '이 날에 행해진 풍속을 알아보자'는 글의 앞부분에 사용되는 유형이고, '지금까지는 주로 지각 과정을 살펴보았다'는 글의 뒷부분에 사용되는 유형이다.

19 다음 〈보기〉의 (ㄱ)에 들어갈 알맞은 말을 쓰시오.

> **보기**
>
> (ㄱ)은/는 텍스트의 구조를 시각적으로 보여 주는 모든 종류의 표와 그림을 포괄한다. 예를 들어, 벤다이어그램, 문제-해결과 원인-결과 도표, 연대표, 사건 연쇄가 이에 해당한다.

20 다음 〈보기〉의 (ㄱ)과 (ㄴ)에 들어갈 알맞은 말을 쓰시오.

> **보기**
>
> 현시적 교수법(explicit instruction)은 직접 교수법(direct instruction)에 학습자의 자발적 사고를 조장할 수 있도록 보완하여 발전시킨 모형이다. 처음에는 교사가 중심이 되어서 명시적이고, 적극적으로 문제를 해결하는 방법을 안내해 주고 점차적으로 학생이 독립적으로 문제를 해결할 수 있도록 유도해 줄 것을 강조한다.
>
> 과정은 '시범 → 교사의 유도 연습 → 강화 → 학생 독립 연습 → 적용'의 단계로 이루어진다. '시범'에서는 기능과 전략을 간략히 소개하고, 이를 어떻게 사용할 것인지 (ㄱ)을/를 활용하여 보여준다. … (중략) …
>
> 현시적 교수법은, 처음에는 교사가 적극적으로 안내해 주고 점차 학생들이 스스로 문제를 해결할 수 있도록 하는 (ㄴ)의 원리가 적용되도록 유의해야 한다.

21 다음 〈보기〉의 (ㄱ)과, (ㄴ)에 공통적으로 들어갈 말을 각각 쓰시오.

> **보기**
>
> 새로운 정보를 얻거나 확실히 이해하기 위해 정보 텍스트 읽기는 국어 교과서뿐 아니라, 백과사전이나 기타 전문서적 등 다양한 설명적 자료들을 꼼꼼히 읽는 것이다. 이에 따라 다른 교과의 학습을 준비하거나 교양 및 전문 지식 습득을 목적으로 하는 '학습 독서'와 관련하여 논의되기도 한다.
>
> 학습을 위한 독서 전략으로 널리 알려진 읽기 방법(모형)으로는 '(ㄴ)-질문하기-읽기-확인하기-재검토하기'의 과정으로 이루어진 (ㄱ) 이외에, '(ㄴ)-읽기-밑줄긋기(Underline)-정리하기(Notes)'의 순서로 이루어진 SRUN이 있다. 이 밖에도 설명문이나 논설문 읽기처럼 일반적인 정보 획득을 위한 독서 방법으로는 '(ㄴ)-해석적 읽기-비판적 읽기'의 과정을 생각해 볼 수 있다. '(ㄴ)'는 글의 전반적인 내용을 전체적으로 살펴보며 읽는 것이며, '해석적 읽기'는 중심 내용을 따지며 읽는 것이다. '비판적 읽기'는 내용의 정확성 및 적절성 등을 평가하며 읽는 것을 말한다. 이는 사실적인 정보 확인 수준을 넘어 추론적 · 비판적 읽기를 지향한다는 점에서 설명문, 기사문, 논설문 등 다양한 종류의 글 읽기에 유용한 방법이다.

22 다음 〈보기〉에서 설명하고 있는 읽기 지도 방법이 무엇인지 쓰시오.

┌─ 보기 ┌

　이 방법은, 글의 구조를 확인하는 기능을 익히고 개선하며, 독해와 회상하는 능력을 개
선하는 데 도움을 주며, 내용 교과적 성격의 글을 지도하는데 적절한 지도법이다.

　Manzo는, 학생들이 글 속의 많은 주요 내용이나 사실들을 기억할 필요가 있을 때, 교
사가 이 방법으로 지도할 것을 권장하고 있다. 그에 의하면 이 과정의 지도에서 학생들은
불분명하고 애매한 질문들을 인식하게 되며, 읽는 동안에 집중력을 증가시키며, 자기 수
정 훈련을 할 수 있고, 글 속의 새 정보들을 구조화할 수 있다고 한다.

　지도 과정은 '읽기 목적 설정 → 글 읽기 → 읽기 확인 → 재지도 → 평가'로 요약된다.
… (중략) … 글 내용의 단기 기억 상태를 확인하기 위하여 객관식 선다형 평가, 주관식
논술 평가가 실시된다. 일주 혹은 2~3주 후에 다시 한 번 평가를 실시한다.

23 다음 〈보기〉의 (ㄱ)에 들어갈 문식성 지도 방법이 무엇인지 쓰시오.

┌─ 보기 ┌

　(ㄱ)은/는 학생에게 통합적인 학습 경험을 추구할 수 있는 기회를 제공하기 위해 개
발되었다. 이것은 학생에게 개인으로서 뿐만 아니라 모둠의 구성원으로서 국어, 수학,
사회, 과학 등 여러 과목의 내용 통합을 필요로 하는 주제에 대해 탐구할 수 있는 기회,
즉 목표를 세우고, 계획하고, 연구하고, 작품을 만들거나 보고서를 쓰고, 함께 공유할
수 있는 기회를 제공한다.

　그러나 (ㄱ)은/는 다음의 몇 가지 한계점을 가지고 있다. 먼저, "주제 통합 및 교과
간의 연계가 제대로 이루어지지 못하고 피상적으로 이루어진다."는 것. 두 번째, "가정과
학교를 연결시킬 수 있는 기회와 다양한 교과를 연계시킬 수 있는 기회를 충분히 활용하
지 못하고 있다."는 점. 세 번째, "학습 활동은 아동에게 학습 내용에 대해 좀 더 탐구할
수 있는 기회를 제공해야 하지 단순히 여러 활동에 참여할 수 있는 기회만 제공해서는 안
된다."는 점. 등이다.

24 다음은 읽기 지도 방식에 대한 설명이다. (ㄱ)과 (ㄴ)에 들어갈 내용을 각각 쓰시오.

┌─ 보기 ┌

　읽기 지도 방식을 크게 나누면, (ㄱ)와/과 (ㄴ)(으)로 나눌 수 있다. 전자는 한 편의
글이나 한 권의 글(책)을 읽고 난 다음에 독자가 무엇을 얻게 되었는가에 초점을 둔다. 대
체로 글을 읽은 후에 얼마나 많은 것을 얻게 되었는지, 그리고 그것은 정확한 것인지에
초점을 둔다. 후자는 그것을 얻기까지의 과정을 강조한다. 즉, 글을 읽는 일련의 과정에
교사가 '개입하여' 학생들에게 글을 읽는 방법을 가르쳐 주고, 책에 있는 내용을 자기 나
름대로 분석, 종합하는 과정을 강조하게 된다. 독서 지도를 위한 두 가지 접근 방식 중에
서, 최근에는 후자가 강조되고 있다.

25 다음 (ㄱ)과 (ㄴ)에 들어갈 두 내용을 추측하여 각각 쓰시오.

> ┌ 보기 ┌
>
> 　글을 읽고 어떤 내용을 학습할 때 중심 내용 파악하기, 요약하기, 밑줄 긋기 등 여러 가지 학습 전략을 사용한다. 이러한 학습 전략은 독서 전략과 유사하거나 중복된다. 그러므로 독서 전략을 학습 전략으로 활용하여 과학과, 사회과 등의 교과 학습에 적극적으로 활용하여야 한다. 독서 시간에 (ㄱ)을/를 하지만 이는 궁극적으로 여러 교과의 내용을 위한 (ㄴ)(으)로 사용할 수 있어야 된다.
>
> 　학습 전략으로 활용할 수 있는 독서 전략은 독서 과정에 따라 읽기 전에 사용할 수 있는 전략, 읽는 도중에 사용할 수 있는 전략, 읽은 후에 사용할 수 있는 전략 등으로 나눌 수 있다.

26 다음 〈보기〉에서 설명하는 읽기 평가 방법이 무엇인지 쓰시오.

> ┌ 보기 ┌
>
> • 개방형 질문을 주어서 답하게 하는 평가 방법이다.
> • 읽고 난 후에 기억한 내용을 인출할 수 있도록 질문하는 방식이다.
> • 질문지의 내용과 순서를 평가 목적에 맞게 정교하게 구성하는 것이 관건이다.
> • 평가자가 내용을 회상할 수 있는 질문을 제시하여 회상을 유도한다.
> • 평가 실시 시 시간이 많이 걸리고, 자료 해석과 평가가 어렵다.
> • 미숙한 학습자(독자)일수록 우연적 의미 획득의 가능성이 높다.

27 다음은 국어과 평가 방법의 하나를 설명하는 글의 일부이다. (ㄱ)과 (ㄴ), (ㄷ)의 빈칸에 들어갈 내용을 각각 쓰시오.

> 　(ㄱ)은/는 읽기, 쓰기 등에서 주로 사용되는 평가 방법이다. 언어 사용은 인지적 활동이며, 인지적 활동을 수행 중인 학생에게 자신의 머릿속에서 진행되는 사고의 작용을 말로 표현하게 한다. 이런 방법을 (ㄴ)(이)라고 한다. 이 때 학생이 산출한 언어 자료를 (ㄷ)(이)라고 한다. 학생이 산출한 (ㄷ)을/를 분석함으로써 아동의 독해 정도, 사고 과정, 초인지 상태 등을 알 수 있다. (ㄱ)은/는 뇌에서 진행되는 언어 사용 과정이나 전략을 직접적으로 살펴볼 수 있다는 점에서 매력적이다. 하지만 (ㄴ) 기법을 이해할 수 있어야 하며, (ㄷ)에 대한 분석과 코딩에 시간이 많이 걸리며 전문적인 식견이 필요하다는 제한점이 있다.(Almasi, 2003)

03 | 작문교육론

01 다음 〈보기〉의 괄호 안의 ㉠, ㉡에 해당하는 말을 순서대로 쓰시오. (2019 기출)

보기

제출 과제		저작권, 알고 계십니까?	제출자	윤○○
쓰기 지식	분석		판단	
(㉠)	• 저작물과 저작권의 개념, 저작물의 조건과 종류, 저작권의 특징, 저작권을 위반한 사례 등을 다양하게 제시함. • 독서 경험뿐만 아니라 관련 서적, 전문가 의견, 시민 인터뷰 자료 등을 활용하여 독자에게 다양한 정보를 줌.		저작권에 대한 필자의 (㉠)이/가 풍부함.	
(㉡)	• 저작권에 대한 기획 보도 기사문으로 분량이 많음에도 불구하고, 부제와 전문을 넣지 않아 정보를 효율적으로 전달하지 못함. • 사실과 의견을 명확하게 구분하지 않음.		기사문에 대한 필자의 장르 지식이 부족함.	
	생략			

02 〈보기〉는 한 학생이 쓴 일기의 일부이다. '국어 선생님'이 중시하는 작문 이론의 관점을 쓰시오.

보기

오늘 국어 선생님께서 모범문을 모방해서 설득적인 글을 쓰게 하셨다. 나는 모범문의 틀을 따라서 학교 급식에 학생들이 좋아하는 반찬을 많이 만들어 달라는 글을 썼다. 평소에도 선생님께서는 모범적인 글을 읽는 것을 강조하신다. 그렇게 하면 글의 여러 요소를 활용할 수 있어서 글을 잘 쓴다고 하신다. 마음에 드는 부분을 외우는 것도 좋은 방법이라고 하셔서 오늘은 나도 글에서 본 것을 모방해서 써 보았다. 그렇게 썼더니 글쓰기가 좀 쉬워진 것 같다.

03 다음 〈보기〉의 빈칸에 들어갈 내용을 순서대로 각각 쓰시오.

보기

Flower & Hayes(1981)는 작문의 인지적 과정을 계획하기, 작성하기, (ㄱ), (ㄴ) 등의 특징적인 과정으로 구분하였다. 여기에서 계획하기는 내용을 생성해 내고, 그것을 조직하며, 글의 목적과 절차를 결정하는 사고 활동을 지칭하며, 작성하기는 계획하기 과정에서 만들어진 내용을 문자 언어로 번역하여 표현하는 인지적 과정을 지칭하고, (ㄱ)은/는 지금까지 계획된 내용 혹은 작성된 내용을 평가하고 고쳐 쓰는 과정을 지칭한다. 그리고 (ㄴ)(으)로 말미암아 필자는 계획하기 과정에서 작성하기 과정으로 옮겨가거나 또 다른 과정으로 옮겨가는 것을 결정할 수 있는 것으로 설명하고 있다.

04 다음 〈보기〉는 작문의 관점에 따른 독자관을 기술한 것이다. (ㄱ)과 (ㄴ)에 들어갈 작문의 관점을 쓰시오.
(2013 기출)

┌ 보기 ┌

(ㄱ)의 관점에서는 독자를 담화 공동체의 사회화된 구성원으로 보며, 이때의 독자는 담화 공동체의 신념, 가치, 해석 전략을 공유하고 있는 사람이다. 필자는 작문 과정에서 작문의 내용, 구성, 표현 등에 대해 공동체 구성원과 대화하고 협상 하면서 의미를 구성한다.

(ㄴ)에서 독자는 필자를 향해 말을 걸어오고, 무엇인가를 요구하면서 작문 전반에 걸쳐 지속적으로 영향을 미치는 능동적인 존재로 이해된다. 필자와 독자 간의 교호 작용을 '대화'로 설명하는 방식은 문어의 구어성에 주목한 것으로 볼 수 있는데, 이런 관점에 서면 독자는 필자와 함께 공저자의 지위를 얻는다.

05 다음 〈보기〉의 (ㄱ)에 들어갈 한 단어를 쓰시오.

┌ 보기 ┌

쓰기 (ㄱ)은/는 글을 쓰는 행위를 불러일으키는 원동력으로 쓰기 활동을 수행하고 싶어 하는 심리적 상태를 말한다. 그런데 쓰기 (ㄱ)을/를 신장한다는 것은 학생들이 쓰기 활동에 대해 지속적이고 일관된 태도를 형성하고자 하는 것이라 할 수 없다. 즉 상황과 조건에 따라 어떤 때는 쓰고 싶고 어떤 때는 쓰고 싶지 않은 것이 아니라 쓰기 활동에 대한 선호와 능동적 참여의 자세가 내면화되기 시작했을 때 진정한 의미의 (ㄱ) 신장이 이루어졌다고 할 수 있을 것이다.

이처럼 쓰기 행동을 촉발하고 유지시키는 쓰기 (ㄱ) 중 자체를 좋아하는 쓰기 신념, 쓰기 효능감, 쓰기 흥미들을 쓰기의 내재적 (ㄱ)(이)라 하고, 이에 반해 인정받기, 상호 작용, 모방, 보상 들이 중요한 요인으로 작용하는 경우 쓰기의 외재적 (ㄱ)(이)라 해서 두 가지로 분류할 수 있다.

06 다음 〈보기〉의 (ㄱ)에 들어갈 알맞은 내용을 쓰시오.

┌ 보기 ┌

쓰기의 회귀적 특성을 실현하여 역동적인 의미 구성을 가능하게 하는 (ㄱ)의 예로는 다음과 같은 것들이 있다.

"이 정도면 내용을 충분히 생성했어. 그렇다면 이제 무엇을 해야 하지? 그래, 주제에 맞는 내용을 선정해 볼까?", "이렇게 조직하고 보니 글의 균형이 안 맞는군. 개요쓰기로 돌아가는 것이 필요해", "이 내용은 독자의 지적 수준에 맞지 않는군. 일부를 삭제하고 대신 좀 더 쉬운 예를 들어서 독자의 이해를 도와야겠어.", "이 부분은 설득하는 글의 특성이 잘 드러나지 않아. 주장을 좀 더 뒷받침할 수 있는 근거를 명확하게 제시해야겠어."

07 다음 〈보기〉는 작문의 문제해결과정 중 어느 과정에 대한 설명인지 쓰시오.

┌ 보기 ┐

　이 과정에서 우선 필자는 작문을 구성하는 수사적인 상황에 대한 개략적인 구도를 작성한다. 필자는 수사적인 문제를 정확하게 인식함으로써 해결해야 할 문제를 명확히 규정지을 수 있다. 글의 구도를 작성하기 위해서는 글을 쓰는 목적에 대한 구체적인 하위 목적을 설정하는 것이 효과적인 방법이다.

08 〈보기〉는 글쓰기에 영향을 미치는 작문 상황 요인을 설명한 것이다. 빈칸에 들어갈 적절한 내용을 각각 쓰시오.

┌ 보기 ┐

　작문 상황 요인으로 첫째, 필자가 있다. '누가'에 해당하는 것으로 자신의 입장을 가지고 글을 쓰는 주체이다. 필자는 자신의 입장을 효과적으로 전달하기 위해 (ㄱ) 중심의 글을 쓰도록 해야 한다. 둘째, 예상 독자이다. '누구에게'에 해당하는 것으로 글쓴이가 상정한 가상의 독자이다. 필자는 예상 독자의 지식수준, 필요성, 태도 등을 분석하여 글을 써야 한다. 셋째, 글의 주제이다. '무엇을'에 해당하는 것으로 작문 과제와 관련된다. 스스로 선택한 주제와 외부에서 주어지는 주제로 구분할 수 있다. 넷째, 글의 목적이다. '왜'에 해당하는 것으로 정보전달, 설득, (ㄴ), 정서 표현의 4가지로 구분할 수 있다. 이들 요인들은 작문의 과정에서 서로 영향을 미친다.

09 다음 〈보기〉에 제시된 활동들은 모두 쓰기의 어떤 전략과 관련되어 있다. 이 전략은 무엇인지 쓰시오.

┌ 보기 ┐

그림 그리기, 조사 및 관찰, 인터뷰, 토의, 문답 놀이,
관련 텍스트 읽기, 직접 경험, 자유 연상, 상상하기 등

10 다음 〈보기〉에서 설명하는 내용이 무엇인지 쓰시오.

┌─ 보기 ┌

　　이것은 알렉스 오스본(Alex Osborn)에 의해서 개발된 집단적 사고의 전형적인 기법이다. 이 방법의 기본 전제는 사고의 양이 질을 결정한다는 것이며, 양으로 축적된 아이디어를 목록별로 정리하고, 발산시켜서 목적한 바를 얻는다는 것이다. 그러나 이 기법은 목표지향적인 사고 활동이므로 생각이 문제의 핵심에서 벗어나서는 안 된다. 이 기법은 작문의 쓰기 전 활동인 아이디어 생성 단계에 활용할 수 있는 생성 전략이다.

11 다음 〈보기〉의 (ㄱ)에 들어갈 쓰기 전략을 쓰시오.

┌─ 보기 ┌

　　내용 조직 전략은 방법에 의한 전략과 내용에 의한 전략으로 나누어 생각할 수 있다. 방법에 의한 전략으로는 대표적으로 '개요 짜기' 전략과 (ㄱ) 전략이 있다. 이 두 전략의 목적은 정리, 분류, 체계화에 있다. 중심 활동은 생각 그물을 보고 정리하는 것이지만 정보의 추가와 삭제는 생각묶기 단계에서도 일어난다. 그런데 개요 짜기는 자유롭고 창조적인 사고의 흐름을 묶어 버리는 경우가 허다하다. 예를 들면 논문 목차나 책의 목차가 개요 짜기의 대표적인 경우라고 할 수 있다. 논문 목차를 쓴다고 가정할 경우, 목차 구성 자체가 자유로운 사고의 흐름을 방해한다고 볼 수 있다. 목차는 좌에서 우로, 위에서 아래로 정보가 조직되며, 이러한 정보 구성은 학습자에게 심리적인 부담으로 작용한다. 이에 비해서 (ㄱ)은/는 정보의 공간적인 활용이 가능하다. 즉, 공간은 학습자의 심리를 보다 편안히 해 주므로 정보를 빠른 속도로 조직할 수 있으며, 정보의 추가·삭제가 용이하다고 할 수 있다. 또한, 정보를 정리하는 중에도 필요한 경우에는 생각 그물 전략을 일부 활용할 수도 있다.

　　내용에 의한 전략은 글의 구조나 성격에 따라서 글을 조직하는 방법을 말한다. 글을 조직하는 방법은 동태적 범주와 정태적 범주에 따라 나눌 수 있다.

12 다음 〈보기〉의 예문을 통해 설명할 수 있는 글 구조를 제시하시오.

┌ 보기 ┌

그런데 우리나라는 아직도 최종 학위인 박사 학위를 선진국에 의존하고 있다. 석사 학위까지는 국내에서 하더라도 박사 학위만은 소위 선진국에 가서 하기를 권장하고 있다. 교수를 채용할 때도 아직은 외국 박사를 선호하는 것이 오늘의 실정이다. 이것은 바로 우리나라가 교육에서 독립하지 못하고 있음을 말하는 것이요, 선진국이 되지 못하였음을 입증하는 것이라고 하겠다.

우리나라가 선진국의 지배에서 벗어나기 위해서는 그리고 선진국으로 등극하기 위해서는, 늦어도 2005년까지는 다섯 개 정도의 세계적인 대학이 생겨나야 할 것이고, 교육에서도 독립해야 할 것이다. 교육에서 독립하는 일이 선진국이 되는 길임을 명심해야 할 것이다.   – 박영식, '교육은 지배 원리이다'에서

13 다음은 교육 과정에 제시하고 있는 통일성과 응집성에 대한 개념 설명이다. (ㄱ)과 (ㄴ)에 들어갈 알맞은 내용을 쓰시오.

┌ 보기 ┌

통일성은 글의 여러 내용이 하나의 (ㄱ)(으)로 긴밀하게 연결되어야 한다는 것을 표현한 개념이고, 응집성은 글의 여러 문장은 (ㄴ)적으로 긴밀하게 연결되어야 한다는 것을 표현한 개념이다. 통일성과 응집성은 글을 글답게 만드는 주요 특징이자 원리이다.

14 다음 〈보기〉의 (가), (나)를 통해 설명할 수 있는 내용 전개 방법을 각각 쓰시오.

┌ 보기 ┌

(가) 수정과(水正果)를 담그는 일도 쉽진 않다. 우선 감을 깎아 가으내 말려서 곶감을 만들어 두어야 한다. 알맞게 건조(乾燥)한 곶감은 바알갛게 투명(透明)하기까지 하고, 혀끝에 녹는 듯한 감칠맛이 있다. 이것을 향기로운 새앙물에 띄우고, 한약방에서 구해 온 계피(桂皮)를 빻아 뿌리는 것이다.

(나) 전라도 고부군의 농민들이 군수 조병갑의 학정에 항거하여 동학의 접주 전봉준을 선두로 봉기하자, 동학 교도를 중심으로 농민들이 함께하여 이 운동이 확산됐다.

15 다음 〈보기〉에서 설명하는 쓰기 전략을 쓰시오.

┌ 보기 ┌

　이 전략은 글자 그대로 생각다발을 보면서 그 생각다발을 짧은 시간 안에 문장화하는 작가 중심의 초고쓰기 전략이다. 글쓰기는 고차원적인 사고 과정을 요하는 매우 복잡한 인지 과정이다. 작가는 한 편의 글을 쓰면서 많은 인지적 제약 요인을 갖게 된다. 이때 이 전략을 활용하면 위의 제약 요인들을 극복하는데 도움을 받을 수 있다. ....(중략)... 단, 글의 내용을 고치기 위해서 글을 쓰는 활동을 멈추지 않아야 하고, 쓰고자 하는 단어가 생각이 나지 않으면 그 부분을 빈 공간으로 처리한다.

16 다음 〈보기〉의 (ㄱ)에 들어갈 알맞은 내용을 쓰시오.

┌ 보기 ┌

　쓰기 과정의 수정하기는 초고의 내용과 형식을 고쳐쓰고 작품으로 완성하는 과정이다. 근래에 쓰기 행위에서 수정하기의 중요성은 점점 더 강조되고 있다. 초고와 완성된 글이 완전히 다를 정도로 전면적으로 수정한 글일수록 완성도가 높다고 볼 수 있다. 어떤 의미에서는 '다시 쓰기(rewriting)'라는 용어가 더 적절할 수도 있다.
　수정은 필자 스스로 하기도 하지만, 독자의 힘을 빌리는 것이 더 효과적이다. 독자의 중요성을 강조한 대표적인 수정하기 전략으로는 (ㄱ)이/가 있다. 이는 몇 명의 학습자가 소집단을 구성하여 서로의 글을 읽어주고, 협의하는 것으로, 협의하기 활동을 수정하기 전략으로 적용한 것이다.

17 다음 〈보기〉의 (ㄱ)은 쓰기 수행 평가의 하나이다. 무엇인지 쓰시오.

┌ 보기 ┌

　쓰기 수행평가에서 새롭게 강조된 평가방법에는 (ㄱ)이/가 있다. 이것은 특정 기간에 일정한 목적을 가지고 선택적으로 학생의 쓰기 활동을 표집하고 구조화한 자료철로, 여러 가지 형식이나 주제의 글, 각종 기록지, 내용 목록표, 자기 평가지 등을 포함한다. 따라서 이 평가는 학습자의 쓰기 능력에 대한 변화나 성장 과정을 나타내어 주고, 다양한 내용과 형식의 텍스트와 관련 기록물이 있어 쓰기에 대한 풍부한 정보를 제공해 준다.

18 다음 〈보기〉의 (ㄱ)에 들어갈, 쓰기 평가 방법을 쓰시오.

┌ 보기 ┐

(ㄱ)은/는 단편적 기록이나 쓰기 일지 같은 것으로 쓰기 과정에서 프로젝트를 할 때 사용한다. (ㄱ)은/는 전략 사용 능력, 쓰기 기능의 지식에 대하여 학생의 쓰기 발달에 풍부한 세부 정보를 제공한다. 교사는 기록을 하면서 평가를 하거나 정보를 해석하려 하지 말고 특기 사항을 기술하거나 학생을 관찰한 것에 대한 보고를 작성한다. 1년 이상 모아둔 기록은 학생의 필자로서의 발전을 보여주는 자료가 된다.

Rhodes와 Nathenson-Mejia(1992)는 학생이 자주 쓰는 패턴을 알고, 학생 글의 장점과 단점을 파악하며, 학생 발달 상황에 대한 추론을 정리할 것을 추천한다. 교사는 기록하고 분석하는 데 충분한 시간이 필요하다. 일반적으로 날짜별로 학생의 글쓰기에서 특기사항을 기록하여 종합적으로 분석하는 것이 편리하고 효과적이다. 언제 주제를 선정했고, 언제 관련 자료를 찾았고, 초고를 어느 정도 썼는지 등을 기록해두고 전체적으로 활용하는 것이다.

19 다음 〈보기〉의 설명은 작문 과정 평가의 한 방법에 대한 언급이다. (ㄱ)에 들어갈 평가 방법을 쓰시오.

┌ 보기 ┐

(ㄱ)은/는 글을 완성한 뒤, 글을 완성하기까지의 과정을 주제로 하여 다시 글을 쓰게 하는 방법이다. 작문 과정을 주제로 하여 글을 쓰게 함으로써, 작문 과정에서 봉착했던 문제는 무엇인지, 그 문제를 해결하기 위해서 어떤 전략을 어떻게 활용하였는지, 글을 쓰는 과정에서 참조한 자료, 새롭게 떠오른 생각은 무엇인지 등을 드러낼 수 있게 된다. 이러한 정보들은 글을 완성하는 과정을 구체적으로 보여준다는 점에서 유용성이 매우 높다.

20 다음 〈보기〉의 글에서 괄호는 한 학생의 생각을 글로 표현한 것이다. 이것이 쓰기 평가 방법이라 할 때, 무엇을 활용한 평가인지 쓰시오.

┌ 보기 ┐

('길'이란 제재에 대해 일반적으로 가질 수 있는 뻔한 생각은 버려야겠다. 오솔길이나 집으로 가는 길 등 물리적인 '길'은 쓰지 말자.)

광부 루이스 우루수아는 칠흑 같은 갱도 안에서 희망을 놓지 않았다. 그의 강인한 리더십 덕분에 카니발리즘의 현실화를 막았고 동료 전원을 구할 수 있었다. (광부들의 극한 상황을 위한 단어 선택 - 카니발리즘의 유혹) 위기 상황에서 일방향적 소통은 무리를 하나로 만든다. 그리고 마침내 살길을 찾는다. 명령, 카리스카, 불가항력으로 수식되는 일방향의 힘이다. (길은 어디론가 통한다. '통합'의 의미를 소통으로 해석하자....) 경상도 남자는 말수가 적다고 한다. (비포장길은 거칠고 퉁명한 이미지다. 투박한 의사소통의 대명사, 경상도 남자를 예로 들자.) '밥도, 애는?, 자자'로 정리되는 생활 어록은 가정 내에서 일종의 권력이다. (경상도 남자의 특성이 드러나는 예. ㅋ) 〈하략〉

21 다음 〈보기〉의 (ㄱ)에 들어갈 쓰기 지도 방법과, (ㄴ), (ㄷ)에 들어갈 구성 요소를 각각 쓰시오.

┌─ 보기 ┌
(ㄱ)은/는 '전문가의 도움을 바탕으로 하여 구성원들이 능동적으로 토의·토론에 참가하여 집단적으로 문제를 해결하는 연구 협의회'이다. 곧, 일정한 과업에 대하여 기본적으로 여러 구성원들이 모여 협의 과정을 거치면서 과업의 문제를 해결하는 일종의 공동의 문제 해결 과정 혹은 절차로 볼 수 있다. 단, 이때 문제 해결의 주요한 국면에는 과업과 관련한 전문가를 포함하며 과업 전문가의 도움을 통해 과업 수행에 참여하는 구성원들이 문제를 해결해 나가는 것이다.
(ㄱ)의 구성 요소들은 이를 설명하는 연구자나 적용하는 교사들마다 차이를 보인다. 이 지도 방법을 처음 개발한 Graves(1983)는 '쓰기 활동'과 '협의하기'로 구성된다고 하였고, 이를 더욱 구체화한 Tompkins(2004)는 '소리내어 읽기, 쓰기 활동, (ㄴ), (ㄷ)'으로 설명하였다.

22 다음 〈보기〉는 쓰기워크숍의 한 구성요소에 대한 설명이다. 해당 구성요소를 쓰시오.

┌─ 보기 ┌
• 학생들에게 필요한 쓰기 전략, 기능이나 개념 등에 대해 가르치는 것으로서 5분에서 15분 정도로 이루어진다.
• 쓰기 워크숍 절차를 설명할 때도 이용할 수 있다.
• 짧은 시간 안에 이루어지는 만큼 그 내용은 학생들이 쉽게 이해할 수 있는 것이어야 하고, 일반적으로 반 전체를 대상으로 하지만, 경우에 따라서는 특정 부문에서 지도가 더 필요한 소집단 학생들이나 개별학생을 대상으로 시행할 수도 있다.

23 다음 〈보기〉는 쓰기 교수 방법의 하나를 설명하는 글의 일부를 옮긴 것이다. (ㄱ)에 알맞은 교수 방법을 쓰시오.

┌─ 보기 ┌
비고츠키(Vygotsky)와 바흐친(Bakhtin)의 덕분인지 쓰기 행위가 사회적 속성, 대화적 속성을 가진다는 것은 이미 널리 알려져 있다. 글을 쓰는 행위는 사회적인 상호관계에 바탕을 두며 대화에 기반을 둔다. 또 많은 학자들은 쓰기 행위가 대화로 구현되는 타자와의 협력활동이라는 점도 언급하고 있다.

① 글쓰기 (ㄱ)은/는 학습자 중심 수업이다.
② 글쓰기 (ㄱ)은/는 글쓰기의 대화적 속성을 잘 구현한다.
③ 글쓰기 (ㄱ)은/는 쓰기 학습을 맥락과 상황 속에서 구현하도록 돕는다.
④ 글쓰기 (ㄱ)은/는 동료 활동을 통해 상호텍스트성을 반영한다.

24 다음 〈보기〉는 작문 지도를 위한 현시적 교수 모형에 대한 설명의 일부이다. (ㄱ)에 들어갈 과정을 쓰시오.

┌─ 보기 ┌─

　작문 전략 지도를 위한 첫 단계의 교수·학습 활동은 교사 주도로 전체 학생을 대상으로 이루어지는 것이 일반적이다. 우선 설명하기 과정에서는 작문 활동에 필요한 전략, 작문 학습 목표와의 연관성 등에 대해 설명한다. 다음으로 (ㄱ) 과정에서는 사고 구술 기법을 활용하여 앞에서 설명한 작문 전략의 활용 방식을 교사가 직접 (ㄱ)을/를 한다. 그런 다음에는 활동 안내하기 과정을 거치는데, 이 과정에서는 학년 수준의 작문 자료나 어려운 작문 자료를 대상으로 하여 지도 교사가 설명한 전략을 학생들이 작문 활동의 과정에서 직접 적용해 보도록 작문 활동을 안내한다. 그리고 작문 활동의 과정에서 작문 전략을 활용하는 방식에 대하여 학생 개인별로 반성해 보거나 소집단별로 토의해 보도록 안내한다.

25 다음 〈보기〉의 (ㄱ)에 들어갈 알맞은 내용을 쓰시오.

┌─ 보기 ┌─

　(ㄱ)은/는 학생 3~5명을 하나의 조로 편성하고, 학생들이 서로 협력하는 가운데 작문을 교수·학습하는 방법이다. (ㄱ)에서는 작문 교수·학습의 목표 및 내용을 고려하여 전문가 집단 모형 등 다양한 협동 학습 모형을 적용할 수 있다. 일반적으로 고쳐쓰기 활동으로 이루어지는 동료 비평 활동, 내용 생성을 협동적으로 진행하는 협동 작문 활동, 작문의 어려움을 대화하면서 해결을 시도하는 협의 활동 등이 활용된다.

26 다음은 쓰기 수업에 대한 설명의 일부이다. 〈보기〉의 (ㄱ)과 (ㄴ)에 들어갈 알맞은 내용을 쓰시오.

┌─ 보기 ┌─

　쓰기 수업은 미숙한 필자인 학습자가 독자적으로 글을 쓰도록 돕기 위해 숙련된 필자인 교사의 사고를 이양시키는 과정이며, 그 매개가 되는 것은 교사의 언어이다. 교사의 언어가 사고 이양의 매개가 된다는 것은 Vygotsky의 (ㄱ) 개념으로부터 나온다. (ㄱ)은/는 학습자의 발달을 설명하는 매우 유용한 개념으로, 학습자의 실제 발달 수준에서 사회적 중재를 통해 잠재적인 발달 수준으로 발달시키는 사고 영역을 가리킨다. …(중략)
　그리고 쓰기 수업에서 (ㄱ)이/가 창출되었다면 학습자의 쓰기 능력 발달을 선도할 구체적인 교수방법인 (ㄴ)이/가 필요하다. 쓰기 수업에서 (ㄴ)이란 미숙한 필자의 쓰기를 지원하는 것인데, 대부분이 수업대화의 형태로 드러난다. 곧, 미숙한 필자는 교사나 앞선 또래와의 상호작용을 통해 도움을 받으며 더 높은 단계로 나아갈 수 있다. 궁극적으로는 미숙한 필자 스스로의 힘으로 문제를 해결할 수 있도록 지원하는 것이다.

27 다음 〈보기〉의 (ㄱ)에 들어갈 알맞은 말을 쓰시오.

┌─ 보기 ┌

　쓰기를 지도할 때는 (ㄱ)을/를 강조해야 한다. 쓰기 시간에만 쓰기 능력을 증진하기 위한 지도를 한다면 시간도 부족하고 효과도 크지 않을 수 있다. 다른 교과에서도 그 교과의 특성에 비추어서 '부분적으로' 쓰기 능력을 증진하기 위한 활동을 해야 한다. 예를 들어 과학 시간에 개구리 한살이에 대한 글을 쓰게 할 때, 이 경우 개구리 한살이에 대한 공부를 위한 수단으로 쓰기 활동을 한 것이지만 이때에도 부분적으로 과학적인 내용의 설명문 쓰기를 지도해야 한다. 한편으로 쓰기 수업 시간에도 다른 교과 학습에서 필요한 쓰기 유형을 인식하고 그 교과 학습을 촉진하기 위한 쓰기 능력을 길러주는 데에도 많은 관심을 가져야 한다.

28 다음은 기사문의 일반적인 구조를 나타낸 표이다. (ㄱ)에 들어갈 요소를 쓰시오.

┌─ 보기 ┌

표제 (부제)	국내산 발효차 '갈산' 중국 보이차만큼 많다. (g당 발효차 0.33% 보이차 0.40%…혈중 콜레스테롤 개선 효능)
(ㄱ)	국내산 발효차에도 갈산 성분이 중국 보이차만큼 많은 것으로 분석됐다.
본문	경남 하동녹차연구소는 국내 발효차와 중국 보이차의 갈산 함량을 분석한 결과…(중략)

29 다음 〈보기〉의 (ㄱ)과 (ㄴ)에 들어갈 알맞은 내용을 쓰시오.

┌─ 보기 ┌

　(ㄱ)은/는 글을 쓰는 개인이나 공동체가 글을 쓰는 과정에서 지켜야 할 행동의 규범으로 정의할 수 있다. (ㄱ)은/는 건전하고 바람직한 쓰기 행동이나 행위를 지향하고 있다는 점에서 가치 지향적인 개념이라고 할 수 있다. 따라서 이를 직접적으로 다루는 교수·학습 방안으로는 (ㄴ) 모형을 일차적으로 떠올릴 수 있다.
　(ㄴ) 모형을 활용한 지도는 (ㄱ)와/과 관련된 갈등 상황에서 선택한 활동을 바탕으로 하여 (ㄱ)에 대한 가치 내면화를 시도하고 있으므로, 가장 직접적으로 다루는 교수·학습 방안이 될 수 있다.

04 | 문학교육론

01 다음 〈보기〉는 상상력을 예로 설명하는 부분이다. (ㄱ), (ㄴ), (ㄷ)에 들어갈 상상력의 종류를 순서대로 쓰시오.

┌─ 보기 ┌──

채만식의 〈탁류〉를 읽고 일제강점기 1930년대 한국의 경제현실과 궁핍화 등을 발견한다면 이는 (ㄱ)이/가 작용된 수준이다. 또한 초봉이, 고태수, 박제호, 장형보 등은 시대의 탁류에 휩쓸리는 인물로 형상화되어 있고 남승재, 계봉이 등은 시대의 질곡을 벗어나고자 하는 인물로 그려져 있다는 점을 발견하는 것, 소설의 지문에 작가가 직접 개입한다는 점을 알아내는 일, 토속어의 문체 효과 등을 찾아내는 것 역시 (ㄱ)의 결과라고 할 수 있다.

〈탁류〉를 통하여 그 시대가 청류(淸流)의 시대가 아니고 혼탁한 시대, 오도된 근대라는 것을 감지하는 것은 (ㄴ)이/가 작용한 결과이다. 정주사와 같은 희화적인 인물이 나타나는 사회역사적인 원인을 캐고, 장형보와 같은 악인형의 인물이 작품의 골간을 형성하는 이유와, 한 시대가 무너짐의 전조를 그려 보여주고 있는 이유 등을 찾을 수 있다면 이는 (ㄴ)이/가 작용한 결과인 것이다.

또한 불행과 좌절로 가득한 〈탁류〉의 이야기를 읽고 그 속에서 작가가 지향하는 삶의 방향, 행복한 삶의 조건이 무엇인가 하는 점을 모색해 본다면 이는 (ㄷ)에 의한 독서의 결과이다.

└──

02 다음은 오늘날 문학교육의 실상을 비판한 글의 일부이다. 빈칸에 들어갈 말을 쓰시오.

┌─ 보기 ┌──

문학교육의 현실은 문학의 주체적 수용보다는 객관주의라는 이름 아래 작품의 해부만을 일삼은 (ㄱ) 위주의 문학교육, 당대의 문학이나 대중문학보다는 과거의 고급문학만을 다루는 (ㄴ) 위주의 문학교육이 지배하고 있다. 이는 문학과 삶의 관계가 부재한 문학교육이 될 뿐이다.

└──

03 다음 〈보기〉는 문학교육을 설명한 글의 일부이다. (ㄱ)에 들어갈 알맞은 말을 쓰시오.

┌─ 보기 ┌──

문학교육이란 작품을 중심으로 이루어지는 것이지만, 텍스트 내적 분석과 비평만을 문학교육의 본령으로 삼을 수는 없다. 문학은 '작가-텍스트(작품)-독자'의 소통 구도 속에서 역동적으로 구체화되는 (ㄱ)(으)로 보아야 한다. 이에 관한 이론은 크게 비평이론과 창작이론으로 나눌 수 있다.

└──

04 다음 〈보기〉의 글은 (ㄱ)을 설명하는 내용이다. 알맞은 말을 쓰시오.

> 보기
>
> 루카치(Lukacs)에 따르면, 문학은 삶의 일면만을 비추는데 그치지 않고, 삶의 단편에 대해 결정적인 의미를 객관적으로 지니는 여러 규정들, 즉 전체적 삶의 과정 속에서의 그것의 존재와 운동, 그것의 특질과 위치 등을 결정하는 여러 규정들을 자체 내적인 연관 관계를 통해 그려낸다.
>
> 가령, 『삼포 가는 길』을 통해 독자들은 1970년대 뿌리 뽑힌 사람들의 삶을 만날 수 있다. 열심히 살았지만 어디에도 소속되지 못한 채 고향을 찾는 이들의 떠돌이 운명은 이 소설에서 근대화, 산업화의 압축 개발 정책과 '연관되어' 그려지고 있다. 다시 길 위에 서 있을 수밖에 없는 이들의 떠돌이 운명은, 각자 삶의 역사성이나 실존적 고유함은 무시한 채 무차별적으로 집행되는 현대인의 삶에 대한 총체적 이해를 가능케 한다. 독자들은 이 세계의 사회 역사적 (ㄱ)을 통해 한갓된 일상의 고립된 삶을 넘어서 사회 역사적 존재로서 자신을 확장할 수 있다.

05 다음 〈보기〉는 교육과정의 성취기준과 이에 따른 교과서의 학습활동을 비판한 글의 일부이다. (ㄱ)에 들어갈 알맞은 말을 쓰시오.

> 보기
>
> 다음은 하근찬의 『수난 이대』를 제재로 삼아 구성한 교과서의 한 대목이다. 학습활동의 발문만 제시한다.
>
> 3. 이 소설의 사회·문화적 배경을 바탕으로 작가의 창작 의도를 파악해 보자.
> (1) 작품의 배경이 되는 역사적 사건과 관련지어 소설의 내용을 정리해 보자.
> (2) (1)에서 정리한 내용을 바탕으로, 작가의 창작 의도가 무엇인지 파악해 보자.
> (3) 이 소설이 창작 당시에 가졌던 의미를 알아보고, 현재에는 어떠한 의미가 있을지 생각해 보자.
>
> 위에 인용한 교과서 학습활동은 성취기준 "(7) 작품의 창작 의도와 소통 맥락을 고려하며 작품을 수용한다."를 교재로 구현한 것이다. 작품의 창작 의도를 파악한다는 것은 다소 무리를 범하는 활동일 수 있다. 신비평(new criticism)의 기본 입장인 '(ㄱ)'와/과 연관된 활동이기 때문이다.

06 다음 〈보기〉는 비평이론의 전통적인 방법론을 설명하면서 든 사례의 일부이다. 이 사례를 통해 알 수 있는 방법론을 쓰시오.

┌─ 보기 ┌─

　김승옥의 『무진기행』은 정체성의 문제로 주제를 풀어낼 수 있다. 특히 『무진기행』의 서사 구조와 독서 체험의 관계로 풀어갈 수 있다. 서울과 무진 및 과거(현재)와 현재(과거)의 이항대립적 구조에 나타나는 자아 정체성의 혼란을 겪는다. 독자는 윤희중의 여행 과정과 내면세계를 따라가는 추체험적 읽기를 하게 된다. 『무진기행』은 주로 윤희중의 내면을 서술하는 데 집중하고 있다. 따라서 인물에 대한 독자(내포독자)의 감정이입을 활성화할 수 있는 장치가 된다. 자기 정체성을 찾아가는 인물(화자)의 행보와 그 내면세계는 곧 독자의 자기 정체성 탐색으로 전이될 수 있는 가능성을 높인다. 이런 점을 고려해 볼 때, 『무진기행』의 주제는 자기 정체성의 모색과 정립을 위한 일상인의 비일상적 체험으로 정리할 수 있다.

07 다음 〈보기〉의 (가)는 문학사적 지식을 제시한 것이고, (나)는 '텍스트적 지식' 전달에 치중한 현 문학교육을 비판적 입장에서 비판한 글의 일부이다. (ㄱ)과 (ㄴ)에 들어갈 알맞은 내용을 쓰시오.

┌─ 보기 ┌─

(가) 작품 자체를 해독(decoding)하는 데 필요한 지식을 '텍스트적 지식'이라고 할 때, 작품의 창작 및 향유, 연행 및 전승과 관련된 지식이 바로 (ㄱ)(이)며 문학사적 지식의 상당수에 이 지식이 해당한다.

(나) 거의 모든 수업이 『정읍사』가 백제에서 유래한 고려의 속악 가사임을 간단히 언급한 후, 『고려사(高麗史)』「악지(樂志)」「삼국속악조」 등에 나오는 『정읍사』 관련 기록과, 망부석 설화 등 관련 정보, 그리고 문학사적 평가나 해석 내용을 소개한 후, 바로 작품에 대한 분석으로 나아가는 식이다. (가사가 현존하는 유일한) 백제 노래라는 기록을 존중하여 백제의 노래임을 언급하고 고려 전(全) 시대를 통틀어 향유되었다는 점에서 (ㄴ)(이)라고도 소개하지만, 정작 교육의 초점은 노랫말 자체에 대한 비평적 분석에 놓이고, 필요할 때 연구사의 성과를 편의적·자의적·피상적으로 활용하는 식이다. …(중략)… 관계망 속에 엮이지 않은 까닭에, 그리고 작품 해석에 긴요한 맥락으로 활용되지도 않은 까닭에, 맥락과 관련하여 제공하는 많은 지식들이 고립된 정보로, 그저 시험을 위해 암기해야 할 지식으로 전락하고 만다. (하략)

08 다음 〈보기〉는 문학교육의 문화론적 관점을 이해할 때 필요한 개념이다. (ㄱ)과 (ㄴ)에 들어갈 알맞은 말을 쓰시오.

┌─ 보기 ┌
(가) (ㄱ)은/는 언어가 공동체의 삶의 양태와 상호작용함으로써, 공동체 구성원들의 언어 사용에서 생겨나는 공동체적 법칙성과 의미를 지니는 언어 현상으로 볼 수 있다.

(나) (ㄴ)은/는 개인이 사회 문화적 소통에 참여하는데 필요한 기본적인 문화 지식으로 널리 인식된다. 최근에는 사회 환경의 변화에 따라 새로운 파생과 전이의 양상을 보이는 유동적 진행성의 특성을 가진다. 고전 문학이 현대를 사는 우리에게 어떤 의미를 지니는가에 대한 관점을 제공해 주기도 한다.

09 다음 〈보기〉는 문학 수업의 서로 다른 두 관점을 설명한 내용의 일부이다. (ㄱ)과 (ㄴ)에 들어갈 내용을 각각 쓰시오.

┌─ 보기 ┌
(ㄱ) 중심 문학 수업은 신비평과 텍스트 해석 이론을 기조로 하는 (ㄱ) 중심 문학교육을 이론적인 배경으로 삼는 수업 유형이다. 이 관점의 교사는 주로 텍스트의 요소와 구조에 대한 설명이나 질문을, 학습자는 교사의 설명과 질문을 바탕으로 텍스트에 관한 지식을 습득하는 활동이 중심이 된다.

반면 (ㄴ) 중심 문학 수업은 5차 교육과정 무렵 문학 작품의 가치는 독자의 읽기를 통해서 밝혀지고 완성된다는 (ㄴ) 중심 문학 교육을 배경으로 강조된 수업 유형이다. 이 관점의 교사는 학습자의 활동을 안내하고 조력하며 학습자는 교사의 격려와 도움으로 텍스트를 능동적으로 해석하고 감상하는 활동을 수행한다.

10 다음은 문학 수업을 위한 교수·학습 방법 두 가지를 간단히 설명한 것이다. (ㄱ)과 (ㄴ)에 들어갈 알맞은 말을 쓰시오.

┌─ 보기 ┌

(ㄱ) 중심 문학 교수·학습은 문학 작품이 갖고 있는 (ㄱ)을/를 익히는 것을 중심으로 하는 문학 교수·학습이라고 할 수 있다. 곧, 문학을 수업할 때 (ㄱ) 중심으로 가르친다는 것은 문학이 가진 가장 근본적인 특성을 교수학습의 대상으로 삼는다는 의미이다. 따라서 (ㄱ)을/를 중심으로 하는 문학 교수·학습은 비유나 율격, 구성 등과 같은 문학적인 (ㄱ)을/를 대상으로 하여 학습자의 문학적 능력을 함양시키는 방법이다.

이에 비해 (ㄴ) 중심 문학 수업은 학습자들이 문학 경험에 대한 자신의 (ㄴ)을/를 자유롭게 표현하는 것을 중시하는 수업이다. 이 수업은 로젠블렛(Rosenblatt, L. M)의 문학 이론에 토대를 둔다. 이 수업의 절차는 '(ㄴ) 준비하기-형성하기-명료화하기-심화하기'이다.

11 다음은 문학 수용 교육을 이해할 때 필요한 주요 개념을 정리한 것이다. (ㄱ), (ㄴ), (ㄷ)에 들어갈 알맞은 말을 쓰시오.

┌─ 보기 ┌

(가) 문학 작품을 읽을 때 발생하는 독자의 정서적 변화는 단순한 감정 변화와 구별되는 (ㄱ) 과정을 통과하는 가운데 발생한다. 이는 정서가 단순히 감정적 요인으로만 이루어진 것이 아님을 뜻한다.

(나) 작품에 대한 독자의 능동적 태도를 잘 보여주는 용어가 (ㄴ)이다. 이는 작품의 권위에 맹목적으로 따르지 않고 작품에 담긴 주제의식이나 세계관을 독자의 맥락에서 능동적으로 회의하는 태도를 강조한다. (ㄴ)은/는 주체가 가지고 있는 어떤 기준을 활용하여 텍스트 이면에 숨겨진 무엇을 '간파'해내는 것이다.

(다) 딜타이(Dilthey, W)는 타인의 세계를 이해하기 위한 태도로 (ㄷ)을/를 강조하였는데 그는 이를 '타자의 내적인 체험 세계를 재구성하는 추체험'으로 정의하였다.

12 다음 〈보기〉는 문학 생산 교육과 관련하여, 문학 텍스트 재구성을 설명한 글의 일부이다. (ㄱ)에 들어갈 말을 쓰시오.

┌─ 보기 ┌

(ㄱ)은/는 문학 생산 활동의 한 방법으로, 기존의 문학 텍스트를 의식적이고 의도적으로 인용하여 새로운 문학 텍스트를 생산하는 활동이다. 장정일은, 김춘수의 『꽃』을 『라디오와 같이 사랑을 끄고 켤 수 있다면』으로 재구성하여 새로운 문학 텍스트를 생산했다.

미국 대통령 루즈벨트는
"결정을 내릴 때 가장 좋은 선택은
옳은 것을 하는 것이고,
그 다음으로 좋은 선택은 잘못된 일을 하는 것이며,
가장 안 좋은 선택은 아무것도 하지 않는 것이다."
라고 말했다.
선택 자체를 하지 않는 것은 대개의 경우 선택을 미루고
고민의 늪에 더 빠지는 것일 뿐, 절대 올바른 신중함이 아니다.

– 이남석, 〈선택하는 힘〉 중

구동언의 함께하는 국어교육론 '마중물'

제 **5** 장

개념잡기-해설편

01 | 화법교육론

01

답안

(상호)교섭성

해설

〈상호교섭성〉

• 화법의 과정은 말하기와 듣기가 동시에 발생하고 상호 교섭하여 조화를 이루는 일련의 과정이다. 화법은 일련의 의미들이 상호 교섭하면서 새로운 의미를 창조해 가는 _____1 적인 과정이다. 이 때, '상호 교섭'은 의미가 참여자들 간의 _____2 으로 창조되며, 나선 형식으로 진행되는 성격을 지니고 있음을 뜻한다.

• '상호교섭성'이란 화법은 참여자들이 각각 의미를 전달하는 언어 행위가 아니라 어떤 주제를 중심으로 서로 의미를 교섭해 가면서 의미를 새로이 _____3 해 가는 과정임을 가리킨다.

• 상호교섭성은 말하기와 듣기를 이해와 표현의 과정으로 보아 분리하여 교육하는 것에 문제를 제기한다. 또, 듣기와 말하기를 함께 수업하더라도 듣기 기능과 말하기 기능을 따로 가르치게 되면 역시 _____4 을 학습할 기회를 잃는다. 듣는 사람을 고려하지 않은 말하기는 아무런 효과를 낼 수 없기 때문이다.

• 상호교섭성은 추상적인 개념이다. 따라서 상호교섭성에 대한 수업을 할 때는 구체적인 _____5 을 수업 자료로 삼아야 한다.

02

답안

_____6, _____7

해설

〈대인 관계성〉

• 화법은 상대에 대한 일방적인 전달 행위가 아니라 상대와 더불어 소통하는 행위이다. 때문에 화법이 사회 구성원들이 서로 _____8 를 맺는 데 있어 중요한 역할을 수행한다.

• 화법에서 관계적 성격을 가장 잘 드러내는 방식을 호칭과 지칭이다. 호칭과 지칭은 관계자들 사이의 관계를 형성하거나 확인한다. 호칭과 지칭뿐만 아니라 서로의 관계를 직접적으로 표현하는 경우도 있다. 이런 직접적인 표현은 가끔 참여자들의 관계에 새로운 국면을 형성하기도 한다. "난 널 사랑해."라는 말을 하게 되면 두 사람의 관계는 말하기 전의 관계와 사뭇 달라진다.

1 역동
2 협력
3 구성
4 역동성
5 담화 상황
6 인정
7 배려
8 관계

- 의사소통 과정에서 참여자들의 관계는 ① 다른 사람을 고려하고, ② 각자의 _____1 을 규정하고, ③ 일련의 _____2 에 따라 행동하는 상호 교섭 과정을 통해 형성되어 유지되고 발전한다.
- 화법의 의미 구성에 영향을 미치는 관계는 참여자들만의 관계에 국한 되지 않는다. 소통되는 메시지에 등장하는 대상이나 인물 또한 의미 구성에 영향을 미친다. 부부의 대화에서 "장인어른은 어떻게 지내셔?"라는 표현에서는 남편과 아내와 장인어른(또는 친정아버지)의 관계가 의미의 구성에 관여한다.
- 화법의 일차적인 관계는 화자와 청자의 관계이다. 대인 관계에는 형제와 자매, 교사와 학생과 같은 _____3 과 관련된 관계도 있지만, 뜻이 통하는 사이, 싫어하는 사이, 모르는 사이와 같은 심리적 관계도 있다. 또 화법에 관여하는 사물이나 환경도 화법의 과정에서 배경으로 작용할 수 있다.
- 역할과 관련된 관계는 '외적 관계'이고, _____4 적 관계는 '내적 관계'이다. 이때, 외적 관계는 명시적이든 암시적이든 사회적으로 일정한 규범이나 예절을 통해 존재하고, 내적 관계는 담화를 나눌 때 지켜야 할 규범이나 예절이 _____5 등에 따라 참여자들 사이에 암묵적으로 존재한다.
- 화자와 청자가 화법을 운영하는 데 내적인 규칙과 외적인 규칙들이 있다. 전자는 참여자들이 내적으로 가지고 있는 규칙으로 서로 의사소통을 어떻게 해야 하는지를 안내해 주는 행동의 표준이다. 후자는 다른 사람들이나 상황에 의해 관계에 부여한 규칙으로 보통은 _____6 적인 규칙이다. 사회적 인사말이나 호칭어나 지칭도 _____7 적 규칙의 일부이다. 그리고 관계가 발전함에 따라 외재적 규칙에 대한 내재적 규칙의 비율이 증가한다.
- 화법의 관계적 목표는 자기중심적이고 이기적으로 변하고 있는 현대 우리 사회에서 특별한 의미를 지닌다. 자기 이익을 챙기고 자기 주장만 내세우는 화법이 아니라 상대를 _____8 하고 _____9 하는 화법 교육은 우리의 삶을 보다 풍요롭게 할 것이기 때문이다.

03

답안

ㄱ: _____10   ㄴ: 공식 대화   ㄷ: _____11

해설

〈화법의 유형〉
- 참여자 관계의 공식성 정도에 따라 '사적인 화법'과 '공적인 화법'으로 나누고, 그 관계가 일 대 일인가, 일 대 다인가, 집단적인가에 따라 '대인 화법, _____12, 집단 화법'으로 나눈다.

1 역할
2 규칙
3 역할
4 심리
5 친밀성
6 사회
7 외재
8 인정
9 배려
10 대중 화법
11 참여자 구성
12 대중 화법

- '대인 화법'은 개인과 개인의 화법으로서, 참여자 개인들이 중요하게 반영되는 화법이다. 대화, 면담 등이 여기에 속한다.
- '_____1'이란 대규모 강연과 같이 대체로 한 명의 화자가 대중을 향하여 어떤 내용을 전달하거나 주장하는 화법을 말한다. 대중은 야구 경기장에 모인 군중 등과 같이 많은 수의 모임이지만 집단과 달리 일정한 조직을 가지고 있지는 않다. 연설, 발표 등이 대중 화법에 속한다.
- '집단 화법'은 집단의 문제를 해결하기 위한 화법을 가리킨다. 집단이란 회사, 국어교육과 학생회와 같이 동일한 목적을 지향하는 일정한 구성원들이 체계적인 조직을 갖춘 모임을 가리킨다. 집단의 문제를 해결하기 때문에 집단 화법 유형에는 각자 나름의 절차와 규칙이 존재하는 것이 일반적이다. 토의와 토론이 집단 화법에 속한다.

04

답안

ㄱ: _____2 (hearing)   ㄴ: _____3 (auding)

해설

〈듣기의 개념〉

- 사람들이 하루의 언어생활 중에서 가장 많은 시간을 듣는 데에 할애하고 있다는 점에서 듣기의 중요성이 강조된다. 곧, Rankin(1926)에 의하면 사람들은 하루 평균 듣기에 45%, 말하기에 30%, 읽기에 16%, 쓰기에 9%의 시간을 보낸다고 한다.
- 교육의 대상으로 삼고 있는 듣기는 단순히 외부에서 들려오는 물리적인 소리를 수동적으로 지각하는 활동이라기보다는 주의를 기울여 소리를 지각하고, 자신이 알고 있는 _____4 과 관련하여 들은 정보를 조직화하고 표현에 함축되어 있는 의미를 해석하고, 그 적절성을 평가하는 매우 능동적이고 적극적인 _____5 과정이다.
- 듣기는 '소리 듣기'와 '의미 듣기'로 구분할 수 있다. '소리 듣기(hearing, _____6)'는 문자 그대로 외부에서 들려오는 물리적인 소리를 수동적으로 지각하는 활동이고, '의미 듣기(listening, 듣기)'는 주의를 기울여 소리를 지각하고 자신이 알고 있는 배경 지식과 관련하여 들은 정보를 조직화하고 해석하고 평가하는 일련의 인지적 과정으로 매우 능동적이면서도 적극적인 활동이라 할 수 있다. 이 때, '의미 듣기'는 청해(聽解) 또는 _____7 라고 하고, 교육과 훈련을 통해 향상된다.
- 듣기 개념은 1950년대 이전에는 들은 정보를 단순히 _____8 하는 행위로 이해되어 오다가 1960년대 중반에 들어오면서 듣기가 단순한 기억 행위가 아니라 인지적인 _____9 작용으로 이해되기 시작하였다. 1970~1980년대에는 '들리기'와 '듣기'를 구분하고, 들어 이해하는 청해(聽解) 측면을 포함하면서 듣기 개념은 의미를 구성하고 문제를 해결하며, 세계를 이해하는 종합적인 _____10 작용으로 해석하기에 이르렀다.

1 대중 화법
2 들리기
3 깨닫기
4 배경 지식
5 인지
6 들리기
7 깨닫기
8 기억
9 사고
10 인지

• 최근에는 듣기를 이렇게 정의한다. "듣기란 청자가 의사소통 상황에서 음성적으로 입력되는 정보를 _____1 적으로 지각하여 이를 머릿속에서 자신의 경험이나 지식과 관련지어 의미로 변형하고 재구성하는 일련의 _____2 과정이다."

05

답안
〈정보 확인〉

해설
• 듣기의 기능을 '정보 확인 단계, 내용 이해 단계, 내용에 대한 비판 단계, 감상 단계'로 구분하는 관점을 중시할 때, '정보 확인 단계'는 듣기의 첫 단계다.
• 정보 확인은 화자가 말한 내용에 _____3 를 기울이고 그 내용을 _____4 하는 것이다. 단어의 의미를 확인하고 모르는 단어의 의미를 문맥이나 상황으로 추론하고 구체적으로 언급된 사실, 사건, 세부 내용을 회상하고 말의 내용을 쉽게 풀어 이해하는 것이다.
• 단어의 문맥적 의미 파악하기, 메모하기, 세부 내용 회상하기, 순서 바로잡기, 쉽게 풀어 이해하기, 대화 발생 장면 추정하기 등이 정보 확인 단계에서 해야 할 활동 내용이다.
• 학습 방법에는 빈칸 메우기를 활용하여 단어의 문맥적 의미를 파악한다든지, 메모한 후 도표를 완성하는 활동을 통하여 내용을 확인하게 하는 것이 있다. 메모는 내용을 효과적으로 정리하여 듣는 좋은 듣기 방법이다.
• 특정 정보 찾기를 통하여 세부 내용을 기억하는 능력을 기르는 활동이 있다. 특정 정보 찾기를 통하여 세부 내용을 회상할 때는 여러 가지 다양한 듣기 자료를 이용한다. 또, 순서가 섞인 그림의 녹음 대본을 듣고 그림을 차례대로 놓는 활동을 할 수도 있으며 녹음 대본을 듣고 이해한 내용을 그림으로 표현하는 활동을 할 수 있는데 이때 주의할 점은 이 활동의 목적이 그림을 잘 그리는데 있는 것이 아님을 아는 것이다. 이 밖에도 대화를 듣고 대화 발생 장면을 추정하는 활동이 있다.

06

답안
㉠: _____5 의 기능   ㉡: _____6 의 기능

해설
〈비언어적 표현〉
• 비언어적 표현은 시선, 표정, 몸짓처럼 직접적으로 음성언어와 관련된 것은 아니지만, 이들을 통해 언어적 의미를 강조하거나 부가적인 의미를 나타내는 것을 말한다.

1 선택
2 인지적
3 주의
4 기억
5 강조
6 대체

- 비언어적 표현은 ① _____1 을 표현한다. 이때 감정의 표현은 의식적이어서 통제가 가능한 경우도 있고 무의식적이고 본능적이어서 통제가 불가능한 경우도 있다. ②대인관계의 태도를 표현한다. 대인관계에서 친밀감을 드러낼 때 웃음, 접촉, 눈맞춤 등의 비언어적 표현을 주로 사용한다. ③대화에서 상호작용의 단서를 제공한다. 화자와 청자가 순서를 교대하며 대화할 때 여러 단서로 대화의 시작과 끝, 전개부의 흐름, 화제 전환 등을 조절하는 단서를 제공한다. 대화의 흐름을 조절하는 이 기능을 '_____2 조절'이라고도 한다. ④자기표현을 한다. 주로 시각적임 메시지를 사용하는데, 의상, 신체 장식, 머리 모양, 장신구, 소지품 등으로 자신을 표현하고, 이를 통해 자신의 사회적 지위, 직업, 관심사 등을 표현할 수 있다. ⑤관습적 행위를 한다. 대표적인 관습적 행위가 인사다.

- 비언어적 의사소통 시에는 다음 몇 가지를 유의해야 한다. ①"우리는 의사소통의 과정에서 언어적, 준언어적, 비언어적 표현을 _____3 으로 사용하면서 의미를 구성한다."(09개정)는 표현에서 보듯이, 비언어 의사소통은 하나 이상의 메시지가 복합적으로 의미를 구성하므로 이들의 불일치에 유의해야 한다. 만약 복합 메시지의 불일치 상황이라면 사람들은 비언어 의사소통을 더욱 신뢰한다. ②비언어 의사소통은 본능적으로 표출되는 경우가 많으므로 무의식적으로 부정적인 메시지를 전달하지 않는지 유의해야 한다. "때로는 화자의 의도와 상관없이 화자의 비언어적 표현 때문에 불필요한 오해를 받는 일도 있다."(09 개정)는 표현에서 보듯이, 화자는 의도 없이 특정 행동을 하였는데 청자는 이를 _____4 로 인식하는 경우가 있기 때문이다. ③비언어적 의사소통은 감정 상태를 드러내므로 갈등이 생기지 않도록 _____5 의 노력을 해야 한다. 만약, 화가 나서 거칠게 호흡을 하거나 분노에 찬 눈빛으로 바라보거나 물을 벌컥벌컥 마시는 행위 등은 말은 안 했지만 상대에게 자신의 분노에 찬 감정을 고스란히 전달하게 된다. 이런 경우 '_____6' 못한다고 한다. 또 지나치게 감정을 숨겨도 신뢰나 호감을 얻지 못한다. ④비언어적 의사소통은 _____7 적으로 차이가 나므로 이러한 차이를 인식하여 적절히 행동해야 한다. "비언어적 표현은 개인이나 문화에 따라 그 사용 양상에 차이가 있다. … 몸짓은 특히 문화적으로 차이가 있는 경우가 많기 때문에 주의해서 사용하여야 한다. 문화적 차이에 따른 시선, 표정, 몸짓의 특성을 이해하고, 목적, 대상, 상황에 따라 조절하며 말"(09개정)해야 한다.

- Richmond 등(1991)에 의하면, 비언어적 표현은 다양한 기능을 한다. ①언어적 메시지에 수반되어 나타나서 의미를 '보강'하거나 명료하게 해 준다. ②비언어적 메시지가 언어적인 메시지의 의미와 '_____8'이 되는 의미를 전달할 수 있다. ③제스처나 몸짓을 통해 언어적 메시지가 '_____9'될 수 있다. ④비언어적 메시지가 언어적 메시지를 '대체'하고, ⑤'강조'하기도 한다. ⑥'화맥 조절' 기능도 있다.

- 준언어를 포함한 비언어적 메시지와 언어적 메시지의 관계로 크게 '보완, 대체, 모순'으로 구분해 볼 수 있다. 언어적 메시지와 함께 사용하는 경우로, 언어적 메시지와 비언어적 메시지의 의미가 일치하면 '보완'이 된다. 언어적 메시지와 함께 쓰이되 의미가 불일치할 경우 '모순'이 된다. 그리고 언어적 메시지 없이 독립적으로 사용되는 경우 '대체'가 된다.

1 감정
2 화맥
3 복합적
4 메시지
5 자기 점검
6 표정 관리
7 문화
8 모순
9 반복

	언어적 메시지와 함께 사용	언어적 메시지 없이 따로 사용
의미 일치	보완	대체
의미 불일치	모순	

07

답안

자아 개념

해설

〈자아 개념〉

• 자아 개념(self-concept)이란 개인의 내부에 있는 것이지만, 개인의 내부에서 자생한 것이 아니라, 타인에게서 자신에 대해 들어온 메시지에 의해 형성된 것이다.[1]

• 자아 개념은 타인과 의사소통하는 방식에 영향을 미친다. 그래서 긍정적인 메시지를 많이 들어서 건강한 자아 개념을 가진 사람은 자신을 적극적으로 드러내며 타인의 반응을 _____2 으로 수용하지만, 부정적인 메시지를 주로 들어서 건강하지 못한 자아 개념을 가진 사람은 타인과 의사소통하는 데 _____3 이다.

• 자아 개념에 따라 의사소통 방식에 차이가 나타난다는 점은, 자아 개념의 형성이 반복적으로 _____4 한다는 시사점을 준다. 곧, 타인이 나에게 한 말이 나의 자아 개념에 영향을 미치며, 이 자아 개념으로 나는 또 타인과 의사소통 한다는 것이다.

• 화법 교육은 부정적인 자아 개념이 형성되는 악순환의 고리에서 긍정적인 자아 개념이 형성되는 선순환의 고리로 옮겨주는 역할을 해야 한다. 단, 자아 개념은 개인 심리 깊은 곳의 정체성과 관련 있는 것이기 때문에 교수학습 방법이나 교사의 피드백 방식도 이에 대한 세심한 배려가 필요하다.

08

답안

자기 노출

해설

〈자기 노출〉

• 자기 노출(self-disclosure)이란, 어떤 한 개인이 자신의 생각, 느낌과 경험 등을 다른 사람에게 언어적·비언어적으로 나타내는 것으로 친밀한 _____5 형성에 중요한 역할을 한다.

• 자기 노출의 초기에는 학교, 직장, 직업 등 _____6 차원의 자아를 드러내고, 친해질수록 의견이나 느낌 등 _____7 차원의 자아를 드러내게 된다.

■■■■■■■■■■■■■■■
1 자아 개념은 단순히 자신에 대한 생각이 아니라 다른 사람이 나를 어떻게 생각한다고 보느냐에 대한 나의 생각이다. 사람은 '네'가 성장할 때 사람들이 '너'를 어떻게 대했느냐가 많은 부분에 있어서 지금의 '네가 누구인가'에 대한 '너의 생각'을 결정한다.
2 능동적
3 소극적
4 순환
5 관계
6 사회적
7 개인적

- 자기 노출의 특징은 첫째, _____1 의 규범이다. 이는 자기 노출에 있어서 자신이 개인적인 정보를 공개할 때 정보 수용자가 자신도 상대의 자기 노출에 대한 반응으로 뭔가 자신의 개인적인 정보를 얘기하거나 혹은 자신이 들은 것을 이해하고 있다거나 그에 대해 관심을 가지고 듣고 있음을 알릴 수 있는 행동을 하도록 요구 받는 것을 말한다. 둘째, 선별적 자기 노출 기능이다. 자기 노출의 내용이 관계의 _____2 에 따라서 차이를 가진다는 것을 의미한다. 셋째, 자기 노출 내용은 서술적 자기 노출과 _____3 자기 노출로 나뉜다는 것이다. 서술적 자기 노출은 다소 개인적일 수 있는 자신에 관한 정보와 사실을 공개하는 것이고, _____3 자기 노출은 개인적인 감정, 의견, 판단을 표현하는 것이다.

- 자기 노출은 자기 이해 증진, 관계 친밀화, 의사소통의 증진과 죄책감 감소, 에너지 증진의 효과가 있다. 자기 노출은 ① 자신의 이야기에 대한 피드백을 받기 때문에 이를 통한 자기 이해가 증진되고, ② 대인 간 노출의 빈도가 늘어나면 그만큼 관계가 진전되고 친밀해진다. ③ 한 쪽의 자기 노출은 상대의 노출을 이끌면서 의사소통을 이어가는 효과를 가지게 되며, 자기 노출을 통해 자신의 실수 등을 인정하고 밝힘으로써 죄책감을 감소시키고, ④ 이러한 전 과정은 긍정적인 에너지를 증진시키는 결과를 가져온다.

- 국어과 교육에서 자기 노출은 의사소통에서 _____4 이 중요함을 인식하고 진솔한 마음이 드러나도록 표현하는 것과, 갈등을 유발하는 상호 작용의 장애 요인을 점검하여 원활하게 의사소통하는 것을 중시한다.

〈조하리의 창(Johari Window)〉

- 조하리의 창은, 자신에 대한 자기 인식과 타인이 보는 자기 인식성에 대하여 창문이란 비유를 통해 살펴본 이론으로 자기 노출 정도와 _____5 수용 정도를 활용하여 자신을 이해하는 이론이다.

- ①'_____6 영역'이 많을수록 서로 간에 대화가 원활하게 이뤄진다. ②'보이지 않는 영역'은 자신에게 보이지 않는다는 말이다. 자신은 모르지만 남들은 알고 있는 나의 모습이다. ③'숨겨진 영역'은 내가 숨겨놓은 자신의 모습이다. 이 영역이 넓을수록 타인과의 소통이 잘되지 않고, 타인의 접근이 용이하지도 않게 된다. ④'미지의 영역'은 나도 모르고 남도 모르는 영역으로 심층적인 _____7 세계로 자신에게 알려져 있지 않은 부분이다.

	내가 아는 영역	내가 모르는 영역
남이 아는 영역	공개적 영역	보이지 않는 영역
남이 모르는 영역	숨겨진 영역	미지의 영역

- Luft(1961)에서 제시한 창의 변화 원리는 다음과 같다.
  ① 하나의 창의 변화는 결국 모든 창에 영향을 미친다.
  ② _____8 과 관련된 행동을 숨기고 부정하고 인식하지 않는다면 에너지가 소모

1 상호성
2 목적
3 평가적
4 진정성
5 피드백
6 공개적
7 무의식
8 상호 작용

되다.

③ 인간 상호 학습은 '공개적 영역'의 창이 넓어지나 하나 이상의 다른 방들이 더 작아지는 것을 의미한다.

④ 충분히 넓어진 '공개적 영역'은 다른 사람들과 공유하는 그들과 일하는 것을 촉진시킨다.

⑤ '_____1 영역'의 창이 적을수록 의사소통은 나빠진다. 등

〈사회적 침투 이론(Social Penetration Theory)〉

• 사회적 침투 이론에 의하면 자기 노출을 대인 관계의 초기 접촉 단계에서 가장 우세한 예측 단서라고 보고, _____2 이 비용보다 크면 친밀해지려는 노력이 추구되고 그 반대이면 더 이상 친밀해지려는 노력을 하지 않게 된다.

• 자기 노출은 친밀감의 수준을 '깊이'라 하고 대화하는 화제의 수를 '폭'이라 할 때, 자기 노출이 될수록 양파의 껍질이 점점 벗겨지게 되고 중심을 향할수록 _____3 가 더 발전한다고 본다. 즉 중심으로의 침투를 상대에게 허용해야 관계가 발전되며 여기서 침투의 깊이는 _____4 의 정도가 된다.

• '_____5'에서는 신장, 성별, 인종, 연령대 등 상대가 묻지 않아도 명시적으로 드러나는 정보가 노출된다. '외면층'에서는 이름, 직업, 주소, 전공 등 다른 사람을 처음 만나 대화할 때 일반적으로 드러나는 정보가 노출된다. '_____6'은 개인의 성격, 가치관, 감정 상태 등 다분히 개인적이어서 모든 사람과는 공유하지 않는 정보가 노출되고 '_____7'에서는 매우 사적이어서 주의를 요하는 정보가 노출된다. 마음 깊은 곳에 내재된 두려움이나 욕망 등이 해당한다.

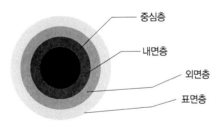

09

답안

ㄱ: 사회적 자아   ㄴ: 개인적 자아

해설

〈사회적 자아〉

• 사회적 자아(social self)는 동료들로부터 얻는 인정으로 타인과의 관계 곧 상호 교환을 통해서 생성되는 _____8 이다. 즉 다른 사람이 자신을 어떻게 보는가에 의해 형성된다.

1 공개적
2 보상
3 대인 관계
4 노출
5 표면층
6 내면층
7 중심층
8 자아 개념

- 사회적 자아는 자아 개념의 모든 구성 요소의 시발점이며, 이를 유지하는 구실을 한다. 자아 개념은 타인과의 의사소통의 _____1 을 통해서 만들어 가며 이를 통해 개인의 정체성을 형성할 수 있다. 그리고 이렇게 형성된 자아 개념은 다른 사람과의 관계를 만들고 지속하게 하는 원동력이 된다.
- 사회적 자아는 다른 사람들의 평가의 반영 혹은 면경(面鏡) 자아, 다른 사람과 자신을 비교하는 것과 사회적 역할을 수행하는 것으로 구성된다. ①면경 자아는 다른 사람들의 평가가 개인에게 영향을 미친다는 것을 의미한다. ②사회적 자아의 두 번째 요소는 다른 사람과 비교하여 얻은 우리 자신의 이미지를 의미한다. ③사회적 역할 수행 요소는 각 사회적 상황에 맞는 역할과 그 역할에 따른 정체성을 가지고 살아가는 것을 의미한다. 다시 말해 부모로서, 동료로서, 자식으로서, 후배로서, 상사로서, 부하직원으로서 각각 사회적 상황에 따라 그에 맞는 자아의 모습으로 _____2 을 갖는 것을 의미한다.
- 국어과 교육에서는 상황과 역할에 맞는 사회적 자아에 적합한 표현 능력을 기르는 것을 목표로 하고 있다. 이를 위하여 사회적 자아 노출을 위한 사회적 계층 인식과 그에 따른 표지를 이해하도록 교육한다.

10

답안

말하기 상황에 대한 _____3 전환(말하기 상황을 꺼려하는 인식을 전환한다.)

해설

〈말하기 불안〉

- 말하기 불안은, 화자가 실제로 말을 하거나 말을 해야 할 것이라고 예상할 때 생겨나는 개인의 심리적 긴장이나 불안 상태를 말하며, 의사소통 불안이라고도 한다.
- 말하기 불안의 유형은 성격적 불안과 _____4 적 불안으로 구분해 볼 수 있다. 성격적 불안은 유전적 요인의 영향도 있지만 대부분 환경적 요인에 의해 형성된다. 곧, 타인과 상호작용 과정에서의 반복된 의사소통 실패, 학습된 무기력으로 인한 부정적 귀인, 부정적 _____5, 낮은 효능감 등으로 인해 유발된다.

  상황적 불안은 말하기 상황에 관여하는 특정 요인에서 비롯된다. 청자 요인 측면에서는 청자와의 심리적 거리가 멀수록, 청자의 기대가 높다고 인정할수록, 청자보다 권력이 낮을수록, 청자가 많을수록 더 불안해한다. 담화 요인으로는 말하기의 결과가 미치는 영향이 클수록, 요청이나 설득과 같이 청자의 변화를 요구하기 위한 목적으로 말할 때, 대화보다는 형식이 까다로운 담화 유형(토론, 발표, 연설 등)일 때, 말할 내용이 어렵거나 준비가 덜 되어 있을수록 더 불안해지는 경향이 있다.
- 불안을 극복하기 위해서 첫째, 화자의 _____6 적 인식을 전환하는 방법이 있다. 말하기 상황을 '나를 부각할 수 있는 좋은 기회'라고 긍정적으로 생각하거나 말하기의 의의에 생각을 집중하기, 의사소통에서 성공한 모습을 상상하는 자기 충족적 예

1 상호교환
2 정체성
3 인식
4 상황
5 자아 개념
6 부정

언하기, 수업 상황에서는 어느 정도 실수를 수용하는 분위기 조성하기, 불안 자체를 극복해 내라는 신호로 여기기 등이 그 방법이다.

둘째, 말하기 불안으로 인한 감정적, 생리적 반응의 문제를 점진적으로 해소함으로써 극복할 수 있다. 체계적 _____1_, 불안증 극복 체조(심호흡하기, 바른 자세 유지하기, 머리 돌리기 등), 실제 상황 노출법 등이 그 방법이다.

셋째, 말하기 상황을 예상하여 미리 준비함으로써 극복할 수 있다. 말할 내용에 대해 충분히 준비하도록 하거나 말하기 기술을 지도하여 말하기 숙달도를 높일 수 있도록 한다.

11

답안

ㄱ: 체계적 둔감화   ㄴ: 실제 상황 노출법

해설

〈체계적 둔감화〉

• 체계적 둔감화는 생리적 반응에 대한 대표적인 대처 방법으로, 1950년대 초반에 고소 공포증이나 비행 공포증과 같은 다양한 공포증에 대한 처치를 위해 개발되었다.

• 체계적 둔감화의 이론적 기반은 불안한 감정과 상반되는 반응이 불안 반응에 대신하여 일어나도록 조건을 만드는 _____2_의 원칙이다. 불안보다 이완을 느끼도록 점진적인 단계를 거치게 설명되었다. 그 단계는 다음과 같다. ①'심부 근육 이완 훈련'에 대한 이론적 설명을 듣는 것이다. ②이론적 설명에 따라 _____3_ 훈련을 한다. 기초적인 숨쉬기부터 손, 어깨, 이마, 목 등 한 부분의 근육의 긴장과 이완, 얼굴-목, 팔-몸통 등 여러 부분의 동시적 긴장과 이완 훈련으로 이어진다. ③특정 말하기 상황을 떠올리며 긴장을 _____4_ 하는 연습을 하게 된다. 곧 연설에 대한 책읽기나 연설에 대해 친구와 이야기하는 장면, 위원회에서 구체적인 대상 설명하기, 유식한 집단 앞에서 연설하기, 비우호적인 사람 앞에서 연설하기 등 긴장의 강도가 심한 말하기 상황을 떠올리며 긴장 이완 훈련을 한다.

〈실제 상황 노출법〉

• '실제 상황 노출법'은 두려워하는 말하기 상황을 직접적으로 상상하게 하는 방법이다.

• 이 방법의 전제는 '실제 두려워하는 대상을 접하였는데도 아무런 해로운 결과가 나타나지 않게 되면 불안 반응은 소멸되며, 연설을 하는 데 있어서, 실제 위협적인 것은 아무것도 없다.'는 것이다.

• 실제 말하기 상황에 학습자를 노출하는 과정은 필요하지만, 극도의 반작용이 있으므로 이 방법을 사용할 때는 학습 대상에 대한 세심한 배려가 필요하다.

1 둔감법
2 상호 억제
3 긴장 완화
4 이완

01 | 화법교육론

12

답안

화자의 공신력

해설

〈화자의 공신력〉

- 화자의 공신력(speech credibility)은 정보원 공신력(source credibility)이라고도 하는데, 아리스토텔레스의 에토스(ethos)가 효시다. 그는 에토스를 '_____1 로 하여금 화자의 말을 믿게 하는 _____2 의 속성'으로 정의하면서 '지능, 도덕적 성격(인격, 됨됨이), 선의(善意, 좋은 의도)'로 설명했다.
- 화자의 공신력이란 "화자의 신뢰와 관련된 메시지 수신자의 판단"으로 정의한다. 또, 다음과 같은 정의도 있다.
  "화자의 공신력은 청자의 메시지 수용 혹은 거부에 영향을 미치는 화자의 총체적인 속성으로서 화자가 지닌 자질 그 자체라기보다는 _____3 에게 인식된 정도이다."
- 화자의 공신력은 대략 다섯 가지 정도의 요인으로 구성된다. ① _____4 이다. 화자가 화제에 대해 지식이나 경험을 충분히 갖추고 있느냐에 대한 것이다. 전문성은 화자의 지적 수준, 교육 수준, 경력, 사회적 지위 등의 배경과 화제에 대한 식견 등을 기준으로 화자의 전문성을 판단한다. ②신뢰성이다. 그 사람의 평소 됨됨이, 언행, 평판 등이 중시된다. 또한 화자가 말하는 내용에 대해서 불순한 의도를 갖지 않고 청자에게 도움을 주려는 선의를 바탕으로 자신의 견해를 객관적으로 제시하고 있다고 청자가 지각하는 정도를 말한다. ③사회성이다. 이는 화자의 친근감과 관련있는 차원이다. ④ _____5 이다. 위기 상황에서도 평정심을 잃지 않고 침착하게 대처하는 속성을 의미한다. ⑤ _____6 이다. 이는 내성적 성격에 상반되는 성격 유형을 의미한다. 소극적이고 자신감 없는 말투보다 확신에 찬 어조나 역동적인 몸짓으로 화자의 신념과 열정을 표현할 수 있는데 이러한 것들이 외향성 차원의 화자의 공신력을 높이게 된다.
- 화자의 공신력을 신장시키기 위해서는 ①공인된 지위에 있는 사람이 화자를 소개하는 것이다. 화자 스스로 자신의 학력이나 경력을 소개하면 '_____7 의 격률'을 위반하는 꼴이 되어 청자에게 부정적인 인상을 줄 수 있다. ②철저히 _____8 해야 한다. 내용에 대한 자료 준비를 철저히 하고, 공식적인 자리라면 반드시 리허설을 해야 한다. 말의 유창성은 전문성에 영향을 크게 미친다. ③공감대 형성이 필요하다. 이를 위해 청자와 공유할 수 있는 경험을 언급한다든지 공감하는 내용에 대해 구체적으로 설명하여 청자와 공감대를 형성할 필요가 있다. ④간결하고 명료한 언어적 표현이 필요하다. 개념을 정확하게 정의하고 전문 용어를 적절하게 사용해야 한다. 청자의 이해 수준을 고려하여 전문 용어를 적절하게 사용하면 청자는 화자의 공신력을 높게 평가한다. ⑤적절한 비언어적 의사소통이 필요하다. 눈맞춤, 안정된 자세, 장소에 걸맞은 복장과 외모, 손짓 등 여러 비언어적 메시지에 대해 면밀하게 고려해야 한다. ⑥만약 예상치 못한 어려운 질문을 받거나 모르는 내용을 답해야 할 경우, 준비

1 청자
2 화자
3 청자
4 전문성
5 침착성
6 외향성
7 겸양
8 준비

가 안 되어 있음을 솔직하게 말하고 차후에 준비하여 알려 줄 것을 약속하거나 다른 청자 중 이에 대해 아는 사람이 있는지를 물어 도움을 요청하는 방법을 사용하는 것이 바람직하다.

13

답안

ㄱ: 일면 메시지   ㄴ: 양면 메시지

해설

〈청자 분석과 메시지 조직〉

- 상대를 고려하여 설득 메시지를 조직하기 위해서는 청자와 관련된 핵심적인 요소에 대한 분석이 필요하다. 이때 고려되는 것이 청자의 '기존 입장, 지적 수준, 사전 지식, 개인적 관련성' 등이다.
- '기존 입장'은 설득 메시지를 조직할 때 고려해야 할 가장 중요한 요소(변인)이다. 화자의 주장에 대해 찬성의 입장인지 반대의 입장인지에 따라 메시지 조직은 크게 달라진다. 이때, 청자의 기존 입장이 화자의 주장에 찬성하는 경우는 화자의 입장과 청자의 입장이 동일하기 때문에 논쟁이 야기될 수 있는 반론을 제시하지 않고 화자가 주장하는 측면만 제시하는 일면 메시지가 효과적이다. 반면에 청자가 화자의 주장에 반대하는 경우라면 예상되는 반론까지 함께 언급하여 그에 대해서도 이미 충분히 검토하였음을 제시하는 양면 미시지를 선택하는 것이 설득에 효과적이다.
- 청자의 '지적 수준'에 미치는 세부 요인에는 교육 수준, 기억력, 인지 속도, 학습 동기 등이 있다. 이 중 설득 메시지와 관련된 주된 요인은 청자의 교육 수준이다. 그래서 교육 수준이 낮은 청자에게는 일면 메시지가 효과적이고, 교육 수준이 높은 청자에게는 양면 메시지가 효과적이다.
- 청자의 '사전 지식'이 많은 경우 기존의 입장을 고수하는 방식으로 메시지의 수용한다. 그래서 화자가 자신이 옹호하는 주장만 말하는 일면 메시지를 사용할 경우 화자의 주장을 청자가 찬성한다면, 사전 지식이 많은 청자는 화자의 주장을 더욱 진지하게 수용하려고 하지만, 청자가 반대하는 입장이라면 사전 지식이 많은 청자는 더욱 비호의적인 반응을 보이며 화자의 주장을 강하게 반박하며 기존 입장을 고수한다.
- 화자가 자신이 주장하는 바의 긍정 측과 부정 측 입장을 모두 제시하고 비교하여 설명하는 양면 메시지를 사용할 경우는, 청자는 자신의 기존 입장에 찬성하는 주장은 더 찬성하게 되고 반대하는 주장은 더 반대하게 된다.
- '개인적 관련성'이란 화자의 설득 주장에 대해 청자가 지각하는 관련의 정도를 말한다. 개인적 관련성이 높은 경우는 주장에 대한 찬성과 반대의 정도 차이가 확대된다. 즉 개인적 관련성이 낮을 경우는 찬성과 반대의 차이가 별로 나지 않아 뚜렷한 입장 차이를 보이지 않으나, 개인적 관련성이 커지면 찬성과 반대에 대한 입장 차이가 극명하게 커진다.('개인적 관련성'과 관련하여 '주장의 개인화 방향 결정'과 '결론 제시

방식 결정' 문제는 박재현(2013: 217-218)을 참고할 것. 위의 내용도 이 책에서 인용한 것임)

14

답안

ㄱ: 도표   ㄴ: 막대그래프   ㄷ: 원 그래프

해설

〈시각 자료〉

- 시각 자료를 선택할 때 가장 먼저 결정해야 할 것은 시각 자료가 말하기 _____1 를 달성하는 데 도움이 되는지에 대한 결정이다.
- 시각 자료를 사용하는 이유로는 ① _____2 의 이해를 돕는 것이다. 특히, 복잡하고, 낯설고, 전문적인 개념을 설명할 경우 도움이 된다. ②청중에게 강렬한 _____3 을 주는 것이다. 발표 중에 극적인 효과를 불러일으키거나, 발표 후에도 핵심 내용을 오래 _____4 하기 원할 경우 효과적이다.
- 시각 자료를 제대로 사용하면 발표의 효과를 높일 수 있지만, 잘못 사용하면 부정적인 영향을 미칠 수도 있기에 주의해야 한다. ①발표자의 위상을 말을 하는 사람이 아니라 발표 개요를 서술해 주는 정도로 낮출 수 있다. ②시각 자료가 생각의 흐름을 방해하고 말의 속도를 늦출 수 있다. ③보조 자료에 과도하게 의존하면 발표의 내용 분석과 내용 개발보다 보조 자료 준비에 더 많은 시간을 할애하게 된다.
- 시각 자료에는 '도표, 그래프, 그림·사진' 등이 있다.

  '도표'는 다른 값과의 상대적인 차이가 아니라 해당 자료의 구체적인 수치를 전달하는 것이 중요한 경우, 가공하지 않은 데이터를 제시하여 청중이 자유롭게 해석하게 할 경우, 조사의 철저함과 데이터의 풍부함을 보여주고자 할 경우에 주로 사용한다. 도표와 차트를 해석하는 능력이 필요하다.

  '그래프'는 발표 내용을 청중이 더 쉽게 이해하고 해석하도록 데이터를 제시하는 데 도움이 된다. '막대 그래프'는 자료의 차이를 부각하여 제시할 경우에, '선 그래프'는 시간에 따른 추이를 보여 주거나 두 변수의 상호 관계를 나타낼 경우에, '원 그래프'는 상대적 비율을 보여줄 경우에 효과적이다.

  '그림·사진'은 말로 표현하기 힘든 상세한 부분을 설명하는 데 유용하다. 청중으로 하여금 청각 지각뿐 아니라 시각 지각을 활용하도록 하여 뇌를 깨우고 활력을 불어 넣기도 한다. 감정적 반응을 유발해야 할 필요가 있는 대목에서 가장 효과적으로 사용될 수 있다.

- 시각 자료의 구성에도 여러 면에서 주의해야 할 점들이 있다. '슬라이드를 구성'할 때, 한 장의 슬라이드에 담는 정보의 양을 제한해야 한다. 한 장의 슬라이드에 7개 이상의 요점을 담지 않는 것이 효과적이다.

  '슬라이드 색상'을 선택할 때 가장 핵심은 색채의 _____5 이다. 보통 배경색과 글

1 목표
2 청중
3 인상
4 기억
5 대조

자색이 대비되도록 한다. 일반적으로 청중은 어두운 배경과 밝은 글자로 된 시청각 자료에 편안함을 느끼는 경우가 많다. 적색과 청색, 적색과 녹색을 인접해서 사용하면 안 된다. 글자는 반드시 배경색보다 따뜻한 계열의 색을 사용해야 한다. 가장 중요한 칸을 돋보이게 하거나, 중요한 칸의 배경색을 바꾸거나, 해당 칸의 글자색을 변경하고 고딕체로 하는 기법을 사용하여 강조하고자 하는 부분을 부각하는 효과를 낼 수 있다.

• '슬라이드 글자꼴'은, 제목과 본문 등 꼭 구별해야 할 필요가 있는 경우를 제외하고는, 글자꼴을 일관되게 유지하는 것이 좋다. 중요한 발표일수록 여러 청중에게 무난하게 여겨지는 전형적인 글자꼴을 사용하는 것이 안전하다. 한 장의 슬라이드에 두 가지 글자꼴을 사용하는 것도 피해야 한다.

15

답안

동기화 단계 조직

해설

〈동기화 단계 조직〉

• 동기화 단계 조직(motivated sequence pattern)은 1930년대 중반 앨런 먼로(Alan Monroe)에 의해 주장된, _____1 메시지의 대표적인 조직 유형이다.

• 청자의 자연스러운 심리적 단계를 활용한 메시지 조직 형태로 구체적인 단계는 다음과 같다.

① _____2 끌기(Attention) : 청자의 호기심을 자극하고 긴장감을 유발하여 청자를 주제에 연관시킨다. 특히 이 단계에서는 명시적인 '목적 진술'과 '전체 내용 개관'을 하지 않는다. 예 지난달 제 친구는 퇴근 후 오토바이를 타고 집에 가다가 사고를 당했고, 심한 뇌진탕으로 치료를 받고 있습니다.

② 요구(Need) : 특정 '문제'를 청자와 관련시켜 언급하여 청자의 요구를 자극한다. 문제의 심각성을 입증하기 위해 통계, 연구 결과, 실례, 증언 등 주장을 뒷받침할 수 있는 _____3 를 사용하는 것이 효과적이다. 예 매년 2천여 명이 오토바이를 타다가 머리를 다쳐 두뇌 손상을 입고 고생합니다. 때문에 사고로 인한 두뇌 손상을 반드시 방지해야 합니다.

③ 만족(Satisfaction) : '해결' 방안을 제시하여 청중의 이해와 만족을 획득한다. 예 오토바이를 타는 사람은 헬멧을 착용하여 머리를 보호할 수 있습니다. 두뇌 손상의 위험을 90% 줄여 줍니다.

④ 시각화(Visualization) : 해결 방안이 청자에게 어떻게 도움이 되는지를 묘사하여 청자의 욕망을 강화한다. 곧, 이익의 개인적 적용에 대한 구체화를 시도하여 화자가 주장하는 이익이 청자 개개인에 어떻게 형상화되는지를 구체적으로 설명하여 화자의 주장을 수용하고자 하는 욕망을 극대화한다. 예 헬멧을 쓰고 오토바이를 타면 신체 피해를 75% 줄일 수 있습니다. 여러분은 오토바이가 주는 즐거움과 편리함을 안전하게 누릴 수 있게

1 설득
2 주의
3 증거 자료

됩니다.

⑤ 행동(Action) : 구체적인 행동의 내용과 방법을 제시하여 특정 행동을 요구한다.
  예 이 근처 스포츠 용품점에 헬멧을 판매하고 있으니 안전을 위해서 반드시 착용하시기 바랍니다.

• 설득 메시지 조직의 뼈대는 '문제'와 '해결'이다. 동기화 조직 단계의 '요구'는 '문제'에 해당하고 '_____1'은 '해결'에 해당한다. 곧, '문제-해결 조직'을 뼈대로 하여 수사적 효과를 높이기 위해 앞뒤에 단계를 추가한 것이다. 또, 동기화 조직 단계의 '요구'와 '만족'은 이성적 측면이 강한 단계다. 청자의 정서에 호소하는 것보다 치밀하게 짜인 개별 논증들의 집합으로 '주의 끌기'에서 확보한 청자의 관심을 그대로 이어받아 논리적으로 공략해야 한다.

• 동기화 단계 조직은 ①청자의 심리를 중시하고, ②이성과 감성의 균형이라는 특성이 있다. 설득 메시지는 화자가 임의로 준비한 완벽한 조직만으로는 부족하고 청자의 반응을 예상하여 전략적으로 조직해야 한다. 또 설득의 본질을 고려할 때 이성적 논증과 감성적 호소의 중요성을 강조할 필요가 있다. 특히 설득 상황에서 전체 메시지가 논리적임을 전제로 한다면, 감성적 호소가 이성적 호소보다 효과적이란 연구 결과가 있다.

16

답안

순서교대

해설

〈순서교대〉

• 순서 교대(turn taking)란, 대화할 때 화자와 청자가 권리와 의무를 가지고 서로 말하는 순서를 교대하면서 역할을 달리하여 참여하는 것을 말한다. 곧, 화자와 청자가 A→B→A→B→A→B와 같이 차례로 말을 하는 교대가 나타나는데 이것을 '발화순서 교환'이라고도 한다.

• 발화 순서 교대에 적용되는 원리는, ① 모든 대화 참여자는 말할 기회를 가져야 한다. ② 발화순서 교환의 차례는 사전에 결정된 것이 아니다. ③ 발화순서 교대는 중복이나 대화의 중단 없이 일어나는 것이 보통이다. ④ 중복이 일어나 대화나 말하는 도중에 누가 끼어들어서 간섭을 받은 대화에는 교정 장치가 작동된다. ⑤ 한 사람이 말할 때 대화의 길이도 사전에 결정되어 있지 않다. ⑥ 대화는 연속적일 수도 있고 비연속적일 수도 있다. 언제든지 누구나 화제를 바꿀 수 있다.

• 순서 교대는 교체 적정 지점에서 이루어지고, 교체 적정 지점은 현재의 화자가 다음 화자를 선택하여 호칭하거나 고개짓이나 시선, 억양과 같은 신호를 보냄으로써 말할 권한을 넘겨주는 방식으로 이루어진다.

• 수업 상황에서는 대화와는 달리 예외적인 법칙으로 진행된다. 발화 순서 교대를 주도하는 사람은 _____2 이며, 교사의 선택으로 인해 교대가 진행된다. 이 때 교사

1 만족
2 교사

가 잠시 중단, 공백, 중복의 가능성 최소화 등을 활용하여 더욱 성공적인 수업 대화로 이끌어 나갈 수 있다.

17

답안

_____1 (transition relevance place)

해설

〈순서 교대〉

• 대화할 때 화자와 청자가 권리와 의무를 가지고 서로 말하는 순서를 교대하면서 역할을 달리하여 참여하는 것을 '_____2 (turn taking)'라 한다.

• 대화는 순서 교대에 의해 _____3 된다. 따라서 대화에서는 누가 언제 말할 것인지를 결정하는 기술이 중요하다. 대개 순서 교대는 교체 적정 지점(transition relevance place)에서 이뤄지는데, 이 교체 적정 지점은 현재의 화자가 다음 화자를 선택하여 호칭하거나 고개짓이나 시선, 억양과 같은 신호를 보냄으로써 말할 권한을 넘겨주는 방식으로 이루어진다.

• Sacks, Schegloff & Jefferson(1974)에서는 발화 순서 교환을 지배하는 규칙을 다음과 같이 정리해서 제시했다.

규칙1. 어떤 순서의 교체 적정 지점에서 적용된다.

　　a. 만일 현재의 화자가 다음 화자를 선택하고 나면, 현재 화자는 말하기를 멈춰야 하며, 다음 화자가 말을 해야 한다. 순서가 바뀌는 것은 다음 화자를 선택한 다음 처음 나타나는 교체 적정 지점에서 일어난다.

　　b. 만일 현재의 화자가 다음 화자를 선택하지 않으면, 대화 참여자 가운데 누구라도 다음 화자로 나설 수가 있다. 제일 먼저 나선 화자가 다음 순서에 대한 권리를 갖는다.

　　c. 만일 현재 화자가 다음 화자를 선택하지 않고, 다른 사람이 아무도 나서지 않으면, 현재 화자는 말을 계속 할 수 있다. 그러나 반드시 그래야만 하는 것은 아니다.

규칙2. 다음에 계속 이어지는 모든 교체 적정 지점에서 적용된다. 현재 화자에 의해 규칙1c가 적용되면, 다음 교체 적정 지점에서 규칙 1a~c가 적용되고, 또 다음 교체 적정 지점에서 순환적으로 적용되는데, 이 순환은 화자가 바뀔 때까지 반복된다.

1 교체 적정 지점
2 순서 교대
3 순환

18

답안

ㄱ: _____1_____   ㄴ: 연관성

해설

〈적절한 거리 유지의 원리〉

- 인간에게는 두 가지 서로 상반된 욕구가 있다. 다른 사람과 관계 맺고자 하는 '_____2_____ 의 욕구'와 누구에게도 자신의 개인적 영역을 침해받고 싶어 하지 않는 '독립성의 욕구'다.

- 인간은 의사소통 과정에서 독립성과 연대감이라는 서로 상반되는 두 가지 욕구 사이에서 균형을 유지하면서 '나와 너'와의 최적의 거리를 유지할 수 있도록 노력한다. 어떤 의미에서 의사소통의 긴장감과 역동성의 묘미는 바로 이 최적의 거리를 찾아내고 유지하려는 노력에 있을지도 모른다.

- 바람직한 대화는 자기 중심적이 되려고 하는 욕구를 어떻게 상대방의 욕구를 충족시킬 수 있는 방향으로 전환하느냐 하는 문제와 직결된다. 상대방의 관점을 고려하는 대화는 상대방과 적절한 _____3_____ 를 유지하는 것에서 출발한다. 그래서 '독립성'은 다른 사람과의 일정한 거리를 유지함으로서 가능해지고, '연관성'은 다른 사람에게 _____4_____ 으로써 가능해진다.

- 로빈 레이코프(Robin Rakoff)는 이 거리 유지 원리를 세 가지 지침으로 정리하고 있다. ①상대방과의 거리를 유지하라. ②상대방에게 _____5_____ 을 주어라. 상대방으로 하여금 의견을 말하도록 유도하라. ③항상 우호적인 태도를 견지하라. 이 중, ①은 '_____6_____' 욕구 존중이고, ③은 '연관성' 확보와 관련된다. ②는 '독립성'과 '연관성'이라는 상반된 욕구 사이에서 균형을 잡고 적절한 거리를 유지할 수 있게 해 준다.

- 대화를 통해 상대방에게 선택권을 주는 방법은 대개 우회적인 _____7_____ 표현을 통해서 실현된다. 이런 표현은 상대방과의 정면 충돌을 피할 수 있게 해 준다는 점에서 자기 방어의 효과뿐 아니라 상대방의 연대감의 욕구를 손상시키지 않는다는 점에서 그 효용 가치가 높다.

  간접적이고 우회적인 표현은 경제성의 원리에도 위배되고, 청자가 화자의 의도를 제대로 읽지 못할 경우 생길 수 있는 오해의 가능성에도 불구하고 자주 쓰는 이유는, 자신의 말이 상대방에게 줄 _____8_____ 을 최소화하면서도 만약의 사태로부터 자신을 방어함으로써 연관성과 독립성 사이의 거리를 최대한 유지하기 위해서이다.

---

1 독립성
2 연관성
3 거리
4 다가섬
5 선택권
6 독립성
7 간접
8 부담

19

답안

체면위협행위(= _____1 이론)

해설

〈체면위협행위〉

• 예의(禮儀)란 존경의 뜻을 표하기 위하여 예로써 나타내는 말투나 몸가짐을 뜻한다.
• '협력의 원리'가 주로 정보의 효과적인 전달 측면을 강조하였다면 대화 참여자 간의 상호작용에서 인간관계의 형성과 발전을 중시하였을 경우 강조되는 대화 원리의 핵심어는 '_____2'이다.
• 리치(Leech, 1983)는 이익과 부담, 칭찬과 비방, 일체감과 공감 등을 중심으로 상대를 대상으로 유발하는 보편적 감정을 기반으로 하는 예의의 원리를 제시하였다. Brown & Levinson(1987)은 이 중 상대의 '체면(face)'에 초점을 맞추어 예의 이론을 제시하였다. 이들은 '_____3'을 모든 사회 구성원이 자신에 대해 주장하는 공적 자아상으로 정의하고, 모든 성인 화자는 이 체면을 가지고 있으며 체면을 지키려는 '_____4'가 대화의 중요한 목적이라고 주장하였다.
• _____5 이란 자신의 자아 개념에 대한 외부의 평판으로 인한 감정 상태와 연관이 있다. 차리고 세워야 할 측면의 체면은 당당함, 떳떳함, 자랑스러움 등의 감정과 관련이 있고, 깎이는 측면의 체면은 난처함, 당혹스러움, 부끄러움 등의 감정과 관련이 있다.
• _____6 (FTA: Face Threatening Acts)란, 상대의 체면 욕구를 만족시키는 데 실패하여 상대의 체면을 손상하는 모든 행위를 의미한다. 이때, 체면 위협의 정도에 따라 대화 참여자가 선택할 수 있는 전략은 달라진다. 아래 [그림]에서 ㉠의 경우가 상대의 체면을 가장 크게 위협하며 ㉲으로 갈수록 순차적으로 체면 위협의 정도가 줄어들게 된다.

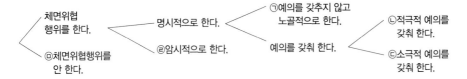

• ㉠: 직접적인 명령은 상대의 체면을 위협한다. 이는 상대보다 분명하게 우월한 지위에 있거나 친구나 가족처럼 사회적 거리가 매우 가까운 관계에서 주로 이뤄진다. ㉡: '적극적 예의'는 자신의 바람을 조금 덜 위협적인 방법으로 전할 때 사용한다. 적극적 예의는 친근하고 유대감을 나타내며 관심을 보이고 칭찬과 존경을 표현해야 한다. ㉢: '소극적 예의'는 상대의 독립을 인정하며 강요하거나 명령하지 않고 개인적 권리를 침해한 것에 대해 유감을 표현해야 한다. 소극적 예의 전략에는, '간접 대화 행위로 요청을 표현하기(부담스러울 거라 생각되지만), 말 사이에 주저할 때 사용하

1 예의
2 예의
3 체면
4 체면 욕구
5 체면
6 체면위협행위

는 _____1 사용하기(저어, 있잖아요, 아마도), 상대방의 부담을 줄이기 위한 표현 사용하기(조금만, 한 번), 사과하는 말을 하거나 용서를 구하는 말을 하기(죄송합니다만), 상대방의 행동이 나에게 베풀어 주는 것임을 강조하는 말하기(그리 해 주신다면 정말 감사하겠습니다) 등이 있다. ⓔ: 체면위협행위로 인식되지 않도록 자신의 바람을 혼자 슬쩍 _____2 적인 방식으로 말하여 상대로 하여금 제안의 해석과 이에 대한 수용과 거절의 여부를 모두 넘기는 것이다.

• 국어 교육과정에 보면, "우리 조상들은 상대방의 체면에 위협을 가하는 직접적인 표현보다는 간접적이고 우회적인 표현 방식을 사용"(09개정)한다고 되어 있다. 이는, 체면위협행위를 꺼리고 _____3 를 지키기 위해 간접적인 표현을 선호하는 우리의 _____4 문화와 관련된다.

20

답안

(가) 추론적 듣기, (나) 비판적 듣기

해설

〈추론적 듣기〉

• 추론적 듣기란 언어적 표현, 준언어적 표현, 그리고 비언어적 표현들을 단서로 활용하여 그 표현에 함축된 의미를 파악하면서 듣는 방법이다.

• 같은 언어 표현도 준언어적 요소 등의 변화에 따라 전혀 다른 의미가 전달되며, 이러한 준언어에는 화자의 감정이나 교양, 사회적 계층 정도가 반영된다. 또한 비언어적 표현들은 무의식의 언어인 까닭에 언어적 메시지 이면에 숨겨진 화자의 심리를 그대로 노출한다. 비언어적 표현은 언어적 표현을 보완, 대치, 강조하는 역할을 하게 되는데, 실제 의사소통 상황에서 사람들은 언어적 메시지 못지않게 준언어·비언어적 표현에서 드러나는 화자의 의도를 추론하면서 듣기를 할 수 있어야 한다.

• 추론적 듣기를 하기 위해서는 여러 가지 다양한 유형의 대화에 참여하는 사람들이 서로 어떤 방식으로 의미를 구성해 가는지를 파악할 필요가 있다. 의사소통 참여자들의 소통 방식이 직접적인지 간접적인지, 협력적인지 대립적인지, 정보 중심적인지 관계 중심적인지, 권위적인지 민주적인지, 화자 중심적인지 청자 중심적인지를 파악하고, 이들이 어떤 방식으로 소통하는지에 따라 의사소통 참여자의 의도 또한 다르게 해석될 수 있음을 인식해야 한다.

〈비판적 듣기〉

• 비판적 듣기란 청자 자신의 입장이나 관점을 견지하면서, 단순히 들은 정보를 이해하고 수용하는 데 그치지 않고 상대방의 입장이나 견해에 대하여 평가하고 판단하면서 듣는 데 그 목적이 있다. 이때 '비판적'이란 말은 들은 내용을 확인하고, 그 내용에 대해 신뢰성, 타당성, 공정성 등을 판단하고 평가하면서 듣는다는 의미이다.

1 대화 표지
2 암시
3 예의
4 예의

- 내용의 신뢰성이란 정보나 자료의 출처가 믿을 만한 것인지에 대한 것이다. 출처가 불확실하거나 정확하지 않은 정보, 또는 인정할 수 없는 권위에 기대어 어떤 말을 인용했을 경우, 그 내용을 신뢰하기는 어려울 것이다.
- 내용의 타당성은 그 말이 전후 맥락에서 자료나 근거로부터 결론을 이끌어 내는 방식이 합리적인지, 현실이나 삶의 이치에 부합되는지 등을 따짐으로써 평가할 수 있다.
- 내용의 공정성이란 말의 내용이나 주장이 공평하고 정의로운가 하는 것이다.

※ 비판적 듣기를 위한 질문[1]

> (1) 중심 내용들이 주장을 정당화하고 있는가?
> (2) 주장이 타당한가?
> (3) 이 주장은 사실 명제인가, 가치 명제인가, 정책 명제인가?
> (4) 각 주장에 대한 증거들이 요점과 관련되는가?
> (5) 예시, 근거, 통계의 증거들이 적절한가?
> (6) 요점들 사이의 관계는 논리적인가?
> (7) 진술되지 않고 당연한 것으로 전제되어 있는 것들이 과연 타당한 것인가?
> (8) 잘못된 생각이 제시되어 있지는 않은가?
> (9) 감정적 호소를 잘못 사용하고 있지는 않은가?

21

답안

공감적 듣기

해설

〈공감적 듣기〉

- 공감적 듣기(empathic listening)는 상대방의 생각이나 감정을 깊이 있게 이해하려는 감정이입 차원의 듣기 유형이다. 공감적 듣기는 상대의 이야기에 대한 판단을 유보하고 상대의 생각을 이해하고 상대의 _____2 을 공유하며 내가 마치 상대인 것처럼 듣고 이에 대해 적절한 _____3 의 반응을 하는 상호작용의 과정이 충실하게 이루어지는 듣기 행위를 의미한다.
- 공감적 듣기의 방법에는 소극적 듣기와 적극적 듣기가 있다. 이때의 소극적과 적극적의 변별점은 청자가 의미 있는 내용을 담아 명시적인 언어로 _____4 을 하는가의 여부이다. 단, 소극적 들어주기도 언어적 반응을 하지만 "그래", "계속 이야기해 봐." 등 특정 정보를 담고 있다기보다는 _____5 을 조절하거나 상대의 말하기를 촉진하는 단순한 기능을 한다.
- 공감적 듣기의 핵심은 자신의 견해를 개입하지 않고 상대방의 말을 들어주는 '_____6'에 있다. 들어주기에는 소극적 들어주기와 적극적 들어주기가 있다.
- '소극적 들어주기'는 상대방에게 관심을 표명하면서 화자가 계속 이야기를 이어갈 수 있도록 맥락을 조절하여 주는 듣기이다.
  ① '_____7'는 말하는 상대를 향해 앉고, 눈을 맞추고, 부드러운 표정을 지으며,

1 Sprague & Stuart: 2008, 이창덕 외: '화법교육론(개정판)': 60 재인용한 것임. 자세한 것은 관련 서적의 해당 부분을 참고할 것.
2 감정
3 공감
4 피드백
5 화맥
6 들어주기
7 집중하기

적절한 손짓을 하는 것이다.
② 상대가 나의 말에 집중하고 있다고 느낀 화자는 계속 이야기를 할 수 있는지를 확인하고자 하는데, 이때 필요한 것이 '_____1'이다. "좀 더 이야기해 봐.", "계속 이야기해 봐."와 같은 요청, "네 생각은 어떠니?"와 같은 질문이 그 예다.
• '적극적 들어주기'는 청자가 객관적 관점에서 문제에 접근할 수 있도록 화자의 말을 요약, 정리하고 _____2 하여 주는 구실을 통해서 화자가 스스로 문제를 해결할 수 있도록 들어주는 것이다.
① '요약하기'는 화자의 말을 요약하여 _____3 해 주는 것이다.
② '_____4'는 화자가 한 말의 의미를 재구성해서 피드백해 주는 것이다. "그래, 우리 철수가 치료보다 시험에 집중하고 싶구나."와 같은 반응이 그 예다.
※ 추론적 듣기, 비판적 듣기, 공감적 듣기, 사실적 듣기, 대화적 듣기 등

22

답안

_____5

해설

〈논제〉

• 토론에서 논제(proposition/debate topic. 論題)는 문제의 해결에 관한 제안이나 _____6 을 뜻한다. 토론의 논제는 '…한가?'와 같은 _____7 형 질문이 아니라 '…해야 한다(정책)' 또는 '…이다(사실)'의 진술문 형식으로 표현되어 긍정과 부정의 입장을 명확히 구분할 수 있어야 한다.
• 토론의 논제는 토론의 공정하고 민주적인 의사소통의 정신을 구현하면서도 문제를 효율적으로 해결하기 위한 형식을 갖추기 위해 몇 가지 충족해야 할 요건이 있다.
①논제는 찬성과 반대의 _____7 이 분명히 드러날 수 있도록 서술되어야 한다. ②논제는 한 가지 제안이나 _____8 만을 다루어야 한다. ③논제는 다루고자 하는 내용이 분명하여야 한다. 만약 논제에 사용된 용어가 불명료하면 토론에 들어가기 전에 그 명제의 해석이나 용어 정의에 있어서 의견의 일치를 보아야 한다. ④ _____10 논제의 경우는 현 상황을 변화시키려는 의도가 반영되어야 한다.(예 영어 공용화를 실시해야 한다.) ⑤논제는 찬성과 반대 어느 한 편에 유리하게 작용하는 언어적 표현을 사용해서는 안 된다. ⑥논제는 '~해야 한다' 혹은 '~이다'와 같은 _____11 으로 제시해야 한다. 왜냐하면 논제는 증명되어야 할 하나의 _____12 이기 때문이다. ⑦논제는 참여자의 관심과 흥미를 반영한 것이 좋다.
• 논제에는 '사실 논제, _____13 논제, 정책 논제'가 있다. ①'사실 논제'는 참과 거짓으로 양립 가능한 사실에 대하여 찬성 측과 반대 측이 입증하고 반박하는 데 초점을 둔 논제이다.(예 일본은 세계대전 당시 종군위안부를 조직했다. 연예인의 의복 구입비는 면세 항목으로 분류될 것이다. 등) ②'_____13 논제'는 무엇이 좋고 나쁜

1 격려하기
2 반영
3 재진술
4 반영하기
5 논제
6 주장
7 개방
8 대립
9 주장
10 정책
11 평서형
12 명제
13 가치

지 혹은 무엇이 옳고 그른지에 대한 가치 판단을 전제로 하고 있는 논제이다.(예 선의의 거짓말은 바람직하다. 미용을 위한 성형 수술은 바람직하다. 등) ③'정책 논제'는 문제의 해결에 대한 구체적인 행위, 곧 _____1 을 제안하고 있는 논제를 말한다.(예 학생회에 부정행위를 한 학생을 징계할 수 있는 권한을 부여해야 한다. 고등학교까지 무상 교육을 실시해야 하다. 부패방지위원회에 조사권을 부여해야 한다. 등)

※ 정책 논제의 필수 요건2

기준	정책 논제의 요건
대립성	• 다른 입장과 시각으로 인한 갈등이 존재해야 한다. • 중립/양립/선택이 불가하고 한쪽을 선택해야 한다. • 다른 쪽 선택으로 인한 기회비용이 존재해야 한다.
변화 가능성	• 당위적 행위를 다루어 현재 상태의 변화를 주장해야 한다. • 하나의 중심 생각을 다루어 변화의 방향이 명확해야 한다. • 평서형 긍정문을 사용하여 변화의 범위를 한정해야 한다.
균형성	• 가치중립적인 용어를 사용해야 한다. • 감정을 배제한 표현을 사용해야 한다. • 목적을 배제한 표현을 사용해야 한다.

• 교육 토론에서는 주로 _____3 에 관한 것이 많이 사용된다. 정책 논제는 자료를 충분히 조사해야 하므로 교육적 효과도 있고 자연스럽게 가치 문제를 포함하여 다루는 장점도 있어 토론 지도에 효과적이기 때문이다. 특히 CEDA 토론은 정책 논제만을 주로 다룬다.
• 논제를 제시할 때는 _____4 이 배제된 표현을 사용해야 한다. '전근대적 국가보안법 철폐해야 한다.'는 논제는 '전근대적인'이라는 가치 판단이 담긴 표현이 토론 시작 전에 심판이나 청중에게 부정적인 인상을 줄 가능성이 있어 문제된다. '백해무익한 흡연, 담뱃값 인상해야 한다.', '반인륜적인 사형제도는 폐지해야 한다.' 등의 논제에서 '백해무익한', '반인륜적'이라는 표현 역시 마찬가지다. 토론 논제에는 _____4 이 배제된, 중립적인 표현을 사용하여야 한다.

23

답안

ㄱ: _____5   ㄴ: _____6

해설

〈반대 신문 토론〉
• 반대 신문 토론(反對訊問討論)은 현재 상태의 정책적 변화를 주장하는 찬성 측과 이를 반대하는 반대 측이 2 : 2로 입론, 반대 신문, 반박의 발언을 개인별 _____7 회씩 하는 토론 방식이다.

1 해결 방안
2 이와 관련하여 자세한 사항은 박재현(2018: 128–138)을 참고할 것.
3 정책
4 가치 판단
5 교차조사
6 긍정측
7 1

- 일반적으로 CEDA 방식으로 알려져 있고, 상호 질의 토론, 교차 신문 토론, CEDA 토론, 정책 토론 등으로 불리기도 한다.(1995년에 CEDA협회는 _____1 논제만을 다루기로 결정함.)
- 찬성 측은 문제의 심각성과 지속성, 해결 방안의 이익 등 필수 쟁점에 대해 모두 _____2 해야 하므로 여러 쟁점 중 하나의 쟁점만 효과적으로 반박해도 승리하는 반대 측에 비해 '_____3'이 크다.
- 반대 신문 토론의 절차는 입론 8분, _____4 3분, 반박 5분으로 이어진다.
- 반대 신문 토론에서는 사회 제도나 정책의 '변화'를 주장하는 데 필요한 철저한 자료 조사와 증거가 필요하다. 기존의 토론 방식이 자신의 이야기만 하는 것에 대한 반성으로 상대 논의에 대한 경청을 중시하게 되었다.

〈반대 신문〉
- '반대 신문(Cross Examination)'은 '상호 질의, 교차 질문, 교차 조사, 확인 질문' 등으로 불리는데, 국어 교육과정에서는 '반대 신문'으로 정리한다.
- 반대 신문은 상대의 주장과 논거의 적절성을 평가하기 위해, 상대 측 토론자가 _____5 을 마친 토론자에게 직접 질의하는 과정이다. 상대방 입론의 논증에 대해 타당성과 적절성을 판단하여 논리적 오류를 부각하는 반대 신문은 토론의 핵심 단계이다.
- 반대 신문은 ①상대측 주장에서 제시한 개념에 대한 정의를 자신에게 유리하게 다시 정의할 수 있다. 상대측 정의의 적절성을 질문을 통해 확인하고, 자신에게 유리한 개념으로 _____6 할 수 있다. ②상대가 제시한 자료의 출처나 신빙성 차원에서 치명적인 오류를 부각하여 추후의 입론이나 반박에서 유리한 입장을 선점할 수 있다. ③반대 신문을 통해 앞서 상대방이 공격한 자신의 쟁점을 보완하여 _____7 할 수 있다.
- 반대 신문 질문 전략으로는 다음의 것이 있다. ①반대 신문은 시간이 짧기 때문에 질문의 수와 우선순위를 안배해야 한다. 따라서 가장 심각한 오류로서 자신의 입장을 유리하게 하는 데 도움이 되는 것을 우선적으로 질문한다. ②반대 신문의 내용을 구성할 때 주의할 점은, 논제와 무관한 새로운 논증을 펼치면 안 된다는 것이다. ③반대 신문의 질문은 간결하고 이해하기 쉬워야 한다. ④질문에는 _____8 형 질문이 아니라 _____9 형으로 하는 것이 효과적이다. ⑤그리고 반대 신문 질문에 대해 상대가 답변 시간을 끌 경우 단호하게 중단할 필요가 있다.

〈입증 책임〉
- '입증 책임(the burden of proof)'은 주장이 수용되도록 증명해야 하는 책임이다. '_____10 의 부담', '_____11 의 부담' 등으로 불린다.
- 일반적으로 정책 토론의 경우 논제는 현재 상태의 변화에 대한 주장을 담아 진술되고, 이러한 변화에 대한 주장을 맡게 되는 _____12 측에게 입증 책임이 있다.
- 입증 책임은 "주장하는 자는 증명해야 한다."라는 토론의 우선 원칙을 기반으로 한다. 찬성 측은 현재 상태의 변화를 설득해야 하는 역할을 감당하며 반대 측은 이를

반박하여 변화가 필요하지 않음을 설득하는 역할을 감당한다. 찬성 측은 현재 상태의 문제점과 더불어 해결 방안과 이점까지 모든 쟁점에 대해 입증해야 하는 반면에 반대 측은 여러 쟁점 중 한 가지만 반박하는 데 성공해도 현재 상태의 변화 시도를 무산시킬 수 있으므로 승리하게 된다.

24

답안

_____1

해설

〈토의의 의의〉

• 토의는 _____2 해결이 목적이므로 일방적으로 자기 의견만 고집할 수 없다. 다른 의견에 내 의견을 조율하여 문제 해결의 장으로 나가고자 하는 양보와 _____3 의 정신이 필요하다.

• 토의는 어떤 문제에 대한 해결 방안을 찾는 의사소통의 과정으로 다수의 의견만이 반드시 중요한 것은 아니고 소수의 의견이 존중된다. 이 과정을 통하여 상호간의 의견 대립과 모순이 해결되고 모두의 의견이 폭넓게 수용되므로 토의는 _____4 적인 의사소통의 기본이라 할 수 있다.

• 토의는 서로의 의견을 비교하며 듣게 함으로써 논리적, 비판적 이해 능력을 신장시키고 경청을 통하여 _____5 의 _____6 과정에 능동적으로 참여하는 자세를 갖게 한다는 점에서 중요한 교육적 의의가 있다.

• 토의 학습자들은 여러 의견들을 비교하여 공통점과 차이점 또는 각 의견의 장단점을 파악하고 이들의 타당성, 가치성, 실천 가능성 등을 판단하여 더 나은 _____7 을 모색하는 과정을 경험함으로써 통합적인 국어 사용 능력을 기를 수 있다.

25

답안

ㄱ: 일의제(一議題) ㄴ: 일사부재의(一事不再議)

해설

〈회의〉

• 회의는 특정한 공동의 목적을 위해 의논해야 할 문제에 대하여 참가자가 서로 의견을 나눈 후 다수가 좋다고 생각하는 쪽으로 의사를 결정하는 집단적이고 협동적인 화법의 한 유형이다.

• 회의는 협동적인 논의가 이루어진다는 점에서 _____8 의 한 종류이다. 그러나 회의는 _____9 의 절차를 통하여 결정을 하거나 경우에 따라서는 투표와 같은 방식

1 합리적인 해결안에 이르는 과정
2 문제
3 배려
4 민주
5 공동체
6 문제 해결
7 해결 방안
8 토의
9 다수결

을 동원해서 공식적인 결론을 이끌어 낸다는 점에서 토의와 구별되기도 한다.

- 회의는 공동체가 직면한 문제를 협의하고 이를 바탕으로 공동체 구성원의 삶에 영향을 미칠 수 있는 의사 결정을 하기 때문에 참가자들은 회의의 진행 규칙에 따라 알맞은 _____1 를 사용하며 합리적인 절차와 방법으로 회의를 진행해야 한다.
- 회의는 '개회 선언→ _____2 및 인원 확인→지난 회의 기록 낭독 및 정정→임원과 위원 회의 보고→의안 상정 및 심의→표결→의결 선포→폐회 선언' 등의 절차를 거친다.
- 회의 과정에서 사용하는 중요한 용어에는 발의(發議 –동의動議), 재청(再請), 동의(同議), 부의(附議), 개의(改議), 심의(審議), 이의(異議), 가부(可否), 찬성, 반대, 표결, 과반수 등이 있다.
- '발의(發議)'는 회의에서 다룰 _____3 에 대해 "~을 발의합니다."와 같은 일정한 방법으로 결정을 필요로 하는 의사 일정의 한 항목을 제출하는 것으로 '_____4' 이라고도 한다. 발의안은 _____5 을 얻어야만 의제로 채택되는데, 참가자가 특정 사안에 대해 발의할 때 일차적으로 의장에 의해서 다시 한 번 발의 내용이 설명되고 다른 참가자들에게 재청 여부를 묻게 된다. 이때 다른 참가자들이 그 발의안에 대해 _____5 하지 않는다면 발의안은 성립되지 못하게 되어 의장은 다른 의사를 진행하게 된다.
- '부의(附議)'는 적법하게 성립된 발의를 회의에 부치는 것으로서 '_____6'이라고도 한다.
- 회의에서는 그 회의 공동체의 회원들이 정한 _____7 과 _____8 를 사용하므로 이를 기본적으로 숙지해야 한다. 특히 의제에 대한 회원들의 의견을 모을 때는 발언권과 동의권을 얻는 데 필요한 발언 규칙과 용어를 사용해야 한다.

※ 〈동의(動議)의 종류〉
① 원동의(原動議) : 회의에서 가장 핵심적 심의 대상의 동의. 이 동의는 반드시 다른 회원의 _____9 이 있어야 하며, 대체로 출석 회원의 과반수 찬성으로 가결한다.
② 보조동의(步調動議) : 원동의의 처리에 필요한 동의. 원동의의 수정 동의, 원동의의 위원회 회부 동의, 토론 시간의 제한 동의, 토론의 종결 동의, 원동의의 유기 연기 또는 무기 연기 동의와 보류 동의 등. 이러한 동의가 나오면 이를 먼저 결정지어야 원동의의 처리를 진행할 수 있다.
③ 임시동의(臨時動議) : 그 제안자가 자기의 동의를 철회하겠다는 철회동의, 의장의 회의 진행 방법이 회의 규칙에 어긋날 때 회원이 이를 지적하는 규칙동의, 의장이 규칙을 무시할 때 그에 항의하는 규칙일시정지동의, 의장의 결정 방법에 대한 항의 동의 등이 있다.
④ 우선동의(優先動議) : 좀 쉬었다 다시 회의하자는 휴게동의, 회의 일정을 변경하자는 일정변경동의, 회의장이 너무 더우니 창문을 열자든지, 주의가 시끄러우니 의장은 조용하게 만들라든지 하는 특권(특청)동의, 폐회하자는 폐회동의, 다음 회의의 일정을 결정하자는 일정결정동의 등을 말한다. 이러한 동의들은 다른 회원의 발언 중에도 할 수 있으며, 토론 없이 즉시 처리해야 한다.

1 용어
2 정족수
3 의제
4 제안
5 재청
6 상정
7 규칙
8 용어
9 재청

⑤ 잡동의(雜動議) : 보류했던 안건을 다시 상정하자는 재상정동의, 일단 심의했던 안건을 다시 심의하자는 재심동의, 일단 가결된 의안을 다시 심의하자는 번안동의, 선결동의 등이 포함된다.

※ _____1 (改議) : 원안의 본뜻을 살리면서 그 일부분을 한 번 수정하는 것이다. 이를 다시 고치는 것을 재개의(再改議)라고 한다.

- 동의에 대한 '_____2'가 없으면 토론하지 않는다. 동의에 대한 반대 의견이 있을 때, 토론에 부친다.
- 의장은 '동의'가 나오면 '재청'이 있는지 회원들에게 묻고, '재청'이 있어 '_____3'가 성립하면, "동의가 성립되었습니다. 그러면 의견을 말씀해 주십시오."와 같은 '동의에 대한 토의'를 요청한다. 동의에 대한 반대 의견이 없으면, 의장은 "이의(異議) 없습니까?"하고 확인한 다음, "이의가 없으면 표결에 부칩니다."하며 가부를 물어 가결한다.
- 회의 참여자가 지켜야 할 일반적인 규칙에는 '회의 공개의 원칙, 정족수(定足數)의 원칙, 일의제(一議題)의 원칙, 발언 자유의 원칙, 비폭력의 원칙, 평등의 원칙, 다수결의 원칙, 소수 존중의 원칙, 일사부재의(一事不再議)의 원칙, 회기 불계속의 원칙 등이 있다.
- _____4 (一議題)의 원칙은 회의에서 한번에 한 의제씩 차례로 다루어야 한다는 원칙이다. 의장이 한 의제를 선포한 다음에는 토론과 수정 등을 거쳐서 그 채택 여부가 표결로 결정되기 전에는 다른 의제를 동시에 상정시킬 수 없다. _____5 (一事不再議)의 원칙이란 일단 부결이나 의결된 의안은 그 회기 중에는 다시 토의에 붙이지 않는다. 회기 불계속의 원칙이란 이번 회의에서 의결되지 못한 사항은 다음 회기에서 자동적으로 폐기된다. 이는 부결된 의안을 악용하여 회의를 공전시키려는 책동을 미연에 방지하려는 제도적 장치다.

26

답안

_____6

해설

〈연설 개요서〉

- 개요서(outline)란 연설의 개요, 즉 주요 아이디어와 세부 내용의 골자만을 간결하게 적어둔 _____7 연설 대본이다. 개요서에는 준비 개요서와 실행 개요서가 있다. 준비 개요서는 연설을 준비하는 과정에서 작성하는 개요서로 이것이 완성되면 연설 준비는 일단 종결되는 셈이다.
- 대본을 쓰기 전에 준비 개요서를 작성해 두면 전체적 조직이나 주요 아이디어들 사이의 관계, 그리고 주요 아이디어와 그 세부 내용들 사이의 관계를 점검하기가 쉬워진

1 개의
2 이의
3 동의
4 일의제
5 일사부재의
6 준비 개요서
7 미완성

다. 실행 개요서는 준비 개요서의 _____1 으로 연설을 실행할 때 참고로 하기 위해 작성한다. 일반적으로 준비 개요서는 양이 많기 때문에 실제 연설을 하면서 참고하기에는 부적절하다. 때문에 치밀한 연사들은 준비 개요서를 대폭 축소하고 스스로에게 보내는 메시지를 첨가한 실행 개요서를 만들어 이에 기초하여 연설을 실행한다.

• 준비 개요서는 주제, 세부 목적, 주제문, 서론, 본론, 결론, 그리고 참고문헌으로 구성된다.

• 서론에는 서두와 주제문의 소개 및 전체 연설에 대한 예고 등이 있으며 본론에는 주요 아이디어와 세부 내용들이며 결론에는 종료 예고와 핵심 재강조, 그리고 결언이 들어간다. 이외에도 필요한 경우에는 연결을 부드럽게 하기 위한 _____2, 청중의 이해를 돕기 위한 예고와 중간 요약 등이 삽입된다.

• 준비 개요서의 작성 규칙에는 ①머리 부분에 주제, 세부 목적, 주제문을 따로 적어둔다. ②서론, 본론, 결론 각 부분의 조직에 유의하라. ③내용들 사이의 체계를 잘 유지하기 위해 번호와 들여쓰기에 일관성을 확보하라. ④한 번호에는 하나의 아이디어만을 적어라. ⑤논의 전환사와 중간 요약 등에는 번호를 부여하지 말고 따로 표시하라.(이들에게 번호를 매기면 이들도 주요 내용의 일부라고 착각할 수 있다.) ⑥주요 아이디어, 서두, 그리고 결언은 모두 _____3 문장으로 표현하는 것이 좋다. ⑦참고문헌의 출처를 명기하라.

27

답안

모의 수행법

해설

〈모의 수행법〉

• 모의 수행법(역할극)은 말하기 교수 · 학습에 교육 연극의 기법을 도입하여 담화의 상황에서 학습자로 하여금 허구적 역할을 수행하게 한 뒤 현실적 자아로 되돌아오게 함으로써 담화 수행의 방법과, 담화에서 참여자들의 관점에 따라 발생할 수 있는 여러 가지 문제를 이해할 수 있게 하는 방법이다.4

• 모의 수행법은 학습자가 자신의 입장에서 담화 환경에 맞게 수행을 하는 실제적 수행법과 달리 학습자가 다른 사람의 입장에서 담화를 수행하고, 자신의 입장에서 이를 다시 되돌아보게 하는 것이다.

• 모의 수행법을 사용할 때는 문제가 있는 의사소통의 상황에서 허구적인 인물의 입장을 이해할 수 있도록 자료가 충분히 제시되어야 학습자가 허구적 역할을 잘 수행할 수 있다.

1 요약본
2 논의 전환사
3 완전한
4 역할 놀이는 '극화 놀이, 사회극, 인형극, 모의 게임' 등을 포괄하는 개념이다. 역할 놀이는 학습자가 스스로 문제 상황을 분석하고 다양한 방법으로 실연하는 과정을 통하여 문제를 해결하는 것이다(정리된 자료는 최미숙 외, 『국어교육의 이해』에 언급된 것으로 한정한다.).

02 | 독서교육론

01

답안

ㄱ: 해독

ㄴ: 해석

해설

〈해독과 해석〉

- 기억의 기본 과정은 정보의 입력 과정인 부호화(encoding) 과정, 저장(storage) 과정, 인출(retrieval) 과정이 있는데, 해독(decoding)은 이 중에서 _____1 (encoding)에 대하는 개념이다.
- 한글을 소리내어 읽을 줄 아는 것, 알파벳을 인지하여 소리낼 줄 아는 것 등이 _____2 이다.
- 한 단어의 의미를 이해하기 위해서는 문자 기호를 지각하고 그 자모 유형을 이용해 유추하는 과정, 즉 그것이 무엇인지를 기억 속에 등록된 단어들과 연결시켜 내재된 의미를 파악하는 과정을 거치는데, 이때 글자 하나가 아니라 여러 개의 글자를 지각하여 한 단어로 인식하게 되는 과정이 해독(decoding)이다.
- 해석(interpretation)이란 한 편의 글의 뜻을 알아내고 그것을 다시 정확히 전달하는 것을 말한다.
- 행동주의 심리학의 영향을 받은 고전적 관점에서는 읽기를 기호 _____2 과정으로 보았다. 곧 읽기는 문자를 음성으로 바꾸고, 그 음성과 긴밀한 관련이 있는 의미를 찾는 과정으로 보기 때문에 단어의 발음을 _____3 한 것으로 생각했다. 이러한 관점에 따르면 읽기는 해독(decoding)과 _____4 (comprehension)로 양분된다. 이 때의 이해는 해석(interpretation)과 동일한 개념이다.

02

답안

기능이나 전략의 예, 작용 및 특성

해설

〈기능과 전략〉

- 문식성 사전에 의하면, '기능(skills)'은 "글씨 쓰기, 골프, 도예와 같이 지각적 운동 기능의 결과인 복합적이고 정교하게 잘 조화된 _____5 으로서 자주 언급된다. 동시에 기능은 주로 독해나 사고를 포함하는 _____6 적 행동의 일부로 자주 언급된

1 부호화
2 해독
3 재창조
4 이해
5 운동 기능
6 지능

다." 그리고 '독서 전략(strategy)'은 "교육에서 학습자가 학습 수행을 향상하도록 하기 위해 ＿＿＿1 적으로 적용되고 점검된 체계적인 계획이다."

• '기능'은 20세기에 이르러 행동 학습 이론에서 주로 사용되어 왔고, '전략'은 정보 처리에 관한 ＿＿＿2 적 측면에 한하여 1970년대에 비로소 널리 사용하기 시작했다.

• '기능'은 어떤 행위의 ＿＿＿3 과 관련하여 설명될 수 있다. '전략'은 정보 처리 이론이나 ＿＿＿4 이론에 근간을 둔다.

〈독서 기능과 독서 전략〉

• '독서 기능'과 '독서 전략'의 구분은 '의식적 노력'이나 '의도성', '＿＿＿5'의 관계를 통해 가능하다. 독자가 현재 하고 있는 독서가 자동적인 수행 과정 속에 있는지 의식적인 ＿＿＿6 의 과정 속에 있는지에 따라서 '독서 기능'과 '독서 전략'의 사용 여부를 구분할 수 있다.

• '독서 기능'은 독자의 의식적인 의사 결정 과정을 수반하지 않으므로 전략에 비교하여 훨씬 빠르게 그리고 ＿＿＿7 으로 처리된다. 그러나 '독서 전략'은 글을 읽는 목적에 대한 독자의 조정, 독서 문제 해결이나 독서 목적 달성을 위한 ＿＿＿8 적 활동에 의해 나타난다. 따라서 전략적 독자는 글을 읽을 때 ＿＿＿9 지향적이고, 문제 해결을 위해 방법을 의도적·의식적으로 다변화할 수 있을 뿐 아니라, 독서의 상황에 따라 유연하게 적응하는 특징을 보인다.

독서 전략	독서 기능
비자동적임	자동적임
의식적임	비의식적임
노력을 기함	노력을 기하지 않음
목표/문제 지향적임	목표/문제 지향적이지 않음

• 독서 기능과 독서 전략의 구분이 모호해지는 근본적인 이유는 독서 ＿＿＿10 이 독서 ＿＿＿11 으로 전환될 수 있는 가능성 때문이다. 곧, 학습을 통해 의식적인 독서 ＿＿＿12 은 유창한 독서 ＿＿＿13 으로 전환될 수 있다. 그래서 별다른 노력을 기울이지 않고 자동적으로 전략을 수행하는 시점으로부터 독서 전략은 독서 기능으로 전환될 수 있는 것이다.　　　　　　　　　　　－ 이순영 외, '독서교육론'

〈기능 중심 읽기〉

• 기능 중심의 독서란, 읽기 목록과 같은 기능에 의거해 여러 가지 독서 활동을 하는 것을 말한다.

• 읽기 기능은 음운이나 철자의 재인 기능에서 출발하여 이해 기능까지 상향식 단계로 ＿＿＿14 하여 제시할 수 있다. 읽기 기능 분류의 대표적인 예는 블룸(Bloom)의 분류나 바렛(Barrett)의 읽기 기능 분류이다.

• 1960년대 후반에는 기능 중심의 ＿＿＿15 적 접근인 ＿＿＿16 식 모형에 의거해서 읽기 기능을 직접 지도하는 것이 읽기 지도에서 가장 중요하다는 인식이 팽배해

1 의식
2 인지
3 능숙함
4 자기 조절
5 자동성
6 조절
7 자동적
8 의도
9 목적
10 전략
11 기능
12 전략
13 기능
14 세분화
15 분절
16 상향

있었는데, 이 읽기 지도의 배경에는 행동주의 관점이 있다.

〈전략 중심 읽기 지도〉
• 전략은 '_____1 지향적인 최적의 방법'이다. 문제 지향적이며, 학습에 직접적으로 기여하고 의식적으로 선택되고 변화가 가능하다.
• 1970년대 후반부터 1980년대에 이르러 상호 작용 모형과 _____2 개념을 근거로 한 전략 중심 읽기 지도가 진행되었는데, 독해에 유용한 전략을 학습시켜 학생 스스로 읽기 과정에서 _____3 을 사용할 수 있도록 하는 데 그 목표가 있었다.
• 전략 중심 읽기 학습은 독해를 진행하여 전략을 구사하는 _____4 과정과 읽기 과정 전반을 점검하고 통제하는 _____5 과정의 두 부분으로 구분하여 접근한다. 그래서 읽기 과정을 읽기 전, 읽는 중, 읽은 후의 세 단계로 나눈 후, 각각의 읽기 과정 시기에서 사용 가능한 전략의 학습과 초인지 학습이 지도된다.

03

답안

글 속의 정보와 독자 지식과의 통합 기능

해설

〈스키마〉
• 스키마(schema)를 인지 심리학 분야에서 처음 사용한 사람은 바틀렛(Bartlett)이다. 그는 인디언 전설을 읽고 일정한 시간이 경과한 후에 그 내용을 회상하는 실험을 통해, 시간이 경과하면서 인간의 기억이 재구성되며, 특히 독자가 글의 정보를 자기 나름대로 변형해서 이해하고 기억한다는 사실을 알게 되었다. 곧, 독자의 경험, 지식, 문화, 신념, 예측, 선호 등 다양한 요인이 독서의 과정은 물론 독서의 결과인 기억에 영향을 준다는 사실을 확인하게 된 것이다.
• 스키마는 독자의 머릿속에 _____6 된 지식의 총체다.
• 스키마는 경험이 다양하면 다양할수록 그에 상응하는 다양한 스키마가 존재하고, 경험 폭이 클수록 스키마가 풍부하며 우수하다.
• 스키마는 _____6 되어 있다. 마치 도서관의 분류표에 따라 도서를 체계적으로 배열하는 것처럼 지식도 일정한 기준에 따라 분류되어 있으며, 그 체계에 따라 저장되어 있다.
• 스키마의 구조, 저장 원리, 작동 방식 등에 대한 여러 가지 가정이나 모형을 통칭하여 '_____7'이라 한다.
• 글 읽기는 글에 필연적으로 존재할 수밖에 없는 정보의 '균열'을 채워가는 과정으로 볼 수 있는데, 이 때 추론이 필요하고, 스키마는 '_____8의 토대를 제공한다.
• 러멜하트(Rumelhart)에 따르면, 스키마가 부족한 경우에도 내용을 정확하게 이해할 수 없지만, 스키마를 가지고는 있으면서 활성화하지 못하면 내용 이해에 실패한다.

1 목표
2 초인지
3 전략
4 인지
5 초인지
6 구조화
7 스키마 이론
8 추론

그러므로 스키마만큼 중요한 것이 바로 이를 적절하게 적용할 수 있도록 만들어 주는 지적 작용, 즉 '_____1'이다.

- 스키마 이론은 독서의 _____2 식 모형을 뒷받침한다.
- 형식 스키마와 내용 스키마

형식 스키마(구조 스키마)	내용 스키마
글이나 이야기가 전개되는 방법, 즉 독자의 이해를 돕기 위하여 필자가 전형적으로 사용하는 담화 구조나 규약에 대한 지식이다. 형식 스키마는 독자가 가진 지식의 하나로서 독자의 머릿속에 존재한다.	사물이나 사건에 대한 기존 지식으로 영역 특수 지식인 동시에 일반적인 세상 지식이기도 하다. 내용 스키마는 독자의 상상의 세계나 현존하는 지식이 관계되므로 형식 스키마보다 이해에 더 큰 영향력을 미친다.

- 스키마 이론의 교육적 시사점(노명완 외, 〈국어과교육론〉)
  - 스키마는 읽기 자료에 담긴 정보를 받아들이기 위한 이상적인 지식 구조를 형성하여 준다.
  - 만일 학생들이 글 내용에 적합한 스키마를 갖고 있지 못하다고 생각될 때에는, 교사는 글의 이해에 필요한 배경 지식을 갖도록 도와주어야 한다.
  - 스키마는 수많은 여러 정보들을 일관성 있는 형태로 _____3 하여 준다.
  - 스키마는 많은 정보 중에서 필요한 정보를 _____4 적으로 받아들이며, 그 내용을 재편집하고 요약하는 역할을 한다.
  - 스키마는 정보 탐색에서 순서와 절차를 제공하여 준다.
  - 스키마 이론은 읽기 부진을 읽기 능력의 부족으로만 생각해 왔던 종래의 평가관이 올바르지 못함을 지적해 준다.
- 기능
  - 글 속의 정보와 독자 지식과의 통합 기능(이때 '의미'는 문자에 있지 않고 독자의 머리 곧 _____5 속에 있다.)
  - 낱말의 의미를 선택하는 기능(단어는 대부분 여러 가지 의미를 가진 다의어이며, 그 여러 의미들 중에서 어떤 의미를 선택하느냐 하는 것은 글의 내용과 관련된 독자의 스키마 영향이다.)
  - 정보의 _____6 적 기억 기능(독자의 스키마가 이해 과정뿐만 아니라 기억의 회상에도 영향을 미친다.)
  - 다음 내용의 _____7 기능(독자의 기존 지식, 즉 스키마가 개개 낱말에 대한 의미 선택을 신속하게 해 줌으로써 글의 예측을 가능하게 해주고 글 이해를 돕는다.

■■■■■■■■■■■■■■■■■

1 전략
2 하향
3 재구성
4 선택
5 지식
6 선별
7 예측

04

답안

추가문제
ㄱ. 독자 반응   ㄴ. 거래(=상호교섭)

해설

〈독자 반응과 독자 반응 이론〉

- '반응(responses)'은 심리학에서 '자극(stimulus)'에 대응되는 개념으로 써 온 말이다. '자극'이 인간의 마음에 작용할 때 인간이 만들어 내는 모든 결과물을 '반응'이라 한다. 행동주의심리학에서 '반응'은 외부로부터 들어온 '자극'에 대해 유기체가 일으키는 신체적·심리적·행동적 변화를 의미한다.

- '독자 반응'은 텍스트라는 외부의 '자극'이 독자의 마음에 불러일으키는 다양한 변화이다.

- 독자 반응 이론(reader response theory)은 문학 작품을 읽고 이해하고 받아들이고 평가하는 행위를 수용자, 즉 독자 중심으로 해야 한다는 중심 개념을 가진 독일의 문예학 이론이다. 야우스(Jauss)는 예술 작품의 의미가 독자의 수용에 의해서 비로소 생성된다는 점을 부각했다. 수용미학이론가들은 문학 텍스트가 독자에 따라 다양한 작품으로 해석되는 것은 텍스트가 지니고 있는 불확정성 때문이라고 말한다. 이 불확정성이 구체화된 형태를 독자 반응 비평의 이론가인 볼프강 이저(Iser)는 '빈 자리'라고 부른다. 그는 한 편의 텍스트란, 그것이 읽혀질 때에야 비로소 생명을 얻게 된다고 하여 독서 과정의 중요성을 강조했다.

- 독자 반응 이론은 반응 중심 문학 교육의 이론적 토대가 된다. 이 관점에 따르면 문학 텍스트가 그 자체로 완벽한 것이 아니라 빈 공간으로 가득 차 있다고 본다. 그러므로 독자는 독서 과정에서 텍스트의 의미를 재구성한다고 주장한다. 반응 중심 접근법은 미국의 로젠블랫(Rosenblatt)에 의해 1930년대에 제시되었다. 그녀는 독서 과정을 독자와 텍스트와의 상호교섭(transaction. '거래'로도 번역함) 과정으로 보았다.

- 로젠블랫은 독서를 특정한 시간과 환경하에서 상이한 배경지식과 신념을 가지고 있는 개별 독자와 텍스트가 만나는 사건으로 보았다. 이때 독자는 독서 과정에서 일정한 입장(stance)을 취한다고 보았는데, 그녀는 이를 원심적 독서와 심미적 독서로 설명하였다. 전자는 텍스트에서 의미를 추출하는 정보 추출적 입장이고, 후자는 즐거움을 목적으로 하는 독서이다. 독자는 원심적이고 심미적인 입장을 넘나들며 텍스트와 교섭하고, 이러한 독서의 과정에서 독자의 마음에는 다양한 반응이 형성된다.

- 근래에 연구자들은 독자 반응의 개념을 개인적이고 심리적인 영역에서 보다 사회·문화적이고 비판적인 영역으로 확장시켰다. 곧, 독자 반응은 텍스트의 의미와 독자의 입장, 그리고 사회·문화적인 상황 속에서 독자의 정체성이 발현되는 것으로 이해한다. 또, 독자 반응은 특정한 해석 공동체에 속한 독자가 특정한 사회·문화적 맥락 속에서 텍스트를 이해하고 자신의 정체성을 구성해 나가는 능동적이고 비판적인 활동으로 해석할 수도 있다.

05

답안

하향식 모형

해설

〈하향식 모형〉

- 1960년대와 1970년대 중반 사이에 관심을 모았던, 독해(독서) 과정 모형이다.
- _____1 의 능동적인 역할이 강조된다.
- 글이 정보를 수용하여 처리할 때 독자의 스키마, 가정이나 예측과 같은 상위 차원의 자원이 글 이해에 영향을 미친다는 점을 고려하여 _____2 이라 부른다.
- 하향식 모형은 의미 구성이 글이 아니라 독자의 적극적인 _____3 이나 추측에서 이루어지며, 글의 의미 해석도 독자의 가정이나 _____4 에서 비롯된다고 본다.
- 의미 구성 과정에서 독자가 가지고 있는 _____5 가 영향을 미친다.
- 글의 구조나 내용에 대한 스키마를 풍부하게 갖고 있는 독자는 의미를 구성하는 데 필요한 가정이나 추측을 정확하면서도 충분하게 할 수 있지만, 스키마가 부족한 독자는 가정이나 추측의 양도 부족하고 정확성도 떨어진다.
- 하향식 모형에서는 의미의 원천을 글이 아닌 독자의 지적 배경으로 보고 있으므로 _____6 를 능동적인 의미 구성의 주체로 인정한다.
- 하향식 모형을 대표하는 예로 굿맨(Goodman)의 모형을 들 수 있다.
- 하향식 모형에 대한 비판
  - 독서가 이루어지는 과정의 많은 세부적인 사항을 구체적으로 설명하지 못한다.
  - 독서가 이루어지는 과정에 독자의 사전 예측이 가장 먼저 개입한다지만, 실제적으로 이러한 사전 예측이 어떻게 이루어지는지는 명확하게 알 수 없다.
  - 능숙한 독자를 전제로 하고 있으므로 능숙하지 못한 독자의 독서 과정을 설명하는 데 한계가 있다.
  - 독자의 능동적 행동이 실제로는 비효율적이다. 능숙한 독자라 하더라도 이해하기 어려운 글일 때는 적극적으로 가정하고 추측하기 어렵거나 그것이 불가능하다.
- 하향식 모형에 대한 비판의 근저에는, 글을 능숙하게 읽는 학생을 대상으로 한 연구 결과를 모형 수립의 토대로 삼았기 때문이다.
- 의의
  - 해독을 독서 과정의 전부로 생각했던 관점을 극복할 수 있는 토대를 제공했다.
  - _____6 의 능동적 활동을 강조함으로써 독서 연구 및 독서교육 연구의 폭을 확대했다.
  - 독서교육의 실천 방향을 _____6 중심으로 새롭게 정립했다.

━━━━━━━━━━━━━━━

1 독자
2 하향식
3 가정
4 추측
5 스키마
6 독자

06

답안
ㄱ: 사전 지식   ㄴ: _____1   ㄷ: _____2   ㄹ: 조직
ㅁ: _____3   ㅂ: 상황   ㅅ: 독서 전략

해설
〈독서과정〉
• lrwin이 자신의 저서에서 독해를 정의한 부분을 그대로 옮긴 것이다. 그는 초판에서 독해 과정을 다음과 같이 제시했었다.
  미시과정(어구 나누기, 주요 항목 추출)−통합과정(대용어 이해, 접속어 이해, 상황 추론)−거시과정(조직하기, 요약하기)−정교화과정(예측하기, 사전지식 통합하기, 심상형성하기, 고등사고기능)−초인지과정(독해 점검, 학습기능, 전략 적용)
• 그러다 최근에는 '문장 이해하기−문장 _____4 하기−글의 전체적 이해−정교화−_____5 ' 과정으로 재조정하면서, 이들 독해 과정이 실제 독해에서는 _____6 적으로 진행되면서 각 과정이 '_____7'과의 상호 작용 관계에 놓이게 됨을 강조하였다.
  이렇게 해서 내린 독해의 개념은 다음과 같다.

  > 독해란, 독자가 개별 문장에서 정보를 이해하여 선택적으로 회상하고, 절이나 문장 사이의 관계를 이해하거나 추론하며, 회상한 정보를 중심 내용으로 조직하거나 종합하고, 필자가 의도하지 않은 정보도 추론하는 것을 말한다. 이때 독자는 독서 목적에 따라 이러하나 과정을 조절하고 통제한다(초인지 과정). 이 모든 과정은 동시에 일어나며, 끊임없이 다른 과정과 상호작용한다. 그 결과로 독자는 인지적, 상상적, 의미 구성을 하게 된다.

• 독해 행위는 그것에 영향을 주는 _____8 요인으로부터 분리될 수 없다. 때문에 개별 독자의 성격, 구체적인 텍스트, 전체 상황 등이 모두 독해에 중요한 영향을 끼친다. lrwin은 위에 제시한 '독해 과정의 _____9 모형'에서 복잡한 사회 문화적 맥락을 더 포함하여 독해를 정의 내리고 있는데, 그것은 다음과 같다.

  > 독해는 독자 자신의 사전 지식과 필자가 제시한 단서를 사용하여 어느 특정한 사회 문화적 맥락 안에서 독자 개인에게 유용한 하나의 의미를 구성하는 것이다. 이 과정은 개개의 문장에서 개별 낱말들의 의미를 이해하는 것과 선택적으로 정보를 회상하는 것, 절과 문장 사이의 관계를 추론하는 것, 요약된 정보를 통해 글의 정보를 조직하는 것, 그리고 필자가 의도하지 않은 내용에 대해서도 추론하는 것을 포함한다. 이러한 과정은 상호간에 작용하고, 독자 자신의 목적에 맞춰 글을 읽는 독자에 의해 통제되고 조절된다(초인지 과정). 그리고 독해는 전체적인 상황에서 일어난다(상황 맥락). 독자가 특정한 목적을 달성하기 위해 어떤 과정을 주의 깊게 선택할 때, 그 과정을 독서 전략(reading strategy)이라고 부른다.

1 구성
2 회상
3 추론
4 연결
5 초인지
6 동시
7 의미 구성
8 맥락
9 인지

07

답안

훑어보기

해설

〈훑어보기〉

• 훑어보기(skimming)는 읽기 방법(전략)의 하나다.
• 특정한 정보를 얻기 위해 글을 읽을 때 사용하는 빠른 속도로 읽기 방법이다.
• 주어진 글의 내용에 대한 요점을 신속히 알아내기 위하여 전체 텍스트를 가로질러 빨리 시선을 옮기면서 읽는 것이다.
• _____1 읽기(skipping)와 훑어보기의 차이점은, 전자가 중간 중간의 내용을 아예 읽지 않고 껑충껑충 읽는 것이고, 후자는 어느 정도는 다 읽되 아주 자세하게 읽지는 않고 중요한 내용만 파악하며 읽는 것을 말한다.
• 훑어보기는 그 목적에 따라 '_____2 훑어 읽기, _____3 훑어 읽기, 다시 훑어 읽기'로 나뉜다.
  − _____4 훑어 읽기: 나중에 그 독해 자료를 정독할 계획 하에 먼저 읽는 것
  − _____5 훑어 읽기: 나중에 정독할 의도 없이 내용의 개요를 얻는 것
  − 다시 훑어 읽기: 이미 읽은 자료의 구성을 공부하거나 특정 정보를 찾거나 빈 칸을 채우기 위하여 다시 읽는 것
• 훑어보기를 지도하기 위한 텍스트는 교사가 직접 구안할 수 있는데, 주로 신문이나 잡지, 목록 등에서 재미있는 것을 골라 쓴다. 때로는 음식점 메뉴판, 텔레비전 프로그램 안내, 신문 기사, 영화 상영 안내, 기타 대중적인 자료를 사용할 수도 있다.
• 단, 훑어보기(_____6)는 텍스트를 본격적으로 교수학습하기 전에 단원명, 단원에 실린 제재의 제목, 삽화, 표, 요약, 학습활동 등을 먼저 빠르게 검토하는, 교수학습 모형의 하나인 _____7 의 첫 번째 절차이다.

08

답안

KWL

해설

〈'K−W−L'(Know, Want to know, Learned) 표〉

• K−W−L 활동은 글의 화제에 관한 학생들의 _____8 을 활성화하고, 읽기 _____9 을 형성하도록 하며, 지속적으로 글의 화제에 관한 이해 과정을 확장하고, 점검하며, 정교화하는 데 효과적인 읽기 지도 활동이다.
• K−W−L 표는 학습자에게 이미 알고 있는 것과 알고 싶은 것 그리고 학습한 것 등을

---

1 건너뛰며
2 미리
3 개요
4 미리
5 개요
6 Survey
7 SQ3R
8 배경 지식
9 목적

기록하게 하는 도구로 사용된다. 또, K-W-L 표는 읽기나 듣기 전후 활동 전략의 하나로 활용되며 주어진 주제에 대해 배경 지식을 활성화시켜 학습자가 주어진 주제에 접근하는 것을 돕기 위한 도구로 활용된다.

- K-W-L 활동은 오글(Ogle)이 개발하였으며, 서사적인 글 읽기에도 지도될 수 있지만, 주로 ＿＿＿＿＿1 적인 글 읽기에 적용한다.

글의 화제:

K : 이미 알고 있는 것 (What I know)	W : 이 글을 통해 알고 싶은 것 (What I want to know)	L : 이 글을 읽은 후 새롭게 알게 된 것 (What I learned)

최근에는 이 활동을 확장시켜 K-W-L-S가 제안되기도 한다. 이때, S는 '여전히 더 알고 싶은 것으로' Still Want to know를 뜻한다.

- 활용 방법은 다음과 같다.
㉠ 학생들에게 읽을 글의 구체적 화제에 관하여 자신들이 알고 있는 모든 것들을 브레인스토밍하도록 한다. 여기에서 나온 내용을 'K'란에 쓰도록 한다.
㉡ 학생들에게 이 화제에 관하여 알고 싶은 것을 말하고 'W'란에 쓰게 한다. 이러한 활동을 통하여 학습자는 자신이 읽는 이유나 듣는 이유를 명확히 인식하게 되고 결과적으로 학습자는 듣기나 읽기에 적극적인 참여자가 되는 것이다.
㉢ 학생들에게 글을 읽도록 지도한다. 읽는 도중에 새롭게 알게 된 개념, 사실, 내용을 열거하고 'L'란에 쓰도록 지도한다. 이 과정을 통해 이해한 내용에 대한 구조화가 진행된다.
㉣ 학습 'L'란을 정렬한다.
㉤ 'K'란을 다시 살펴본다. 새롭게 정보를 수정하거나, 자신의 지식을 확인한다.
㉥ 'W'란을 다시 살펴본다. 아직 해결되지 못한 질문이 있는지 살펴본다.
㉦ 완성된 K-W-L 활동지를 살펴보며 토론한다.

- 독서 지도 모형으로 쓰일 때,

내가 알고 있는 것을 탐색하는 단계
- ＿＿＿＿＿2 을 실시한다.
- 아이디어의 범주를 생성한다.
내가 알기를 원하는 것을 탐색하는 단계
- 학생들의 흥미와 호기심과 연관되는 ＿＿＿＿＿3 을 제시한다.
- 학생들로 하여금 질문에 대한 답을 찾도록 한다.
내가 학습한 것을 정리하는 단계
- 학생들로 하여금 학습한 내용을 정리하게 한다.
- 학생들에게 새로운 질문을 제시하고 질문에 대한 답을 찾아 정리하도록 한다.

----
1 설명
2 브레인스토밍
3 질문

09

답안

정교화(또는 정교화 추론)

해설

〈정교화〉

- 정교화(elaboration)는 추론이기는 하지만 텍스트에 의해 제한 받는 것은 아니다.
- 정교화 추론은 글 기저에 어떤 정보를 추가하지만 _____1 을 형성하는 데 필수적인 것은 아니다.
- 정교화 추론은 글을 읽어 가면서 필자가 미처 다 제시하지 않은 빠진 정보를 이해하고, 제시된 정보 이상으로 세부 사항을 더하거나 정교화하는 것이다.
- 정교화 추론은 글 이해에 반드시 필요한 것은 아니지만 이해와 기억에 효과적인 추론이다.
- 교량적 추론과 정교화 추론

  추론은 _____1 을 형성하는 데 관여하는가, 그렇지 않은가에 따라 교량적 추론과 정교화 추론으로 대별된다. 이 중, 교량적 추론은 글을 응집성 있게 이해하기 위해 필수적으로 요구되는 추론이다.

교량적 추론	정교화 추론
"화를 참지 못하고 남편이 꽃병을 던졌다. 꽃병을 새로 사느라 지출이 늘었다."는 문장은 '꽃병을 새로 샀다'는 정보를 접하게 되면서 선행한 '꽃병을 벽에 던졌다'는 정보와 연결짓는 과정에서 '꽃병이 깨졌다'는 추론이 가능하다. 이때, '꽃병이 깨졌다'는 추론은 '교량적 추론'에 해당한다.	"화를 참지 못하고 남편이 꽃병을 던졌다. 그는 요즘 계속 화가 나 있었다."는 문장은 '꽃병이 깨졌다'는 추론을 하지 않고도 두 문장을 이해하는 것이 가능하다. '꽃병이 깨졌다'는 추론은 '꽃병을 던졌다'는 정보를 접하면서 주어진 정보를 정교화하는 가운데 생성된 것이다. 이때 '꽃병이 깨졌다'는 추론은 '정교화 추론'에 해당한다.

- 정교화 추론은 독자로 하여금 능동적으로 독서를 하게 한다. 또한 독자가 읽은 내용의 _____2 을 촉진한다. 그래서 정교화를 하는 독자는 그렇지 않은 독자에 비해 보다 많은 내용을 회상한다.
- 하지만 정교화는 반드시 _____3 과 관련되어 이루어진다는 점을 유의해야 한다. 그리고 부적절한 정교화는 필자가 의도한 메시지의 이해를 방해할 수도 있다.
- ※ 어윈(Irwin, 1986)은 독서 과정을 '미시 과정, 통합 과정, 거시 과정, 정교화 과정, 초인지 과정'의 다섯 개의 과정으로 나누어 각 과정에 따른 독해 기능을 제시하고 있다.

---

1 응집성
2 회상
3 글

10

답안

질문 생성 전략

해설

〈질문 생성 전략〉

- 질문 생성 전략은 글을 읽어 나가면서 글의 내용이나 글을 읽는 방법 등에 대해 스스로 질문을 제기해 나가는 것을 말한다.
- 독해 전략으로서의 이점
  - 질문을 하면서 읽으면 글을 읽을 때에 _____1 해서 읽게 되고 글 읽기에 흥미를 불러일으킬 수 있다.
  - _____2 적으로 글을 읽어 나가게 된다.
  - 중요한 정보에 집중할 수 있고, 글을 깊이 있게 읽는 데 도움이 된다.
  - 글의 내용을 좀더 오랫동안 _____3 할 가능성이 높다.
  - _____4 적 독자가 될 가능성이 높아진다.
- 읽기 시기별 질문
  - 읽기 전에는 주로 읽기 _____5 에 대한 질문, 글의 내용을 _____6 하는 것과 관련된 질문, 글의 내용에 대해 _____7 을 활성화하는 것에 대한 질문이 주로 이루어진다.
  - 읽기 중에는 글의 내용에 대한 질문이 주가 되는데, 글에서 중요한 내용이 무엇인지, 빠진 내용(추론)은 무엇인지, 글의 내용에 대한 분석이나 비판적 이해를 위한 질문, 연상이나 상상을 위한 질문 등이다. 또한 읽기 전에 _____8 한 것이 맞는지, 글의 내용과 관련된 배경 지식을 활성화하는 것도 읽기 중 질문의 내용이다.
  - 읽기 후에는 주로 글의 중심 내용이나 주제, 줄거리 등을 정리해 보는 것과 관련된 질문, 읽은 글에 대한 활용(적용)에 대한 질문 등이 중심이다.
- 읽기 수준별 질문
  - _____9 적 사고를 요하는 질문
  - _____10 적 사고를 요하는 질문
  - 비판 평가적 사고를 요하는 질문 등
- 질문의 성격에 따른 분류
  - 주어진 글의 내용에 대한 질문
  - 글을 읽는 방법에 대한 질문
  - 자신의 인지 행위에 대한 질문 등
- 질문 생성 전략 사용 시 유의점
  - 질문을 어떻게 생성하는 것이 좋은지를 교사가 보여 주어야 한다.
  - 처음에는 교사가 질문을 하는 방법을 가르쳐 주어야 하지만, 중요한 것은 학생 스스로 그러한 질문을 하는 습관과 능력을 갖추게 하는 것이다.
  - 그 글을 읽은 데 직접적으로 도움이 되는 질문을 할 수 있도록 하는 데 주안점을 둔다.
  - _____11 전략을 강조한다.

1 집중
2 능동
3 기억
4 자기 주도
5 목적
6 예측
7 배경 지식
8 예측
9 사실
10 추론
11 초인지

11

답안

비판적 읽기

해설

〈비판적 읽기〉

- 비판적 읽기는 텍스트 이해와 관련된 전 인지 과정에서 텍스트에 제시된 정보 내용과 수사학적인 표현을 있는 그대로 수용하기보다는 _____1 적 사고로 그 신뢰성과 적절성 및 효과성을 판단하고 평가하는 비판적이고 적극적인 사고 활동이다.
- 비판적 읽기는 독해 수준에서 보면 하위의 다른 읽기, 곧 축자적·추론적 읽기가 논리적으로 선결되어야만 실행될 수 있다는 점에서 _____2 의 포괄적 읽기라고 할 수 있다.
- 비판적 읽기는 독자가 주체적인 의미 구성 활동을 통해 텍스트 세계를 구성한다는 점에서 구성주의적이며, 독자와 텍스트가 각기 속한 담화 공동체의 구체적인 요구와 가치를 상호 조정함으로써 적정한 의미의 최종점에 도달한다는 점에서 대화주의적이고 사회 인지적인 관점을 취한다.
- 바렛(Barrett, 1976)은 독해 능력을, '단어 재인, 기호 혹은 상징과 의미의 연계, 축어적 이해, 해석, 비판적 읽기, 창의적 읽기'로 위계화했다. 이 중 '비판적 읽기'는 '읽은 내용에 대한 분석, 종합, 평가하는 능력 및 자신의 판단을 형성하는 것'으로 설명한다.
- 바렛은 독해 기능을 위계화하면서 '축어적 독해, 추론적 독해, 평가적 독해, 감상적 독해'로 분류했다. 이 중 '_____3 적 독해'는 '비판적 독해'로 불리며, 독자의 내외적 준거에 의한 정확성, 타당성, 적절성, 가치 등을 판단하거나 사실과 의견, 허구와 현실을 구분하는 것이다.
- 우리의 독서 교육과정에서는 '단어 및 문장의 이해, 사실적 이해, 추론적 이해, 비판적 이해, _____4 적 이해'로 제시해 왔는데, 이 중 '비판적 이해'는 정보의 정확성, 타당성, 가치에 대한 판단이나 평가 등을 수행하는 기능으로 설명한다.

12

답안

ㄱ: _____5   ㄴ: _____6   ㄷ: _____7

1 반성
2 상위 수준
3 평가
4 창의
5 비유
6 강조
7 변화

해설

〈비유·변화·강조하기〉

- 비유(比喩)란 어떠한 현상이나 사물을 표현할 때 그와 비슷한 성질을 가진 현상이나 사물을 빌려, 그 의미를 함축적으로 표현하는 기법이다. 이 때 원래 표현하려 했던 대상을 원관념, 표현하기 위해 빌려온 대상을 보조관념이라 한다. 은유, 직유, 의인,

대유, 중의 등이 이에 속한다.
- 변화(變化)란 단조롭고 평범하게 흐르는 글에 변화를 주어 새로운 느낌을 더해 주는 문장 표현 방법이다. 작가들은 여러 가지 변화의 기법들을 활용하여 단조로움을 피함으로써 독자들의 주의를 집중시키고, 작품의 주제를 효과적으로 전달하려 노력한다. 도치, 병치, 설의, 반어, 역설, 낯설게 하기 등이 이에 속한다.
- 강조(強調)란 어느 부분이나 요소의 내용을 강하게 전달하기 위해 독자의 관심을 끌 수 있도록 특별히 두드러지게 하거나 또렷이 구별되게 하는 것을 의미한다. 강조를 위해 많이 사용하는 기법으로는 반복, 대조, 점층, 과장, 영탄 등이 있다.

13

답안

ㄱ: 글의 유형
ㄴ: 기능

해설

〈글의 유형〉

- '글의 유형'은 큰 범주로도 설정할 수 있고, 이것을 다시 세분하여 하위 분류할 수 있다. 상대적으로 상위의 분류를 '글의 유형'이라고 하고 하위의 분류를 '_____1'라고 한다. '장르' 또는 '갈래'는 '글의 유형'과 '글의 종류'를 모두 지칭하는 용어로 사용되고 있다.
- '텍스트 유형'이란 일상생활에서 다루어지는 모든 텍스트를 일정한 기준에 따라 _____2 한 것을 의미한다.
- 텍스트 유형은 유사한 여러 개의 개별 텍스트가 속할 수 있는 나름의 고유한 특성을 가지며 각 텍스트 유형에 속하는 개별 텍스트는 특정 텍스트 유형의 종류가 된다.
- 텍스트의 유형 구분의 예(이도영, 1998)

언어의 기능	지시적, 메타언어적, 욕구적, 감정표시적, 시적, 친교적				
텍스트의 기능 및 유형	제보적 텍스트	설득적 텍스트	표현적 텍스트	미적 텍스트	친교적 텍스트
개별 텍스트	설명문, 뉴스, 보고문 등	논설문, 광고, 토의, 토론 등	일기, 기도 등	시, 소설, 유머, 드라마 등	안부 편지, 애도문 등

- 텍스트를 유형화하기는 어렵다. 학자마다 다르고 공통의 기준이 없기 때문이기도 하다. 대략 틀을 잡아 보면, '구어 텍스트/_____3 텍스트'로 나눌 수 있고, '정보 텍스트/_____4 텍스트'로 나눌 수도 있다. 이때 '_____5 텍스트'는 국어과 교육과정에서 '정보 전달, 설득, 친교 및 정서 표현'으로 분류하기도 한다. '문학 텍스트'는 국어과 교육과정에서 '갈래(혹은 장르)'라는 용어를 사용하여 크게 '서정, 서사, 극, 교술'의 4가지 유형으로 분류하고 있다. 그리고 이런 유형에 따른 세부 텍스트 종류

1 글의 종류
2 위계화
3 문어
4 문학
5 정보

를 나눌 수 있다.(⑩ 정보 전달의 글: 설명문, 안내문, 기사문, 보고문 등)
• 정보 텍스트와 문학 텍스트

텍스트 유형	정보를 전달하는 글	설득하는 글	친교 및 정서 표현의 글
텍스트 종류	설명문, 안내문, 기사문, 보고문 등	논설문, 사설, 논평, 호소문 등	감상문, 소개글, 일기, 기행문 등

텍스트 유형	서정	서사	극	교술
텍스트 종류	시, 민요, 향가, 고려속요, 시조 등	소설, 서사시, 설화, 서사 민요 등	희곡, 시나리오, 탈춤, 신파극 등	수필, 경기체가, 악장, 가사 등

• '_____1 텍스트/복합양식 텍스트'로도 분류 가능하다. 이때 '_____2 텍스트 (multimodal text)'는 디지털 매체가 발달하게 되면서 생겨난 텍스트의 개념으로, 말 그대로 문자, 소리, 시각 이미지, 동영상 등 다양한 매체 양식의 _____3 으로 이루어진 텍스트를 가리킨다. 특히 복합양식 텍스트 중에서도 인터넷을 기반으로 한 _____4(hyper text)는 인터넷의 하이퍼링크 기능을 이용하여 다른 문서나 멀티미디어 장치를 함께 호출하여 살펴볼 수 있게 하거나, 이를 다른 웹페이지에 공유할 수 있도록 하는 텍스트 유형이다.

14

답안

ㄱ: 설명적인 글   ㄴ: 서사적인 글   ㄷ: _____5

해설

〈설명적인 글〉
• 설명적인 글이란 정의, 비교, 예시, 분석 등을 통해서 한 주제를 놓고 설명하고 제시하는 정보적이고 설득력있는 담화이다.
• 설명적인 글 읽기는 다양한 종류의 단서들에 따라 내용을 조직하고 선택하고 연결하는 과정이다.
• 설명적인 글 구조를 파악하기 위한 대표적인 것이 '_____6' 전략이다. 도해 조직자는 글 내용을 학습할 수 있도록 돕는 시각적 도구다.
• 설명적인 글 구조를 파악하기 위해서는 '비교 대조 구조, 인과 구조, 수집(나열) 구조, 문제 해결 구조' 등을 사용할 필요가 있다.

〈서사적인 글〉
• 이야기는 일정한 구조를 가진 독특한 담화 형태이다.
• 이야기 문법은 이야기 스키마의 중요한 특성을 포착하기 위한 형식적 장치이다.(박영목)

1 인쇄
2 복합양식
3 혼합
4 하이퍼텍스트
5 글 구조
6 도해 조직자

- 이야기 문법에서 이야기 분석의 단위는 전체 이야기 속에서 독특한 기능을 담당한다. 이 범주들은 이야기 구조 속에서 상호 논리적 그리고 시간적 관계로 이어져 전체적으로는 _____1 을 형성한다. 이야기 문법은 주로 민담, 신화, 전설 등 설화를 중심으로 적용되었다.
- 이야기 문법은 하나의 이야기가 명명화될 수 있는 몇 부분으로 _____2 된다.
  예 배경, 등장 인물, 문제, 행위, 문제 해결 등
- 이야기에서도 정보의 계층적 구조인 '_____3'가 나타난다. 그래서 주인공의 목표가 있는 '주제' 범주는 하위에 있는 '시도' 범주보다 더 잘 기억된다.
- 이야기 문법은 이야기 구조에 대한 독자의 스키마를 활성화시켜 이야기 이해를 돕는다.
- 그러나 이야기 문법은 이야기와 이야기 아닌 것을 구분하는 기준을 제공하지 못한다. 또한 심미적 체험을 통한 독자의 반응을 고려하지 않는다는 한계를 갖는다.

15

답안

상호텍스트성

해설

〈상호텍스트성〉
- 상호텍스트성(intertextuality)은 텍스트 간의 상호 관련성이다. 텍스트는 내용과 형식에서 다른 텍스트와 관계 속에 존재한다.
- 상호텍스트성이라는 용어를 처음 사용한 사람은 크리스테바(Kristeva)이다. 그녀는 텍스트 내용들의 영향 관계를 상호텍스트성이라 했다. 그녀는 텍스트의 영향 관계를 '수평적' 관계와 '수직적' 관계로 구분한다. 전자는 발화가 화자가 청자가 맺는 관계를 가리키며, 후자는 발화가 그 이전 또는 동시대적인 다른 발화와 맺는 관계를 가리킨다. 크리스테바는 발화의 _____4 적 관계를 가리키는 용어로 상호텍스트성이란 말을 썼다.
- 상호텍스트성은 텍스트와 텍스트, 주체와 주체 사이, 텍스트와 사회·문화적인 영향 관계에서 일어나는 모든 지식의 총체적인 연결에서 나타나는 현상이다.
- 상호텍스트적 관점에서 보면 독자의 텍스트 이해는 이미 읽은 텍스트의 내용 조각들과 지금 읽고 있는 텍스트의 내용 조각들이 연결되어 이루어진다.
- 어윈(Irwin)은 독서 방식에 따른 세 가지 상호텍스트성을 제시했다. 이들 세 가지는 독자의 텍스트 이해 과정에서 함께 이루어지고, 어느 한 가지를 결하게 되면 텍스트의 내용 이해에 어려움을 갖게 된다.
  - _____5 관계 텍스트성: 텍스트 내부 요소들의 관계를 통해 의미를 구성한다.
  - _____6 관계 텍스트성: 다른 텍스트와의 관계를 통해 의미를 구성한다.
  - 외적 관계 텍스트성: 텍스트 외부에 있는 내용과의 관계를 통해 의미를 구성한다.

1 위계구조망
2 구성
3 위계 효과
4 수직
5 내적
6 상호

- 상호텍스트성의 관점에서 읽기를 보면 독자는 내용을 인식하고 의미를 이해하기 위하여 다양한 관련 텍스트를 활용해야 한다. 독자가 의식적으로 서로 관련된 여러 텍스트를 읽는 방식을 '_____1'라 한다. 이는 상호텍스트적 의미 구성을 의도한 읽기 방식이다. 여기에는 세 가지가 있다.
  - 같은 _____2 를 담고 있는 텍스트만을 골라 읽는 신토피칼(syntopical) 독서
  - 화제나 주제 등에서 서로 영향 관계에 있는 텍스트를 읽는 _____3 텍스트 독서
  - 인터넷 검색어를 통하여 검색된 텍스트 중에서 독자가 선택적으로 관련성을 만들어 읽는 하이퍼텍스트 독서

16

답안

글(텍스트) 구조

해설

〈글(텍스트) 구조〉

- '텍스트 구조'란 주요 개념들을 효과적으로 전달하기 위해 정보를 조직하고 전개하는 방식을 말한다. 텍스트의 의미는 바로 텍스트의 구조를 바탕으로 구성되어 있다. 그런 점에서 텍스트의 구조는 텍스트의 _____4 구조라 할 수 있다.
- 텍스트 구조는 개념이나 명제 간의 관계를 형성하고 의미를 _____5 시켜 독자로 하여금 하나의 텍스트로 인식되게 만든다.
- 텍스트 구조는 담화 공동체의 관습에 따라 텍스트 유형이나 장르에 따라 다르게 나타날 수 있으며, 때로는 담화 공동체의 관습에서 벗어난 개성적인 구조를 통해 창의적으로 구성되기도 한다. 사려 깊은 독자는 글의 구조에 관한 지식을 적극적으로 활용하며 의미를 구성한다.
- 텍스트 구조는 크게 '미시 구조, 거시 구조, 초 구조'로 나뉠 수 있다.(van Dijk)
  - 미시 구조는 문장 내, 문장의 연속적 연결 관계를 의미한다.
  - 거시 구조는 텍스트의 더욱 큰 단위(문단)에서 성립하는 연관성과 논리적 전개를 보여 준다. 이 구조에 의해 텍스트의 _____6 를 밝힐 수 있다.
  - 초 구조는 특정한 텍스트에 대한 것이 아니라 거시 구조 분석을 통해서 드러나는 일반적이고 추상적인 텍스트 구조에 대한 도식이다.

1 복수 텍스트 독서
2 주제
3 다중
4 의미
5 응집
6 주제
7 수집
8 인과

- 설명적인 구조는 수집 구조, 인과 구조, 문제·해결 구조, 비교·대조 구조 등으로 나눌 수 있다.
  - _____7 구조는 정보들 사이에 선행되는 내용 요소와 후행되는 내용 요소가 독립적으로 전개되는 방식이다. 수집 구조를 나타내는 담화 표지어로는 '첫째', '둘째' 등이 있다.
  - _____8 구조는 정보들 사이에 원인이 되는 선행 요소와 결과가 되는 후행 요소가 상호 관련지어 전개되는 방식이다. '왜냐하면', '따라서', '그러므로', '원인은 ~

이다.'와 같은 담화 표지어가 있다.

　– 문제 · 해결 구조는 정보들 사이에 문제를 나타내는 선행 요소와 해결을 나타내는 후행 요소가 관련지어 전개되는 방식이다. '문제는 ~이다.', '해결책은 ~이다.' 등의 담화 표지어가 있다.

　– 비교 · 대조 구조는 정보들 간의 유사성과 차이점을 바탕으로 선행 요소와 후행 요소를 구성한다. '이와 달리', '반면에', '한편' 등의 담화 표지어가 있다.

• 텍스트의 의미 구성을 위한 설명적 구조를 파악하는 전략으로는 텍스트 구조에 관한 _____1 를 활용하기, 도해 조직자를 활용하기, _____2 를 활용하기 등이 있다.

• 이야기 텍스트 구조는 어떤 이야기 텍스트가 가지고 있는 일정한 구조나 틀이다. '_____3 '이라고도 한다.

• 이야기 문법은 이야기의 각 범주들과 그들의 관계를 나타내고, 다시 쓰기 법칙을 통하여 명제 사이의 관계를 구체화하는 이야기의 내적 구조를 말한다.

• 이야기 텍스트의 구조는 이야기의 소재나 주제에 따라서 유사한 구조를 띠게 된다.(예 영웅의 일대기를 다루는 대부분의 이야기는 '주인공의 기이한 출생–비범한 능력–시련–조력자의 도움–성장 후 위기–고난의 극복'이란 사건의 전개를 보인다.)

17

답안

ㄱ: _____4　　ㄴ: _____5

해설

〈표지어〉

• 표지어란 어떠한 내용의 관계나 성격을 드러내기 위해 사용된 보조적 언어 요소다.

• 독서에서 표지어는 글의 의미 _____6 를 시사하는 언어 요소를 뜻한다. 내용들 간의 관계를 나타냄으로써 독자가 글을 이해하는 데 도움이 되는 언어 요소이다. 또한 표지어는 독서에서 글의 내용 _____6 를 파악하고, 내용을 이해하는 데 가장 쉽고 분명한 단서가 된다. 글의 내용이 복잡하거나 어려울수록 표지어를 활용하여 이해하는 것이 도움이 된다.

• 표지어에는 연관의 대상을 드러내는 '_____7 표지'와 연관의 성격을 나타내는 '관계 표지', 그리고 연관의 전체 구도를 보여 주는 '_____8 표지'가 있다.(⇨ 이 부분은 뒤에 다시 다룸)

• 독서 지도에서는 표지어의 활용을 단계적으로 지도하는 것이 좋다. 먼저, 표지어가 규칙적이고 명시적으로 사용된 글을 중심으로 이해하게 하고, 다음으로 표지어가 불규칙하게 사용된 글을 활용한다. 이후로 표지어가 사용되지 않은 글에서도 글의 내용을 정확하게 이해할 수 있도록 지도하는 것이 좋다.

1 스키마
2 담화 표지어
3 이야기 문법
4 지시
5 근거
6 구조
7 대상
8 개관

18

답안

ㄱ: _____1 표지어   ㄴ: _____2 표지어   ㄷ: _____3 표지어

해설

〈표지어〉

- 표지어란, 어떠한 내용의 관계나 성격을 드러내기 위해 사용된 보조적 언어 요소를 말한다.
- 담화 표지어란 화제에 새로운 내용을 첨가하지 않으면서도 담화에서 특정한 부분을 강조하거나 명제들 사이의 _____4 를 명백히 알려 주는 단어들이다.(Mayer) '왜냐하면'이나 '그 원인은'과 같은 표지어는 해당 텍스트가 원인과 결과의 구조라는 것을 알려 줌으로써 독자가 원인과 결과의 구조로 의미를 구성할 수 있도록 돕는다.
- 표지어의 유형에는 내용들의 연관 대상을 드러내는 '대상표지'와 연관의 성격을 드러내는 '_____5 표지', 그리고 연관의 전체 구도를 보여 주는 '_____6 표지'가 있다.
- 대상표지어

  하나의 대상이 두 가지 이상의 명제나 문장으로 표현되어야 할 때, 겉으로는 두 개의 문장이지만 속뜻으로는 동일한 대상에 묶인 연관된 내용임을 표현하는 표지어이다. 주로 지시나 단어의 반복, 또는 다른 단어로의 대치 등을 형태로 나타난다.

- _____7 표지어

  내용들이 어떠한 성격으로 연관되는지를 표시하는 표지어이다. 두 개 이상의 명제나 문장이 어떠한 관계로 연결되는지, 그 연결 고리의 특성을 드러내어 줌으로써 입체적인 내용의 배치와 성격을 알려준다. 접속 부사나 _____8 등이 이 유형의 표지어이다.

  관계 표지어에는 관계의 특성에 따라 핵술(핵심-상술, 기술), 나열(열거, 집합), 대응(비교/대조), 인과(원인-결과), 문해(문제-해결, 반응) 관계의 다섯 가지로 분류된다.

- 개관표지어

  요약이나 제시어와 같이, 글 의미의 구조를 전체적으로 한눈에 볼 수 있도록 돕는 표지어이다.

  개관표지어는 간단한 안내에서부터 비교적 자세한 _____9 에 이르기까지, 글의 구조에 대한 정보를 담음으로써 표지어로서의 기능을 한다.

  예 글의 _____10 에 사용되는 유형("이날에 행해진 풍속을 알아보자.", "내가 이 책에서 언어를 다루는 태도를 미리 밝혀 둘 필요를 느낀다." 등)

  글의 _____11 에 사용되는 유형("지금까지는 주로 지각 과정을 살펴보았다.", "위에서 말한 세 가지 단계들 곧 논리적 언어 분석과 철학적 분석, 과학적 언어학은 모두 공통적으로 언어를 하나의 구조 체계로서 관찰한다." 등)

1 대상
2 관계
3 개관
4 관계
5 관계
6 개관
7 관계
8 연결 어미
9 요약
10 앞부분
11 뒷부분

19

답안

도해조직자

해설

〈도해조직자〉

- 도해 조직자(graphic organizer)란 텍스트와 그림을 결합시켜 정보를 구조화하여 제시하는 _____1 인 체계로, 글의 주요 단어나 내용을 선, 화살표, 공간배열, 순서도 등을 사용하는 _____2 인 도식이다. 대표적인 도해 조직자로는 벤다이어그램, 수형도, 시간표, 사건 흐름도, 인물 분석표, 비교표, 의미망 등이 있다.
- 텍스트는 선형적인 텍스트이지만 내적인 의미 구조를 갖추고 있으므로 이에 따라 정보를 구조화하여 _____3 하였을 때, 글의 구조적 특징과 내용이 더욱 명확해진다.
- 텍스트 구조는 작가가 글의 내용을 효과적으로 전달하기 위해 사용하는 기제이며, 동시에 독자가 텍스트의 내용을 이해하고 _____4 하는 데 효과적인 장치가 될 수 있다.
- 도해 조직자는 독자가 텍스트의 내용을 효과적으로 이해·기억·회상하는 데 도움을 주는 장치이다.
- 도해 조직자는 독자가 글을 읽을 때 다양한 정보의 유형을 바르게 파악할 수 있도록 유도한다.
- 인지 심리학적 관점에 의하면 도해 학습자가 글의 내용 구조를 재인하는 것을 수월하게 하고, 글 속에 있는 중심 생각을 논리적 구조로 조직화할 수 있도록 도와준다. 도해 조직자는 바로 정보를 저장하는 인간의 인지 구조(_____5)의 시각적 표현이라고 할 수 있다.
- 도해 조직자는 읽기 전 단계에서 글 내용에 대한 _____6 을 가능하게 하고 사전 지식을 활성화시킬 뿐만 아니라, 읽는 도중 단계에서는 입력되는 글의 내용을 글의 _____7 와 관련하여 독자의 기억 속에 통합하고, 읽은 후 단계에서는 글의 내용을 잘 요약, 기억하고 회상할 수 있도록 도와준다.
- 원래 구조화된 개요(Structured Overview)로 불렸다. 공부할 단원의 핵심 용어를 미리 가르치기 위한 방법을 제공하고, 학생에게 핵심 용어들 간의 중요한 개념적 관계를 드러내 보일 수 있는 틀을 제공하며, 내용교과를 가르치는 교사에게는 지도할 내용을 명료화하는 데 도움을 주기 위해 개발되었다.

※ 도해조직자의 예

	A	B

〈비교와 대조 1〉

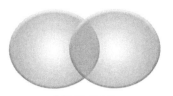
〈비교와 대조 2〉

1 시각적
2 위계적
3 시각화
4 회상
5 스키마
6 예측
7 구조

〈순서구조 1〉 〈순서구조 2〉

20

답안

ㄱ: 사고구술법
ㄴ: 책임이양

해설

〈사고구술법〉

• 사고구술법(Think-aloud Method)은 독자의 사고 과정을 입 밖으로 소리 내어 말하는 방법이다.

• 학생들은 글을 읽으면서 주기적으로 자신의 생각을 매 문장이나 문단마다 소리 내어 말하고, 교사는 학생들이 글을 읽으면서 말하는 것을 주의 깊게 들음으로써 학생들의 독해 과정이나 전략을 파악할 수 있다.

• 이 과정은 학습과 훈련이 반드시 필요하기 때문에 교사의 _____1 이 필수다. 마찬가지로 교사는 _____2 을 갖추고 있어야 한다.

• 사고구술은 학습자의 읽기 과정의 강점과 약점을 진단하는 방법이 될 수 있다. 마이어스(Myers)와 라이틀(Lytle)은 '_____3 평가'의 중요한 방법으로 제안했다.

• 사고구술법은 읽기 과정뿐만 아니라 쓰기 과정을 파악하는 데도 유용한 방법이다.

• 플라어(Flower)와 헤이즈(Hayes)는 대학생들의 실제 쓰기 과정에서 일어나는 필자의 인지적인 사고 과정을 말로 구술하게 하는 사고구술법과 이 사고구술 과정을 전사한 _____4 (protocol)을 분석함으로써 _____5 적 쓰기 과정 모형을 개발하였다.6

1 시범
2 전문성
3 과정
4 프로토콜
5 인지
6 사고구술을 통한 학생의 인지 과정 분석은 한계도 있다. 가장 큰 한계는 이중 과제의 처리에 따른 부담이 크다는 점이다. 글을 쓸 때 작동하는 인지 과정을 분석하려면 글을 쓰는 과제와 사고를 구술하는 과제를 동시에 수행하도록 요구해야 하는데, 미숙한 필자인 학생들은 이러한 이중 과제를 적절하게 수행하는 것이 매우 어렵다. 곧 능숙한 필자만을 대상으로 할 수밖에 없다는 방법상의 한계가 있고, 이로 인한 작문 모형이나 전략은 유능한 필자의 특성을 반영한 것일 뿐이다.
7 학습
8 시범
9 적용
10 책임이양

〈책임이양〉

• 수업의 초기에는 교사가 주도적인 역할을 하다가 점차 교사의 역할을 줄이고 수업의 후반부에는 학습자가 읽기 수행에 주도적인 역할을 하도록 구성하는 것이다.

• 책임이양 모형은 교수 과정으로서 피어슨(Pearson)과 갤러그(Gallagher)가 제안한 것으로, _____7 에 대한 책임을 점차적으로 학생에게 넘긴다는 의미이다.

• 이 교수 과정은 '교사의 _____8, 교사의 안내에 의한 연습, 독립적인 연습, 실제 읽기 상황에 _____9 하기'이다.

• 현시적 교수법은 _____10 의 원리가 적용되는 교수 모형이다.

21

ㄱ: SQ3R

ㄴ: 훑어보기

〈SQ3R 모형〉

- SQ3R 모형은 로빈슨(Robinson)이 1941년 『Effective Study』라는 책에서 제안한 전통적이고도 대표적인 읽기 학습 체계이자 전략이다. 이 모형은 추후 수정을 통해 여러 모형으로 변형되면서 학습자의 능동적인 읽기 학습을 돕는 방법으로 오래도록 활용되었다.

절차	교수 · 학습 활동
훑어보기 (Survey)	• 제목 중심으로 훑어보기 • 주제어 중심으로 훑어보기 • 텍스트의 핵심 내용을 예측하기
질문하기 (Question)	• 주어진 문제가 무엇인지 파악하기 • 읽기의 목적과 의도를 분명히 하여 질문 만들기
읽기(Read)	• 텍스트의 각 부분의 의미를 연결하며 읽기 • 텍스트의 전체 내용을 파악하며 읽기
확인하기(Recite)	• 중요한 내용을 자신의 말로 표현해 보기 • 독자의 의도와 목적에 따라 텍스트 내용 파악하기
재검토하기 (Review)	• 이해가 잘 되지 않는 부분은 다시 읽기 • 자신이 이해한 내용이 적절한지 평가하며 다시 읽기

- 로빈슨이 제안한 SQ3R의 핵심은, 학생들이 정보를 제공하는 교과서의 글(설명문)을 읽고 중심 내용(주요 정보)을 정확하게 파악하며 그것을 효율적으로 기억하도록 돕는 데 있다. SQ3R은 정보를 제공하는 글을 읽고 기억하는 것을 돕는 방법이므로, 설명문 이외의 글을 읽을 때에는 이 방법의 효율성이 떨어진다. 이야기(story)를 포함하고 있는 글, 특히 문학 작품을 읽을 때에는 이 방법을 적용하는 것은 매우 어렵다. 또, 과학 실험의 절차와 결과를 다루는 글에도 적절하지 않다.
- SQ3R을 지도할 때 각 단계가 상호보완적이며 회귀적인 과정이라는 것을 학생들에게 인지시킬 필요가 있다. 곧, SQ3R의 과정에서 질문하기, 읽기, 확인하기(암기하기)는 반복적으로 수행될 수 있는데, 이 세 개의 과정이 반복될 때에는 질문하고 답을 찾으며 읽고 암송을 통한 암기하기(확인하기) 활동이 연속적으로 이루어진다. 물론 질문하기, 읽기, 확인하기의 세 과정이 반복적으로 순환되더라도 훑어보기와 재검토하기는 반복되지 않을 수 있다.
- 이후 SQ3R의 변이형이 제안되기 시작하는데, CSQ3R이 그 예이다. 이는 기존의 SQ3R에 '시각 바꾸기(Change perspective)'를 추가한 것으로, 기존 방식에 비해 좀 더 적극적이며 자기 주도적인 학습이 일어날 수 있도록 유도한다.

02 독서교육론

22

답안

_____1 (안내된 읽기 지도)

해설

〈GRP〉

• GRP(안내된 읽기 지도, Guided Reading Procedure)는 읽기 부진 아동들을 위한 단기 집중 프로그램인 읽기 회복 프로그램(Reading Recovery)과 함께 개발되었고, 일반 교실상황에서 아동들이 수준별로 나누어진 책을 읽으면서 진행되는 수업 방법이다.(Tierney & Readence)

• GRP의 지도 과정은 다음과 같다.

① 읽기의 _____2 을 설정한다. 교사는 다음과 같은 일반적인 읽기 목적을 선택할 수 있다. 이 단원의 글을 읽고 가능한 한 많은 내용을 기억하라. 학생들은 정해진 시간 동안만 읽고 책을 덮는다.

② 학생들은 글을 읽고 기억한 내용을 _____3 하도록 요구받는다. 학생들의 반응은 간략하게 칠판에 기록된다. 답의 정확성과 관계없이 모든 반응들이 기록된다. 나중의 정답 확인 과정을 위하여 응답들은 번호가 붙여진다.

③ 학생들의 반응이 다 나왔을 때, 글을 다시 읽고 그들이 말한 내용이 맞는지를 _____4 하도록 한다.

④ 학생들이 글 내용에 대한 충분한 이해가 이루어지지 않았다고 판단되면, 이미 학습하였거나 아는 내용과 새로운 글 속의 내용을 통합 혹은 종합하는 _____5 을 한다.

⑤ 글 내용의 _____6 상태를 확인하기 위하여 객관식 선다형 평가, 주관식 논술평가가 실시된다. 일주 혹은 2~3주 후에 다시 한번 평가를 실시한다.

• 이 지도 방법에 대한 Ankney의 지적은 다음과 같다.

① 지도 과정에서 시간이 많이 걸리지만 내용 이해가 철저히 된다.

② _____7 적 내용들을 열거한 글을 지도하는 데 적합한 흥미있는 지도 방식이다.

③ 학생들은 더 많은 정보를 찾으려고 애쓰고, 적극적으로 정보를 확인하는 데 열중한다.

④ 내용을 이해하는 데 적합하기보다도 내용을 _____8 하는 데 유익한 지도 방법이다. 그러므로 높은 수준의 내용 이해를 필요로 하는 글의 지도에는 적합하지 않다.

⑤ 학생들의 반응을 많이 적어야 하므로 칠판에 적을 때 학생의 도움이 필요하다.

• Manzo는 일주일에 한 번 정도 이 방법을 사용할 것을 말하고 있다.

1 GRP
2 목적
3 회상
4 확인
5 질문
6 단기 기억
7 사실
8 기억

240 제5장 개념잡기–해설편

23

답안

주제 통합적 읽기

해설

〈주제 통합적 읽기〉

• 주제 통합적 읽기란 하나의 주제에 대해 다양한 관점과 형식을 보이는 읽기 자료를 비판적·통합적으로 읽고, 독자의 _____1 과 읽기 _____2 에 따라 그 내용들을 재구성하는 읽기를 말한다.

• 주제 통합적으로 읽으려면 동일한 주제에 대해 서로 다른 관점을 지닌 글을 _____3 하여 읽거나, 비슷한 주제를 담고 있는 다양한 형식의 글을 _____4 하며 읽어야 한다. 주제 통합적 읽기를 할 때 독자는 편견이나 선입견을 배제하고 객관적이고 합리적으로 판단하되, 단순히 여러 글을 비교·대조하는 수준에서 더 나아가 서로 다른 관점과 형식의 글들을 비판적으로 종합하여 자신만의 주제로 재구성할 수 있어야 한다. 즉 단순히 여러 주제를 통합하거나 여러 글의 차이를 비교하는 읽기가 아니라, 주제가 유사한 다양한 내용과 형식의 글들을 통합적으로 읽고 새로운 주제를 구성해 내는, 매우 수준 높은 읽기 활동이라 할 수 있다.5

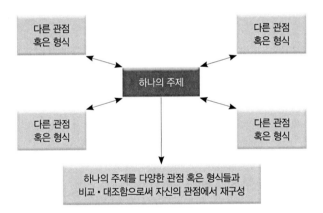

1 관점
2 목적
3 대조
4 비교
5 〈주제 통합적 읽기와 상호 텍스트성〉

하나의 글은 내용상 다른 글과 연결되고, 새로운 글을 생성하는 바탕이 되기도 한다. 다양한 글이 서로 연관될 때 글의 의미가 제대로 이해되기도 한다. 이러한 글(텍스트) 간의 상호 관련성을 상호텍스트성이라고 하는데, 상호텍스트성은 주제 통합적 읽기의 대상이 되는 글에서 잘 드러난다.

• 주제 통합적 읽기는 '자료 수집과 분석, 용어와 개념 이해, 질문과 명료화, 쟁점 확인, 논의'의 단계를 따른다. ① '자료 수집과 분석 단계'에서는 자신의 관심 주제와 관련된 다양한 글이나 자료를 수집하여 읽고 분석한다. 이때 각 자료들은 가급적 관련 주제 분야에서 대표적인 글을 다양한 관점에서 수집하는 것이 중요하다. ② '용어와 개념 이해 단계'에서는 각 저자(필자)별 핵심 개념과 용어를 정확히 파악하고 이해하도록 한다. ③ '질문과 명료화 단계'에서는 저자에게 질문이나 문제를 제기하는 가상의 질의응답 대화를 통해 요지나 메시지를 명확하게 정리한다. ④ '쟁점 확인 단계'에서는 관련 주제나 쟁점에 대해 저자별로 어떤 차이가 있는지 비교·대조하여 정리함으로써 관점의 차이를 확인한다. ⑤ '논의 단계'에서는 쟁점 확인 단계에서 파악된 분석 결과들을 바탕으로 자신의 생각과 의견을 종합적으로 제시한다.(서혁, 미래엔 교과서)

- 주제 통합적 읽기의 필요성을 제시하면 다음과 같다. ①주제 통합적 읽기를 통해 독자는 특정 주제에 대해 하나의 관점이나 주장에 매몰되지 않고 다양한 관점으로 바라보며 비교하여 읽을 수 있다. 그럼으로써 독자는 다양하고 폭넓은 시각으로 특정 주제를 대하고 이해할 수 있고, 이를 비판적 · 통합적으로 _____1 하여 자신만의 관점을 형성할 수 있게 되는 것이다. ②주제 통합적 읽기는 독자의 읽기 경험이 어느 한 분야나 관점으로 편중되지 않고 적절한 _____2 을 유지하게 한다. 다양한 분야에 대한 다양한 관점의 읽기 자료를 두루 읽음으로써 인간과 세계를 폭넓게 이해하는 능력을 기를 수 있다. ③동일한 주제에 대한 다양한 분야와 관점의 글을 읽으면서 축적된 지식은 창의성을 길러 줄 수 있다. 이를 바탕으로 독자는 어떠한 문제 상황에 직면했을 때 그 해결 방법을 자신의 축적된 지식에서 창의적으로 찾을 수 있다.

24

답안

ㄱ: _____3 중심 접근   ㄴ: _____4 중심 접근

해설

〈결과 중심 수업〉
- 우리의 전통적인 읽기 수업은 대체로 글을 모두 읽은 다음에 글을 잘 이해했는가를 확인하고 평가하는 _____5 과정에만 초점을 맞춰 왔다. 따라서 학생들에게 읽게 한 다음에, 글을 잘 이해했는가를 확인하기 위해 몇 개의 질문을 하거나 줄거리를 말해보도록 하는 활동을 하는데, 이러한 수업을 _____6 중심 수업이라 부른다.
- 전통적인 결과 중심 수업에서, 교사는 학생들이 글을 읽기 전에 글을 이해하는 데 필요한 충분한 배경지식과 읽기 동기를 갖고 있는지, 글을 읽는 동안에 유의미하게 정보를 처리하고 있는지, 혹은 학생들이 자신들의 이해 과정을 적절하게 점검하여 수리하고 있는지 등과 같은 _____7 에 별다른 관심을 갖지 않는다.
- Ogle(1986)은 "텍스트에 대한 의미구성 과정에서 독자의 _____8 이 중요한 역할을 한다는 많은 연구 결과에도 불구하고, 현장의 많은 교사들이 텍스트에 대한 독자들의 이해를 촉진시키기 위한 방법으로써 학생들의 배경지식이나 흥미를 활성화시키는 것을 소홀히 하고 있다."고 지적했다. 곧 결과 중심 평가에 대한 비판인데, 과정 중심 읽기 수업을 만들어 내는 계기가 되었다.

〈과정 중심 수업〉
- 글을 읽은 다음에 그것을 잘 이해했는가를 확인하는 최종 과정보다는 읽기 전, 읽기 중, 읽기 후 등과 같은 읽기의 전 과정을 강조하는 수업 방법이다.
- 읽기의 전 과정에 필요한 구체적인 _____9 과 _____10 을 지도함으로써, 학생들의 텍스트에 대한 의미구성 능력을 신장시키는 수업 방법이다.
- 능숙한 독자가 글을 읽을 때에는 여러 읽기 _____11 을 거치는데, 능숙하지 않은

1 재구성
2 균형
3 결과
4 과정
5 마지막
6 결과
7 과정
8 배경 지식
9 기능
10 전략
11 과정

독자는 이러한 과정을 성공적으로 수행하지 못하여 글을 잘 이해하지 못하며, 따라서 능숙한 독자의 읽기 과정을 분석하여 학생들에게 이러한 읽기 과정을 가르치면, 능숙하지 않은 학생들도 글을 잘 이해할 수 있다는 믿음에 기초해 있다.

• 한계
  – 이 모형은 자칫하면 읽기 과정에 따른 교사의 빈번한 개입으로 인해 학생들의 읽기를 방해할 수 있다. 특히 능숙한 학생들의 읽기 활동에 교사가 지나치게 개입하는 것은 오히려 그들의 글에 대한 _____1 을 저해할 수 있다.
  – 읽기 과정을 인위적으로 몇 개의 _____2 적인 과정으로 나눈 다음에, 각각의 개별적인 과정을 지나치게 강조함으로써 하나의 일관된 과정으로 읽기의 특성뿐만 아니라 _____3 적인 과정으로서의 읽기의 특성을 소홀히 할 가능성이 높다.
  – 다른 교수학습 모형에 비해 많은 시간을 필요로 한다는 것 또한 문제가 될 수 있다.
  – 이 모형은 글을 이해하고 반응하는 데 초점을 맞추고 있기 때문에 상대적으로 비판적이고 창의적인 읽기를 소홀히 다룰 가능성이 적지 않다.

25

답안

ㄱ: 독서 학습(learn to read)
ㄴ: 학습 독서(read to learn)

해설

〈내용교과 독서〉

• 교과 학습을 위한 독서는 교사가 학생들에게 일방적으로 책에 담긴 교과 내용을 전달하여 이해시키기 위한 목적이라기보다 학생들이 스스로 학습을 위해 필요한 지식이나 정보를 선택하고 이를 이해하는 데 그 목적이 있다.
• 학습을 위한 독서는 _____4 독서(content area reading)를 통해 설명될 수 있다. 내용교과 독서란 특정한 교과 학습을 위한 교과서나 관련 도서를 읽고 교과 학습에 필요한 개념이나 지식을 습득하도록 하는 독서활동을 의미한다.
• 일반적으로 독서를 담당하는 교사는 학생들에게 독서를 하는 방법(learn to read)에 더욱 관심을 기울이는 반면에, 내용교과 독서를 지도하는 교사는 _____5 을 위한 독서에 더욱 집중하는 편이다.
• 내용교과 독서와 관련한 전략에는 개요 작성(outlining), 학습 일지 쓰기, 메모하기, 요약하기, SQ3R, KWL, 브레인스토밍, 질문법이나 탐구법, 벤다이어그램이나 도해조직자(graphic organizer) 등이 있다. 다양한 학습 독서의 전략들을 사용할 수 있지만, 이들 내용교과 독서의 전략들은 ㉠학습의 목적을 설정하는 것, ㉡학습하고자 하는 내용과 관련한 질문을 생성하고 답을 찾는 것, ㉢개념어나 학습한 정보를 기억하기 위해 내용을 효과적으로 정리하는 것 등을 주요 목적으로 삼는다. 특히, 내용교과 독서에서는 교과와 관련한 어휘에 대한 지도가 매우 중요하다.

1 의미구성
2 분절
3 회귀
4 내용교과
5 학습

〈용어 정리〉
- 교과 독서: 국어과를 포함한 모든 교과목 수업에서 이루어지는 독서 활동(교과 학습 독서)
  - 국어 교과 독서: 국어과에서 독서 학습을 내용으로 이루어지는 독서 활동
  - 내용교과 독서: 타 교과에서 학습 독서를 내용으로 이루어지는 독서 활동
- 학습 독서: 내용교과의 학습에서 지식과 정보 습득의 학습 능력 신장을 위한 독서 활동
- 독서 학습: 국어 교과 학습에서 독서 능력 신장을 위한 독서 활동
- 범교과적 독서: 모든 교과 학습 독서에서 요구되는 범교과적인 특성

26

답안

탐문검사

해설

〈독서 평가 방법〉
- 독서 평가 방법을 정리하면 다음과 같다.

독서 결과 평가	자유 회상 검사	학생들로 하여금 읽었던 글에 대해서 자유롭게 회상하여 쓰게 하고, 회상된 자료를 분석하여 기억의 양, 내용, 기억이 조직된 방식, 기억 내용을 인출하는 전략, 추론의 과정 등을 알아내는 것이다.
	탐문 검사	독서 활동이 끝난 후 학생들에게 글을 읽고 기억한 내용을 인출할 수 있도록 탐색적 질문을 하는 방식이다.
	진위 검사	주어진 글 내용에 대하여 맞는 진술, 또는 틀리는 진술을 주고 진위를 판정하게 하는 방법이다.
	____1	읽은 글의 내용에 대하여 여러 측면에서 문제를 제시하고 주어진 몇 개의 항목 중에서 답을 고르게 하는 것이다.
독서 과정 평가	대화 및 질의 응답	교사가 학생과 개별적으로 질문을 하고 학생의 반응을 수집하는 것이다
	____2	학생에게 글을 소리 내어 읽게 하고 그 유창성을 평가하는 것이다. 낭독은 글자의 모양, 문장의 구조, 문맥, 의미 등을 유기적으로 활용하는 것이기 때문에 의미를 구성하는 과정에서 어떤 문제를 지니고 있는지를 알 수 있다.
	빈칸 메우기	임의로 또는 규칙적으로 글 속의 음절, 단어, 어절 등을 선정하여 이를 빈 칸으로 비우고, 학생에게 읽히면서 그 속에 들어갈 적합한 말을 적어 넣게 하는 방법이다.
	관찰	교사가 직접 학생의 독서 행동을 관찰하여 평가의 자료로 삼는 방법이다.
	____3	글을 읽고 나서 일정한 의미 단위를 대상으로 중요한 정도를 판단하게 하는 평가 방법이다.

1 선택형 검사
2 오독(낭독) 분석
3 중요도 평정

독서 상위 인지 평가	오류 발견	글 속에 오류나 불완전한 요소를 미리 포함시키고, 학생들이 이것을 발견할 수 있는지 알아보는 방식의 평가이다.
	요약 및 개요작성	글 내용의 중요도 평정에 기초하여 내용의 추상화와 재조직이 요구되는 방법으로 타당도가 매우 높은 방법이다. 요약은 읽은 내용을 원래보다 적은 분량으로 줄여 재구성하는 것이고, 개요는 글 속의 중요 내용만을 개조식으로 뽑아내는 것이다.
	_____ 1	글을 읽으면서 머릿속에 떠오르는 생각을 소리 내어 표현하게 하여, 학생들이 글을 읽으면서 사용하는 독서 전략과 의미 형성의 양상을 알아보는 방법이다.
	_____ 2	독서에 사용한 방법, 독서 과제를 대하는 태도, 독서에서 자신의 장단점 등을 스스로 평가하게 하는 방법이다.

〈탐문(probe question)〉
- 탐문 검사는 글의 내용에 대하여 단답형의 질문을 제시하고 답을 하게 하는 방법이다. 예들 들어, 이야기를 읽고 육하원칙에 입각하여 질문을 하고 답을 하게 하는 방법이다.
- 그러나 평가를 실시하는 데 시간이 많이 소요되고 자료의 해석과 평가가 어렵다는 단점이 있다.
- 이 평가방법은 탐문의 내용과 순서를 평가목적에 맞도록 _____ 3 하게 구성하는 데 성패가 달려 있다.

27

답안

ㄱ: 프로토콜 분석   ㄴ: _____ 4   ㄷ: _____ 5

해설

〈프로토콜 분석〉
- 프로토콜 분석(protocol analysis)은 독자가 글을 읽는 중에 머릿속에서 이루어지는 행위, 인지적 과정이나 단계, 떠오르는 생각들을 소리 내어 말하는 사고구술(think aloud)의 과정에서 산출된 언어적 _____ 5을 분석하는 평가 방법이다.
- 프로토콜 분석을 통해 독자가 글을 읽는 동안에 일어나는 전략의 수행, 정보의 획득, 정신적 처리 과정 등을 _____ 6할 수 있다.
- 프로토콜 분석을 실시할 경우, 교사는 독자들의 사고구술 자료를 녹음하거나 촬영하여 이를 _____ 7한 뒤 의미 있는 독서 국면별로 범주화하여 독자들의 이해 정도, 전략 사용 양상, 오류 등을 평가할 수 있다.
- 그러나 사고구술 자체가 독자에게 _____ 8 수행을 요구하는 활동이므로 아주 어린 독자들에게 이를 적용하기에는 한계가 있다. 따라서 사고구술 자체에 대한 자동성이 내재될 수 있도록 충분한 _____ 9 을 거친 후에 이 평가 방법을 적용할 필요가 있다.

1 사고구술
2 자기평가
3 정교
4 사고구술
5 프로토콜
6 추론
7 전사
8 상위 인지적
9 연습

03 | 작문교육론

01

답안

화제 지식, 장르 지식

해설

〈쓰기 능력의 구성 요소〉

- 쓰기 능력은 글을 잘 쓰는 능력이다. 쓰기 능력은 매우 복합적이며 쓰기를 바라보는 관점에 따라 다르게 인식될 수 있어 이를 명확히 표현하는 것이 간단하지 않다. 여기에서는 지식, 수행, 태도 측면에서 보고자 한다.(권순희 외, 2018; 25)
- '쓰기 지식'은 글을 쓰기 위해 알아야 할 지식이다. 쓰기 지식은 다양하게 파악될 수 있지만 화제 지식, 언어 지식, 장르 지식 등으로도 볼 수 있다.
- '화제 지식'은 필자가 글로 나타내고자 하는 화제와 관련해 알고 있는 지식이다. 직접적인 경험, 매체 등을 통해 획득한 정보, 독서를 통해 얻은 지식 등이 여기에 해당한다. 글의 내용은 필자가 지닌 화제 지식에 많은 영향을 받는데, 필자가 화제 지식을 많이 지닐수록 글이 다양하고 풍부한 내용을 담을 가능성이 커진다.
- '언어 지식'은 필자의 생각과 느낌을 언어로 표현하는 데 필요한 지식이다. 언어 지식에는 사고의 내용을 어휘와 문장 등 글의 구조적 단위로 변환하기 위한 지식과 독자에게 정확한 의미를 전달하기 위한 정서법과 같은 규범적 지식이 있다.
- '장르 지식'은 글의 유형이 지니고 있는 형식이나 내용의 특성에 대해 아는 것을 의미한다. 장르는 특정 유형의 글과 관련해 담화 공동체가 관습적으로 형성해 온 언어적 특징의 집약체를 뜻한다. 이를 통해 구성원들은 효율적으로 의사소통을 할 수 있다. 그러나 장르가 일정한 패턴을 지니고 있다고 해서 그것이 항상 고정적이지는 않다. 장르는 상황 맥락에 따라 유동적이기에 장르 지식은 맥락을 고려하여 적용되어야 한다.
- '쓰기 수행'은 여러 단계의 언어 수행을 기반으로 하는 활동이다. 필자는 쓰기를 수행하기 위해 내용을 생성하고 조직하며, 표현하고 수정하는 등의 일련의 작업을 능숙하게 할 줄 알아야 한다. 이와 같은 쓰기 수행 과정에 요구되는 요소가 기능(skill)과 전략(strategy)이다. 또 이에 더해 쓰기 수행과 관련해 중요하게 작용하는 요소로 상위인지(metacognition, 초인지)가 있다. 상위인지는 필자의 쓰기 수행을 관리하는 총체적 능력으로서 중요한 역할을 한다.(이와 관련해서는 뒤에 다시 다룰 것임)
- '쓰기 태도'는 정의적 요인으로, 이와 관련한 요소로는 쓰기 흥미, 쓰기 동기, 쓰기 효능감 등이 있다. '쓰기 흥미'는 쓰기에 대해 필자가 가지는 관심과 선호도이다. 학생들의 쓰기 능력을 고려하고 생활 경험을 반영한 실제적 작문 과제를 제시하는 것이 흥미를 높이는데 도움이 된다. '쓰기 동기'는 쓰기를 촉발하거나 계속하도록 영향을 미치는 심리적 조건이다. 쓰기 동기를 지속시키기 위해서는 성적 보상과 같은 외재

적 요인보다는 쓰기 흥미와 같은 내적 만족을 끌어내려는 노력이 필요하다. '쓰기 효능감'은 쓰기를 성공적으로 수행할 수 있다는 필자의 기대와 믿음이다. 이를 형성하는 데에는 쓰기 결과에 대한 성공적인 경험과 교사의 긍정적인 피드백이 중요한 역할을 한다. 쓰기 능력 발달을 위해서는 쓰기 흥미와 쓰기 동기, 쓰기 효능감을 연계해서 긍정적인 쓰기 태도를 형성할 수 있는 교육적 접근이 요구된다.

02

답안

형식주의 작문이론

해설

〈형식주의 작문이론〉

• 형식주의 작문이론은 1950년대와 1960년대의 지배적인 작문이론이다. 외재주의적(객관주의적) 지식관에 입각하고 있으며, 행동주의 심리학과 구조주의 언어학, 문학의 형식주의가 팽배하던 시대적 영향 하에 있다.

• 형식주의 작문이론은 신비평 이론의 영향을 받아 규범 문법의 준수와 어법의 _____1 을 중시한다. '_____2'는 의미를 온전히 담고 있는 자율적인 실체이고, 쓰기란 쓰기와 관련된 지식을 객관화된 작문 절차와 장르 규범, 규칙에 따라 글로 실현하는 과정으로 정의한다. Rohman & Weleck(1964)은 쓰기 과정을 '예비 작문하기(prewrite)→작문하기(write)→다시쓰기(rewrite)'와 같은 _____3 인 것으로 보면서, 쓰기의 결과로 생산된 결과물로서의 글(text)에 최우선적인 가치를 둔다.

> 쓰기 전(prewriting) → 쓰기(writing) → 쓰기 후(postwriting)

〈단계적 쓰기 모형〉

• 형식주의 작문이론은 행동주의 심리학의 영향으로 쓰기 능력은 체계적인 _____4 과 _____5 을 통해 신장시킬 수 있다는 관점을 취한다. 쓰기를 가르치는 교사는 모범적인 글을 생산하는 데 필요한 _____6 된 지식을 전수해 주고, 정확성 측면에서 완성된 학생의 작품에서 나타나는 오류를 지적하고 교정해 주는 것이 된다. 또한 학생들이 글을 잘 쓰기 위해서는 _____7 적인 글을 많이 보고, 모방하고, 숙달될 때까지 체계적이고 반복적으로 글쓰기를 _____8 하는 것이 중요하다고 보았다.

• 그러나 형식주의 작문이론은 완성된 텍스트 자체의 정확성만 강조한 나머지 능동적으로 의미를 구성하는 _____9 의 역할이나 그 글이 받아들여지는 사회적 맥락과 같은 쓰기 관련 요인들을 제대로 인시하지 못했다는 점에서 한계점이 지적된다.

• 다만, 쓰기 결과물로서의 텍스트 자체도 나름대로 충분한 교육적 의미를 지닌다는 점, 오류 없이 정확한 글을 쓸 수 있는 능력 역시 쓰기 교육을 통해 도달하고자 하는

1 정확성
2 텍스트
3 선조적
4 모방
5 연습
6 객관화
7 모범
8 연습
9 필자

매우 중요한 교육 목표라는 점, 모범적인 글에 대한 _____1 을 강조하는 것도 글쓰기 교육의 초기 단계에서 미숙한 필자로 하여금 글을 쓸 수 있는 힘을 갖도록 하는 데 매우 유용한 교육적 처방이 될 수 있다는 점에서 교수 학습 현장에서 적극적으로 원용할 필요가 있다.

03

답안

ㄱ: _____2 하기   ㄴ: _____3 하기

해설

〈작문의 인지적 과정〉

• 작문의 인지적 과정 모형에서는 작문 행위를 필자가 작문의 과정에서 적절히 조정하고 통제해야하는 몇 가지 _____4 과정들의 집합으로 본다.

• '작문 과제 환경'은 작문과제, 작문의 필요성, 대상독자 그리고 지금까지 작성된 텍스트 등을 모두 포괄하는 것으로 필자의 인지작용 _____5 에 존재하는 것들이다. 따라서 이들 환경적 요인들은 작문 행위에 영향을 미칠 수는 있어도 작문 행위의 본질을 형성할 수는 없다.

• '필자의 장기 기억'은 작문의 주제에 대하여 필자가 알고 있는 지식은 물론 작문 행위와 관련되는 계획하기, 작문의 원리, 수사론적 원리들에 대한 지식들을 말한다. 여기에서 관심의 대상이 되는 것은 필자가 실제로 알고 있는 모든 지식이 아니고 작문의 과정에서 필자가 그의 장기 기억으로부터 끌어내어 _____6 하고 _____7 할 수 있는 지식이다.

• '계획하기'는 내용을 생성해내고 조직하고 글의 목적과 절차를 결정하는 사고활동을 포괄한다. 여기에서 계획하기는 실제로 종이 위에 생각을 글로 옮겨 적기 이전의 모든 사고활동을 포괄하고 있다. 또한 계획하기는 작문의 전 과정을 통하여 작용함과 동시에 그것이 반드시 _____8 적인 형태로 실현되지 않는다는 특징을 지닌다.

• '작성하기'는 계획하기 과정에서 만들어진 내용을 _____9 언어로 번역하여 표현하는 인지적 과정이다.

• '재고하기' 과정은 지금까지 계획된 내용 혹은 작성된 내용을 _____10 하는 과정이다. 만약 평가의 결과가 부정적으로 나왔을 경우에는 '_____11'의 과정을 거치게 된다. 재고하기 과정은 작문 과정의 중간 혹은 끝 부분에서 의도적으로 일어나는 경우가 많다. 또 글을 쓰는 과정에서 _____12 으로 발생하여 진행 중인 작문 행위를 방해하게 된다.

• '조정하기'는 _____13 와 유사한 것으로서 작문 과정을 전체적으로 조절하고 통제한다. '조정하기'로 말미암아 필자는 계획하기 과정에서 작성하기 과정으로 옮겨가는 것을 결정할 수 있게 된다.

• 작문의 인지적 과정 모형을 이해하는 데 있어서 세 가지 중요한 사실을 염두에 두어

1 모방
2 재고
3 조정
4 하위
5 외부
6 선택
7 활용
8 언어
9 문자
10 평가
11 고쳐쓰기
12 자동적
13 상위인지

야 한다. 첫째, 작문의 _____1 들은 거의 동시적이며 상호작용적으로 기능한다는 점이다. 둘째, 작문의 전 과정은 _____2 지향적이라는 점이다. 셋째, 작문 행위는 새로운 목표의 발견을 유도한다는 점이다. 작문 과정에서 작문 행위로 인해 획득한 통찰력으로 새로운 상위목표를 발견할 수 있게 된다.

04

답안

ㄱ: 사회구성주의　　ㄴ: 대화주의

해설

〈사회적 구성주의 쓰기 이론〉

• 1980년대 후반의 쓰기 이론으로 언어 사용의 사회적 해석에 초점을 두었다.
• 필자는 개별적으로 쓰기를 하는 것이 아니라, 의미를 구성하는 과정에 제약을 가하는 _____1 의 일원으로서 쓰기를 하는 것이다. 때문에 개인은 아직 속하지 않은 공동체에 참여하기 위해, 혹은 개인이 이미 가입한 공동체의 일원으로서 결속력을 강화하기 위해 그 사회의 해당 언어를 습득해야 한다. 이러한 관점에서 쓰기를 규정하는 '사회적 행위(social action)'라는 개념이 도출된다.
• 사회 구성주의 쓰기 이론의 핵심 원리인 '합의(consensus)'란 사전적으로 '서로 의견이 일치함'을 뜻한다. 개인 필자는 독립적으로 존재하는 것이 아니라 공동체의 일원으로 작문을 수행하므로, 공동체가 요구하는 관습과 규범을 따르는 방향으로 일치를 끌어낸다.
• 언어공동체를 분석 대상으로 삼으며, 텍스트의 개념을 언어공동체의 담화 관습 및 규칙의 집합으로 규정한다.
• 필자는 _____4 공동체의 사회화된 구성원이고, 독자는 _____5 공동체의 사회화된 구성원이다.
• 글을 통한 의미 구성 능력은 건전한 상식의 계발을 통하여 신장되는 것으로 보고, 건전한 상식의 계발은 언어 사용 집단으로서의 담화공동체 혹은 학문공동체에 참여함으로써 가능한 것으로 본다.
• 담화공동체가 공유하는 담화 관습이나 규범은 단일하지 않고 때로는 서로 경쟁하는 구도가 나타날 수 있다. 이때 합의란 대체로 권력을 가진 쪽으로 기울어지기 마련이기 때문에 이렇게 합의되는 담화 관습과 규범이 정당한가의 문제가 발생한다. 이와 같이 사회구성주의 쓰기 이론은 한 개인의 쓰기에 관여하는 사회적으로 합의된 담화 관습의 존재를 보여준다. 그리고 담화 관습의 산물인 텍스트를 살펴보면 그 속에 담겨 있는 시대와 공간의 합의를 파악할 수 있다. 나아가 이 쓰기 이론은 그러한 관습을 반복·재생하려는 목적을 넘어서, 그 담화 관습이 담고 있는 권력과 이데올로기를 파악하고 비판한다.

1 하위과정
2 목표
3 언어공동체
4 담화
5 해석

〈대화주의 쓰기 이론〉

- 1980년대에 작문을 사회적이고 상호작용적인 행위로 보는 사회구성주의의 발달에 힘입어, 1990년대에는 쓰기 이론의 사회·문화적 성격이 더욱 강화되었다. 이러한 사회·문화적 이론은 쓰기를 단순한 의사소통 수단으로 보는 것이 아니라, 사회적 행위의 한 양식으로 본다.
- 대화주의는 미하일 바흐찐(Mikhail M. Bakhtin)의 이론을 일컫는 개념으로, 이때 '대화'란 서로 다른 주체들이 소통할 뿐만 아니라 서로를 조정함으로써 역동적 관계를 형성하는 행위를 의미한다. 필자는 글을 통해 예상 독자와 대화하는데, 글 속에는 필자 자신의 목소리는 물론 독자의 목소리도 반영되어 있으며, 필자의 목적과 독자의 기대 사이에 균형을 유지하려는 필자의 노력이 포함되어 있다. 따라서 쓰기는 본질적으로 사회적인 활동이자 다성적인 활동(multivoiced activity)이며, 그 의미 또한 글에 고정되어 있는 것이 아니라 맥락에 따라 유동적이다.
- 담화 행위로서 글을 분석 대상으로 삼는다.
- 바흐찐은 의미가 특정 개체의 의식 속에 내재하는 것이 아니라 언어 사용의 _____1 에 의해 결정되고, 다른 사람의 언어와 상호 작용을 함으로써 활성화한다고 하였다. 언어의 의미는 필자의 목적과 독자의 기대 사이에 균형을 유지하려는 의도를 반영한 것으로 본질적으로 _____2 적이라고 설명한다.
- 대화주의 이론가들의 의미 구성에 관한 이론을 정리하면 다음과 같다.
  첫째, 텍스트의 의미를 구성하는 과정은 특정의 사회적 문화적 맥락에서 담화 당사자들 사이에서 역동적이고 한시적으로 이뤄지는 _____3 의 과정이다. 둘째, 텍스트의 의미는 텍스트나 사용자에게 있는 것이 아니라 사용자 사이의 _____4 속에 내재한다. 셋째, 텍스트는 언어사용자 자신과 다른 사람, 인지작용과 언어적 맥락, 개인과 사회의 상호작용을 기호학적 측면에서 중재하는 기능을 갖는 것으로서 상황을 반영하는 것이 아니라 상황 _____5 이다.
- 대화를 중심에 두는 작문 교수법은 '동료 비평(peer criticism)'을 활용한 협동 학습의 형태로 구체화되기도 했다. 동료 비평을 활용한 협동 수업에서 학생들은 짧은 글쓰기 과제를 수행한 다음, 친구들에게 자신의 글을 읽어 주고 서로의 글에 대해 비평하는 글을 쓰는 활동을 한다. 교사는 이 과정에서 능숙한 필자의 쓰기 능력은 물론이고 훌륭한 비평 능력을 학생들에게 시범 보여야 한다.
- 학생들은 내적인 대화, 텍스트와의 대화, 학생 간의 대화, 교사와 학생의 대화, 학생과 공적인 독자의 대화와 같은 다양한 대화를 통해 세계와 관계를 맺고 있는 자신을 발견하게 되며, 이러한 대화적 작문 교실은 학생들이 대화에 생산적으로 참여하는 방법을 스스로 학습하는 장소가 된다. 이때 "설득력 있는 말의 반은 우리의 것이고 나머지 반은 다른 사람의 것"이라는 바흐찐의 말처럼, 텍스트의 의미는 필자 혼자 만들어 내거나 담화공동체가 결정하는 것이 아니라 대화 참여자들의 강렬한 상호작용을 통해 형성되는 것이다.

1 맥락
2 대화
3 협상
4 상호작용
5 그 자체

관점 요소	형식주의	구성주의	사회주의	대화주의
분석의 단위	객관적 사실로서 텍스트	개인의 인지 행위	규범, 공동체	담화로서의 텍스트
텍스트에 대한 개념	의미의 자동적 표출, 구어보다 명시적임	작자의 계획, 목적, 사고의 변환체	일련의 담화 관습	기호를 통한 작자와 독자 간의 중개물
작자에 대한 개념	의미의 전달자	수사학적 문제 해결자	담화공동체의 사회화된 구성원	대화자
독자에 대한 개념	의미의 수용자	역동적, 목적적 해석자	해석공동체의 구성원	대화자
핵심 원리	모방	이성, 개인 목적	합의	상보성
핵심 용어	자동성, 명시성	목표 지향, 전략, 동시성	사회적 구성, 숙고, 공동체	상호, 대화, 간텍스트성
의미의 중심	텍스트	개별사용자: 작가, 독자, 화자	해석공동체의 규범	대화자간의 상호 작 용
언어 생성 모형	전수	의미의 구성	합의 도출	교섭, 상호 작용
언어 발달 모형	교육적 사회화	개인적→사회적	제도적, 사회화, 모방	사회적→개인적
철학적 방법	경험주의	구조주의	구조주의	대화주의
분석의 방향	세부요소→전체	사고→언어	집단→개인	변증
사회적 분석의 수준	없음	상황과 관련된 인지 과정	문화, 공동체	대화

05

답안

동기

해설

〈쓰기 동기〉

• 쓰기 동기란 글을 쓰는 행동이나 행위를 시작하도록 영향을 미치고 지속하도록 하며, 발달을 이끄는 심리적 힘이다.

• 쓰기 동기는 쓰기 행위를 시작하게 하고 유지하게 하며 발달하도록 하는 요인이다. 때문에 쓰기 _____1 가 바탕이 되지 않으면 쓰기 _____2 의 발달을 기대하기 어렵다.

1 동기
2 능력

• 쓰기 동기와 관련한 종적 연구의 결과, 초등학교 저학년에서 중, 고등학교로 올라갈

수록 언어 학습에 대한 학생들의 내적 동기가 줄어들었다.(Oldfather, 1995) 쓰기 효능감과 관련된 쓰기 동기는 학년이 증가할수록 _____1 하며, 학교급별로 여학생보다 남학생의 쓰기 동기가 _____2 .(Valiante, 2007)

- 학생들이 쓰기 동기를 잃는 이유는 첫째, 교사가 학생들의 쓰기를 텍스트 유형 및 글쓰기 관습과 일치하도록 강조함으로써 생기는 쓰기 교육의 경직성 탓이다. 둘째, 학생들은 그들이 공유하거나 이해하지 못하는 교사의 교수 목표에 따라서, 다른 수업과 분리된 활동으로써 _____3 를 부여받기 때문이다. 셋째, 쓰기 과제는 대개 지루하기 때문이다.

- _____4 화된 학생은 가치 있는 행동이나 표현, 설명의 수단으로써 쓰기를 사용하려는 의지와 가치를 지닌 사람이다.

- Hayes(1996)의 쓰기 과정 모형에 따르면 쓰기 수행에 영향을 미치는 동기적 변인에는 쓰기 활동과 목적에 대한 필자의 _____5, 쓰기 효능감, 쓰기를 통한 성과의 기대 등이 있다.

- 쓰기 동기를 증진하기 위해 쓰기에 대한 기능적 신념을 키울 필요가 있다. 쓰기의 기능적 신념이란, 쓰기가 필자의 문제를 해결하는 데 있어 유용한 수단임을 인식하고 이를 적극적으로 활용하려 하는 믿음이다. 쓰기의 기능적 신념을 고양시키기 위한 방법은 다양하다. 동일한 글에서 쓰기를 비롯한 문식적 활동을 지지하는 교실 공동체의 조성, 교사가 개인적으로 쓰기를 어떻게 활용하는지 보여주기, 학생들이 자신의 쓰기 영역에서 전문적 지식을 쌓을 수 있는 기회를 제공하기, 다양한 장르에서의 쓰기를 촉진시키기 등이 그것이다.(Bruning & Horn, 2000)

- 쓰기 동기를 고려한 쓰기 지도 의의

  ① 쓰기의 _____6 적 기능 촉진: 동료 필자를 활용한 쓰기가 필요하다. ⊙협동 작문과 쓰기 워크숍은 동료 간의 협의나 교사-학생 간의 상호작용을 중시한다. 다만, 협동 작문은 협의 그 자체가 작문의 본질인 반면, 쓰기 워크숍은 텍스트가 생산되는 맥락과 실제 결과물인 텍스트를 생성하는 방법으로서 협의를 활용한다. 또한 ⓛ쓰기의 과정을 강조하는 _____7 전략에서도 동료 필자와의 협력은 중요하다. ⓒ쓰기의 과정 뿐 아니라 쓰기 결과에 대한 _____8 를 통해서도 이루어진다.

  ② 쓰기의 _____9 에 대한 경험 제공: 학생들의 쓰기 동기를 높이기 위해서는 쓰기가 그들의 삶에 유용하다는 인식을 심어 주는 일이 필요하다. 이를 위해 ⊙ _____10 의 기회를 제공한다. ⓛ자신의 견해를 쉽게 개진하고 서로 협력하여 의미를 구성할 수 있는 교실 문화를 조성한다. ⓒ하나의 프로젝트 안에서 쓰기의 기능이 부각될 수 있는 수업 조건을 구성한다. ②학습을 위한 쓰기의 기능을 인식할 수 있게끔 유도한다.

1 감소
2 낮다
3 쓰기 과제
4 동기
5 신념
6 의사소통
7 자기 조절
8 출판하기
9 유용성
10 협동 작문

06

답안

상위인지

해설

〈상위인지〉

- 상위인지(metacognition)는 '지식에 대한 지식', '인지에 대한 인지'다.
- '_____1'는 특정 행위에서 그 자체의 전략이고, '_____2'는 전략을 점검하는 기능과 주어진 상황에 맞게 적절한 전략을 사용하는 지식에 대한 반성이다.(Brown, 1987)
- '인지'는 개인이 가지고 있는 경험이나 지식, 전략 자체를 일컫는 것으로 인지 활동을 가능하게 하는 _____3 을 갖고, '상위인지'는 경험이나 지식, 전략이 실제로 활용되는 과정에서 이를 인지 작용을 _____4 하고 통제하는 것과 관련된 개념이다.
- '상위인지'는 '상위인지 _____5'과 '상위인지 조정'을 범주화한다. 전자는 인지 영역에 대해 가지는 지식으로 선언적, 절차적, 조건적 지식으로 구성된다. 후자는 사고를 조정하는 실행적 전략으로 계획, 점검, 평가의 요소를 갖는다.
- 상위인지 조정은 '자기 점검'과 '자기 _____6'으로 구분할 수 있다. 전자는 상위인지 지식을 바탕으로 자신의 _____7 과정을 진단하는 행위이며, 후자는 자기 점검의 정보를 활용하여 새로운 대안을 제시하는 행위이다.
- 상위인지 조정의 구성 요인을 정리하면 다음과 같다.

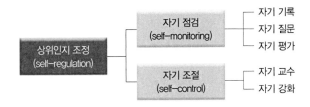

① 자기 기록: 선택된 행동이나 사건이 일어나는지 아닌지, 또는 얼마나 자주, 얼마나 오래 일어나는지를 학생들이 _____8 하는 것이다. 예 목적 설정하기 및 계획하기: 시간 확인(1시간). 정보전달하는 글을 써야 함. 독자는 외국 관광객

② 자기 질문: 스스로에게 쓰기 수행과 관련한 _____9 을 던짐으로써 쓰기 과정을 점검하는 것이다. 예 내용 생성 및 선정하기: 어디에서 자료를 찾을까? 내용이 부족한데 어떤 전략을 사용하면 좋을까? 인터넷에서 찾은 정보를 어떻게 활용하지?

③ 자기 평가: 과제의 수행 과정이나 결과를 스스로 진단하고 _____10 하는 것을 이른다. 교사가 학생들에게 자기 평가의 요소를 제공해 줄 때에는 질문형, 체크리스트형, 척도형 등의 형식으로 구안하여 활용할 수 있다.

④ 자기 교수: 자기 점검으로 얻은 정보에 대하여 방향이나 대안을 제시하면서 _____11 가르치는 자기 조절 행위이다. 예 자기 평가와 오류 교정: 이 문단이

1 인지
2 상위인지
3 기능
4 점검
5 지식
6 조정
7 인지
8 기록
9 질문
10 평가
11 스스로

어색하군. 음, 그건 주제에서 벗어난 문장들이 들어 있기 때문이야. 삭제하거나 다른 문장으로 바꾸어야겠어.

⑤ 자기 강화: 수행 도중이나 수행을 마친 후 미리 정한 일정한 기준에 도달하였을 때 자기 스스로에게 _____1 하여 그 행위를 강화하는 것이다. 예 좋아, 잘하고 있어! 아주 훌륭한데! 역시 난 해낼 줄 알았어!

- 상위인지 수준이 높은 필자는 쓰기 목적을 비롯한 수사학적 상황을 정확히 인식하고, 자기 자신의 쓰기 지식과 전략이 어떠한지에 대해서도 충분히 인지할 수 있다. 쓰기 목적 달성을 위해 지식과 전략을 유연하게 선택하고 적재적소에 활용할 줄 알며, 글을 써 나가는 과정에서 자신과 자신이 쓴 글을 지속적으로 점검하고 조정할 수 있어 더 나은 텍스트를 생산할 수 있다.

- 쓰기의 '_____2'는 하나의 쓰기 과정에서 다음 쓰기 과정으로 이동할 때를 판단하고, 쓰기의 모든 과정을 점검하고 조절하는 상위인지 전략으로서의 기능을 한다. _____2 를 설정함으로써 언제든지 앞이나 뒤의 과정으로 옮겨가서 쓰기를 수행할 수 있음을 보여준다.

- 쓰기에 관여하는 상위인지 조정은 ①필자의 역동적인 _____3 을 가능하게 하고, ②필자의 _____4 적 학습을 가능하게 하며, ③필자의 쓰기 효능감 및 동기를 높이는 역할을 한다.

07

답안

계획하기

해설

〈계획하기〉

- 계획하기는 글을 쓰기 전에 글 쓸 준비를 하는 단계이다.

- 이 단계에서는 쓰기 목적, 주제, 예상 독자 등과 같은 _____5 을 분석하고, 작문 과정에서 활용할 수 있는 _____6 들에는 어떤 것들이 있는지를 파악한다. 글의 제목이나 대략적인 내용을 생각하고, 글의 구조나 전개 등을 메모를 통해 간단히 정리하기도 하고, 전체적인 작문 과정에 대한 계획을 세운다.

- 능숙한 필자들은 계획하기 단계에 상당한 시간을 투자한다. 그들은 '나는 이 글을 왜 쓰는가?', '내 글을 읽을 사람은 누구인가?', '독자는 내 글에서 어떤 내용을 기대할까?', '내가 쓰고 싶은 말은 무엇인가?', '어떻게 글을 써야 독자에게 영향을 미칠 수 있을까?'와 같은 쓰기를 둘러싸고 있는 수사적 맥락을 분석하기도 하고, 작문 과정에 대한 전반적인 계획을 세우고 그에 따른 결과를 예측해 보기도 한다.

- 이 단계에서는 쓰고자 하는 글에 대한 수사적 문제를 탐구하는 전략을 수립하고, 글쓰기 과정 전반적인 실행 계획을 세우는 것이 무엇보다 중요하다. 이를 위해서는 자기 자신에게 스스로 _____7 등의 방법을 활용해 글쓰기에 대한 계획을 설명해 보

1 보상
2 조정하기
3 의미 구성
4 자기 주도
5 작문 상황
6 주요 정보
7 사고구술법

거나 협조적인 친구와 함께 쓰기 과제에 대해 _____1_ 를 나누는 방법 등을 통해 글 쓸 내용에 대한 내용 중심 계획과 어떤 과정과 절차, 방법을 동원하여 글을 쓸 것인지에 대한 실행 중심 계획을 함께 수립해 나가도록 한다.

• Flower & Hayes에 의하면 '계획하기'는 내용을 생성해 내고 그것을 조직하며, 글의 목적과 절차를 결정하는 _____2_ 활동을 포괄한다. 계획하기는 종이 위에 글을 옮겨 쓰기 이전의 모든 활동들을 포괄하고 있다. 그래서 장기 기억으로부터 주어진 문제와 관련되는 정보를 발견하고 기존의 아이디어를 활용하여 새로운 아이디어를 창조해 내는 아이디어 _____3_ 하기, 아이디어를 더욱 발전시키고 주어진 문제에 초점을 맞추어 조직하는 아이디어 조직하기, 구체적인 쓰기 목표 정하기 등의 하위 과정을 포함한다. 또한 계획하기는 작문의 전 과정을 통하여 작용함과 동시에 그것이 반드시 _____4_ 인 형태로 실현되지는 않는다는 특징을 지닌다.

08

답안

ㄱ: 독자   ㄴ: _____5_

해설

〈작문의 상황 요인〉

• 효과적인 글을 생성하기 위해서는 작문의 상황을 구성하는 요인, 즉 필자의 입장, 예상 독자의 요구, 글을 쓰는 상황에 적합한 주제, 글을 쓰는 구체적인 목적 등을 명료하게 분석하고 설정한 다음에 글을 써 나가도록 해야 한다.

• 필자는 자신의 입장을 개관적으로 분석해 보아야 한다. 필자가 자신의 입장을 잘 드러내려면 쓰고자 하는 글의 주제를 충분히 소화해야 하고, 예상 독자의 요구를 정확히 인식해야 하며, 쓰고자 하는 글의 주제를 뒷받침할 세부 내용을 창안할 수 있어야 한다. 다만 글쓰기가 미숙한 경우일수록 자기중심적으로 쓰기 쉽기 때문에 필자가 자신의 입장을 효과적으로 드러내려면 자기중심적 입장에서 벗어나 독자 중심적으로 글을 써야 한다.

• 필자는 자신이 쓴 글을 읽게 될 독자가 누구인지를 예상해 보아야 한다. 그래서 필자가 잘 알고 있는 사람일 경우 예상 독자의 요구를 분석해 보아야 한다. 곧, 예상 독자가 처한 구체적인 환경을 설정해 보아야 하고, 글의 주제와 예상 독자의 관계를 설정해 보아야 하며, 예상 독자와 필자의 관계를 설정해 보아야 한다. 그리고 필자가 작성한 글과 예상 독자의 관계를 설정해 보아야 한다.

• 글의 주제는 필자 스스로 흥미와 관심이 있어서 선택하게 되는 경우도 있고 학업이나 학문 생활과 같이 필자에게 주어지는 경우도 있다. 필자의 입장에서 최선의 주제는 필자 스스로가 흥미와 관심을 가지고 있을 뿐만 아니라 글로 표현하고 싶은 주제, 즉 스스로 선택하게 되는 주제이다. 만약 스스로 주제를 선택해야 하는 상황에서 필자는 그 주제에 대한 자기의 입장, 예상 독자에 대한 자기의 기대, 필자에 대한 예상 독

1 대화
2 사고
3 생성
4 언어적
5 사회적 상호작용

자의 요구 등을 종합적으로 고려해야 한다.

- 글의 목적은 글을 쓰는 구체적인 상황에 따라 수없이 많은 종류로 구분할 수 있지만, 이들 목적을 범주화하면 정보 전달, 설득, 사회적 상호작용, 정서 표현 등의 넷으로 나눌 수 있다. 그리고 이런 목적은 중복되기도 하지만 대개 어느 하나의 목적이 다른 목적에 비해 지배적이다. 또한 이런 목적은 예상되는 독자의 반응과도 직결된다. 글을 쓰는 목적과 관련하여 필자가 반드시 고려해야 할 사항은 글의 종류 또는 형식이다. 예를 들어 정보 전달을 목적으로 글을 쓸 경우에는 설명문의 형식을 취하는 것이 좋다.

09

답안

_____1 하기 전략

해설

〈생성하기 전략〉

- 린다 플라워의 『글쓰기의 문제해결전략(Problem-solving strategies for writing)』에서는 문제 해결 전략으로 '브레인스토밍, _____2 에게 이야기하기, 체계적으로 _____3 하기, 푹 쉬면서 계획 구체화하기'를 들고 있다.
- '_____4'은 창의적 사고력을 자극하고, 뭔가 좋은 아이디어이긴 하지만 충분히 정리되지 않았기 때문에 놓쳐 버리기 쉬운 아이디어들을 간직할 수 있게 해준다.(42번에서 '브레인스토밍'을 키워드로 따로 정리함)
- '_____5 에게 이야기하기'는 상대와 대면한 상황을 상정하고, 자기가 모든 역할을 도맡아 토의하는 것처럼 연기를 해봄으로서 좋은 아이디어나 설득력 강한 주장을 떠올리는 방법이다. 이러한 방법은 '실제적인 독자'가 있는 현실적 상황 안에서 생각할 수 있도록 함으로써 이야기를 할 수 있는 모든 것들 가운데 이야기할 필요가 있는 것들을 선택할 수 있도록 도와준다는 점, 또 글쓰기를 '말하기' 전략으로 전환할 수 있게 해줌으로써 처음부터 완결된 글을 쓰려고 하는 대신에 그 결과물을 조금씩 수정할 수 있다는 점의 의의가 있다.
- '체계를 세워 주제를 _____6 하기'는 두 가지 면에서 이점이 있다. 첫째, 주제를 다양한 관점에서 볼 수 있도록 해줌으로써 간과하기 쉬운 많은 것들을 놓치지 않도록 해준다. 둘째, 강력하면서도 체계적인 절차는 _____7 을 통해서 생각을 적절한 방향으로 이끌어 나갈 수 있게 해준다. 아리스토텔레스는 '정의, 비교와 대조, 원인과 결과, 증거제시를 통한 합리화' 등의 원리를 통해 복잡한 주제에 대해서 체계적으로 사고하는 방법을 고안했는데, 고대 수사학에서는 이러한 방법을 _____8 의 기술이라고 일컬었다.
- '푹 쉬면서 계획을 구체화하기'는 _____9 을 이른다. 숙고 과정을 통해서 사람들은 오래 전에 가졌던 부적절한 계획을 잊어버리거나 파기해 버리기도 하고, 숙고 과

1 생성
2 독자
3 탐색
4 브레인스토밍
5 독자
6 탐색
7 질문
8 창안
9 숙고 과정

정을 통해서 배운 모든 것들을 이용할 수 있게 되기도 한다. 숙고 과정 시행 시 명심할 점은 다음과 같다. 아직 끝나지 않은 작업을 수시로 돌아봄으로써 머릿속에서 그 작업에 대한 아이디어들을 활발하게 이루어질 수 있도록 한다. 그 다음에 새로운 아이디어나 연결 관계가 떠오르면 그 즉시 종이에 써넣으라는 것이다.

10

답안

브레인스토밍(brainstorming)

해설

〈브레인스토밍〉

• 알렉스 오스본(Alex Osborn)에 의해서 개발된 집단적 사고의 전형적인 기법이다.
• 브레인스토밍은 _____1 사고력을 자극하고, 뭔가 좋은 아이디어이긴 하지만 충분히 정리되지 않았기 때문에 놓쳐 버리기 쉬운 아이디어들을 간직할 수 있게 해준다.
• 브레인스토밍의 세 가지 규칙은 다음과 같다.
 ① 어떠한 가능성도 잘라내지 말고 그저 종이 위에 적어 나가라는 것이다.
 ② 절대로 정제된 글을 쓰려고 하지 말라는 것이다. 문법적인 표기를 정확하게 하기 위해서 브레인스토밍을 멈추지 말고 계속 적어 나가기만 하면 된다.
 ③ 시선은 계속해서 스스로 설정한 질문이나 문제 위에 고정시키도록 하라는 것이다. 브레인스토밍은 자유연상과 달리 문제와 관련된 아이디어를 발견해 가는 목표 지향적인 노력이기 때문이다.
• 브레인스토밍은 _____2 적으로 아이디어를 탐색해 나가는 활동이다. 이것이 자유연상 글쓰기나 초고쓰기와 다른 점이다.
• 브레인스토밍 전략은 개별적으로 사용할 수도 있고, 모둠별로 사용할 수도 있다. 또한 브레인스토밍 전략을 통해 아이디어를 생성한 뒤에는 다발 짓기 전략을 사용하여 생성된 아이디어를 정리하는 것이 효과적이다. 이때에는 불필요한 항목은 삭제하고, 관련성 있는 항목들을 다발로 묶으면 된다.

11

답안

다발 짓기 전략

해설

〈다발 짓기 전략〉

• '다발 짓기(clustering)'는 생성한 아이디어를 정리하여 관련 있는 것끼리 묶어, 그 관계를 시각적으로 나타내는 내용 조직하기 전략의 하나이다. 내용 생성하기 과정에

1 창의적
2 목표 지향

서 생성한 항목들을 필요에 따라 추가 또는 삭제하고, 남은 항목들을 유사성에 따라 묶은 뒤 범주 간의 관계를 시각적으로 나타내는 것이다.

- 다발 짓기 전략은 아이디어들이 상호 연계성을 가지며, 정보 배열에 있어 상위 개념과 하위 개념이 일관성을 가진다. 또한 글 구조에 대한 개념을 가지고 수행된다. '다발 짓기' 전략과 '생각 그물 만들기' 전략은 자주 혼동된다. 생각 그물 만들기 전략은 아이디어 생성을 목적으로 머릿속의 생각을 가시적으로 표현해 나가는 것으로, 정보 배열의 순서도 비교적 자유롭다. 반면, 다발 짓기 전략은 이미 생성된 아이디어들을 분류 및 구조화하는 것이 목적이다. 다만, 전략 사용이 자동화된 능숙한 필자의 경우, 두 전략 모두를 내용 생성과 내용 조직을 동시에 수행하는 데 활용하는 것도 가능하다.[1]

- 다발 짓기 전략의 절차는 다음과 같다. ①내용 생성하기 과정에서 만들어 낸 항목들을 검토한다. 필요한 항목을 추가하거나 불필요한 항목을 삭제한다. ②항목들을 유사성에 따라 도형 안에 묶는다. ③글의 전체적인 구조를 생각하며 도형 간의 관계를 체계화한다. 의미적으로 대등한 층위의 도형은 나란히 배치하고, 선이나 화살표 등을 사용하여 도형 간의 관계를 표시한다.

- 다발 짓기 전략을 사용하여 내용을 구조화할 수 있는데, 나열 구조로 다발 짓기, 순서 구조로 다발 짓기, 원인과 결과 구조로 다발 짓기, 비교·대조 구조로 다발 짓기, 문제 해결 구조로 다발 짓기 등이 그것이다.

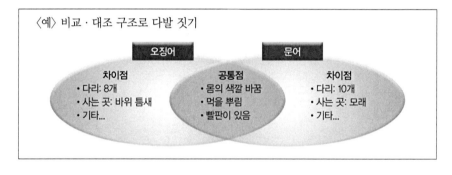

⟨예⟩ 비교·대조 구조로 다발 짓기

1 '다발 짓기' 전략과 '생각 그물 만들기' 전략은 자주 혼동된다. 생각 그물 만들기 전략은 아이디어 생성을 목적으로 머릿속의 생각을 가시적으로 표현해 나가는 것으로, 정보 배열의 순서도 비교적 자유롭다. 반면, 다발 짓기 전략은 이미 생성된 아이디어들을 분류 및 구조화하는 것이 목적이다. 다만, 전략 사용이 자동화된 능숙한 필자의 경우, 두 전략 모두를 내용 생성과 내용 조직을 동시에 수행하는 데 활용하는 것도 가능하다.
2 문제 해결

12

답안

———— 2 구조

해설

⟨글 구조 만들기⟩

- 내용 조직하기 과정의 지도 내용은 크게 두 유형으로 나눌 수 있다. 첫째, '범주화하기'로 생각 꺼내기에서 방사형으로 이루어졌던 아이디어들을 비슷한 내용끼리 묶는 것이다. 둘째, '글 구조 만들기'로 학생들이 쓰고자 하는 글 구조에 맞게 아이디어들을 조직하고 배열하는 것이다.

- 생성한 아이디어를 범주화하고 배열하기 위해서는 글 구조에 대한 지식이 필요하다. 글에 포함된 구체적인 내용 사이의 관계에 따라 다양한 구조가 존재한다. 나열 구조, 순서 구조, 인과 구조, 비교·대조 구조, 문제 해결 구조 등이 그것이다.
- '나열 구조'는 서로 대등한 관계에 있는 여러 가지 정보를 순차적으로 제시하는 구조다. 대상의 특성이나 속성을 나타낼 때 주로 사용된다. '순서 구조'는 시간의 흐름이나 공간의 변화에 따라 정보를 제시하는 구조이다. 사건의 경과나 현상의 변화 과정을 설명할 때는 시간 순서에 따라, 대상의 모습을 묘사할 때는 공간 순서에 따라 정보를 기술한다. '인과 구조'는 사건이나 현상의 원인과 결과를 제시하는 구조이다. 하나의 원인에 대한 여러 결과를 제시할 수도 있고, 여러 원인에 대한 하나의 결과를 제시할 수도 있다. '비교·대조 구조'는 대상들 사이의 공통점이나 차이점을 제시하는 구조이다. 둘 또는 그 이상의 대상이 가진 속성들을 일정한 기준을 사용하여 견주어 나타낸다.
- '문제 해결 구조'는 특정 문제와 그 해결 방안을 제시하는 구조로, 문제의 내용을 구체적으로 밝히고 그 해결 방안이 문제 발생의 원인과 호응하도록 기술한다.

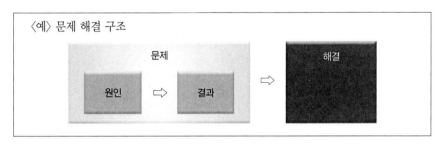

〈예〉 문제 해결 구조

- 이런 구조는 모든 유형의 글에서 사용될 수 있지만, 글의 유형에 따라 자주 사용되는 구조도 존재한다. 논설문을 쓸 때는 '문제 해결 구조'가, 자서전을 쓸 때는 시간의 흐름에 따른 '순서 구조'가, 기행문을 쓸 때는 공간의 순서에 따른 '순서 구조'가 빈번히 사용된다. 물론, 이런 구조는 글 전체를 통괄하는 것으로도 사용될 수 있고, 여러 구조가 결합되어 사용될 수도 있다.

13

답안

ㄱ: 주제   ㄴ: 문법

해설

〈통일성과 응집성〉

- 글(text)은 쓰기 행위로 산출된 결과물로서 내용적인 통일성과 형식적인 응집성과 같은 텍스트성(textuality)을 갖추어야 한다. 머릿속에 떠오르는 생각을 문자로 옮긴다고 해서 글이 되는 것은 아니다. 산출된 글이 체계적이고 완결된 내용과 구조를 갖출 때 쓰기는 온전히 의미를 획득할 수 있다.

- 통일성(coherence)이란, 한 편의 글에서 다루고 있는 모든 내용들이 주제나 중심 생각에 밀접하게 관련되는 것을 의미한다. 그래서 통일성을 '주제 연관성'이라고도 한다. 글을 읽을 때에는 전체 주제에 어긋난 내용은 없는지 비판적으로 접근해야 한다. 예를 들어 환경오염과 관련된 논설문에서 우리나라의 전통문화에 대해 이야기한다면, 이는 주제와 상관없는 내용을 다룬 경우이므로 통일성에 어긋난다고 볼 수 있다.
- 응집성(cohesion)이란, 한 편의 글에서 모든 내용들이 여러 가지 언어적 장치들에 의해 서로 긴밀히 결속되는 것을 의미한다. 글의 응집성을 높이는 언어적 장치로는 지시, 접속, 대용(代用), 생략, 반복 등의 어휘적 결속 방식이 있다. 또한 문장과 문장, 문단과 문단을 연결하여 글이 어떤 구조로 되어 있는지를 보여 주는 구조표지가 있다. 예를 들어 '나는 늦게 일어났다. 그래서 학교에 지각했다. 선생님께서 이를 나무라셨다. 그는 학교에서 깐깐하기로 소문난 분이시다.'라는 문장에서 접속어인 '그래서', 지시어인 '이', 대용 표현인 '그'와 같은 장치가 없다면 이 문장은 응집성이 현저히 약화될 것이다.

14

답안

(가) 과정   (나) 인과

해설

〈서사와 과정과 인과〉

- 서사와 과정과 인과는 글을 전개하는 방법들 중에서 _____1 의 흐름에 따른 변화를 중시한다는 점에서 공통성을 지닌다. 시간의 흐름에 위치하는 일련의 행동이나 사건이나 현상에 대하여, 서사는 '_____2'에 관한 사항에 주된 관심을 가지게 되며, 과정은 '_____3'에 관한 사항에 주된 관심을 가지게 되며, 인과는 '_____4'에 관한 사항에 주된 관심을 가지게 된다.
- '서사'는 일정한 시간 내에서 일어나는 사건이나 행동의 전개에 따르는 행위에 초점을 두고 내용을 전개하는 방법으로서, 어떤 특정의 사실이나 경험을 바탕으로 하게 된다. 의미 있는 서사는 사건을 일으키는 사람이나 사물이 서로 관계하며 변화하는 모습을 보여 주어야 한다. 그리고 서사의 대상이 되는 사건들도 서로 관계를 가지면서 작용하는 단위와 구조를 이루어야 한다.
- '과정'은 특정의 결과나 결말을 가져오게 하는, 일련의 행동이나 변화, 기능이나 단계 혹은 작용에 초점을 두고 내용을 전개하는 방법이다. 과정은 어떤 결과에 도달하기 위한 점진적 _____5 나 단계적인 _____6 에 주안점을 두는 사고 유형이다.
- '인과'는 어떤 결과를 가져오게 한 _____7 을 분석하거나 어떤 원인에 의하여 결과적으로 초래된 현상을 분석함으로써 내용을 전개하는 방법이다. 인과의 방법으로 글의 내용을 전개할 때에는 원인을 먼저 제시한 다음에 결과를 제시할 수도 있고 결과를 먼저 제시한 다음에 원인을 제시할 수도 있다.

1 시간
2 무엇
3 어떻게
4 왜
5 변화
6 절차
7 원인

15

답안

얼른쓰기(Speed Writing)

해설

〈얼른쓰기〉

- 얼른쓰기(Speed Writing)는 구두작문(Oral composition)과 함께 _____1 쓰기의 대표적인 전략 중 하나이다.
- 영어로는 free writing, quick writing이라고 불려 왔고, 우리말로는 얼른쓰기 뿐 아니라 내리쓰기, 빨리쓰기, 대충쓰기, 자유쓰기 등으로 불려 왔다.
- 얼른쓰기는 글씨나 맞춤법 등에 얽매이지 않고 쓰고자 하는 것을 처음부터 끝까지 쭉 내려쓰는 것을 말한다.
- Elbow(1973)는 "이것은 처음에는 10분 정도 동안에 소박하게 써보는 것이다. 멈추지 말고 자신의 생각을 쭉 써 내려가는 것이다. 철자나 맞춤법 같은 데 신경 쓸 필요도 없고 내용에 대해서도 심각하게 고민할 필요가 없다. 강조하지만 멈추지 말고 쓰도록 한다."라고 했다.
- 얼른쓰기는 보통 얼개를 짠 다음에 하는 행위지만 경우에 따라서는 브레인스토밍(brainstorming)이나 생각 그물을 만든 다음에 곧바로 할 수도 있다. 경우에 따라서는 브레인스토밍이나 생각 그물 만들기를 하지 않고 화제가 주어지면 잠시 생각한 다음에 곧바로 얼른쓰기를 할 수도 있다.
- 이 전략을 지도할 때 주의할 점은 다음과 같다. 곧, 대부분의 학습자들은 초고쓰기의 목적을 완성된 글쓰기로 오해하여 초고쓰기에 지나치게 힘을 들여, 그 다음 단계인 고쳐쓰기 활동에 지장을 주는 경우가 있다. 따라서 지나치게 많은 양의 글을 쓰지 않도록 시간을 제한해서 지도하는 것이 중요하다.

16

답안

돌려 읽기(reading around)

해설

〈돌려 읽기〉

- 돌려 읽기는 필자들이 모둠을 형성하여 서로의 글을 읽고 조언해 줌으로써 상호 도움을 얻는 전략이다.
- 훑어 읽기가 필자 스스로 글을 점검하는 전략이라면, 돌려 읽기는 다양한 독자의 시각에서 필자의 글을 점검하는 전략이다. 돌려 읽기는 독자의 시각에서 글의 어떤 부분이 좋게 느껴지는지 혹은 문제로 여겨지는지에 대한 정보를 필자에게 줌으로써 필자가 자기중심적 글쓰기에서 독자지향적 글쓰기로 전환할 수 있는 계기를 부여한다.

1 초고

- 돌려 읽기는 다른 사람의 작품을 보고 반응할 수 있는 기회를 준다. 친구들이 작성한 내용을 보고 언어사용, 글의 형식들을 익힐 수 있으며, 청자의 중요성을 깨닫게 된다. 독자가 쉽게 이해할 수 있는 표현을 사용하고 있는지, 독자의 흥미를 고려했는지, 독자에게 설득력을 지니고 있는지, 독자가 쉽게 이해할 수 있도록 표현되었는지 등을 살펴보아야 한다.
- 돌려 읽기를 할 때에는 점검 질문(체크리스트)을 사용하여 항목별로 조언할 수도 있고, 글에서 좋았던 점, 개선했으면 하는 점, 글에 대해 더 조언하고 싶은 점 등에 대해 좀 더 자유롭게 이야기할 수도 있다. 그러나 자유롭게 이야기를 할 때에도 무엇을 중심으로 글을 읽어야 할지를 학생들이나 교사가 미리 설정하는 것이 좀 더 생산적이다.
- 지도를 위한 수업 자료 예시

돌려 읽기 활동지

1. 3~4명씩 모둠을 만들어 친구들의 글을 차례로 읽고, 친구의 글이 보다 나아질 수 있도록 조언할 사항을 생각해 봅시다. 친구의 글을 읽을 때는 아래 원칙을 기억하세요.

   〈친구의 글을 읽을 때 지켜야 할 원칙〉
   - 친구의 글에 대해 최대한 많은 의견을 말해 준다.
   - 친구의 글을 성실하게 읽고 반응을 보여 준다.
   - 부정적인 면보다는 긍정적인 면에 초점을 둔다.
   - 친구에 대한 감정(우호, 적대)에 치우치지 않는다.
   - '비판'보다는 '제언'에 무게를 둔다. 대안이 있으면 말해 준다.
   - 거짓되지 않고 정직하게 말해 준다. 그렇다고 너무 직선적, 비판적이 되지 않도록 한다.

2. 친구들의 글을 읽으며, 아래 표에 이야기할 사항을 메모해 둡시다. 그리고 모든 친구의 글에 대해 돌려 읽기가 끝났을 때, 작성한 표의 내용을 참조해서 차례로 조언해 주세요.

친구 이름	구분	번호	부문(○표하기)	조언할 내용
	좋은 점	ㄱ	주제 내용 구성 표현	
		ㄴ	주제 내용 구성 표현	
		ㄷ	주제 내용 구성 표현	
	개선할 점	ㄱ	주제 내용 구성 표현	
		ㄴ	주제 내용 구성 표현	
		ㄷ	주제 내용 구성 표현	

3. 자신의 글에 대한 친구의 조언 내용을 들으며 아래 표에 메모해 보세요.

번호	친구가 조언한 내용	고쳐쓰기 반영 여부	반영/미반영/유보 이유
ㄱ		반영 미반영 유보	
ㄴ		반영 미반영 유보	
ㄷ		반영 미반영 유보	
ㄱ		반영 미반영 유보	
ㄴ		반영 미반영 유보	
ㄷ		반영 미반영 유보	

4. 친구들의 조언 및 이를 반영할 것인가에 대한 나의 판단을 토대로 고쳐쓰기를 해 봅시다.

17

답안

포트폴리오 평가

해설

〈쓰기 포트폴리오 평가〉

• 쓰기 포트폴리오 평가란 특정 기간에 일정한 목적을 가지고 선택적으로 학생의 쓰기 활동을 표집하고 구조화한 자료철로, 여러 가지 형식이나 주제의 글, 각종 기록지, 내용목록표, 자기평가지 등을 포함한다. 포트폴리오 평가는 일정 기간 동안 이루어진 활동들이 모두 포함되기 때문에 쓰기의 과정뿐 아니라 다양한 영역에 걸친 학생의 성장과 발달과정을 한 눈에 볼 수 있는 자료가 된다(임천택, 1998).

• 임천택(2002)은 기존의 연구들을 참조하여 포트폴리오에 일반적으로 포함되는 자료들을 다음과 같이 제시하였다. ㉠내용 차례표, ㉡목표 탐구 기록, ㉢언어 사용(읽기/쓰기/말하기/듣기) 목록표, ㉣정기적인 분석 및 협의 기록, ㉤ _____1 보고서, ㉥ 다양한 주제와 형식의 언어 사용 결과물 및 관련 자료(분석지, 체크리스트 등), ㉦포트폴리오에 대한 동료, 교사, 학부모의 기록이나 논평

• Camp & Levine(1991)은 쓰기 포트폴리오 평가의 특성을 다음과 같이 핵심적으로 정리하고 있다.

> ㉠ 충분한 시간을 두고 여러 편의 글을 수집한다.
> ㉡ 다양한 글쓰기 목적과 다양한 유형의 글을 대상으로 한다.
> ㉢ 과정을 중시하되 특히, 고쳐 쓰기, 편집하기, 다시 쓰기 등의 과정을 강조한다.
> ㉣ 시간을 두고 이루어지는 개별 학생들의 필자로서의 변화를 볼 수 있다.
> ㉤ 작품을 선택하고 포트폴리오를 조직하는 과정을 통해 자기 평가적인 반성이 가능하다.

1 자기 평가

위에서 정리한 쓰기 포트폴리오 평가의 핵심은 학생 스스로 작품을 선정하고 포트폴리오를 조직하는 과정을 통한 '자기 평가적인 반성(reflection)'에 귀결된다. 포트폴리오가 단순한 작품집(folder)과 다른 점은 바로 이 필자의 _____1 이 있었는가의 여부에 달려 있다.

• 쓰기 포트폴리오 평가 기준을 설정할 때는 쓰기 교육의 목표로부터 전환된 평가 목표, 쓰기 발달 연속체 안에서의 개별 학습자의 발달적 수행 정도, 특히 어떠한 수행의 측면에서 변화를 보였는지에 대한 준거로서의 평가 범주의 요소를 충분히 고려해야 한다.

• Spandel & Culham(1996)은 포트폴리오 평가 기준을 다음과 같이 설정했다. ㉠'시간의 경과에 따른 변화' 범주이다. 이는 학습자가 제출용 포트폴리오에 수록하기 위해 선정한 작품들이 일정 기간 동안 수행의 특정 영역에서 얼마나 발달했는지를 충분하게 증명해 줄 수 있는지를 판단의 기준으로 삼는다. ㉡'다양성'이다. 이는 포트폴리오를 통해서 학습자가 얼마나 다양한 유형의 과제와 기능을 수행할 수 있는가를 중심으로 평가한다. ㉢'_____2' 범주이다. 이는 학습자가 문제 상황을 어떻게 인식하고 필요한 전략을 활용하여 대안을 모색해 나가는가를 중심으로 평가한다. 또 포트폴리오의 ㉣'조직 및 형식과 구조' 범주이다. 이는 학습자가 독자를 충분히 염두에 두고 포트폴리오의 내용을 얼마나 조직적으로 체계화시켰는가 하는 형식적 측면을 중심으로 평가한다. ㉤'_____3' 범주이다. 이는 학습자가 교육 목표를 중심으로 자신의 성취 정도 및 장단점 등에 대해 반성적인 자기 평가를 하고 있는가에 대한 상위 인지적 측면에 대해 평가한다.

18

답안

누가기록 / '_____4'

해설

〈누가기록(累加記錄)〉

• 학생을 관찰하고 학생과 협의하면서 교사는 모든 기록과 자료를 수집해둔다. 단순한 채점이나 점수화 등의 기록은 학생의 쓰기 과정을 충분히 기록하지 못하기 때문이다. 교사는 반드시 다양한 방식의 기록을 해두어야 하는데, 이를 '_____5'이라 한다. 누가기록의 대표적인 방법에는 일화기록과 _____6 가 있다.

• 학생의 쓰기를 관찰하여 간략하게 적어 _____7 을 한다. 쓰기와 관련된 사실이나 정보면 무엇이든 좋다. 가능한 매일 매일 기록하는 것이 좋지만 글쓰기와 관련된 의미 있는 정보를 관찰하면 기록해 둘 수 있다.

• 일화기록은 단편적 기록이나 쓰기 일지 같은 것으로 쓰기 과정에서 프로젝트를 할 때 사용한다. 일화기록은 전략 사용 능력, 쓰기 기능의 지식에 대하여 학생의 쓰기 발달에 풍부한 세부 정보를 제공한다. 교사는 기록을 하면서 _____8 를 하거나 정보

1 반성 과정
2 문제 해결력
3 자기 반성
4 일화기록
5 누가기록
6 체크리스트
7 일화기록
8 평가

를 _____1 하려 하지 말고 특기사항을 기술하거나 학생을 관찰한 것에 대한 보고를 작성한다. 1년 이상 모아둔 기록은 학생의 필자로서의 발전을 보여주는 자료가 된다. 변동 가능한 예시를 남기기보다는 개별 학생 글쓰기의 특징을 기록하는 것이 좋다.

• 교사는 기록을 활용할 _____2 을 정해야 한다. 주로 소그룹 활동을 지도하지만, 학기말에는 개별 기록을 참고하여 학생의 학습을 검토하고 분석해야 하기 때문이다.

• 교사는 기록하고 분석하는 데 충분한 시간이 필요하다. 일반적으로 날짜별로 학생의 글쓰기에서 특기사항을 기록하여 종합적으로 분석하는 것이 편리하고 효과적이다. 언제 주제를 선정했고, 언제 관련 자료를 찾았고, 초고를 어느 정도 썼는지 등을 기록해두고 전체적으로 활용하는 것이다.

19

답안

반성적 쓰기

해설

〈반성적 쓰기〉

• 반성적(reflective) 쓰기는 반성적 사고에서 출발한다. 반성적 사고는 자신의 학습이나 수행을 되돌아보고, 자신의 인지 과정에서 나타났던 문제점이나, 그 문제점을 해결하기 위한 노력, 수행 과정에서의 동기나 효능감과 같은 정서적인 반응 등을 두루 반성해봄으로써 이후의 학습과 수행을 _____3 하기 위한 사고이다.

• Dewey는 '반성적 사고'를 정의하면서 '관찰 결과에 대한 계속적인 민감성'과 '배우고자 하는 개방된 의지', '재적응의 용기'의 세 가지 요소를 강조하였다. '관찰 결과에 대한 계속적인 민감성'은 외부 자극에 반응하는 민감성으로, 외부 자극에 대하여 지속적으로 인식하고 판단하고 피드백하고 조절하는 기능을 뜻한다. '배우고자 하는 개방된 의지'는 학습자의 학습 _____4 라 볼 수 있다. '재적응의 용기'는 어떤 문제를 발견하고 그것에 대한 원인을 탐색하고 해결하기 위한 _____5 을 할 수 있는 능력이다.

• '반성적 사고'와 반성적 사고에 필요한 세 가지 요소는 쓰기 과정에서도 구체적으로 드러날 수 있다. 쓰기 과정에서의 반성적 사고를 '반성적 쓰기'라는 개념으로 정의할 수 있다.

• '반성적 쓰기'는 두 가지 관점에서 볼 수 있다. 첫째는, 반성적 쓰기를 내용 영역의 학습을 위한 쓰기로 보는 것이고, 둘째는, 반성적 쓰기를 좀 더 구체적인 영역으로 가져와서 국어과의 쓰기 학습을 위한 쓰기로 보는 것이다.

• '내용 학습을 위한 반성적 쓰기'는 교사 교육, 의료, 간호 교육처럼 해당 영역의 지식을 숙지한 후, 그 지식을 적용하여 수행해야 하는 '수행 전문성'이 요구되는 분야에서 사용된 방법이다. 곧, 학습자가 학습 경험들과 그것에 대한 자신의 반응을 글로 기록하여, 그들이 경험한 사건이 미래의 행동이나 학습에 어떻게 영향을 미치게 될지에 대해 표현한 글을 '반성적 쓰기'라고 보는 것이다. 때문에 반성적 쓰기는 '_____6 을 위한 쓰기'의 한 유형으로 사용된 방법이다.

1 해석
2 기준
3 조절
4 동기
5 자기 조절
6 학습

- '쓰기 학습을 위한 반성적 쓰기'는 쓰기 교육에서 쓰기 학습 및 쓰기 수행을 살피는 관점이다. 그래서 반성적 쓰기는 '글을 완성한 뒤 필자 자신이 수행해 온 작문 과정을 되돌아보면서 글을 쓰는 것'으로 정의할 수 있고, 이 때 반성적 쓰기를 통해 얻은 글을 '_____1'라 하고, 반성적 텍스트에는 필자가 글을 쓰면서 경험한 여러 가지 인지적 과정과 그 과정에서 형성된 _____2 적 반응이 나타나게 된다.
- 반성적 쓰기 지도는 크게 세 가지 특징을 지닌다. 첫째, 반성적 쓰기는 _____3 지향적인 쓰기를 중요하게 여긴다. 때문에 반성적 쓰기를 통하여 탐색 및 개선하고자 하는 대상이 분명해야 한다.(≠개인적 일기쓰기) 둘째, 반성적 쓰기 지도는 _____4 인 쓰기를 지향한다. 때문에 학생들은 반성적 쓰기 텍스트를 주도적으로 생산하는 주체이면서 그 텍스트를 가장 주도적으로 소비하는 독자가 된다. 셋째, 반성적 쓰기는 분석, 종합, 평가 지향적인 쓰기이다.
- 반성적 쓰기 지도의 의의는 다음과 같다. 쓰기 수행의 _____5 을 향상시킬 수 있고, 쓰기 수행의 _____6 능력을 향상시킬 수 있으며, 쓰기 수행과 관련한 _____7 적 능력을 신장시킬 수 있다. 또한 쓰기 수행의 확대된 경험을 제공할 수 있고, 국어교사의 쓰기 지도에 효과적인 _____8 를 제공할 수 있고, 쓰기 평가에 활용될 수 있다.9

---

1 반성적 텍스트
2 정서
3 목적
4 자기 주도적
5 기능
6 전략 조절
7 정의
8 정보
9 '사고구술'은 이중 과제의 부담이 있다. '반성적 쓰기'는 이런 이중 과제의 부담을 덜 수 있다는 점에서 '반성적 사고구술'과 유사하다. '반성적 사고구술'은 첨단 장비를 활용하여 글을 쓰는 동안의 행동이나 활동을 기록한 후 그것을 보면서 그 당시의 사고 내용을 구술하는 방법이고, '반성적 쓰기'는 그러한 기록 없이 글을 쓰는 과정에서 경험했던 인지 활동을 글로 쓰는 방법이다. 사후에 인지 활동을 보고하게 한다는 점에서 망각, 왜곡, 변형, 축소, 과장 등의 오류가 개입할 여지가 있다.

20

답안

프로토콜 분석법

해설

〈프로토콜 분석을 활용한 평가〉

- 프로토콜(protocol)은 사고구술(think-aloud)을 통해서 산출된 자료이다. 달리 말하면, 사건, 경험, 발화 등이 일어나고 있는 중에 또는 일어난 직후에 기록한, 다듬지 않은 원래 그대로의 기록(녹음 또는 전사)을 말한다. 이 프로토콜은 작문의 인지적 과정에 대한 모형을 수립하고 수정하는 데에 많은 기여를 하였다.
- 프로토콜 분석법은 필자가 글을 쓰는 동안 필자의 머릿속에서 일어나는 것을 모두 말해 보게 한 다음 그 내용을 전사하고 분석하여 쓰기 수행 과정을 가시화하고 추론하는 평가 방법이다.
- 학생의 작문 능력을 평가하는 이유는 일차적으로는 학생이 어느 정도의 작문 능력을 가지고 있는지를 판단하기 위해서이나, 궁극적으로는 이러한 평가 결과에 대해서 적절한 피드백을 제공하여 학생의 작문 능력을 신장시키고자 하는 것이 주요한 목적이다. 이러한 관점에서 학생의 머릿속에서 일어나는 작문의 과정을 최대한 구체적으로 파악할 수 있다면 학생에게 가장 적절한 피드백을 제공할 수 있다. 그러므로 작문에서 사고구술 방법이 교사와 학생에게 주는 정보는 작문 교육에 있어 아주 중요한 정보가 된다.

• 프로토콜에는 여러 가지 방법이 있는데, 작문 교육에서 사용하는 대표적인 방법에는 다음의 것이 있다.(권순희 외, 2018: 322-323)

생성 주체	시기		특징
	실시간 분석	사후 분석	
학습자	• 실시간 자기 기록법 • 사고 구술법	• 직후 자기 기록법 • 자기 회상법	• 학생 스스로 과정을 기록
교수자	• 실시간 질문법	• 직후 면담법	• 교사가 관찰하면서 기록

㉠ 실시간 자기 기록법: 글을 쓰는 동안 일어나는 사고 과정에 대해 간단하게 쓰게 하는 방법
㉡ 사고 구술법: 학생이 자신의 생각을 직접 구술하는 방법
㉢ 직후 자기 기록법: 작문 행위가 끝난 다음에 글을 쓰는 동안 일어나는 사고 과정을 추적해서 간단하게 적게 하는 방법
㉣ 자기 회상법: 글을 다 쓴 다음에 학습자 스스로 자기가 쓴 과정에 대해 세밀하게 회상하게 하는 방법
㉤ 실시간 질문법: 작문 과정을 교수자가 직접 지켜보면서 실시간으로 학습자에게 질문을 하여 교수자가 원하는 정보를 얻는 방법
㉥ 직후 면담법: 작문이 끝난 다음에 교수자가 학습자와 면담을 함으로써 학습자의 작문 과정을 추론해 보는 방법

• 지금까지 사고구술은 주로 성인을 대상으로 적용되었던 것으로 작문 교육에서처럼 초등학생이나 중등학생에게 사용할 때에는 인지적으로 상당한 부담이 될 수 있다. 글을 쓰면서 동시에 사고구술을 한다는 것 자체가 학생들에게는 작문을 방해하는 요인이 될 수도 있는 것이다. 때문에 학생들에게 사고구술을 시행할 때에는 충분한 사전 연습을 할 필요가 있고, 글을 쓰는 동시에 사고구술을 하기 보다는 글을 쓴 후에 자신이 쓴 글을 보면서 회상적 사고구술을 하는 방법으로 적용할 수도 있다.

21

답안
ㄱ: 쓰기 워크숍   ㄴ: 간이수업(mini lesson)   ㄷ: ____1____

해설
〈쓰기 워크숍(workshop)〉
• 쓰기 워크숍은 실제적인 글쓰기의 전체 과정을 통해 한 편의 글을 쓸 수 있도록 하되, 쓰기 전문가로서의 ____2____ 와 협의와 공유의 대상으로서의 동료, 그리고 이를 실현할 수 있는 물리적, 심리적 환경으로서의 ____3____ 로 구성된 학습 환경 속에서 수행되는 쓰기 지도 방법의 한 유형이다.

1 공유하기
2 교사
3 교실

- 쓰기 워크숍은 학습자로 하여금 실제 필자가 되어, 교사와 동료 학습자로 이루어진 쓰기 공동체 내에서 필요 적절한 _____1 와 도움을 받으며 과정으로서의 글쓰기를 이행하고 결과물로서의 작품을 발표해 내는 일련의 쓰기 활동을 통해, 쓰기를 배우거나 쓰기 능력을 향상시키려는 쓰기 교수 학습의 한 방법이다. (황재웅, 2008)

- 쓰기 워크숍은 Graves(1983)에 의해 최초로 개발되었다. Graves에 의해 쓰기 워크숍은 _____2 쓰기 방법으로 다루어져 왔다. 이후 Calkins(1986)에 의해 '필자의 내면화하기'나 '협의하기'가 추가되고, Atwell(1997) 등에 의해 교사 중심 지도법과 대조되는 학생 중심 접근 방법 혹은 동료 협의 중심 쓰기 워크숍의 개념으로 보다 확장되었다.

- 쓰기 워크숍의 특징을 보면, 첫째, 쓰기의 _____3 을 강조한다. 이는 "쓰기 워크숍의 정수(精髓)는 바로 실제 종이 위에 글을 쓰는 아이들"(Fletcher & Portalupi, 2001)이라는 말을 통해 알 수 있듯이 현실적 맥락에서 발생하는 쓰기 과제에 대한 쓰기 실천이며, 학생들이 실제 필자로서의 경험을 부여하는 유의미한 지도 방법임을 의미한다. 둘째, 쓰기 이론과 실제의 _____4 을 지향한다. 이를 통해 학생의 필자로서의 균형 잡힌 발달이 가능해질 수 있다. 쓰기 워크숍에서 이론과 실제의 통합은 주요 구성 요소인 '_____5(mini lesson)'을 통해 실현된다. 간이 수업을 통해 새로운 쓰기 관련 지식 등을 학습하고 이를 실제 쓰기 활동과 연계하여 적용할 수 있도록 하는 기회를 제공해 준다. 글을 실제로 쓰는 동안에도 이전의 지식 등을 활성화하고 재인할 수 있는 기회를 제공해 준다. 셋째, 쓰기 과정과 결과의 통합을 지향한다. 쓰기 워크숍은 쓰기의 각 과정이 분절적으로 이루어지는 것이 아니고 실제로 한 편의 _____6 된 글을 쓰되, 쓰기의 _____7 이 분명하게 드러나도록 구성되었다. 이는 쓰기 워크숍이 쓰기의 과정과 결과를 유기적으로 통합한다는 특징을 뒷받침해 준다.8 넷째, 개인 필자와 _____9 간의 연계를 지향한다. 쓰기 워크숍에서 학생들은 쓰기의 각 과정을 거치면서 중요한 지점에서 학생들은 교사 혹은 동료들과 지속적으로 협의한다. 협의하기는 학생 필자가 글쓰기를 매개로 하여 사회적으로 교류하고 소통하는 실제적인 방식을 이해하도록 돕는다.

- 쓰기 워크숍의 구성 요소는 연구자나 교사들마다 차이를 보인다. 이 중 '_____10'는 쓰기 과정의 마지막 단계인 출판하기의 결과물을 바탕으로 하여 전체 학급을 대상으로 서로 반응하고 피드백하는 단계로 볼 수 있다.

1 협의
2 과정 중심
3 실제성
4 통합
5 간이 수업
6 완성
7 과정
8 실제로 글을 쓸 때 쓰기의 과정을 고려한다는 점으로 인해, 쓰기 워크숍은 과정 중심 활동으로 분류되어 왔다. 그러나 과정 중심 쓰기 지도가 다소 기계적으로 쓰기 과정을 분절적으로 제한하고 총체적인 쓰기 활동을 지원하지 못한다는 비판을 받은 반면, 쓰기 워크숍은 쓰기의 과정과 결과 간의 통합을 강조했다는 점에서 다른 과정 중심 쓰기 지도 방안들과 구분된다.(Tompkins, 2004)
9 공동체
10 공유하기

연구자	Graves (1983)	Calkins (1986)	Fletcher & Portalupi(2001)	Tompkins (2004)
구성 요소	– 쓰기 활동 – 협의하기	– 간이 수업 – 쓰기 활동 – 협의하기 – 공유하기 – 출판 모임하기	– 간이 수업 – 독립적 쓰기 활동 – 공유하기	– 소리내어 읽기 – 간이 수업 – 쓰기 활동 – 공유하기

〈쓰기 워크숍 구성 요소〉

• 공유하기를 할 때는 자신이 쓴 글을 '＿＿＿＿1의 의자'에 앉아 읽어줄 수 있다. 읽기가 끝나면 반드시 모두 박수를 치고 칭찬을 하도록 한다. 글에 대한 의견이나 제안을 할 수도 있지만, 반드시 글을 다 썼음을 축하하는 자리가 되어야 하며, 글을 고치라고 조언하거나 개선하도록 권할 수 없음을 분명히 한다. 다른 사람의 글을 개선하는 자리가 아니라 단지 듣고 생각하는 자리이다.　　　　(Fletcher & Portalupi, 2001)

22

답안

미니레슨(mini lesson)

해설

〈미니레슨〉

• 쓰기에서 미니레슨(또는 간이 수업)은 쓰기 워크숍의 구성 요소 중 하나로 설명되고 있다. Graves(1983)가 쓰기 워크숍을 최초로 설계할 때만 하더라도 미니레슨에 대한 언급은 없었는데, 이후, Calkins(1986), Tompkins(2004) 등에서 미니레슨을 구성 요소의 하나로 설명하고 있다.

• 미니레슨은 5분에서 15분간에 이루어지는 ＿＿＿＿2 주도의 수업으로 학생들에게 직접 교사가 쓰기에 필요한 기능이나 전략에 대해 중점적으로 지도하는 것이다.

• 미니레슨은 대개 본격적인 쓰기 활동을 수행하기 전에 이루어지며, 교사가 설계한 장기 쓰기 지도 계획 하에 설정된 지도 요소를 학습 내용으로 삼는다.

• 미니레슨의 내용은 일반적으로 반드시 쓰기에 필요한 전략이나 기능들, 혹은 일반적으로 좋은 글이 지닌 특징들, 수정하기의 일반적인 전략들 같은 요소들을 다룰 수 있지만, 집중적으로 다루고자 하는 특정 전략들에 중점을 두고 설계할 수 있다. 따라서 미니레슨을 설계할 때, 교사는 학생들이 반드시 학습해야 할 지식, 기능, 전략 요소들을 체계적으로 나열하고 이 가운데 쓰기 워크숍이 실시되는 각 회기에 제시되는 미니레슨의 내용 요소들을 선별하여야 한다. 이와 더불어, 미니레슨마다 되도록 ＿＿＿＿3 화된 하나의 요소들을 수업 내용 요소로 선정할 필요가 있다. 짧은 시간에 학생들에게 꼭 필요한 쓰기 지식, 기능, 요소 등을 전달해야 하기 때문에, 내용을 선별할 때는 반드시 ＿＿＿＿4 이 되는 학습 요소를 선정하여야 한다.

• 또한 미니레슨의 내용을 선정할 때 교사는 반드시 선정한 미니레슨의 내용 요소가 현재 쓰기 워크숍을 통해 달성해야 할 수업 목표나 학생들의 쓰기 수행과 유의미한 관련이 있는지를 확인하여야 한다.

• 쓰기 워크숍에서 미니레슨은 학생들의 쓰기에 직접적인 도움을 제공하여 주는 일종의 ＿＿＿＿5 (scaffolding)이다.

1 저자(작가)
2 교사
3 초점
4 중점
5 비계

23

글쓰기 협력학습(Collaborative Writing)

〈글쓰기 협력학습의 대화적 성격과 소통적 성격〉

• 글쓰기 협력학습은 글쓰기라는 행위 자체의 속성인 대화성, 상호텍스트성, 맥락성을 잘 반영해 주는 수업 방식이다.[1]

• 글쓰기 협력학습은 _____2 중심의 수업이다.

글쓰기 협력학습은 학습자 여러 명이 서로 토의하고 협상하여 의견을 결정한다는 점에서 전형적인 학습자 중심 수업이다. 글을 쓰기 위해 무슨 주제를 내세워야 할지, 어떤 아이디어를 택해야 할지, 어떤 구성을 취해야 할지를 결정하는 것은 협력학습을 수행하는 학습자들의 몫이다. 따라서 글쓰기 협력학습은 학습자 스스로 _____3 와 _____4 을 통해 자기 지식을 구성하도록 요구하는 방법을 취하고 있다.

• 글쓰기 협력학습은 글쓰기의 _____5 과 맥락성을 가장 잘 구현한다.

대화는 일반적으로 일정한 상황과 맥락을 전제로 한다. 때문에 언어의 대화적 속성은 언어의 맥락성과 서로 결합되어 있다. 글쓰기 협력학습은 개인적 글쓰기의 내면적 발화보다 더 많은 _____6 를 수행한다. 글쓰기 협력학습은 시작부터 끝까지 동료와 대화와 협상을 나누어야 하며, 결과를 얻기까지 이런 방법은 지속된다. 대화성과 맥락성이 글쓰기 협력학습의 주된 학습 상황이 된다. 특히 협력학습의 대화나 협상은 '_____7'의 입장에서 전개되기 때문에 동일한 문화 생산적 맥락을 유지할 수 있는 장점이 있다. 동료와의 상호작용은 학습자의 시선으로 글쓰기의 대화성을 높이고 맥락성을 구체화하는 데 도움이 된다.

• 글쓰기 협력학습은 _____8 을 가장 잘 반영한다.

글쓰기의 상호텍스트성은 글쓰기의 대화적 속성과 밀접한 관련이 있다. 글쓰기 속에는 이미 많은 타자의 목소리가 들어가 있으며, 이런 타자의 목소리는 글의 주제적 담론을 간섭하기도 하고, 방해하기도 하며, 때로는 지연시키기도 한다. 하나의 텍스트가 완성되는 과정은 이런 수많은 텍스트가 선택되고 배제되는 과정이며 텍스트의 주변과 중심이 결정되는 과정이다. 따라서 글쓰기는 선천적으로 다중 텍스트의 성격을 내포하고 있다.

또한 협력학습은 글쓰기의 다중텍스트라는 본질을 _____9 의 형식으로 발현한다. 외적 대화는 주제 담론을 간섭하고 배제하며 지연시키는 다양한 목소리가 _____10 와 _____11 의 방식으로 표현되는 현상을 말한다. 비고츠키식으로 말하면 사회적 대화가 내면화한 정신적 과정을 외적으로 재현하는 것이며 글쓰기의 대화적 본성이 외적으로 발현되는 것이다.

따라서 글쓰기 협력학습은 텍스트 내부의 상호텍스트성과 텍스트 외부의 상호텍스트성을 동시에 수행하는 특성을 지니고 있다. 글쓰기 협력학습은 글쓰기의 다중텍스트성과 사회적 관계의 다중 텍스트성을 동시에 실현하는 것이다.

1 협력학습(Collaborative learning)과 협동 학습(cooperative learning)은 용어상 혼용되는 경우가 많다. 그러나 전자는 구성주의자들의 이론에 기초한, 영국을 중심으로 연구 · 발전시킨 개념이고, 후자는 사회심리학자들의 이론에 기초한, 미국을 중심으로 연구 · 발전시킨 개념이다. 전자는 함께 일하는 과정에 중점을 두고 협동하며 학생 중심이고, 후자는 최종 결과물을 얻기 위해 협동하며 교사 중심이다. 본고에서는 포괄적인 의미로 '협력학습'이란 용어를 쓰고자 한다.

2 학습자

3 대화

4 협상

5 대화성

6 대화

7 동료

8 상호텍스트성

9 외적 대화

10 토의

11 협상

24

답안

시범보이기

해설

〈현시적 교수법에서의 '시범보이기'〉

- Pearson & Dole(1987)의 현시적 교수법 설명에 의존해 볼 때, 현시적 교수법과 그것의 한 단계인 시범보이기를 정리하면 다음과 같다.
- 현시적 교수법의 개념은 설명, 연습, 평가라는 전통적인 교수법과는 적어도 세 가지 중요한 측면에서 차이가 난다. 첫째, 교사는 기능이나 전략이 무엇인지를 단순하게 설명하지 않고 그 전략의 활용 방법을 직접 _____1 을 통해 보여준다. 둘째, 학생들은 그들 스스로 연습하는 것이 아니다. 교사들은 학생들이 스스로 과제를 완성할 수 있을 때까지 점진적으로 천천히 학생들에게 과제 완성에 대한 _____2 을 이양하면서 연습을 _____3 한다. 셋째, 교사들은 학생들이 전략을 수행할 수 있는지 평가할 뿐만 아니라 학생들이 학습한 전략을 새로운 상황에 적용할 수 있도록 지도해야 한다.
- '시범보이기' 단계에서 교사들은 기능이나 전략이 무엇인지 그리고 기능이나 전략을 어떻게 적용하는지 강조한다. 이를 위해, 교사들은 학생들을 위해 기능이나 전략을 어떻게 적용하는지 _____4 을 보이는 것부터 시작한다. 흔히 이 단계에서는 "교사의 성공에 대한 인지적 비밀을 공유하기 위해" 교사들의 _____5 을 포함한다.
- '시범보이기'는 교사가 학생들로 하여금 주어진 쓰기 과제 해결에 필요한 기능이나 전략을 적용하는 과정을 보여주는 것이다. 따라서 교사는 학생들에게 기능이나 전략을 잘 보여줄 수 있는 구체적이고 단순한 예를 찾아 시범을 보여 주어야 한다. 이때 _____6 에서 이미 배운 내용 중 짧은 글이나 교사가 재편집한 글을 예시로 사용할 수 있다.
- 교사가 보여주는 시범이나 예시가 꼭 정답을 유도하는 것으로 제시할 필요는 없다. 교사가 설명한 기능이나 전략을 이해한 학생은 적용이 잘못된 부분에 대한 _____7 을 통해 문제 해결 과정에 적극적인 사고 활동을 할 수 있다.
- 교사는 학생들에게 명확하게 시범을 보이기 위해서 막연하고 애매한 용어보다는 가능한 의미를 정확하게 전달하는 용어를 사용해야 한다.
- 현시적 교수법에서 교사는 구체적인 시범보이기로 '_____8'의 방법을 사용하기도 한다. 교사의 사고구술을 통해 학생들은 교사의 사고 과정을 알 수 있고 이를 자신의 글쓰기에 적용해 볼 수 있다.

1 시범
2 책임
3 안내
4 시범
5 사고 구술
6 전시학습
7 질문
8 사고구술

25

답안

소집단 협동 학습

해설

〈소집단 학습〉

- 소집단 학습이란 소수(少數)의 학습자를 학습의 단위로 간주하는 것이다. 개인차를 고려하여 학습자들을 소집단으로 편성하여 지도할 경우, 한 반 전체를 대상으로 하는 경우보다는 교사의 세밀한 지도가 이루어질 수 있다. 한 교실에서 소집단 학습과 개별 학습이 동시에 이루어지는 것이 바람직할 것이다.
- 협력 학습의 경우 수업에 대한 평가 역시 _____1 별로 해야 한다. 때문에 개별적인 경쟁보다는 그 집단에 속하는 학습자들끼리 서로 협력하면서 학습할 수 있도록 소집단을 구성하는 방법이 바람직하다. 소집단 공동 학습 활동을 중시하여 _____2 으로 문제를 해결하는 경험이 많이 가지게 하기 위해서이다.
- 협력 학습에서는 집단 구성원이 학습할 과제를 _____3 하며, 상호 의존하여 학습하고, 모든 학습자가 능동적으로 참여하도록 하기 위해서 각 개인에게 _____4 를 부여하고, 개개인의 성취에 따라 _____5 이 주어진다.

26

답안

ㄱ: 근접발달영역(zone of proximal development)
ㄴ: 비계(scaffolding) 설정

해설

〈근접발달영역과 비계〉

- 인지 발달의 사회적 기원을 강조하는 사회 구성주의 학습 이론에서는 '학습자의 근접 발달 지역 내에서 이루어지는 _____6 활동'이 학습 능력의 신장에 기여할 수 있다는 관점을 갖는다. 모든 학습자는 학습 활동마다 독자적으로 과제를 해결하는 _____7 발달 수준과 교사나 유능한 동료의 도움을 받으면서 과제를 해결하는 _____8 적인 발달 수준을 갖는다. 그리고 이 수준 사이에는 약간의 틈이 발생하는데 그 사이의 거리를 근접 발달 지역(ZPD)이라고 한다.(Vygotsky, 1978)
- 근접 발달 지역

잠정적 발달 수준	교사나 유능한 동료의 도움을 받아서 과제를 해결할 수 있는 수준
	ZPD
실제 발달 수준	학습자가 독자적으로 과제를 해결할 수 있는 수준

1 집단
2 공동
3 공유
4 책무
5 집단 보상
6 사회적 중재
7 실제
8 잠정

'근접 발달 지역'은 학습과 인지 발달이 일어나는 역동적인 지역이다. 실제 발달 수준이 학습의 진행과 더불어 잠정적인 발달 수준으로 나아가면, 잠정적 발달 수준은 이미 성숙되어 있는 실제 발달 수준이 되어 다시 새로운 잠정적인 발달 수준을 지향하게 된다. 이때 교사는 _____1 지역 내에서 학습 활동을 안내하면서 학습자의 학습 능력을 신장시킬 수 있도록 도움을 주어야 한다.

• 근접 발달 지역 내에서의 효과적인 교수학습 활동을 촉진할 수 있는 방안의 하나가 _____2 [飛階]이다.

• 교육에서 비계(飛階)란 학습자들이 독립적으로 수행할 수 있을 때까지 수업 장면에서 학습 과제를 적절히 구조화해 주고, 시범을 보이고, 질문을 하고, 피드백을 주는 행위를 일컫는 말이다.

• 교사가 학습자 각 개인의 성향과 능력에 맞게 학습 과제를 재조정하여 수업 중에 적용한다면 그것은 성공적인 교수학습이 될 것이다. 수업 중에 사용되는 교사의 역할을 흔히 '_____3', '촉진자'라고 한다. 혹자는 '교사의 사회적 중재 활동'이라고도 한다.

• 사회적 중재 활동은 학습자 각 개인이 가지고 있는 _____4 영역 내에서 일어나며, 교사나 우수 동료의 사회적 중재 활동은 바로 이 두 수준 사이의 거리를 좁히는 활동에 중점을 두어야 한다. 학습자는 교사와의 상호 작용을 통해서 학습 과제를 새롭게 이해하여 자신의 경험에 비추어 재조직하며, 이러한 활동들을 통해서 독자적으로 과제를 해결할 수 있는 _____5 적인 발달 수준으로 나가게 된다.

• 근접 발달 지역 내에서 발생하는 실제적 발달 수준과 잠정적 발달 수준 사이의 거리를 연결하는 가교 역할을 하는 도구는 '_____6'이다. 이 대화는 교사와 학생 사이에서 이루어지는 사회적 상호 작용의 도구로서 사용된다. 이 대화는 일상적 대화와는 구별되는 것으로 '_____7'라고 부를 수 있다.

27

답안

범교과적 쓰기 지도(writing across the curriculum)

해설

〈범교과적 쓰기 지도〉

• 범교과적 작문이라 하면, 작문이 국어교과 범주 내에서만 운용되는 것이 아니라 _____8 의 학습을 위해서 운용되는 것을 말한다. 내용 교과는 배경 학문에서 이룩한 지식이나 정보를 체계적으로 전수하는 것을 목표로 하고 있기 때문에, 범교과적 작문에서는 필연적으로 지식이나 정보의 학습과 관련된다.

• 범교과적 작문이 지니는 의의는, ①해당 교과의 학습에 도움을 제공해 준다는 점이고, ②담화공동체의 _____9 을 익힐 수 있는 기회를 제공할 뿐만 아니라 그것을 극복할 수 있는 기회를 제공해 준다는 점이다.

1 근접 발달
2 Scaffold
3 안내자
4 근접 발달
5 잠정
6 대화
7 교수적 대화
8 내용 교과
9 담화 관습

- 작문이 교과의 학습에 도움을 제공한다는 의미는, 작문이 본질적으로 교과의 학습에 필요한 _____1 적 행위를 수반하고 단련하는 기능을 수행한다는 점과, 작문이 그 내용으로서 해당 교과의 _____2 을 다룬다는 점을 동시에 의미한다. 필자는 작문의 과정을 거치면서 정보나 지식을 떠올리고 조직하고 표현하는 적극적이고 의식적인 사고 활동으로서 _____3 에서 요구되는 인지 활동과 동일한 과정을 수행한다. 이 과정에서 필자는 의식적으로 사고를 집중하게 되고, 그 결과 사고를 촉진하게 되며, _____4 을 통해 사고 과정을 조절하고 통제하게 된다.
- 작문 과정은 다소 느린 속도로 진행됨으로써 작문이 이루어지는 동안에 필자는 자신의 사고 활동을 조절하고 통제할 수 있으며, _____5 적으로 스스로 되돌아보고 수정 또는 교정할 수 있다. 이러한 작문의 특징이 바로 학습과 관련된 _____6 적 행위인 것이다. 즉, 작문의 과정은 곧 학습의 과정과 동질적인 것으로서 학습의 중요한 양식이 된다.

28

답안

(ㄱ) 전문

해설

〈기사문〉

- 기사문은 주로 신문에 실려서 사회에서 일어난 여러 가지 소식 중 보도할 가치가 있는 중요한 사안을 신속하게 전달하는 글이다.
- 기사문의 구조는 둘로 나뉘는데, 내적 구조는 _____7 에 따라 구성되는 것을 말하고, 외적 구조는 표제, 부제, _____8 , 본문, 해설로 구성되는 것을 말한다.
- 표제는 내용 전체를 빠르고 간결하게 알 수 있도록 하는 제목(헤드라인)이다. 따라서 독자들의 흥미와 관심을 집중시켜야 하기 때문에 짧고 강렬하게 작성한다.
- 전문(前文)은 독자로 하여금 기사문을 끝까지 읽도록 하는 것이 목적이다. 때문에 너무 구체적인 진술은 피해야 하고, 독자의 흥미를 끌 수 있도록 써야 한다. 독자들은 전문만 읽는 경우도 많기 때문에 전문에 해당 기사가 무엇을 말하려는지 명확하게 드러나야 한다.
- 기사문의 본문은 '누가, 언제, 어디서, 무엇을, 어떻게, 왜'의 육하원칙(5W1H)에 따라 작성한다. 육하원칙에 따르면 사실에 기반을 둔 중요한 사실을 순서대로 혹은 사실관계를 중심으로 쓸 수 있다. 이를 통해 중요한 정보를 정확하고 공정하며 균형 잡힌 시각에서 전달하는 기사문이 될 수 있다.
- 기사문을 작문 학습에서 다루어야 하는 이유는 기사문이 _____9 에 대한 인식을 잘 보여주며, 일정한 내적 구조와 외적 구조를 취하고 있기 때문이다. 특히 _____10 가 명확한 기사문을 다룸으로써 장르적 지식과 담화의 규칙에 대해서 학습할 수 있고, 그 외적 구조 안에서 이루어지는 창의적 내용 표현의 방법에 대

1 인지
2 지식
3 학습
4 피드백
5 반성
6 인지
7 육하원칙
8 전문
9 예상독자
10 외적 구조

해서도 학습할 수 있다.

29

ㄱ: 쓰기 윤리   ㄴ: 가치 탐구 모형

〈쓰기 윤리〉
- 쓰기 윤리(writing ethics)는 쓰기가 _____1 적 행위라는 특성에서 비롯된다.
- 쓰기 윤리는 글을 쓰는 개인이나 공동체가 글을 쓰는 과정에서 지켜야 할 행동의 규범이다. 그리고 현재 쓰기 교육이 과정 중심의 쓰기 지도를 중하게 다룬다는 점에서 쓰기 윤리 또한 쓰기 과정의 문제로 접근할 수 있다. 내용을 생성하는 자료 수집 단계로부터 글을 수정하여 마치는 쓰기의 모든 과정이 윤리적 판단의 대상이 된다.
- 쓰기 윤리를 지도할 때는, 생각과 경험 표현에 대한 진실성 확대(쓰기 진실성), 표절과 타인의 지적 권리에 대한 정직성 확대(쓰기 정직성), 편견과 선입견에 대한 합리성 확대(쓰기 합리성),2 사회적 행위로서의 쓰기에 대한 인식 확대(쓰기 _____3)를 고려해야 한다.
- 쓰기 윤리를 지도하는 방법은 직접적으로 지도하는 방법, 쓰기 윤리를 간접적으로 지도하는 방법, 쓰기 윤리 프로그램을 활용하는 방법 등이 있다. 직접적으로 지도하는 방법에는 '_____4 모형을 활용한 지도', '쓰기 윤리 제정 활동을 활용한 지도' 등이 있고, 간접적으로 지도하는 방법에는 '반성적 쓰기를 활용한 지도', '_____5 를 활용한 지도', '거울 효과 및 상징물을 활용한 지도' 등이 있다.
- 쓰기 윤리는 건전하고 바람직한 쓰기 행동이나 행위를 지향하고 있다는 점에서 _____6 지향적이다. 따라서 쓰기 윤리를 직접적으로 다루는 교수 학습 방안으로는 가치 탐구 모형을 우선적으로 떠올릴 수 있다. 가치 탐구에서 말하는 '가치'란 선택 가능한 다양한 행동 가운데 하나를 선택하도록 하는 지적 체계를 뜻한다. 쓰기 윤리가 개입하는 장면에서 윤리적 상황을 준수할 것인가, 아니면 개인적인 이득을 취할 것인가를 놓고 갈등하는 장면을 설정한다면 쓰기 윤리와 관련된 가치를 직접 드러내도록 할 수 있다.
- 참고로, 쓰기 윤리 점검 문항(가은아, 2009)은 다음과 같다.

1 사회
2 필자가 의도적으로 자기에게 유리한 정보만을 선별하여 제시하거나 정보를 허위와 과장을 통해 왜곡한다면, 쓰기의 공정성은 실현될 수 없다. 그를 극복하도록 돕는 것이 바로 합리성에 대한 필자의 신념이다. 학생들이 쓰기 합리성에 근거한다면, 의도적인 주관성, 편견, 선입견을 극복하고 공정하고 객관적인 관점에서 표현할 수 있다(박영민, 2009).
3 사회성
4 가치 탐구
5 자기 평가
6 가치

쓰기 윤리의 범주	적용 가능한 글 유형	점검 항목
정직하게 쓰기	모든 글	– 올바른 인용 방법을 사용하였는가. – 인터넷 등에서 짜깁기를 하지 않았는가. – 참고 자료의 출처를 정확히 기록하였는가. – 전에 썼던 글을 다시 사용하지는 않았는가. – 인용한 글과 자신의 글을 명확히 구분하여 썼는가. – 다른 사람의 글이나 아이디어를 무단으로 가져오지는 않았는가.
진실하게 쓰기	논설문, 수필, 일기	– 나의 생각과 글이 일치하는가. – 나의 경험과 글이 일치하는가.
사실대로 쓰기	보고서, 설명문, 기사문 등	– 데이터를 올바르게 해석하고 활용하였는가. – 실험, 관찰, 조사의 과정이나 결과를 사실대로 썼는가.
배려하며 쓰기	인터넷 글쓰기 등	– 거짓이나 허위 사실을 쓰지는 않았는가. – 다른 사람을 비방하는 글을 쓰지는 않았는가. – 다른 사람에게 상처가 되는 글을 쓰지는 않았는가. – 욕설 등의 비속어를 사용하여 다른 사람에게 불쾌감을 주지 않았는가.

04 │ 문학교육론

01

답안

ㄱ. _____1_ 적 상상력   ㄴ. _____2_ 적 상상력   ㄷ. 초월적 상상력

해설

〈문학적 상상력〉

• 문학적 상상력은 문학의 매재인 '_____3_'를 매개로 한 상상력이다. '상상력'은 언어의 제반 층위에 드러나고, 이성과 정서를 함께 포함하는 종합적 정신능력이다.

• 상상력에는, ①인식적 상상력으로 세계에 대한 형식화 기능, 문학을 통한 세계 개시(開示)의 능력, ②조응적 상상력으로 현실에 대한 비판 기능, 문학을 통한 세계와의 상호조정 작용, ③ _____4_ 적 상상력으로 가능한 모델 창조의 기능, 세계에 대한 비전을 마련하는 일, 즉 세계를 재구성하는 능력 등이 있다.

• '인식적 상상력'은 어떠한 대상을 독립된 사물로 파악하는 데 필요한 형식화 기능이다. 상상력은 구체화된 형성력이라는 점에서 구조와 원리를 찾는 도구로서 과학과 예술의 두 영역에 공통된다.

'_____5_'는 인지적 요인과 생리적 흥분 상태의 상호작용의 함수관계로 파악할 수 있다. 어떤 사람이 느끼는 정서는 그 사람이 흥분된 상태에 부여하는 '명칭'에 의해서 결정되며, 명칭의 부여는 인지(認知)과정에 관련된다.

• '조응적 상상력'은 현실을 조명해 보는 _____6_ 적 성격의 상상력이고, 문학 교육과 결부하여 이러한 상상력이 나타낼 수 있는 효용은 자신의 존재를 되묻는, 스스로의 문제를 찾아내는 일과 관련되는 것이다. '조응적 상상력'은 우리의 지향점으로서의 세계, 즉 _____7_ 의 세계에 대한 물음을 제기하기 위한 초석을 마련하기 위한 단계의 상상력이다. 또, 주로 산문 영역에서 작용하는 상상력이 이에 해당하고, 시에서는 시대정신의 문제와 연관되는 상상력이다.

• 상상력이란 현실을 초월하는 문학 고유의 세계이다. 그리고 현실을 초월한다는 것은 이상세계에 대한 지향이며, 현실에 대한 비전 혹은 '가능한 모델'의 제시에 해당하는 상상력이다. 이것이 '_____8_ 적 상상력'이다. 현실에 대해 대타적 의미로 제시한, 비전이 완성된 세계가 있다면 그것은 당위의 세계이다. 그리고 _____9_ 의 세계는 현실세계를 상상력으로 초월했을 때 비로소 완성되는 세계로 자아와 세계의 결렬이 없는 세계이다.

• 상상력 세련의 교육적 함의는 다음과 같다. 먼저, 문학적 문화의 향상을 목적으로 하는 문학교육에서 상상력의 세련이 갖는 의미는 '작품해석의 심화', '인간적 가치의 체험과 실현', '삶에 대한 비전의 발견' 등으로 요약할 수 있다. 그리고 상상력의 세련은 인간적인 가치를 체험할 수 있도록 해 주며, 또 그 실현을 위해 노력하는 자세를 함양시켜 준다.

1 인식
2 조응
3 언어
4 초월
5 정서
6 비판
7 당위
8 초월
9 당위

02

답안

ㄱ: 분석　　　ㄴ: 정전

해설

〈분석 위주의 문학 교육〉

• 분석 위주의 문학 교육은 1960년대까지 비평계를 휩쓸었던 ＿＿＿＿＿1 을 바탕으로 한다. 신비평은 텍스트 자체의 중요성을 강조했고, 작품을 객관적으로 볼 수 있도록 꼼꼼하고 ＿＿＿＿＿2 적인 읽기를 요구했다. 이에 따라 작품 안에서 언어의 함축성을 찾고 비유적 의미를 밝히는 것을 중요한 독서 방법으로 삼았다.

• 신비평의 분석주의적 독해 방법은 그들의 관점에 일치하는 ＿＿＿＿＿3 적인 독자를 상정하고 있다. 신비평에 입각한 문학교육은 한편으로는 신비평적 관점에 유순한 텍스트와 다른 한편으로는 텍스트를 정해진 방식에 따라 꼼꼼하게 읽는 유순한 독자들의 결합을 가져왔다.

• 그러나 분석을 강조하는 신비평적 문학교육은 문학이 지닌 역사적, 인문적, 예술적 가치를 무시하고, 개인의 개성과 주관과 낭만을 고려하지 않는다. 오직 특정한 취향이 가치 판단의 객관적 가치처럼 작동하는 ＿＿＿＿＿4 인(ordinary) 읽기를 강조한다.

• 『죽은 시인의 사회』에서 키팅은 '시를 수학처럼 객관적으로 이해하게 해 준다는 명분으로 자행되는 문학교육의 경향'을 비판하고, '각자의 ＿＿＿＿＿5 '을 가지고 승리할 것을 주장했다. 그래야 '고리타분한 호이 폴로이(hoi polloi, 우매한 군중)'가 되지 않는다고 강조했다. 이는 문학교육을 문학적 주체의 형성으로 보는 관점에서 신비평적 ＿＿＿＿＿6 위주의 문학교육을 비판한 것이다.

〈정전 위주의 문학 교육〉

• 문학 작품을 선정하여 가르칠 때, 그 작품은 '문학사의 평가를 받은 것들로 한다'는 경구가 있다. 학문계의 객관적 검증과 공인성을 강조한 말이다. 이 때 ＿＿＿＿＿7 위주의 문학 교육이란 문학 교육 현장에서, 오랫동안 높이 평가되어 온, 그래서 훌륭한 것이라고 인정되어 온 문학 작품을 교육의 대상으로 삼는 문학 교육 방식을 말한다.

• 하지만 작품에 대한 감식안은 정전 중심의 구성에 의해서만 신장되는 것은 아니다. 당대 작품 간 비교와 감상을 통해 작품의 가치를 판단할 수 있다. 그런데 정전 위주의 문학 교육은 그런 ＿＿＿＿＿8 를 통한 인식을 낭비로 간주하여 그저 각 시대를 대표하는 ＿＿＿＿＿9 이자 ＿＿＿＿＿10 만을 요령 있게 정리하고 넘어간다. 그 결과 '작품에 대해서는' 알지만 정작 그 '작품을' 안다거나 사랑한다고는 말할 수 없는 상태에 이른다.

• 만약, 과거의 작품만을 정전이라 하여 받아들이면 당대 문화에 대해서는 문외한이 되고 만다. 학교 체제 중심의 문학 교육과정이 경향상 보수적 학문성, 고전 중심의 성향을 띠는 이유는 '정전'을 이미 ＿＿＿＿＿11 과 ＿＿＿＿＿12 측면에서 검증받았다는 인식 때문이다.

1 신비평
2 분석
3 이상
4 보편적
5 주체성
6 분석
7 정전
8 비교
9 전형
10 전범
11 객관성
12 공인성

• 최근 문학교육의 현장을 보면, 기본 제재는 정전 중심, 활동 제재는 다양한 텍스트 중심의 접근법이 늘어나고 있다. 이 때 필요한 것은 개성의 자각과 그에 따른 전범의 창조적 _____1, 정전의 _____2 다. 이는 문학에 대해 애정을 갖고 이를 바탕으로 현재의 문화 창조에 이바지할 수 있는 능력과 태도를 기를 때 가능하다.

03

답안

문학 현상

해설

〈문학 현상〉

• 문학 현상(文學現象)을 규정함에 있어서는 극단론을 배제한 열린 시각이 요청된다. 한 사회에서 문학으로 간주되던 작품이 다른 사회에서는 그 중요성을 인정받지 못하기도 하며, 시대의 진전에 따라 비문학이던 것이 문학의 장르로 편입되기도 한다. 때문에 정상적인 문학교육을 위해서는 문학을 '상상적인 문학에만 국한하는' 개념보다는 현재 문학으로 통용되고 있는 대상에 대한 가치를 알기 쉽고 분명한 입장에서 점검하는 성실성이 요구된다. 곧, 문학의 _____3 [생산]과 독자의 주체적 _____4 을 동시에 고려하는 관점이 필요하다.

• "문학교육은 _____5 이 바람직하게 이루어지기 위한 일체의 의도적 모색의 과정과 결과이다."라고 정의할 때, 문학현상은 문학교육에서 다루어야 할 내용으로서의 문학을 뜻한다. 또한 문학현상이란 문학작품을 중심으로 작품이 생산, 작품 자체의 구조, 작품의 수용, 작품이 외적 세계를 반영하는 방법 등 작품과 관련된 일련의 작용 과정을 말한다. 이는 문학 또는 문학작품 자체를 고형적 지식 또는 객관화된 산물로 보지 않고 하나의 '_____6'로 파악하려는 관점이다. 또한 문학에 대한 연속적이고 유기적인 접근이 가능하다는 입장이며, 학습의 주체로서 _____7 을 강조할 수 있다는 관점이다.

• '문학현상'의 중심에 문학 텍스트를 두면, 이 텍스트를 생산해 내는 축과 이것을 수용하는 축 사이에서 여러 가지 문학현상들이 생겨난다. 이러한 문학현상을 연구대상으로 하는 문학이론은 '_____8이론, 구조이론, _____9 이론, 반영이론' 등으로 범주화해 볼 수 있다.

• 문학이란 실체는 누군가에 의해 문학 텍스트가 생산되고 그것이 언어적 소통과정에서 독자에게 수용되며 독자들의 수용은 또 다른 소통 현상 속에서 끊임없이 재생산된다는 논리가 바로 '_____10'을 보는 시각이다.

1 재구성
2 자기화
3 창작
4 수용
5 문학현상
6 작용태
7 인간
8 생산
9 수용
10 문학현상

04

답안

총체성

해설

〈삶의 총체적 이해로서의 문학교육〉

- 문학은 가치 있는 경험을 _____1 함으로써 인간과 세계에 대한 총체적 이해를 가능케 한다. '총체성'은 본질을 구성하는 보편적인 규정들의 총합을 가리킨다.

- 루카치(Lukacs)에 따르면, 문학은 삶의 일면만을 비추는데 그치지 않고, 삶의 단편에 대해 결정적인 의미를 객관적으로 지니는 여러 규정들, 즉 전체적 삶의 과정 속에서의 그것의 존재와 운동, 그것의 특질과 위치 등을 결정하는 여러 규정들을 자체 내적인 연관 관계를 통해 그려낸다.

  이 말은 인간의 개별적 경험과 행위를 그것을 가능케 한 사회 역사적 조건 속에서, 특히 그 조건의 본질을 이루는 제도, 구조, 관계 등과의 관련 속에서 다룸으로써 특정의 인물, 특정의 사건을 통해 그 시대의 인간과 세계를 총체적으로 이해할 수 있도록 한다는 뜻이다.

- 문학은 인간 존재의 _____2 회복을 꿈꾸며, 또 재건하고자 한다. 문학은 다양하고도 통합된 인간을 탐구한다. 또한 그 인물들은 현실 속에서 가장 인간적인 모습으로 인간다움이 무엇인지를 고민하고 탐구하는 존재들이다. 문학 속의 인물은 인간의 부분적 진실이 아닌 전체적 진실을 보여주는 것이다.

- 문학 작품은 허구 세계 내에서 _____3 을 유기적 총체성으로 다룬다. 작품은 '의도적으로 가다듬어진' 구조이기에 독자들의 유기적이고 통합적인 경험을 가능하게 한다. 우리의 일상적 삶은 파편적이고 고립된 사건들로 혼돈스러움으로 가득 차 있지만 문학 작품에서는 이 파편적이고 고립된 사건, 대상들이 다른 부분들과의 유기적 연관성을 회복하여 의미와 가치를 풀어낸다.

- 총체성은 독자들의 일상적 삶에 질서와 원리를 부여한다. 독자는 주어진 일상의 삶에만 기계적으로 충실한 삶이 아니라 자신이 가진 총체적 이상으로 현실을 변화시켜 나갈 수 있다. 독자는 개별적 고립감에서 나아가 세계와 하나가 되어 있음의 총체적 _____4 을 경험할 수 있다.5

---

1 형상화
2 총체성
3 경험
4 세계 인식
5 근대 소설은 개인과 사회의 통합이라는 총체성의 이념을 구현하고자 하면서 동시에 근대 사회가 지향하는 이념과 현실 사이의 괴리를 적나라하게 보여준다.

05

답안

의도의 오류(intentional fallacy)

해설

〈의도의 오류〉

- '의도의 오류'란, 문학 작품은 _____1 의 의도나 사상과는 독립하여 존재하는 것이라는 입장을 바탕으로 하는 것으로서, 작품의 의미를 작가의 의도와 일치하는 것으로 보아서는 안 된다는 개념이다. 이는 독자에게 미치는 정서적 영향에 의해서 작품의 가치를 판단해서는 안 된다는 '_____2 (영향)의 오류'와 함께 신비평을 특징짓는 고유한 개념이다.
- 의도의 오류와 영향의 오류는 _____3 가 문학 작품을 만들고 _____4 가 작품을 만나는 삶의 역동성을 간과함으로써, 문학 작품에서 인간의 성취, 고뇌, 기쁨, 감동, 즐거움 등의 요소를 완전히 소거시키는 결과를 낳는다. 따라서 문학과 삶을 절연시키게 된다.
- 교육의 장에서는 학습자가 가능한 수준에서 작가의 _____5 의도를 파악해보는 활동이 중요하다. 학습자가 작품을 살아있는 인간의 창조물로 대할 수 있게 하고, 또 그것을 통해 학습자는 자신의 삶과 연관 지어 작품의 의미를 생산적으로 _____6 할 수 있게 하기 때문이다. 다만, 창작 의도를 추론하는 활동은 일정한 '_____7'에 기반해야 하는데, 사회문화적 상황을 하나의 해석적 기준으로 삼을 수도 있다.

06

답안

수용이론

해설

〈수용이론〉

- _____8 이란 작품을 잘 이해하기 위해 분석하고 설명하고 최종적으로 가치를 판단하는 활동이다. 비평이론은 전통적으로 생산이론, 구조이론, 반영이론, 수용이론으로 나눠 설명한다.
- 수용이론은, 문학이란 독자에게 미적 쾌감, 교훈, 감동 등의 효과를 주기 위해 만들어진 것으로 보는 것으로 '_____9'의 존재를 주목하면서 탄생한 이론이다.
- 수용이론은 텍스트(Text)와 작품(Werk)을 구별한다. 텍스트는 작가에 의해 구축된 하나의 구조물일 뿐, 독자의 능동적인 읽기를 기다리는 존재에 불과하다. 독자의 읽기는 텍스트의 여백을 채우는 작업으로서, _____9 가 궁극적으로 텍스트를 문학 작품으로 완성하게 되는 것이다. 곧, 문학 현상을 완성하는 주체는 수용자, 즉 _____9 라고 보는 관점이다. 그러면, 문학 텍스트는 수용자의 선이해와 기대

1 작가
2 정서
3 작가
4 독자
5 창작
6 공유
7 근거
8 비평
9 독자

지평에 따라 해석학적 굴절을 거쳐 수용된다.

- 수용이론의 교육은 텍스트를 학습자가 능동적인 읽기를 통해 작품으로 승격시켜가는 과정의 즐거움을 느끼도록 하는 데 핵심이 있다. 학습자는 텍스트와 능동적으로 _____1 하고, 이를 바탕으로 바람직한 문학 해석의 주체성을 획득하도록 독려해야 한다.

07

답안

ㄱ: 맥락적 지식   ㄴ: 고려속요

해설

〈비판적 입장에서 본, 맥락적 지식으로서의 문학사 교육〉

- 맥락적 지식은 작품을 둘러싼 맥락 전반과 관련된 지식이다. 작품 자체를 해독하는 데 필요한 지식을 _____2 적 지식이라고 할 때, 작품의 창작 및 향유, 연행 및 전승과 관련한 지식이 바로 _____3 적 지식이다.
- 문학사는 작품 감상과 창작의 맥락으로 작용함과 동시에 문학 능력의 신장에 기여한다. 그러나 맥락적 지식으로서의 문학사 혹은 문학사적 지식의 특성이나 구조, 작용 양상에 대해서는 진전된 논의가 별반 없었다. 이는 교실에서 문학사 혹은 문학사적 지식이 교육적 필요에 따라 선택되고 적절한 문학 감상 및 창작 활동으로 재구성되지 않은 모습으로 나타났다.
- 「혜성가」는 언어가 믿음을 만들어내고 실제를 만들어내는 방식에 대한 이해를 깊게 할 수 있는, 독보적인 작품이다. 따라서 언어가 실재와 믿음을 만들어내는 과정을 경험할 수 있도록 교육 활동이 구안되어야 한다. 하지만, 『삼국유사』의 「감통」에 기록된 창작 및 향유 상황에 대한 정보를 맥락 지식으로 소개하고 「혜성가」의 형식적 특징에 주목하여 역사적 갈래인 향가에 대해 설명하는 식으로 수업이 전개되고 있다.
- 문학사적 지식은 개별 정보가 아니라 작품에 대한 _____4 의 결과로서 도출된 일종의 구조화된 지식이자 '내러티브화된 지식'이다. 문학사 지식은 일반적으로 전수해야 할 내용이 아니라 텍스트 수용과 생산에 기여하는 과정이고 창의적인 지식으로 제공되어야 한다.
- 학습자는 문학사적 지식을 활용하고 구성하는 주체로 참여해야 한다. 그들이 일련의 탐구 과정을 거쳐 스스로 어떤 지식을 구성하거나 앎에 도달해야 살아 있는 _____5 적 지식 곧, 개인적 지식이 된다. 또한 학습자는 문학사적 지식을 활용하여 공시적 통시적으로 관련된 텍스트들과 비교하고 대조하는 방법을 통해 스스로 발견하고 구성해내야 한다.(_____6 에 입각한 탐구 방법)
- 좋은 문학 수업이란 작품에 대한 다양한 해석을 보장해야 하고, 이를 위해 학생들을 다양한-서로 갈등하는-이론에 빠뜨려 갈등을 유발하고 스스로 자신만의 해석에 도달하도록 이끌어야 한다.

1 대화
2 텍스트
3 맥락
4 탐구
5 당사자
6 상호텍스트성

08

답안

ㄱ: 언어문화   ㄴ: 문화적 문식성

해설

〈언어문화〉

- 언어는 공동체의 산물로서 사회를 반영하므로 언어는 곧 _____1 다. 언어문화는 언어가 공동체의 삶의 양태와 상호작용함으로서, 공동체 구성원들의 언어 사용에서 생겨나는 공동체적 법칙성과 의미를 지니는 언어 현상이다.

〈문화적 문식성〉

- 문화적 문식성은 개인이 사회 문화적 소통에 참여하는데 필요한 기본적인 문화 지식 이다. 문화적 문식성은 문화를 현상으로 보는 데서 생겨나는 _____2 개념이며, 어떤 방식으로든 다른 유형의 문식성과 관계를 맺는 구조를 가진다.
- 문화적 문식성은 '문자를 읽고 쓰는 능력'이 중핵으로 내포된다. 여기에 다른 사람에 게 소통시킬 때는 내가 언어로 말하거나 읽거나 듣거나 쓰거나 하여 해석을 소통시킨 다. 문화 예술 작품을 감상하거나 창작하는 데 필요한 문식성도 관여한다. 문화적 문 식성은 다양한 문화 현상과 문화 텍스트를 해석하는 능력을 포함하고 해석의 결과를 공유하는 _____3 의 능력도 포함한다.

09

답안

ㄱ: 텍스트   ㄴ: 학습자

해설

〈텍스트 중심 문학 수업〉

- 텍스트 중심 문학 수업은 _____4 과 텍스트 해석 이론을 기조로 하는 텍스트 중 심 문학교육을 이론적 배경으로 삼는 수업 유형이다. 이 수업은 문학 텍스트를 자족 적이고 절대적인 유기체로 상정하고 문학 텍스트를 정확하게 _____5 하는 능력 을 기르는 데 목표를 둔다.
- 텍스트 중심 문학 수업은 문학 텍스트의 구조와 요소를 세밀하게 분석하여 작품의 의 미와 가치를 파악하고자 한다. 수업 중 활동 시 교사는 주로 텍스트의 요소와 구조에 대한 _____6 이나 질문을, 학습자는 교사의 설명이나 질문을 바탕으로 텍스트에 관한 지식을 습득하는 활동이 중심이다.
- 텍스트 중심 문학 수업으로 문학 작품을 꼼꼼히 읽고 정확하게 분석하는 능력은 향상 될 수 있다. 그러나 문학 수업을 단순 _____7 으로 전락시킬 우려가 있고, 학습자 의 능동적이고 주체적인 해석 능력 대신에 수동적이고 기계적인 적용이나 분석 기술

1 문화
2 복합 문식성
3 소통
4 신비평
5 분석
6 설명
7 지식 수업

을 습득하는 결과를 초래할 수 있다.

〈학습자 중심 문학 수업〉

- 학습자 중심 문학 수업은 _____1 과 독자 반응이론, 그리고 인간주의 교육 철학을 배경으로 하며, 이전까지 문학 수업을 지배해 왔던 텍스트 중심 문학교육에 대한 비판으로 대두되었다.
- 학습자 중심 문학 수업은 텍스트와 학습자의 소통이나 학습자의 참여를 강조한다. 교사는 학습자의 활동을 안내하고 조력하며 학습자는 교사의 격려와 도움으로 텍스트를 능동적으로 해석하고 감상하는 활동을 수행한다. 그러나 학습자의 활동 중심으로 수업을 구성하다 보니 텍스트 자체의 미적 특질이나 가치를 감상하기가 어렵고 _____2 와 무관하게 수업이 흐를 가능성도 있다.

텍스트 중심 문학 수업과 학습자 중심 문학 수업

	텍스트 중심 문학 수업	학습자 중심 문학 수업
배경 이론	텍스트 중심 문학 교육 : 신비평, 형식주의, 텍스트 중심 해석학 등	학습자 중심 문학 교육 : 독자 반응이론, 인간 중심 교육 이론 등
관련 교육과정	학문 · 교과 중심 교육과정	인간 · 경험 중심 교육과정
수업 모형	제재 중심 수업 모형, 제재별 절차 모형 등	반응 중심 수업 모형, 대화 중심 수업 모형, 구성주의 수업 모형 등
수업의 중심	텍스트의 체계와 구조	학습자의 이해와 감상
학습자	텍스트의 이해자	해석과 감상의 참여자
교사	지식의 전수자	학습자의 조력자, 안내자
수업 방식	교사의 설명, 질문, 전달 중심	학습자의 활동, 대화, 교섭 강조

---

1 수용미학
2 학습 목표

10

ㄱ: 속성   ㄴ: 반응

〈문학수업〉
• 최근 문학교육의 본질과 정체성을 고려하여 문학 수업에 특화된 형태로 개발된 문학 수업에는 속성 중심 문학 수업과 반응 중심 문학 수업, 그리고 _____1 중심 문학 수업이 있다.
• 속성 중심 문학 수업은 문학 수업과 다른 교과 수업의 본질적 차이가 문학이라는 점에 근거하여 문학의 속성을 강조하는 수업이다. '반응'과 '대화' 중심의 문학 수업은 작품의 해석 내용을 일방적으로 전달하는 수업에 대한 회의와 비판의 대안적 양상으로, 또 _____2 로서의 독자를 양성하기 위해 제안된 방법들이다.

〈속성 중심 문학 수업〉
• 이 수업은 문학을 설명하는 중점을 문학의 특수한 성질에 두는 속성 중심의 문학관을 바탕으로 한다. '속성'이란 어떠한 사상(事象)이 가지고 있는 근본적인 특성을 말한다. 따라서 문학을 속성 중심으로 가르친다는 것은 문학이 가진 가장 근본적인 특성인 '비유, 율격, 이미지, 인물, 사건, 플롯 등'을 교수학습의 대상으로 삼는다는 의미이다.
• 속성 중심 문학 수업은 문학과 문학 아닌 것의 구분을 가능하게 해 주고, 문학을 문학답게 하는 자질이 무엇인가를 분명하게 해 주는 장점이 있다. 그러나 문학다움에 대한 고정관념에 빠지거나 부질없는 가치 평가에만 매달리는 편벽된 시각을 갖게 함으로써 문학을 지나치게 도식적으로 파악하는 결과를 낳는 문제점도 지니고 있다.

〈반응 중심 문학 수업〉
• 이 수업은 학습자들이 문학 경험에 대한 자신의 반응과 감정을 자유롭게 표현하는 것을 중시하는 수업으로, 로젠블렛(Rosenblatt)의 반응 중심 문학 이론을 토대로 한다.
• '_____3'은 '텍스트에 의한 구조화된 경험'으로서 독자와 텍스트와의 심미적 거래 (transaction)에서 형성된 환기를 통해 유발되고, 개인적이며 사회적 · 문화적인 행위이다. 또, '반응'은 읽기 전, 중, 후를 포괄하는 전체 과정의 어디에서나 일어나며 반드시 _____4 에 기반해야 한다.
• '거래'라는 개념으로 텍스트, 읽기, 독자의 관계를 보면, ①'문학의 의미'는 _____5 가 구성하는 것으로, 텍스트와 독자의 거래를 통한 생산물이다. ②독자 반응을 형성하는 일차적 요인인 텍스트에 객관적으로 주어진 것과 개개 독자의 주관적 반응은 대등한 위상을 갖는다. ③독서 행위는 사회적 문화적 배경에서 특수하고 특별한 독자와 텍스트의 역동적인 거래 과정이다. ④텍스트와 독자의 거래를 통해 형성된 반응은 인지적, 정의적 차원의 범주를 포함한다.

■■■■■■■■■■■■■■■
1 대화
2 주체
3 반응
4 텍스트
5 독자

- 반응 중심 문학 수업으로 인해, 문학교육은 그 관심을 '텍스트'에서 '독자'로 이동하여 '_____1' 중심 교육을 지향하게 되었다. 또, 텍스트와 독자의 소통 과정에 초점을 두는 '_____2' 중심 교육을 지향하게 되었다.

  반응 중심 문학 수업은 학습자가 텍스트를 직접 읽으면서 반응을 형성하고, 다른 학생(및 교사)과의 토의와 반응 쓰기 등을 통해 반응을 _____3 하고, 또 다른 텍스트를 읽으면서 심화하는 활동을 주로 하게 됨으로써 문학 능력을 기르도록 하는 데 의의가 있다.

  그러나 학습자의 반응이 지나치게 다양하고 개별화될 소지가 있고, 반응이 단순한 생각과 느낌 위주의 반응에 머물 가능성이 높다. 학습자의 반응을 강조하다 보니 수업의 초점이 흐려져 학습 목표와 거리가 먼 교수학습 활동이 전개되거나 혹은 학습 목표에 도달하기가 쉽지 않다는 문제점도 있다.

⟨대화 중심 문학 수업⟩
- 이 수업은 문학 작품을 중심으로 이루어지는 다양한 형태의 '_____4'를 중시한다. 학습자의 감상을 중시하되 텍스트에 근거한 해석을 강조하고, 학습 목표의 도달과 관계있는 문학적 대화를 강조한다.
- 대화 중심 문학 수업에서의 '대화'는 세 층위로 이루어지는데, ①문학 작품을 읽으면서 독자 개인의 내면에서 이루어지는 내적 대화, ②독자와 독자 사이에 이루어지는 횡적 대화, ③전문가와 독자 사이에 이루어지는 종적 대화가 그것이다.
- 대화의 과정에서 등장하는 다양한 학생들의 사고에 대처하고 학생들의 오독을 해결하기 위해 교사의, 치밀한 준비와 전문적인 역량이 중요하다. 또한 교사는 대화를 통한 상호 소통이 원활하게 이루어질 수 있는 수업 분위기 형성에도 주의를 기울여야 한다.

[대화 중심 문학 교수·학습을 위한 주요 활동]

절차	주요 학습 활동의 예
시를 이해하는 데 필요한 지식 이해하기	• 해당 시와 관련 있는 문학적 지식 이해하기 • 대화 중심 읽기 방식에 대한 안내
시 낭송하기 ⟨대화1⟩ 독자 개인의 내적 대화	• 시의 분위기나 어조 파악하기 • 낭독자의 목소리를 선택하여 시에 맞게 낭송하기 • 시의 의미 예측하기 • 시 텍스트에 근거하여 시 이해에 필요한 질문을 스스로 생성하고 답하기 • 상호 경쟁적인 읽기 중 스스로 가장 타당한 근거를 제시할 수 있는 읽기(지배적 읽기)를 선택하기 • 독서스토리 작성하기
⟨대화2⟩ 독자와 독자들 간의 대화	• 타당한 근거를 내세울 수 있는 시의 해석과 다른 독자의 근거를 비교하며 대화 나누기 • 타당한 근거와 관련 있는 내용 찾아보기 • 애매한 내용을 명료화하고 각 근거의 설득력을 비교하여 타당한 해석 내용 판단하기

1 학습자
2 과정
3 명료화
4 대화

〈대화3〉 교사와 독자의 대화	• 그 동안의 대화 과정에서 제시되지 않은 새로운 관점 제시하기(교사) • 〈대화2〉에서 오독이 발생한 경우 수정하기 • 여러 관점 간의 경쟁적 대화를 통해 좀 더 근거 있는 해석의 가능성 설정하기
시의 의미 정리하기	• 가장 타당하다고 생각되는 시의 의미 정리하기 • 모작, 개작, 모방 시 창작하기 • 독서스토리 완성하기

11

답안

ㄱ: 인식　　ㄴ: 비판적 읽기　　ㄷ: 감정이입

해설

〈문학 수용-정서〉

• 문학 작품을 읽는 가장 큰 이유는 정서적 만족감을 얻을 수 있기 때문이다. 이때의 '정서'란 단순히 감정적 요인으로만 이루어진 것이 아니다. 정서라는 용어가, 즉물적인 감정이 아니라 _____1 의 과정을 거쳐 일어난 감정의 변화이고, 그런 이유로 인식과 정서는 통합적으로 교육되어야 한다. 누군가가 작품을 읽고 작품에 대한 정서적 반응을 보인다면, 그 반응은 작품에 대해 독자가 평가하고 고뇌한 가운데 일어난 결과로 봐야 하기 때문이다.

〈문학 수용-비판적 읽기〉

• 비판적 읽기는 독자의 자율권을 보장하면서, 주체가 소유하고 있는 어떤 기준에 의거해서 텍스트를 '회의(懷疑)'하는 쪽에 가 있다. 이를 통해 텍스트에 숨겨진 의도를 발견해내고 '간파'해내는 것이다. 문학의 수용은 텍스트의 세계와 읽기 주체 사이에 벌어지는 상호 작용 과정을 모두 포괄한다.

〈문학 수용-인상의 재구성〉

• 독자의 작품 수용은 작품을 읽는 과정과 읽고 난 뒤 독자에게 떠오르는 다양한 '_____2'에 주목하고 그 인상의 내용을 충실히 전달하고 그것을 명료화하는 것을 첫 번째 내용으로 한다. 하지만 '인상의 _____3'이 이뤄지지 않으면 자신이 어떤 이유로 인상을 받았고, 또 어떤 즐거움을 얻었는지 모르기 때문에 작품에 대한 자신의 인상과 다른 사람의 인상을 비교하거나 다른 사람의 반응에 대해 열린 태도를 취해야 한다. '인상의 재구성'은 독자들이 _____4 감상으로 나아가기 위해 필수적으로 요구된다.

1 인식
2 인상
3 재구성
4 능동적

12

답안

패러디

해설

〈문학 생산–패러디〉

- 문학 생산 활동은 학습자가 실제 글을 쓰는 주체의 입장에 서는 일이다. 자신이 체험하거나 상상한 내용 중에서 가치 있다고 판단하는 내용을 골라 자신의 관점과 방법으로 구성해내는 것이다. 이런 생산 활동은 학습자가 텍스트와 학습자 사이의 _____1 속으로 참여하는 일이 된다.

- 표현 활동에 미숙한 학습자라면 기존의 문학 텍스트를 변형하는 활동에서부터 시작한다면 학습자가 생산 활동에 대해 지닌 부담을 덜 수 있다. 이때 문학 텍스트를 재구성하여 새로운 문학 텍스트를 생산하는 대표적인 방식이 '패러디(parody)'다.

- 패러디는 기존의 텍스트에 대한 의식적이고 인정된 모방인용의 행위이므로 독자가 패러디임을 지각했을 때라야만 그 기능을 발휘할 수 있다. 그러므로 패러디 텍스트는 모든 장치들을 활용하여 원텍스트를 예시하거나 노출시켜야 하고 이로써 합법성과 정당성은 물론 유희성까지 획득할 수 있다.

- 패러디는 기존의 문학 텍스트를 의식적이고 의도적으로 인용하여 새로운 문학 텍스트를 생산하는 활동이다. 패러디에서 패러디의 대상이 된 원텍스트를 분명하게 드러내는 것을 '원텍스트의 _____2'라고 한다. 이때 패러디 텍스트와 원텍스트는 _____3 을 유지한다. 두 텍스트는 유사성을 지니고 있지만, 생산된 텍스트의 내용이 새롭고 미적 효과가 분명할수록, 즉 두 텍스트 사이의 차이가 강조될수록 패러디의 효과는 극대화되며 두 텍스트 사이의 대화적 성격도 의미를 지닌다.

1 소통 구조
2 전경화
3 대화성

직업을 찾는 것보다 더 중요한 것은 자신의 길을 찾는 것이다.
시간이 조금 더 걸리더라도, 힘이 조금 더 들더라도
자신의 길, 평생의 소명이 담긴 길을 찾아야 한다.
그래야 진정 행복할 수 있다.

– 김창옥의 《유쾌한 소통의 법칙67》 중에서

구동언의 함께하는 국어교육론 '마중물'

제 **6** 장

국어과 교수·학습 개관

01 | 국어과 영역별 교수 · 학습의 방향과 모형

1 듣 기

(1) 듣기 지도의 방향

브라운(James I. Brown)은 듣기 지도의 필요성을 다음과 같이 다섯 가지로 요약 · 제시하고 있다.

첫째, 언어 생활에서 가장 자주 사용하는 것은 듣기 활동이다.

둘째, 비판적으로 듣는다는 것은 비판적으로 읽는 것보다 어려운 일이다.

셋째, 우리 사회에서 가장 중요한 일은 회의실에서 이루어진다.

넷째, 사람이란 자동적으로 그리고 아무런 노력을 들이지 않더라도 효과적으로 듣는 요령을 습득하게 된다는 생각은 결코 용납될 수 없다.

다섯째, 교육적인 경험을 계획하고 집행하는 과정에서 여타의 언어 기능과 마찬가지로 듣기도 개인차가 나타나므로 그것도 지도해야 한다.

이렇게 중요한 듣기 지도가 학교 교육에서 소홀히 된 것은 듣기가 저절로 습득되는 언어 사용 능력이라는 선입견과 듣기의 본질과 특성을 파악하고 이를 활용할 수 있는 기초적인 연구가 부재하기 때문이다. 미국에서도 1970년대에 와서야 비로소 체계적인 교육이 실시되었다.[1]

이러한 듣기 지도의 효과를 높이기 위하여 다음에 중점을 둔다.[2]

---

1 듣기 능력을 향상시키는 방법을 모색하기 위해 나쁜 듣기 습관을 살펴보는 것에서 시사점을 얻을 수 있다. 대체로 나쁜 듣기 습관은 다음과 같다.

첫째, 내용이 흥미 없다고 귀를 기울이지 않고 자기가 좋아하는 내용만을 들으려고 한다.

둘째, 논리적인 요소보다도 메시지의 감정적인 요소에 더 영향을 받는다.

셋째, 집중력이 부족하다.

넷째, 중요한 점과 그렇지 않은 것을 구별하지 못한다.

다섯째, 메시지의 진실성보다도 화자의 성량이나 태도에 영향을 받는다.

여섯째, 대중 매체를 통해 들은 것은 무조건 믿는 경향이 있다는 것이다.

따라서, 이와 같은 나쁜 듣기 습관을 극복하게 하는 것이 훌륭한 청자가 될 수 있도록 지도하는 것이라 할 수 있다.

2 천경록 外(2005) '초등 국어과 교육론'에서는 듣기 지도의 원리를 다음과 같이 설정해서 설명하고 있다.

첫째, 청자에게 필요한 정보 획득에서 뿐만 아니라 바람직한 인간관계를 위해서도 듣는 매우 중요한 언어사용 행위이다. 따라서 청자에게 듣기의 중요성과 목적을 분명하게 인식시켜 주어야 한다. 특히 듣기의 목적이 무엇이냐에 따라서 듣기의 내용이 달라질 수 있다는 점을 기억해야 한다.

둘째, 듣기 태도를 교정시켜야 한다. 듣기는 많은 노력이 요구되며, 상대의 지적 정보를 문자와는 다른 관점으로 받아들이는 활동이다. 이 과정에서 청자의 입장만 고려할 것이 아니라 화자의 입장도 고려해야 한다. 좋은 청자가 좋은 화자를 만들 수 있기 때문이다.

셋째, 교사 자신이 모범적인 청자가 되어야 한다. 교사가 학생들의 반응에 적절하게 대처하지 못하고 교사의 입장만 강조한다면 바람직한 의사소통이 이뤄질 수 없다. 뿐만 아니라 교사의 듣기 능력이 떨어지거나 편협한 시각을 갖는다면 바람직한 대화가 이뤄질 수 없다.

넷째, 다양하고 실제적인 상황을 상정하여 듣는 경험을 많이 쌓게 해야 한다. 듣기는 말하기의 종류가 무엇이고, 어떤 상황과 시간에서 듣느냐가 매우 중요한 역할을 한다. 뿐만 아니라 우리 교육은 일반적으로 청자의 반응을 억제하며 화자 위주의 듣기 교육이 이뤄지기 때문에 청자는 적절한 반응을 할 기회가 줄어들 뿐만 아니라 실제 상황을 적절하게 활용하는 교육이 되지 못하고 있다.

다섯째, 듣기 지도는 학교 교육의 전 장면에서 가르쳐야 한다. 듣기 지도는 국어 시간에만 이뤄져서는 안 되고, 학교 수업의 전 장면에서 이뤄져야 한다. 국어 시간에 배운 기능이나 전력을 다른 교과의 내용을 듣는 데 활용할 수 있다면, 학습의 전이가 일어나서 듣기 능력이 향상될 수 있을 것이다.

① **직접 듣는 경험을 많이 쌓게 한다.**

계속 반복해서 들으면서 듣기의 심리적, 신체적 기능들을 훈련하고, 그런 연습을 통해서 듣기 능력이 향상될 수 있다. 그러나 아무리 많이 듣는다 하더라도 이것을 듣기 기능의 숙달로 내재화시키지 못하고 건성으로 흘려 듣는다면 연습의 효과가 없을 것이다. 따라서 주의를 집중해서 계속적으로 듣기 연습을 함으로써 고차적인 듣기 기능을 숙련시킬 수 있다.

② **다양한 듣기 경험을 쌓게 한다.**

교사의 말 듣기나 학생 상호간의 말 듣거나, 매체를 통한 듣기 등 다양한 방법으로 듣기 경험을 제공한다. 특히, 일상 생활에서 접하기 어려운 듣기 경험, 예를 들면 긴 연설이나 토의, 토론 등에서 발표자 또는 청중으로서의 듣기 경험 등을 반드시 제공하여, 이러한 듣기에 익숙해지도록 한다. 여러 가지 형태의 듣기 경험에 접함으로써 실질적인 의사 소통의 수준 상승은 물론, 듣기의 다양한 하위 기능들이 개발되어 전체적인 듣기 능력이 향상될 것이다.

③ **내용 이해를 중심으로 한 고차적인 사고 기능의 지도에 주력한다.**

자세나 태도 등의 외면적인 요소는 듣기를 잘하기 위한 기본적인 요소이지만 듣기 지도의 중심적인 요소는 아니다. 지식이나 태도 등의 외면적인 요소들의 토대 위에 내용 이해, 재조직, 추론, 평가, 감상 등의 보다 고차적인 사고 기능이 본격적으로 지도되어야 한다. 듣기의 궁극적인 목적은 의사 소통에서 화자가 전달하려는 의미와 의도를 파악하는 이해의 기능을 다하는 것이다. 외면적인 요소가 갖추어졌다고 해서 반드시 이해가 충실히 되는 것은 아닌 것이다.

④ **듣기 중심의 지도가 필요하다.**

흔히 말하기 수업을 하면 으레 듣기 수업은 되는 것으로 생각하기 쉽지만, 말을 잘하기 위해서 또는 말을 잘하는지를 평가하기 위해서 말을 듣는 것과, 말해지고 있는 내용을 이해하고 그것을 자신의 입장에서 비판하고 감상하기 위해서 듣는 것은 서로 다른 사고 작용이다. 듣는 목적이 다르기 때문에 중요한 점도 달라지고 내재화되는 것도 달라진다. 듣기는 궁극적으로 말을 잘하기 위한 연습 과정이 아니라, 말해진 바를 정확하게 이해하고 비판하기 위한 자체 목적적인 언어 활동이고, 따라서 듣기 중심의 지도가 이루어져야 한다.

⑤ 듣기 지도는 대화 듣기, 연설 듣기, 토의 듣기, 토론 듣기 등의 구체적이고 실제적인 듣기 활동 속에서 이루어지고, 이러한 활동들은 각각 다양한 지도 요소를 포

여섯째, 과정 중심의 듣기 지도를 할 필요가 있다. 듣기 과정에 대한 면밀한 분석을 통해서 청자가 잘 듣는 부분과 잘 듣지 못하는 부분을 발견하고, 모든 내용을 듣는 것이 아니라 중요하고 덜 중요한 정보를 가려서 듣는 능력을 길러 준다면 학생들의 듣기에 대한 부담도 줄어들게 할뿐만 아니라 고등 사고력도 길러질 수 있다.

일곱째, 듣는 자료의 일반적 성격과 듣는 목적이 일치되어야 한다. 듣기의 목적이 정보 획득이라면 정보 전달의 말하기를 들려주어야 할 것이고, 주장에 대한 적절한 근거를 찾아보는 듣기 활동을 의도한다면 설득하는 말하기를 들려주어야 듣기의 성격과 목적이 일치해서 듣기의 효율성을 도모할 수 있다.

함하고 있다. 그러나 각 활동에서의 중심적인 지도 요소가 되는 것에 지도의 중점을 두어야 한다. 예컨대, '묘사 연설'을 듣는 경우라면 묘사되는 대상의 추리·상상이 비판 기능보다 중심적이어야 할 것이며, '토론'의 청중 입장이라면 비판 기능이 가장 중요시되어야 할 것이다. 듣는 자료의 일반적인 성격과 듣는 목적 등에 의한 중점화가 적절해야 할 것이다.

(2) 듣기 지도의 요건

이상과 같은 듣기 지도가 가능하기 위해서는 교수학습 활동의 네 요인인 교사, 학습자, 교육 환경, 교재의 요건이 다음과 같이 갖추어져야 한다.

첫째, 교사는 학생들의 듣기 학습 모델이 될 수 있어야 한다.

학생들이 듣기를 학습하는 모델로서의 교사의 역할은 매우 중요하다. 교사가 보여 줄 수 있는 모델로서의 행동은 화자에게 주의를 집중하는 것부터 시작되는데, 교사는 학생들의 활동에서 방관자가 아니라 가장 진지하게 듣는 적극적인 참여자로서의 모습을 보여 줌으로써 잠재적이지만 강력한 지도를 할 수 있다.

둘째, 학습자는 듣기의 중요성을 반드시 인식해야 한다.

언어 생활에서 듣기가 차지하는 비중과, 다른 언어 기능들과의 상호 관련성을 인식함으로써 듣기에 적극적으로 참여하는 자세를 갖추어야 한다. 그리고 화자에게 주의를 집중하는 자세를 갖추어야 한다. 화자를 바라보며 집중하여 듣는 행동은 듣기의 가장 기본적인 행동이다. 또한, 화자에 대한 긍정적인 태도가 듣기에 매주 중요하다는 것을 인식해야 한다. 그 외에도 화자의 자세와 표정, 몸의 움직임 등에서도 긍정적인 태도를 갖는 것이 듣는 데 효과적이다.

셋째, 효과적인 듣기 교수학습이 되기 위해서는 듣기를 방해하는 요인들을 제거하여 듣기를 위한 환경을 조성해야 한다.

청자는 환경에 의해 영향을 받기 때문에, 편안한 자리를 마련해야 한다. 적절한 광선과 온도, 소음의 제거 등은 효과적으로 듣기를 지도하는 데 필수적이다. 또한, 앞으로의 계획을 제시함으로써 학생들의 주의를 집중시키는 것도 중요하다. 이것은 교실 내의 집단 토론과 같은 경우에 유용한 환경 조성의 방법이다.

넷째, 효과적으로 듣는 훈련을 시키기 위해서는 좋은 듣기 프로그램이 개발되어야 한다.

이것은 학생들에게 다양한 듣기 경험을 제공하면서, 각각의 듣기 경험의 핵심 내용들을 효과적으로 지도하기 위한 것이다. 이 때, 프로그램은 뚜렷한 목적을 가진 듣기 경험을 제공하는 것이어야 한다. 일반적으로, 일상 생활에서의 듣기는 여러 가지 목적이 복합적으로 작용하지만, 듣기 지도를 위한 프로그램은 목적을 뚜렷하게 하며 목적에 따른 듣기 양상을 학습하도록 해야 한다.

(3) 듣기 지도의 모형

듣기는 말하기와 마찬가지로 표현자, 이해자, 전달 내용, 그리고 듣는 상황의 네 가지 요인을 포함하며, 읽기와 마찬가지로 정보의 수용 또는 이해 행위로서 다음과 같은 구안의 원리에 따라 교수학습 모형을 설계하였다.

• 의사 소통 행위로서의 듣기의 특성을 중요시한다.
• 고차적 사고 기능으로서의 듣기 기능 향상에 역점을 둔다.
• 구체적인 듣기 활동에서 듣기 지도 내용의 각 항목들을 지도할 수 있도록 한다.
• 듣기 자료는 친근하고 쉬운 것부터 점차 어려운 것으로 배열한다.
• 듣기의 특성상 화제는 5~7분 정도의 내용으로 말할 수 있는 것으로 하되, 운영의 묘를 살린다.

다음의 듣기 교수학습의 일반 모형은 음성 언어 기능 교수 모형을 근간으로 하여 듣기 교수학습에 적합하다고 판단되는 요소만을 추출하여 재구성한 것으로서, 비교적 짧은 시간 안에 수행될 수 있는 모형이다. 이 모형 중 목표와 진단 단계는 본 수업 시간 이전에 수행되어야 할 사항이고, 평가 단계 역시 형성 평가를 제외하면 실제 한 차시의 수업 상황은 교수학습 단계에서 이루어지게 된다.

[그림 6-1] 듣기 영역의 교수 · 학습 모형

Ⅰ. 목 표	〈목표 설정 단계〉 (교재 분석, 교육과정 분석) – 교수 · 학습 목표 설정
Ⅱ. 진 단	〈진단 단계〉 (학습 결손 발견 및 처리, 학생 실태 파악) – 교수 · 학습 내용의 선정
Ⅲ. 교수 · 학습	〈교수 · 학습 단계〉 • 도입–동기 유발 → 목표의 제시 및 확인 → 연계 학습 • 전개–학습 목표의 제시 및 해결(부분적 접근, 전체적 접근)
Ⅳ. 평 가	• 형성 평가, 총괄 평가 – 결과의 활용

앞의 [그림 6-1]에서 보인 교수학습 모형을 상술하면 다음과 같다.

먼저, 목표 단계에서 교육 과정 분석과 교재 분석을 통하여 단원 목표와 수업 목표를 설정한다.

다음 진단 단계에서는 학생들의 듣기 능력과 지식 정도, 듣기 태도, 학습 방법, 듣기에 대한 분석 및 종합력 등을 진단하여 그에 알맞은 듣기 교수학습의 내용과 방법을 모색하도록 한다. 구체적으로 질문지나 관찰의 방법으로 듣기 학습 태도 및 능력을 파악한다. 신체적인 결손이나 지식적인 결손, 듣기 방법이나 요령의 결손이 있는지 파악한다. 결손이 발견될 시에는 주의 집중력과 어휘력을 향상시키거나, 또는 올바른 듣기 요령을 지도하는 등 적절한 치유를 한다. 결손 파악 외에도 이런 진단 활동에서 학생의 인성, 지능, 흥미도, 학습 습관 등의 듣기 교수학습과 관련된 학생의 모든 특성들을 파악한다.

교수·학습 단계에서는 언어 기능의 교수·학습은 주로 경험적 교수·학습법을 사용하기 때문에, 듣기의 교수·학습 모형도 말하기에서와 같이 도입, 전개, 정착의 세 단계로 크게 구성할 수 있다.

'도입 단계'에서는 학습 동기를 유발하고, 목표를 인지시키며, 선수 학습과의 연계를 짓는다. 그리고 본격적인 지도가 시도되는 '전개 단계'에서는 듣기 자료에 대하여 질의 응답 등으로 부분적인 이해에 접근하고, 이해 단계를 거친 다음 전체 접근을 시도한다. 듣기 자료의 제시는 짧고 간단하고 쉬운 것에서부터 길고 복잡하고 어려운 내용을 담은 것으로 점차 이동해 간다.

듣기 자료를 제시하는 중간 중간에 이해를 점검하면서 지도할 수 있고, 듣기 자료를 다 들은 후에 그 결과로써 이해 여부 또는 이해 방법 등을 지도할 수 있다. 정착 단계에서는 수업 목표를 중심으로 지도한 내용을 정리하고, 학습자가 학습내용을 정리할 수 있는 기회를 준다.

마지막으로, 교수학습에 이은 평가 단계에서는 형성 평가 내지는 총괄 평가 등을 실시할 수 있다. 평가의 결과는 학습자의 목표달성도, 지도 방식의 효율성 등을 점검하여 다음의 지도에 재투입한다.

2 말하기

(1) 말하기 지도의 방향

말하기 지도[1]에서는 말하기 상황에서 실제적인 목적을 달성하기 위하여 다양한

---

1 천경록 外(2005) '초등 국어과 교육론'에서는 말하기 지도의 원리를 다음과 같이 설정해서 설명하고 있다.

첫째, 청자에게 필요한 정보를 제공해주는 것뿐만 아니라 바람직한 인간관계를 위해서도 말하기는 매우 중요한 언어사용 행위이다. 따라서 청자에게 말하고 듣는 활동의 중요성과 목적을 분명하게 인식시켜 주어야 한다. 특히 말하기의 목적이 무엇이냐에 따라서 말하기의 내용이 달라질 수 있다는 점을 기억해야 한다. 또한 말하기에서 의도가 무엇인지를 확실히 해주어야 한다. 그래야 청자도 화자의 의도를 명확히 파악할 수 있기 때문이다.

둘째, 말하기 태도를 교정시켜야 한다. 말을 한다는 것은 매우 어려운 활동이다. 특히 상대를 배려할 줄 아는 말하기가 대단히 중요하다. 자기가 중요한 만큼 상대로 중요하고, 사람이 다르면 생각도 당연히 다르기 때문이다.

셋째, 교사 자신이 모범적인 화자가 되어야 한다. 교사가 학생들의 반응에 적절하게 대처하지 못하고 교사의 입장만 강조한다면 바람직한 의사소통이 이뤄질 수 없다. 뿐만 아니라 교사의 말하기 능력이 떨어지거나 편협한 시각을 갖는다면 바람직한 대화가 이뤄질 수 없다. 따라서 교사가 모범적인 화자가 됨으로써 학생들은 모범적인 화자이면서 동시에 청자가 될 수 있기 때문에, '교사의 모범적 화자 되기'는 중요하다.

넷째, 다양하고 실제적인 상황을 상정하여 말하는 경험을 많이 쌓게 해야 한다. 말하기는 청자의 성격에 따라 달라지기 때문이다. 상황에 적절한 말은 약이 되지만, 부적절한 말은 독이 되기 때문에, 다양한 상황에서 말하기를 할 수 있는 경험을 쌓도록 해야 할 것이다.

다섯째, 말하기 지도는 학교 교육의 전 장면에서 가르쳐야 한다. 말하기 지도는 국어 시간에만 이뤄져서는 안되고, 학교 수업의 전 장면에서 이뤄져야 한다. 국어 시간에 배운 기능이나 전략을 다른 교과의 내용을 듣는 듣는 데 활용할 있다면, 학습의 전이가 일어나서 말하기 능력이 향상될 수 있을 것이다.

여섯째, 과정 중심의 말하기 지도를 할 필요가 있다. 과정 중심의 쓰기가 교육적 의미가 있는 것처럼 과정 중심의 말하기·듣기도 필요하다. 말하기 과정에 대한 면밀한 분석을 통해서 화자가 잘하는 부분과 잘 못하는 부분을 발견하고, 모든 내용을 말하는 것이 아니라 중요하고 덜 중요한 정보를 가려서 정해진 시간에 말하는 능력 길러주는 것이 중요하다.

형식으로 말하되, 적극적이고 협동적인 태도로 의견을 교환하는 학습 활동을 강조한다.

첫째, 말하기에 필요한 원리 및 전략에 대한 내용은 교사가 먼저 체계적인 설명, 시범을 보인 후 학습자가 이에 대해 궁금한 점을 질문하고 스스로 연습하는 과정 속에서 학생 스스로 점검하고 평가하는 과정을 거치도록 한다.

둘째, 말하기에 필요한 지식이나 개념을 단순히 수용하는 것이 아니라 그 과정을 탐구하게 하기 위해서는 문제 해결 과정의 학습법을 이용할 수 있다. 즉, 먼저 말하기와 관련한 문제 상황을 확인하고, 이를 해결할 방법을 적극적으로 탐색하여 문제 상황을 해결한 다음, 여기서 터득한 원리나 전략을 다른 상황에 적용하는 단계를 거친다. 이 때 학습자 수준에 적합한 과제를 제시하여 이를 창의적으로 해결하도록 함으로써 자기 주도적인 학습력을 신장시킨다.

셋째, 말하기에서 실제 삶과 연결하여 의사 소통 능력을 함양시키고자 할 때 역할 놀이 학습법을 활용할 수 있다. 학습 목표에 맞게 말하기 상황을 설정하여 학습자들이 역할을 분담하여 실제 시행해 보고, 서로간에 토의를 통해 그 역할들의 언어 수행에 대해 평가해 본다. 이 때 활동 자체로 끝나 버리지 않도록 교사는 말하기 활동이 학습 목표에 맞게 실현되었는가를 계속 점검해 준다. 이외에도 말하기 내용 요소에 맞게 다양한 교수학습 방법을 활용할 수 있다.

말하기는 학습자가 스스로 활동을 하여야만 학습될 수 있고 신장될 수 있다. 학습자의 자발적, 적극적인 참여가 있어야 그 기능이 신장되는 것이다. 따라서 교사는 학생들이 수업에 적극적으로 참여할 수 있는 분위기를 조성하고, 그러한 여건을 마련하여 주는 일에도 노력을 기울여야 한다.

학습자의 적극적인 참여를 유도해 내는 방법으로는 다음과 같은 것이 있다.

첫째, 화제를 잘 선정하는 것이다. 학습자의 관심이 있는 화제를 선정하려면 교과서나 교사의 일방적인 화제 선정보다는 학생들이 스스로 바람직한 화제를 선정할 수 있도록 도와 주어야 한다. 그리고 가능한 한 화제는 학습자들에게 가치가 있고, 흥미가 있으며, 학생들이 충분히 이야기를 엮어 낼 수 있는 것이 좋다.

둘째, 모든 학생이 말하기 활동에 참여할 수 있도록 기회를 골고루 많이 부여한다. 시간의 부족과 과밀 학급 등의 악조건을 조별 학습과 녹음기 등의 매체 활용으로 극복해야 한다.

셋째, 학습자의 실태를 정확하고 구체적으로 파악하고, 특히 대중 공포증이 있는 학생은 자주 앞에 나와 청중을 접할 수 있는 기회를 갖게 하여 그런 증세를 없애도록 도와 준다.

넷째, 말하기 지도에 있어서 교사는 스스로가 하나의 말하기 모델로서 구실해야 한다. 교사는 잘 다듬어진, 그리고 표준화된 발음을 할 수 있어야 하며, 어떤 감정에도 치우침이 없도록 조음에 신중을 기해야 한다. 또한, 교사는 학생들에게 길러 주고자 하는 말하기 기능과 관련되는 매우 높은 수준의 기능을 지녀야 한다.

일곱째, 말하기를 위한 자료를 잘 활용해야 한다. 말하기의 목적이 설득이라면 설득을 위한 정확한 자료를 준비해야 할 것이고, 정서 표현의 말하기라면 관련된 자료를 준비해야 한다.

다섯째, 말하기 지도에서 태도나 음성 등의 외면적인 면보다는 내용의 선정이나 조직, 효과적인 언어적 표현 등의 내면적인 면에 중점을 두어야 한다. 말하기 지도는 고차적인 언어 사용 능력, 즉 사고 능력을 핵심으로 한 교수이어야 하기 때문이다.

여섯째, 학생의 발전 과정을 살피고 지도하기 위해서는 학생의 말하기에 대한 누가 기록이 필요하다. 또한 학생 자신에게도 말하기에 대한 자기 점검 기회를 제공하여 바람직한 말하기의 태도를 형성할 수 있다.

(2) 말하기 지도의 모형

언어 사용 기능상 말하기는 의사 표현이라는 측면에서 쓰기와 통하고 사용 매체가 음성이라는 측면에서 듣기와 통하지만, 표현되는 순간의 상황의 제약이 심하다는 점과 소통의 과정을 주체적으로 이끌어 나간다는 점에서 이들과 다른 특성이 있다. 실제 말하기는 발화 순간마다 발화 현장 상황(분위기, 청자의 태도 등)의 영향을 받게 되며, 그 결과 계획되었던 발화 내용이 매순간마다 수정, 보완되어 표현되는 역동적 과정으로 이루어진다. 대담, 토의, 토론 등에서 이러한 현상은 특히 두드러진다. 또한, 말하기에 있어서는 비언어적인 요소(심리적 요소)가 언어 내적 요소만큼이나 중요한 역할을 한다. 이런 특성들로 인하여 수업 모형은 역동적이고 상황에 민감하며 심리적인 요소를 고려한 수업안이 될 수 있도록 구안되어야 한다.

말하기 수업은 교사 중심에서 벗어나 학생 중심의 활동으로 이루어져야 한다. 교사는 기본적으로 인지해야 할 사항을 알려 주고, 녹화(녹음) 자료나 직접적인 시범을 보인 뒤, 점차적으로 학생이 중심이 되도록 하는 모형이 구안될 수 있다. 말하자면, 교사의 시범이나 녹음(녹화) 자료를 통한 간접 경험을 바탕으로 학생의 직접 경험이 중심이 되는 수업 활동이 이루어지는 것이다. 그리고 경험을 다시 녹음(녹화) 자료화하여 객관적 대상으로 제시함으로써 자체 비판 및 상호 비판의 과정을 통해 수정 · 보완의 기회를 갖게 할 수 있다.

한편, 수업에 직접 적용할 구체적 수업안 설계에는 교재 분석과 교육 과정의 분석 결과가 도입되어야 한다. 교육 과정에 지시된 말하기 지도의 목표 및 내용 요소들이 수업 과정을 통하여 학습될 수 있는 말하기 지도 모형이 설계되어야 한다. 그리고 교과서를 비롯한 교재 분석으로 구체적인 지도안을 구안하여 설계하여야 한다.

따라서 전술한 설계 방향에 따라 사고력 신장과 기능 훈련에 모두 유용하고, 학생 경험 중심의 활동으로 전개될 수 있는 대략적인 모형을 다음과 같이 구안할 수 있다. 이 모형은 말하기 단계에 따른 학생 활동을 요목화한 것으로 수업 모형으로서의 이용뿐만 아니라 학생들에게 말하기의 기본 절차를 습득시키는 데에도 도움이 될 것이다.

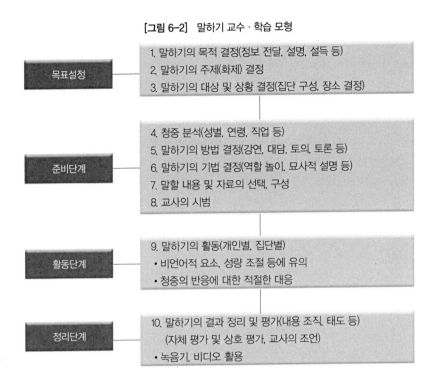

[그림 6-2] 말하기 교수·학습 모형

목표설정
1. 말하기의 목적 결정(정보 전달, 설명, 설득 등)
2. 말하기의 주제(화제) 결정
3. 말하기의 대상 및 상황 결정(집단 구성, 장소 결정)

준비단계
4. 청중 분석(성별, 연령, 직업 등)
5. 말하기의 방법 결정(강연, 대담, 토의, 토론 등)
6. 말하기의 기법 결정(역할 놀이, 묘사적 설명 등)
7. 말할 내용 및 자료의 선택, 구성
8. 교사의 시범

활동단계
9. 말하기의 활동(개인별, 집단별)
 • 비언어적 요소, 성량 조절 등에 유의
 • 청중의 반응에 대한 적절한 대응

정리단계
10. 말하기의 결과 정리 및 평가(내용 조직, 태도 등)
 (자체 평가 및 상호 평가, 교사의 조언)
 • 녹음기, 비디오 활용

3 읽 기

(1) 읽기 지도의 방향

　독서는 의미 구성 과정이다. 때문에 독서 지도에서 글 전체의 의미망의 형성 과정이 소홀히 다루어지거나 맹목적이고도 기계적으로 이루어져서는 안 된다. 곧, 글을 일독시킨 후 곧바로 하나하나의 문장 혹은 단락을 읽어 가면서 단편적인 설명을 하거나, 지시어, 단어 지식, 어구 풀이, 수사법, 단락 관계 등에 대하여 주입식 설명을 하는 것은 의미 구성 과정을 소홀히 하거나 방해하는 학습 지도의 전형적인 예이다.

　독자가 의미를 구성해 내도록 하는 데는 글을 읽는 후의 토의 과정이 필요하다. 글을 읽고 난 후 생각나는 사실을 회상하게 하고 전체적인 내용의 요점이나 개요를 말하게 하거나, 중요 쟁점을 파악하고 토의의 과정을 갖도록 할 수 있다.

　독서는 사고의 과정이며, 일반적 사고의 과정과 유사하다고 한다. 일반적 사고 과정 속에서 우리는 사실들의 관계를 추론하며, 어떤 내용에 대한 구체적인 모습을 상상하고, 실제의 예를 들어 보기도 하며, 앞으로 일어날 일을 예상하고 걱정하고 대책을 세우기도 한다. 그러므로 사고의 과정을 반영하는 독서 지도라면 글 속의 내용을 이해하는 과정에서 구체적인 모습을 상상하고 실제의 예를 찾아내며, 이어질 내용을 예측하거나 어떤 사건이 일어났을 때를 예상하여 있을 수 있는 대책을 세워 볼 수도 있을 것이다. 이들 사고의 활동 속에서 독서 능력이 길러지는 것이다. 그러한 사고의 활동은 물론 독자가 하도록 할 때 의미가 있다.

독서의 과정에서 여러 가지 독해 기능들은 하나하나 순차적으로 작용하는 것이 아니라 동시적·총체적으로 작용한다는 것이다. 독서에서는 여러 가지 기능들이 의미의 재구성을 위해 동시적으로 혹은 총체적으로 작용하는 것이다. 이러한 독해 과정이 시사하는 독서 지도의 방법은 기능의 통합적 지도이다. 독해의 기능들은 먼저 의미와 통합을 이루어야 한다. 의미의 획득과 관련 없이, 의미의 이해가 전제되지 않는 기능의 지도는 독서 능력의 신장을 가져올 수 없다는 것이다. 주제의 파악, 지시어의 파악, 이유와 근거의 확인 등은 그 기능의 연습과 숙달만으로 성취될 수 있는 것이 아니며 글을 이해할 수 있는 힘이 수반될 때 잘할 수 있는 것이다.

독서의 총체성에서 고려해야 할 또 하나의 사항은 독서 기능과 책략의 독립적 지도와 아울러 통합적 지도가 이루어져야 한다는 것이다. 총체적 지도란 여러 가지 기능과 책략들을 동시 다발적으로 적용하여 의미를 구성해 내는 학습이 이루어지는 것을 말한다. 가르치고 연습을 시킬 때에 부분을 따로 분리하여 하나씩 지도할 수 있고, 또 그럴 필요성이 있으나 부분을 가르치면 학습자가 분리하여 학습한 것들을 스스로 통합할 수 있느냐 하면 그렇지 않다는 것이 총체성과 통합성을 강조하는 사람들의 주장이다. 또한, 전체는 부분의 단순한 합이 아니기 때문에 총체적 관점에서 부분들의 통합적 지도는 필요한 것이다. 부분을 가르치더라도 부분들을 종합하여 한꺼번에 가르치는 지도가 이루어져야 한다.

독서는 의사 소통의 과정이며, 글의 내용(혹은 필자)과의 상호 작용 과정이라고 한다. 글 속에는 글을 쓴 사람의 사상과 감정이 나타나 있다. 글을 읽는다는 것은 글쓴이의 생각과 만나는 행위이다. 그러므로 독서는 필자와의 의사 소통이라고 할 수 있다.

이와 같은 의사 소통의 과정이 독서의 지도 방법에는 어떻게 반영될 수 있는가? 우선 독자 자신이 스스로의 지식과 경험을 바탕으로 추론하고 비판하고 감상하도록 학생 스스로 질문하고 답하는 사고 과정이 있어야 하며, 교사는 질문과 토의의 과정을 통하여 이를 적극 도와야 할 것이다.

독자가 가지고 있는 지식은 독서의 과정에서 중요 변수 중의 하나이다. 글을 읽고 이해하는 과정에서 지식은 세 가지 측면에서 영향을 미친다. 첫째는 글 속의 정보와 독자 지식과의 통합이고, 둘째는 문맥 속에서 단어의 정확한 의미를 선택하도록 돕는 일이며, 셋째는 어떤 메시지가 전개될 것인지를 예측할 수 있게 한다.[1]

McNeil(1984)은 이와 같은 읽기 과정의 이론을 바탕으로 새로운 읽기 학습 지도의 방향을 다음과 같이 제시했다.

① 사전 지식 혹은 경험적 지식의 활용

독서 연구 결과는 사전 지식이 글을 이해하고 기억하는 데 중요한 역할을 한다는 것을 발견하였다. 높은 수준의 사전 지식과 경험을 가지고 있는 학생은 제시된 정보를 더욱 잘 기억하며, 추론적 질문에 답하는 데 도움을 준다. 읽기 능력이 부족한

1 독자가 읽을 글과 관련된 지식이 부족하거나, 있더라도 관련시키지 못할 때 글의 이해에 장애를 가져온다. 독자가 자신의 지식과 글 속의 지식을 통합했을 때 우리는 그것을 이해되었다고 하는 것이다. 독서의 과정에서 이를 도와 주는 것은 도입 단계에서 글의 내용과 관련된 지식을 보충해 주거나 관련 지식과 경험을 활성화시키고 내용을 예측하게 하는 활동이다. 글 이해의 전개 단계에서는 어구의 구체적인 내용을 추론하거나 예를 들어 보게 하는 학습 활동이 있다. 독자가 가지고 있는 지식의 작용이 독서 지도와 독서 방법에 시사하는 방향은 독자가 독서의 과정에서 능동적으로 사고하고 예측하고 추론해야 한다는 것이며, 지도 과정에서는 그러한 학습 상황이 만들어지도록 해야 하는 것이다.

독자들은 텍스트의 정보를 자신의 사전 지식과 통합시키고 사전 지식을 이용하지 못한다고 한다.

② 글의 구조에 대한 지도

필자가 사용한 글의 구조를 확인시켜 주는 것은 효과적인 읽기 교육이 된다. 글의 구조를 얼마나 잘 인식하느냐 하는 것은 독자가 글을 이해하고 내용을 기억하는 데에 영향을 미친다. 어리석은 독자는 글의 구조를 이용하지 않으며, 중요한 내용보다 단편적인 사실에만 관심을 둔다. 글의 구조를 이해한다는 것은 내용을 체계적으로 이해함을 뜻하는 동시에 무엇이 중요한 내용인가를 아는 것이기도 하다.

③ 읽기 과정의 점검

독자가 자신의 독해 과정을 점검하는 것은 글의 이해에 영향을 미치므로, 다음과 같은 상위 인지 기능들은 읽기 교육에서 강조되어야 한다.

- 읽는 목적을 확인하기
- 내용의 중요한 부분을 찾아 확인하기
- 중요한 것에 더 많은 주의를 기울이기
- 이해하고 있는지를 수시로 자문하고 점검하기
- 이해되지 않을 때 스스로 적절한 대책을 세울 것

④ 어휘의 지도

어휘력은 독해 능력과 밀접한 관련이 있다. 어휘력과 독해력은 0.7 이상의 상관관계를 가진다. 그러므로 읽기 능력을 향상시키기 위해서는 체계적인 어휘 지도가 필요하다.

⑤ 직접 교수법에 의한 읽기 지도

중요한 개념 또는 읽기 기능들은 교사에 의해 직접적이고 구체적으로 지도될 때 효과적이다. 독해 과정에서의 직접적인 지도는 읽기 시작부터 이해될 때까지의 사고 과정의 단계가 설명됨을 의미한다. 교사가 글이 이해되는 과정을 자세히 단계적으로 설명하여야 한다.

⑥ 학생 중심의 교수학습

학생들의 머리는 빈 상자가 아니다. 학생들은 사전 지식을 가지고 있으며 그들 나름의 생각을 가지고 있다. 읽기는 수동적인 과정이 아니므로 학생들의 사고는 자극되어야 하며 능동적인 수업의 참여가 적극 권장되어야 한다. 교사는 이를 돕는 조력자가 되어야 한다.

⑦ 학습 내용의 체계적 선정

읽기 학습의 내용은 교과서의 단원 체계, 단원 목표, 읽기 이론, 수업 모형 등에 기초하여 체계적으로 선정되어야 한다. 교사는 학생용 참고서에 의존하여 학습 내용을 선정할 것이 아니라 스스로의 판단에 의해 학습 내용을 선정해야 한다.

(2) 읽기 지도의 방법

1) 읽기 전 학습

읽기 학습은 독자가 가지고 있는 사전 지식과 텍스트에 포함되어 있는 정보를 연결시키는 학습 활동으로부터 시작된다. 이것은 읽기는 독자와 텍스트의 상호 작용적 과정에 의해 이루어지며, 독자가 가지고 있는 사전 지식은 독해에 영향을 미친다는 이론에 기초하고 있다. 독자의 사전 지식과 텍스트의 정보를 연결시켜 주는 학습이 효과적으로 이루어지도록 하기 위한 학습 활동에는 사전 지식을 조성하기(building)와 사전 지식을 활성하기(activating)가 있다.

① 사전 지식을 조성하기

독자가 읽을 글에 대한 배경 지식이 부족할 때 독자는 글을 이해할 수 없거나 이해하기 힘들다. 그러므로 이때에 교사는 학습자에게 읽을 글과 관련된 배경 지식을 보충해 줄 필요가 있다.

㉠ 어휘를 가르치기

글 속에 포함된 새로운 어휘나 글의 내용을 대표하는 중요 어휘를 가르치는 것은 독자가 글을 읽는 데 도움을 준다. 새로운 어휘는 독자의 사전 지식과의 개념 연상을 갖게 하거나 새로운 연상을 제공함으로써 독자가 글 속의 새로운 내용과 자신의 지식을 관련시키도록 돕는 구실을 한다.

어휘 지식과 그 어휘가 포함된 글을 이해하는 능력, 어휘 지식과 언어 지능 지수, 어휘의 난이도와 그 어휘가 포함된 글의 독해 난이도 등의 상관관계는 매우 높은 편이다. 그러므로 글 속에 포함된 새로운 어휘나 중요 어휘를 읽기 전에 가르치는 것은 독해를 돕는다. 읽기 전에 가르치는 어휘는 읽을 글의 내용을 대표하는 중요 어휘이어야 하며, 어휘 학습은 사전적이고 개별적으로 가르쳐질 것이 아니라 배경 지식을 제공하는 방식으로 가르쳐져야 한다.

㉡ 배경 지식을 제공하기

읽을 글에 대한 배경 지식과 경험을 제공하거나 풍부하게 하는 것은 글의 이해를 증진시킨다. 특히 학습자가 글 내용에 대한 배경 지식이나 경험이 부족할 때, 배경 지식이나 경험을 제공하는 학습 활동은 중요하다. 학생들이 '독선과 겸손'이란 논설문을 이해하기 어려운 것으로 생각하는 것은 독선과 겸손에 대한 개념적 지식이 부족하기 때문이다. 이 때, 독선이란 무엇이며 독선과 겸손은 어떻게 다른지를 토의하게 함으로써 사전 지식을 제공하거나 풍부하게 하면, 그 글을 보다 잘 이해하게 할 수 있을 것이다.

㉢ 유추하기

유추하기 학습 활동은 읽을 글의 내용에 대한 배경 지식을 제공하기 위하여 그 내용을 유사한 내용과 비교하여 비유적으로 설명하는 방식의 학습 활동이다. 이러한 학습 활동은 새로운 정보에 대한 접근을 용이하게 한다. 유추는 직접적인 정보나 경험을 제공하는 것이 아니라, 익히 알고 있는 친숙한 정보와 새로운 정보를 비교, 설명하여 사전 지식의 바탕 위에서 새로운 정보를 학습하도록 함으로써 학습을 도와주는 것이다.

② 사전 지식이나 경험을 활성화하기

사전 지식이나 경험을 활성화시키는 것은 독자가 이미 가지고 있는 것을 능동적으로 읽을 글의 내용과 관련시키도록 하는 활동을 말한다. 독서력이 부족한 독자는 자신이 이미 가지고 있는 지식이나 경험을 글 속의 내용과 연결시켜 이해하려는 노력을 기울이지 않으며, 그렇게 함으로써 글을 이해하지 못하거나 피상적으로 글을 이해한다. 이러한 독서 책략은 독서 학습이 글 내용의 단순한 기억 또는 재생산이라기보다는 글의 의미 구성(construction)이라는 이론에 기반을 두고 있다.

㉠ 선행 조직자(advance organizer)

독자가 가지고 있는 사전 지식을 활성화하기 위하여 고안된 학습 책략으로 가장 잘 알려진 것은 Ausubel의 선행 조직자이다. 선행 조직자는 독자의 배경 지식과 텍스트 사이에 있을 수 있는 간격을 연결시키는 구실을 해 준다. 선행 조직자는 텍스트의 내용을 독자의 지식과 통합시키는 역할뿐만 아니라 그것의 기억을 돕는 개념의 얼개를 제공한다.

Ausubel은 선행 조직자가 효과적으로 제 구실을 하기 위해서는 그것이 학습될 텍스트의 내용보다 추상적이고 일반적인 수준에서 쓰여져야 한다고 말하고 있다. 국어 교과서에 선행 조직자의 구실을 하는 것으로 '단원의 길잡이'가 있으나 대부분의 경우 선행 조직자로서보다는 단원 목표 제시의 역할을 하도록 쓰여져 있다. 국어 교과서에서 선행 조직자의 구실을 하는 '단원의 길잡이'가 있는 경우에는 이를 잘 활용하여 학습자의 배경 지식을 활성화시키도록 지도해야 하며, 그러한 역할을 하는 선행 조직자가 없는 경우에는 교사가 알맞은 선행 조직자를 구안할 필요가 있다.

㉡ 학습 목표의 확인

학습 이론에서 학습 목표의 제시가 학습의 효과를 높인다는 것은 거의 상식적인 것이지만, 국어 교사들은 아직도 학습 목표 제시의 중요성을 제대로 인식하지 못하고 있다. 읽기 수업에서 그 시간에 학습할 내용을 미리 안다면 학습자는 더욱 체계적으로 열심히 학습할 것이며, 그러기 때문에 텍스트를 읽기 전에 학습자에게 목표를 제시하는 것은 학습자의 학습을 증진시킨다.

국어 교과서에는 대단원마다 '단원의 길잡이'가 있어 단원의 학습 목표를 개괄적으로 설명하고 있으나, 읽기 학습이 보다 효과적으로 이루어지기 위해서는 학습 목표를 보다 구체화하거나 상세화할 필요가 있다. 그리고 교사는 읽기 학습에 매 시간마다 그 시간에 학습할 목표를 제시해야 한다.

㉢ 사전 검사 및 사전 질의응답 활동

사전 검사 및 사전 질의는 학습 목표 제시와 유사한 학습 효과를 가지며, 평가의 목적을 위하여 사용되는 경우가 많다. 사전 검사나 사전 질의는 학습자에게 학습 과제의 특성과 내용에 주의를 기울이게 하고, 평가 방식이나 내용의 정리를 제공함으로써 학습자가 학습할 내용을 잘 알 수 있도록 한다.

학습자가 학습할 내용을 어느 정도 알고 있거나 읽을 자료가 독해하기 어려운 경우 혹은 읽기 자료로부터 학습할 내용이 좀 더 구체적일 때, 사전 검사나 사전 질의는 학습자의 학습을 돕는다.

2) 읽는 동안의 학습 활동

① 질문을 삽입하기

글을 읽는 중간중간에 읽은 내용에 대한 질문을 함으로써 방금 읽은 내용을 확인할 수 있는데, 중간에 삽입된 질문들은 읽은 후 질문을 하는 것보다 더 효과적이며, 질문 삽입 없이 단순히 읽은 경우보다 더 효과적이다. 중간에 삽입되는 질문이 학습에 효과적인 까닭은 그러한 질문들이 학습자로 하여금 글을 더욱 주의 깊게 읽도록 일깨워 주기 때문이며, 더욱이 질문과 관련된 내용들은 읽은 내용들 중에서 중요한 학습 내용이기 때문이다.

② 스터디 가이드(Study Guides)

스터디 가이드는 글, 특히 내용 교과적인 글을 읽을 때, 학생들이 알아야 할 중요 학습 내용을 질문을 통하여 안내하거나 글 내용의 구조를 제시하는 학습 보조 자료이다. 학습자는 글을 읽으면서 스터디 가이드에 있는 질문에 답을 해 가거나 내용 구조도에 필요한 사항을 적어 넣는다. 스터디 가이드는 학습자가 읽은 글의 내용을 보다 용이하게 이해하도록 도우며, 중요 학습 및 내용의 전반적인 구조도를 파악하게 한다.

3) 읽은 후 학습 활동

① 사후 활동

글을 읽게 한 후 글 속에 나와 있는 내용에 대해서 질문하는 학습 활동은 교실 상황에서 통상적으로 이루어지는 학습 활동이다. 교과서에는 '학습 활동' 란에 글을 읽은 후 해야 할 질문들이 있다.

글을 읽은 후의 사후 질문들은 단순히 글을 읽고 마는 경우보다 더 많은 학습이 일어나게 한다. 사후 질문이 가져오는 이러한 학습 효과는 사후 질문이 읽은 글에 대한 의도적 학습을 가능하게 하기 때문이다. 사후 질문은 또한 그 질문의 성격에 따라 학습 효과가 달라진다. 질문들이 글 속의 중요한 내용에 관한 것일 때가 지엽적이고 피상적인 내용에 관한 것일 때보다 학습 효과가 크다.

이와 같은 사실에 기초해 볼 때, 교사가 학생들이 읽을 가치와 흥미를 느낄 수 있는 수준의 글을 제공할 때, 교사가 학생들에게 학습시키고자 하는 내용을 명확히 인식할 때, 교사가 글 속에서 무엇이 중요한 내용인지를 알 때, 사후의 추론적 질문이나 적용 학습의 질문들이 학습 효과를 가져온다고 볼 수 있다.

② 그룹 토의 혹은 전체 토의

토의 학습은 학습자의 적극적 사고, 학습에의 능동적 참여를 가능하게 함으로써 학습 효과를 증대시킬 수 있다. 토의 학습의 과정을 통하여 학습자는 학습 과정에 보다 적극적으로 참여할 수 있으며, 학습 내용을 보다 분명하고 철저하게 알 수 있게 된다. 그러나 토의 학습이 산만하게 이루어지면 이러한 긍정적인 학습 효과는 반감되거나 효과가 전혀 나타나지 않으므로, 학습 효과의 극대화를 위해서는 토의 학습이 사전에 체계적으로 계획되고 구조화되어야 한다.

③ 읽기 기능 학습

읽기 기능의 지도는 모든 단원에서 모든 읽기 기능들을 전부 단편적으로 지도할 것이 아니라, 그 단원에서 학습해야 할 기능들을 설정하고 일단 선정된 기능들은 직접 지도법을 사용하여 집중적으로 지도되어야 한다.

단원에서 학습할 읽기 기능의 선정은 단원의 학습 목표, 글의 특성, 학습 활동의 내용 등을 고려하여 선정한다. 이를 위하여 교사는 읽기 기능에는 어떤 것이 있는 지를 알아야 한다. 교육 과정에 명시된 기능뿐만 아니라, 국어과 교육론 및 교수법 등의 문헌을 연구하여 읽기 기능 목록을 마련해 두어야 할 것이다.

(3) 읽기 지도의 모형

읽기 지도는 무엇을 가르칠 것인가의 문제이며, 동시에 어떻게 가르칠 것인가의 문제이다. 이와 관련된 대표적인 교수-학습 모형을 보면 다음과 같다.

1) DRA

DRA(Directed Reading Activity)는 읽기 능력을 향상, 강화시키는 데 가장 널리 그리고 오랫동안 사용되어 온 읽기지도 방법이다. 이 방법은 소설, 전기 등 이야기 글이나 내용 교과적인 글 등의 지도를 위하여 사용될 수 있다.

① 동기 유발 및 배경 지식·경험의 개발

이 부분에서 교사는 읽을 글의 내용에 대한 학생들의 흥미를 유발시키기 위하여 학생들이 글의 내용과 학생 자신들의 지식·경험을 관련시키도록 유도하며, 필요한 경우 시청각 자료를 이용한다. 물론 어떤 글에서는 흥미 유발이 굳이 필요 없을 지도 모른다.

교사는 이 단계에서 글을 이해하기 위해 필요한 배경 지식이나 경험을 학생들이 가졌는지를 확인할 필요가 있으며, 또 어떤 경험이나 지식이 필요한지를 결정할 수 있어야 한다. 어떤 경우에는 새로운 개념이나 어휘를 소개할 필요가 있다.

그러나 이 단계에서 교사의 지도가 너무 피상적이거나 형식적으로 흐르게 되면 오히려 흥미를 감소시킬 우려가 있다. 학생들의 경험이나 배경 지식을 이끌어 내는 질문은 주의 깊게 구체적으로 구안되어야 한다.

② 글 읽기(낭독 또는 묵독)

글을 읽게 하기 전에 교사는 학생들이 올바른 방향에서 읽도록 지도하기 위하여 의도적인 질문을 할 수 있다. 즉, "여러분이 글을 읽은 후 다음과 같은 질문에 답할 수 있어야한다."고 말한 후 몇 개의 질문을 칠판에 제시하거나, 인쇄된 질문을 나누어 준다. 그렇지 않으면 학생들은 글 내용의 이해에 관심을 두지 않고 피상적으로 읽는 경향이 있기 때문이다. 읽기 전에 질문하는 대신 읽은 후 내용을 요약하게 할 수도 있다.

글을 다 읽고 난 후 교사는 질문에 대한 답을 말하도록 한다. 글 내용의 이해는 제시된 몇 개의 질문에 답한 것으로 이루어지는 것은 아니다. 내용을 좀 더 깊게 이해시키기 위해서 교사는 좀 더 세밀한 질문을 준비해야 하며, 질의 응답을 통한 토론의 과정을 거쳐야 한다. 교과서의 '학습 활동' 질문들은 이 단계에서 소화되어야 한다. 글의 중심내용에 대해서는 상당한 시간을 할애하여 밀도 있는 토론을 유도해야 한다. 이 단계는 다음의 읽기 기능 지도단계와 아울러 DRA의 핵심 부분이라 할 만하다. 이 단계의 지도를 위하여 교사는 질문의 본질을 깊이 이해하고 질문하는 방법을 자세히 익혀 두어야 한다.

일반적으로 교사들은 이 단계에서 어느 단원이고 무조건 낭독을 시키고, 잘못 읽는 부분을 그때그때 지적하여 읽는 흐름을 방해한다. 그리고 읽은 후 교사는 글을 한 줄 한 줄 차례대로 읽어 가면서 지시어, 어구 해석, 문법 등 요소들을 잡다하게 비체계적으로 주입식 설명을 하게 되는데, 이러한 방식은 학생들의 학습에 혼란만을 초래하며 학습 부담을 가중시킨다. 이 단계에서는 글 내용 이해에만 치중해야 한다.

③ 읽기 기능 학습

중요 어휘, 지시어, 중심 문장 찾기, 문단 나누기, 사실과 의견 구별하기, 예시 · 근거 찾기, 내용 요약하기 등의 읽기 기능들을 지도할 수 있는데 이들은 단편적이고 지엽적으로 그리고 산만하게 지도되어서는 안 되며, 뒤에서 소개되는 직접 지도법(Direct Instruction)을 사용하여 집중적이고 체계적이며 단계적으로 지도되어야 한다.

이러한 읽기 기능들의 지도가 흔히 교사의 주입식 설명과 학생들의 피동적 받아적기 형태로 이루어지고 있는데 이는 시급히 지양되어야 한다. 그 단원에서 지도될 기능들은 단원의 학습목표에 맞게 선정되거나 그 단원의 글에서 특히 중요시되어야 할 것들로 선정되어야 하며, 모든 단원에서 모든 기능들을 산만하게 지도해서는 안 된다.

④ 후속 학습 활동

교사의 주도하에 이루어진 전 단계 학습에서 익힌 읽기 기능들을 연습 문제를 통하여 학생들이 직접 해 보는 학습 활동이다.

지시어에 관한 내용이 지도되었으면 지시어를 괄호 안에 넣기, 지시어 찾기 등의 연습 문제를 교과서 내외에서 발췌하여 하게 한다. 전 단계에서 학습한 내용은 교사의 설명만을 들은 것이므로 이 단계에서는 학생들이 실제로 해 보는 것이다. 학생들은 수동적이 아닌 능동적인 학습자가 되는 것이다. 기능을 학습할 때 직접, 실제로 해 보는 것은 중요하다. 어떤 기능이든지 기능의 학습은 이론적 설명을 듣고 이해하는 것만으로는 완전히 학습되었다고 볼 수 없다. 자동차 운전은 이렇게 이렇게 해야 한다는 설명을 듣는 것만으로 운전을 할 수 없는 것과 마찬가지 이치이다.

⑤ 강화 학습 활동

교과서 글의 형식 · 내용과 유사하거나 관련된 글을 찾아 더 읽어 보게 하기, 형식 · 내용과 관련된 글짓기, 연극 · 음악 · 미술 등 다른 교과와 관련된 활동하기 등의 활동을 할 수 있다.

'소나기'에서 사랑·우정에 관한 소설 읽기, 소년이나 소녀에게 편지 쓰기, 사랑·우정에 관한 영화를 보거나 이야기하기, '로미오와 줄리엣'의 주제 음악 듣기 등의 학습 활동은 그 소설을 읽은 감동을 더 깊고 풍부하게 할 것이다.

이 DRA 교수학습 모형은 최근의 독해 과정 연구가 진행되기 이전에 개발된 것이지만, 각 단계에서 최근의 이론들과 어렴풋이나마 관련되어 있으므로 기존의 모형을 새로운 독해 과정 이론에 따라 수정·보완하여 이용할 수 있다.

동기 유발의 처음 단계에서는 스키마 이론, 초인지 이론 등이 적용 보완될 수 있고, 둘째의 글 읽기 또는 독해 단계에서는 질문 책략이 응용될 수 있으며, 세 번째의 읽기 기능 지도 단계에서는 직접 지도법이 적절히 사용될 수 있다.

DRA는 읽기 전, 읽은 후 질문이 주어지므로 이 지도 방법이 과연 효과적이냐 아니냐는 읽기 전·후의 질문 효과에 관한 연구들에서 간접적으로 알아볼 수 있다. 읽기 전 질문들은 그 질문에 관련된 정보의 학습을 용이하게 하며, 읽은 후 질문은 텍스트 속의 정보 이해를 돕는다는 연구 결과가 있다. 또한, 읽기 전 혹은 읽은 후 한 가지만 이용하는 것보다 사전·사후 질문 모두를 사용하는 것이 훨씬 효과적임이 밝혀지고 있다.

이런 연구 결과에 더하여, 만일 DRA가 읽기 지도에 당연히 적용되어야 하고 또 효과적이라고 밝혀진 스키마, 초인지 이론, 질문 책략, 직접 지도법 등을 보충·보완하여 적용한다면 보다 효과적인 읽기 학습 지도 모형이 되리라고 생각된다.

2) DRTA

DRA가 교사 주도형 혹은 교사 중심 수업 모형이라면 DRTA(Directed Reading Thinking Activity)는 보다 학생 중심이면서 DRA의 변형이라고 할 수 있다.

DRA에서 학생의 활동이 많은 것은 사실이나 이들의 활동이 교사 중심의 지도하에 이루어지고 있으므로, 학생 스스로 질문을 만들고, 예언하고, 글을 읽은 후 예언이 맞는지를 확인하며, 글을 읽는 목적을 스스로 정하고 거기에 맞추어 읽으며 자신이 이해하고 있는지를 확인하는 등의 활동을 하는 DRTA는 보다 학생중심의 수업 모형이 된다.

DRTA는 학생이 글을 읽을 때에, 예측을 하고 그 예언이 맞는지를 확인하면서 학생 스스로 '생각하도록' 지도하는 학생 계획이다. Stauffer는, 교사는 학생 자신이 질문과 가설을 세우고 질문을 처리하며, 가설을 점검·평가하도록 적극 권장 지도함으로써, 스스로의 노력과 학습에의 능동적·적극적 참여를 동기화시킬 것을 지적하고 있다.

DRTA도 목적 설정이 학습 과정에서의 교사−학생 상호 작용과 통합적으로 관련된다.

독자가 스스로 목적을 설정하든 다른 사람이 대신 설정한 목적들을 채택하든, 학생은 읽기 과정에서 왜, 어떻게 그렇게 해야 하는지를 명확히 해야 한다. 학생은 또한 자신의 경험이나 지식을 최대한 이용함으로써 답의 본질과 복잡성을 깊이 생각한다. 그리고 그는 목적이나 가정을 검증하기 위해 의도적으로 즉 능동적으로 글을 읽는다.

DRTA는 다음의 다섯 단계의 과정으로 구성된다.

㉠ 읽는 목적을 설정하거나 확인하기

㉡ 읽는 목적이나 자료의 성격에 맞게 조절하며 읽도록 지도하기

㉢ 읽는 상황을 관찰하기

㉣ 독해 지도하기

㉤ 중요한 읽기 기능을 지도하기

DRTA 에서 독서-사고의 과정은 학생이 자신이 무엇을 알고 무엇을 모르는가에 관하여 호기심과 의문을 가지면서 시작된다. 또한, 학생은 어떤 일이 일어날지(어떤 내용이 들어 있을지)를 생각해 본다. 이와 같이 독자가 글 내용에 관하여 질문을 제기해 보는 것은 스키마 이론에 관련되는 것이다. 스키마 이론이 DRTA의 첫 단계에서 중요하게 고려되어야 할 사항이다. Stauffer가 지적한 바와 같이 독자가 예언하는 아이디어는 그의 아이디어이며, 그것은 그의 경험이나 지식을 반영한다.

두 번째 단계에서 학생들은 읽는 목적이나 자료의 특질에 맞게 읽는 속도를 조절하게 되는데, 이는 그들이 만든 질문에 답하고 예언이 맞는지를 확인하기 위해 빨리 혹은 천천히 읽는 것을 말한다. 줄거리 알기, 문단 나누기, 구체적인 사실 확인하기, 내용 요약하기, 주제 파악하기 등은 각각의 성격에 따라 그 읽는 속도가 적절히 조절되어야 하며, 학생 스스로 이를 할 수 있어야 하며, 또 그렇게 하도록 권장되는 것이다. 초인지 책략, 그 중에서도 Self-Monitering 책략의 적용이라 할 수 있겠다.

세 번째 단계에서 교사는 학생들이 조용히 묵독하는 내용, 즉 묵독하면서 질문의 답을 찾아 내고 예언한 내용을 확인하는 것을 보면서 학생들이 자료의 성격이나 설정한 목적에 맞게 알맞은 방법으로 읽는지를 관찰한다. 설정된 목적이나 질문이 글 속의 내용과 부합되지 않는 것이 발견된다면 교사가 만든 질문을 주고 다시 읽게 할 수 있을 것이다.

네 번째 단계에서 학생들은 자신이 예언한 내용이나 설정된 목적이 맞는지에 대하여 근거를 들어 말하도록 한다. 즉, 교사는 "너의 질문에 다한 답을 어디서 찾을 수 있는가?" 또는 "너의 예언은 정확했는가?"라고 질문하고 학생이 이에 답하도록 한다.

다섯 번째 단계에서는 DRA에서와 같이 직접지도법을 이용하며 그 글 속에서 중요하게 고려되어야 할 읽기 기능들을 지도하게 된다.

이 DRTA 지도 방법은 내용 교과적 성격의 글이나 전기문, 언어 영역의 글들을 지도하는 데 적합한 지도 방법이다. Brisken 등은 그들의 연구에서 토의나 토론 없이 스토리를 들려 주는 것보다 DRTA를 이용하여 가르칠 때 훨씬 효과적이라는 전반적인 결론을 내렸으며, Davidson도 다른 어떤 교사 주도형 학습 지도보다 DRTA가 효과적임을 발견하였다.

3) GRP

Manzo의 GRP(Guided Recding Procedure)는 글의 구조를 확인하는 기능을 익

히고 개선하며, 독해와 회상하는 능력을 개선하는 데 도움을 주며, 내용 교과적 성격의 글을 지도하는 적절한 방법이다.

Manzo는 학생들은 글 속의 많은 주요 내용이나 사실들을 기억할 필요가 있을 때 (즉 '국문학 이야기'와 같은 글), 교사가 GRP를 통하여 지도할 것을 권장하고 있다. 그에 의하면 이 과정의 지도에서 학생들은 불분명하고 애매한 질문들을 인식하게 되며, 읽는 동안에 집중력을 증가시키며, 자기 수정 훈련을 할 수 있고, 글 속의 새 정보들을 구조화할 수 있다고 한다.

GRP의 지도 과정은 다음과 같다.

ㄱ 읽기의 목적을 설정한다. 교사는 다음과 같은 일반적인 읽기의 목적을 선택할 수도 있다. 이 단원의 글을 읽고 가능한 한 많은 내용을 기억하라. 학생들은 정해진 시간 동안만 읽고 책을 덮는다.

ㄴ 학생들은 글을 읽고 기억한 내용을 회상하도록 요구받는다. 학생들의 반응은 간략하게 칠판에 기록된다. 답이 정확성과 관계없이 모든 반응들이 기록된다. 나중의 정답 확인 과정을 위하여 응답들은 번호가 붙여진다.

ㄷ 학생들의 반응이 다 나왔을 때, 글을 다시 읽고 그들이 말한 내용이 맞는지를 확인하도록 한다.

ㄹ 학생들이 글 내용에 대한 충분한 이해가 이루어지지 않았다고 판단되면, 이미 학습하였거나 아는 내용과 새로운 글 속의 내용을 통합 혹은 종합하는 질문을 한다. 즉, 학생들이 아는 것(배경 지식)에 더하여 새로운 내용을 이해시키도록 한다.

ㅁ 글 내용의 단기 기억 상태를 확인하기 위하여 객관식 선다형 평가, 주관식 논술 평가가 실시된다. 일주 혹은 2~3주 후에 다시 한 번 평가를 실시한다.

Manzo는 현장 연구에서 GRP가 긍정적 효과가 있는 것을 발견하였으며, Ankney와 McClurg도 그들의 GRP현장 적용 연구에서 성공적인 사례를 보고하고 있다. Ankney 등은 앞의 연구에서 GRP에 대하여 다음과 같이 지적하고 있다.

ㄱ 지도 과정에서 시간이 많이 걸리지만 내용 이해가 철저히 된다.

ㄴ 사실적 내용들을 열거한 글을 지도하는 데 적합한 흥미 있는 지도 방식이다.

ㄷ 학생들은 더 많은 정보를 찾으려고 애쓰며, 적극적으로 정보를 확인하는데 열중한다.

ㄹ 내용을 이해하는 데 적합하기보다는 내용을 기억하는데 유익한 지도 방법이다. 그러므로 높은 수준이 내용 이해를 필요로 하는 글의 지도에는 적합하지 않다.

ㅁ 학생들의 반응을 많이 적어야 하므로 칠판에 적을 때 학생의 도움이 필요하다.

4) SQ3R 모형

1970년 Robinson에 의해 구안된 SQ3R의 방법과 단계는 다음과 같다.

① 1단계 – Survey(훑어보기)

학생들은 먼저 논의된 모든 단원을 읽기 전에 훑어본다. 그들은 그 단원의 제목,

도표, 차트, 지도, 삽화, 교육적 도식, 머리말, 요약, 학습 문제를 빠르게 검토해야 한다.

빠르게 검토하는 목적은 학생들에게 그 단원에 무엇이 나타나는가 하는 주의 집중을 유도하는 것이다.

② 2단계 – Question(질문 만들기)

머리말을 질문으로 만든다. 이 방법은 학생들의 호기심을 자극한다. 예를 들면, '석유 수송'과 같은 머리말은 "어떻게 석유를 수송하는가?"하는 질문으로 바꾼다.

③ 3단계 – Read(읽기)

마음속으로 질문을 하면서 학생들은 단락을 읽는다. 그들은 질문에 답할 뿐만 아니라 다른 주요 내용을 찾는다. 학생들은 그들의 질문에 답을 쓴다. 그리고 노트의 왼쪽에 질문을 쓰고 오른쪽에 답을 씀으로써 그들 자신의 학습 방법을 개발할 수 있다.

④ 4단계 – Recite(암송하기)

학습을 끝낸 후에 학생들은 그들의 노트 한 쪽을 오른손으로 가리고 질문의 답을 구두로 암송한다. 그리고 글로 쓴 답과 암송한 답을 비교하고 맞는지를 검토한다.

⑤ 5단계 – Review(재검토하기)

음미하기 단계는 확실히 시험 전이나 몇 시간 전에 재검토할 수 있다. 그들이 질문과 답을 재검토함으로써 학생들은 다양한 질문과 대답 사이의 관계를 알 수 있다.

5) 직접 교수법(Direct Instruction)

학생들에게 수업의 목표를 명확하게 제시하고, 목표에 도달하기까지 지속적으로 수업시간을 충분히 배당하고, 단위수업에서 많은 내용의 범위를 다루며, 학생의 수

〈표 6-1〉 직접 교수법의 절차

과 정	주요 활동
설명하기	• 읽기 전략의 제시 • 읽기 전략의 필요성과 중요성 설명 • 읽기 전략의 사용 방법 안내
시범보이기	• 읽기 전략이 사용된 예 제시 • 교사의 시범 보이기
질문하기	• 세부 단계별 질문 • 내용 파악 질문 • 학생들의 질문 제기 및 교사의 응답
활동하기	• 실제 상황을 통해 반복적인 연습 • 다른 상황에 적용

행을 계속적으로 점검하는 수업형태이다. 이것은 행동주의이론에 기반을 두고 단계적으로 학습하도록 하되, 짧은 시간에 집중적으로 연습하게 하고, 교사는 교정적인 피드백을 하여 효과를 극대화하려는 것이다. 즉, 목표나 과제를 설정하고, 그것을 하위과제들로 세분해서, 세분된 과제를 수행하기 위한 훈련 활동을 개발하고, 하나의 하위과제에서 다른 하위과제로 전환하도록 하는 것으로, 모든 교육목표에 적합한 것은 아니며, 모든 학생에게 적용가능한 것도 아니지만, 사회경제적 지위가 낮은 학생들에게 효과적이며, 읽기에 효과적인 것으로 나타났다.

6) 현시적 수업모형(Explicit Instruction)

직접교수가 교사의 효율성에 그 초점을 두고 있다면, 현시적 교수는 직접교수에서의 선언적이며 절차적인 지식요인뿐 아니라 효율적인 전략 이용에 필요한 조건적인 지식에도 관심을 갖기 때문에 더욱 유연한 수업모형이다.[1] 여기서 '현시적'이라는 말은 언어사용의 지적과정을 밖으로 끌어내어 명료하게 하는 점을 강조한 것이다. 학생들은 자신의 지적작용을 의식하면서 적절하게 활용할 수 있는 능력을 길러야 한다.

따라서 현시적 수업에서는 학생들에게 전략이 무엇이고, 왜, 언제, 어떤 상황에서 활용하며, 그 과정이나 결과를 어떻게 평가해야 하는가에 대해 알도록 하고, 행할 수 있도록 지도한다. 이런 점에서 현시적 수업모형은 결국 다음과 같은 세 가지 측면에서 다른 수업과 차이를 보인다.

첫째, 교사는 기능이나 전략을 설명해 줄 뿐 아니라 직접 시범(modeling)을 통해 그 기능이나 전략을 활용하는 방법을 보여 준다. 그리고 전략사용의 상황, 목적, 시기, 방법, 이유 등도 상세하게 설명한다.

둘째, 교사는 학생들이 스스로 과제를 수행해 나갈 수 있을 때까지 안내를 하고 연습을 시킨다(guided practice).

셋째, 교사는 학생들의 수행을 관찰하고 평가하면서 교정할 수 있도록 송환(feedback)할 수 있게 하며, 학습한 전략을 다른 상황에서도 적용할 수 있도록 한다.

현시적 수업에서 공동작업은 교사의 시범으로 시작된다. 처음에는 독해의 책임을 전적으로 교사가 지고, 교사는 독해의 시범을 통해 이러한 책임을 담당한다. 일

1 현시적 교수법과 직접 교수법은 몇 가지 기본 가정과 전제에서 차이점이 있다(Dole, 1991). 첫째, 현시적 교수법은 읽기 전략 지도의 관점이 총체적이다. 그래서 읽기 지도에서 하위 기능 요소들을 분리하여 지도하지 않는다. 반면에, 직접 교수법은 읽기 전략을 하위 기능 요소로 분편화된다고 전제한다. 둘째, 현시적 교수법은 질문에는 오직 한 가지만의 정답만이 있다는 종래의 정답관을 배척한다. 한 가지 질문에는 여러 가지 답이 있을 수 있다. 그리고 여러 가지의 답은 학생들이 그 답에 대한 합리적인 이유를 제시할 수 있는 한 허용된다. 반면에, 직접 교수법은 하나의 정답관을 벗어나지 못하고 있다. 셋째, 현시적 교수법은 읽기 전략을 적극적으로 활용하도록 권장하는 피드백에 초점을 둔다. 그러므로 현시적 교수법은 직접 교수법보다 전략 지도의 관점이 총체적이고 전략 적용에서도 유연성이 있다고 할 수 있다.

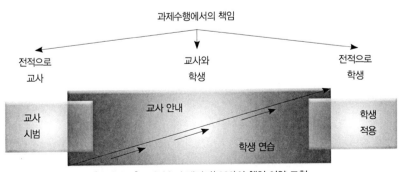

[그림 6-3] 피어슨과 갤러거(1983)의 책임 이양 모형

단 교사가 적절한 시범을 보인 후에는 교사가 독해하는 방법을 안내하고, 연습할 수 있도록 지도하여 독해의 책임이 점차 학생에게로 이양되도록 한다. 이 과정에서 독해의 책임은 교사와 학생이 공동으로 지게 된다. 이것을 '안내된 연습'이라고 한다. 이 단계에서 교사는 학생의 지적 사고활동을 촉진시키고, 자신의 언어 사용에 대하여 반성적으로 사고할 수 있는 질문을 하여 학생들이 능동적으로 자료를 활용하여 독해를 하도록 한다. 일단 이 단계에 들어서면 교사는 독해의 책임이 학생에게 이양되도록 점진적으로 독해과정을 조정해야 하며, 학생 스스로 새로운 상황에서의 독해에 적응할 수 있을 때까지 이 과정이 지속된다. 이 모형의 최종단계에 이르면 학생 스스로 독해를 하게 된다.

7) 상보적 교수 모형(Reciprocal Teaching)[1]

읽기의 이해과정을 언어로 표현하면서 살펴 볼 수 있도록 하는 방법이다. 학생은 자신의 사고과정을 모두 언어화하면서 문제를 해결하는 방식을 배울 수 있다. 상보적 교수란 참여자들 사이의 협동적인 학습환경을 조성하는 것을 특징으로 하는 '안내되고 협동적인 학습형태(a form of guided, coorperative learning)'이다. 이러한 교수의 특징은 글 내용 이해와 기억을 목표로 하여 집단 토론(기술)을 도입하는 것인데, 이때의 집단은 개인에게 사회적 지원을 하고 전문적 지식을 공유하며, 역할시범을 제공한다. 이 과정에서 교사는 전문적인 발판(scaffolding)을 제공한다.

상보적 교수에서는 교사와 학생 사이의 대화가 중요하다. 교사는 글에 대한 질문을 만드는 구실을 하는데, 이러한 방식을 통해 학생은 '자신의 방식대로 글을 읽는' 전략을 배울 수 있게 된다.

상보적 교수의 목표는 학생이 글의 의미를 효과적으로 구성하는 방법을 배우고, 글을 읽어가면서 자기 조정을 할 수 있도록 하는 것이다. 여기에는 질문 만들기(generating questions), 요약하기(summarizing), 분류하기(clarifying), 예측하기(predicting) 등의 전략이 포함된다. '질문 만들기'는 독자가 다양한 방법으로 글의 특정 정보에 대하여 생각할 수 있도록 하는데 초점을 두고, '요약하기'는 중요한 정보를 강조하고, 독자의 활동을 포함시킨다. '분류하기'는 복잡한 글을 살펴보고, 정리하는 전략을 사용하도록 하는 것이며, '예측하기'는 글에 포함된 단서와 내용에 대한 배경지식을 활용하여 글의 내용을 미리 알아보게 하는 것이다.

상보적 수업의 설계 원칙은 다음 사항을 기초로 하고 있다(Palincsar & Brown, 1982).

  ㉠ 교사는 명확하고 구체적이고 바람직한 독해 활동을 시범(示範)해야 한다.
  ㉡ 교사는 적절한 맥락 내에서 행위를 시범하여야 한다.
  ㉢ 학생은 전략적인 중재와 전략의 활용 범주에 대하여 교사로부터 충분히 설명을 들어야 한다.
  ㉣ 학생은 전략적 공부의 필요성과 중요성을 인식해야 한다.
  ㉤ 독해 활동에 대한 책임은 학생들이 스스로의 학습에 대한 책임을 질 수 있는 한, 가능한 빨리 학생에게 이양되어야 한다.
  ㉥ 이러한 책임감의 이양은 점진적이어야 하며 학생들이 편안하게 의욕을 가질

1 상보적(相補的)은 라틴어(reciprocus) 어원을 가지고 있는데, 그 의미는 '앞뒤로 오가다(going backward and forward)'이다.

수 있도록 제시되어야 한다.

ⓐ 피드백은 학생들의 현재 수준에 맞추어 더 나은 단계로 발전될 수 있도록 격려되어야 한다.

상보적 교수에서는 학생이 자신의 책임을 점차로 확대하도록 세심하게 지도해야 한다. 상보적 교수가 읽기 단계에 관계없이 매우 효과적이라는 연구결과가 있다. 학생들이 자신을 조절할 수 있고, 질문 받을 때 부담을 덜 느끼게 하며, 질문하고 이해하는 전략을 사용하는 동료들을 관찰하게 되어 교사가 구두로 설명하는 것보다 더 효과를 거둘 수 있다. 상보적 교수절차는 시범으로 시작해서 학생들에게 전략 획득과 적용에 대한 동기를 부여하고, 전략을 숙달할 수 있는 적절한 기회를 제공한다. 이 과정 속에서 교사는 자신의 책임을 유지하되, 점차 학생에게 책임을 양도해 나간다는 점에서 현시적 교수모형으로 볼 수 있다.

4 쓰 기

(1) 쓰기 지도의 방향

1) 문제 해결 과정 중심의 쓰기 지도

글쓰기를 일련의 목표 지향적인 문제 해결 과정으로 전제하는 문제 해결적 접근 방법에서는 글쓰기 과정에 필요한 사고 방법 또는 문제 해결 방법들만 익혀서 활용할 수 있다면 누구나 일정 수준 이상의 글쓰기 능력을 갖게 된다고 본다. 이러한 '문제 해결 과정 중심의 작문 지도'의 핵심은 학습자로 하여금 자신의 글쓰기 과정에 대한 인식을 바탕으로 자신이 사용하는 글쓰기 방법을 점검하고, 능숙한 필자들이 사용하는 더욱 효율적인 글쓰기 방법을 전략화하여 실제 글쓰기 국면에서 적용할 수 있는 힘을 갖게 해 주는 것이라 할 수 있다.

문제 해결적 접근 방법에서는 글쓰기를 필자와 담화 공동체라는 사회적·수사적 맥락과 교섭하면서 목표 지향적인 사고 과정을 통해서 의미를 구성해 나가는 과정이라고 보고, 이러한 글쓰기 과정에서 접하게 되는 글쓰기의 어려움을 극복할 수 있게 해 주는 효율적인 쓰기 전략을 익혀서 적절하게 활용할 수만 있다면 누구나 일정 수준 이상의 글쓰기 능력을 갖게 된다는 입장을 취한다. 능숙한 필자들의 글쓰기 방법을 토대로 추출한 더욱 효율적인 글쓰기 방법인 문제 해결 전략을 각 쓰기 단계별―계획하기, 아이디어 생성하기, 아이디어 조직하기, 표현하기, 고쳐 쓰기―로 나누어 제시하면 다음과 같다.[1]

① 계획하기 단계의 문제 해결 전략

- 수사적 맥락을 탐구하라.
- 시행 중심 계획과 내용 중심 계획을 세워라.
- 목표를 조작 가능하게 만들어라.

[1] 원진숙·황정현 역(1998), '글쓰기의 문제 해결 전략', 동문선.

- 직관의 소리에 귀기울여라.
- 협조적 계획하기를 이용하라.
- 내용 중심 계획을 시행 중심 계획으로 전환하라.

② 아이디어 생성하기 단계의 문제 해결 전략

- 브레인스토밍을 하라.
- 자신의 생각을 자기화된 말로 이야기해 보라.
- 체계를 세워 주제를 탐색하라.
- 푹 쉬면서 아이디어에 대한 숙고 과정을 거쳐라.

③ 아이디어 조직하기 단계의 문제 해결 전략

- 생각의 요지를 드러내는 핵심 어휘를 확정하라.
- 아이디어를 요약해서 이해하기 쉽게 설명해 보라.
- 개념 구조도를 작성해 보라.

④ 표현하기 단계의 문제 해결 전략

- 예상 독자의 지식, 태도, 요구 등을 분석하라.
- 독자의 반응을 예상하라.
- 독자와 공유할 수 있는 목표를 설정하라.
- 독자 중심의 글 구조를 개발하라.
- 독자의 이해를 돕는 실마리를 제공하라.
- 설득력 있는 논거를 발전시켜라.

⑤ 고쳐 쓰기 단계의 문제 해결 전략

- 글과 글쓰기 목적을 재검토하라.
- 문제점을 찾아서 진단하고 교정하라.
- 경제성 측면에서 글을 평가하고 수정하라.
- 강력한 문체로 편집하라.
- 명확한 글 구성이 되도록 일관성 있게 편집하라.
- 단락을 통해 글의 내적 논리를 드러내라.

이러한 문제 해결 전략들은 개별 전략을 중심으로 지도하기보다는 교사의 비계 지원(scaffolding)하에 학습자들이 모둠 활동 등을 통해서, 실제 쓰기 수행을 중심

---

1 '쓰기' 영역에서 '내용'항목에 포함된 성취 기준 자체가 다양한 텍스트 유형을 포함하고 있을 뿐만 아니라 작문 과목 교육과정에서도 '글의 유형'을 정보 전달 · 설득 · 사회적 상호작용 · 자기 성찰 · 학습과 같은 쓰기 목적별로, 인문 · 사회 · 과학 · 예술과 같은 학문 분야별로, 설명, 논증, 서사, 묘사와 같은 내용 전개 방식별로, 인쇄매체 · 다중매체와 같은 매체별로 나누어 별도의 항목으로 다룸으로써 다양한 장르의 텍스트 생산 경험을 강조하는 쓰기 교육을 지향하고 있다.
'글의 유형'은 '세부 내용'을 통해 더욱 구체적으로 제시되고 있는 바, 정보 전달을 위한 글에서는 설명문 · 보고문 · 기사문 · 전기문 · 안내문 등을 예시하였고, 설득을 위한 글에서는 논설문 · 비평문 · 선언문 · 연설문 등을 예시하였다. 또한 사회적 상호작용의 글에서는 축하문 · 항의문 · 편지 · 식사문 등을 예시하였고, 자기 성찰을 위한 글에서는 일기 · 감상문 · 수필 · 단상 · 회고문 등을, 학습을 위한 글에서는 보고서 · 요약문 · 개요 · 논술문 등 다양한 장르의 텍스트 유형을 세부 교육 내용으로 제시하였다.

으로 한 글쓰기 과정에서 지도하는 것이 바람직하다.

2) 장르(텍스트) 중심의 쓰기 교육

개정 국어과 교육과정에서는 쓰기 활동이 이루어지는 사회적 맥락과 함께 다양하면서도 실제적인 텍스트 생산 경험 자체를 강조함으로써 무엇보다 장르(텍스트) 중심의 쓰기 교육이 이루어져야 함을 분명히 하고 있다.[1]

장르란 특정 의사소통의 목적을 공유하는 담화 공동체 구성원들 간의 대화를 통해 사회적으로 구성되는 것으로 유사하게 반복되는 사회적 상황에 대한 수사적 반응(Miller)이라 할 수 있다. 또, 장르는 담화 공동체에서 사용되는 의사소통의 도구 혹은 지식(Swales)이다. 이렇듯 장르는 담화 공동체 안에서 그 구성원들 간에 이루어지는 효율적인 의사소통의 매체 또는 도구로 활용되기 때문에 특정 담화 공동체 구성원들과 원활한 의사소통을 하기 위해서 그 집단에서 소통되는 장르를 익힐 필요가 있다.

이렇듯 다양한 장르의 텍스트 생산 경험을 강조하는 장르 중심 쓰기 접근법은 문법적 요소나 글 구조 등 쓰기의 결과문인 텍스트를 강조한다는 점에서 결과 중심 쓰기 접근법과 상당 부분 유사성이 인정되기도 하지만 그보다는 쓰기를 둘러싼 사회적 상황 맥락을 강조한다는 점에서 차별성을 보인다.

이런 관점에서 본다면 쓰기 능력의 발달은 다양한 담화 장면에서 자신의 목소리를 통해서 해당 담화 공동체에 기여하는 방식을 학습해 나가는 일이라고도 볼 수 있다. 따라서 글을 쓸 때 누구를 대상으로 할 것인지, 언어 표현 양식이나 관습적 규약 등이 담화 공동체 안에서 수용 가능한 것인지, 자신의 목소리가 해당 담화 공동체에 어떻게 기여할 수 있을지 등을 고려한 맥락적 요소를 학교 작문 교육의 주요 내용으로 편입시킬 필요가 있다. 글쓰기 능력은 다양한 담화 공동체의 가치와 요구로부터 산출되는 담화 활동의 성공적 수행 여부와 직결되기 때문이다.

(2) 쓰기 지도의 모형

1) 쓰기 기능의 효과적인 신장을 위한 수업 절차 모형

쓰기 기능의 효과적인 신장을 위한 수업 절차 모형을 제시하면 다음과 같다.

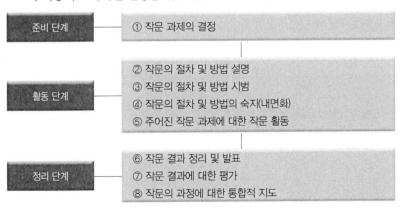

준비 단계	① 작문 과제의 결정
활동 단계	② 작문의 절차 및 방법 설명 ③ 작문의 절차 및 방법 시범 ④ 작문의 절차 및 방법의 숙지(내면화) ⑤ 주어진 작문 과제에 대한 작문 활동
정리 단계	⑥ 작문 결과 정리 및 발표 ⑦ 작문 결과에 대한 평가 ⑧ 작문의 과정에 대한 통합적 지도

1 1960년초 에믹(Emig)이 로만과 웰렉의 '단계적 쓰기 모형'을 선조적이라고 비판하면서 쓰기의 모형은 회귀적일 것을 주장하였다. 이는 과정 중심 쓰기 연구로의 방향을 의미한다. 이 때, 과정 중심 쓰기를 위해서는 쓰기 전략 연구와 학습자의 쓰기 전략 습득과 활용이 이루어져야 하는데, 최근에 전략 중심 지도와 관련해서는 직접교수 및 상보적 교수법이 유용하게 거론되고 있다. 여기에서는 경인초등국어교육학회(1995)의 전략 중심의 쓰기 지도 모형으로 학습 방법을 이해하도록 한다.

2 일반적으로는 '계획하기, 내용 생성하기, 내용 조직하기, 표현하기, 고쳐쓰기' 등의 여섯 단계로 구분하고 있고, 7차 교육 과정에서도 역시 그렇게 보고 있다.

① 준비 단계

이 단계는 작문 활동의 상황적 맥락을 결정짓는 과정이다. 작문의 상황과 관련되는 요인들로서는 글을 쓰는 목적, 예상 독자, 글의 종류 및 형식, 글의 주제 등을 들 수 있다. 이 단계에서 지도 교사는 단원 목표 또는 차시 학습 목표와 관련하여 적절한 작문 과제를 결정하여 학생들에게 구체적으로 제시해 주어야 한다.

② 활동 단계

이 단계는 주어진 작문 과제에 대하여 실제로 작문 활동을 하는 단계이다. 이 단계의 학습 활동은 직접 교수법의 원리를 바탕으로 이루어져야 한다.

다시 말하면 주어진 작문 과제에 대하여 학생들이 글을 쓰기 전에 지도 교사가 먼저 작문의 절차 및 방법에 관한 원리를 설명해 주고, 그러한 원리를 적용하여 실제로 글을 쓰는 절차에 대하여 시범을 보여 주고, 설명과 시범을 통하여 제시된 원리를 학생들이 충분히 이해하였는지 확인한 다음에, 학생들로 하여금 글을 쓰게 하는 지도 방법을 활용하는 것이 효과적이라는 것이다. 이 단계에서 시범을 보일 때는 지도 교사 자신이 직접 만든 간단한 글을 제시할 수 있고, 적절한 예문을 선택하여 학생들에게 제시할 수도 있다. 그리고 작문 활동 단계에서는 수업의 목표에 따라 하나의 문단을 작성하게 할 수 있고, 한 편의 완결된 글을 작성하게 할 수도 있다.

③ 정리 단계

이 단계에서는 학생들로 하여금 자신이 쓴 글을 지도 교사가 설명한 작문의 절차 및 방법에 관한 원리를 기준으로 평가하고 고쳐 쓰게 한 후에 발표하는 활동을 함과 동시에 학생들이 쓴 글 중에서 일부를 표집하여 지도 교사가 평가를 해 주고, 작문의 절차 및 방법에 대한 원리의 적용을 정착시켜 주는 활동을 하게 된다.

학생들에게 어떠한 종류의 글을 주로 쓰게 할 것인가의 기준은, 학생들이 장차 주로 쓰게 될 글이 어떠한 종류의 글인가가 되어야 한다. 글을 쓰는 목적과 관련하여 볼 때, 정보를 전달하기 위한 글, 독자를 확신시키거나 설득시키기 위한 글, 글을 쓰는 행위 자체를 통하여 아름다움과 기쁨을 맛보게 되는 문학적인 글, 그리고 자신의 감정과 정서를 표출하기 위한 글 등을 쓸 수 있는 기회를 균등하게 제공해야 한다. 또한, 글의 종류와 관련하여 설명문, 논증문, 시나 소설 또는 수필 등과 같은 문예문, 일기나 편지 등과 같은 생활문 등을 쓸 수 있는 기회를 골고루 제공하는 것이 필요하다.

개성 있는 글은 끊임없는 연습을 통하지 않고는 아무나 쓸 수 있는 것이 아니다. 그러나 개성 있는 글을 쓰는 능력이 결코 많은 연습만으로 획득될 수는 없다. 단어의 선택, 문장의 구성, 문단의 구성, 완결된 텍스트의 작성에 이르기까지 수사론에서 제공하는 여러 가지 지식과 원리를 바탕으로 하여 체계적인 연습을 시킴으로써 개성 있는 글을 쓸 수 있는 능력이 보다 효과적으로 신장될 수 있게 된다. 이와 아울러 덜 숙련된 필자들에게 처음부터 개성 있는 글을 쓰라고 하는 것은 무리한 일이다. 숙련된 필자 혹은 전문적인 필자들이 쓴 글을 모방하는 연습을 하는 것 또한 미숙한 필자들로 하여금 개성 있는 글의 특성을 올바로 파악 하게 함과 아울러 나아가서는 자기 나름대로의 표현 양식을 개발해 나가는 데 도움을 주게 된다.

2) 전략 중심 쓰기 교수 학습[1] 모형

이 모형은 쓰기 지도 과정을 전·중·후의 셋으로 구분한 다음 각 단계에서 보다 구체적인 활동으로서 생각꺼내기, 생각묶기, 짧게쓰기, 다듬기, 평가하기, 작품화하기를 정하였다. 물론 이 단계는 회귀적이다. 그런 다음 맨 바깥쪽에 전략을 제시하였다. 생각꺼내기를 예로 보면 '일지기록하기'서부터 '상상하기'까지, 그리고 더 많은 전략이 있을 수 있음을 보이고 있다. 그런데 이 지도 모형에서 가장 특이한 점은 '협의하기'가 중심에 놓여 있다는 점이다. 이것은 매 단계마다 협의가 이루어질 수 있다는 뜻이다.

인지적인 관점에 의하면 쓰기는 역동적인 의미 구성 과정으로 필자는 고차원적인 문제 해결 전략을 사용한다고 한다. 일반적으로 문제를 해결하기 위해서는 주어진 문제를 체계적으로 분석하여 문제 해결 과정[2]을 통해서 해결하는 것이다. 쓰기의 절차와 관련된 문제 해결 과정은 생각꺼내기, 생각묶기, 짧게쓰기, 다듬기, 평가하기, 작품화하기의 여섯 단계로 구분할 수 있다. 이들 단계들은 다시 하위 과정들로 세분될 수 있다. 학습자는 각 단계에 적절한 문제 해결 전략을 사용하여 주어진 문제를 보다 효과적으로 해결할 수 있다.

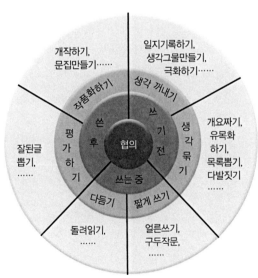

[그림 6-4] 전략 중심 쓰기 지도 모형

3) 협동적 · 전략적 쓰기 지도 모형

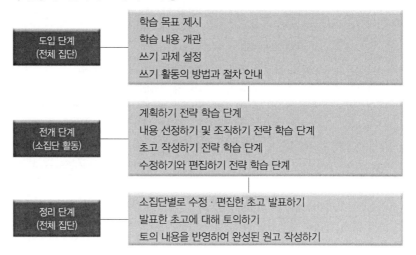

① 도입 단계(전체 집단 활동)

이 단계에서는 학습 전체 학생을 대상으로 수업 목표 제시(2개나 3개 정도의 소단원 또는 차시 학습 목표 제시), 전시 쓰기 학습과의 연계(이미 학습한 내용을 상기하기 위한 간단한 설명), 수업 목표와 연관되는 쓰기 전략 설명(쓰기의 과정에서 요구되는 일반적 전략 제시), 학생들의 흥미와 요구에 부합되는 다양한 쓰기 과제 제시, 소집단별 쓰기 활동의 절차와 방법 안내(전개 단계에서의 소집단별 활동 과정 및 방법) 등의 활동을 교사 주도로 진행한다.

② 전개 단계(소집단별 활동)

이 단계에서는 소집단 구성원들의 협동 학습을 통하여 다음에 제시된 세부 절차에 따라 협동 작문 활동을 해 나간다.

⊙ 계획하기 전략 학습 단계 : 소집단별 협동학습을 통하여 다음과 같은 활동을 전개해 나가도록 한다.
- 소집단 구성원 간 협의를 통하여 도입 단계에서 교사가 제시한 여러 작문 과제들 중에서 어느 하나를 선택하기
- 소집단별 토의를 통하여 글의 주제와 제목 정하기
- 소집단별 토의를 통하여 작성하게 될 글의 구체적 목적 정하기
- 예상 독자의 요구 분석하기

⊙ 내용 선정하기 및 조직하기 전략 학습 단계 : 소집단별 협동 학습을 통하여 다음과 같은 활동을 전개해 나가도록 한다.
- 글의 주제와 연관되는 중심 내용 창안하기(브레인스토밍)
- 창안한 중심 내용을 바탕으로 하여 중심 내용 구조도 작성하기
- 중심 내용 구조도를 바탕으로 세부 내용 창안하기
- 글의 처음 부분에 들어갈 내용 정하기

- 글의 끝 부분에 들어갈 내용 정하기
- 글 전체의 세부 내용 구조도 작성하기

ⓒ 초고 작성하기 전략 학습 단계 : 소집단별 협동 학습을 통하여 다음과 같은 활동을 전개해 나가도록 한다.
- 초고 작성의 방법에 관한 소집단별 토의 활동
- 글 전체의 내용 구조도를 바탕으로 초고 작성하기(소집단 구성원 모두가 작성하기와 대표가 작성하기 중에서 선택)

ⓔ 수정하기와 편집하기 전략 학습 단계 : 소집단별 협동 학습을 통하여 다음과 같은 활동을 전개해 나가도록 한다.
- 초고에 대한 재고하기와 수정하기
- 수정한 초고 편집하기

③ 정리 단계(전체 집단 활동)

이 단계에서는 교사의 안내에 따라 다음과 같은 활동을 통하여 협동 학습의 결과를 종합하고 정리한다.
- 소집단별로 수정 · 편집한 초고 발표하기
- 발표한 초고에 대해 전체 집단 내에서 토의하기
- 토의 내용을 반영하여 개인별로 완성된 원고 작성하기
- 완성된 원고를 학생 개인별 작문 기록장(포트폴리오)에 기록하기

02 | 다양한 교수 · 학습 모형

(1) 문제 해결 학습

문제 해결 학습[1]은 탐구 학습의 하나로, 주어진 학습 문제를 해결하는 과정의 학습을 강조할 때 활용할 수 있는 교수 · 학습 모형이다. 이것은 국어 지식 영역 중 어떤 문법 지식이나 개념을 가르칠 때나 특정 기능이나 전략을 가르칠 때 모두 활용 가능하다. 특히 학습자의 탐구 활동을 강조할 때 적합하게 적용할 수 있다.

이 모형의 장점은 학습자의 탐구력을 신장시킬 수 있다는 점과 학습자가 지식, 개념 등을 재구성할 수 있는 기회를 가질 수 있는 데 있다. 또 학습자 스스로 문제를 인식하고 그것을 목표로 문제 해결을 위한 집약적인 사고를 할 수 있다는 점도 두드러진 장점이다.

반면에 학습자 스스로의 탐구가 학습의 바탕이 되어야 하기 때문에 학습 부진아에게는 적용하기 어렵다는 문제점이 있다. 또 문제 해결 과정을 스스로 밟아 나가면서 학습 목표에 도달하는 학습 훈련이 필요하다는 점과 적용을 위한 절대 시간이 필요하다는 점도 적용의 어려움으로 지적된다.

문제 해결 학습 모형을 적용할 때[2]는 교사의 직접적 개입을 자제해야 모형의 특성을 살릴 수 있다. 이는 학습자의 자율적 활동이 중요하므로 스스로의 문제 해결 능력을 강조해야 하기 때문이다. 특히 유의할 점은 학습 부진아의 경우 모형 적용의 한두 과정에서 학습자 주도의 활동을 강조하면서 모형의 특징을 살리도록 하는 적용의 융통성을 갖는 것이다.

이 모형의 적용 절차 및 모형을 적용한 교수 · 학습은 다음과 같다.

---

1 문제 해결 교수 · 학습 방법을 이해하기 위해서는 우선 '문제'의 속성에 대해 알 필요가 있다.
Brownell(1942)은 문제가 지녀야 할 속성으로 '① 문제는 지각적이면서 개념적 과제이어야 한다. ② 문제는 학습자가 자신의 지식이나 상황 조직 능력을 통하여 이해할 수 있는 것이어야 한다. ③ 문제는 학습자가 해결을 즉시 찾아낼 수 없는 것이어야 한다. ④ 문제는 학습자가 최초로 직면하게 되는 문제 상황이 단순하지 않지만 결국에는 해답을 얻을 수 있는 것이어야 한다.'를 들고 있다. 기존의 논의를 종합해서 살펴보면 모든 문제들이 공통적으로 지니고 있는 속성은 다음과 같다(박성익, 2000). 첫째, 문제는 학생이 주어진 상태로부터 목표 달성에 '즉시, 쉽게, 직접적으로' 도달할 수 없는 상황에서 발생한다. 둘째, 문제는 주어진 상태로부터 목표에 도달할 때까지 깊은 사고가 요구되는 속성을 지닌다. 셋째, 문제는 개인적 관점, 관련 지식의 획득 정도, 주어진 상황에 대한 경험의 유무, 능력, 흥미 등의 차이에 따라 다르게 인식될 수 있다.
2 문제 해결 학습에서의 교사의 유의점(평가원 자료)
① 학습자 능력, 흥미, 경험 등을 고려하여 문제 상황을 설정할 필요가 있다.
② 문제 해결의 결과보다는 문제 해결의 과정을 중시한다.
③ 문제를 설정할 때 학습자가 스스로 해결할 수 있도록 문제를 재조직할 것을 요구한다.
④ 문제 해결 방법을 모색하는 과정에서 문제 해결 과정에 대한 순서도를 작성하도록 한다.
⑤ 문제 해결 방법을 모색하는 과정에서 대안적 해결 방법을 모색하는 기회를 갖도록 한다.
⑥ 문제 해결 과정에서 창의적 사고력, 상상력을 발휘할 수 있도록 독려한다.

과 정	주 요 활 동
문제 확인하기	• 문제 진단 및 확인(목표 확인) • 가설 설정
문제 해결 방법 찾기	• 문제 해결 방법 탐색 • 학습 계획 및 학습 절차 확인
문제 해결하기	• 문제 해결 활동 • 원리 터득 • 전략 습득 여부 확인
일반화하기	• 전략의 적용 연습 • 적용상의 문제점 추출, 대안 제시 • 전략의 정착 및 일반화

(2) 창의성 계발 학습

창의성[1] 계발 학습은 학습자의 사고 능력 가운데 유창성, 융통성, 독창성을 증진하기 위해 고안된 것이다.[2] 사고의 유창성은 제한된 시간 안에 많은 사고를 산출할 수 있는 능력이고, 융통성은 사고의 폭이 넓도록 생각을 확장하는 사고력이며, 독창성은 자기만의 독자적인 사고를 산출할 수 있는 힘이다. 그러므로 이 모형은 학습자가 다양한 각도에서 문제를 볼 수 있게 하는 학습 내용에 적합하게 적용될 수 있다.

이 모형의 가장 큰 특징이자 장점은 학습자의 유창성, 융통성, 독창성을 계발할 수 있다는 데 있다. 문제 해결을 위한 참신한 아이디어를 생산하고 서로의 아이디

---

1 창의력(또는 창의성)이 무엇이냐에 대해 논란이 많다. 그런데 대부분의 사람들이 창의력의 특성으로 새로운 것, 독창적인 것, 가치 있는 것 등을 꼽는다. 이렇게 볼 때, 창의력이란 창의적인 성향(호기심, 끈기, 자발성 등)을 바탕으로 하여 새로운 것, 독창적인 것, 가치 있는 것을 산출해 낼 수 있는 능력을 말한다.
2 〈창의적인 사고 성향과 기능〉

창의적 사고 성향		창의적 사고 기능
• 개방성 • 민감성 • 집착성 또는 끈기 • 호기심 • 자발성 또는 독자성 • 변화성 • 거부성 • 도전성 • 성취욕 • 자기 효능감 • 객관성 • 정직성	↔	• 유창성(유창적 사고 능력) • 융통성(융통적 사고 능력) • 정교성(정교적 사고 능력) • 독창성(독창적 사고 능력)

어를 평가하는 과정에서 학습자의 창의적 사고 능력이 활성화될 수 있기 때문이다. 창의적 사고 능력은 국어 교과가 지향하는 사고 능력 가운데 매우 가치로운 것으로 창의적인 사람이 21세기를 이끈다고 할 만큼 중요한 능력이다.

그러나 이 모형은 아이디어를 검증하는 과정으로 인해 학습 부진아에게는 부적합하다는 단점을 지닌다. 학습 부진아의 처지에서는 자신만의 독자적이고 확산적인 아이디어를 유창하게 생산해내는 학습 과정이 부담스러울 수 있기 때문이다. 또 학습 주제나 문제에 관한 학습 동기나 의욕이 부진하고 그에 관한 기반 지식이 부족할 경우에도 아이디어가 활성화되지 못한다는 장애를 지닌다.

이 모형을 적용할 때에는 학습자에게 정답을 요구하지 말아야 하고, 가능한 한 다양한 아이디어의 산출에 초점을 두어야 할 필요가 있다. 이를 위하여 수용적인 교실 분위기를 조성하여 학습자가 자유롭고 역동적으로 아이디어를 생산하고 서로의 아이디어를 논평하도록 해 주는 기반이 필요하다.

창의성 계발 학습 모형의 적용 절차는 다음과 같다.

과 정	주 요 활 동
문제 발견하기	• 문제 살펴보기(관찰하기)/의문점 갖기 • 문제 분석 및 찾기 • 문제 재진술하기/문제 형성하기 • 문제 해결을 위한 계획하기
아이디어 생성하기	• 관련 자료나 방법 찾기 • 개념이나 지식 익히기 • 문제를 다른 각도에서 검토하기 • 문제 해결을 위한 다양한 아이디어 산출
아이디어 평가하기	• 아이디어 검토하기 • 집단 토의하기 • 아이디어 평가(최선의 아이디어 선택) • 아이디어 정리하기
적용하기	• 일반적인 상황에 적용 또는 관련짓기 • 문제점 탐색 및 수정하기

참고자료 1 창의성을 기르기 위한 발문 요령

• 일제식 대답을 요구하지 않는다.

교사가 질문을 하면 학생들이 일제식으로 대답할 수 있는 질문은 바람직하지 않다. 뻔한 대답이 나오는 질문은 바람직하지 않고, 다양한 반응이 나올 수 있게 하는 것이 좋다.

• 단계적으로 발문을 하는 것이 좋다.

쉬운 것에서 어려운 것으로, 단순한 것에서 복잡한 것으로 나아가는 것이 좋다.

• 교사가 질문하고 교사가 대답하는 형태는 바람직하지 않다.

• 정답이 나타났다고 하더라도 학생들 스스로 더 생각해 볼 수 있는 질문을 많이 한다.

그리고 한 학생이 대답했다고 해서 다음 질문으로 가기보다 여러 학생들이 충분하게 말할 수 있는 기회를 준다. 하나의 질문에 대해 학생들 간의 상호작용이 일어날 수 있도록 하는 것이 좋다.

- 다르게 생각해 볼 수 있는 질문, 파고드는 질문을 한다.

'예/아니요'를 요구하는 질문을 하는 것은 바람직하지 않다. '무엇인가?'보다는 '왜 그렇게 생각하는가?', '또 다른 방법은 없는가?' 형태의 질문을 많이 한다. 다시 말해 학생들의 창의적 사고를 불러일으킬 수 있는 질문을 많이 한다.

- 교사가 일방적으로 질문을 할 것이 아니라 학생들이 교사나 동료에게 질문을 제기할 수 있는 질문을 많이 하는 것이 좋다.
- 질문의 내용이 무엇인지를 분명히 알 수 있도록 한다. 즉, 지금 무엇을 해야 하는지를 분명히 알 수 있게 한다.
- 질문을 한 다음에는 충분하게 생각할 수 있는 기회를 준다.
- 잘못된 반응이 나왔을 때 일단 인정해 주고, 다시 생각해 볼 수 있게 유도한다. '틀렸다. 맞았다'의 평가를 최대한 하지 않는다.
- 대답에 대한 평가를 교사만 해야 한다는 생각은 갖지 않는다. 학생들에게 평가해 볼 수 있는 기회를 자주 준다.

(3) 역할놀이 학습

역할놀이 학습은 학습 목표를 지향하는 구체적인 상황을 설정하여 그 상황을 간접적으로 실제 경험해 보게 함으로써 의도하고자 하는 목표에 도달하게 하는 방법이다. 그렇게 때문에 말하기 · 듣기 수업의 전화 또는 시장놀이와 같이 구체적인 역할을 수행하며 학습 효과를 높이고자 하는 교수 · 학습에 적용할 수 있다. 또 읽기 수업에서 문학적인 글과 관련된 역할놀이를 해 보면서 작품 속의 세계를 감지하고 이해하며 해석 능력을 높이기 위한 교수 · 학습 모형으로도 적용이 가능하다.

이 모형의 장점은 학습자의 학습 동기를 유발하는 데 유용하다는 점을 최우선으로 들 수 있다. 아울러 역할놀이를 통한 통찰력과 협동심을 기를 수 있고, 구체적인 역할이 주는 언어적 경험으로 의사 소통 능력의 신장도 꾀할 수 있다. 그러나 이 모형의 적용이 잘못 되었을 경우 시간의 낭비만 가져오고 학습의 효과를 떨어뜨리게 될 우려가 있다. 따라서 철저한 준비로 시간 낭비를 줄이고 운영의 효율성을 높이는 교수 · 학습을 계획하도록 유의해야 한다. 또 활동만 하고 배운 것이 없게 되는 우려를 피할 수 없으므로, 무엇을 가르치고 배울 것인가를 분명히 하는 일도 중요하다. 이를 위하여 역할을 분명히 정하고 그 역할에 따른 학습 과제를 분명히 부여해야 한다.

역할놀이에서 학습자의 역할은 크게 놀이역할과 관찰역할로 구분된다. 놀이역할은 실연에 직접 참여하는 역할놀이자의 학습 역할이다. 관찰역할은 다른 사람의 실연을 관찰하는 관찰역할자의 학습 역할이다. 이 둘은 모두 학습 역할로서 할당되며, 이들 역할이 각자의 학습 책무성을 지닐 때 학습이 성공적으로 이루어진다. 즉 이 두 역할이 모두 중요한 역할 수행을 해야 진정한 역할놀이 학습이 이루어진다고 볼 수 있다.

그러나 실제 역할놀이 모형의 운영 과정에서 놀이역할은 비교적 잘 수행되지만, 관찰역할은 원활히 수행되기가 어렵다. 그것은 놀이역할이 적극적인 역할인 데 반해, 관찰역할이 소극적인 역할의 성격을 지닌다는 데서 원인을 찾을 수 있다. 그렇기 때문에 관찰역할까지 잘 수행되게 하려면 그것이 적극적인 역할 수행으로 이어지도록 운영 장치를 마련해야 한다. 그 구체적인 방안은 관찰역할자에게 구체적인 관찰의 역할을 부여함으로써 가능하다.

관찰역할자에게 구체적인 학습역할을 부여하는 방법으로 관찰의 관점을 명료하게 제시하는 것을 들 수 있다. 이들 관찰 관점으로 부여되는 역할은 학습 목표나 내용 등에 따라서 달라질 수 있다. 그리고 소집단에게 구체적인 관찰역할을 선택하게 하는 방법도 활용 가능하다.

역할놀이 학습 모형의 적용 절차는 다음과 같다.

과 정	주 요 활 동
상황 설정하기	• 문제 상황 확인 • 문제 상황 분석
준비 및 연습하기	• 역할 분석 및 선정 • 연습
실연하기	• 실연 준비 • 실연하기
평가하기	• 정리 • 평가

(4) 가치 탐구 학습

가치 탐구 학습은 주어진 가치를 나름대로 분석, 비판하는 과정을 통해 가치를 재구성해 보게 하는 데 초점을 둔 교수 · 학습 모형이다. 학습 내용이 하나의 정답이 아닌 여러 가지 대안을 취해 그 중에서 최선의 것을 선택해 보게 할 때 적용해 볼 수 있다. 즉 특정한 문제에 대해 여러 가지 주장이 나올 수 있는 경우에 이 모형을 선택하면 효과적인 교수 · 학습을 운영할 수 있으리라고 본다.

가치 탐구 학습은 학습자가 자기 나름의 관점에서 학습 내용을 재해석하고 탐구함으로써 문제를 보는 시각이 넓어지게 한다는 점에서 장점을 지닌다. 자기 가치를 선택하고 자기와 다른 가치를 경험하면서 서로 상반된 가치를 생각해 보는 것도 유익한 경험이 된다. 중요한 장점은 이들 가치를 분석 · 비판하고 한 가지 가치를 선택하여 그에 관한 긍지를 갖는 과정에서 언어적 상호작용이 생기며, 사고력 증진이 촉진된다는 데서 찾을 수 있다.

반면에 탐구의 과정이 필요하므로 절대 시간이 확보되어야 가능하다는 단점도 무시할 수 없다. 탐구의 시간이 부족할 경우 사고가 활성화되기도 전에 학습이 종료되는 아쉬움이 생긴다. 아울러 학습 부진아에게는 탐구의 방법을 찾지 못하여 혼란을 줄 수 있다. 무엇을 어떻게 탐구해야 하는지를 모르는 학습자에게는 탐구 자체가 의미 없는 시간이 되고 말기 때문이다.

이러한 단점을 극복하기 위하여 학습자들 간의 토의를 강조하여 탐구 문제 인식과 탐구 과정에 대한 이해를 돕도록 하고, 학습 과정에서 협동이 이루어지도록 해야 한다. 아울러 특정 문제에 대해 여러 가지 가치가 있음을 알게 하는 데 초점을 두고 주저함이 없이 자신의 가치를 탐구할 수 있도록 자신감을 부여해 줘야 한다.

가치 탐구 학습의 적용 절차는 다음과 같다.

과 정	주 요 활 동
가치 확인하기	• 문제 상황 확인하기 • 가치 확인하기 • 가치 탐구 계획 세우기
가치 분석하기	• 가치 비교하기 • 가치 분석하기 • 가치 재구성하기
가치 선택하기	• 가치 선택하기 • 가치에 대해 자긍심 갖기
내면화하기	• 가치 적용하기(일반화하기) • 가치에 따라 행동하기

참고자료 2 **가치 명료화 모형(values clarification model)**

가치 명료화 이론은 여러 가지 가치가 얽히고 설켜 있는 가치에 대해 충분히 비교, 분석, 종합하는 활동을 통해 적절한 가치를 선택하고 자신이 선택한 가치에 대해 존중하고 내면화하는 과정을 다루는 이론이다. 이 이론은 Raths나 Harmin, Simon 등에 의해 가치 명료화 모형이라는 이름으로 구체화되었다. 통상 이들은 7가지 단계를 거쳐 가치를 명료화할 것을 강조한다. 이를 간단히 표로 나타내면 다음과 같다.

과 정	주 요 활 동
선택	1. 자유롭게 선택 2. 여러 가지 중에서 선택 3. 선택의 결과에 대해 숙고
존중	4. 선택한 것에 대한 자부심 갖기 5. 공적으로 인사 시도
행위	6. 선택에 따라 행위 7. 반복적으로 행하기

위의 표에서 보듯이, 크게 보면 가치를 선택하는 단계와 선택한 것을 소중히 여기는 단계, 가치에 따라 행동하는 단계로 나누어진다. 처음에는 여러 가지 중에서 자유롭게 선택하게 하고, 그 가치를 다른 가치와 비교해 보면서 여러 가지 중에서 하나를 선택하는 활동을 한다. 그런 다음 자신이 선택한 것에 대해 깊이 있게 탐구해 보게 한다. 여기에서 이미 선택한 가치를 파기할 수도 있다. 일단 가치를 선택했으면 자신이 선택한 가치에 대해 자부심을 갖고 다른 사람들로부터 인정을 받으려는 시도를 한다. 그리고 선택한 가치에 따라 행동을 하고 반복적으로 행동함으로써 완전히 내면화하는 단계에까지 이르게 된다.

〈가치 갈등 상황의 예〉

- 버스에서 노인에게 자리를 양보해야 하는가? 앉아서 가기 위해 아침 일찍 일어난 그 사람의 노력을 더 인정해 주어야 하는가? 젊었지만 몸이 약한 사람인데, 꽤 튼튼해 보이는 노인에게 자리를 양보해야 하는가?
- 나한테 아주 잘해 주는 친구가 있다. 그 친구에게 정말 많은 도움을 받았다. 그런데 어느 날 그 친구가 도둑질하는 것을 보았다. 어떻게 할 것인가?
- 한자를 많이 사용해야 한다. 한자를 많이 알면 중국어나 일본어를 공부하는 데에도 도움이 된다. 그러면 우리말을 발전시키는 데 장애가 되지는 않을까?
- 학교에서 고전문학을 더 많이 다루어야 한다. 왜냐하면 오래된 것이니까.
- 대통령이 노벨상을 수상했을 때, 수상식 장면에서 우리말로 연설을 해야 하는가, 영어로 하는 것이 좋은가?
- 전래 동화를 보면 착한 일을 하면 복을 받는다. 그런데 그 정도의 일로 너무 많은 것을 받는 것은 불로소득이나 다름이 없지 않은가?

(5) 반응중심 학습

반응중심 학습은 수용이론이나 반응 이론에 근거하여, 문학 작품을 가르칠 때 학습자 각자의 반응을 존중한다는데 초점을 둔 교수·학습 모형이다.[1] 국어과에서 문학적인 텍스트를 다룰 때 주로 적용하게 되며, 글의 주제나 인물 등에 대해 다양한

---

1 문학 이론은 크게 세 가지 흐름을 가지면서 발전해 왔다고 할 수 있다(Beach.). 작가를 중요시하던 낭만주의 단계, 텍스트에 관심을 두었던 신비평 단계, 독자에 관심을 두었던 독자 반응 이론 단계가 그것이다.

이들 일반 문학 이론은 문학 교육에 상당한 영향을 끼쳤다. 이들 문학 이론 중에서 오랫동안 문학 교육의 방법 중에 주된 자리를 차지하고 있었던 것은 신비평(New Criticism) 이론이었다. 그 결과, 문학 작품을 철저히 분석하는 활동이 수업의 주류를 차지하게 되었다. 자연히 교사가 낱낱이 설명하는 식의 수업이 일반화 되었고, 학생들은 텍스트의 의미를 정확하게 받아들이기만 하면 되는 수동적인 입장에 서게 되면서 텍스트를 '감상'의 대상이 아니라 '분석'의 대상으로 보게 되었다.

작품 자체를 강조한 문학 비평 이론은 점차 사람들의 관심에서 멀어져 갔다. 이를 대체한 것이 수용 이론이나 독자 반응 이론이다. 이들 이론은 텍스트 자체에 대한 분석을 강조하는 것이 아니라 그 작품을 대하는 독자를 강조하고 나섰다. 이제 작품의 의미는 텍스트에서 독자로 무게 중심이 이동하게 되었다.

여기에서 말하고 있는 반응 중심 학습법은 독자 반응 비평 이론(reader response criticism theory)을 토대로 등장한 것이다. 독자 반응 이론은 1960년대 이후 미국을 중심으로 본격적으로 논의되기 시작한 이론이다. 말 그대로 독자의 반응을 존중하는 이론이다.

반응이 나올 수 있는 경우 적합하게 활용할 수 있다.

이 모형의 장점은 무엇보다도 문학 작품에 대한 학습자의 다양한 반응을 유도할 수 있다는 데 있다. 그리고 학습자 각자의 반응을 존중하면서 수업을 진행할 수 있다는 점도 큰 장점이다. 그러나 학습자의 반응을 지나치게 존중할 경우 텍스트를 경시할 우려가 있고, 학습자의 해석을 무조건 존중해 주다보면 해석의 무정부 상태를 초래할 수 있다는 점도 극복해야 할 점으로 지적된다.

반응중심 학습 모형을 적용할 때 교사는 이런 장점과 단점을 모두 고려하여 학습자가 텍스트를 정확하게 이해할 수 있는 기회를 제공해야 한다. 그리고 정확한 이해를 바탕으로 일리 있는 해석을 하도록 유도하며, 학습자 사이에 서로 다른 해석이 대립할 경우 토의학습 방법을 적용하여 다른 해석에 대한 경험을 제공하고, 자기 해석을 수정, 보완하거나 유지, 조절할 수 있는 학습 기회를 줄 필요가 있다. 이런 토의학습은 자기 중심적인 해석과 감상을 줄일 수 있도록 해 주고, 일리 있는 의미를 재창조하도록 돕는다.

반응중심 학습 모형의 적용 절차는 다음과 같다.

과 정	주 요 활 동
반응의 형성	• 학습 문제 확인 • 배경지식이나 경험의 활성화 • 작품의 개관 및 작품 읽기
반응의 명료화	• 작품에 대한 개인적 반응의 표현 • 반응에 대한 토의(질의/응답) • 토의 내용 정리(반성적 쓰기, 그리기 등)
반응의 심화	• 다른 작품과 관련짓기(작품 개관 및 읽기) • 토의하기
반응의 일반화	• 일반화 가능성 탐색 • 일반화

참고자료 3 반응중심 학습법의 두 가지 예 ──────────

1.

◇ **1단계 : 텍스트와 학생의 거래 → 반응의 형성**

• 심미적 독서 자세의 격려
• 텍스트와의 거래 촉진

◇ **2단계 : 학생과 학생 사이의 거래 → 반응의 명료화**

• 반응의 기록 : 짝과 반응의 교환
• 반응에 대한 질문
• 반응에 대한 토의
• 반응의 반성적 쓰기

◇ **3단계 : 텍스트와 텍스트의 상호 관련 → 반응의 심화**

- 두 작품의 연결
- 텍스트 상호성의 확대

2.

◇ **계획 단계 : 학습목표 설정, 작품 및 자료 준비, 토의 및 평가 계획 수립**

◇ **지도 단계**

- 1단계 : 반응 형성을 위한 준비: 동기 유발 및 목표 확인
- 2단계 : 반응의 형성: 텍스트와 학생의 교류
- 3단계 : 토의 전 개인의 반응 성찰: 학생 개인의 교류 과정 성찰
- 4단계 : 토의를 통한 반응의 확장 심화
    - 교사와 학생의 교류(교사 중심 전체 토의)
    - 학생과 학생의 교류(학생 중심 소집단 토의)
- 5단계 : 토의의 정리 및 평가: 토의 내용(방법)의 정리 및 평가

◇ **평가 단계 : 교사의 수업 태도 평가 및 반성, 학습자 평가**

* 반응 중심 학습법에서는 다음과 같은 점을 강조한다.

첫째, 독자, 다시 말해 학생들 각자의 반응을 최대한 존중한다. 한 편의 문학 작품을 읽고 나타난 반응은 다양할 수밖에 없다. 정답은 없다고 말할 수도 있고 정답은 여러 가지라고 말할 수도 있다. 그런데 반응은 주입하거나 다른 사람이 해석한 것을 그대로 받아들일 것을 강조하는 차원이 아니라, 학생들이 자기 나름의 관점에서 반응을 보일 수 있도록 하는 차원으로 지도되어야 한다.

둘째, 문학 작품을 감상하는 것은 곧 문학과 독자가 만나는 과정이라는 점이다. 텍스트를 철저하게 분석하는 것만으로는 문학 작품을 제대로 감상할 수 없다고 본다. 독자가 자신의 배경 경험이나 지식을 바탕으로 작품과의 끊임없는 상호작용 과정을 통해 하나의 작품을 감상해 나간다.

셋째, 문학 작품을 감상하는 것은 독자가 의미를 나름대로 재구성해 나가는 과정이다. 작품 자체에 나타나 있는 사실을 감상하는 것이 중요한 것이 아니라, 독자가 나름대로 작품에 의미를 부여하고 그 작품을 재구성하는 활동을 강조한다.

넷째, 해석 공동체의 역할을 강조한다. 앞에서 보았듯이 반응 중심 학습법 이론가들은 다양한 견해를 가지고 있는데 텍스트 해석의 무정부 상태를 인정하는 것은 바람직하지 않다. 독자 나름의 의미 구성은 강조하되 일정한 범위를 설정할 필요가 있다. 독자는 기본적으로 해석 공동체 내에서 의미를 구성하게 된다. 해석 공동체는 작게는 학급에서 소집단의 구성원이 될 수도 있고, 학급 구성원 전체가 될 수도 있다.

(6) 전문가 협력 학습

전문가 협력 학습은 교육 구성원들의 사회적 상호 작용을 강조한 학습 모형이며 크게 보아 협동 학습(cooperative learning) 계열에 속하는 학습 모형이다. 전문가 협력 학습 모형은 '직소(JIGSAW Ⅰ,Ⅱ,Ⅲ)' 모형[1]을 뜻하며, 직소 모형은 협동 학습의 범주에 속하는 수업 모형이다.

전문가 협력 학습 모형이 협동 학습의 한 유형이므로 이 모형을 이해하기 위해 협동 학습에 대한 일반적 이해를 간단히 할 필요가 있다. 협동 학습은 소집단을 만들어 집단 구성원끼리 협력하여 문제를 해결하고, 집단별과 개인별로 평가를 받는 수업 모형이다. 협동 학습은 학습의 원리로서 경쟁보다는 협동을 강조하며, 소집단 학습이 큰 특징이다. 집단의 크기는 보통 4~5명의 이질집단으로 편성한다.

전문가 협력 학습 모형에서는 모집단의 학생들이 각자 맡은 주제별로 전문가 집단으로 흩어져 그 주제를 철저하게 공부한 다음, 다시 자기 소속 집단으로 돌아와서 각자가 공부한 주제를 모집단 동료들에게 가르쳐주고, 평가를 받은 후에 집단별로 향상 점수에 근거하여 보상을 받는 교수 · 학습 모형이다.

전문가 협력 학습 모형은 언어 교과의 지식과 기능을 가르치기에 효과적인 방법으로 알려지고 있다. 이 모형은 학생들이 평상시보다 더 끈기 있게 학구적으로 학습할 수 있도록 자극시켜 주며, 과제의 전문화로 인해 학생들의 상호 의존이 커지며, 집단 구성원들이 집단의 목표를 달성하기 위해 서로 책임을 다 해야 하는 상황이 학생들을 자극시켜 준다. 전문가 협력 학습 모형이 학업 성취에 미치는 효과를 연구한 것에 따르면, 일반적으로 학생들은 적절한 집단 보상이 이루어지는 상황 하에서 더 높은 학업 성취를 보인다고 한다.

전문가 협력 학습 모형을 사용하여 국어과 수업을 하기 위해서는 전체 단원에 대한 계획을 먼저 세워야 한다.

---

1 직소 모형Ⅰ · 직소 모형Ⅱ · 직소 모형 Ⅲ의 학습 단계

			1단계	모집단: 과제 분담활동
직소Ⅲ	직소Ⅱ	직소Ⅰ	2단계	전문가 집단: 전문가 활동
			3단계	모집단: 상호 교수 및 질문응답
			4단계	모집단: 평가
			5단계	일정 기간 경과
			6단계	모집단 재소집: 평가 대비 공부
			7단계	평가 실시

02 | 다양한 교수 · 학습 모형

〈표 6-2〉 전문가 교수 · 학습 모형

학습 과정	핵심 요소	주요 내용
계획 (모집단)	문제 확인 문제 해결 계획	• 문제(주제)확인 • 주제 세분화 • 역할 분담 • 주제 해결 방안 탐색
전문가 탐구 (전문가 집단)	전문가 협의 일반화 상호 교수 준비	• 전문가 협의 • 의사결정(합의) • 상호 교수 학습을 위한 준비(내용, 자료)
상호 교수 (모집단)	상호 교수 전체 발표 준비	• 상호 교수 • 질의/응답 • 정리 • 전체 발표 준비
발표 및 정리 (전체)	전체 발표 정리	• 전체 앞에서 발표 • 질의/응답 • 정리 • 다음 과제 준비

위의 모형에서 상호교수(peer tutoring)와 전체 발표를 준비하는 단계에서 평가 활동을 추가할 수 있다. 대체적으로 수업의 진행은 '모집단→전문가 집단→모집단 →전체 집단'의 순서로 진행되며, 이 과정은 크게 '글 읽기(text)→토론(talk)→상호 교수(team report)→평가(test)→정리 및 발표(team recognition)' 활동이 중심이 되어 진행된다.

〈직접 교수법의 적용(예)〉

학년	중1-1	국어	대단원명	4. 메모하며 읽기	차시	1/6	쪽수	118-122
			소단원명	(1) 내나무				
수업 목표	적절하게 메모하면서 글을 읽을 수 있다.							
수업 방법	직접 교수법							

학습 단계	학습 요항	학습 형태	교수 · 학습 활동	시간	자료 및 유의점
설명 하기	동기 유발 목표 확인	전체 학습	■동기 유발하기 • 자료를 보고 왜 창호가 곤란한 상황에 빠졌는지 생각해 보게 한다. • 창호는 왜 곤란에 빠졌습니까? 　– 메모를 하지 않았기 때문입니다. 　– 자기의 기억력만 믿었기 때문입니다. ■학습 목표 확인하기 • 글을 읽을 때 적절히 메모하는 방법을 안다.	15분	창호와 지원 이의 이야기 (플래시자료)

	메모 습관 확인		■ 메모 습관 생각해 보기
			○자신의 메모 습관을 생각해 보게 한다.
			 • 나의 메모 습관을 생각해 보고, 주로 어떤 때에 메모하는지 발표해 봅시다.
			  – 신문이나 잡지를 읽으면서 합니다.
			  – 지하철이나 버스에서 어떤 생각을 하면서 합니다.		

	메모 이유 알기		■ 메모의 중요성 알기 • 메모가 왜 중요한지 생각해 보게 한다. • 글의 내용을 집중하여 읽을 수 있다. • 내용의 기억에 도움이 된다. • 글의 요약을 쉽게 할 수 있다. • 생각의 발전에 도움이 된다.		※ 메모의 단점이나 한계에 대해 말해 줄 수도 있다.
	메모 방법 알기		■ 메모 방법 알기 ○메모를 잘 하는 방법을 구체적으로 안내해 준다. ※주요 내용을 밑줄이나 동그라미, 네모 등 여러 기호와 색연필, 형광펜, 접착 메모지 등 다양한 도구를 사용하여 메모를 한다. • 내용 메모와 생각 메모의 의미를 알아본다. • 121쪽 메모를 보면서, 내용 메모와 생각이나 느낌 메모는 무엇을 의미하는지 생각해 봅시다. – 내용 메모는 글의 주요 내용을 파악하는데 도움이 되는 메모이고, 생각이나 느낌 메모는 읽은 내용에 대해 생각해 보게 하는 메모입니다.		
시범 보이기	시범 보이기	전체 학습	■ 시범보이기 • '내나무'의 일부를 대상으로 메모를 하는 방법을 시범 보여 준다. OHP를 통해 '내나무'일부를 복사해서 그 위에 필름을 덮어서 실제로 메모하는 것을 보여 준다.	5분	
질문 하기	질문 하기	전체 학습	■ 질문하기 ○메모를 하면 좋은 점에 대해 질문을 한다. ○메모하는 방법에 대해 질문한다. ○내용 메모와 생각 메모를 비교해서 말해 보게 한다.	5분	
활동 하기	글 읽기	조별 학습	■ 글 읽기 ○글 읽고 글의 내용을 파악한다. '내나무'는 어떤 나무인지 알아본다. ○글쓴이는 내나무 풍속의 의미를 어떻게 생각하고 있는지 알아본다.	20분	※ 시간이 부족하면 적용하기는 생략한다.
	메모 하며 읽기 적용 하기 정리 하기	전체 학습	■ 메모하며 읽기 ○'내나무'를 다시 읽으면서 나름대로 메모를 해 보게 한다. ○메모한 것을 비교해 보게 하고 문제점을 찾아보게 한다. ○메모한 것을 보면서 내나무의 내용을 파악해 보게 한다. ■ 적용하기 ○다른 짧은 글을 선택해서 메모를 해 보게 한다. ■ 정리하기 ○메모를 하며 글을 읽으면 어떤 점이 좋은지 알아본다. ○메모를 하는 방법, 메모를 할 때의 유의점, 내용 메모와 생각 메모 등에 대해 정리해 본다.		

〈전문가 상호 교수법의 적용(예)〉

학년	고1	국어	대단원명	6. 노래의 아름다움	차시	1/1	쪽수	240–241
			소단원명	(3) 진달래꽃				

수업 목표	시의 구성 요소를 이해하면서 시를 감상할 수 있다.
수업 방법	전문가 상호 교수법

학습 단계	학습 요항	학습 형태	교수 · 학습 활동	시간	자료 및 유의점
계획 하기	배경 알기 목표 확인	전체 학습	■학습 동기 유발하기 ○김소월에 대하여 알아보기 • 교과서 241쪽을 참고하여 김소월의 활동, 작품에 대하여 알아본다. ■학습 목표 확인하기 ○시의 구성 요소를 이해하면서 감상할 수 있다.	10분	※ 다른 세부 주제가 나오 면 가능한 한 수용한다.
	주제 세분 화	전체 학습	■작은 주제로 세분화하기 ○시를 읽고 241쪽을 참고로 해서 시를 잘 이해하고 감상할 수 있도록 작은 주제로 세 분화한다. ① 시에 나타난 음악성 알기 ② 시에 나타난 형상성 알기 ③ 시에 나타난 함축성 알기 ④ 시의 화자인 '나'에게 하고 싶은 말하기 ⑤ 시 낭송하기 ■하위 주제 분석하기 ○하위 주제별로 어떤 활동을 하는지 생각해 보게 한다. 필요하면 간단하게 학습 방법 을 안내해 준다.		
	역할 분담	모집 단	■역할나누기 ○세분화된 주제 중에서 자신이 하고 싶은 주제를 선택한다. 너무 몰리면 적절히 배분 한다.		
집중 탐구 하기	주제 해결	전문가 집단	■전문가 집단에서 주제 해결하기 ○같은 주제를 선택한 사람들끼리 모여 해결할 주제를 검토하고 해결한다. ① 음악성–시의 형태 속에서 운율과 같은 음악적 자질 알아보기 ② 형상성–이미지 등을 활용하여 시인이 전달하려는 관념과 정서가 경험적 · 감각 적 차원으로 구체화된 것 알아보기 ③ 함축성–비유, 상징, 역설 등의 표현을 사용하여 정신적 가치를 표현한 것 알아 보기 ④ 시의 화자인 '나'에게 전하고 싶은 말 구상하기(노트나 녹음 등) ⑤ 시의 분위기와 느낌을 살려 효과적으로 낭송하기	10분	※ 전문가 집 단별로 조언 을 해 줌.
	전달 준비	전문가 집단	■전달 준비하기 ○전문가 집단 동료들과 협의하여 수정, 보완한 것을 다듬는다. ○모집단에 돌아가서 가르칠 방법을 협의한 후, 전달을 위한 준비를 한다.	5분	

상호 교수 하기	서로 가르 치기	모집단	■ 모집단에서 서로 가르치기 ○ 전문가 집단에서 해결한 학습 결과물을 발표한다. ○ 각각의 발표 결과를 들으며 궁금한 점을 묻고 답한다.	15분	※ 부족한 부분은 교사가 보충한다.
정리 하기	전체 발표 보충 정리	전체 학습	■ 전체 발표 준비하기 ○ 모집단별로 서로 배운 내용을 정리한다. ○ 전체 발표를 위한 준비를 한다. ■ 전체 발표하기 ○ 전체 앞에서 모집단이 발표한다. ○ 발표 내용을 잘 듣고 느낀 점을 발표한다. 　두세 집단만 하고 나머지는 중복되지 않은 범위 내에서 간단하게 말해 보게 한다. ■ 전체 학습 활동 정리하기 ○ 교사가 학습 내용을 정리하면서 부족한 부분을 보충해 주고, 학생들의 질문을 받고 대답한다.	10 분	※ 프리젠테이션 자료, 발표물, 녹음기, 테이프

— 이재승, 『좋은 국어 수업 어떻게 할 것인가?』 교학사

1 말하기와 듣기

(1) 개 관

　　말하기 · 듣기 교육의 바탕은 실제 음성언어를 통한 의사소통 현상이다. 그런데 동일한 말하기 · 듣기 현상을 해석하고 설명하는 방식은 시대적 흐름에 따라 점차 변화해 왔다.

　　말하기 · 듣기 현상에 대한 관점은 크게 다음의 세 가지로 나누어 볼 수 있다.

① 선조적 관점

　　고대 수사학의 전통을 계승하는 관점으로서 주로 화자가 청자에게 일방적으로 의미를 전달하거나 상대에게 자신의 견해를 관철시켜 가는 과정에 관심을 두었다.

② 상호반응적 관점

　　상대적으로 청자의 역할을 부각시켜 의사소통 참여자들이 서로를 향해 의견을 주고받는 과정에 주목한다.

③ 상호교섭적 관점

　　선조적 관점과 상호반응적 관점을 비판적으로 극복하면서 의사소통을 둘러싼 여러 요인들을 중요시한다. 즉 의사소통에서 빚어지는 의미는 의사소통 참여자들이 공유하고 있는 경험이나 지식, 상호간의 역할 등과 같은 상황맥락과 사회문화적 맥락 등이 복합적으로 작용하면서 구성되는 것으로 파악한다. 이 입장에 서면, 의사소통은 일방적인 말하기와 듣기의 과정이 아니라 양방향의, 순환적, 역동적 과정으로 설명된다. 한 사람이 '다른 사람에게' 말을 하고 '다른 사람의' 말을 듣는 것이 아니라 두 사람 이상이 '함께' 의미를 '나누는' 과정으로 파악하는 것이다. 말하기 · 듣기 현상에 대한 여러 관점 중에서 이 관점은 말하기 · 듣기 교육이 지향해야 할 바를 보여준다.

　　말하기 · 듣기 행위는 의사소통 참여자의 언어관, 자아관, 세계관 등을 짧은 시간 동안에 표현 과정과 이해 과정에 반영해야 하는 복잡한 의미 구성 행위이자, 상호 교섭 행위이다. 이러한 인식을 바탕에 두고 '말하기와 듣기 행위 자체의 특성'을 몇 가지로 나누어 살펴보면 다음과 같다.

㉠ 말하기 듣기는 음성언어를 매체로 하여 이루어지는 의사소통 행위이다.

　　－음성언어 기호는 선조적(lineal)으로 발화되기 때문에 화자나 청자의 인지적 부담을 가중시킨다.

　　－발화음이 즉시 소멸하기 때문에 수정이나 취소가 불가능하다. 따라서 화자는 신중하게 말해야 하며, 청자는 집중해서 들어야 하고, 중요한 내용을 말하고 들을 때에는 메모하기 등과 같이 보조적인 수단을 활용하는 일이 많다.

ⓒ 말하기와 듣기는 상황맥락을 공유하면서 이루어지는 의사소통 행위이다.
- 좁은 의미의 상황맥락은 의사소통이 일어나는 특정 장면(setting)이겠지만, 넓은 의미로 보면 의사소통의 참여자, 목적과 내용, 유형, 시간적·공간적 환경 등을 모두 포함하는 개념이다.

ⓒ 말하기와 듣기는 규칙 의존적인 의사소통 행위이다.
- 의사소통 형식상의 규칙 : 참여자들이 말을 주고받으며 역할을 교대하는 일, '질문 – 대답', '제의 – 수락'과 같이 주는 말과 받는 말이 대응을 이루게 하는 일, '참여자 확인 – 의사소통 – 마무리 인사'와 같은 자연스러운 상호작용을 위한 형식적 규칙이다.
- 참여자 사이의 관계에 따른 규칙 : 심리상태나 성격, 친소관계 등과 같이 의사소통 참여자의 상호 인식이나 역학관계에 따라 서로 암묵적으로 지키게 되는 규칙이다.
- 사회문화적 규칙 : 특정 사회문화권 내에서 오랜 시간동안 형성된 규칙으로서 성별, 나이, 태도 등에 대한 그 문화권의 관점에서 비롯된 규칙이다.

ⓔ 말하기와 듣기는 반언어적, 비언어적 행위를 수반하는 행위이다.

이와 같이 말하기와 듣기 현상은 음성언어 의사소통 참여자의 언어적 능력, 상황맥락에 대한 지식, 의사소통 운영 능력 등 복합적인 능력을 요구함에도 불구하고 말하기·듣기 교육은 상대적으로 소홀히 다루어져 왔다.

하지만 말하고 들을 줄 알면서도 많은 사람들이 가정이나 학교, 직장에서 의사소통의 단절이나 실패를 경험하고, 이로 인해 많은 문제(예 가정폭력과 이혼, 학교 위기, 실직 등)가 일어나는 중심에 의사소통의 빈곤이나 의사소통 능력의 부재란 문제가 관련되어 있음을 알 수 있다. 곧, 체계적인 말하기·듣기 경험의 필요를 반증하는 것이다.

또, 말하기 듣기 능력은 쓰기와 읽기 등의 다른 언어 기능의 발달과 깊은 관련을 맺고 있기 때문에 중요하다. 말하기와 듣기는 읽기와 쓰기보다 먼저 습득되고 발달한다. 따라서 말하기 듣기 활동에 대한 경험의 양과 질에 따라 읽기 능력과 쓰기 능력에 긍정적인 영향을 줄 수 있고, 부정적인 영향을 줄 수 있다.

(2) 말하기·듣기 지도의 원리

① 말하기와 듣기 영역에서 지도해야 할 각 영역별 내용에 따라 충실히 지도하되, 듣기 영역과 말하기 영역이 적절히 통합될 수 있도록 한다.

② 듣기의 과정, 말하기의 과정, 그리고 상호작용의 과정 등 언어 수행의 과정에 초점을 두어 지도하도록 한다.

듣기의 과정을 듣기 전·중·후로, 말하기의 과정을 전·중·후로 구분하고 각 과정에 적합한 교수·학습 절차와 방법으로 지도해야 한다.

③ 다양한 상황맥락을 조성해 주어야 한다.

음성언어 의사소통은 참여자 변인, 목적과 내용 변인, 유형 변인, 환경 변인 등 다양한 변인들이 서로 영향을 미치는 복잡한 방정식이다. 따라서 음성언어 의사소통 능력을 기르기 위해서는 말하고, 듣는 교수 · 학습 장면에 다양한 상황맥락 변인들을 적절히 안배해야 한다.

④ 상위인지적인 점검과 조정의 기회를 주어야 한다.

음성언어 의사소통 활동을 하면서 표현과 이해의 과정과 전략을 객관화하여 평가하고 비판하는 과정, 즉 상위인지적 경험을 많이 할수록 의사소통상의 특성과 문제점을 인식하고 이를 실제 의사소통에 반영하기가 수월하다는 점은 자명한 사실이다. 이를 위해 대중매체의 드라마나 광고, 학생들이 수행한 의사소통 과정을 녹화하여 분석하는 기회를 자주 제공할 필요가 있다.

⑤ 말하기와 듣기 태도를 개선할 수 있도록 해야 한다.

의사소통에 임하는 태도에 따라 의사소통이 실패하거나 불필요한 오해를 낳게 되는 사례를 통해 그 중요성을 인식시킬 필요가 있으며, 연극이나 놀이 등 즐겁고 호의적인 환경 속에서 말을 하고 들을 수 있는 경험을 하도록 해야 한다.

⑥ 교사 스스로 바람직한 언어 수행의 모델이 되어야 한다.

많은 시간 현시(顯示)되는 교사의 언어 수행은 학생들의 언어 능력 발달에 직 · 간접적인 영향을 미칠 수밖에 없다. 따라서 교사는 학교에서의 일상적인 언어 사용 상황에서도 의도적이고, 계획적인 언어 수행을 함으로써 의사소통 행위의 모범을 보여주어야 한다.

(3) 말하기 · 듣기 수업의 특성

① 말하기 · 듣기 수업은 말하기 · 듣기 교육 내용을 가르치고 배우는 교육 행위이다.

② 말하기 · 듣기 수업의 학습자는 말하기 · 듣기 교육 내용에 대한 관심과 행위를 드러낸다.

③ 말하기 · 듣기 수업의 학습자는 자기 자신과 교수자, 동료 학습자의 말하기 · 듣기 행위에 관심을 보인다.

④ 말하기 · 듣기 수업의 교수자는 말하기 · 듣기 교육 내용에 대한 관심과 행위를 드러낸다.

⑤ 말하기 · 듣기 수업의 교수자는 학습자의 말하기 · 듣기 학습 행위에 관심을 갖고 어떤 교육적 처치를 한다.

⑥ 말하기 · 듣기 수업의 교수자는 학습자의 말하기 · 듣기 행위 그 자체에 관심을 갖고 어떤 교육적 처치를 한다.

(4) 말하기 · 듣기의 과정별 지도 방법

〈표 6-3〉 과정별 듣기 지도 방법

단계	지도 내용
듣기 전 단계	• 듣는 목적을 설정하도록 한다. • 배경지식이나 경험을 활성화하도록 한다. • 듣기 상황의 시간적, 공간적 환경을 고려하게 한다.

듣는 중 단계	• 말하는 사람의 의도나 목적을 추론하며 듣도록 한다. • 말하는 내용의 구조를 생각하며 듣도록 한다. • 중요한 내용을 메모하면서 듣도록 한다. • 내용을 적합성을 판단하며 듣도록 한다. • 반언어적 · 비언어적 표현에 주의하며 듣도록 한다. • 반응을 보이면서 듣도록 한다.
듣기 후 단계	• 들은 내용을 정리하도록 한다. • 새로 알게 된 내용이 무엇인지 확인한다. • 듣기 전략과 태도에 대해 점검해 본다.

〈표 6-4〉 과정별 말하기 지도 방법

단계	지도 내용
말하기 전 단계	〈계획하기 단계〉 • 말하는 목적과 주제를 설정하도록 한다. • 상황 맥락을 고려하도록 한다. 〈내용 생성하기 단계〉 • 자신이 알고 있는 내용을 떠올리도록 한다. • 적절한 자료를 수집하고 선정하도록 한다. 〈내용 조직하기 단계〉 • 처음, 가운데, 끝을 구분하여 내용을 조직하도록 한다. • 목적과 내용에 알맞은 조직 방법을 사용하여 조직하도록 한다. • 시각적인 방법을 사용하여 조직하도록 한다. 　– 도해조직자(graphic organizer), 다발짓기(clustering), 생각그물만들기(mindmapping) 　등 • 상호작용의 규칙에 주의하도록 한다. 　– 순서지켜 대화하기, 대화의 흐름에 벗어나지 않게 말하기 등 교육과정에서 주로 저 　학년에 제시되어 있다.
말하는 중 단계	• 몸짓으로 말하게 한다(비언어적 수단–마임활동). • 표준 발음, 정확한 발음으로 말하게 한다. • 문장 단위로 생각을 나타내 보게 한다. 　– 문장 제시 뒤, 그 문장의 일부를 다른 말로 바꾸어 변형하기 등 • 다양한 형태로 말해보게 한다(특히 토론에서). • 화제의 주요 내용을 생각하면서 말한다. • 명료하고 생생한 언어로 표현한다. • 말하기에서 감정 표현의 방법을 다뤄야 한다. • 말하기에서 자료를 적극 활용해야 한다.
말하기 후 단계	• 말한 내용과 말하기 전략, 태도 등에 대해 점검하고 평가하도록 한다. • 상호작용의 과정에 대해 점검하고 평가하도록 한다.

〈표 6–5〉 단계별 듣기 교수 · 학습 활동1

단계	지도 내용
듣기 전 단계	학습 내용 : 들어야 할 대상물의 주제와 관련된 배경지식을 구축하고, 화자에 대한 정보를 입수하며, 들어야 할 목적을 확인하고, 내용을 예측해 보며, 필요한 질문을 먼저 제기해 보고, 주위의 소음 등 듣기 활동에 방해가 될 만한 요인을 미리 제거하는 등의 활동이 포함된다.
	(1) 배경지식 구축하기 　– 듣기 전에 듣는 중 활동 내용에 관련된 그림보기 　– 듣기 전에 듣는 중 활동 내용과 관련된 책 읽기 (2) 들어야 할 목적 확인하기 　– 듣기의 목적에 따른 방법알기(다양한 종류의 글 자료를 이용하여 실제 듣기 해 보기) (3) 내용 예측하기 　– 듣는 중 활동에서 들을 내용에 대한 그림 보고 내용 예측하기 　– 순서가 뒤섞인 그림 보고 내용 예측하기(차례대로 그림 놓기) 　– 본문의 빈칸 채우기 (4) 질문하기 　– 질문 사항 미리 읽어보기 　– 듣는 중 활동 내용의 제목이나 부제 보고 추측하기 　– 시각 보조물 분석하고 질문 만들어 예측하기
듣는 중 단계	학습 내용 : 지각, 정보 확인, 내용 이해, 비판 및 감상, 참여 태도 등과 관련된 내용들이 포함된다.
	(1) 정보 확인하기 　– 빈칸 메우기를 활용하여 단어의 문맥적 의미 파악하기 　– 메모한 후 도표 환성하는 활동으로 내용 확인하기 　– 특정 정보 찾기를 통해 세부 내용 기억하기 　– 들은 내용을 그림으로 표현하기 (2) 내용 이해하기 　– 자신의 스키마와 새로운 정보 연결하기 　– 들은 내용의 구조 유형을 파악하여 글의 전체 내용 이해하기 　– 문맥을 통해 빠진 내용 추측하기 　– 글에 생략된 세부 내용을 추리와 상상으로 추론해보기 (3) 비판 및 감상하기 　– 정보의 적합성과 타당성 판단하기(사실과 의견 구분하는 방법, 화자의 목적을 판단하는 방법, 광고를 듣고 편견이나 과장이나 허위를 구별하는 방법, 화자와 청자의 관점의 차이 확인하는 방법, 신문기사나 사설을 듣고 시사점 도출하는 방법, 이야기나 신문기사를 듣고 감명 깊거나 유익한 점 찾아내는 방법 등)
듣기 후 단계	학습 내용 : 들은 내용에 대한 내면적 수용과 전이에 관련된 내용들이 포함된다. 내면적 수용에는 자신에게 주는 의미 찾기, 정서적 감화 등이 포함되고, 전이하기에는 비슷한 자기 사례 찾아내기, 유사한 주장하기, 새로운 예시 찾아내기, 토론의 주제 만들기, 유익하게 듣기, 반박 질문 만들기 등이 포함된다.

----

1 임칠성 외, "국어선생님, 듣기수업 어떻게 하십니까?". 역락.

> (1) 수용하기
> – 듣는 중 활동 내용에서 자신에게 주는 의미 찾아 이를 글로 쓰거나 친구들 앞에서 말하기
> – 듣는 중에 들은 이야기의 다음 뒷이야기 이어 쓰기
> – 듣는 중 메모한 내용을 바탕으로 자신의 상황에 적용시켜 쓰기
> (2) 전이하기
> – 듣는 중 단계에서 학습한 내용에 관련된 새로운 예시를 실생활에서 찾아보는 활동하기
> – 들은 이야기를 자신의 상황에 맞게 패러디하기
> – 토론의 주제를 도출하여 모둠별로 토론하기

참고자료 1 화법 교육 연구의 관점

1. 화법 교육의 개념적 접근

- 화법의 개념 : 연구자에 따라 차이를 보인다. 대략 다음의 세 가지로 구분된다.
  - 음성 언어 의사소통의 방법(=화법)
  - 음성 언어 의사소통 능력(=화법 능력)
  - 음성 언어 의사소통 이론을 연구하는 학문의 분야(=화법론)
- 화법 교육 연구 : 음성 언어 의사소통 행위에 관련되는 요인과 화법 교수 · 학습 현상과 관련된 제반 영역에 대하여 탐구하여 학습자의 화법 능력을 신장시킬 수 있는 효과적인 교육 내용과 방법을 밝히는 데 목적을 둔 연구 영역.

2. 화법 교육 연구의 관점 변화

화법 교육 연구는 사람들의 음성 언어 의사소통 현상과 화법 교수 · 학습 현상과 분리될 수 없는 연구 영역이다. 최근에는 의사소통에 대한 상호 교섭적 접근, 화법 교육에 대한 인지적 접근, 대화 분석적 연구 방법 등의 세 관점에서의 접근이 이루어지고 있다.

(1) 의사소통에 대한 상호 교섭적 접근

대인 의사소통 연구에 대한 접근 방식은 '화자와 청자의 작용 방향'에 따라 '작용적 관점(the action theory), 상호 작용적 관점(the interaction theory), 상호 교섭적 관점(the transactional theory)' 등으로 나눌 수 있다.

1) 작용적 관점과 상호 작용적 관점
'작용적 관점'은 대인 의사소통을 어느 한 쪽의 일방적인 행동으로 보고 있으며, '상호 작용적 관점'은 화자와 청자의 작용과 반작용으로 보고 있다.

그러나 의사소통은 화자가 의미하는 바를 전달하는 일방적 행위의 과정도 아니며, 화자와 청자가 말하고 답하는 선조적인 과정도 아니다. 의사소통은 화자와 청자가 분리되어 있는 것도 아니며, 단순히 메시지를 주고받는 과정도 아니다. 그러므로 의사소통에 대한 작용적 관점과 상호 작용적 관점은 인간 의사소통의 전국면을 설명하는 데 적절하지 못하다.

2) 상호 교섭적 관점
'상호 교섭적 관점'에서는 의사소통에서 누가 수신자이고 전달자인지를 구별할 필요

1 전은주, "말하기 듣기 교육론"에서는 이를 '상호 관계적 활동 단계'로 명명함.

없이 두 사람이 동시적으로 메시지를 전달하고 수신하는 것으로 이해한다.

'교섭'이란 상호 작용이 단지 서로를 아는 것 이상이고 교환과 협상의 주요한 초점이 되는 것이다. 말하기와 듣기는 분리된 행위가 아니며, 한 번에 한 가지 행위만 일어나는 것도 아니다. 즉, 의사소통은 화자와 청자의 단순한 상호작용 이상으로 체계의 각 부분이 완전한 상호의존과 상호인과 관계의 과정으로 이루어져 있는 것이다. Myers & Myers(1992)에서는 대화 참여자가 각각 상대를 고려하고, 역할 관계의 차이를 알며, 서로 합의된 일련의 규칙에 따라 대인 행동을 할 때 상대방과 상호 교섭적 의사소통을 한다고 밝히고 있다. 이와 같은 관점에서는 의사소통 참여자의 역할이 모두 강조되며, 의사소통이란 참여자의 상호 이해, 상황에 대한 이해 속에서 이루어지는 것이다. 또, 참여자는 의사소통의 과정에서 각각 상대방에게 맥락을 제공하게 되며, 그 맥락 안에서 상대방과 관계를 이루게 된다고 볼 수 있다. 상호 교섭적 관점은 작용적 관점이나 상호작용적 관점보다 실제 의사소통의 복합적인 실체를 이해하기에 적합한 관점이다.

3) 상호 교섭적 관점에서 접근한 화법 교육의 특징

첫째, 화법 교육 목표의 확장이다.

'작용적 관점'이나 '상호작용적 관점'의 화법교육에서는 효과적으로 메시지를 생성하고 조직하여 전달할 수 있는 언행적 차원의 의사소통 능력을 교육의 목표로 삼는다. 그러나 '상호 교섭적 관점'은 개별 참여자 자체보다 참여자 간의 관계에 주목한다. 그러므로 상호 교섭적 관점의 화법 교육에서는 의사소통을 통하여 참여자가 좋은 관계를 형성, 유지, 발전할 수 있게 하는 것 또한 교육의 목표가 되어야 하는 것으로 보고 있다. 이는 의사소통의 목적이 언행적 차원뿐만 아니라 관계적 차원도 존재한다는 인식에서 비롯된 것이다.

둘째, 화법 교육의 내용 변화이다.

화법 교육의 목표를 의사소통의 관계적 목적을 이룰 수 있는 능력으로 확장한다면, 의사소통 참여자가 의미를 공유하고 상호 교섭할 수 있도록 하는 의사소통의 맥락도 중요한 교육 내용이 된다. 그리고 의사소통 참여자들이 상대방을 배려할 수 있는 태도나 마음가짐이 말하기·듣기의 형식적인 기능과 전략보다 중요하게 다루어지게 된다고 보고 있다. 곧, 화자나 메시지 표현뿐만 아니라 청자를 포함한 참여자, 맥락, 관계, 태도 등을 중요한 교육 내용으로 보는 것이다.

셋째, 화법 교육의 방법 변화이다.

상호 교섭적 관점은 의사소통의 본질적인 양태에 주목한다. 의사소통에서 말하기와 듣기는 동시적으로 이루어지며, 화자와 청자는 분리되고 고정되어 있는 것이 아니라 한 참여자가 화자의 역할을 수행하는 동안 다른 참여자가 청자가 되며, 또 그 참여자가 화자의 역할을 수행할 때 상대방은 청자가 되는 것이다. 대면 의사소통의 상황에서 화자는 곧 잠재적 청자이며 청자는 곧 잠재적 화자인 것이다. 따라서 말하기와 듣기를 통합적으로 가르치는 것이 의사소통의 생태적인 측면을 만족하는 것이라고 본다.

(2) 화법 교육에 대한 인지적 접근

언어 교육의 패러다임의 변화는 화법 교육 연구에도 큰 영향을 끼쳤다. 때문에 화법은 언어 표현이라는 측면에서 쓰기와, 언어 이해라는 측면에서 읽기와도 일정 부분 공통점이 있다. 이런 공통점이 화법 교육 연구에 반영되면서, 말하기·듣기 과정에 대한 전략 중심의 교수·학습법이 제시되었고, 교수·학습에서의 자기 조정(self regulation) 전략에 관한 연구가 큰 시사점을 받게 된 것이다. 또한 교수·학습의 인지적 변인으로서 수업 담화 참여자로서 학습자의 연령별, 성별, 상황별 의사소통 양상과 전략 사용에 대한 연구도 기대되고 있는 것이다.

(3) 대화 분석적 연구 방법

이는 실제 의사소통에서 생산된 담화를 전사하고 분석하여 이에 나타나는 어떤 특징을 찾아낸 다음, 이것의 기능과 작용 양상에 대하여 밝힌 뒤 교육적 시사점을 끌어내는 것이다. 화법 교육 연구가 문헌적, 이론적 접근을 넘어서 실제 화법 현상을 기반으로 접근할 필요가 있다는 인식의 변화를 나타낸다.

---

2 읽 기

(1) 개 관

읽기가 무엇인지를 한 마디로 정의하기는 어렵다. 혹자는 '음성–문자 기호의 연계, 문자 메시지의 이해, 독자와 필자의 상호작용 및 의미의 재구성'으로 읽기 변화를 설명하기도 한다. 이를 더 자세히 보면 다음과 같다.

고대 그리스의 플라톤은 읽기를 '눈과 귀 모두를 통해 분리된 글자들을 인식'하는 행위로 설명했는데, 이는 구술과 낭독의 문화를 반영하는 가장 고전적인 읽기에 대한 정의라 할 수 있다.

20세기 전반과 중반에 이르러 읽기는 문자 언어로 이루어진 메시지를 이해하고 추론하는 과정으로 설명되면서 독해와 사고 과정의 측면이 강조되기 시작했다(Gray와 Caroll은 읽기가 문자 언어의 의미를 이해하는 것임을 강조함으로써 음성 언어와의 차별화를 시도했다).

20세기 중후반에 이르러 읽기는 의미를 재구성하는 과정이며 텍스트와 독자의 상호작용 활동이라는 점이 강조되었다(Goodman은 필자의 메시지를 구성하기 위해 독자와 텍스트 사이에 일어나는 상호작용으로 보았다).

후대로 올수록 읽기에 대한 정의는 더욱더 인지 중심 경향을 보인다. 이는 인지 심리학의 등장과 깊은 관련이 있다. 인지 심리학에서는 인간의 읽기를 단선적이고 순차적인 정보 처리의 과정으로 보던 것에서 벗어나 의미 이해의 과정으로 보고자하였다. 이는 의미 이해의 과정이 상향식(bottom-up)이 아닌 하향식(top-down) 또는 상호작용식(interactive) 과정이며, 여기에는 배경 지식(schema)과 상황(situation) 요인이 크게 영향을 미친다는 사실의 발견에서 비롯된다. 바로 여기에서 '처리'라는 용어 대신에 비로소 '이해'라는 용어가 나오는 것이며, 이해를 '의미의 구성'으로 보게 된 것이다.

최근에는 더 나아가서 읽기를 사회 지향적 관점에서 보고자 하는데, 일찍이 '언어는 고도로 개인적인 동시에 사회적 과정'이라고 본 Vygotsky나 '교섭적이며 사회-심리 언어학적 사건'으로 보는 Goodman 등의 관점이 그것이다.

정리하면, 읽기는 크게 텍스트 중심 읽기관, 독자 중심 읽기관, 사회 · 문화 중심 읽기관으로 대별할 수 있다. 텍스트 중심 읽기관은 '의미'가 텍스트에 있다고 보고 이를 초점화 시키는 반면, 독자 중심 읽기관은 '의미'가 독자에 있다고 보고 이를 초점화 시킨다. 한편 사회 문화 중심 읽기관은 '의미'가 사회 · 문화에 있다고 보고 이를 부각시킨다.

이를 부연하면 다음과 같다.

행동주의 심리학의 영향을 받은 고전적 관점에서는 읽기를 기호 해독 과정으로 본다. 이 관점은 '해독 중심 읽기관'이라 할 수 있는데, 1920년대 이후 최근까지 읽기에 대한 연구에 큰 영향을 끼치고 있다. 이에 따르면 읽기는 문자를 음성으로 바꾸고, 그 음성과 긴밀한 관련이 있는 의미를 찾는 과정으로 보기 때문에 단어의 발음을 재창조한 것으로 생각한다. 읽기 학습은 읽기 과정의 기본이 되는 과정으로서 문자를 음성으로 번역하는 과정을 중시한다. 이러한 관점에 따르면 읽기는 해독(decoding)과 이해(comprehension)로 양분된다.

반면에 인지심리학의 영향을 받아 1980년대 이후 등장한 최근의 읽기관에 따르면, 읽기는 독자가 이미 가지고 있는 개념을 조작하여 새로운 의미를 구성하는 것으로 본다. 이것은 텍스트를 구성하는 요소들을 기반으로 하여 이해가 이루어지는 것이 아니라, 독자의 지식 구조를 중심으로 하여 여러 가지 단서를 효율적으로 사용하여 이해가 이루어진다고 본다. 이것은 글 자체가 독자적인 의미를 구성하는 것이 아니라 독자가 글에 접할 때 비로소 의미를 갖게 된다는 점에서 '독자 중심 읽기관'이라고 할 수 있다.

하지만, 독자의 의미 재구성 과정으로서의 읽기의 개념은 확대되어야 한다.

독자는 텍스트를 해석하기 위해 텍스트 구조와 배경 지식을 이용하여 텍스트에 대한 심리적 표상을 만들어 내는데, 이는 독자에게 텍스트로의 일방적인 과정이다. 그러나 확대된 읽기 개념은 이렇게 구성된 텍스트의 의미 세계가 다시 독자 자신의 지식과 독자가 속한 사회 · 문화적 공동체의 가치와 이해에 대해 비판적으로 바라볼 것을 요구한다. 독자는 텍스트를 통해 구체적인 세계를 이해하기도 하고, 텍스트에 의해 자신의 지식이나 관점이 수정되기도 하는 등 텍스트의 의미 세계가 독자에게 쌍방향적인 영향을 미친다는 것이다. 이러한 읽기 과정에서 의미 구성에 도달하기 위한 독자의 해석 과정은 합리적이어야 하며, 독자가 만족한 해석의 최종점에 합의한 후에도 텍스트 의미가 사회 · 문화적 가치나 요구, 혹은 특정 집단의 이해에 비추어 적절한 것인지를 계속적으로 판단해야 한다. 이때 독자의 판단은 조정(re-mediating)과 반추(reflecting)의 과정을 통해 이루어진다. 이러한 일련의 읽기 과정을 통해 독자는 텍스트를 매개로, 세계와 쌍방향적인 의사소통을 달성하게 된다.

(2) 읽기 능력과 읽기 능력의 구성요소

읽기 능력이란 글을 읽을 수 있는 능력이다. 위에서 살펴 본 읽기에 대한 개념 변화를 통해 볼 때, 읽기는 '특정한 사회 · 문화적 맥락 속에서 독자가 텍스트의 의미를 재구성하는 과정'이라 할 수 있다면, 읽기 능력은 '특정한 사회 · 문화적 맥락 속에서 독자가 텍스트의 의미를 재구성하는 능력'이라 할 수 있다.

1) 읽기 과정을 통해 본 읽기 능력 구성 요소[1]

인지 과정모형은 지금까지 읽기 과정을 이해하고, 읽기 교육을 전개할 때 많은 도움이 되어 왔었고, 앞으로도 그런 역할을 할 것임에 분명하다. 따라서 여기서는 읽기 과정 모형으로 알려진 기존의 세 가지 인지과정모형을 다시 살펴보고 이와 관련지어 새롭게 '교섭 모형'을 추가하여 기존 모형과 비교 검토하고자 한다.

① 상향식 과정(bottom up process) 모형

상향식 과정 모형은 '글 중심의 읽기'와 '기능 중식의 읽기'라 할 수 있다. 이 관점에서는 하위 과정의 언어 처리가 제대로 되지 않으면 상위과정의 언어 처리가 되지 않는다는 가정을 취한다. 따라서 언어 처리의 기능(skills)을 강조한다. 예를 들어, 글자를 소리로 해독할 수 있어야 한다(해독기능). 단어의 뜻을 파악할 수 있어야 한다(어휘기능). 문장을 어구에 따라 적절히 의미 단위로 끊어 읽을 수 있어야 한다(낭독기능). 생략된 내용을 추론할 수 있어야 한다(추론기능). 이러한 기능들은 다른 기능과 독립적으로 분리해서 가르치는 것이 효과적이며, 학생들에게 이런 기능들을 차례로 습득시켜 주면 글 전체의 의미는 저절로 이해될 것으로 가정하였다. 이를 그림으로 나타내면 [그림 6–5]과 같다.[2]

상향식 과정 모형은 읽기란 의미를 파악하는 것이고, 의미는 '글'에 있다고 생각하였다. 이때의 의미는 주로 저자가 '의도한 의미'를 뜻하며, 그것은 글 속에 구현되어 있다. 읽기 지도 모형은 읽기의 기능에 대한 '직접교수법'을 선호하고 있다. 상향식 모형의 이론가로 P.V.Gough를 들 수 있다. 그는 읽기 지도에서 글자를 소리 내어 읽을 수 있는 '정음법(phonics)'을 강조하고 있다.

상향식 과정 모형에서는 글자를 소리 내어 읽기만 하면 뜻은 자동적으로 이해된다고 가정하였다. 이들은 '독해(reading comprehension)=해독(decoding)×듣기(listening comprehension)'라고 생각하였다. 쓰기란 소리를 문자(code)로 부호화하는(encoding) 것이고, 읽기는 반대로 문자를 소리로 해독(decoding)하는 과정으

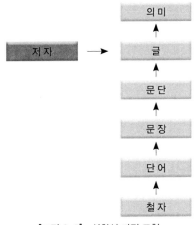

[그림 6–5] 상향식 과정 모형

1 천경록(2008), '읽기의 의미와 읽기 과정 모형에 대한 고찰'. 청람어문논집.
2 Reutzel와 Gooter(2004, p.73)의 그림을 일부 수정하였음.

로 인식 하였다. 글을 이루는 작은 단위들에게 대해 해독하기만 하면 음성 언어의 능력에 의해 자연스레 글의 뜻은 파악되리라 가정 하였다. 상향식 과정 모형의 배경 심리학은 행동주의 심리학이며, 읽기 지도 모형으로는 직접 교수법을 들 수 있다.

상향식 모형에서는 읽기 지도에 사용하는 텍스트를 매우 통제된 텍스트(controlled text)를 사용한다. 아이들이 글자를 소리 내어 읽을 수 있도록 '때로는 지나치다 싶을 정도로' 의도적으로 제작된 텍스트를 사용한다. 상향식 모형에 대한 비판가들은 이런 텍스트는 아동의 읽기 책에서나 볼 수 있지 실제 세상에서 아동이 대할 수 있는 글은 아니라고 비판한다.

상향식 모형에서는 읽기 기능은 발달의 순서가 있으며, 그 순서는 '해독 → 단어 이해 → 글의 의미'로 진행된다고 가정하고 있다. 상향식 이론가에 속하는 Laberge 와 Samuels(1974)는 사람의 인지 능력은 제한되어 있고, 만약 해독 기능이 자동화되어 있지 않다면 제한된 인지 능력으로 글을 처리할 때 보다 많은 인지 능력이 해독에 집중되기 때문에 단어나 독해에는 충분한 인지를 배당할 수 없기 때문에 결국 독해는 실패하리라 가정한다. 따라서 상향식 모형에서는 해독기능의 습득을 읽기 지도에서 가장 강조하였다.

② 하향식 과정(top don process) 모형

하향식 과정 모형은 '독자 중심의 읽기'라 할 수 있다. 읽기는 글의 의미를 구성하는 행위인데 의미는 '글'에 있지 않고, 독자의 '머리'에 있다고 보았다. 비유적으로 말하면, 글은 마치 사진의 필름과 같다. 필름은 사진이 될 수는 있지만 필름만으로는 필름에 담긴 풍경이 무엇인지 잘 알 수 없고 알아보기도 힘들다. 필름은 현상(現想)되어야만 필름 속에 담긴 풍경이 비로소 생생한 '사진'으로 드러난다. 필름을 현상하려면 현상액(現像液)이 필요하다. 이때 현상액과 같은 역할을 하는 것이 독자의 배경지식이다. 그러므로 하향식 과정 모형론자들은 의미는 '글'이 아니라 '독자'에게 있다고 보았다. 글은 의미를 전달하는 단초(端初)에 불과하지 의미 그 자체가 있는 곳은 아니란 뜻이다.

하향식 과정 모형에 의하면 읽기를 통해 의미를 구성하기 위해서는 독자가 적극적으로 자신의 배경지식을 활성화하여 글의 내용과 투합하여야 한다. 독자는 자신의 배경 지식을 활성화하고, 글의 내용과 관련이 있는 배경지식을 선택하여야 하며, 배경지식을 인출하여야 한다. 배경지식을 이용하여 글의 내용을 예측하고, 생략된 내용을 추론하며, 새롭게 알게 된 내용을 자신의 배경지식에 통합하여 기억한다. 이런 과정은 매우 목적 지향적이며 여러 가지 대안 중에서 선택하고 유연하게 진행되는 과정이다. 이를 그림으로 표현하면 [그림 6-6]과 같다.[1]

연구자들은 읽기를 수행할 때 나타나는 이러한 적극적이고 목적지향적인 사고의 과정을 설명할 용어를 찾았다. 본래 두뇌 속에서 진행되는 이러한 과정을 상향식 과정에서는 '기능'이란 용어로 설명하였지만, 기능으로 설명하기에는 무엇인가 미흡하고 부적절하다고 생각하였다. 그래서 찾은 용어가 '전략'이다. 전략은 군사학의 용어였지만 목표를 달성하기 위해 여러 가지 대안(代案)을 물색하고 최적(最適)의 의사 결정을 하는 사고의 과정을 잘 드러내는 용어였기 때문에 경영학, 교육학, 사

---

1 Reutzel와 Gooter(2004, p.77)의 그림을 일부 수정하였음.

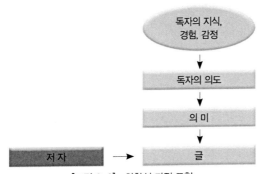

[그림 6-6] 하향식 과정 모형

회학, 정치학 등 여러 학문에서 차용되어 쓰이게 되었다.

하향식 과정 모형의 이론은 K. S. Gooman에 의해 지지되고 있다. 하향식 과정 모형은 의미를 중심으로 읽는 묵독을 강조하며, 글을 분절적으로 대하는 것이 아니라 온전히 하나의 의미의 덩어리인 '전체(whole)'로 대한다. 독자는 자신의 배경지식에 의해 적극적으로 글의 의미를 탐구한다. 읽기 지도 모형의 사례로 '탐구학습법'을 들 수가 있다.

하향식 모형의 배경에는 형태심리학(Gestalt psychology)이 있다. 형태 심리학은 사람이 대상을 지각할 때 전체(whole)를 먼저 지각하고 세부 사항을 파악한다고 가정하였다. 'Rubin의 꽃병'이라고 불리는 모호하고 이중적인 그림을 처리하는 과정에서 보듯이 전체적으로 꽃병을 지각한 사람은 세부적인 부분을 윗부분, 중간 부분, 받침 등으로 인식한다는 것이다(Reutzel와 cooter, 2004). 이러한 지각의 과정은 그림뿐만 아니라 읽기 대상인 글도 마찬가지라고 가정하였다. 따라서 읽기 과정에서 독자는 글 전체를 먼저 지각한다고 가정하였다.

하향식 모형 이론가들은 읽기는 '전체 텍스트 → 문장들 → 단어들 → 철자와 소리'의 순서로 글이 처리된다고 가정하였다. 이들은 상향식 모형과 반대의 과정이다. 읽기 교재의 측면에서 보면 하향식 모형론자들은 상향식 모형에서 사용하는 통제된 텍스트 사용을 비판하고, 다양하고 자연스러운 실제에서 소통되는 이야기책 사용하기를 권장하였다.

③ 상호작용 과정(interactive process) 모형

상호 작용 과정 모형은 상향식 과정과 하향식 과정의 절충으로 이해할 수 있다. 글의 의미를 구성하는 것은 상향식 과정에서 주장하는 것처럼 글의 작은 단위를 모아서 큰 단위의 뜻을 완성하는 것도 아니고, 하향식 과정에서 주장하는 것처럼 독자에게만 있는 것도 아니다. 만약 하향식으로만 글을 처리한다면 굳이 독자들이 글을 대할 필요가 없게 된다. 글을 읽지 않아도 글의 의미를 알게 된다는 모순에 빠지게 된다. 실제의 대부분의 읽기는 글과 독자의 상호작용에 있다. 읽기는 의미를 구성하는 것인데, 그 의미는 글에도 있고, 독자 머릿속에도 있다. 이 둘을 잘 조절하여 의미가 구성되는 것이다. 이 과정을 그림으로 표현하면 [그림 6-7]과 같다.

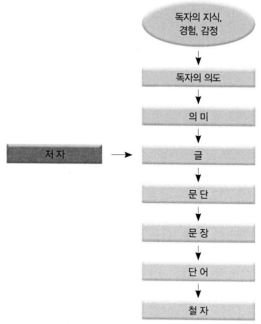

[그림 6-7] 상호작용 과정 모형[1]

상호작용 모형은 D. E. Rumelhart에 의해 이론화 되었다. 상호작용 모형은 상향식과 하향식의 절충으로 이해하면 된다. 독자는 자신의 읽기 목적을 고려하여 배경지식을 활성화한 후에 글의 내용에 대하여 예측한다. 그리고 글의 내용을 발췌하고, 추론한다. 이를 토대로 자신의 예측과 글 내용이 일치하는지에 대하여 확인한다. 일치하지 않으면 글을 다시 읽거나, 다시 생각한다. 이러한 과정은 읽기 과정에서 끊임없이 계속된다. 독자는 이러한 과정을 통해 글의 의미를 구성하고, 새롭게 구성된 의미는 자신의 배경지식에 다시 통합한다(Warson, Burke, & Goodman, 1996, p.34~6).

상호작용 모형에 의거한 읽기 지도 모형은 '균형적 지도법(balanced instrutction)'을 들 수 있다. 균형적 지도법은 음독, 해독, 정음법 등을 강조한 상향식 모형과 전체 언어(whole language), 예측, 통합 등을 강조한 하향식 모형을 절충하여 균형적으로 지도하는 방법이다.

상호작용 모형은 읽기의 하위 과정을 크게 '해독, 어휘, 독해'의 셋으로 구분한다. 그런데 이 셋의 지도 순서에 대하여 무엇을 먼저 지도해야 한다고 가정하지 않는다는 점이다. 이 점이 앞의 두 모형과 크게 다른 점이다. 세 하위 과정의 중요성을 인정하되 어느 하나가 다른 과정에 앞서서 반드시 미리 습득 되어야 한다고 주장하지 않는다. 이들은 세 과정을 병렬적으로 가르치도록 읽기 교육 내용을 설계하고 있다. 이렇게 가르치면 독자에 의해서 그 세 내용이 '통합'되리라고 가정하고 있다. 교사는 아동이 자신의 배경 지식에 의해 다양하게 글의 의미를 구성하더라도 적절한 교정을 통해 저자가 의도한 의미를 구성하도록 안내한다. 글의 읽기 교재의 측면에

1 Reutzel와 Gooter(2004, p.80)의 그림을 일부 수정하였음.

서 본다면 상호작용 모형론자들은 '통제된 텍스트와 문학중심의 글'을 적절하게 사용한다.

상호작용 과정 모형은 읽기를 설명하는 중요한 모형으로 읽기 교육에 많이 사용되고 있다. 그러나 상호작용 과정 모형에서 말하는 독자의 배경 지식은 '개별' 독자의 배경지식이다. 즉 독자는 자신의 '개인적인(personal)배경지식'을 활성화 하여 글속에 '저자'가 글에 구현해 놓은 의도된 의미를 구성한다는 것에 초점이 맞추어져 있다.

④ 교섭 과정(transactional process) 모형

상호작용 과정 모형으로 실제의 읽기 현상을 충분히 설명할 수 있을까? 다른 변인이 추가될 필요는 없을까? 이에 대한 대답으로 다시 주목 받는 것이 교섭 과정 모형이다. 교섭 과정 모형은 '상황 중심의 읽기'라 할 수 있다. 읽기에서 구성되는 '의미'는 개인적인 경험에 의한 것 이상이다. 구체적으로 읽기가 진행되는 읽기는 각기 다른 상황 속에서 진행된다.

상황에 대한 중시는 2007년 개정된 국어과 교육과정에서도 엿볼 수 있다. 개정 교육과정에서는 읽기 영역의 내용 체계를 '실제, 지식, 기능, 맥락'으로 나누고 맥락에 대하여 상황 맥락과 사회·문화적 맥락으로 하위 구분하고 있다.

어떤 독자가 글을 앞에 놓고 그것을 읽는다면 여기에는 '글, 독자, 저자, 독자의 친구들, 선생님, 부모, 독자의 목적, 독자의 언어 능력, 독자의 흥미, 글을 읽을 때의 시간적 배경, 공간적 배경, 물리적 환경, 생리적 상태, 심리적 상태, 텍스트의 언어적 단서, 모둠별로 읽는지 혼자 읽는지'등 여러 가지 사회적인 상황 요인이 개입된다.

독자는 개인적 경험만으로 글을 읽는 것이 아니라 자신을 둘러싸고 있는 사회적 요인의 영향을 받아 의미를 구성한다. 이러한 상황의 차이에 따라 실제로 구성되는 의미는 달라진다. 읽기의 이러한 과정을 잘 드러내기 위해 사용한 용어가 Rosenblatt(2004)이 사용한 '교섭(transaction)' 개념이다. 'transaction'은 '교섭, 거래, 타협, 협상, 흥정, 중재' 등으로 번역되기도 한다.

독자가 글을 읽고 구성하는 의미는 독자와 글과의 교섭의 결과이다. 이러한 교섭 과정에는 '독자, 글, 저자, 상황' 등의 요인이 작용한다. 독자는 이를 종합하여 의미를 구성한다. 이때의 의미는 저자가 의도한 의미뿐만 아니라 그 이상의 의미도 포함된다. 저자가 의도하지 않은 의미, 저자의 의도를 넘어서는 의미도 포함된다. 이러한 현상을 '창조적 읽기'라고 할 수 있다. 이를 그림으로 표현하면 [그림 6-8]과 같다.

교섭 과정 모형의 이론가는 로젠블랫(Rosenblatt, 2004)이다. 그는 읽기를 기능적 읽기(efferent reading)와 심미적 읽기(aesthetic reading)로 구별하였다. 글에서 사실적 정보나 주장을 파악하는 것을 기능적 읽기로 보았고, 주제나 미적 내용을 파악하는 것을 심미적 읽기로 보았다. 독자가 글의 의미를 구성하는 것은 사회적 상황에서 저자가 의도한 의미와 자신이 구성한 의미, 자신이 형성한 의미 등이 여러 사회적, 문화적 상황에 영향을 받아 중재된 결과로 보았다. 이는 심리학적 배

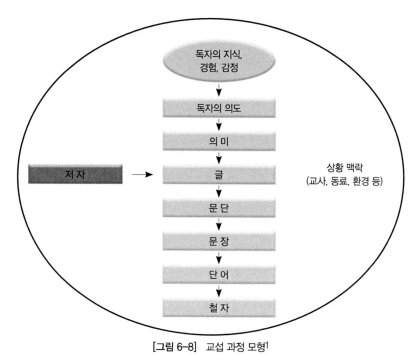

[그림 6-8] 교섭 과정 모형1

경으로 사회구성주의 심리학과 통하고 있다.

교섭 과정 모형의 읽기 지도 모형의 예로는 반응중심의 문학교수학습법을 들 수 있다. 교섭 모형에서는 읽기 자료로 다양한 유형의 책을 사용하며, 읽기 능력이 상이한 모든 학생들의 요구에 부응하도록 다양한 수준의 책을 골고루 제공하는 것을 선호한다.

지금까지 설명한 상향식, 하향식, 상호작용, 교섭 과정 모형의 내용을 비교하면 다음 〈표 6-6〉과 같다.

〈표 6-6〉 읽기 과정에 대한 제 모형의 비교

기 준	상향식 과정	하향식 과정	상호작용 과정	교섭 과정
의미의 위치	글	독자	독자, 글	독자, 글, 저자, 상황
의미의 의미	저자가 의도한 의미	독자가 구성한 의미	독자가 구성한 의미	저자와 독자가 협상한 의미
읽기 유형	글 중심의 읽기	독자 중심의 읽기	글, 독자의 상호작용 중심의 읽기	상황 중심의 읽기
읽기 관점	분절, 기능 독해=해독×듣기	전체(whole), 전략	균형(balace), 절충	거래, 맥락, 상황
강조점	해독, 정음법	스키마, 예측	구성, 독해	대화, 협상

1 Reutzel와 Gooter(2004, p.85)의 그림을 일부 수정하였음.

주요 읽기 형태	음독, 낭독	묵독	발췌독, 재독, 확인, 통합	창조적 읽기, 심미적 읽기
배경 심리학	행동주의심리학	형태심리학	인지심리학	사회구성주의 심리학
주요 이론가	P. Gough	K. Goodman	D. Rumelhart	I. Rosenblatt
읽기 자료	통제된 교재	이야기 책	통제된 책과 이야기책	다양한 종류와 수준의 책
읽기 지도 모형의 예	직접 교수법	탐구학습법	균형적 지도법	반응중심의 문학 교수 · 학습법

지금까지 살펴본 읽기의 개념, 읽기 과정에 대한 이해를 토대로 읽기 지도 원리를 몇 가지 제안해 보면 다음과 같다. 읽기 교육에 관여하는 주요 변인을 다음과 같이 표현해 볼 수 있다(천경록 · 이경화, 2003).

읽기 교육은 '독자, 텍스트, 과제, 배경, 교사' 요인이 긴밀하게 상호작용 하는 상황에서 진행된다. 위 그림에서 과제 요인은 읽기 교육의 목표(기능, 전략), 읽기 활동, 교수 · 학습 활동 등을 뜻한다. 읽기 교육 시간에는 교과서가 사용된다. 배경 요인은 개별 활동, 소집단 활동, 전체수업 등 수업의 형태를 뜻한다.

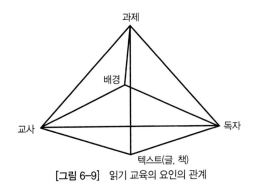

[그림 6-9] 읽기 교육의 요인의 관계

[그림 6-9]는 사각뿔 형태인데, 각 꼭짓점을 중심으로 각, 변, 삼각면, 사각면 등으로 구성되어있다. 각각은 읽기 교육의 제 요인의 상호작용을 잘 보여준다. 예를 들어 '독자-텍스트'의 변은 독자와 텍스트의 상호작용을 보여준다. '교사-과제-텍스트'의 삼각면은 교사가 수업목표를 달성하기 위해 텍스트 요인을 적절히 다루고 조절하여야 함을 보여준다. '교사-독자-배경'의 삼각면은 교사가 효율적인 읽기 수업을 위해 수업의 형태를 전체 학습, 모둠 학습, 개별 학습으로 변화시킬 수 있음을 시사한다. 우리는 위 그림에서 읽기 수업에 관련되는 여러 요인이 서로 영향을 주고받는 관계를 생각할 수 있다. 아래에서는 이를 참고하고, 앞의 읽기 과정 모형에서 살펴본 내용을 토대로 읽기 지도의 원리에 대하여 몇 가지를 모색하여 제안해 보도록 한다.

① 글의 의미를 구성하고 지혜와 삶의 가치를 지향하는 것이 읽기의 목적이다. 읽기의 지도의 제1의 관심은 독자가 글을 읽고 의미를 구성하느냐에 있다. 독자는 저자가 의도한 의미를 일단 파악해야 할 뿐만 아니라 독자는 저자가 의도한 의미를 넘어서는 의미를 스스로 창조해야 한다.

    교사는 독자가 글을 통해 다양한 의미를 읽기 목적에 맞게 구성할 수 있도록 안내하여야 한다. 위의 그림에서 '독자-텍스트'의 상호작용이 중요하다. 물론 이를 촉진하기 위해 앞의 교섭 과정 모형에서도 살펴보았듯이 교사나 동료들의 도움을 활용해야한다. 읽기 수업(과제요인)은 독자의 의미 구성을 촉진하도록 설계되어야 한다.

② 독자의 지적 호기심과 사전 지식을 활성화시켜 글과 연결시켜야 한다. 읽기 과정에 대한 해명은 글 중심의 읽기뿐만 아니라 저자, 독자, 상황 등의 요인을 강조하고 있다. 이때 독자의 배경지식은 중요한 역할을 한다.

    교사는 읽기 전에 독자의 배경지식을 활성화 시켜 적극적으로 글의 내용을 예측하게 해야 한다. 이러한 예측을 확인하기 위해서는 글의 내용을 확인하고, 생략된 정보를 추론하고, 정보를 종합하고 의미를 형성할 수 있도록 독자(학습자)의 배경지식을 적극적으로 활성화 시켜야 한다. 교사는 읽기 지도의 도입 부분에서 학습의 배경지식을 활성화시키고 이를 글의 내용과 연결시키는 적절한 비계(scaffolding) 활동을 해야 한다.

③ 학생에게 흥미롭고 내용과 형식이 좋은 글을 사용해야 한다. 글의 장르, 글의 주제, 글의 형식, 글의 난이도, 글의 문체, 작가의 특징 등 여러 가지 점을 균형 있게 고려하여 독자의 흥미를 불러일으키는 도서의 선정은 읽기 지도의 성공과 실패를 가르는 분수령이다. 국내외의 고전(古典), 공신력이 있는 기관의 추천도서, 교사용 지도서에 소개된 글 등을 사용하는 것이 좋다.

    이와 함께 여러 관련된 책을 함께 사용하는 것도 권장된다. 예를 들어 '이순신 전기문'을 읽는다면 이순신이 쓴 난중일기, 이순신을 소재로 한 역사 소설, 이순신의 기록이 나타난 역사책, 이순신에 관한 평전, 이순신과 긴밀한 관계를 가졌던 다른 인물의 전기문, 이순신과 비슷한 구조를 가진 영웅 전기문, 영웅 설화 등도 함께 읽는 것이 필요하다.

④ 개인의 읽기 발달을 고려하여 균형적으로 지도해야 한다. 읽기 능력은 후천적으로 학습된다. 초보적인 독자가 읽기 교육을 통해서 능숙하고 독립적인 독자로 발달해 나간다.

    읽기 과정 모형은 저마다 장단점이 있고, 읽기 발달 단계에 따라 어떤 방법이 더 적절하거나 그렇지 않을 수가 있다. 또한 읽기 지도에 대한 경향은 마치 진자(振子)의 운동처럼 반복되는 경향이 있다. 따라서 어느 하나의 이론이나 모형을 맹신하기 보다는 균형적인 지도가 필요하다. 예를 들어 읽기 토론 활동을 하더라도 교사의 역할을 교사가 주도하는 활동과 학생이 주도하는 활동의 균형을 취할 필요가 있다. 텍스트도 허구 텍스트와 비허구 텍스트를 균형적으로 사용할 필요가 있다.

⑤ 읽기 과제의 해결의 책임이 교사에게서 학생에게로 점진적으로 이양되어야 한

다. 읽기 지도에서 교사는 능숙한 독자로 상정된다. 이에 비해 학생은 미숙한 독자로 상정된다. 그 둘 사이에는 차이가 있다. 이러한 차이를 좁혀서 미숙한 학생도 능숙한 독자로 만드는 것이 읽기 지도라고 할 수 있다. 교사는 적절한 비계활동을 통해 미숙한 학생의 읽기 능력을 향상시켜야 한다. 이러한 세부 과정은 '책임이양모형'으로 잘 알려져 있다.

이 과정은 크게 세 단계로 구성된다. 첫 번째 단계는 교사가 과제 해결을 주도하는 단계이다. 교사는 읽기 기능이나 전략에 대하여 책임을 지고 시범을 보여야 하며 과제를 해결한다. 학생은 교사의 설명을 듣거나 관찰하면서 어떻게 읽는지 따라한다. 두 번째 단계는 교사와 학생이 협동하여 과제를 해결하는 단계이다. 교사는 적절하게 학생의 과제 수행을 안내하면서 읽기 기능이나 전략에 대한 비계를 설정해 준다. 세 번째 단계는 학생이 독립적으로 읽기 과제의 해결을 주도하면서 기능이나 전략을 내면화한다. 교사는 학생의 참여를 촉구하고 학생의 읽기 활동을 격려해 준다.

⑥ 독자가 기쁜 마음을 지니고 능동적으로 읽기에 임할 수 있도록 읽기에 몰입시켜야 한다. 궁극적으로 읽기는 독자가 글의 의미를 구성하는 것인데, 독자가 적극적으로 개입하지 않는다면 읽기가 제대로 진행될 수 없다. 독자가 읽기 과정에 능동적으로 개입하는 현상을 몰입 읽기(engaged reading)라고 한다. "몰입 읽기는 독자가 자발적인 동기화와 인지·정의적인 몰입을 통한 양질의 읽기 경험을 강조한다(이순영, 2006, p.202)". 독자의 읽기 태도가 긍정적이고, 적극적이며, 능동적이라면 몰입 독자라고 할 수 있다. 읽기 지도와 관련하여 생각한다면 과제의 적절한 난이도, 적절한 시기에 적절한 피드백 등을 통해 독자가 읽기 과정에 몰입할 수 있도록 지도하여야 한다. 읽기 교육을 통해 길러낼 이상적 독자는 읽기 기능이나 전략이 뛰어난 전략적 독자일 뿐만 아니라 스스로 책을 읽는 몰입적 독자여야 한다.

⑦ 다양한 읽기 평가를 적극적으로 읽기 지도에 활용해야 한다. 교사는 학생의 읽기 상태에 대하여 알고 이를 읽기 지도에 적극적으로 반영해야 한다. 읽기 평가를 여러 가지로 분류할 수 있다. 양적 평가와 질적 평가, 선택형 평가와 수행 평가, 형식적 평가와 비형식적 평가 등이 그것이다.

형식적 평가는 평가의 시기나 방법을 미리 알려 주고 객관적인 방법으로 평가한다. 그에 비해 비형식 평가는 관찰, 대화, 질문 등과 같은 방법을 사용하여 수업 중에 실시된다. 비형식적 평가는 읽기의 수업과 실상 잘 구별되지 않는다. 교사는 다양한 평가 기법을 활용하여 학생에게 관한 여러 정보를 수집하고 읽기 지도에 적극적으로 활용해야 한다. 학생의 모둠 편성, 피드백, 재지도, 교수학습 방법 개선 등에 활용하여 읽기 능력과 태도를 개선시켜야 한다.

2) 독해 수준에 따른 읽기 능력 구성 요소

독해는 글을 어떻게, 어느 정도 이해하느냐에 따라 그 수준이 달라지는데, 여기에서 '수준'이란 '문제를 해결하는 데 요구되는 과제를 수행하는 능력'을 말한다.

읽기를 수준에 따라 분류하는 방식은 음운이나 철자의 재인 기능에서 출발하여 고차원적인 이해 기능까지 상향식 단계로 세분화한 Barrett의 읽기 기능 분류에서 처음으로 발견된다. 특히 Barrett는 읽기 기능을 단계화하여 5가지 수준으로 유목화 했다. 이는 오늘날까지 읽기 기능 지도의 토대가 되었다.

이후 등장한 인지 심리학을 기반으로 전개된 읽기 연구에서는 '해독'이 아닌 '이해'를 강조하고, 읽기 본질에 대한 연구보다는 '사고나 언어 처리가 어떤 조건하에서 어떻게 일어나는가.'에 대한 연구를 선호하게 되었다. 즉, 읽기 연구에서 '학습'이 중요하게 다루어지면서 글 이해 과정보다는 학습에 초점을 둠으로써 학습 전략으로서의 읽기 전략을 강조하게 되었다. 이들 연구자들은 독해를 학습 전략의 측면에서 단계화했다.

〈smith의 네 단계 독해 분류〉
  ㉠ 축자적 이해
  ㉡ 해석적 이해
  ㉢ 비판적 이해
  ㉣ 창조적 이해

〈Herbert의 세 단계 분류〉
  ㉠ 글에서 기본 정보와 세부 정보를 찾는 축자적 이해
  ㉡ 글에 제시된 세부 사항들 간의 관계를 독자가 찾으면서 생각을 얻는 해석적 이해
  ㉢ 독자의 선행 지식을 작가의 생각에 적용하여 좀 더 넓고 추상적으로 일반화하는 적용적 이해

〈Pearson & Johnson의 세 종류 독해 수준〉
  ㉠ 글에 명시된 정보를 확인하는 명시적 이해
  ㉡ 글에서 추론될 수 있는 생각들을 확인하는 암시적 이해
  ㉢ 글에서 끌어낸 정보와 독자의 선행 지식을 관련짓는 배경 지식 적용 이해

통상적으로 국어교육에서는 읽기를 기능 또는 전략에 따라 '사실적 이해, 추론적 이해, 비판적 이해' 등 세 가지로 나누거나, 혹은 최상위 단계로 '감상적 이해'를 추가하여 네 가지로 구분한다. 이는 국어과 교육과정의 내용 범주에 각각 '내용 확인, 추론, 평가 및 감상'이라는 항목으로 원리화 되어 있다. 각 수준별 독해 방법은 다음과 같다.

• 사실적 이해 방법

사실적 이해 방법은 글에 대한 중심 내용 확인과 글 구조 파악에 대한 이해로 대별할 수 있다. 예컨대, 글의 중심 내용과 직결되는 주요 단어를 파악하거나, 문장을 구성하는 단어, 문장, 문단들 사이의 문법적 관계를 파악하는 등이다. 이때 텍스트 구조 표지에 유의하여 글 전체의 조직 및 전개 방식을 파악할 수 있다.

• 추론적 이해 방법

추론적 이해 방법은 문장 및 문단의 연결 관계 및 자신의 배경 지식을 활용하여 생략된 정보를 추론하는 것으로, 글에 제시되어 있는 내용을 바탕으로 하여 글 속에 분명히 드러나 있지 않은 중심 내용이나 주제를 파악하는 것이다. 또한 필자의

입장이 되어서 글 속에 숨겨진 가정이나 전제 또는 필자가 글을 쓰게 된 동기나 목적을 파악한다.

• 비판적 이해 방법

비판적 이해 방법은 자신의 가치관이나 신념에 비추어 글 전체에 대한 평가를 내리는 과정으로, 내용(아이디어)·조직·표현상의 정확성, 적절성, 타당성과 효용성을 판단하는 것을 말한다. 예컨대, 단어 선택 및 문장·문단·글 전체 구조의 측면에서는 정확성을, 내용의 논리적 전개 등의 측면에서는 글 전체의 통일성, 일관성, 강조성 등의 적절성을, 수사적인 측면에서는 표현의 적절성을 판단할 수 있다. 또한 글의 주제나 목적에 비추어, 혹은 건전한 상식이나 사회 통념, 윤리적 가치, 미적 가치 등에 비추어 텍스트 내용의 타당성과 효용성을 판단하기도 한다. 때로는 독자의 독서 목적과 독자가 처한 입장에 비추어 글에 제시되어 있는 정보의 효용성을 판단하며 읽기도 한다.

• 감상적 이해 방법

감상적 이해 방법은 텍스트의 미적 구조와 글에 드러난 사회·문화적 양상을 이해하며 읽는 것으로, 내용이나 문학적 구조 속에 나타난 비유, 정서, 인물의 심리 및 삶의 태도 등을 음미하며 읽는 것을 말한다. 특히 문학 작품을 읽을 때에는 작품 속에 나타난 인간과 삶의 다양한 모습을 이해하려는 태도로 읽는 것이 좋다.

(3) 과정 중심 읽기 지도

1) 과정 중심 읽기 지도의 이해

과정 중심 읽기 지도[1]는 글(책)을 읽은 후에 얻게 될 결과 자체보다는 일련의 과정을 강조하여 읽기의 각 과정에서 필요한 기능이나 전략을 지도해 주는 독서 지도를 위한 하나의 접근 방식을 말한다. 흔히 읽기 전, 읽기 중, 읽기 후로 나눈 다음, 각 과정에서 독자가 해야 할 전략을 상정한 후 이 전략을 독자가 익힐 수 있게 하는 데 초점을 둔다. 예를 들어, 읽기 전 전략으로 예측하기나 배경 지식 활성화하기, 글을 읽는 목적 설정하기 등을 상정한 후 글을 읽기 전에 이러한 행위를 하도록 유도해 주는 것을 말한다.

과정 중심 읽기 지도를 해야 하는 이유는 다음과 같다.

첫째, 과정을 강조하지 않고는 가르칠 수 없기 때문이다.

예를 들어, 글을 읽을 때 자기가 제대로 읽고 있는지, 잘못 읽고 있는 부분은 없는지, 관련된 경험이나 지식을 떠올리며 읽는지 등을 생각하며 읽는 것이 중요한데, 얻게 된 결과만 강조해서는 이러한 것을 제대로 가르칠 수 없다.

둘째, 과정 그 자체가 중요하기 때문이다.

예를 들어, 일련의 글 읽기 과정에서 해야 하는 행위를 강조하게 되면 문제 해결 행위, 탐구 행위가 왕성하게 일어나게 된다.

셋째, 학생들이 글을 읽는 활동에 좀더 적극적으로 참여하게 되기 때문이다.

일반적으로 과정 중심을 취하면 활동 중심의 수업이 강조되고 학생들의 선택 여

---

1 과정중심 읽기 지도(process-oriented approach to reading instruction)와 대별되는 개념이 결과 중심 읽기 지도(product-based approach to reading instruction)이다. 이는 글을 읽은 후에 얻게 된 결과를 중요시하는 것으로 전통적인 독서 지도 방법이라 할 수 있다. 예를 들어 글을 읽게 한 후에 요약을 제대로 할 수 있는지, 주제를 제대로 파악할 수 있는지 등에 초점을 맞추어서 지도하는 것을 말한다. 결과 중심 읽기 지도에서는 글을 읽기 전이나 읽는 동안에 어떤 행위를 해야 하는지에 대해서는 관심이 없다.

지가 많아지기 때문에 학생들이 학습 활동에 흥미를 느끼고 즐겨 참여할 가능성이 높다.

과정 중심 읽기 지도가 언제부터 강조되어 왔는지를 분명히 제시하기는 어렵다. 다만 1970년대 이후 인지 심리학이 발달하면서 읽기를 의미 구성 행위로 파악하면서 읽기의 과정에 많은 관심을 가지게 되었고, 이것이 과정 중심의 읽기 지도에 대한 관심을 불러일으킨 것으로 보인다.[1]

2) 과정 중심 읽기 지도의 원리

① 결과를 무시하는 것은 바람직하지 않다.

글을 읽고 난 후에 줄거리 파악이나 주제 파악 등을 무시해서는 안 된다. 이것이 전부는 아니지만 중요한 요소임에는 틀림없기 때문이다.

② 그냥 읽기 전, 중, 후의 절차만 거친다고 해서 글을 잘 읽는 능력이 길러지는 것은 아니다.

읽기 전 활동을 하고 글을 읽게 한 다음에 읽기 후 활동을 한다고 해서 곧 읽기 능력을 갖게 되는 것은 아니라는 점이다. 각 과정에서 그 전략을 충분히 습득하도록 하는 것이 중요하다. 이를 위해 개개의 전략을 충분하게 익힐 수 있도록 하는 것이 필요하다.

③ 부분과 전체의 조화를 생각해야 한다.

개개의 전략을 가르치는 것과 이들 개개의 전략들을 활용하여 한 편의 글을 제대로 읽는 능력을 가르치는 것을 함께 고려해야 한다. 보통 앞부분에서 일련의 글 읽기 과정에 필요한 개개의 전략을 가르친 다음에 점차적으로 읽기 전체 과정에서 이들 전략을 활용해서 읽게 하는 것이 좋다.

④ 각 과정별 전략은 그 과정에만 적용되는 것이 아님을 교사는 분명히 알고 있어야 하고 학생들도 이것을 염두에 두도록 해야 한다.

⑤ 과정별로 제시한 전략을 각기 독립적으로 파악하는 것은 문제가 있다. 이들 전략은 얼마든지 통합적으로 지도될 수 있다.

예를 들어 예측하기와 배경 지식 활성화하기를 연결지을 수도 있다. 예측을 잘하기 위해서는 자신의 배경지식이나 경험을 활성화하는 것이 도움이 된다.

⑥ 활동을 위한 활동이어서는 안 된다.

예를 들어 서로 다른 장르로 바꾸기 활동을 한다고 해서 한 편의 이야기를 읽고 이를 드라마로 꾸며 보게 하면, 자칫 드라마를 꾸미는 데 훨씬 많은 시간이 들고 정작 그 글을 이해하는 데에는 큰 도움이 안 될 수 있다.

⑦ 과정별 활동이 읽기 활동을 단절시켜서는 안 된다.

예를 들어, 읽기 중 활동을 한다고 하면서 글을 읽는 단계마다 멈추어서 특정 전

1 우리나라는 5차 교육과정기 이후에 읽기 지도에서 글을 읽는 과정을 강조했고, 이후 점차 부각되었다. 특히 읽기 교육에서 과정을 강조한 것은 교육과정의 읽기 과정에서 필요한 요소(전략)를 많이 포함한 점과 7차 교육과정의 교과서에 있는 날개(보조단) 부분에서 확인할 수 있다. 또한 교과서에서 특정한 글을 읽기 전에 읽기 활동에 대한 안내는 읽기 전 활동을 강조한 것이다. 어떤 글 제시 후 '학습 활동'이 나오는 것도 읽기의 과정을 강조한 것으로 볼 수 있다.

략을 가르치거나 활동을 하려는 것은 좋지 않다.

⑧ 모든 읽기 과정에서 이들 전략을 가르쳐야 한다고 생각하는 것은 곤란하다. 글의 종류에 따라 적용해야 할 전략이 다를 수 있고, 독자의 능력에 따라 가르쳐야 할 전략이 다를 수 있다. 그리고 시간 여건상 모든 전략을 가르칠 수는 없는 일이다. 그러므로 글의 종류나 독자의 발달 단계, 주위의 여건 등을 감안하여 이번 시간에 가르칠 만한 전략을 선정해서 이를 중심으로 가르치는 것이 필요하다.

3) 과정 중심 읽기 지도의 적용

과정 중심 읽기 지도의 절차는 크게 두 가지로 나누어 생각해 볼 수 있다. 개개의 기능이나 전략을 별도로 가르치는 경우와 일련의 읽기 과정에서 이들 개개의 전략을 통합적으로 활용하여 한 편의 글을 읽게 하는 경우이다.

전자는 개개의 기능이나 전략을 별도로 한두 개를 선택해서 이를 집중적으로 가르치는 경우이다. 대체로 개개의 기능이나 전략을 가르치고자 할 때에는 직접 해 보는 것이 중요하기 때문에 직접교수법이나 현시적 교수법, 상보적 교수법 등을 적용하면 될 것이다. 즉, 그 전략의 필요성이나 원리, 사용 방법 등을 설명하고 때로는 시범을 보여 준 다음, 학생들이 연습을 통해 이것을 학습하도록 한다.

후자는 읽기의 과정을 크게 몇 단계로 나누고, 각 단계에서 필요로 하는 기능이나 전략을 통합적으로 가르치는 경우이다. 보통은 읽기 전, 읽기 중, 읽기 후 단계로 나누어 각 단계에서 필요로 하는 기능이나 전략을 몇 가지 선택해서 이들을 중심으로 지도를 하게 된다. 수업의 절차는 크게 읽기 전, 읽기 중, 읽기 후 단계로 진행하면 된다. 이 때, 선택해야 할 기능이나 전략은 글의 종류나 학생들의 능력, 수업 시간 등에 따라 달라질 수밖에 없다. 예를 들어, 설명문을 가르칠 때에는 설명문을 읽을 때 좀더 필요한 전략을 선택하되, 학생들의 능력이나 수업 시간 등을 고려하여 전략의 종류와 그 양을 달리해야 할 것이다.

과정 중심 읽기 지도의 절차는 다음과 같다.

단계	전략
준비하기	• 동기 유발하기 • 학습 목표와 내용 분석하기 • 학습 목표 확인하기 • 대상 읽기 기능 또는 전략 선정하기 • 개별 읽기 기능이나 전략에 대해 안내하기
읽기 전 활동하기	• 읽기 전 전략1 적용하기 • 전략 적용에 대해 검토하기
읽기 중 활동하기	• 읽기 중 전략2 적용하기 • 중간 검토하기 • 읽기 전 전략 계속 적용하기

1 읽기 목적 설정하기, 미리 보기, 예측하기, 배경 지식 활성화하기 등
2 구조 생각하며 읽기, 중심 내용 생각하며 읽기, 질문하며 읽기, 추론하기, 연상 또는 상상하기, 장면 그리기, 내용들 간의 관련을 지으며 읽기, 이해를 위한 단서어(표지어)에 주의하며 읽기, 초인지적 행위로 자신의 인지 과정을 점검하며 읽기, 동료들과의 협의하기, 메모하며 읽기 등.

읽기 후 활동하기	• 읽기 후 전략1 적용하기 • 읽기 후 전략 검토하기
정리하기	• 전체 학습 활동 정리하기 • 차시 학습 안내하기

(4) 구성주의 관점의 읽기 원리와 모형

1) 구성주의 읽기 교육의 원리

① 학습 독자를 존중해야 한다.

학습자 중심이라는 말은 읽기 행위에서 학습자의 주체적인 행위를 존중하는 의미로 사용한다. 구성주의 관점에서 독자는 더 이상 수동적인 지식의 습득자가 아니며, 적극적이고 자율적인 의미 구성자이다.

② 개인 나름의 의미 구성 행위를 강조한다.

독자는 의미를 구성하는 방식이 서로 다르므로 획일적으로 어떤 의미를 강요하는 것은 바람직하지 않다. 학습자 개인이 가지고 있는 경험이나 지식, 세계관을 최대한 존중해야 한다.

③ 읽기 지도에서 사고력 증진의 측면을 강조할 필요가 있다.

읽기가 의미를 재구성하는 과정이라고 할 때, 이 과정은 독자의 사고 활동이다. 책을 읽고 필자의 입장을 비판해 보거나 다른 사람의 입장에서 어떻게 받아들일 것인지, 등장 인물의 행동에 대하여 어떻게 생각하는지 등을 생각해 보게 하는 것이 좋다. 또는 관점이 서로 비슷하거나 다른 두 권의 책을 읽게 한 후에 이들의 관점을 서로 비교해 보는 것도 좋다.

④ 학습자들 간에 사회적 상호작용 활동이 풍부하게 이루어질 수 있도록 독서 토론을 강조한다.

토론 과정에서 학생들은 자신의 관점에 대하여 되돌아 볼 수 있는 기회를 가질 수 있다. 토론 활동을 강조하면 이른바 '텍스트 해석의 무정부 상태'를 줄일 수 있다. 나름의 근거를 가지고 해석해야 하고, 자기가 속한 집단의 방식을 고려해야 한다는 점을 깨닫는 기회를 가질 수 있다.

⑤ 과정 중심의 읽기 지도가 필요하다.

독서를 하기 전에는 자신의 경험을 떠올려보거나 예측하거나 연상해보는 활동이 필요하다. 읽는 동안에는 자신의 인지 활동을 점검하고 자신의 경험이나 생각과 다른 것이 무엇인지, 처음에 예측한 것과 다른 것이 무엇인지, 그리고 그것이 내게 어떤 의미가 있는지 등을 생각해보고, 책을 읽은 후에는 책을 읽고 나서 얻은 것을 자기 나름대로 정리하고 의미를 부여하며, 그것을 다음에 어떻게 활용할 것인지 생각해보는 활동을 강조할 필요가 있다.

---

1 요약하기, 주제 파악하기, 비판해 보기, 적용 방안 모색하기 등.

⑥ 조언자이며 동료 학습자로서의 교사 역할이 요구된다.

구성주의 교사는 학습자가 필요로 할 때 학습에 대한 도움을 주는 조언자의 역할을 한다. 주로 질문을 통해 학습자의 인지적 활동을 자극하거나 학습자가 풀어야 하는 과제의 전 과정을 먼저 시연해 줌으로써 전반적인 개념의 틀을 제공해주거나, 학습자가 문제 해결을 해나가는 데 필요한 여러 자료들을 제시해 주는 역할을 한다.

2) 인지 과정 읽기 모형[1]

인지 구성주의는 각 개인의 사전 지식이나 구조, 학습 양식이나 신념 체계 등에 의해서 의미구성이 서로 달라진다는 관점을 취한다. 인지 과정 읽기 모형은 독자의 인지 과정을 중시한다. 이 모형은 상황 맥락 변인을 고려하기는 하나, 주로 독자와 대상 즉 글과의 상호작용을 고려한다. 때문에 의미구성에서 담화 공동체의 상황과 학습자와 학습자, 학습자와 교사 간의 사회적 의미 구성을 소홀히 한다는 지적을 받는다.

인지 과정 읽기 모형은 읽기 상황 속에서 독자와 글의 상호작용을 통해 의미가 구성된다고 보며, 하향식 모형과 마찬가지로 독자 위주의 읽기 모형이다. 인지 과정 읽기 모형은 독자의 정신적 활동과 정보가 동시에 이해에 영향을 주는데 이 과정은 순환적으로 반복된다는 이론에 바탕을 둔 모형이다. 독자가 가진 스키마는 글 측면에서의 문자 해독에 영향을 미치고, 문자를 해독하는 것은 다시 독자의 스키마로 돌아가며 이 두 측면은 계속적으로 상호작용한다.

인지 과정 읽기 모형에는 독자의 사전 지식, 글, 독서 맥락에서의 독서 과제, 그리고 이들을 조절하는 초인지의 네 가지 변인이 작용한다.

인지 과정 모형을 구성하는 첫째 요인은 '독자 요인'이다. 독자의 사전지식 요인은 독자의 배경지식과 신념을 포함하는 인지 작용을 말한다. 둘째 요인은 '글 요인'이다. 독서 자료의 구조적, 기능적 자질과 관련된다. 셋째 요인은 '맥락 요인'이다. 독자가 글을 읽는 독서 목적과 과제 성격과 관련된다. 독서 과정의 효율화는 독자가 이 세 가지 요인들을 얼마나 효율적으로 활용하고 조절하느냐에 달려있다. 인

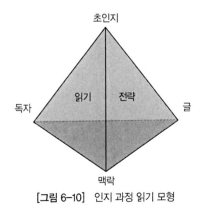

[그림 6-10] 인지 과정 읽기 모형

1 이경화, "읽기 교육의 원리와 방법", 박이정

지 과정 모형을 구성하는 넷째 요인이 바로 읽기 과정을 조절하는 '초인지'이다. 초인지는 삼각뿔의 정점에서 이들 세 변인과 인지 전략간의 작용을 인지의 상위차원에서 조절한다. 읽기 전략의 선택과 조합에서 독자의 초인지는 매우 중요한 역할을 한다.

인지 과정 모형이 읽기 지도에 주는 시사점을 정리하면 다음과 같다.

첫째, 의미 구성의 회귀적 인지 처리 과정을 잘 설명해 준다. 이 모형은 상향식 모형이나 하향식 모형에서 가정하고 있는 선형적인 처리 과정을 반대한다. 이 모형은 읽기가 상향식과 하향식이 상호작용하는 과정이며 또 순환과정임을 설명할 수 있다.

둘째, 독자가 읽기 전략을 선택하도록 돕는 초인지를 강조한다. 독자는 사전 지식, 글, 상황을 고려하여 읽기 전략을 선택할 수 있어야 한다. 독자는 의미를 구성하며 글을 읽어나가는 과정에서 계속적으로 자신의 인지 과정을 통제하고 조절해야 한다. 읽기 전략을 보다 효과적으로 선택, 조합하기 위해서는 언제, 어디서, 어떻게 전략을 사용할 것인지를 안내해주는 초인지 전략을 사용해야 한다.[1]

3) 사회 인지 읽기 모형

사회 인지 읽기 모형은 사회적 맥락 내에서의 의미 구성과 개인의 인지를 통합하려는 입장을 취한다. 읽기를 사회적 상호작용으로 간주하면서도 개인적, 사회적으로 공유된 형태로 간주한다. 사회 구성주의 관점은 의미가 글에 있다는 형식주의 관점도 아니고, 의미가 독자에게 있다는 인지적 관점도 아니다. 의미는 글을 매개로 독자 간에 타협된 사회적 협동을 통해 구성된다는 관점이다. 이 모형이 '사회인지'라고 명명되는 것은 바로 이 모형이 의미의 사회적 협동과정을 중시하며 동시에 개인의 인지 작용도 고려하였기 때문이다.

사회 인지 읽기 모형의 가장 큰 특징은 의미 구성 과정으로서의 읽기에서 실제 교실 읽기 상황을 고려한다는 점이다. 이 모형은 독자, 글, 교실 맥락, 교사가 참여하는 의미 구성의 사회적 상호작용을 잘 설명해 준다. 교실은 의미의 조정과 협상을 위한 광장이다. 사회 인지 읽기 모형에 의하면, 의미는 글, 교사, 독자, 교실 공동체 등의 어느 한 요인 속에 고착되어 있는 것이 아니고 대화와 토의를 통하여 얼마든지 변화할 수 있는 것으로 설명된다.

사회 인지 읽기 모형을 구성하는 요인은 '독자 요인, 교사 요인, 글과 교실 맥락'의 세 가지이며, 이 요인들은 읽기 수업 상황에서 서로 상호작용한다.

[그림 6-11]은 Ruddell & Unrau의 사회 인지 읽기 모형이다.

① 독자 요인

독자 요인은 '독자의 사전 지식, 지식의 활용과 조절, 의미 구성 결과'의 세 가지 하위 요소로 구분된다.

첫째, 독자의 사전지식에는 인지적 조건과 정의적 조건이 포함된다. 인지적 조건에는 독자의 선언적 지식과 절차적 지식, 언어적 지식, 읽기 전략, 상위인지 전략, 수업 환경과 사회적 상호 작용에 대한 지식, 세상사에 대한 일반적 지식과 경험 등

1 예를 들어, 독자는 글 내용을 잘못 이해한 부분은 없는지, 편견이 작용하지는 않았는지, 내가 사용한 읽기 전략이 이 상황에 적합한지, 이 글에 어떤 배경지식을 끌어오면 좋을지, 읽기 과제와 관련해서 읽기 속도는 적합한지, 이 글을 쓴 사람은 어떤 목적으로 썼을지, 이 글은 어떤 글 구조로 이루어졌는지 등에 관한 읽기 전략을 갖고 있어야 하고, 이것을 판단하고 조절하는 초인지를 갖고 있어야 한다. 교사는 학생들이 이러한 유형의 질문을 제기하면서 읽을 수 있도록 적절한 도움을 줄 수 있다. 각자 자기 점검 전략 체크리스트를 만들어 글을 읽으며 수시로 점검하고 표시해보게 하는 방법도 좋을 것이다.

독자		글 및 교실 맥락	교사	
사전 지식	지식의 활용과 조절	학습환경	지식의 활용과 조절	사전 지식
인지적 조건	지식 구성 과정 ↓↓ 읽기 수행과 조절 ← 의미 표상 →	의미협상 과정 (독자, 교사, 교실 공동체) ↔	← 수업전략 결정과정 ↓↓ 수업 표상 ← 수업 행위와 조절 →	인지적 조건 ↔
정의적 조건	의미 구성의 결과		수업에 의한 의사 결정	정의적 조건

[그림 6-11] 사회 인지 읽기 모형

이 있으며, 정의적 조건에는 독서 동기, 독자의 입장, 독자의 사회 문화적 가치와 신념 등을 들 수 있다.

둘째, 지식의 활용과 조절은 독자의 의미 구성 작업을 안내하는 역할을 한다. 글의 의미를 구성하고 조절하고 표상하는 읽기 능력이 사전 지식의 활용과 조절에 의해서 구체적으로 발휘된다.

셋째, 의미 구성의 결과는 글과 교실 맥락의 상호 작용을 통해 독자의 마음에 창조된 의미이다. 교실 상황에서 이루어지는 읽기의 경우, 학생들은 글에 관한 토론을 하고, 이 토론을 통하여 글에 대한 다양한 반응들을 경험하고 지식의 기저를 확장시키며 매우 가치있는 독서 결과를 얻을 수 있다. 의미 구성의 결과로 인지적 조건의 변화와 함께 독서 동기와 독자의 가치관과 신념의 정의적 조건 변화도 가져온다. 이는 다시 독자의 독서 태도와 독서 의도에 영향을 미친다.

② 교사 요인

교사 요인의 관련 변인은 '교사의 사전 지식, 지식의 활용과 조절, 수업에 관한 의사 결정'의 세 가지 하위로 구분된다.

첫째, 교사의 사전 지식에는 인지적 조건과 정의적 조건이 포함된다. 교사의 사전 지식은 수업에 관한 의사 결정에 필수적인 요소로서 중요한 역할을 한다. 인지적 조건으로는 교사의 사전 지식이 포함되고, 정의적 조건에는 교사의 신념 등이 읽기 과정에 영향을 미친다.

둘째, 교사의 지식의 활용과 조절은 수업에 관한 의사 결정의 방향을 제공하고, 수업에 관한 심리적 표상을 마련하고, 교사의 수업 관리와 조절을 거쳐 수업 전략을 결정하는 과정이다. 이 과정에서 교사의 사전 지식과 신념이 독서 동기와 독서 지도 전략에 대한 학습자의 의미 구성 과정에 정보를 제공해준다. 읽기 수업이 본래의 목적과 계획대로 진행되는 경우에는 읽기 활동이 계속되지만, 그렇지 않을 경우 상황에 맞게 원래의 목적과 계획을 조정한다.

셋째, 읽기 수업에서 독자는 자신의 사전 지식의 영향을 받지만 교사의 수업 전략과 해석에 따라서도 영향을 받는다. 학생들은 동료 학생과 교사와의 상호작용을 통하여 교사의 글에 대한 태도와 가치, 신념의 변화를 경험할 수 있다.

③ 글과 맥락 요인

이 요인은 바로 '학습 환경 요인'이다. 의미 협상의 과정은 학생들과 교사의 수업 공동체 간에 이루어지는 의미의 융합 작용, 즉 교사와 학생들이 의미 협상을 통하여 이해를 구축하게 되는 수업 맥락에서의 의미 구성 과정을 의미한다. 의미 협상의 과정은 학생들의 의미 구성에 영향을 주고, 또한 교사의 수업 운영에 관한 의사 결정 과정에도 직접적인 영향을 준다. 능동적 읽기는 학급이라는 사회적 맥락에서 이루어지는 의미 구성 과정이다. 교사와 학생과 학급 공동체라는 사회적 맥락에서 이루어지는 의미 협상은 의미 구성의 중요한 부분이다. 교실이라는 사회적 맥락에서 학생들이 능동적 읽기 활동에 몰두할 수 있는 학습 환경을 조성한다. 이러한 학습 환경은 학습에 몰두하고자 하는 학생들의 동기에 강한 영향을 미친다.

사회 인지 읽기 모형이 읽기 지도에 주는 시사점은 다음과 같다.

첫째, 독서 토론의 중요성을 설명한다. 독서 토론을 통해 교실 내에서 이루어지는 해석이 보다 풍성하고 다양해질 것을 강조한다. 독자의 지식이 변하거나, 다른 사회적 맥락에서 다른 독자와의 상호작용을 하게 되면 의미 구성의 결과는 달라진다. 즉 글 자체는 고정되어 있으나 상호작용을 통하여 구성하는 의미는 언제나 새로울 수 있다.

둘째, 글과 읽기 환경에 적합한 의미 구성 행위를 촉진하고 중재한다는 측면에서 교사의 역할을 중요시한다. 이 모형에서 교사는 실제 교실 맥락에서 학생과의 상호작용을 통해 의미 구성을 하는 주요 변인이 될 정도로, 글과 의미 구성을 타협하고 촉진하는데 결정적인 역할을 한다. 이 때 교사는 하나의 의미 구성만 강조해서는 안 된다. 독자와 능동적인 대화를 진행하며 다양한 해석의 장을 만들어야 한다.

셋째, 학습자의 책임감을 강조한다. 학습자는 보다 적극적으로 토의에 참여하고 근거를 들며 의미구성에 책임감을 가지게 된다.

넷째, 독서 환경의 다양한 변화를 고려한다. 읽기 매체 환경의 변화로 매체 언어와의 관련 속에서 읽기 교육이 이루어질 수 있다. 사회인지 읽기 모형은 상황, 맥락과의 상호작용을 중시하므로 멀티미디어 사회의 다양한 매체 읽기 환경을 자연스럽게 교실 맥락으로 끌어들일 수 있다.

(5) 읽기 교수·학습 방법 – 맥락 중심의 읽기 교수·학습을 중심으로[1]

1) 텍스트 이해 과정과 맥락

텍스트를 중심으로 한 의사소통의 과정은 필연적으로 특정의 맥락 속에서 이루

---

[1] 이경화 '텍스트 이해 과정과 맥락의 소통'에서.

어지는데, 텍스트 이해 과정으로서의 '읽기'도 마찬가지다. 맥락은 독자의 의미 구성에 있어서 중요하고 핵심적인 요소로 작용하지만 또 한편으로는 매우 복잡하고 상황 의존적이기 때문에 일반적으로 규정하기가 어렵다.

읽기에 대한 정의는 읽기를 바라보는 시각만큼이나 다양하다고 할 수 있다. 인지 구성주의적 관점에서 읽기는 '독자의 배경지식과 글, 그리고 읽기가 발생되는 맥락의 상호작용을 통해 의미를 구성해가는 과정으로 정의된다. 이런 관점을 잘 보여주는 읽기 과정 모형으로서 '상호작용적 읽기 모형'은 텍스트 이해에 관련된 독자의 스키마를 중시하며 독자의 능동적인 역할을 강조하였다. 그러나 독자의 스키마를 바탕으로 하는 텍스트 이해의 과정은 읽기 주체의 인지적 측면만을 고려하고 사회 문화적 맥락을 소홀히 하였다는 점이 있다.

그 동안의 읽기 교육은 독자의 개인적인 사고 과정에 관심의 초점을 둠으로써 읽기 행위가 일어나는 상황적·사회문화적 맥락과의 관계를 고려하지 못한 채 이루어졌다. 이에 대한 비판과 함께 언어 행위에 작용하는 다양한 맥락 요인을 고려해야 한다는 논의들이 제기되면서 '맥락'을 교육 내용으로 끌어안으려는 시도가 이루어지고 있다. 이와 궤를 같이 하는 것이 바로 읽기에 관한 '사회 인지적·사회 문화적 접근'이라 할 수 있다. 이들 관점에서 언어 외적 요인으로서 언어 사용자가 속한 사회적 맥락을 의미 구성 행위에 영향을 미치는 중요한 요인으로 보고 있다. 여기서 독자는 적극적 의미 구성자로서 구체적이고 맥락적인 의미 구성 행위를 실천하는 주체라고 할 수 있다.

이를 종합해보면, 읽기는 독자의 사고 행위이며 이 과정에는 텍스트, 독자의 배경 지식, 상황적·사회문화적 요인 등이 복합적으로 작용한다. 여기서 텍스트와 독자가 적극적으로 상호작용하는 과정으로 읽기를 이해한다면, 이 과정에는 개인의 배경지식뿐만 아니라 읽기 상황과 사회문화적 맥락이 관여하며 이러한 맥락을 인식하고 읽을 필요가 있음을 확인할 수 있다. 따라서 읽기의 개념을 단지 독자가 배경 지식을 활용하여 의미를 구성하는 것에서 나아가, 텍스트가 생성된 사회적 맥락을 예측하고, 또한 현재의 읽기 행위가 일어나고 있는 현재 상황 맥락 속에서 텍스트와 맥락을 관련지으며 그 의미를 조정해 나가는 역동적 행위로 보는 것이 더욱 타당할 것이다. 이처럼 읽기 개념 논의의 중심에 바로 '맥락'이라는 개념이 있다.

2) 읽기 맥락의 개념

의미가 없는 언어는 존재할 수 없고 진정한 의미는 맥락 안에 존재하는 것이므로 맥락이 없이는 의미가 없다. 즉, 모든 의사소통 과정에서 의미 구성은 맥락을 전제하여 이루어진다는 것이다.

맥락에 대한 다양한 논의(개념)를 정리하면 다음과 같다.[1]

• 발화는 상황과 불가분의 관계에 있기 때문에 '상황의 맥락'(context of situation) 속에서 비로소 그 발화 의미가 감지될 수 있다. – 런던학파의 Malinowski, Firth, Halliday 등
• 맥락은 일종의 '공유된 지식'이다. – Givon
맥락을 의사소통 당사자가 공유해야 할 지식으로 보았다는 점에서 기본적으로

---

1 맥락에 관여하는 요소들이 텍스트적, 심리적, 인지적, 물리적, 사회문화적 등으로 매우 복합적이며 다차원적이라는 점 때문에 다양하게 논의될 수밖에 없다.

맥락에 대한 인지적 관점을 취한다고 할 수 있다. 이 때의 지식이라는 것은 실제 운용되고 활용될 때에만 의미를 가진다고 볼 때, 실제 맥락적 의미 구성에도 영향을 미친다.

- 맥락은 '심리적 구성으로 세계에 대해서 청자가 가정하는 하나의 부분집합'이다. – Sperber와 Wilson

이 정의에 따른다면 맥락이라는 것이 단지 물리적으로 존재하는 환경뿐만이 아니라 의사소통 당사자가 가정하는 다양한 신념, 문화, 기대 등을 포함하고 있다.

- 상황 맥락이란 '어떤 상황이 고립된 채로 존재하는 것이 아니라 의사소통에 직접적으로 관련되면서 의사소통의 방향이나 과정에까지 영향을 미치게 될 때의 맥락'이다. – 이주섭

이는 맥락을 의사소통 과정에 직접적으로 관여하는 역동적인 개념으로 보고 있다는 점에서 의의가 있다.

- 맥락은 '텍스트 생산 · 수용 과정에 작용하는 물리적 · 정신적 요소'이다. – 이재기

이 정의는 언어 현상, 문식성 현상을 시간성, 공간성, 그리고 개인적, 사회적 차원에서 폭넓게 사고할 수 있게 한다는 점에서 의의가 있다.

이상의 내용을 정리하면, 맥락이라는 것은 텍스트 속에만, 혹은 텍스트와 분리되어 독립적으로 존재하는 것이 아니라 텍스트와 텍스트를 둘러싼 외적 요인들이 상호 작용하는 관계 속에 존재하고 작용한다는 점과, 맥락이 기본적으로 '지식'의 성격을 지니면서, 또한 의사소통의 당사자에 의해 심리적으로 '구성'되어 가는 과정임을 확인할 수 있다.

읽기 과정은 텍스트를 바탕으로 한 독자의 의미 구성적 사고 과정이다. 이러한 읽기 과정은 텍스트와 독자의 적극적인 내적 대화의 과정으로 이 둘은 쌍방향적, 상호작용적 관계에 있다. 이 때 맥락은 단지 존재하고 주어진 환경으로서는 무의미하며 이를 주체가 적극적으로 인식하고자 할 때, 초점화되고 선택되어 주체에게 인지적으로 표상될 때에만 의미를 가지며, 이 과정에서 주체의 적극적인 사고 과정은 필수적이라 할 수 있다.

그리고 맥락이란 좁게는 개정 국어과 교육과정에서와 같이 텍스트 외적 맥락에 한정하여 상황 맥락과 사회문화적 맥락을 일컬을 수 있으나, 넓은 의미의 맥락은 '텍스트 이해 과정에 작용하는 모든 변인'을 맥락이라고 할 수 있다.

3) 읽기 맥락의 특성

맥락적 의미를 구성하는 텍스트 이해 과정의 특성은 다음과 같다.

첫째, 읽기 맥락은 독자 의미 구성의 기본 요인으로 작용한다.

읽기를 '텍스트를 바탕으로 한 독자의 의미 구성적 사고 과정'으로 볼 때, 의미 구성의 결과는 독자가 생산하는 하나의 메시지라고 할 수 있다. 이러한 생산의 결과로서 메시지의 생산에는 다양한 요인들이 작용을 한다. 이러한 요인들은 개별 요인이 독립적으로, 혹은 각 요인이 상호작용하며 독자의 의미 구성 과정에 영향을 미친다. 따라서 이러한 읽기 맥락의 작용은 곧 의미 구성 과정 자체와 결부되는 중요

한 요인이며 필수적 요소로 고려되어야 한다.

둘째, 읽기 맥락은 독자에 의해 인식되고 표상되는 인지적 개념이다.

맥락은 읽기 주체에 의해 인식되고 표상될 때에만 의미를 가진다. 언어 사용 주체의 인지적 표상으로서 맥락은 텍스트 생산과 수용 과정에서 주체의 판단에 의해 끊임없이 조회되고 선택되는 역동적인 개념이다.

셋째, 읽기 맥락은 의미 구성의 과정에서 지속성과 역동성을 띤다.

지속성의 개념은 읽기 맥락이 의미의 표상이나 이해의 어느 한 과정에 일시적으로 작용하는 것이 아니라는 점이다.

그리고 역동성은 읽기 맥락이라는 것이 어느 한 맥락이 작용하면 그 맥락만이 고정되어 변함없이 작용한다는 정체된 개념이 아니라, 독자에 의해 선택되고 인식된 개념이라 하더라도 의미 구성 과정에서 끊임없이 조정되고 재구성될 수 있다는 점이다.

넷째, 읽기 맥락은 상황 의존적이며 중층적으로 작용한다.

여기서 상황은 읽기 과정을 지배하는 구성 요인들 즉, 텍스트, 독자, 상황적·사회문화적 요소 등의 작용 관계들에 의해 제한되고 규정된다. 이러한 요소들의 작용 관계에 의해 다양한 맥락적 상황이 구성되며 이는 맥락적 텍스트 의미 구성 과정에 영향을 미치게 되는 것이다.

또한 하나의 텍스트에 작용하는 읽기 맥락은 매우 다양한 층위를 가진다. 여기서 층위가 의미하는 것은 읽기 맥락을 구성하는 요소들이 모두 동일한 영향력으로 작용하는 것이 아니라는 것이다. 어느 요소는 임의적인 상황 맥락으로 작용하여 매우 직접적으로 영향력을 미친다면, 어떤 요소는 읽기 행위의 이면에 잠재되어 간접적인 영향력을 행사하기도 한다. 또한 한 가지 혹은 여러 가지의 요소들이 복합적으로 작용하여 매우 다양한 읽기 맥락을 형성하게 된다.

다섯째, 읽기는 본질적으로 독자의 머릿속에서 일어나는 정신적 사고의 과정이다.

이러한 사고 과정은 텍스트에서 독자로 향하는 일방향적(一方向的) 관계를 의미하는 것이 아니라 대화적 속성을 가진다고 할 수 있다. 또한 의사소통 매체에 따른 맥락의 작용 양상을 살펴보면, 음성언어 의사소통에서의 맥락이 참여자들 간의 대화와 조정을 통해 직접적으로 구성되어 가는 것에 비하여 읽기 맥락은 텍스트를 매개로 하여 필자와 독자가 간접적으로 구성해 가는 특성을 지닌다. 여기서 간접적 구성의 구체적인 방법이 바로 독자가 행하는 '내적 대화'이다. 내적 대화는 읽기 주체가 텍스트 의미의 기원을 이룬다고 할 수 있는 필자의 심리, 그리고 의미를 생산해 내는 모태로서의 세계와 소통한다는 의미이며, 이때 텍스트는 내적 대화를 통한 텍스트와 독자의 의미교섭의 장이 된다.

또한 내적 대화를 통해 읽기 맥락이 독자에게 탐구, 표상, 적용, 조정, 평가될 수 있다.

4) 읽기 맥락의 범주와 구성 요소

읽기 맥락의 범주는 크게, '텍스트 내적 맥락', '상황 맥락과 사회문화적 맥락을 포함하는 텍스트 외적 맥락', 특수한 형태의 맥락으로서 '텍스트 간 맥락'으로 설정할 수 있다.

이를 읽기 맥락의 구성 요소와 함께 표로 나타내면 〈표 6-7〉과 같다.[1]

표에 제시된 읽기 맥락의 범주 및 구성 요소들은 읽기 교수 · 학습의 측면에서 '읽기 맥락 지식'으로 작용할 수 있다. 즉, 독자는 자신의 읽기 행위에서 맥락을 결정짓는 요소가 다양하게 존재함을 아는 것이 필요하며, 이러한 '읽기 맥락 지식'은 실제 읽기 과정에서 다양한 맥락을 탐색하고, 인식하고, 적절한 맥락을 초점화하는 과정에서 인식되어 활용될 수 있다.

① 텍스트 내적 맥락

언어적 맥락이라고도 할 수 있다. 텍스트 내적 맥락은 형식적 맥락, 문맥 등으로 표현되며 언어 항목이 다른 언어 항목들 사이에서 일어나는 내적 관계에 의해 발생하는 맥락을 의미한다. 여기서 텍스트는 무작위로 나열된 문장이나 개념들의 단순한 연결체가 아니라, 개념들이 논리적 관계를 가지며 상호 관련되어 있는 의미론적으로 완결된 내적 구조를 가진 언어적 표현이다.

[1] 주의해야 할 점은 맥락을 하위 요소로 범주화한다고 하여 이들을 고정되거나 단절된 것으로 파악한다는 의미는 아니라는 점이다. 이들 하위 요소를 범주화하는 것은 개별 맥락들 자체를 따지고 세목화하여 이를 하나하나 가르치자는 의미라기보다는, 이들 범주 간의 관계와 이들 맥락이 텍스트에 작용하는 방식을 살펴 교육적 담론의 장에서 활용하자는 의미이다.

[2] 결속성(coherence)은 텍스트의 기저에서 의미, 명제, 화제 등이 서로 연결되어 있는 관계. 7차 교육과정에서는 이를 '통일성'으로 명명하고 있다.

[3] 결속구조(cohesion)는 텍스트의 표층에서 통사적, 문법적 요소가 서로 의존하고 있는 관계. 7차 교육과정에서는 이를 '응집성'으로 명명하고 있다.

〈표 6-7〉 읽기 맥락 범주 및 구성 요소

범주 구분			구성 요소	
텍스트 내적 맥락		결속성[2]	주제, 화제, 대상, 개념, 줄거리 등을 포함하는 내용적 측면	
		결속구조[3]	글의 구조, 표현 방식 등을 포함하는 형식적 측면	
텍스트 외적 맥락	상황 맥락	주체	독자 : 읽기 목적, 관점, 배경지식, 읽기 태도	
			필자 : 저술 목적, 관점	
		환경	물적 환경 : 시간과 공간	
			인적 환경 : 교사, 부모, 동료	
		과제	읽기 과제, 학습 목표	
		방식	담화 유형, 전달 매체	
	사회문화적 맥락	역사적 · 사회적 배경	텍스트에 작용하는 시간성, 공간적 배경	
		공동체의 가치 · 신념	사회적 제도와 관련을 맺고 형성된 사회 구성원들의 공통적인 관념	
		이데올로기	특정 관념 형태나 가치 체계	
		담화관습	특정 사회에서 오랫동안 내려와 구성원들이 널리 받아들이는 관습	
텍스트 간 맥락		상호텍스트성	보완 · 논쟁 · 통제 · 대화 · 변형 관계의 다중 텍스트	

② 텍스트 외적 맥락

㉠ 상황 맥락

상황 맥락(situational context)은 읽기 행위에 있어 상황에 따라 제한적으로 개입하는 임의적인 성격의 맥락을 말한다.

상황 맥락을 결정짓는 하위 요소를 '주체, 환경, 과제, 방식'으로 범주화 한다고 보면, '주체'는 읽기 행위에 관여하는 두 주체로서 독자와 필자를 포함하는 개념이다. 독자의 읽기 목적, 관점, 배경지식, 그리고 읽기 태도는 독자 맥락을 결정하며 필자의 저술 목적, 저술의 관점은 필자의 맥락을 구성한다. '환경'은 시간과 공간을 포함하는 물적 환경과, 읽기 행위에 영향을 미치는 교사, 부모, 동료와 같은 인적 환경을 가리킨다. '과제'는 읽기의 특정 과제, 학교 수업시간에 제시되는 학습 목표 등을 포함한다. '방식'은 텍스트의 담화 유형과 전달 매체를 포함한다.[1]

㉡ 사회문화적 맥락

사회문화적 맥락(sociocultural context)은 구체적인 상황에 관계없이 보편적으로 존재하고 있는 거시적 맥락이다.

'역사적·사회적 상황'은 텍스트에 작용하는 시간성, 공간성을 의미하고, 공동체의 가치와 신념은 사회구성원들에게 공통성을 띠며 작용하는 요소로서 교육, 정치, 종교, 도덕과 같은 사회적 제도와 밀접한 관련을 맺고 형성되는 관념적인 것들이다.

'이데올로기'는 특정 관념 형태나 가치 체계의 형태를 이르며, 이러한 민족적, 인종적, 종교적, 정치적 이념 등이 집단을 규정하고 지배하기도 한다.

'담화관습'은 특정 사회에서 오랫동안 지켜 내려와 구성원들이 널리 받아들이는 관습으로서의 성격을 가지는데 이러한 담화관습이 텍스트를 생산할 때 어떻게 작용되는지를 따져 객관적이고 비판적인 의미 구성을 하도록 한다.

㉢ 텍스트 간 맥락

텍스트 간 맥락은 읽기 상황에서 독자가 '끌어와야 할' 맥락이라는 점에서는 텍스트 외적 맥락과 같은 범주로 생각할 수 있다. 그러나 텍스트 간 맥락은 본 텍스트가 선행텍스트, 혹은 후행 텍스트와 가지는 관련성으로 그 작용 관계를 설명할 수 있는데, 이러한 상호텍스트성으로서의 텍스트 간 맥락은 독자의 의미 구성에 필요한 관념적 지식을 보충하고 확장해 주는 역할이 강하다는 점에서 읽기 맥락의 범주로 설정하였다.

읽기의 과정을 상호텍스트성의 관점에서 보면, 독자의 텍스트 이해 과정은 여러 텍스트의 내용을 끊임없이 연결하는 과정이다. 독자는 텍스트를 읽는 과정에서 다른 텍스트와 연결함으로써 이해한다.

읽기 맥락의 작용 구조를 교육적 담론으로 가져와서 생각해 본다면, 그것은 교육의 대상으로서 다루어야 할 교육 내용이 된다. 또한 맥락을 중심으로 한 의미 구성 과정으로서 교육 방법으로 고려되어야 한다.

1 예를 들어, 상황 맥락에 가장 중요하게 영향을 미치는 요인으로 읽기 주체인 독자 맥락을 생각해 볼 수 있다. 독자의 읽기 목적, 관점, 지식, 태도가 어떠하며, 읽기 상황에서 읽기 주체가 이를 어떻게 인식하느냐에 따라서 읽기의 방법이나 읽기 결과로서 의미 구성이 달라질 수 있다. 이처럼 읽기의 상황적 요인들이 공통적으로 의미 구성에 미치는 영향은 읽기 전, 독자가 이를 얼마나, 그리고 어떻게 인식하느냐에 따라 이후의 읽기 방법이 결정된다는 것이다.

5) 읽기 맥락의 소통 과정

텍스트 수용 행위, 즉 읽기란 어떤 맥락을 통해 텍스트를 해석하고 이해할 것인지를 결정하는 지속적인 선택의 과정이라고 할 수 있다. 우리가 어떤 텍스트를 읽고 바르게 이해를 했다는 것은 적절한 맥락을 통해 텍스트를 이해했다는 것을 의미한다.[1]

텍스트 이해 과정에서 읽기 맥락의 소통 과정을 종합하여 [그림 6-12]로 나타내면 맥락 중심의 읽기 교수 · 학습은 [그림 6-13]과 같다.

독자는 글을 읽으며 다양한 읽기 맥락과 소통 체험을 한다. 읽기 맥락의 소통 과정이란 결국 텍스트 이해에 작용하는 다양한 맥락의 소통 체험 과정을 의미한다. 그림에서 보듯이 읽기 과정에 주어지는 텍스트는 독자와 끊임없는 내적 대화의 상호작용적 관계를 이루는 매개체로서 필자의 세계에 대한 해석을 담고 있으며, 또한 독자의 세계에 대한 해석이 만나서 대화하는 공간이다. 즉, 필자의 생산 맥락과 독자의 수용 맥락이 소통되는 공간이라고 볼 수 있다. 이 공간 안에서 텍스트 내부에 '주어진 맥락'과 텍스트 외부에서 주체가 '끌어온 맥락'이 상호작용하여 읽기 주체에 의한 새로운 의미가 구성된다.

6) 맥락 중심의 읽기 교수 · 학습

읽기 맥락의 소통 과정을 바탕으로 읽기 교수 · 학습 단계를 구성해보면, 맥락 인식 단계, 맥락 적용 단계, 맥락 확장 단계, 그리고 이들의 전 과정에 지속적으로 관여하는 조정하기로 구성된다.

1 실제 글을 읽어나가는 과정에서 독자는 끊임없이 자신의 생각이나 느낌을 텍스트를 향해 표현한다. 즉, 텍스트 생산자는 상황적, 사회적 맥락 속에서 의미를 조직하며 이러한 의미를 텍스트 수용자는 또한 상황적, 사회적 맥락 속에서 이해한다. 이들은 결국 추상적 구조물이라고 할 수 있는 텍스트를 통해 상호작용하며 공유된 맥락 속에서 소통한다.

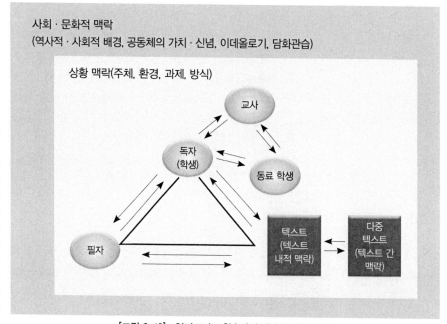

[그림 6-12] 읽기 교수 · 학습에서 맥락의 소통 과정

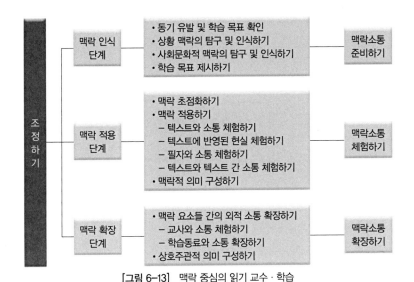

[그림 6-13] 맥락 중심의 읽기 교수 · 학습

'맥락 인식 단계'에서는 다양한 맥락을 탐구하는 과정, '맥락 적용 단계'에서는 보다 핵심적인 맥락을 초점화하고, 맥락을 개입시키고 적용시켜 의미를 구성하는 과정, '맥락 확장 단계'에서는 교사와 동료 학생과의 대화, 토론을 통해 상호주관적 의미를 구성하는 과정, '조정하기'는 세 단계의 인지 과정에서 이루어지는 맥락적 의미 구성을 반성적으로 점검하고 평가하는 단계에서 지속적으로 일어난다.

① 맥락 인식 단계

맥락 인식 단계에서는 먼저 학습자의 학습 동기를 유발하고 학습 목표를 확인하는 과정으로 시작된다.

다음은, 읽기 주체의 맥락적 의미 구성을 위해 현재의 읽기 행위를 둘러싸고 있는 상황, 사회문화적 맥락을 탐구하고 인식하는 과정이다. 즉, 학습자는 자신의 읽기 목적과 의도를 포함하여 읽기 행위가 이루어지는 시간과 공간의 물적 환경과 인적 환경, 읽기 과제, 방식 등의 상황적 맥락 요인을 확인한다. 또한 읽기 행위에 거시적으로 작용하고 있는 역사적 · 사회적 상황과 공동체의 가치와 신념, 이데올로기, 담화관습 요인을 확인한다. 이러한 맥락 요인의 확인은 읽기 주체의 의식적 확인을 통해 이루어 질 수 있도록 상황을 마련해 주는 것이 중요하다. 이는 읽기 교과서에 구체적인 활동으로 제시될 필요가 있는데, 이들 활동을 실제로 이끄는 교사의 발문이 매우 중요한 역할을 한다고 볼 수 있다.

② 맥락 적용 단계

맥락 적용 단계에서는 탐색된 맥락의 요인들 중에서 의미 구성 과정에서 중점적으로 의식하고 관련지을 맥락을 한두 가지로 초점화하는 과정1으로 시작된다.

맥락을 초점화하였다면, 그 다음에는 적극적으로 맥락을 개입시키고 적용하면서 텍스트를 읽어나가는 과정이다. 이 과정에서 읽기 주체는 맥락적 의미 구성을 구체

1 이와 같은 맥락 초점화의 이유는 교수 · 학습 상황이라는 교육적 특수성에서 기인한다. 읽기 행위에 작용하는 맥락 요인은 교육 내용으로서 세부적으로 분류하여 제시될 수는 있으나 실제 읽기 과정에 작용하는 맥락은 매우 다차원적이고 중층적이며 유동적이다. 그러나 읽기 교육의 측면에서는 한 차시 수업에서 모든 맥락을 의식의 수면 위에 떠오르게 한다는 것은 불가능하다. 이는 다시 말해, 다양한 맥락을 한꺼번에 가르친다고 할 경우, 맥락을 단지 암묵적으로 '고려할 뿐' 가르칠 수는 없다는 말과 다름 아니다. 따라서 다양한 맥락 중, 맥락적 의미 구성 과정에서 초점화하여 고려하고 적용할 맥락을 설정하는 단계가 필요하다. 이러한 맥락 설정의 주체는 물론 기본적으로 학습자이다. 학습자는 탐구한 맥락 요인들 중, 학습 목표와 자신의 읽기 맥락에 적합한 맥락을 초점화하고 선택할 수 있다. 또한 교사 혹은 소집단이 주체가 되어 맥락을 초점화 하는 것도 가능하다.

화함으로써 추상적인 텍스트의 의미를 구체적이고 생동감 있는 읽기 주체의 의미로 구성하게 된다. 맥락을 적용하는 단계에서 맥락의 개입과 구체화는 텍스트 의미 구성을 보다 정교화하고 풍부하게 한다는 점에서 텍스트 읽기에 적극성을 부여한다.

맥락 적용 방법의 기본은 '내적 대화'를 통해서이다. 물론 맥락적 의미 구성 과정 전체가 초인지가 관여하는 조정의 과정을 거치며 이로 인해 대화적 속성을 가진다고 할 수 있으나 맥락 적용 단계에서는 이러한 내적 대화가 일어나는 필수적이고 핵심적인 단계라고 할 수 있다. 이를 통해 독자는 텍스트의 의미를 적극적으로 상호 작용함으로써 의미 구성을 심도 있게 진행해 나갈 수 있다.

③ 맥락 확장 단계

맥락 확장 단계에서는 읽기 교육의 장에서 학습독자가 실제로 대화를 나눌 수 있는 교사나 학습동료와 소통하는 과정으로 시작된다. 텍스트 내·외적 소통을 교사나 학습 동료와 함께 공유하는 것이다.

읽기 수업에서의 타자는 교사와 학습동료들이라 할 수 있다. 교사의 역할이 조력자의 역할이라 한다면, 학습동료들은 서로가 주체가 되어 서로의 소통 체험에 영향

〈표 6-8〉 조정하기 지도 내용

교수 학습 단계	조정하기 내용
맥락 인식 단계	• 읽기 목적은 무엇인가? • 이 글을 쓴 필자는 누구인가? • 이 글을 쓴 저술 의도는 무엇인가? • 현재 읽기 행위가 이루어지는 시간, 공간적 환경은 무엇인가? • 주어진 읽기 과제는 무엇인가? • 텍스트는 어떤 방식으로 쓰여져 있는가? • 이 텍스트가 쓰여질 당시의 역사적·사회적 상황은 어떠하였는가? • 이 텍스트에 구현된 담화관습이 있는가? • 현재의 텍스트 읽기 행위에 작용하고 있는 사회·문화적 배경은 어떠한가?
맥락 적용 단계	• 학습 목표를 고려했을 때 가장 중요하게 작용할 맥락은 무엇인가? • 내가 초점화 시키고 싶은 맥락은 무엇인가? • 읽기를 위해 내가 보충하거나 탐구해야 할 내용은 없는가? • 이 텍스트의 의미는 무엇인가? • 이 텍스트의 의미는 나와 어떤 관련성을 가지는가? • 이 텍스트는 역사적 사회적 상황에서 볼 때 어떻게 판단될 수 있는가? • 현재 읽기 상황에 알맞은 읽기 방법을 사용하고 있는가?
맥락 확장 단계	• 내가 구성한 맥락적 의미 구성이 타당한가? • 의미 구성이 변화될 부분은 없는가? • 텍스트와 맥락의 연결이 적절한가? • 왜곡되거나 부적절한 의미 구성이 되지는 않는가? • 맥락적 의미 구성 과정이 잘 이루어지고 있는가? • 더 고려해볼 만한 맥락은 없는가?

을 미치는 역할을 한다고 볼 수 있다. 이 때, 교사 중심의 수업이 이루어지지 않도록 주의해야 하며, 학습독자가 자발적이며 적극적으로 읽기 소통 확장을 할 수 있도록 도와주어야 한다. 또한 학습동료 간의 소통 체험을 위해서는 개방적인 분위기가 전제되어야 하며, 짝 활동이나 소집단 활동 등 다양한 활동들이 이루어져야 할 것이다.

④ 조정하기

조정하기는 맥락적 읽기 과정에 지속적으로 이루어지는 자신의 사고 과정을 초인지적으로 점검하는 과정을 의미한다. 조정하기는 맥락적 의미 구성 과정에 대한 초인지적 조정으로, 교수·학습 활동 단계에 지속적이며 끊임없이 작용하는 과정이다. 맥락 중심 읽기 교육이 독자의 반성적 사고, 즉 초인지 과정에 매우 큰 영향을 받고 또 그러한 과정을 필수적으로 요구한다는 점과 궤를 같이한다. 이러한 조정하기는 각 단계에 지속적으로, 또한 회귀적으로 작용한다. 이러한 회귀 과정은 교수·학습의 각 단계에서 활동의 결과를 평가하고 이를 수정하는 데 필요한 정보를 송환하는 것을 의미한다. 이러한 피드백은 학습 독자가 학습 목표에 도달할 때까지 지속적으로 이루어져야 한다.

7) 맥락 중심 읽기 교수·학습의 의의

첫째, 학습 독자의 주체적 맥락 탐구와 인식을 강조한다.
둘째, 읽기 맥락 지식이 확장된다.
셋째, 내적·외적 대화를 통한 맥락 조정이 강조된다.
넷째, 맥락적 의미 구성에 대한 성찰이 중시된다.

3 쓰 기

(1) 개 관

1) 쓰기 이론과 쓰기 교육 이론의 변화

지난 20여 년간에 걸쳐 언어 심리학을 비롯한 여러 학문 분야에서 행해진 쓰기 연구들은 대부분 쓰기 행위를 보다 타당하고 설득력 있게 설명할 수 있는 이론적 가치를 찾는데 주안점을 두어 왔다. 국내에서도 외국에서 시작된 쓰기 이론의 연구가 소개되면서, 이를 쓰기 교육에 적용하여 이론화하려는 움직임이 활발해졌고, 최근 몇 년간 쓰기 이론과 쓰기 교육 이론에 대하여 수많은 연구가 이루어져 왔다. 그 결과 최근 쓰기 교육은 전통적인 쓰기 교육과는 크게 다른 변혁의 과정을 보여주는데, 그것이 바로 전통적인 결과 중심 패러다임에서 과정 중심 패러다임으로 바뀜이라 할 수 있다.

1940년대 이후로 쓰기 이론의 변화를 살펴보면, 형식주의 쓰기 이론, 구성주의 쓰기 이론, 사회적 구성주의 쓰기 이론, 대화주의 쓰기 이론으로 관심의 초점이 이

동해 왔다.

1940년대부터 1960년대 중반까지는 쓰기 이론이 형식주의에 근거하였다. 형식주의에 근거를 둔 쓰기 이론은 규범 문법의 준수와 모범적 텍스트의 모방, 그리고 어법상의 정확성을 강조하였는데, 쓰기 학습을 이렇게 바라보게 된 원인은 신비평 이론의 영향 때문이다. 형식주의 쓰기 이론가들은 텍스트를 구성하는 요소들의 객관성을 중시하였으며, 텍스트의 의미 구성에 관한 모든 중요한 문제는 텍스트 구성 요소를 분석하고 구성 요소 사이의 관계를 분석함으로써 해결할 수 있다고 생각했던 것이다.

이들은 필자를 의미의 전달자로 보았고, 독자를 의미의 수동적인 수신자로 보았으며, 텍스트 구성 능력, 즉 의미 구성 능력은 계속적이고 체계적인 모방과 연습을 통하여 신장된다고 설명하였다(최현섭 외).

그러나 1970년대 이후 쓰기 연구의 방향이 바뀌었는데, 텍스트보다는 필자의 인지 과정을 중시하는 연구 풍토가 조성되었다. 이러한 쓰기 연구의 변화에 절대적인 영향을 미친 것이 바로 인지 구성주의이다. 인지 구성주의 관점을 수용한 쓰기 이론가들은 학습자의 의미 구성 과정을 중시하여 학습자의 머리 속에서 일어나는 의미 구성 현상을 밝히기 위해서 노력하였으며, 개인을 의미 구성의 주체로 인식하였다. 텍스트에서 학습자로, 반복 훈련 및 모범 텍스트의 분석에서 학습자 스스로 과제를 선택하고 그것을 해결하는 문제 해결 과정을 중시하는 쪽으로 쓰기 연구 및 교육의 방향이 바뀐 것이다.

다시 말하면, 형식주의에서 당위적으로 모방과 연습을 통한 쓰기 능력 신장을 주장한데 비하여, 구성주의 쓰기 이론은 실제 개별 쓰기 행위를 분석하여, 쓰기 행위의 개념을 필자의 계획, 목적, 사고를 언어로 바꾸어 놓는 의미 구성 과정으로 규정하였다. 따라서 결과를 중시하던 형식주의와 달리 구성주의에서는 쓰기의 과정을 중시하게 되었다(최현섭 외).

1970년대의 쓰기 이론이 인지적 언어 과정에 초점을 두었다면, 1980년대의 쓰기 이론은 언어 사용의 사회적 해석에 초점을 두었다. 언어 사용의 사회성과 기능성을 중시하는 언어학 이론은 사회적 구성주의에 터한 쓰기 이론을 탄생시키는 데 큰 영향을 미쳤다. Bizzell은 쓰기의 과정을 설명함에 있어서 사고와 언어 사이의 변증법적 관계에 영향을 미치는 사회적 맥락을 중시하지 않은 것을 구성주의의 중요한 문제점으로 지적하였다. Faigley는 언어 공동체 안에서 사람들은 특수한 형태의 담화 능력을 획득함으로써 특정 사회 집단에 참여할 수 있게 된다는 사실을 예로 들면서 쓰기의 사회적 측면을 강조하였다.

사회적 구성주의 쓰기 이론에 따르면, 필자는 개별적으로 쓰기를 하는 것이 아니라, 의미를 구성하는 과정에 제약을 가하는 언어 공동체의 일원으로써 쓰기를 하는 것이다. 따라서 사회적 구성주의 쓰기 이론에서는 언어 공동체를 분석의 대상으로 삼으며, 텍스트의 개념을 언어 공동체의 담화 관습 및 규칙의 집합으로 규정한다. 이 이론에서는 필자를 담화 공동체의 사회화된 구성원으로 보고, 독자는 해석 공동체의 사회화된 구성원으로 본다. 그리고 텍스트를 통한 의미 구성 능력은 건전한 상식의 계발을 통하여 신장되는 것으로 설명하는데, 건전한 상식의 계발은 언어 사용 집단으로서의 담화 공동체 혹은 학문 공동체에 참여함으로써 가능한 것으로 본다(최현섭 외). 즉 인지 구성주의를 비판하며 등장한 사회 구성주의는 작문 연구의 시야를 개인의 인지 과정에서 사회 문화적 맥락으로 넓혀서 작문이 사회적으로 지니는 복잡한 의미와 작용을 살펴보기 시작했다. 곧, 사회 구성주의를 받아들인 과정 중심 쓰기 이론은 사회 상황의 중요성과 담화의 복잡하고 역동적인 본질을 인식하기 시작했다.

대화주의(Dialogism) 쓰기 이론은 의미 구성에 있어서의 사회적 상호 작용성을 중시하는 이론인데, 담화 행위로서의 텍스트를 분석의 대상으로 삼는다. 대화주의 쓰기 이론에 결정적인 영향을 미친 사람은 Bakhtin이다. 형식주의 쓰기 이론은 의미가 텍스트에 내재해 있다고 보고, 구성주의 쓰기 이론은 의미가 필자의 내부에 있다고 보는 데 비해, 바흐친은 의미가 특정 개체의 의식 속에 내재하는 것이 아니라 언어 사용의 맥락에 의하여 결정되고, 다른 사람의 언어와 상호 작용함으로써 활성화된다고 하였다. 그리하여 언어의 의미는 필자의 목적과 독자의 기대 사이에 균형을 유지하려는 의도를 반영한 것으로서 본질적으로 대화주의적이라고 설명한다(최현섭 외).

쓰기 행위의 본질을 다각도로 파헤치는 연구 결과에 힘입어 쓰기 이론과 쓰기 교육 이론은 점점 더 정교해졌다. 이러한 쓰기 이론과 쓰기 교육 이론의 변화는 주로 '과정 중심 쓰기 교육'이라는 이름으로 실천되어, 쓰기 교육 현장의 변혁을 불러일으켰다. 그러나 한편으로는 쓰기 교육의 실천 과정에서 과정 중심이 본래의 철학적 의의를 잃고, 또 다른 한계에 부딪힐 것을 경계한 이론도 등장하였다. 지금까지의 쓰기 이론과 쓰기 교육 이론이 주로 심리학에 의지한 데 반하여, 이들은 보다 다양한 학문을 기반으로 접근하고 있는데, 대표적인 것으로 장르 중심 쓰기 이론, 후기 과정 중심 쓰기 이론이 있다.[1]

2) 과정 중심 쓰기 교육의 한계

전통적인 결과 중심 쓰기 교육은 학습자들에게 무조건 쓰라고 하는 것 이외의 특별한 교육 방법을 제시해줄 수 없었다. 고정적이고 절대적인 것을 추구하는 사고 방식 안에서는 어디까지나 필자는 필자, 독자는 독자, 텍스트는 텍스트였다. 그래서 지식은 텍스트 안에 있고, 의미 구성의 주체도 텍스트이다. 필자는 의미의 전달자로 텍스트에 의미를 넣으면, 수용자인 독자는 의미를 전달받았다. 그래서 쓰기 행위 자체를 가르쳐줄 수 없는 교사는 이미 결정되어 있는 진리 혹은 사실만을 학습자에게 전달할 수 있었고, 좋은 글을 쓰기 위한 학습자의 임무는 모범 텍스트의 분석과 모방에 의한 반복적 훈련이었다. 그리고 학습자의 노력은 오로지 결과인 글로만 평가받았다.

이에 비해 쓰기 행위 자체에 관심을 가진 과정 중심 쓰기 교육은 지금까지 전통적 결과 중심 쓰기 교육에서 관심을 받지 못했던 학습자 중심의 쓰기 교실을 가능하게 했고, 교사가 가르치고 끼어들 수 있는 공간을 확대했으나, 과정 중심 패러다임에서 벗어나지 못하는 한계를 지닌다. 곧, 과정 중심 패러다임은 일련의 논리적이고 체계적인 과정을 중요시하는 철학적 패러다임을 말하는데, 쓰기에 대한 패러

1 교육과정의 입장에서 본다면 사회구성주의 쓰기 이론 이상을 나가고 있지 않기 때문에 '장르 중심 쓰기 이론, 후기 과정 중심 쓰기 이론'에 대한 논의는 다음 장에서 따로 다룬다.

다임이 결과 중심 교육에서 과정 중시 교육으로 전환되고, 쓰기 행위가 일련의 단계로 인식되기 시작한 것이다.

과정 중심 쓰기 교육은 쓰기 교육 연구에 많은 기여를 했지만, 현장에 적용되는 과정에서 한계점을 드러내고 있다. 인지 구성주의 쓰기 이론은, 글쓰기를 과정으로 인식하기는 했지만, 필자가 최종 텍스트에 이르기 위해 목적을 설계하고, 설계도에 따라 결론에 이르는 문제 해결적인 과정으로 보았다는 점에서 비판을 받는다. Faigley는 결과가 아닌 과정을 중시한다는 의미에서 쓰기 연구가 과정을 강조하고 가치를 두긴 했지만, 실제로 그것은 과정 자체를 위한 것이라기보다는 최종 텍스트로 향하는 과정을 기술적으로 발전시킨 것이었다고 말한다.

인지 구성주의를 수용한 과정 중심 쓰기 교육의 문제점은 다음과 같다.

첫째, 개인의 인지 행위에만 초점을 두어 쓰기의 사회성과 상황성을 도외시했다.

필자 개인의 정신 구조는 인간의 보편적인 특성을 반영하는 것이 아니라 사회적으로 구성된 개인의 경험을 반영하는 것이다.

둘째, 인지 구성주의에서 쓰기의 모형으로 제시하고 있는 문제 해결 모형은 복잡한 인간 정신 활동의 본질을 나타내지 못한다.

문제 해결 모형이 그 동안 관찰 불가능하다고 생각되어 온 인간의 정신 과정을 비유적으로 표현하여 가시화시켰다는 점은 높이 평가된다. 그러나 지나치게 평면적이고 단순하게 제시하여 인간 정신 활동의 본질을 왜곡할 우려가 있다고 비판받고 있다. 곧, 정보 처리 이론의 투입과 산출 원리를 적용한 문제 해결 모형은 복잡한 인간의 정신 세계를 표현하기에는 한계가 있다는 것이다.

셋째, 인지 구성주의 쓰기 이론가들이 쓰기 과정을 밝히는 연구에 사용한 사고 구술 기법은 일상 생활 속에서 자연스럽게 발생한 쓰기 상황을 관찰하는 것이 아니라 실험실에서 이루어진 연구 결과이므로 작위적일 수밖에 없고, 인지 과정을 모두 음성 언어로 전환하여 이야기해야 한다는 부담이 크게 작용한다.

넷째, 인지 구성주의의 관점에 의하면 글쓰기의 전 과정을 회귀적으로 '조정'하는 과정이 글쓰는 학습자들의 사고 과정 속에 들어 있기 때문에, 쓰기의 학습 과정에 교사가 개입하여 안내해 주기 어렵다.

결국 인지적 쓰기 과정 모형의 본질을 잘 살려줄 만한 교수 · 학습 방법을 구안하기가 어렵기 때문에, 이 모형이 글쓰기에 필요한 여러 가지 원리나 전략들을 구안해 냈음에도 불구하고 아직도 교육 현장에서는 결과 중심으로 쓰기 지도를 하고 있다. 이러한 현상의 원인은 '쓰기 능력은 곧 개인의 사고 능력'이라고 보고, 쓰기 과정을 필자 개인의 인지적 과정 안에 국한시킨 데 있다.

이에 비해 지식의 사회적 속성을 인식하고, 협동 학습을 장려한 사회 구성주의 쓰기 이론은 인지 구성주의 쓰기 이론의 문제점을 극복하려는 모습을 보인다.

그러나 사회 구성주의를 수용한 과정 중심 쓰기 교육에도 다음과 같은 문제점이 발견되었다.

첫째, 사회적인 합의를 강조한 나머지 개인의 머리 속에서 일어나는 의미 구성을 설명하지 못한다.

사회 구성주의 관점에서 보면, 세계를 아는 것은 특별한 개념적 도식을 아는 것을 의미하고, 지식은 그 개념적 도식을 구성하는 규범적인 관습을 학습하고 내면화

함으로써 얻어진다(Dobrin). 즉 사회적으로 합의된 관습을 습득하는 것이 학습이다. 그러나 같은 사회에서 같은 규범적 관습을 습득하더라도 개개인의 언어 사용은 다르다. 그것이 어떤 과정을 거쳐 개인에게 내면화되어, 개인과 사회의 합의점은 어떻게 찾아지는지에 대한 설명이 부족하다.[1]

둘째, 의미를 구성하는 담화 공동체의 개념을 명확히 밝히지 못하고 있다.

문제 해결 모형의 문제점을 극복하기 위해 사회 구성주의자들이 제시한 것이 담화 공동체이다. 이 때, 사회 구성주의에서 의미하는 담화 공동체란 사회의 관습과 규범을 생성하는 사회 구성원들의 모임이다. 그런데 담화 공동체의 범위와 기준을 어디까지로 할 것인가에 이르면 문제가 생긴다.[2]

셋째, 담화 공동체를 중시하여 필자 개인의 목소리나 표현에 제약을 가하려는 경향이 있다.

개인보다 담화 공동체를 중시하여 개인에게 특정 담화 공동체의 구성원들 사이에서 우세한 쓰기 규범과 관습을 수용하도록 강요하는 것은 문제가 있다(Kent).

넷째, 담화 공동체의 관습만으로는 개인의 언어, 즉 목소리를 표현할 수 없다.

이와 같이 인지 구성주의 쓰기 이론은 쓰기 행위와 쓰기 과정에 대해 많은 것을 밝혀냈지만, 쓰기 행위의 사회성을 인식하지 못하여 개인의 문제 해결로만 보았다. 따라서 이를 수용한 쓰기 교육은 개인의 쓰기 과정을 논리적, 체계적으로 통제하려는 문제점을 보인다. 인지 구성주의의 문제점을 인식한 사회 구성주의 쓰기 이론은 쓰기 행위의 사회적 성격에 관심을 가졌다. 그러나 사회 구성주의 쓰기 이론에서 말하는 담화 공동체와 담화 관습의 개념은 여전히 모호하며, 이를 수용한 쓰기 교육은 사회에서 합의된 관습을 개인이 그대로 전수받는 데 그치므로, 개인의 창의성을 길러주지 못한다. 이런 이론적 기반의 한계는 현재 이루어지는 과정 중심 쓰기 교육 실천의 한계로 이어진다.[3]

---

1 이에 대해 인지주의자 Flower는 사회 문화적 맥락이 쓰기 현상에 영향을 미치는 것은 사실이지만, 쓰기 행위의 주체는 여전히 개인이라고 주장하며, 사회 문화적 맥락 속에 위치한 필자가 상호 교섭을 통해 글을 쓴다고 주장하면서 쓰기의 사회-인지적 관점을 제시하였다.
2 실제로 담화 공동체들이 중복되고 겹쳐지며 동일인이 여러 개의 담화 공동체에 속하는 상황에서, 담화 공동체의 관습과 규범을 규정하기 보다는 다양한 담화 공동체가 개인에게 반영된 모습, 우선 순위에 대한 층위화, 영향력 등을 연구해야 할 것이다.
3 이수진(2007)에서는 과정 중심 쓰기 교육의 실천적 한계를 '과정'개념에 대한 이해 부족과 선입견에 문제가 있다하고, 이와 관련된 한계를 다음과 같이 제시하고 있다.
첫째, 과정을 분절적, 선조적으로 볼 때 지식, 기능에 치우친 기계적 쓰기 교육이 된다. 그러나 지식, 기능의 단순 습득만으로는 쓰기 능력을 신장시킬 수 없다.
둘째, 결과를 배제한 과정만을 중요시할 때, 실제로 생산되는 글의 질은 오히려 떨어지는 무책임한 교육이 되기 쉽다.
셋째, 실제 종이에 글을 쓰고 고치는 물리적 행동만을 과정으로 볼 때, 의미 없는 교정만 되풀이하는 쓰기가 되기 쉽다.
넷째, 인지적 과정만으로 글쓰기를 설명하면, 글쓰기가 지니는 풍부한 효용성을 설명할 수 없다. 게다가 인지적 문제 해결 모형에 맞춘 글쓰기는 미숙한 필자의 정신적 부담감을 크게 한다.
과정 중심 쓰기 교육의 한계를 극복하기 위해서는 과정의 제한된 의미를 넘어서서 보다 포괄적인 의미를 탐구해야 한다.
첫째, '쓰기 전 – 쓰기 – 쓰기 후'식의 도식적 과정 대신, 쓰기 행위의 본질인 의미 구성의 과정을 드러내는 과정을 찾아야 한다.
둘째, 결과를 배제한 과정이 아니라 포괄할 수 있는 과정이 되어야 한다. 그러기 위해서는 결과, 즉 글 자체가 과정의 한 부분이 되어야 한다(과정이 끊임없이 계속되고 변화되는 성질인 역동성을 인식해야 한다는 것).
셋째, 개인의 인지적 과정뿐 아니라 사회, 문화적 영향에 의한 사회적 과정을 포괄하는 과정이 되어야 한다.
넷째, 단일한 문자 체계 이외의 다른 상징 체계도 포함하는 과정이 되어야 한다.

(2) 과정 중심 쓰기 이론의 이해[1]- 구성주의 작문 이론

1) 인지 구성주의 작문 이론

인지 구성주의 작문 이론은 1970년대 말부터 과정 중심 쓰기 연구와 교육을 이끈 원동력이었다. 이 분야의 이론가들은 인접 학문 분야인 인지심리학의 연구 결과를 수용하여 작가의 의미 구성 과정을 연구하기 시작했는데, 그 결과 '모범 텍스트에 제시된 문장과 문법의 분석 및 반복 훈련만이 쓰기 능력을 신장시킬 수 있다'는 객관주의 작문 교육 이론가들의 주장과 상반되는 결과를 끌어냈다.(Emig) 곧, 작문 연구 및 교육의 방향을 새로운 관점에서 새롭게 모색할 수 있게 되었다는 면에서 다음의 두 의미를 갖는다.

첫째, 작문 과정에 대한 선조적인 관점을 회귀적인 관점으로 전환시키는 데 기여했다.[2]

둘째, 인지심리학에서 사용하던 사고 구술(thinking aloud) 기법을 작문 연구에 적용하여, 이후 의미 구성 과정 중에 발생하는 현상들을 연구할 수 있는 기반을 조성하였다. 작문 과정 중에 이루어지는 교정하기 전략, 교정하기 위해 글을 다시 읽는 전략 등에 관한 연구가 이루어지게 되었다.

Flower & Hayes는 초보자와 전문가의 쓰기 행위 관찰을 통해서 의미 구성 과정은 '계획하기, 작성하기, 재고하기'의 세 부분으로 이루어지며 각 과정들은 위계적이며 회귀적 특성을 갖는다고 하면서 쓰기를 문제 해결의 과정으로 파악하였다.

인지 구성주의 작문 이론에서 파악하는 의미 구성 과정은 문제 해결의 과정이다. 전문 작가의 글쓰기 과정을 분석해 보면, 일정한 구조를 가지고 존재하는 하나의 틀을 발견할 수가 있다. 이것은 문제 해결 모형이다. 문제 해결의 기본적인 특성 중의 하나는 목표지향성이다. 작가는 글을 쓰면서 상호 위계적인 관계를 갖는 여러 가지 목표를 만들어 낸 다음 하나 하나 해결해 가면서 글을 쓴다는 것이다.[3]

구성주의 작문 이론에 따르면 의미 구성의 주체는 개인이며, 작문은 개인적인 차원에서 진행된다. 이 때, 작가는 자신의 생각과 느낌을 표현하거나 정보를 전달하기 위해서 글을 쓴다. 이런 점에서 보면 인지 구성주의 작문 이론에서 말하는 작가는 목표 지향적 문제 해결의 과정을 탐구하는 과정 속에 있는 것이다.

인지적 작문 모형은 작문의 엄격한 순서를 고집하지 않고 회귀성을 강조한다. 인지적 작문 모형에서는 작문의 인지 과정이 '과제 환경, 필자의 장기 기억, 작문 과정'으로 구성된다.

---

1 '쓰기'란 말을 사용했지만, 일반적으로 '작문'이 더 자연스럽다. 제목만 이렇게 달고, '2)'에서는 설명 내용에서 '작문'으로 통일한다. 이 부분에서는 결과중심(형식주의) 작문 이론과 대비되는 과정중심 작문 이론의 특징을 살피고자 한다. 이 부분을 굳이 다르게 표현하면 '구성주의 작문 이론'이라 해도 될 것이다.

2 단계적 작문 모형이 작문의 과정을 '사전쓰기(prewriting), 쓰기(writing), 다시 쓰기(rewriting)'의 세 단계로 구분한다.

3 의미 구성 과정을 목표 지향적인 활동으로 파악했을 경우, 작문 능력의 편차를 설명할 수 있는 길이 열리게 된다. 동일한 학습 상황 속에서 동일한 수업을 받는 학습자간의 편차를 전문가와 초보자의 개념으로 설명할 수 있기 때문이다. 이 때, 쓰기 교육은 쓰기 능력이 미숙한 학생들을 유능한 작가로 어떻게 만들 수 있을 것인가에 관심을 갖고 가르치는 문제로 이어진다.

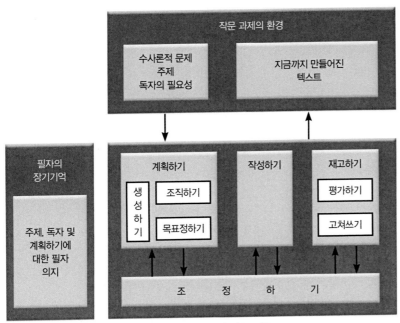

[그림 6-14] 인지주의 작문 모형

• 작문 과제 환경

작문 과제 환경은 '작문 과제, 작문의 필요성, 대상, 독자, 지금까지 만들어진 텍스트' 등을 모두 포괄하는 것으로 필자의 인지 작용 외부에 존재하는 것들이다. 이들 환경적 요인들은 작문 행위에 영향을 미칠 수는 있어도 작문 행위의 본질을 형성할 수는 없다.

• 필자의 장기 기억

필자의 장기 기억은 작문의 주제에 대하여 필자가 알고 있는 지식은 물론 작문 행위와 관련되는 계획하기, 작문의 원리 및 수사론적 원리들에 대한 지식을 포함한다. 여기에서 관심의 대상이 되는 것은 필자가 실제로 그의 장기 기억으로부터 끌어내어 선택하고 활용할 수 있는 지식이다.

• 작문 과정

인지적 작문 과정 모형에서 가장 핵심이 되는 부분이다. 작문 과정은 '계획하기, 작성하기, 재고하기'의 과정과 그에 따른 각 하위 과정들이 상호 중복되는 회귀적인 특성을 지니고 있다.

• 계획하기

계획하기는 내용을 생성해 내고 그것을 조직하며, 글의 목적과 절차를 결정하는 사고 활동을 포괄한다. 계획하기는 종이 위에 글을 옮겨 쓰기 이전의 모든 활동들을 포괄한다. 또한 작문의 전 과정을 통하여 작용함과 동시에 그것이 반드시 언어적인 형태로 실현되지는 않는다는 특징을 지닌다.

· 작성하기

작성하기는 계획하기에서 만들어진 내용을 문자 언어로 번역하여 표현하는 인지적인 과정이다. 계획하기 과정에서 작성하기 과정으로 넘어올 때는 반드시 언어적인 형태로 표상될 수 있는 명시적인 의미의 형태를 갖출 필요는 없다. 오히려 덜 개발된 표상들이 언어적인 기호로 표상되기 때문에 작문 행위를 제약하는 요인으로 작용하는 경우가 많다. 때문에 작성하기 과정에서 다시 계획하기 과정으로 되돌아가는 경우가 많다.

· 고쳐쓰기

고쳐쓰기는 지금까지 계획된 내용 혹은 작성된 내용을 평가하고 고쳐쓰는 과정이다. 평가의 결과가 부정적으로 나왔을 경우에는 반드시 고쳐쓰기 과정을 거치게된다. 재고하기 과정은 작문의 중간 혹은 끝부분에서 의도적으로 일어나는 경우가많다.

· 조정하기

조정하기를 통해서 계획하기 과정에서 작성하기 과정으로 옮겨가거나 또 다른과정으로 옮겨 가는 것을 결정할 수 있게 된다.

인지 구성주의 작문 이론은 인지 구성주의 인식론을 바탕으로 의미 구성의 주체를 학습자로 인정하였고, 그들의 머리 속에서 이루어지는 의미 구성의 과정을 문제해결의 과정으로 파악하여 작문 과정에 따른 문제 해결 전략을 강조하였다는 것을알 수 있었다. 그러나 인지적 작문 과정에 대한 지나친 강조는 작문 행위와 관련된사회 문화적 맥락을 소홀히 취급하였다는 점에서 사회 구성주의 작문 이론가들로부터 강한 비판을 받았다.

2) 사회 구성주의 작문 이론

1980년대 후반에 접어들면서는 의미 구성의 사회적 측면을 강조하는 풍토가 자리 잡았다. 지식이 담화 공동체 구성원 들 간의 사회적 상호 작용에 의해서 만들어지고 유지되는 언어적 실체라는 관점이 그것이다. 흔히 말하는 이러한 지식들은 담화 공동체 구성원들 사이에서 이루어진 의미 협상과 합의의 결과인 셈이다. 이 때지식은 더 이상 인식 주체와 분리되어 외부 세계에 독립적으로 존재하는 객관적인지식도 아니며, 인식의 주체에 의해서 주관적으로 구성되는 지식도 아닌 게 되었다.

인지적 관점을 지지하는 연구자들이 작문 과제를 해결하는 개인의 고차원적인기능에 관심을 두었다면, 사회적 관점을 지지하는 연구자들은 작가와 독자, 작가와담화 공동체와의 사회적 상호 작용에 초점을 두어 연구를 진행했다. 곧 작문을 사회적 행위로 파악한 것이다.

Bruffee는 '사고는 내면화된 대화'라는 Vygotsky의 관점을 수용하여 작문을 대화의 과정으로 설정한다. 이 경우, 작문 행위는 내면화된 대화를 사회적 중재도구인 언어를 통해서 외면화시키는 행위가 되므로, 사고의 기반은 대화이고 사고는 대화적 속성을 갖는다고 할 수 있다.

의미 구성을 대화의 과정으로 파악할 경우, 작문 교육에 대해서 다음과 같은 시사점을 줄 수 있다. 학습자로 하여금 담화 공동체 구성원들과의 대화를 통해서 지적으로 우수한 공동체 구성원들이 사용하는 대화 방식을 습득하면서 담화 공동체의 구성원으로서 자격을 획득하도록 하는 것이다. 여기서 교사는 공동체 구성원들 간에 날줄과 씨줄처럼 긴밀히 연결되어 있는 사회적 관계 속에서 학습자가 협의할 수 있도록 도와주거나 그들이 입문해야 할 공동체의 대표로서 공동체의 담화 관습을 안내하고 시범을 보이는 역할을 하게 된다.

사회적 상호 작용 모형의 경우 텍스트는 작가의 의도를 표상하지 않는다. 텍스트는 인지적 작문 모형처럼 작가의 의도를 글로 바꾼 결과가 아니라 작가와 독자 사이의 의사 소통을 중개하는 매체가 된다. 이 때의 의미는 텍스트에서 나오는 것도 아니고 작가에게서 나오는 것도 아닌, 독자와 작가의 상호 작용에 의해서 만들어진다. 사회적 상호 작용 모형에서 작문은 사회적 상황 속에서 이루어지는데 이는 곧 담화 공동체 구성원들간의 대화에 의존한다. 인지와 절차적 능력은 사회적인 배경 속에서 발생하여 그곳에서 실현되는 것이다.

인지적 작문 모형이 작가 개인의 정신 과정에 초점을 두어 작문 과정이 작가의 의도를 텍스트로 옮기는 것이라는 입장을 가졌다면, 사회적 상호 작용 모형은 작가와 독자의 정신적 상호 작용에 초점을 두어 작가와 독자의 의미 협상 과정을 중시한다. 의미 협상 과정은 작문의 사회적인 상황 속에서 이루어진다. 작가와 독자는 담화 공동체의 구성원으로서 사회적 상황을 창출하며 대화를 통해서 의미를 구성한다. 작문에 필요한 인지적인 절차와 능력은 사회적 상황, 즉 담화 공동체 속에서 발생되어 그곳에서 실현되는 것이다. 이러한 입장에서 보면 사회적 상호 작용 모형은 사회 구성주의 관점을 반영했다고 할 수 있다.

사회 구성주의 작문 이론을 비판하는 사람들은 사회 구성주의가 추구하는 주체 주변의 사회 문화적 맥락이 작문 현상에 영향을 미치는 것은 사실이지만, 작문 행위의 주체는 여전히 개인이라고 주장한다.(Flower) 작가는 주변의 사회 문화적 맥락 속에 위치하면서 상호 교섭을 통해서 글을 쓴다는 것이다. 이들은 작문 상황 즉 맥락이 매우 중요하다는 것을 인정하지만 그것이 지나치게 극단적으로 전개될 가능성이 있음을 지적한다. 이 경우 사회 구성주의자들은 개인의 머리 속에서 일어나는 의미 구성 과정을 설명할 수 없는 모순에 빠진다.

3) 사회 인지 작문 이론

사회 인지(Social-Cognitive)란 말은 Flower가 개인이 읽기와 쓰기를 하는 동안 상황이 인지에 어떤 영향을 미치는지 설명하기 위해 사용한 말이다. 최근에는 인지와 사회를 상호 배타적인 관점이 아닌 상호 보완의 관점에서 파악하는 것이 교실에서 이루어지는 교육 현상을 보다 효율적으로 설명할 수 있다는 주장이 제기되고 있다.

작문 이론에서도 최근의 이러한 풍토를 반영하여 사회와 인지를 상호 보완적인 입장에서 파악하자는 주장이 점차 설득력을 얻고 있다.

개인의 머리 속에서 이루어지는 사고 행위라는 점에서 보면 작문 행위는 작가의 인지적 차원의 행위라고 볼 수 있지만, 작가 자체도 사회 문화적 상황 속에서 존재한다는 점에서 보면 작문 행위는 사회적 차원의 행위라고 할 수 있다.

의미 구성의 차원에서 보면 첫째, 작가와 독자는 사회인지적 차원에서 상호 교섭을 하고 있음을 알 수 있다. 예를 들면, 작가는 내포 독자를 예상하고 글을 쓴다. 그들의 기대와 요구는 무엇이며, 이러한 기대를 충족시켜주기 위해서는 어떻게 하는 것이 좋은지에 대해서 고민을 하게 되는 것이다. 만약 내포 독자의 유형이 다양한 방식으로 존재한다면 이러한 상황들은 더욱 더 복잡하게 전개될 가능성이 있으며, 작가가 이러한 변화 가능성을 받아들인다면 의미 역시 상황에 따라서 지속적으로 변한다는 것을 알 수 있을 것이다. 이러한 사회 인지적 상황들은 작가의 의미 구성 행위에 영향을 미치게 된다.

의미 구성에 관여하는 사회인지적 차원의 두 번째 유형은 작가와 그들이 텍스트를 통해서 접하는 인물들과의 관계이다. 작가 역시 독자로서 텍스트를 접하게 된다. 작가는 필요한 정보나 미적인 쾌감을 얻기 위해 글을 읽을 수 있다. 이 때 작가는 독자의 역할을 하게 된다. 그들은 텍스트를 쓴 작가와 독자의 입장에서 사회적인 관계를 형성하게 되며, 그들이 읽은 텍스트는 과거와 현재에 이르기까지 다양한 방식으로 존재한다는 점에서 매우 복잡한 관계를 형성하게 된다. 이것을 상호 텍스트성(Intertextuality)[1]이라고 한다.

사회 인지 작문 이론에서의 의미 구성의 주체는 사회문화적 상황 맥락 내에 존재하는 개별 작가이다. 개별 작가들은 사회 문화적 상황 맥락 내에 위치하면서 목표 달성을 위해 협상을 한다. 여기서 궁극적인 협상의 주체는 개별 작가이다. 작가는 문제 해결 전략을 사용하여 주어진 문제를 해결한다.

의미 협상의 과정을 대화의 과정으로 파악한 점은 사회 구성주의 관점과 공통점을 지닌다. 그러나 의미 협상의 과정을 외적인 대화와 내적인 대화로 구분하여 파악한 점은 차이점을 지닌다. 사회 구성주의 관점에서는 둘 이상의 개인과 개인 사이에서 이루어지는 사회적 대화 즉, 외적 대화를 중시하였기 때문이다.

---

1 상호 텍스트성은 텍스트와 특정 상황 속에 위치한 또 다른 텍스트가 서로 관계를 맺고 있는 것을 말한다. 상호 텍스트성에 의하면 텍스트는 진공 상태에서 작성된 것이 아니라 그것이 작성된 사회 문화 및 역사적 상황과 매우 밀접한 관계를 갖는다. 이러한 관점에서 보면 텍스트는 작가의 창조적인 사고 활동의 결과가 아니라 지금까지 존재하였던 다른 텍스트들 속에 들어 있는 일부 내용, 아이디어 등이 작가에 의해서 부분적으로 반영된 결과라는 관점이 가능해진다.

다음은 지금까지 논의한 작문 이론을 정리한 것이다.

작문이론 / 항목	인지 구성주의 작문 이론	사회 구성주의 작문 이론	사회 인지 작문 이론
인식론	인지 구성주의	사회 구성주의	구성주의 (인지 구성주의 + 사회 구성주의)
의미구성의 과정	목표 지향적 문제 해결의 과정	개인과 담화공동체와의 사회적 대화	의미 협상(개인 간 대화 + 개인 내 대화)
의미구성의 주체	고독한 개인	담화공동체	사회 문화적 맥락 내에서 존재하는 개인
인지	○	△	○
맥락	△	○	○

(3) 과정 중심 쓰기 지도[1]

1) 개　념

과정 중심 쓰기 지도는 필자가 글을 쓰는 동안 거치게 되는 쓰기 과정을 강조하는 쓰기 교수 방법이다. 부연하면, 능숙한 필자의 글쓰기 과정을 고찰하여 글을 쓸 때 필자가 거쳐야 하는 쓰기의 과정을 설정한 후, 학생들이 글을 쓸 때 이러한 쓰기의 과정에 따라 글을 쓰도록 지도하는 것이다.

2) 쓰기 과정의 구분

쓰기 교육에서 쓰기 과정은 '계획하기, 내용 생성하기, 내용 조직하기, 표현하기, 고쳐쓰기'의 단계로 설정한다. 하지만 이러한 과정 중심 접근은 상황에 따라 유연하게 운영되어야 한다. 즉 쓰기 교육의 관점에서 무엇을 중점적으로 가르쳐야 하는지, 필자들이 글을 쓸 때 어떠한 과정에 주의를 기울여야 하는지를 고려한다면 학생을 지도할 때 쓰기 과정의 설정은 달라져야 할 것이다.

다음은 쓰기 과정을 유형화해서 구분한 표이다.

과정 구분	쓰기 전	쓰기	쓰기 후
쓰기 전의 쓰기 활동을 강조하는 구분 유형	• 아이디어 생성하기 • 아이디어 조직하기	• 텍스트 생산하기	• 고쳐쓰기
	• 아이디어 생성하기 • 아이디어 선정하기 • 아이디어 조직하기	• 텍스트 생산하기	• 고쳐쓰기
	• 계획하기 • 내용 생성하기 • 내용 조직하기	• 표현하기	• 고쳐쓰기
쓰기 후의 쓰기 활동을 강조하는 유형	• 쓰기 전	• 초고쓰기 (구성하기)	• 수정하기 • 편집하기 • 출판하기
	• 초고쓰기		• 수정하기 • 편집하기 • 최종 교정하기 • 출판하기
쓰기 전/후의 활동을 자세히 나누는 유형	• 생각 꺼내기 • 생각 묶기	• 초고 쓰기	• 다듬기 • 평가하기 • 작품화하기

① 쓰기 전의 인지적 사고 과정에 초점을 둔 단계 구분

• 아이디어 생성하기, (아이디어 선정하기), 아이디어 조직하기, 텍스트 생산하기, 고쳐쓰기

1 최지현 외(2007). "국어과 교수학습 방법". 역작

　• 계획하기, 내용 생성하기, 내용 조직하기, 표현하기, 고쳐쓰기

이러한 방식은 쓰기 전의 인지적 사고 과정을 강조하는 관점이다.

　계획하기 단계에서는 쓰기의 상황을 구성하는 수사론적 문제를 탐색하는 활동을 한다. 이를 통해 필자 자신이 해결해야 할 문제의 성격을 규정짓게 된다. 또한 구체적인 하위 목적을 설정하고 글 전체의 개략적인 구도를 작성해야 한다.

　내용 생성하기 단계는 창의적이고 체계적 사고 활동을 통하여 계획하기 단계에서 설정한 여러 가지 주요 문제 또는 중심 내용에 대한 세부 사항을 체계적으로 탐색하는 과정이다.

　내용 조직하기 단계는 생성하기 과정에서 만들어낸 중심 내용과 세부 내용을 글의 조직 원리에 맞추어 배열하는 과정이다.

② 쓰기 후의 사회 · 문화적 과정에 초점을 둔 단계 구분

　• 쓰기 전, 초고 쓰기, 수정하기, 편집하기, 출판하기
　• 초고 쓰기, 수정하기, 편집하기, 최종 교정하기, 출판하기

이러한 구분 방식은 최근의 쓰기 교육에서 두드러지게 나타나는 경향으로서 초고를 쓴 이후의 수정하기를 자세히 구분하고 최종 단계로서 출판하기 단계를 설정하는 것이 특징이다. 즉, 쓰기 이후의 사회 · 문화적 과정을 강조하는 관점이라고 할 수 있다.

　수정하기는 필자가 개인적, 독자적으로 하는 행위라기보다는 동료 집단이나 교사와 협의를 통하여 하는 활동이라는 점에서, 출판하기는 독자인 동료 집단에게 자신이 쓴 글을 공표하고 공유하는 활동이라는 점에서 이 과정들은 일종의 사회 · 문화적 활동이라 할 수 있다.

3) 쓰기 과정 지도하기

① 쓰기 전 단계

　쓰기 전 단계는 글을 쓰기 위해 정보를 수집하고 조직하는 활동을 하는 단계이다.

　특히 쓰기 학습 초기에 글을 쓰는 학생들은 쓸 내용 마련에 많은 어려움을 갖고 있다. "무엇을 써야 될지 모르겠어요.", "어떻게 쓸 내용을 마련해야 될지 모르겠어요."라며 쓰기의 어려움을 호소하는 경우가 그것이다.

　교사는 다양한 방법으로 이를 해결해야 하는데, 교사나 동료와의 협의를 통해 글의 내용을 마련해서 학생의 책임을 덜어 주거나, 글의 내용을 생성하고 조직하는 효율적인 방법, 즉 쓰기 전략을 학생들에게 지도해야 한다.

　　㉠ 계획하기

　교사는 학생들이 글을 쓰기 전에 먼저 글을 쓰는 '목적, 독자, 화제, 글의 형식과 관련된 문제'를 탐색하도록 해야 한다.

　　• 이 글의 화제는 무엇인가?
　　• 이 글을 쓰는 목적은 무엇인가?

- 어떤 형식의 글을 쓰고 있는가?
- 이 글의 독자는 누구인가?

ⓒ 내용 생성 및 조직하기

글을 쓰기 위한 내용 마련의 방법에는 '브레인스토밍, 열거하기(listing), 의미 지도 그리기(mind-mapping)' 등이 있다. 이런 방법으로 생성한 내용은 통일성과 일관성을 갖추어야 하기 때문에 '일정한 순서'에 따라 조직해야 한다. 교사는 학생들이 글을 쓰기 전에 내용을 어떻게 생성 조직해야 하는지에 대한 방법과 유형을 가르쳐야 한다.

〈생성한 내용을 조직하는 방법〉
- 그림으로 나타내기
- 말로 설명하기
- 내용 구조도 그리기
- 개요 작성하기

내용을 조직할 때는 어떤 기준에 따라 생성한 내용을 묶어야 되는데, 대체로 다음과 같은 내용 조직 유형이 있다.
- 시간적 순서나 공간적 순서로 조직하기
- 관련된 정보나 아이디어로 묶거나 분류하기
- 아이디어의 중요성에 따라 묶기
- 비교나 대조의 내용에 따라 묶기
- 관점에 따라 묶기

② 초고 쓰기 단계 지도

교사는 쓰기 전 단계의 활동이 초고 쓰기를 위한 활동이며, 생성한 내용을 그대로 초고에 옮겨서는 안 된다는 것을 지도해야 한다. 또한 학생이 초고를 제대로 쓰지 못하는 이유를 분석하여 초고 쓰기를 지도하는 데 활용해야 한다.

초고를 쓸 때 두 가지 극단의 모습을 살펴 볼 수 있다. 계획 없이 자유롭게 글을 쓰는 사람과, 철저하게 계획하여 완벽하게 다듬어진 초고를 쓰려는 사람이 그것이다. Flower는 글을 쓰는 전략을 '강한 전략'과 '약한 전략'으로 구분했는데, '강한 전략'은 쓰기의 인지적 부담을 덜어주는 데 반해 '약한 전략'은 필자의 인지적 부담을 증가시킨다고 했다. 그녀는 '완벽한 초고 쓰기'를 '약한 전략'으로 분류했다. '강한 전략'으로 분류한 것 중에 초고 쓰기에 관련된 것으로 '만족하기 전략'이 있다. 처음 초고를 쓸 때 좀 더 중요한 문제를 진척시키기 위해서는 표현이나 아이디어가 불완전하지만 만족스럽게 여기는 것이 유용하다는 것이다. 일단 쓴 글에 만족하고 부족한 부분은 수정하기 단계에서 고치면 된다는 것이다.

입문기 필자나 성숙하지 못한 학생들에게는 쓰기 전 단계에서 구상한 내용을 거칠더라도 처음부터 끝까지 써 내려 가도록 하는 것이 좋다. 초고를 쓸 때는 맞춤법이나 띄어쓰기 등의 규범과 어법보다는 내용에 신경을 더 쓰도록 해야 한다.

③ 쓰기 후 단계 지도

㉠ 수정하기

수정하기는 사실 글을 쓰기 시작하면서부터 일어난다. 그러나 글을 완성하고 난 후 전체적 시각에서 글의 조직이나 내용을 수정하는 것이 필요하다.

교사는 수정하기가 학생들에게 상당한 인지적 부담을 주기 때문에 어려워한다는 것을 인지하고, 다음의 몇 가지를 고려해야 한다.

첫째, 수정하기에 대한 긍정적인 인식과 태도를 갖도록 해 줄 필요가 있다.

수정하기의 목적은 비판, 평가가 아니라 독자가 이해하기 쉽도록 글을 개선하기 위한 것임을 주지시켜야 한다.

둘째, 수정하기를 할 때 혼자 고민하지 말고, 교사, 짝, 쓰기 워크숍의 동료 학생, 부모님 등 여러 사람의 반응과 조언을 얻도록 지도한다.

셋째, 수정의 방법과 전략을 학생의 인지적 수준과 쓰기 발달에 따라 위계화하여 지도하도록 한다.

수정하기 방법에 '추가, 대체, 삭제, 재조직'이 있다 할 때, 어린 학생들은 '추가'보다는 '대체'를, 또 '삭제'나 '재조직'을 더 어려워한다.

넷째, 수정하기 지도의 처음에는 서두나 결론 같은 글의 일부를 수정하도록 지도하고 점차 단계적으로 글을 전체적으로 수정하도록 한다.

다섯째, 다른 학생의 글이나 좋은 글을 많이 읽어 글에 대한 판단력을 기르도록 한다.

㉡ 편집하기

편집하기 단계는 출판을 준비하는 단계로, 최종원고를 작성하기 위해 교정을 하는 단계이다.

㉢ 출판하기

(4) 쓰기 워크숍 지도 방법[1]

1) 쓰기 워크숍의 개념 및 필요성

쓰기 워크숍은 쓰기의 학습을 위해 실제 글을 써 보는 실천적 경험을 중시하는 것으로 학습의 상황을 워크숍의 형태로 조직하여 쓰기 활동을 전개시키는 방법을 말한다(한철우 외).

교사의 쓰기 지도에 대한 직접 교수법에 의한 시범이나 시연 없이 쓰기 활동이 이루어지거나, 학생들의 실제적인 쓰기 활동이 중심축 없이 이루어지는 쓰기 활동이 아니라 학생들의 적극적인 참여와 자발적이고 능동적인 쓰기 활동을 유도하기 위해 워크숍의 형태를 사용하는 방법이다.

기존의 중등 학교와 쓰기 교실은 크게 두 가지 형태로 이루어졌다.

첫째, 전통적 '백일장식' 쓰기 지도 방법이다. 이는 교사가 쓸 주제를 하나 정해 주거나 여러 개의 주제 가운데 하나를 선택하여 제한된 시간에 쓰도록 하는 방식이다. 학교의 특별 행사의 하나인 백일장의 형태를 취하고 있다. 교사는 주제를 칠판

---

1 노명완 · 박영목(2008), 〈문식성 교육연구〉, 한국문화사.

에 커다랗게 적어주고, 준비한 원고지를 학생들에게 나눠주고 쓰도록 지시한다. 학생들은 나눠준 원고지에 주제에 부합하는 내용으로 써내려 가는 것이다. 그나마 백일장과 달리 수업 시간의 부족으로 제대로 30분도 채 할애되지 못하고 수행 평가를 위한 방과 후 과제로 제시된다.

둘째, 교사의 쓰기 이론에 대한 설명을 중심으로 이루어지는 방식이다. 교사는 교과서에 제시된 쓰기 이론을 설명하고 교과서 학습 활동 문제 풀이를 지시한다. 학생들은 교사의 쓰기 이론에 대한 설명을 듣고, 제시된 교과서 학습 활동을 10분 내외로 해결하려고 하지만 능숙한 필자 5명 내외를 제외하고는 자기 주도적으로 문제를 해결하지 못하고, 미숙한 필자들은 다른 사람이 쓴 내용을 베끼거나 교사가 예시 답안을 불러줄 때까지 기다렸다가 문제를 해결하는 것이다. 이러한 두 가지 형태에서 보이는 공통적인 모습은, 실제적인 학생들의 쓰기 활동은 시간의 부족 등 학교의 여건과 상황을 이유로 제대로 이루어지지 않는다는 것이다.

이러한 교실 쓰기의 문제점을 해결하기 위한 대안으로 부각되기 시작하고 있는 것이 '쓰기 워크숍 지도 방법'이다. 학생들은 쓰기 활동의 중심 주체가 되어 자신의 쓰기 활동을 자발적이고 능동적으로 참여하게 된다. 더불어 모둠원과의 동료 협의와 동료 평가를 통해 자신의 글에 대한 피드백을 좀 더 자연스럽게 얻을 수 있게 된다.

2) 쓰기 워크숍의 원리

쓰기 워크숍에서 쓰기 활동은 이론적인 것을 추구하지 않고 실제적인 것을 중시하며, 결과를 지향하지 않고 과정을 중심으로 하여 이루어진다. 쓰기 워크숍의 원리는 다음과 같다(이영호).

ㄱ 삶의 맥락 속의 주제 선정 원리
ㄴ 자기 주도적 장르 결정의 원리
ㄷ 독자와의 실제적인 상호 작용의 원리
ㄹ 지원적 쓰기 환경 구성의 원리

ㄱ은 학생들이 쓰기 워크숍에 참여하여 주제를 선정할 때, 그 주제는 자신들의 삶과 밀접히 관련된 주제여야 한다는 것이다. 이 주제는 학생들의 삶과 관련된 학업, 성적, 진로, 정체성, 이성 교제 등이 될 수 있다. 이러한 주제가 자연스럽게 선정되어야 학생들에게서 글쓰기가 삶의 일부까지 되는 것을 목표로 삼을 수 있다.

ㄴ은 교사가 쓰기의 장르를 일방적으로 결정하지 않고, 학생들 스스로 자기가 써야 할 글의 장르를 스스로 결정하도록 해야 한다는 것이다. 같은 주제라 할지라도 각자의 다양한 개성이 잘 드러나도록 학생들 스스로가 장르 결정의 주체가 되어야 한다. 그래서 쓰기에 대한 관심과 흥미를 지속적으로 유지할 수 있다.

ㄷ은 학생들이 쓴 글을 가상 독자가 아닌 실제 독자인 동료나 모둠원과의 동료 협의나 평가 등 다양한 상호 작용을 실시하도록 해야 한다는 것이다. 이러한 상호 작용을 통해 필자는 독자의 요구와 기대 수준을 이해할 수 있으며, 또한 쓰기의 목적과 상황을 보다 정확히 파악할 수 있다.

ㄹ은 보다 원활하고 효율적인 쓰기 워크숍을 위해서는 물리적 환경과 정의적 환경을 충실하게 갖추어야 한다는 것이다. 물리적 환경은 모둠원의 원활한 협의와 의

사 소통이 가능한 자리 배치, 쓰기 결과물을 학생들에게 직접 보여줄 수 있는 지원 매개인 실물 화상기와 OHP 등을 말한다. 정의적 환경은 쓰기 구성원들의 서로에 대한 책무성과 자발성으로 칭찬과 격려를 할 수 있는 여건이나, 교사가 학생들에 대한 친절하고 자세한 지도와 조언 등을 말한다.

3) 쓰기 워크숍의 방법

(가) 모둠의 구성과 편성

① 모둠의 구성

학교의 학급당 학생은 보통 35명 내외로 구성되어 있다. 모둠을 구성하는 방법은 동질 집단으로 구성하는 방법과 이질 집단으로 구성하는 방법이 있다. 동질 집단은 성격, 취미, 기호 등이 유사한 인원을 같은 모둠으로 편성하는 것이고, 이질 집단은 서로 다른 인원을 같은 모둠으로 편성하는 것이다.[1] 교사는 학교와 학급의 상황과 여건에 따라 적절하게 모둠을 구성하여 최선의 결과를 얻을 수 있도록 해야 한다.

② 모둠의 편성

모둠의 편성은 4~6명의 소집단으로 편성한다. 모둠 구성원의 숫자는 모둠원들의 적극적이고 자발적인 참여와 원활한 의사 소통이 이루어질 수 있도록 보통 4~6명씩 편성한다.[2]

집단의 명칭은 집단 모둠원들 간의 협동 정신을 바탕으로 공동의 문제를 해결해 나가기 위해서 필요하다. 모둠원들끼리 의논하여 정하는 것이 바람직하다.

모둠 구성원들의 역할 분담은 모둠장 1명, 부모둠장 1명, 자료 관리자 2명, 기록자 1명으로 정한다. 학생들의 역할 분담은 교사가 정하는 것이 아니라, 학생들이 토의를 거쳐 스스로 결정하게 한다. 그래야 소속감을 가지고 쓰기 워크숍 활동에 보다 적극적으로 참여하게 된다.

(나) 쓰기 워크숍 과제 및 쓰기 장르 선정

① 쓰기 워크숍 과제 선정

쓰기 워크숍 과제는 교사가 제시하지 않고 모둠 안에서 학생들 스스로 자유롭게 정하도록 한다. 학생들의 관심과 흥미를 끌 수 있는 문제를 생각해 보도록 하고, 그 가운데 몇 가지를 선정하여 모둠 내에서 최선의 과제를 선정하도록 한다. 선정된 과제를 나열하고 우선순위를 정하여 목록화하도록 한다. 이를 모둠별로 수합하여 전체 발표를 통해 한 학기 동안 학생들이 수행할 공통의 쓰기 워크숍 과제를 최종적으로 선정하도록 한다. 과제가 선정되면 과제와 관련한 다양한 자료를 사전에 신문, 시사 잡지, 관련 서적, 인터넷 등을 활용하여 풍부하게 준비하도록 한다.

② 쓰기 장르 선정

쓰기 장르는 교사가 사전에 제시하여 학생들에게 제시해야 한다. 제시할 수 있는 쓰기 장르는 자기 소개서 쓰기, 개인적 서사문 쓰기, 건의문 쓰기, 논술문 쓰기, 감상문 쓰기, 시사문 쓰기, 보고서 쓰기, 서평문 쓰기, 영화 비평문 쓰기, 드라마 비평문 쓰기 등 10가지 정도이다. 학교의 상황과 여건을 고려하여 모든 쓰기 장르를

1 동질 집단으로 편성할 경우, 모둠의 단합이 잘 되는 장점이 있으나, 모둠에 배제되어 소외되는 학생이 발생할 우려가 있다. 이질 집단으로 편성할 경우, 어느 한 모둠이 쓰기 활동에서 독주하지 않고 골고루 활동이 이루어질 수 있으나, 모둠원의 단합이 잘 되지 않을 우려가 있다.
2 4명 이하일 경우 참여 인원의 부족으로 1~2명이 주도해 나갈 수 있으며, 6명 이상일 경우 너무 많은 인원 배당으로 발언과 참여 기회가 줄어들고 활동에 소홀해질 수 있다.

선정할 수 있고, 이 가운데 5~6가지를 선정할 수도 있다.[1]

(다) 쓰기 워크숍의 단계와 절차

쓰기 워크숍의 단계와 절차를 도식화하면 다음 그림과 같다.

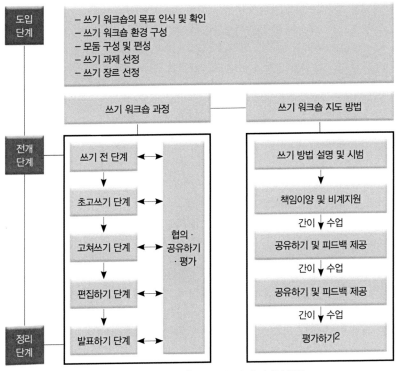

[그림 6-15] 쓰기워크숍의 단계와 절차

----

1 한철우 외(2004)는 쓰기의 기능이나 전략을 익히고, 이것을 바탕으로 하여 교과나 학문의 학습에서 요구되는 쓰기 능력을 향상시키고, 사회에서 기능인으로 생활하는 데 어려움이 없도록 쓰기 장르를 선정할 것을 요구하고 있다.
2 교사는 쓰기 워크숍 운영 과정에 대한 성찰, 학생들의 쓰기 과정과 태도 관찰, 학생들이 구성한 포트폴리오 평가 등을 토대로 하여 쓰기 워크숍 운영의 성과를 평가할 수 있다. 이 때, 쓰기 워크숍 운영의 과정과 결과를 평가할 때는 다음의 요소를 고려해야 한다.
• 쓰기 워크숍을 위한 교육과정과 교재의 재구성은 적절했는가?
• 소집단 구성은 적절했는가?
• 학생들이 서로 친해질 수 있는 적절한 기회를 충분히 제공했는가?
• 쓰기의 절차, 전략, 기능 등에 대해 적절한 시기에 가르쳤는가?
• 학생의 쓰기 양에 대한 부담은 적절했는가?
• 쓰기 워크숍에서 학생들과 협의를 잘 이끌어냈는가?
• 학생들이 포트폴리오를 구성하도록 지도했는가?
• 학생들의 쓰기 과정을 관찰하고 기록했는가?
• 관찰의 결과를 쓰기 워크숍 운영 과정에 투입하여 활용했는가?

그림에서 쓰기 워크숍의 단계와 워크숍 과정, 워크숍 지도 방법을 중심으로, 단계는 크게 도입, 전개, 정리의 3단계로 나뉘어져 있다.

① 도입 단계

이 단계는 교사가 쓰기 워크숍에 대한 전체 내용을 학생들에게 주지시키며 교사와 학생들 간의 믿음과 신뢰를 만드는 단계이다.

우선, 쓰기 워크숍의 목표를 학생들에게 분명히 인식시켜야 한다. 쓰기 워크숍 활동에서 학습의 주체는 교사가 아니라 학생들 개인임을 분명히 인식시키도록 한다.

다음 교실의 물리적 환경과 학생들의 심리적 환경을 구성해야 한다. 성공적인 쓰기 워크숍을 위해서는 문식성이 풍부한 교실 환경을 제공하는 것이 매우 중요하다 (이영호).

또, 쓰기 워크숍에 필요한 모둠 구성 및 편성을 실시해야 한다. 학교와 학급의 상황과 여건에 따라 적절하며 효율적인 구성 및 편성 방법을 마련해야 한다.

마지막으로 학생들이 사용할 쓰기 과제와 쓰기 장르를 선정해야 한다. 학생들의 관심과 흥미를 불러일으킬 수 있는 쓰기 과제를 학생들이 자발적으로 참여하여 선정하도록 하고 쓰기 장르는 학교의 상황과 여건에 따라 적절하게 선정해야 한다. 이처럼 도입 단계는 쓰기 워크숍의 기초를 마련하는 중요한 단계이다.

② 전개 단계

전개 단계는 워크숍 형태로 학습자들이 일련의 쓰기 과정을 거쳐서 한 편의 글을 완성해 나가는 활동 중심으로 이루어지는 단계이다. 이때 교사는 각 단계의 시작 부분에 5분 내외의 간이 수업(mini-lesson)을 실시한다. 이는 학생들에게 부과된 쓰기 과제를 해결하는 데 필요한 명제적, 절차적 지식을 설명하고 시범보이는 과정을 보이는 것이다. 교사는 차츰 과제 수행에 대한 주도권을 학습자에게 이양하면서 학습자들에게 비계와 피드백을 제공해 주게 된다.

이 단계에서는 무엇보다 학습자들이 개별적인 쓰기 기능이나 전략의 연습에 치우치기보다는 교사나 동료 학습자들로부터 지원되는 비계와 일련의 쓰기 과정을 통해서 한 편의 글을 완성해 나가는 경험을 갖도록 하는 것이 무엇보다 중요하다.

㉠ 쓰기 전 단계

이 단계는 학생들이 모둠별로 공동의 협의를 통해 대체적인 글의 방향과 전체 윤곽을 잡아나가는 준비 단계이다. 이 단계에서 교사는 아이디어 생성 및 조직에 어려움을 겪는 학생들을 위해서 도입부에 간단한 간이 수업을 실시한다. 이는 학생들로 하여금 쓰기 활동에 필요한 방법을 명시적으로 설명하거나 시범 보이기를 통해서 비계(scaffolding)를 제공하는 것이다.

㉡ 초고쓰기 단계

이 단계는 학생들이 쓰기 전 단계의 작업을 바탕으로 개인이 초고 형태의 글을 쓰는 단계이다. 이 단계에서 교사는 간이 수업을 통해 학생들에게 띄어쓰기, 맞춤법 등 글의 형식적인 측면은 신경 쓰지 않으면서 내용 자체에만 집중해서 떠오르는 생각을 빠른 속도로 적어 나가도록 안내와 설명을 실시한다.

ⓒ 고쳐쓰기 단계

이 단계는 학생들이 동료가 평가해 준 초고나 동료의 글을 읽고 다시 자신의 글을 읽어보면서 글의 내용적인 측면을 중심으로 다듬어 나가는 단계이다. 이 단계에서 교사는 학생들에게 바로 수정 작업에 들어가기 앞서서 자신이 쓴 글을 소집단 안에서 동료들과 공유하고 협의하는 과정을 거치도록 한다는 점을 강조해야 한다.

이 단계에서 학생들은 거시적 측면에서 자신의 글을 수정 및 보완하되 글 수준, 문장 수준, 단어 수준의 순으로 큰 항목에서 작은 항목을 중심으로 살펴보도록 해야 한다.

ⓔ 편집하기 단계

이 단계는 고쳐쓰기 단계를 거친 글을 최종적으로 전체적인 맥락과 흐름에 맞도록 수정 및 보완을 마무리하는 단계이다. 이 단계에서 교사는 학생들이 글의 완성도를 높일 수 있도록 글을 깔끔하게 다듬어 나가는 데 주안점을 둘 수 있도록 지도해야 한다.

③ 정리 단계

ⓜ 발표하기 단계

정리 단계는 학습자들이 자신이 쓴 글을 완성도 높은 작품으로 다듬어서 학급의 구성원에게 발표하고 동료의 반응을 살피는 단계이다. 이때 동료 학생은 발표자의 글을 살펴보고 교사가 나눠준 쓰기 평가 기준표에 의거, 동료의 글을 평가해 본다. 또한 교사는 발표자의 글에 대해 최종적으로 평가 및 조언을 해 주며, 전체 발표에 대해 평가 마무리를 실시하는 단계이다.

저자 약력

구 동 언

– 중학교 · 고등학교 국어교사
– 대입 재수학원 언어영역 · 논술 강의
– 중등교사임용시험 전공국어 강의(2004년~현재)
– 대학 특강 및 전공 강의

– 고려대학교 대학원 국어교육학과 박사수료

前 우리고시학원
     희소고시학원
     아모르이그잼
現 공단기
     임용단기

구동언의 함께하는
마중물 국어교육론(개정판)

2016년 12월 23일 초판 인쇄
2019년 1월 20일 개정판 1쇄 발행

편 저 자 구   동   언

발 행 인 배   효   선

발행처 도서   法 文 社
        출판

주 소   10881 경기도 파주시 회동길 37-29
등 록   1957년 12월 12일 / 제2-76호(윤)
TEL (031) 955-6500~6 FAX (031) 955-6525
e-mail (영업) bms@bobmunsa.co.kr
         (편집) edit66@bobmunsa.co.kr
홈페이지 http://www.bobmunsa.co.kr

조 판 (주) 성 지 이 디 피

정가 22,000원   ISBN 978-89-18-51332-4